U0566377

Enterprise
Confucianism 2017

企业儒学·2017

黎红雷／主编

人民出版社

代序　当代企业儒学的探索

黎红雷 *

企业儒学，是儒家思想在现代企业中的应用与发展，它将儒家的治国理念转化为现代企业的治理哲学，以儒学之道驾御现代管理科学之术，不但解决了企业自身的经营管理问题，而且为儒学在当代的复兴开拓了新的途径。服膺儒学的当代中国企业家，尊敬儒家先师孔子，承担儒家历史使命，践行儒家管理理念，秉承儒家经营哲学，弘扬儒家伦理精神，履行儒家社会责任，在儒家的家庭观与企业组织、儒家的教化观与员工教育、儒家的德治观与企业管理、儒家的义利观与企业经营、儒家的诚信观与企业品牌塑造、儒家的领导观与企业领导方式、儒家的时变观与企业战略思维、儒家的责任观与企业社会责任等方面，对企业儒学进行了积极的探索。

一是拟家庭化的企业组织形态。中国人是世界上最重视家庭的族群，儒家学派是世界上最重视家庭的思想学派。中国人的家庭，不仅是生儿育女的地方，而且是生产消费的组织，更是学习教育的场所。《周易・序卦》上说："有男女然后有夫妇，有夫妇然后有父子，有父子然后有君臣，有君臣然后有上下，有上下，然后礼义有所措。"① 在儒家看来，家庭组织是所有社会组织的基础，家庭关系是所有社会关系的前提，家庭制度是所有文明制度的起点。从根本上说，儒家追求的是"天下一家"的理想。据《论语・颜渊》记载：孔子的弟子司马牛忧愁地说自己没有兄弟。子夏安慰他说：君子和人交往态度恭谨而合乎礼节，那么"四海之内，皆兄弟也"②。沿着这一思

* 黎红雷，中华孔子学会副会长兼儒商会会长、中国孔子基金会企业儒学委员会主任、博鳌儒商论坛理事长，中山大学教授。本文原载《光明日报》2017 年 8 月 5 日"国学"版。

① 黄寿祺、张善文：《周易译注》，上海古籍出版社 2001 年版，第 647 页。

② 程树德：《论语集释》，中华书局 2010 年版，第 830 页。

路，北宋儒者张载提出“民胞物与”的著名命题。在他看来，天地是人类万物共同的父母，人类和万物共同禀受天地而生。所以我和天下的民众都是相互依存的血脉同胞，和天下的万物都是亲密无间的友好伙伴。在这里，已经没有所谓“家人”和“外人”、“熟人”和“陌生人”，乃至“人类”与“万物”的区别。这是孔子仁爱思想的最高张扬，也是儒家家庭观的最终目标。

服膺儒学的当代中国企业家，承续传统的家文化，企业家把公司当作“家”，把员工当作“家人”，自己则当一名尽职尽责的“大家长”。他们清醒地看到，如果老板把员工当成工具，没有把他们当成家人，他们就把老板当成提款机。所以需要大家一起来改变现状，管理者多对员工进行人文关怀，员工多融入企业的文化与生产环境中。企业的价值在于员工的幸福和客户的感动。现代社会发展的一个重要推动力量来源于企业，企业已经成为社会的中坚力量，我们要创造一个和谐美好的幸福社会，推行拟家庭化的企业组织，建设幸福企业大家庭，就是一个很好的途径。

二是教以人伦的企业教化哲学。教化是儒家的基本功能。据《论语·为政》篇记载，有人问孔子：“你为什么不参与政治呢?”孔子回答道：“《书经》上说，‘孝啊，只有孝敬父母，又能友爱兄弟’。把这种风气影响到政治上去，这也就是‘参与政治’了呀，又怎样才算是‘参与政治’呢?”在孔子看来，道德教化与治国理政的功能是相通的，教化就是政治，政治就是教化。用现代的话来说，管理就是教育，管理者就是教育者，管理的过程就是教育的过程。在儒家看来，对于人的教育，最根本的是伦理道德的教化。据《孟子·滕文公上》描述，在尧的时代，天下还不太平，尧便提拔舜来全面治理；大禹疏通河道，百姓才能耕种收获；后稷教人民种植五谷，人民才能养育。但人们吃饱、穿暖、安居而没有教育，便同禽兽差不多。圣人又忧虑这件事，便任命契担任司徒，把伦理道德教给人民——父子讲亲爱，君臣讲礼义，夫妇讲内外之别，长幼讲尊卑次序，朋友讲真诚守信。这就是所谓“教以人伦”。由此，便形成了源远流长的儒家教化传统。

服膺儒学的当代中国企业家，立志以儒家思想构建学习型企业，积极推行人伦教化，为社会培养德才兼备的栋梁人才。在他们看来，中国传统文化以“五福”（长寿、富贵、康宁、好德、善终）作为人生圆满的最高追求。而“五福”里面最重要的一点就是“好德”，德行是因，长寿、富贵、康宁、善终都是果，有因才有果。我们只要把好德的因种好了，长寿、富贵、康宁、善终就自然会有结果，才有真正的“五福临门”。企业不仅仅只是提供员工一个工作岗位和工资，最重要的是要给员工营造一个学习成长的环境。员工不能一味沉浸于追求利益，停留在每天获得一点工资上，最重要的是要成长，成长才是大利。而从企业来说，能为社会培养一批又一批承担中华民族复兴的栋梁之才，则是光荣的使命和最高的追求。

三是道之以德的企业管理文化。“德治”是儒家管理哲学的基本原则。孔子指出：“道之以政，齐之以刑，民免而无耻；道之以德，齐之以礼，有耻且格。”① 其中的“道”是“引导”、“领导”的意思，“政”指政令，“刑”指“刑罚”，“德”指“德教”，“礼”指“礼法”。至于其中的“格”字，有多种解读，综合起来可理解为“自我改正而真心归服”。如此，孔子原话的大意是：用政令来引导他们，用刑罚来规范他们，民众只是企求免于犯罪，内心却没有羞耻感；用德教来引导他们，用礼法来规范他们，则民众不但有羞耻感，并且能够自我改正而真心归服。当然，儒家也并不是主张完全可以不要刑律，不要政法，只不过他们看到：“教之以政，齐之以刑，则民有遁心。”为了更好地维护社会的稳定，扩大统治的基础，他们把道德教化放在国家管理的首位。显然，在儒家看来，道德比起刑法来说，更容易获得民心，从而更容易取得有效和持久的管理效果。正如孟子所言：“以力服人者，非心服也，力不瞻也；以德服人者，中心悦而诚服也，如七十子之服于孔子也。《诗》云‘自西自东，自南自北，无思不服。’此之谓也。”② 恃仗实力来使人服从的，人家不会心悦诚服，只是因为他本身的实力不够的缘故；依靠道德来使人服从的，人家才会心悦诚服，就好像七十多位大弟子信服孔子一样。儒家“德治”所致力的，就是这种使人“心服”的功夫。

服膺儒学的当代中国企业家，致力于塑造新时期的工商业文明，创立独特的经营和管理机制，把社会、他人、自身利益融为一体，创造了以中华传统优秀文化为底蕴的崭新管理模式，使中国特色的社会主义价值观和世界级企业的管理制度融为一体，确立了中西合璧的普适性企业文化。在他们看

---

① 程树德：《论语集释》，中华书局 2010 年版，第 68 页。

② 焦循：《孟子正义》，中华书局 1987 年版，第 221—222 页。

来，中国文化的内涵就是一个“德”字。“德”是做人应有的规矩、做人最基本的属性，丢掉了这个根本，人在处理事情、处理人与社会、与自然的关系的时候，无论做官、经商，还是做学问，就会出现大麻烦。以“德”为根本，每个人都会严格要求自己。“德”尤其是一个合格的企业领导者应该具备的基本素质和风范。以德平天下人心，大家就会无怨无悔地跟着你走。

四是义以生利的企业经营理念。儒家主张“义以生利”，把管理活动当作精神价值创造物质价值、精神价值制约物质价值的过程。在价值认识上是“见利思义”，《左传·昭公三十一年》指出：“是故君子动则思礼，行则思义；不为利回，不为义疚。”① 一个以精神追求为最高价值的管理者，行动要想着礼，办事要想着义；不做贪图利而违背礼的事情，也不要因为不合于义而感到内疚。在行为准则上是“取之有义”，孔子指出：“富与贵，是人之所欲也；不以其道得之，不处也。贫与贱，是人之所恶也；不以其道得之，不去也。”② 富足和尊贵，是人们所欲望的；如果不依着正当的道理得到它，一个以精神追求为最高价值的管理者就不会接受，这就是所谓“君子爱财，取之有道”。在实际效果上是“先义后利”，荀子指出：“先义而后利者荣，先利而后义者辱；荣者常通，辱者常穷；通者常制人，穷者常制于人。”③ 把义放在首位然后取利的，就可以荣耀相随、处处通达、驾驭他人；把利放在首位而后才求义的，就耻辱困扰、窘迫交加、受制于人。在价值评判上是“义利合一”，荀子指出：“义与利者，人之所两有也。虽尧舜不能去民之欲利，然而能使其欲利不克其好义也，虽桀纣亦不能去民之好义，然而能使其好义不胜其欲利也。故义胜利者为治世，利克义者为乱世。上重义则义克利，上重利则利克义。”④ 无论是义还是利，都是人们所不可缺少的，英明的管理者如尧舜也不能排除人民的物质需要，昏庸的管理者如桀纣也不能禁止人民的精神追求。这些论述，全面地展现了儒家义利观的丰富内涵。⑤

服膺儒学的当代中国企业家，基于儒家的义利观，以“利他主义”为

---

① 《十三经注疏》整理委员会整理：《春秋左传》，北京大学出版社 1999 年版，第 1521 页。
② 程树德：《论语集释》，中华书局 2010 年版，第 232 页。
③ 王先谦：《荀子集解》，中华书局 1988 年版，第 58 页。
④ 王先谦：《荀子集解》，中华书局 1988 年版，第 502 页。
⑤ 参见黎红雷：《儒家管理哲学》，广东高等教育出版社 2010 年版，第 127—136 页。

基础，形成了自己的经营哲学。在他们看来，考量企业成功的重要准则，不是我们有没有成功，而是我们的客户有没有因为我们而成功？如果我们过早地成功了，客户就不会成功。当然，如果能够一起成功是最好，我也成功了、客户也成功了，但是只有一条路的时候，你要放弃什么？那就是放弃自己的利益，让别人先成功。这是21世纪做企业的普遍原则。20世纪做企业要用好IT（Information Technology信息技术），21世纪做企业则要用好DT（Data Technology数据处理技术）。两者有巨大的区别，DT代表这个世纪最了不起的东西，利他主义。相信别人要比你重要，相信别人比你聪明，相信别人比你能干，相信只有别人成功你才能成功。21世纪一定是从以我为中心，变成以他人为中心。

五是诚信为本的企业品牌观念。“诚信”是儒家的道德范畴。所谓“诚”，就是真实无妄、诚实不欺的意思；所谓“信”，就是心口合一、言行一致的意思。儒家创始人孔子十分重视“信”德，指出：“人而无信，不知其可也。”① 孔子的孙子子思则十分重视“诚”德，指出：“诚者物之终始，不诚无物，是故君子诚之为贵。”② 在子思所著的《中庸》一文中，“诚”与“信”开始相提并论：“在下位不获乎上，民不可得而治矣。获乎上有道，不信乎朋友，不获乎上矣；信乎朋友有道，不顺乎亲，不信乎朋友矣；顺乎亲有道，反诸身不诚，不顺乎亲矣；诚身有道，不明乎善，不诚乎身矣。”孟子沿着子思的思路，进一步明确将“诚”与“信”联系起来，说道：“彼以爱兄之道来，故诚信而喜之。”③ 荀子也把“诚”与“信”结合起来，说道：“诈伪生塞，诚信生神，夸诞生惑。”④ 从此，“诚信”作为一个表达“内诚于心而外信于人”的重要道德范畴，成为人们的立身之本、交往之道、治国之要和事业之基。

服膺儒学的当代中国企业家，基于儒家的诚信思想，提出“人品、企品、产品，三品合一”，以员工高品行的人品，形成高品位的企品，生产出

---

① 程树德：《论语集释》，中华书局2010年版，第126页。

② 郑玄注，孔颖达疏，龚抗云整理，王文锦审定：《礼记正义》，北京大学出版社2000年版，第1450页。

③ 焦循：《孟子正义》，中华书局1987年版，第627页。

④ 王先谦：《荀子集解》，中华书局1988年版，第51页。

高品质的产品。这样的品牌观念，追求的是消费者百分百的安心，体现的是企业对消费者的承诺与责任，赢得的是消费者对品牌的信赖与赞誉，是一种更为高超的品牌营销学。企业要经营，要生存，要盈利，经营之道是什么？《论语》里面有一句话叫“修己以安人”，表面上看好像和经营没什么关系，但事实上，这是最根本的经营之道。“修己”，有两个主体，一个是企业家自身，一个是全体员工。每一个人都要修己，修身心、尽本分。然后“安人”，是让人心安定。主要有两个对象群体，一个是员工，一个是顾客。如果把自己修炼好，同时把顾客、员工安顿好，企业还会不成功？还会没有利润吗？品牌的一个含义是定位品牌在消费者心目中的感觉，品牌的口碑，就是消费者对品牌的信赖与赞誉，企业的品牌追求就在于消费者百分百的安心，这与儒学是相融的。

六是正己正人的企业领导方式。儒家经典中虽然没有使用“领导”一词，却有着十分丰富的领导思想。实际上，儒家所追求的“圣王之道”就是一种领导之道。历代先贤对领导素质、领导风格、领导方式、领导技巧、领导体制、领导作风、领导艺术等方面的探索已经形成了一套较为成熟的套路，并有着自己鲜明的特色。从领导者的素质修养来看，儒家强调由“内圣”开出“外王”，即通过领导者内在的道德修养实现外在的王道理想。从领导活动的风格技巧来看，儒家主张执经达权，唯变所适，因时制宜、因地制宜、因人制宜、因事制宜，左右而逢源，无往而不通。从领导活动的行为方式来看，儒家主张以“为政以德”而达到“无为而治”，以身作则，因势利导，以最小的领导行为获得最大的管理效果。特别是儒家所主张的“正己正人”的理念：“其身正，不令而行；其身不正，虽令不从。”① “苟正其身矣，于从政乎何有？不能正其身，如正人何？”② 这些理念已经成为中国人（包括领导者与被领导者）普遍接受的领导原则。③

服膺儒学的当代中国企业家，十分强调企业领导者的以身作则，就是中国式领导风格的体现。在他们看来，以身作则，不是劝导他人的重要途径，而是唯一途径。这里“唯一途径”的话说得固然重了点，但是以身作则

① 程树德：《论语集释》，中华书局2010年版，第901页。

② 程树德：《论语集释》，中华书局2010年版，第911页。

③ 参见黎红雷主编：《中国管理智慧教程·中国式领导的智慧》，人民出版社2006年版。

确实是树立企业文化的根本基础。企业做什么事，就怕含含糊糊，制度定了却不严格执行，最害人。一个企业立下规矩是要求其全体成员遵守的，而全体成员遵守的关键是这一企业的领导者要带头遵守。领导者既是一个组织中发号施令的人，也是这个组织中的排头兵——所有的成员都向领导看齐。在军队里，领导应该身先士卒；在企业里，管理者更应该如此。一个领导的执行力是下属执行力的上限。一个公司风气正不正，最关键的还是第一把手自己为人正不正。假如领导人有一个办大企业的目标，那么就得要求自己把事做正。

七是与时变化的企业战略思维。与很多人心目中儒家的“保守”形象不同，真正的儒家其实是主张与时变化、趋时而动的。现代新儒家学者方东美曾以人格类型拟喻中国古代哲学思想流派之格局，他将儒家称为崇尚“时”、“中”的“时际人”，将道家称为崇尚“虚”、“无”的“太空人”，称佛家为崇尚“不滞”、“无住”的“时空兼综而迭遣者”。方东美指出：“儒家代表典型之时际人，意在囊括万有之一切——无论其为个人生命之尽性发展，天地万物自然生命之大化流衍，社会组织之结构体系，价值生命之创造成就，乃至性体本身之臻于终极完美等，——悉投注于时间之铸模中，而一一贞定之，使依次呈现其真实存在。问题的关键是：何谓时间？最简单之答复曰：时间之本质在于变易。”① 儒家的时变观，一是“顺时而变”：“虽有智慧，不如乘势；虽有鎡基，不如待时。”② 抓住有利的时势，顺时而变，乘势而上，从而收到事半功倍的效果。二是因变而变：“时止则止，时行则行，动静不失其时，其道光明。”③ 主动地因应时势的变化而变化，根据现实的时势而作出正确的决策。三是权宜而变：“圣人执权，遭时定制，步骤之差，各有云设。”做人的最高境界，就是通权达变，即要依一定的时势（包含时间、地点、条件等要素）而转移。四是时中之变：“君子之中庸也，君子而时中。”中庸就是合适，就是通过与时变化的途径而达到合适的目的。五是不变之变：“《易》一名而三义，所谓易也，变易也，不易也。”“变易”的行程中有恒常之秩序，变而不乱、变而有常。

---

① 方东美：《中国哲学之精神及其发展·原始儒家》，《方东美集》，群言出版社 1993 年版。

② 焦循：《孟子正义》，中华书局 1987 年版，第 183 页。

③ 黄寿祺、张善文：《周易译注》，上海古籍出版社 2001 年版，第 431 页。

服膺儒学的当代中国企业家，致力于成为“时代的企业”，随着时代变化而不断变化。在他们看来，只有时代的企业，没有成功的企业。为什么这么说呢？企业都想长盛不衰，但实际上我们很难看到这样的企业。一般来讲，很多企业都是昙花一现。如果这个企业成功了，那么，它所谓的成功，只不过是踏上了时代的节拍。所以说，企业应该是时代的企业，也就是说跟上了时代前进的步伐就是成功的企业。儒家经典《周易》当中有个“三易”，就是变易、不易、简易，非常适合市场的原则。“不易”就是市场有一个原则，就是对用户的真诚，这个是永远不变的；“变易”就是市场万变，你应该变到它的前面去；但是“简易”就是所有的管理都应该是最简化的，我们用最简化去应付最复杂的东西。这就是最高的智慧。中国最高的智慧是中庸，应该是找到一种方法，这就是《中庸》当中说的“极高明而道中庸”。

八是善行天下的企业责任意识。儒家的责任观，集中体现在孟子的这句话上：“穷则独善其身，达则兼善天下。”① 孟子主张，士人要崇尚道德，喜爱礼义，失意时不失掉礼义，得志时不背离正道。失意时不失掉礼义，所以能够保持自己的操守；得志时不背离正道，所以不会使百姓失望。得志时，施给人民恩泽；不得志时，修养品德立身于世。失意时，能独自修养自己的身心；得志时，使天下的人都得到好处。孟子这里说的，原本是“士人”即读书人的品质，但也可以理解为对一切仁人志士的要求；从“独善其身”到“兼善天下”，则包括了对自己、对他人、对社会、对自然等四个方面的责任。

服膺儒学的当代中国企业家，提出“共创财富，公益社会”的企业使命。在他们看来，企业怎么发展更快，就是八个字：小胜靠智，大胜靠德。小聪明是小胜，大道德才能大胜，做生意的人一定要明白这个道理。民营企业家赚大钱真正的秘诀，就是带头承担社会责任，带头做好人，带头做好的企业家。企业履行社会责任主要有四个方面：第一是诚实经营；第二是绿色环保；第三是关爱员工；第四是慈善捐助。特别值得一提的是，企业应当把“关爱员工”作为企业履行社会责任的重要内容。作为一个企业家首先应该善待自己的员工，企业发展成果首先惠及员工，然后才能说惠及社会帮助别

① 焦循：《孟子正义》，中华书局1987年版，第891页。

人。如果企业家连自己的员工都不善待，员工收入很低，流动性很高，他还到外面作秀，甚至贷款去捐款挣面子，这就不是好的慈善。企业还要倡导人人公益的理念，在企业当中普及一种慈善文化，让慈善的理念成为绝大多数员工共同的认识，成为一种文化，使每个人能够尽可能地保持一颗善心，无愧于社会。

近代以来，在经历激烈社会转型的中国，诞生于两千多年前的儒家思想遇到了极大的冲击和挑战，甚至有人断言儒家思想的现代命运就是“进入博物馆”，只是作为历史收藏物而存在，供人观赏，勾起人们思古之幽情，却消失了在现实文化中的价值与作用。① 但事实证明，这一论断根本站不住脚。博大精深、源远流长的儒家思想，在当代社会依然具有深刻睿智的解释力和生生不息的创造力。企业是当代社会最活跃的组织，也是当代儒学最有活力的生长点。我们满怀期待，以中国企业家的儒商实践及其理论结晶“儒家商道智慧”为标志的企业儒学的兴起，必将为当代儒学的发展，谱写壮丽的新篇章！

① 参见列文森：《儒教中国及其现代命运》，广西师范大学出版社 2009 年版。

目　录

学术渊源

思想资源

现实研究

企业家言

案例分析

专题研讨

学 术 渊 源

生活儒学与生活儒教

成中英 *

记得20年前我在北京讲学时，被邀请到中央财经大学论述“儒商”的概念，当时强调了诚信与社会责任两个原则。1999年我在上海出版的《中国管理哲学C理论》就把儒家的哲学作为企业管理人与公共事业领导者的重要内涵，涉及建立管理人的道德人格，促进企业中的团队精神与和谐品质，创造社会群体的诚信与责任，并对环境生态发挥维护的力量。所谓儒商就是立足儒家伦理从事经济生产，讲求社会福利的商家，也就是遵从儒道的管理人与企业家。此后我更提出“易商”的概念，把易商作为儒商的基础，更丰富了儒家商道的价值。今有我的学生黎红雷教授主编《企业儒学年鉴》，应其特别邀请，返本溯源，提出此文以做参考。

由于易学与儒学的内在关联，我从生活易学谈到其落实，即是生活儒学。我并提出“自然有为、躬身力行”一句话来彰显生活儒学的本质或其基本态度与生活方式。生活儒学引申为生活儒教，而两者居于内在与外在的互动关系：生活儒学是侧重个人的发展与个人的内在道德修持，但却离不开一个以天地为依托的天地易学（也是生活易学的一部分），也离不开以群体为对象以及以未来传承为目的的生活儒教，而生活儒教显然更有制度组织、文化规范或生活规范的外在意涵。不管不同的立场对儒学或生活儒学及生活儒教如何诠释，我们必须要肯定生活儒学与生活儒教的一致性与同体性，甚至相依性。为了进一步对生活儒学与生活儒教的诠释，我提出“五诚”之说来说明生活儒学与生活儒教的五个重要元素：诚思、诚学、诚教、诚信、诚行。有了此一内涵，我们可以认定生活儒学与生活儒教对我们所处的时代中

* 成中英，美国夏威夷大学终身教授。

的几个危机有其相应的对策，以和外内之道对治身心教育危机，以天人合一之道对治生存环境危机，以知行合一对治道德或伦理价值危机。也许我们今天更有一种所谓“生活危机”的情况，我们必须综合三个合一以综合对治之。因此，我们可以把生活儒学与生活儒教看成为转化与治理人类走向全球生命共同体的教化模型之道。一个真正的儒商必然奉行儒学与儒教，既知又行，行而后知，知行合一。故此文对儒商的个人与群体是十分重要的。

一、从生活易学到生活儒学：自然有为、躬自力行

最近20年中国大陆经过当代新儒家的哲学提倡，儒学研究和儒学创造逐渐兴盛起来。山东有学者提出“生活儒学”的概念，这实际上是从梁漱溟的“乡治”理想来推行的，当然“生活儒学”的概念要比“乡治儒学”更为开阔更为具体。梁漱溟的“乡治”是以乡民教化与自治为重点。而“生活儒学”直接是以个体生活、群体生活包括每一地方的社会生活来发挥儒学。乡治儒学大多是属于行政或制度改革方面的。不过，生活儒学对制度改革是否有创发，我们也可探讨。但从概念来说，生活儒学更重视从理论到实践的发展过程，是以生活为基础，以生活为对象，以生活为目标，以生活为价值的载体，我认为主要是要面对个人内外在与自我、他者以及群体与世界关系的调适与完善问题。

20年前我在台湾面临类似的概念创新，乃台湾周易学会主席吴秋文先生提出的生活《易经》的概念、我在为吴氏的书作序时就提出了“生活易学”的概念，那是由于当时易学的发展是从我提倡本体理论建设到生活实践的发展。所以我认为对易学的了解，包括对天地人的三才之道的理解，也必须建立在不断地对乾坤两德的生活体验之上，也就是从宇宙论的理解中来体现与实现“道”在我们的生活和生命之中。事实上，也可以说是把人的生命所包含的宇宙根源的成分，也是最重要的一种生命力和本体的生命意义在具体生活中实现出来。这样方可名之为“生活”。我特别强调在自然生命的基础上主动自觉的实践完善自我，并在关键时刻要切实做到对自己与他者负责的行为，显示知而能行的精神。这就是我说的“自然有为、躬自力行”的实践行为。此一实践行为也包含在对自己的管理的自主自立、个人伦理道德的

修持与对人日用平常的应对酬酢方面，完全具体地落到生活大体与细节两方面。

基于此一意识，三礼中的仪礼可说由此而作。但仪礼显明的还是形式，我强调的是个人在社会中的行为举止内涵的人文意识与价值。老子讲“自然无为”，因为人之生有其自然的因子，并不假人力的安排，乃自然而然的发生，人也无法真正有所加减，可云顺应自然而发生，亦即无为而发生。即使是无为，自然发生的欲望与情绪也已涵盖了人生的基本活动，即使社会上人的日常生活名目繁多，却仍离不开自然本能与自然形成的习惯的影响，故可进而曰无为而无不为。无不为却仍然是自然无为的无不为，而非精心设计或自觉奋勉的无不为。

如果我们更深入地看，所谓“有为”，也是脱离不了自然的，比如一个人自然受到了美食的诱惑而不禁经常贪吃超过了分量，造成了肥胖症。该人为了减肥，乃作出节制饮食的努力，克服贪欲，追求健康，可说是有为而为。但此有为的能力与意志仍有其生命本体的基础，而非纯由外缘。此一自我警惕、自我要求与自我实行的力量也可以说是一种更深度的自然，是根植在人性之中的，故可称为“自然有为”。如何“自然有为而为”正是儒学自修的根本，而必须要躬自力行的。如此我们才可能成为有德性、能德行的君子，甚至也有成就圣贤的可能。孔子在《论语》中说“克己复礼为仁”① 就可以作为“自然有为”的最佳说明。

生活易学在某一意义上讲包含了儒学的生活化，因为《易经》或易学的生活化离不开儒学的生活化，儒学也离不开易学的生活化。这点应该是自明的，易学自天地万物之化育来论述人之为人的根据，孔子在《论语》中有所指点，但要到受他影响的《易传》中才提出了天地人三才之道，为《论语》中所说“人能弘道，非道宏人”② 显示了自然宇宙论的中人的地位。因而我们就可以说生活儒学是以易学为本根与泉源的。

---

① 程树德：《论语集释》，中华书局 2010 年版，第 817 页。

② 程树德：《论语集释》，中华书局 2010 年版，第 1116 页。

二、从生活儒学到生活儒教

现在我们要集中心思来探索儒学的生活世界和生活儒学，必须要思考生活儒学的含义何在？我认为，儒学的生活世界可说包含了五个重要的层面，也就是本、体、知、用、行等五个层次。本，就是本原、本体；体就是整体的理念与存在；知，就是对人的生命价值的自觉与对诸多事物和其价值的认知；然后在一个人或一个社群整体的愿景之下来进行“行为”的，即为实践和应用，涉及社会发展、教育发展、文化发展在其中起到的应用或作用。我在后段将展开为诚思、诚知、诚学、诚信、诚行来加以说明。

韩国国际儒学学会提出“生活儒教”的概念，我觉得很有新意，也具有一种坚守与发展的意思层面。同时提出用“生活儒教”来作为现代生活的对策，这更有新意了。教显然是学的方法和凭藉，也是学的传承与持续。因此，我们要了解儒学才能进入儒教的堂奥。我们要去了解生活儒教和生活儒学的关联，并把它们结合起来，才能进一步去应对现代生活的挑战和问题，这样就会把儒学的潜力和其他的重要发展有所更新、有所提升。我先从生活儒学开始，进而谈生活儒教，再谈社会上整体儒学的实践，最后可以归纳到实践儒学的概念，或叫本体实践的儒学概念，包含在以上说的诚思、诚学、诚信、诚修与诚行等“五诚”之说。

《中庸》首句就曰：“天命之谓性，率性之谓道，修道之为教。”① 从人的生活基于人性来看，生活儒学的理念显然必须有一个对自我的深刻反思，掌握自我的精神，掌握自我的能够依循及体现天地之道以及人生之道及其真谛、意义或价值。天是一个终极真实，而此一终极真实是能创生万物，而为人之为人的根源。要了解此一人的存在的意义，人的生活本身需要有一个觉悟，这个觉悟来自对世界的认识、对人的认识、对社会的认识，这样才能导致对自我根源的认识。对自我的认识基于对世界的认识和对他人的认识，这一认识是重要的，正因为如此，你才能掌握自己的动力，使自我的主体性能

① 郑玄注，孔颖达疏，龚抗云整理，王文锦审定：《礼记正义》，北京大学出版社 2000 年版，第 1422 页。

够发挥它的自觉自主的作用。这就是从外而内，再由内而外的因应事物之道，表现为人的本体即性的认知。认识人的性是天赋的自然，其意义在肯定人内在的创发性与真诚性。

三、生活儒学与生活儒教中的“合外内之道”

我特别强调的儒学中一个人的“合外内之道”的认知。一般人读《中庸》，没有很清楚地区分外内之道和内外之道。我在我 1998 年出版的《儒家哲学论：合外内之道》书中，特别强调外内之道的深刻含义，乃是根据《中庸》原文来谈的。《中庸》说：“性之德也，合外内之道也，故时措之宜也。”（第二十五章）肯定了人性之有宇宙创生力的根源，合外内之道，是由外而内，一般都说从内而外，这有一个起点的问题。我们已经有内，当然可以有外，无内怎么有外？当然，无外又怎么会有内？外指的是一个整体的生命与生活世界，指的是一个活生生的变动不居的宇宙。人诞生于其间，经过了对宇宙变化不居的认识，然后才能够产生一种自觉地对人的生命主体的认识。“外”还含有表现为外的意思，宇宙的外物固然是大小环境的外，而我的外表与外在表现也可以说是我之外。此一外与我之内性显然是机体相关而无法分离的。基于环境的知觉，最开始有感官的自觉，以感应的方式来回应外在世界。感知导向理性认知，形成了我对外在世界的知识与概念。也就自然地建立了主客内外相区别的格局，而为人的主体性以及事物的客观性观念之来源，当然也可以说是一种高度的对自我的自觉。

此一高度的对自我的自觉是伴随着对外在世界深度的认识而言，同时也是一种人类心灵意志主动发挥的基础。它有两个方面的作用：一方面是它启迪了我们内在认知和思想的功能；另一方面也开悟了我们的道德意识下的评价功能。在这种内在认知与内外评价的过程当中，我们才能谈孟子所说的良知良能的问题，继而谈朱子“居敬涵养、进学致知”与王阳明“致良知”的问题，那就是善恶分辨的问题和是非标准认知的问题，如此才能从生活儒学的实践进行到生活儒教的构建。

儒家一般强调道德认知，而道德认知则来自我们深度地认知我的存在的能力，也是对生命的认知能力。没有对生命的认知能力，我们怎么谈道德认知？对生命的认知能力有来自我们对世界的真实认识，没有对世界的认知能力，我们怎么去了解世界？所以说根本的自我的自觉的教育是很重要的，从西方儿童心理学来说，像皮亚杰等人讨论了人在幼童时能够逐渐从感性走向理性的启发。但人怎么会有理性？人怎么会有感性？回答是只有通过外在事物的刺激才能产生内在的反应。没有外在刺激，就没有内在认知，就不能达到启发自我的作用。所以，面对我们幼儿教育，不能不重视直接给他很好的一种外在的刺激，包括文化的刺激，以及包括一个好的教师、好的课本、好的教育方法，才能启发他的内在的学习能力。而且让他在这种学习能力的启发之后，能够掌握一些真实的概念，对真实的认识、对真实的价值的认识，对自我的真实的认识，对自我价值的认识。这些必须在教育的启蒙阶段来进行，所以我特别强调幼儿启蒙教育的发展。就是说怎么样教育一个新生的个人，使他成为一个更有创造力，更能掌握真实、真理的人，这是很重要的。

《中庸》上说："诚者自成也，而道自道也。诚者物之终始，不诚无物，是故君子诚之为贵。"① 这就表明人有追求真实的原始动力，而其追求之方就在和外内之道。这也是生活儒学为学的基本态度。

四、生活儒学与生活中的诚思与诚学

有了上述本体论与方法论的基础，我们就能更进一步地理解生活儒学中的为学之道或勤学之道。以诚为真实，以诚之为对真实的自我的体察、体验与体现，我们可以提出诚思与诚学为诚教或诚修的基础。也就说明了生活儒学之为生活儒教的基础。

《中庸》是子思所著，子思的思想集中在对诚的认识。诚是言而有信，表示真实的体现令人信服。故他说："诚者，天之道也；诚之者，人之道也。诚者不勉而中，不思而得，从容中道，圣人也。诚之者，择善而固执之者也。"②

① 郑玄注，孔颖达疏，龚抗云整理，王文锦审定：《礼记正义》，北京大学出版社 2000 年版，第 1450 页。

② 郑玄注，孔颖达疏，龚抗云整理，王文锦审定：《礼记正义》，北京大学出版社 2000 年版，第 1446—1448 页。

如何能够获知真实呢？如何能够进行合外内之道呢？子思进一步提出博学、审问、慎思、明辨、笃行之道以说明循序渐进的重要。为学次第本来就为孔子所重视，其学生子夏甚至在《论语》中说“君子学以致其道”，子思以之为第一要项，并强调博学能导致思虑之知，成为行为的动力与标准：故曰：“博学之，审问之，慎思之，明辨之，笃行之。有弗学，学之弗能，弗措也；有弗问，问之弗知，弗措也；有弗思，思之弗得，弗措也；有弗辨，辨之弗明，弗措也；有弗行，行之弗笃，弗措也。人一能之己百之，人十能之己千之。果能此道矣。虽愚必明，虽柔必强。”① 又说：“自诚明，谓之性。自明诚，谓之教。诚则明矣，明则诚矣。”② 这里值得探索的是思与学何者为先？《论语》中说：“思而不学则罔，学而不思则殆。”③ 两者实为互为基础，互为次第。

显然，学与思是同时需要的，也就是学离不开思，而思也离不开学，两者要齐头并进。此之谓诚思以诚学，诚学以诚思。子思显然以诚思为一方便的起点，而荀子较后则以自由探索的学为起点，写了《劝学》篇。值得注意的是，孟子继承了子思。在《离娄上》篇里说：“居下位而不获于上，民不可得而治也。获于上有道；不信于友，弗获于上矣；信于友有道：事亲弗悦，弗信于友矣；悦亲有道：反身不诚，不悦于亲矣；诚身有道：不明乎善，不诚其身矣。是故诚者，天之道也；思诚者，人之道也。至诚而不动者，未之有也；不诚，未有能动者也。”④ 其中孟子提到了“思诚”为认知成的方法。此处所谓思诚，是要说明儒学以人之心为起点，对之重视，而思则为心的致知的活动，使心中理念明朗起来，然后方可以有效地学，是为诚学。他甚至说：“人一能之己百之，人十能之己千之。果能此道矣。虽愚必明，虽柔必强。”⑤ 因而我们可以把“思学合一”作为诚修与诚信的先决条件。生活也可

---

① 郑玄注，孔颖达疏，龚抗云整理，王文锦审定：《礼记正义》，北京大学出版社 2000 年版，第 1447 页。

② 郑玄注，孔颖达疏，龚抗云整理，王文锦审定：《礼记正义》，北京大学出版社 2000 年版，第 1447 页。

③ 程树德：《论语集释》，中华书局 2010 年版，第 103 页。

④ 焦循：《孟子正义》，中华书局 1987 年版，第 508—509 页。

⑤ 郑玄注，孔颖达疏，龚抗云整理，王文锦审定：《礼记正义》，北京大学出版社 2000 年版，第 1447 页。

以从生活儒学转向生活儒教了。

五、生活儒学与生活儒教：诚修、诚信与诚行

有了诚思与诚学的基础，儒教方为可能。《中庸》说“率性之谓道，修道之为教”①，要把学变为教，首先要了解此处所说的“教”的确切意义：教是教学的教，也是教化的教，也可以是教育之教，但却非宗教之教。尽管传统儒家对宗教的发展持包容态度，但儒学的教化而非所谓宗教的说教仍被视为社会道德的主导力量。到了明代“三教合一”的思想已经建立起来，“儒教”一词也有了一般宗教的意涵。但此一意涵的形成并非为中国宗教的兴起，因为儒家仍然是指儒学学者的理性信念与精神价值，不能与有某种超离人性与人文的佛道混为一谈。这在朱熹与王阳明都表现得十分明白。但康有为在清末以公羊学为基础提出儒学自觉地主动地建立儒教，这是一个宗教的创意。但吊诡的是康有为之后，儒学在中国并未转化为宗教，却具有核心价值的权威，主宰着中国社会。经过“五四”与“文化大革命”，儒学的宗教化努力并未成功。但在韩国，情形显然不一样，在李退溪之后，儒学的理学化却成为韩国社会生活的价值源头与信仰主流，且有把儒学当作为人唯一安身立命之学。据此，我们看到我们的确可以赋予儒学以宗教信仰的意义，以理学之信为人生道德与为人处世的最后标准与根据。这也就是把儒学儒教化了。也就是在把儒学转化为儒教的过程中，允许知而后信，也允许先信后知，或不知而信。

在此一过程中，显然个人的修持或修己，必须变为一个信仰者以及信仰的践行者。在当前对教的诠释，往往有一己或社会群体信仰的意思，有别于教育教化的原初意义，一如上述，但我们可以把此两含义结合起来讲，提出一个基于教育教化的精神信仰的概念。在此一意义下，如此儒学不仅为儒学，也可以作为儒教来看待，它即是基于知识与智慧形成的宇宙与人生信念，而非基于超出自然知识，纯由历史事件发展出来的人格神宗教。在此一

① 郑玄注，孔颖达疏，龚抗云整理，王文锦审定：《礼记正义》，北京大学出版社2000年版，第1422页。

意义下，儒教乃有了一个特殊的定位，既不同于西方的超越性的宗教，也不同与以哲学为主题的儒学。就生活的目的与价值而言，显然此一生命化的知性化的生活儒教具有更多的内涵与规范伦理的意义。但要面对一个真心与实情，我们却不能不谈到人性中可以持续发展的动力与意志，必须要以一个修持精进的方法来维护此一信仰或信念中的价值关注以及规范的理想。此即为儒学重视教化与实践的道理。《中庸》说："率性之谓道，修道之为教。"① 显然，我们要在修道的基础上达到教育与教化的目的。

如何进行教化的修持，我觉得儒学中的《大学》之教就是它的教化思想的根本部分。《大学》重视下学上达，重视格物致知，但在目标则在亲民而止于至善。要真实地修持就要做到明明德、亲民的理想，然后在至善的境界中实践人生，改进人生，也改进社会与生命。如此则可以论说信而知或信而不必知的可能了。

诚修是真诚地修持自我的心性，也只有在真诚地修持下才能有自己的心性，心性是自然地自觉，具有与自然同源的创造力，而或过之，因为人性是长期发展出来的智力与道德自觉，但没有持续地修持，也会因为懈怠而松弛，因为欲念而消解，这是提示了生命发展之不易，而必学要用持续地坚持实践来充实，此可谓之为"修其诚"。也就是把诚修作为修诚，对真实的真诚地把握，方能称之为修诚。《易传·文言传》说"君子修辞立其诚"，此处的立其诚就是修其诚的成就。

有诚就有信的问题，人有诚而人知其诚方才有信。有诚而能成为至诚，则能有信，但没有信之前，诚还没有发挥感动人的力量，则不能说为至诚。但说为至诚，则必为感天地而泣鬼神的。因此，至诚到至信是一种悟性，是主体心灵的统一与共识，乃是发于内的心灵的共振。有了信则民从而国治天下平。关于此一重要的要求，《中庸》说的十分清楚："王天下有三重焉，其寡过矣乎！上焉者虽善无徵，无徵不信，不信民弗从；下焉者虽善不尊，不尊不信，不信民弗从。故君子之道：本诸身，徵诸庶民，考诸三王而不缪，建诸天地而不悖，质诸鬼神而无疑，百世以俟圣人而不惑。质诸鬼神而无

① 郑玄注，孔颖达疏，龚抗云整理，王文锦审定：《礼记正义》，北京大学出版社 2000 年版，第 1422 页。

疑，知天也；百世以俟圣人而不惑，知人也。是故君子动而世为天下道，行而世为天下法，言而世为天下则。远之则有望，近之则不厌。”[①] 能够做到本诸身，征诸一般民众已经很不容易，但进而能为天下法、天下则，更是圣人的理想。这也是儒教之为教的理想与作用。作为生活儒教来说，言而有信，行而有诚，就是最起码的君子之道的要求，没有此一理想的境界，就无法有此一理性的真诚的可信行为。对此一理想的修持就是诚其信的修持，其过程是诚信，而其效果就是信其诚。如此方能成其教化。

最后关于诚于行的问题，无论是儒学或儒教，都不能有任何苟且，因为行是具体的、显明的，不求人之不知，只能求己之不为。除了行能有可知性外，行亦具有因果的结构，行为者不能不对之负有相关的责任。最近我论转化“互联网”为“互信网”的问题，就提及责任意识的重要。在生活中，人们必须对自己的行为及其直接相关的前因后果负有责任，也就是要面临是非善恶的审查，以及担负道德的与相关的社会和法律责任。生活儒学对此不可不重视，生活儒教更应把行为责任作为其核心的价值来进行自我改善与群体教化。宋明儒学中王阳明就是实施过“知行合一”的要求来体现与实践个人真诚的生命与追求人性中的宇宙真知，也就是人性中的良知良行。

六、生活儒学与生活儒教对现代性危机的回应

现代人面临现代性三大危机：一是现代人的教育危机；二是现代人的环境危机；三是现代人的伦理危机。对于第一点，生活儒学与儒教可以实施儒学的外内合一精神来改善人类教育的目标，建立教育的内外平衡的理想。现代教授往往流于功利主义、庸俗主义、技术主义、意识形态主义。但教育学生不能只是输送知识，这不是教育。教育学生也不是仅仅灌输信仰，而不管什么信仰，宗教的与政治的。我们要是不鼓励学生自我反思，有一种自我批评，或者说，自我独立思考的能力，输送与灌输都不是教育，教育要从宇宙与生命的意义与精神上的考虑，这样才能建立一套有生命力的生活教育。

---

① 郑玄注，孔颖达疏，龚抗云整理，王文锦审定：《礼记正义》，北京大学出版社 2000 年版，第 1457—1458 页。

上举《中庸》已经提到这样一个基本教育的方法，“博学审问”、“慎思明辨”与“身体笃行”。博学审问的目的不自身求知识，而是发展与认识到判断知识的能力，因之要鼓励学生去审问，去明辨，去好好地深刻地去思想。更重要的是启发他掌握“是非明辨”的能力，把学问提升到思辨的境地，可以尽心，而后知性，而后知天地之德，明天地之理，行天地之道。这是很重要的。这是一个知识与价值建立的过程，可用于个人，更可用于社会。这就是我所理解的生活儒学以及基于生活儒学发展出来的生活儒教。生活儒学与生活儒教重视外内合一之道，在教育上，必然强调既要认识外在世界，也要认识内在自我的内心世界，以及统合心灵与物质的精神价值世界，这就是外内合一之道。

近代西方大学教育重视人的内在认知的能力与外在认知的对象。康德的知识论就是这一观点的基础。现代科学也更是在一种对外面世界的认识基础上掌握人类对自我的知识，往往流入消解主义或二元独立的死胡同。为了解决此一困境，我个人强调“易学”的发展在所谓观天下、观天地、感自我、感内心，通过自我的认知、在客观知识中把握人的主体性与创造力，因而是正确的，立于起点与居于中点，找到用力的平衡点，掌握自己的行为方向和决策能力，这个就是我们所说的生活儒学必须有自我教育、自我启发的过程，它涉及的内外内之道是很重要的。自然也是儒教所以为儒教的核心价值。

七、生活儒教对现代科学与环境危机的回应

面对现代人的环境危机，我们可以要提出生活儒学与儒教对现代科学的回应，有利于科学的再发展。现代科学不肯定世界中生命的目的性与价值：由于重视生活与其基础的生命，生活儒教可以提出天人合一的要求及认识。外内之道是主客同一的方式，它是在一个大的环境中的个人的自我发现，大的环境或者说大的发现，就是天地之道，这是人的根源。天地的意义是很深厚的，从观察看，既有四时的季节节奏，也有五行的深刻关系。可以说对我们基本的生命是一种根本的规整、支援、支持和规划，所以我们不能离开自然的宇宙，不能离开自然的发展状态来了解自我。了解自我，再来反

馈自然，这个叫作“人能弘道，非道弘人”。

我们了解自然，了解了自然之后，基于我们对自然本身的认识或自然体现出的人存在的一种状态，自然会产生一种要有所为、要有所求、要有所知的能力，我在上面称之为“自然有为”。这和道教所说的“自然无为”相比较，不必把它看成是对立的。因为有些事在我们不知的情况下，也许是自然无为。讲无为是在我们做的太多、太过分的时候，我们要求无为。但是做得不够，没有做事情，无为就有反面的意思。所以说，自然本身是无为的，而有为是呈现出的目标、秩序。从科学来看，就是内在规律性，要按规律性办事。人类也是一样的，婴儿要成长为人，是自然有为的过程，体现了内在创造性和内在的目的性，我们不能够否定这个意思。而且当我们的知识发展到某种程度，我们的认知到某种程度，我们的觉悟到某种程度，我们自然就有一种追求的对象和方法。我们要善于在这方面去了解，自然就是水到渠成的成果，这是“天人合一”的说法。这方面可以参考我其他文章的讨论。

八、生活儒教对当代伦理危机的回应

最后我们用生活儒学或生活易学来感受当今人类面临的伦理危机，此一危机表现为五伦的混乱与伦理价值的颠倒。对此一现象的回应乃是要求在人们生活中做到知行合一。我们讲生活儒学，要知于外也要知于内，要行于内，也要行于外。所谓行于内，就是心中要有真诚的意志与意念，成为确信，成为决心，成为信念或信仰，不止在于怎么样去实现它的价值。行是因为知里面包含着价值，知与价值我认为是离不开的，当然我们可以在开始上把他们区分。比如说一个科学的知识，是客观的一种中性的描述，可以为坏也可以为好。但知识本身的目的，从人生发展来说，是对应一个潜在的目的，即是为了改善人生，增加世界的真、美、和、善、爱的价值，增加它的真。也就是说，我们看到的世界不只是一个投射出来的镜面，而是我们一个认知成果和对象，引导我们走向一个更加美好的生活境地。所以说知一定含行，行才能导向更多的知，知行合一是知性良性循环的作用。这在宋明理学已经有很好的理解。王阳明讲得最为贴切，“知是行的主意，行是知的功夫”，但有人认为太偏向心灵哲学，而偏离了生命哲学，因而变成一种比较抽象、唯心的理想主义。其实阳明是从《大学》来讲的，因为《大学》里面讲格物致知，格物致知之后诚意正心，诚意正心自然就是行。可能在这个意义上来讲，阳明并无所偏。我们没有时间来谈阳明与朱子的争辩。我在另外一些文章里谈到，阳明和朱子并不一定冲突。就知来讲，我们当然要尽量求其完美、完整。但是知并没有否定行，所以朱子是要求知，但就儒学中的大学之道来说，朱子也是以行为个体的与群体的人为目标的。当是即知即行，即行即知。当今，显然有一个情况，就是从科学的发展来看，知是要理论成熟之后才能行。有的时候要即知即行，有的时候要知而后行，要善知而后善行。要达到善知需要一个过程，行和知当然不能分开，但也不能要求它马上合一的兑现。知需要一个过程，欲速则不达，这样一个情况我觉得需要考虑。

基于这三点发挥，基于对生活易学的一种认识，我们可以说生活儒教包含了我刚才说的几个方面：一个是《中庸》的所谓学问、思辨的过程，更重要的是包含着外内合一和天人合一，然后再通过知行合一成为整体的实践。在此基础上谈儒教才更为自然。因为从《中庸》来说，“天命之谓性，率性之谓道，修道之谓教”，所以天命给你一个承载的基础。“率性之谓道”也可以说是一种学的过程，学的过程是一个外在的博学审问的过程，让性能够发挥出来。性就是一种生命的潜力、生命的创造力，等它发展出来之后就变成自我学问、生命的学问。然后，我们把它整理出来，把它系统化，把它变成一套很逻辑的体系。基于我们教育的需要，基于我们整体教育的需要，基于群体教育的需要，基于文化发展的需要，教是要整体化然后传承的。它具有文化的功能，基于文化的要求，整体化的、世界化的要求。所以我们的学问，与生命的学问要表达出来，要通过语言、通过媒体，通过各种方式让它成为可以进行文化教育、文化教化、社会教化、思想传播、价值传播的一种内涵，作为文化传承的发展过程。

所以这样才能谈所谓的生活儒教，生活儒教只能在生活儒学上面来谈“教”。“教”本身就是一个重要的过程，在今天很需要进行这样的认识。我们在儒学的教化里面，过去可能想的比较少。儒家很强调教化，但是教化要用什么方式？应该怎么样去做？这里面涉及的问题很多，孔子说“三人行必有我师焉”，社会中个体间那种相互的学习、组织的学习、社会的学习是很重要的。不幸的是，现在社会中人们有一种反学习的状态，由于高等技术的发展，人们已经不需要去背诵，也不需要去书写，也不需要去阅读。人们拥有很高的智力，但是在学习的过程当中人们缺少了“知道”或“知其道”。在教的过程中，只是自我学习，且自我学习还变成无师自通的状态。实质上，不管远程教育也好，机器教育也好，网上教育也好，都比不上个人教育。我个人也许比较保守，比较重视人跟人之间的交往和人跟人的相互感受，因为人毕竟不是禽兽，也不是物体。人必须在人的社会里面去感受到一些非常细微的而且具有感染性和参透性的认识。

我们的认识必须通过情感，甚至某种强烈的身体语言来引导，使孺子可教。孺子有桀骜不驯的，要有一个环境启发他，不然他不能得教。现在很多年轻人上网打游戏，责任还不是在他自己，而是在于环境、在于父母。所以说：“子不教，父之过。教不严，师之惰。”对儒教来说，“师道”的发展是很重要的，但不能像过去那种“经师”的模样，道貌岸然而不能启发，现在的教育应该要有非常地灵活、清爽的一面。好的老师要从自觉的观感上面，以及投入的心情状态上面进行革新，才能够真正地感受学生，真正地关切学生，知识的教育要在爱的教育中实现。就像卢梭的《爱弥儿》，实质上就是一种爱的教育，自然就会产生一种效果，使人从恶走向善。所以说，“师教”对教实在是太重要了，这是我们今天应该强调的。所谓生活儒教，尤其与生活连在一块，那么这个教的功能可以说与父母有关系，与学校老师的身教也有关系。当然我们不能像古代把教育变成封闭的过程，我们也要强调教的多元性、灵活性、真诚性，强调爱的关怀才行。同样，父母的教育往往爱多于智，也有其缺点，只是一贯溺爱、一味姑息，这样会窒息子女的学习能力，所以教育改革也要强调家庭教育的方面。这也是儒学所关心的。

总结来说，生活儒教是一个重大的课题，必须在生活儒学的基础上进行发挥，也应该有其独立的发展机制，重点摆在教化的功能和教化的实体，以及教化的过程如何进行。儒家强调几点：第一是生命的教育，对生命进行关怀；第二是仁爱的教育，对群体进行关怀；第三是一个正义的教育，对是非的辨别进行关怀；第四是一种对行为正当性表达的关怀，传统上叫作礼教。我们今天不知道怎么样去强调自己表达的方式，喜怒无常，或者不能够节制，那就不能够产生社会的和谐。所以我们还需要强调这种表达方式的教育；最后我们也要强调相互信任的教育，要真诚要正确。人能不能够反身而诚，能不能够力行为正，这都是教育的功能，也是教的功能。总之，今天我们讲生活儒学和生活儒教，要达到一种人文化成、社会教化的功能，必须要从以上所说的各方面来进行整体的规划和发展。

九、简明的结论：生活儒教涵盖个人与群体

由于易学与儒学的内在关联，我从生活易学谈到其落实，即是生活儒学。我提出“自然有为、躬身力行”一句话来彰显生活儒学的本质或其基本态度与生活方式。生活儒学引申为生活儒教，而两者居于内在与外在的互动关系：生活儒学是侧重个人的发展与个人的内在道德修持，但却离不开一个以天地为依托的天地易学（也是生活易学的一部分），也离不开以群体为对象以及以未来传承为目的的生活儒教，而生活儒教显然更有制度组织、文化规范或生活规范的外在意涵。不管不同的立场对儒学或生活儒学及生活儒教如何诠释，我们必须要肯定生活儒学与生活儒教的一致性与同体性，甚至相依性。为了进一步对生活儒学与生活儒教的诠释，我提出“五诚”之说来说明生活儒学与生活儒教的五个重要元素：诚思、诚学、诚教、诚信、诚行。有了此一内涵，我们可以认定生活儒学与生活儒教对我们所处的时代中的几个危机有其相应的对策，以和外内之道对治教育危机，以天人合一之道对治环境危机，以知行合一对治道德危机或伦理危机。因此，我们可以把生活儒学与生活儒教看成为转化与治理人类走向全球生命共同体的教化模型之道。

儒商作为新的论域

——企业家与精神人文主义

杜维明 *

儒商就是认同儒家的仁、义、礼、智、信的基本道德伦理，并且以儒家核心价值从事企业的知识人。儒商是关切政治、参与社会、重视文化、尊敬宗教的现代企业界的公共知识分子。

一、儒商的历史与现状

儒商的观念在现代中国曾经一度沉寂。真正意义上的儒商，在当代中国社会，确是凤毛麟角。儒商需要具备深厚的文化底蕴，广阔的人文关怀，尊重各文明及宗教信仰，对社会公益有责任感。这些基本素养，正是数十年来的功利主义社会所忽视的人格教育。150 年来，中国因内忧外患，造成了很大的文化断裂层。最近三十年，随着文化视野的拓宽，市场的相对开放，经济的快速发展，中国的精英企业家们在丰衣足食后，开始追求知识与意义、注重身心修养、重构精神世界，扮演了传承中华文明，重建文化传统，维护社会道德风尚的重要角色。目前，传统文化得到了社会各阶层广泛的提倡，出现了“文化热”、“国学热”和“儒学热”的可喜现象。即使尚未深入人伦日用之间的生活世界之中，但学术界和企业界已开始发展“儒商”文化。“儒商”就是认同儒家的仁、义、礼、智、信的基本道德伦理，并且以儒家核心价值从事企业的知识人。儒商是关切政治、参与社会、重视文化、

* 杜维明，哈佛大学亚洲中心资深研究员，北京大学高等人文研究院院长。

尊敬宗教的现代企业界的公共知识分子。

中国的“儒商”传统源远流长，比如孔子的弟子子贡，不仅有非凡的经商才华，还在经济、社会、政治、外交、文化以及终极关怀上有突出的贡献，作为后世商人的典范，可以成为我们今天重建“儒商”的精神资源。同时代的商圣范蠡与商祖白圭，也以其重视长远发展的商业智慧和富而好德的商业伦理，成为儒商的典范。明清时期，儒商已成为当时很多商贾的自我认同，“士商异术而同志”，商贾有着道德良知和伦理智慧，对当时的商业环境与伦理起到了改善作用。

在百余年来中国近代化历程中，在吸收外来文明的同时，儒家文化乃至整个中华民族的文化传统主动与被动地出现了严重的断裂。我们丧失了许多珍贵的集体记忆，也丧失了许多传统文化的活力和创造力。很少有传承几代的企业、店铺商号，从没被断裂、扭曲与变质；很少有传承几代的企业及企业家持续地支持某种文化事业。从整体上讲，文化变革多而积累少，破多立少，造成改革开放以后，企业家在追寻文化认同的过程中，出现不自信、迷失方向和认同扩散的困境。

不过，儒商传统在马来西亚、新加坡、泰国、印度尼西亚为代表的东南亚地区还有强韧的生命力，很多知名的华人企业家，如陈嘉庚和李光前，就是名副其实的儒商。

在东亚，日本与韩国“儒商”经验的传承，尤其值得我们借鉴。近代日本的实业之父涩泽荣一（Shibuzawa Eiichi），一生都在做《论语》研究，他奉行的金句就是“见利思义”。三菱重工的董事长诸桥晋六（Morohashi Shinroku）长期支持《东洋文库》，据说《东洋文库》的三分之一资金来自三菱。资生堂（Shiseido）的总裁福原义春（Fukuhara Yoshiharu）也是儒商，“资生”（Shisei）这两个字就来自《易经》中的“万物资生”。阳明学者冈田武彦（Okada Takehiko）每周都和企业家详解《四书》，特别是《大学》。日本还有专门培养“儒商”、造就所谓“士魂商才”的学校。比如大阪的怀德堂，培训内容既有会计等商业技术知识，也有中国传统书院教育，讲授基本的修身哲学与商业伦理的课程，特别强调儒家的修身哲学，重视人与人之间的沟通伦理。

韩国的几个大财团如现代、三星的创始人，也都体现了儒商的精神。

韩国的儒教大学成均馆，目前即是三星资助的重要文教事业。值得一提的是，SK 高等教育基金会从 2004 年开始，每年为北京大学提供高达百万美元的资金，举办有影响力的“北京论坛”，已经持续了十年之久。文化在企业界和社会上是否起作用，要靠政府、学校、媒体、企业和一般公众的共同努力，不可能是单向的。比如新版的 1000 元韩币，上面印的人物是李退溪，他是朝鲜时代的大儒，是韩国的朱熹。韩币 1000 元的背景图上，印的建筑就是成均馆（也就是朝鲜时代的国子监）的“明伦堂”；而旧版韩币千元的背面是陶山书院，还有“投壶”的形象。

改革开放三十多年来，中国的经济有了很好的积累，企业家也开始关注人生的意义问题，不只是一味追求物质的成功。从文化中国的视野立论，作为领导者，除了经济资本以外，还必须要有社会资本；除了科技能力以外，应特别注重文化能力；除了智商以外，应注重情商和伦理智慧；除了物质条件之外，应注重精神价值。于是，如何积累社会资本，培养文化能力，如何发扬伦理智慧，如何开拓精神价值，就被提上了时代的议事日程。这些都是儒商文化的内涵和追求，儒商作为新的论域，值得我们进一步的开拓与发展。

二、儒商——精神人文主义的企业家

让我们从晚清以来国人（特别是趋新知识分子当中）非常盛行的启蒙心态说起，来对“何为儒商”做一个理念上的探索。简言之，在今天重建“儒商”的身份认同，需要有两个层次性转化：从经济人到文化人；再从文化人到生态人。

首先，从经济人到文化人。在诞生于近代西方的启蒙心态当中，“经济人”是一个非常重要的原型。所谓经济人，是一个理性的动物，充分了解自己的利益，在相对自由的市场，在不犯法的前提下尽力扩大自己的利润。经济人可以发展出自由、理性、权利、法治、个人尊严这些具有普适性的价值。从儒家来看，这样一个人，至少比损人损己、损人利己的人高明很多。

但在 21 世纪，经济人的理念和实践并不能解决人的存活问题。企业家群体有领导的能力，同时还要有很多跟儒家传统有深刻关联的那些价值，必须开发出来；而且在企业经营的实际层面，无时无刻不在应用儒家伦理的原则，付诸实行。自由之外必须有正义、公义或平等的理念和实践；理性之外必须有同情或慈悲的理念和实践；法制之外一定要有礼让的理念和实践；权利之外必须有责任的理念和实践；个人尊严之外必须有社会和谐的理念和实践。这条路径意指经济人必须扩充提升为文化人，而且必须勇猛精进，努力学习做个生态人。

其次，从文化人到生态人。由启蒙心态所导引出来的核心价值，即使充分发展，依然无法超越人类中心主义，没有照顾到自然与宇宙。所以，我们需要在“对话文明”意识的启发下，借助全新的视野，来拓展人作为天地万物为一体的生态人的精神世界。

20 世纪下半叶以来，西方涌现出四种思潮，为我们带来了继承启蒙而又超越启蒙的新思维、新契机。第一种思潮是生态意识：随着 60 年代以来航天技术的突飞猛进，我们已能反观地球的全貌。尊重并爱护自然才是生存之道，日益成为全体地球公民的共识。生态意识改变了我们的宇宙观。第二种思潮是女性主义：从男女平权、女权运动，到女性主义的跨越，更从性别的角度，强调仁义、同情、礼让、责任、理解和人际关系等基本价值，重构了我们的人生观。第三种思潮是宗教多元主义：早在一百多年前，梁启超就观察到西元前 6 世纪前后，古代中国、古希腊、古印度同时出现了社会结构、思想、哲学、文学的大突破（《论中国学术思想变迁之大势》，1902 年发表），德国哲人雅斯贝尔斯（Karl Theodor Jaspers）则提出“轴心文明”的概念（《历史起源与目标》，1949 年出版），影响至今。现在各大文明之间的互相参照、互相学习、展开对话，成为跨文化交流的主要形式。第四种思潮是全球伦理：如何超越封闭的特殊主义和抽象的普世主义两种排他或折中的心理，采取荀子所谓以“仁心说，学心听，公心辩”的态度？对这一问题的答案有所认识，才能从容忍、承认、尊重、参照、沟通，逐渐提升到尊重、了解和学习的祥和之境，宗教之间才能进行相辅相成的对话。

应对这四种思潮，儒家提出了精神人文主义（spiritual humanism）。它不是欧洲文艺复兴、启蒙时代以来凡俗的人文主义（secular humanism），而是继承启蒙精神（自由、理性、法治、人权和个人尊严的基本价值）而又超越启蒙心态（人类中心主义、语言中心主义、工具理性的泛滥、把进化论的抗衡冲突粗暴地强加于人、自我的无限膨胀），并充分证成个人、群体、自然与天道，面面俱全的安身立命之坦途，这样构成完整的生态人。它注重个人自我之中身体、心知、灵觉与神明四层次的有机整合；注重个人与社群（家国天下）乃至社群与社群之间的健康互动；注重人类与自然的持久和谐；注重人心与天道的相辅相成。

正是在这种精神人文主义的引领下，从经济人到重视人文的文化人，再到体认自然与天道的生态人，我们得以建构儒商的意义世界，发展儒商这一论域，鼓励当代企业家构建既有群体性又有批判精神的自我意识。

在先秦时代，“士”本来是下层贵族的一个阶级。不过，孟子提出“无恒产者有恒心者，惟士为能”，突出了士能够超越环境限制（主要是经济条件）和所属阶级的限制，达成安贫乐道的志趣。孟子罗列“舜发于畎亩之中，傅说举于版筑之间，胶鬲举于鱼盐之中，管夷吾举于士，孙叔敖举于海，百里奚举于市”六个特殊的例子，说明士不是只来自精英阶层，农、工、商都可以是士。孔子的学生中可以有贵族、农民、工匠、军人、商人，这些人都是士。

那么，士的精神是什么？可以从主体性、社会性、历史性、超越性和未来性五方面来看。首先是主体性，以人为本，有价值自觉，有内在批判。人的主体性不是从外面添加（孟子所谓“外铄”）的，更不是由上天恩赐的，而是靠自己汲取那“源泉混混，不舍昼夜，盈科而后进，放乎四海”的本源，进行存心养性的内在积累和知言养气的身体力行，从而证成的。其次是社会性：“深造自得”的主体性（《孟子》）与儒家讲“仁政”、“王道”所象征的群体意识——也就是社会性——是不可分割的。不能通向社会、成全人己关系的道德主体，在儒学传统中是不可思议的。历史性即孟子所谓“私淑”孔子的自我认同，提出道统的观念。超越性是每个人都可以通过自己的修养而达到神圣的境界：“可欲之谓善，有诸己之谓信，充实之谓美，充实而有光辉之谓大，大而化之之谓圣，圣而不可知之谓神。”所谓未来性也就是预前性和前瞻性，张载的“为万世开太平”，便体现了这种精神。

可以说，士或士君子，既是有价值自觉的主体，又是为民请命的社会良知，还是历史与忧患意识极强烈的替天行道者。这种士的精神，是发展精神人文主义，也是当代儒商自我实现的源头活水。

三、结语：全球化时代儒商的自我实现

全球化时代，中国改革开放，经济持续发展；但同时各种弊端日益显著：基尼系数拉大，人口结构失衡，社会诚信丧失，人际交往当中戾气弥漫，生态环境则不断显示出恶化的迹象。可以套用狄更斯的一句名言："这是最好的时代，也是最坏的时代。"在此种大时代的背景之下，企业已经成为社会组织的有机力量，企业家也正在发展文化意识和责任伦理。不同企业家所认可的价值可能有不同的理念基础，比如基督教、伊斯兰教或佛教，"儒商"以精神人文主义为理念基础，承认和尊重其他文明的存在意义，并在对话、沟通的基础上，成就儒商的主体性以及自我实现。这个实现过程，需要从经济人发展到文化人，再上升到与自然宇宙和谐的生态人，在精神人文主义的理念下，不仅做好企业，还要关切政治、参与社会、注视文化、敬重宗教，从而构建当代儒商的理念，并把这一理念落实到日常生活之中。

中国管理哲学要义

曾仕强*

管理哲学是管理的最高指导原理，目的在解决管理理论实施的困难及其缺失，并确定一套价值观与信念，使管理者得以因人、因事、因时、因地而制宜，却不忘其根本。本立而道生，不忘根本，自然顺利走上正道。

中华民族在几千年来，就确定了管理的根本，称为大学之道。任何人长大以后，多多少少，都要担任管理的使命，大人必学的道理，所以称为大学之道。实际上就是管理哲学。一直到现代，仍然是全世界最为良好的管理哲学，不但合用，而且值得推广，成为真正的普适价值。我们这样说，丝毫不是民族意识坚强，所呈现的民族情结。而是平心静气，把全世界的管理哲学，作出仔细比较之后，才问心无愧，坦然地陈述出来。相信不久的将来，透过网际网路，即将传播到全世界，对人类有很大的助益。

对中华民族而言，现代化绝对不是西方化，而国际化也不应该以欧美为主。我们必须继旧开新，先正本清源，再走出自己的新路。我们的管理，最好是依据固有的管理哲学，融合西方管理的精华。也就是以《易经》的思路，《大学》三纲领和八条目，来妥善应用西方所发展出来的管理科学，使其与中华文化相结合，符合我们的风土人情，产生良好的效果。在实施上，对全体人类来说，也唯有以中国管理哲学来引导现代化管理科学，才能够和平发展而获得生生不息。否则人类濒临灭绝的危机，永难化解。

* 曾仕强，台湾交通大学教授，台湾智慧大学校长，台湾兴国管理学院校长。

一、《易经》是中国管理哲学的总源头

《易经》不但是群经之首，而且是群经之始。不只是地位重要，也是中华民族所有学问的共同源头。我们常说中华文化源远流长，主要在于《易经》的广大包容，根本正确。

人世间所有的学问，无论过去、现在，乃至于未来，要用一句话综合起来，恐怕只有《易经》做得到。一句“一阴一阳之谓道”①，便完成了总括一切，包含所有的使命。

《易经》带给我们的是一套灵活、完整、简便的思路。它不是知识，因为知识的寿命非常短促。每隔一段期间，便要淘旧换新，否则就可能落伍。《论语·卫灵公》篇记载：孔子说，子贡呀，你认为我只是博学多闻，并且谨记在心的人吗？子贡回答，是呀！难道不对吗？孔子说，不是的，我只是一以贯之罢了。孔子所说的一以贯之，有很多不同的解释。其实一代表太极，太极生两仪，两仪生四象，四象生八卦。这样一路生下来，就生出一条生生不息的思路，那就是一阴一阳之谓道，永远说不完，也永远值得领悟，千秋万世都管用，不必费心思淘旧换新。

西方人的思路是直线型的，就是我们常说的：一条路走到底，不会拐弯。今日世界之所以动荡不安，其实是误把西方的思路当作普世价值，才造成全人类受害的恶果。西方人相信适者生存，接受优胜劣败的思路。于是富有的个人或国家，把握有利的情势，掌握可以控制的机会，先挑先吃。他们不喜欢吃，或者吃不完的，才轮到贫穷的个人或国家。视 M 型社会为理所当然，也是势所必然。殊不知这种不平的现象，必然不平则鸣，引起争夺。而争夺的结果，没有不动乱的。只要这样的思路持续存在，整个世界必然动荡不安，不得安宁。西方管理科学，充其量仅能独善其身，难以兼善天下。到头来自毁其身，还想把大家拖下水，毁灭全球。

《易经》的思路，主张阳者以阴用，阴者以阳用。从大自然的阴阳交合，以及男性体内有女性荷尔蒙，女性体内也有男性荷尔蒙，体会出刚甚

① 黄寿祺、张善文：《周易译注》，上海古籍出版社 2001 年版，第 538 页。

必折，柔甚必屈；阳极成阴，阴极成阳的道理。因而主张刚柔并济，阴阳调和。我们应该明白：只有不挑食，也不偏食，就是不在乎吃什么，也不介意吃过什么，才能吃得健康，吃出美德。我们认为：天生我材必有用。人活着，就代表有价值。管理的功能，应该表现在《礼记·礼运》篇所说：老有所终，壮有所用，幼有所长，鳏寡孤独废疾者，皆有所养。人是运用资源的主体，不能被当作资源来运用。说什么自己创造被利用的价值，即为自贱。随时推销自己，也是把自己当作货品，一点也不值得。凡此种种，都是《易经》的思路，使我们发展出和西方不一样的理念。不应该由于近几百年来，科技发展得比我们快，经济繁荣得令人羡慕，便舍善恶、是非而专注于得失。何况这种得失，不过是暂时性的。眼见就要有所转移，更不能够盲目向西方学习，而丧失了自己的宝贝。

《系辞上传》说："一阴一阳之谓道，继之者善也，成之者性也。"① 道就是一阴一阳的相互对待和作用，而善呢？代表继承道以开创万物。接下来承顺以化育万物的，便叫作性。天下所有相对待的，都能用阴阳来表示。但是，《中庸》指出："君子之道，造端乎夫妇，及其至也，察乎天地。"② 君子的道，从家庭中的夫妻生活开始，推广到极致，能够明察天地间的一切事物。中华民族，依据《易经》的道理，并不认为个人是社会人群的最小单位。我们以家庭为单位，家中的每一个人，都代表这个家庭。我们很少骂人家的子女，专门骂人家的父母。这便是把家庭当作一个整体，子女的不当言行，父母必须负起责任。公司行号，同样以厂为家，领导就是这个公司家庭的大家长。再推广到国家，领导相当于父母，所以称为父母官。最后演变成四海之内，皆兄弟也。现代地球村缺乏这种理念，所以无法平天下。

天下的国家，不能够完全消灭。视天下为一家，同样有很多国的组织，不可能全部取消。视的意思，是看作一个，实际上有很多、很多个。这又牵涉到"一"与"多"的问题。西方人花了好几千年的时间，在争论究竟是"一"还是"多"？我们从来没有这样的问题。因为《易经》告诉我们：太极生两仪，两仪即为阴阳。看起来是两个：阴与阳。合起来便成为一个：阴中

---

① 黄寿祺、张善文：《周易译注》，上海古籍出版社 2001 年版，第 538 页。

② 郑玄注，孔颖达疏，龚抗云整理，王文锦审定：《礼记正义》，北京大学出版社 2000 年版，第 1429 页。

有阳，阳中有阴。并且阴极成阳，阳极成阴。我们悟出“一而二，二而一”的道理，明白“亦一亦二”的真相。所以在某种情况下，一就是一，多便是多。而在某种情况下，一就是多，而多也就是一。中华文化，并没有唯心、唯物的争执，我们一句话就说完了：心物合一，也就是现代科学所说的质能互变。物质动得快速，就成为能量。能量减缓速度，逐渐静止下来，便成为物质。我们并不在“一元论”或“二元论”上面花时间，却十分简便地说出“一元多元论”。就太极这个层次来看，当然是一元论。但是，从太极生两仪，两仪生四象，四象生八卦的层次来说，那就是多元论。既没有矛盾，也不需要有什么争执。只有知道或不知道的分别，所以我们经常问人：知不知道？而被问的人，也经常回答：知道、知道。而实际上，说知道的人未必完全知道，说不知道的人，后来竟然发现，大家说了半天，原来自己还算最知道。我们知道山外有山、人上有人。也时刻提醒自己：不要在孔夫子面前卖文章，在关老爷子跟前耍大刀。加上《乾》卦初爻：潜龙勿用。《道德经》明示：“不敢为天下先。”① 这才谦虚、礼让、先推、拖拉一番，待明白自己的定位之后，再考虑如何地谨言慎行。而今，由于西风东渐，社会上浅薄却不自知的人，又愈来愈多，竟至被视为退伍，赶不上时代，而且缺乏效率，很可能浪费时间，而徒增困扰。

二、大学之道是中国管理哲学的总则

这种知道得少的人，反而更加理直气壮；不懂事的人，往往更觉得自己比别人聪明的情况，很可能在孔子时代，就已经相当严重。孔子绝粮于陈，经常被某些以隐士自居，却又舍不得隐遁的人，讥笑嘲弄。和南子见面，很可能连真实的脸都没有看到，回来还要向弟子们解释一番。孔子读《易》，到了韦编三绝。孔子删《诗》、写《春秋》，对《易》只有赞叹！但是，在《论语》中，却并不明白说出《易经》的重要性。其主要原因，应该是《易经》从那个时期开始，已经被污名化了，被当作相命、看风水、卜问的工具，视同“怪力乱神”。于是，孔子决心为《易经》作传，我们把《十翼》的功劳，

① 陈鼓应：《老子今注今译》，商务印书馆 2006 年版，第 310 页。

全部归于孔子，并不是糊涂或马虎，而是出于至诚。对于孔子的苦心，表示感激；对于孔子的贡献，表示敬仰。我们把孔子的弟子，以及后代推崇孔子的人士，全都看成一家人，尊称为儒家，也是《易经》精神的发扬。一家之言，共同以孔子为代表。并没有西方那种“吾爱吾师，吾更爱真理”的念头，要以长江后浪推前浪的力量，使前人死在沙滩上。我们秉持“师承”的道德，只敢引申、补充说明，不方便标榜创新，比老师更高明，应该是尽学生的本分。也由于如此，孔子才能够成为万世师表，持久作出至圣先师的贡献。

孔子的用意，在阐明易理，使《易经》由筮术提升到哲理的层次。他有条件地反对占卜，却也肯定了占卜的必要性。把象、数、理、占当作《易经》的四大功能，而以推理为核心，凡事依据现象和数据，推出背后何以如此的道理。倘若现象不明，数据不确定，可以借助于占卜，来明确定位，然后依易理作出妥当的调整。

到了曾子，更遵循孔门一以贯之的精神，具体撰述大学之道，提出三纲领、八条目，成为中国管理哲学的总则，非但历久弥新，到现代仍然适用。而且放之四海而皆准，值得世界上所有国家，都当作重要的参考。

三纲领就是这么一句话：大学之道，在明明德，在亲民，在止于至善。用现代话来说，那就是：管理的道理，在凭良心，在立公心，在随时随地作出合理的阶段性调整。依据一阴一阳之谓道，三纲领以立公心为主轴，而凭良心为阴（看不见），随时随地作出合理的阶段性调整，即为阳（看得见）。凭良心是为了立公心，适时调整也是为了立公心。只要凡事为大家着想，站在各方面的立场，无私地做好全面性的考虑，便十分接近管理的本质了。

八条目指格物、致知、诚意、正心、修身、齐家、治国、平天下。管理的目的，在透过“成己”与“成物”来善尽人生的责任。把管理和人生结合在一起，从管理的历程中完成人生的责任，这是中国管理哲学把一个人从内发扬到外，由一个人的内部做起，推展到平天下为止。格、致、诚、正便是成己，而修、齐、治、平即为成物。以修身为枢纽，把成己和成物承接起来，构成一套完整的精微开展理论，成为我们常说的内圣外王。并且剀切地指出：自天子以至于庶人，壹是皆以修身为本。提示大家：物有本末，事有终始。只要知所先后，把次序理好，就合乎管理之道了。

其中值得我们深究的是：为什么修、齐、治、平之中，并没有就业或创业，难道事业在人生过程中，并不重要吗？原来金钱、财物、资源、机械、职业、工作、事务，甚至于志业，都应该视同管理的对象或工具，都不是目的。人生在世，无非透过各种工具和手段，来成己成物，善尽人生的责任。最终的目的，人人都一样，在求得好死，也就是善终。为了求得最终的心安理得，必须时时凭良心，秉持公心为大众服务，作出有利于人群社会的贡献。由于每一个人的生活背景不同，才学技能不一样，遭遇的情况也不相同，所以各就各位，各安其分。尽心尽力把自己那一份做好，也就心安理得，毫无愧怍了。

至于决策的过程，《大学》提出“知止而后有定，定而后能静，静而后能安，安而后能虑，虑而后能得”的要领。

三、中国管理哲学的特色

中国管理哲学最大的特色，在于把伦理和管理合起来看。将管理的定义，界定为修己安人的历程。促使组织成员，各自在工作岗位上修身，重视自律，然后在互相尊重的“敬人者人恒敬之”的气氛中，彼此互动而且合理地自主，以提高管理的价值，塑造和谐合作、主动积极、勇于负起应尽责任的优良风气。

我们把人群关系改称为人伦关系，也是提醒大家：工作时不忘伦理，处处将伦理融合在实际管理运作的历程中，达成修己安人的目标。

管理是人生的一部分，并非独立的实体。它表示组织内外人、事、地、物关系连续不断变化，所以是一种历程（见下图）。

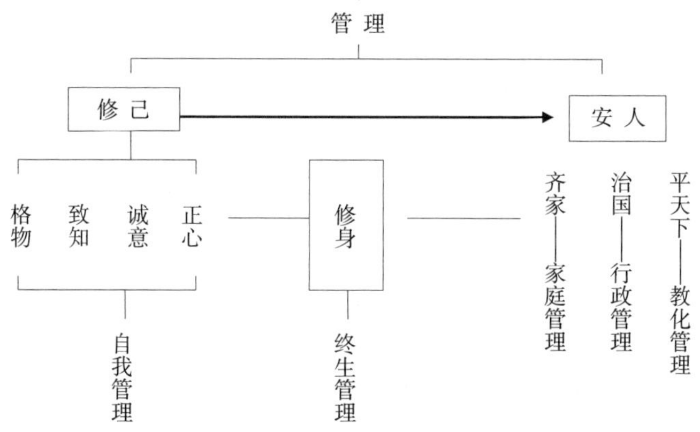

管理的目的，至少有三个层次（见下图）：

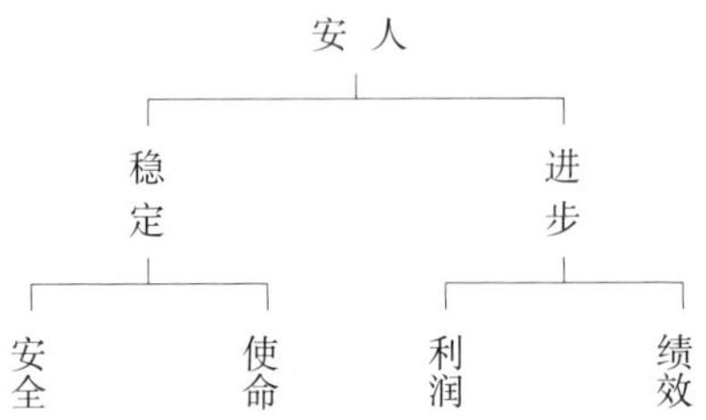

安人为第一层次，因为安是人生的根本要求。人的一生，自出生到死亡，可以说无时无刻不在求安。要求安人，必须在稳定中求进步。所以稳定和进步，属于第二层次。至于我们常说的安全、使命、利润、绩效，都属于第三层次。稳定好不好？要看它安不安：能够安人的稳定才好，令人不安的稳定，很可能是和稀泥所造成的假象，当然不好。进步好不好？同样以安不安为衡量标准。能安的进步，很好。不能安的，就不好。以此类推，安全、使命、利润、绩效，都必须安则为之，不安便要加以合理的调整。

管理要求安人，必须透过计划、组织、领导、指挥、控制、协调等活动来完成。然而，这些活动，必须建立在集结人力、互助合作；加强生产、货畅其流；改善生活、推行教化；保障安全、促进文明；充实国力，繁荣社会的共同基础上。其综合效果，显现为安人，不可有所偏失。

安人的实际效果，至少包含安顾客、安员工、安股东、安社会四种层面。制造或供应物美价廉的产品或劳务，保持源源不断及品质稳定的供应，注重售前及售后的服务，消除顾客花钱受气或吃亏上当的不安，维护消费者应有的权益，即为安顾客。给予合理待遇、分配合理工作、适当关怀和安定保障、相应尊重与适时升迁、创业辅助及真诚服务，在于安员工。合理投资报酬，定期提供财务、业务报告，按期发放平稳而较为优厚的股利，保持稳定成长，策略及时合理加以调整，才能安股东。而善尽社会责任、重视环保健全、依法按期纳税、维护公共安全及善良风俗、保持良好企业形象，当然是安社会的必要措施。

应用三才之道，以天道合高层，人道合中层，地道合基层，更是《易经》在管理中的集体呈现。高层体天行道，而不是替天行道。体会、领悟上天的用意，从天无言当中观察天垂象。遵守天道重阴阳、人道重仁义、地道重刚柔的法则，表现为高阶层重“无为”，中阶层重“应变”，而基层员工重“务实”的特色。高阶层安心地放手让中阶主管去衡量各种变数，作出当时的合理调整。基层员工热心地遵循工作规范及敬业精神，主动积极地完成分内的工作，并且适时顺从中阶主管的应变措施，却毫无怨言或阻碍。只有组织中的中阶主管，能够称心如意地各自发挥长才，密切配合地机动调整，使得基层热心而高阶放心，才是中国管理哲学的最佳成果。不幸的是，我们所看到的，大多是高阶不放心，中阶主管不称心，而基层员工则是一万个不热心。原因在于长久以来，我们对于中国管理哲学的真义，并未用心体悟，也不能专心一意地施行。口头上讲一些自己内心都不能感应的话，怎么能够打动他人的心，产生心心相应的良好效果呢？

无为是儒、道、释三家共同的理想，也是中国管理哲学最为难以实践的部分。无为的先决条件，在于达成无不为的效果。否则上级无为，基层员工也无所为，怎么能够放心地无为呢？无为的主旨，在于无知使众知，无能使众能，而无为使众为。只有干部称心如意地尽心尽力，作出合理的应变，上级才有放手全力加以支持的可能。中国哲学，秉持《易经》“居中为吉”的精神，把管理的重心，放置在中阶干部身上。高阶经营，中坚管理，而基层作业，作出最为良好、方便而有效的配合。经营是设法把本组织和同业之间，拉出适当的距离，现代称为区隔，其实是保持独特的性质，成为不可取代的机构，自然生生不息。管理是按照既定的市场定位，因应各种内外变数，给予合理调整的措施。看来只有承上启下（顶天立地）的中坚干部，才有办法。我们特别用一个“坚”字，来表扬这一群一方面承受上级的施压，接受下级的抵制，而又遭受同僚的本位主义所压迫的中层管理者们。因为着实艰难困苦，必须坚毅、坚忍而且坚强，才有办法应付。兹将组织三阶层的特质分列如下：

高层	无	有所不为	不明言	前瞻力	变易	用天下	情	经营	放心	未来	天
中坚	能	有所为 有所不为	有时明言 有时不明言	转化力	应变	治天下	理	管理	称心	现在	人
基层	有	有所为	明言	执行力	务实	为天下用	法	作业	热心	过去	地

四、中国管理哲学的三大法则

中国管理哲学所衍生出来的管理，称为中道管理。中的意思是合理，所以合理的管理，即为中道管理，现代称为管理合理化。主要有三大法则，说明如下：

1. 安人之道。如前所述，管理的总目标为安人。凡是与我有关的人，都能够获得安宁，管理人性化，是管理合理化的基础。人要自主，人能主动，人自动积极，便是安的表现，也可以说是安的效果。

2. 经权之道。经是常的意思，经常性表示不易，也就是不可以时常变易。权为变通，我们常说权宜应变，即为权的措施。管理的方式，原无肯定的可或不可。甲公司行得有效的，乙公司未必有效。天下没有两个完全相同的个人，也不可能出现两个完全相同的组织。即使连锁商店，多少也有些微差异，不过是大致如此而已。现代管理讲求模型化、一致化，结果难以应变。管得好例行性事务，却管不了例外的事件。平日看起来头头是道，紧急时一无是处。中国管理哲学，倡导持经达权，也就是通权达变。在有所不变（经）之中有所变（权），即是经权之道。

3. 絜矩之道。《大学》说："所恶于上，毋以使下；所恶于下，毋以事上；所恶于前，毋以先后；所恶于后，毋以从前；所恶于右，毋以交于左；所恶于左，毋以交于右。此之谓絜矩之道。"① 古人著作，十分精简扼要。大可以"将心比心"来概括，为什么花费这么大篇幅，反复加以叙明呢？因为这等心态，说起来很容易，好像谁都做得到，但是实践起来，真的非常不容易。有些事知难行易，有些事则是知易行难。领导者与被领导之间，倘若将心比心，可以化解很多疑虑，拉近很大距离。然而，要达到这样的地步，恐怕需要大家继续努力，互相勉励！

制度重要，成员的行为也很要紧。当我们致力于建立合乎道理、顺乎人情的制度，每一成员又都能切实遵循时，则事何患不成？人何患不安？但

① 郑玄注，孔颖达疏，龚抗云整理，王文锦审定：《礼记正义》，北京大学出版社2000年版，第1600—1601页。

是制度必须从现实环境中逐渐自生自长，不能凭空移植或模仿一套制度，反过来强迫现实来迁就制度。制度不可轻易建立，也不宜随意加以破坏。在建立新制度之先，必须对于制度的推行可能遭遇的困难，逐一加以分析并研拟妥当的因应对策。制度的变动，也应该有一套可变的限度，称为“权不离经”。倘若管理者一时兴起，或者为了求好心切，使人产生“离经叛道”的感觉，那就是不尊重制度，连带也不尊重同人。任何人在组织内都有其上下、左右、前后的“立体人伦关系”，每一个人都应该把各方面的关系调整适宜，才能发展潜力与抱负。我们为什么把人际关系改称为人伦关系，便是西方所倡导的人际关系，是居于人人都是上帝的儿女而一视同仁。中华文化崇尚“天地君亲师”（现代也可以改称为“天地国亲师”），重视伦理，要求大家不可以没大没小，必须守分守纪，才能够发展合理的关系。管理与伦理合一，人际也必须加上伦理，所以称为人伦关系。

五、中国管理哲学与现代管理的关系

管理哲学是“虚”，管理科学为“实”。前者看不见、摸不着；后者则具体而明确。所以大多数人，只知有管理科学，却不知有管理哲学。殊不知这具体而明确的管理科学，无法不受那看不见、摸不着的管理哲学的支配和控制。因为虚才能控实，即为“虚以控实”。

老子说：有一个浑然一体的东西，在天地形成以前就存在。既听不到它的声音，也看不见它的形体，它独立长存而永不变灭，循环运行而生生不息，可以作为天地万物的根源。我们勉强把它称为道，虽然视之不见，听之不闻，搏之不得，却不是空无所有。这形上的道，有物、有象、有精，所以实实在在。管理哲学是无形的，存在于管理心中，必须实际应用于管理科学，也就是透过选择、运用、批判管理科学，才能够显现它的功能。

人类需要科技，然而科技却愈来愈像魔鬼，给人类一点点甜头，却反过来要人类的命。倘若经过金融风暴和日本核毒，还不能有所反省，那就是但知科学而不知哲学，我们夫复何言！我们不能因此而放弃科技，实际上人类已经丧失这样的能力。我们无法控制科技的发展，在此处不留爷，自有留爷处的现代，人类想要管制科技，恐怕已经无能为力。妥善的出路，只有用

《易经》来指引科技的发展，使科学、技术朝向正确的方向，采取合理的方法，持续地发展下去。换句话说，我们对于科技，充其量只能导之以正。而《易经》正是最为安全、妥善、有效的指引哲学。中国管理哲学，对未来地球的发展，人类的和谐与幸福，必须透过现代化管理科学，普遍施行于各行各业，才能发挥及时的功效，拯救人类于濒临灭绝的困境。现代管理科学，已经发展到极致，有待中国管理哲学的发扬，给予指引，人类文明的持续发展，关键即在于此。

市场多变化，未来难预测。我们面对的是不正常的气候，不可料的灾难，以及愈来愈多只相信科学，不了解哲学的人士，我们的管理，必须提升到“运用之妙，存乎一心”的境界，以期因应得当，调整得宜。现代很多人受不了这种空洞的话，一再要求具体明确。我们平心而论，所有决策，即使依据正确资讯，运用科学方法，到了最后决定阶段，仍然是本着“运用之妙，存乎一心”这样空洞的原则来下定决心的，讲虚、讲无、讲空，是人生最高智慧，难怪很多穷其一生，未能领悟其中的奥妙！

虚含有深藏的意义，管理者深藏若虚，便不会像半瓶子满那样地摇摇摆摆，反而给大家不好的印象，甚至于丧失信心。管理者深藏不露，并非不能露或不必露。深藏不露的目的还是要露，只不过站在不露的立场来露，才不致乱露。换句话说，才能露得恰到好处。

管理科学是“实”，凡“实”都免不了成见。具体的生产、销售、财务、人事等管理方法，各有所长，却难免各有成见。好比我们的耳、鼻、口、舌、眼一样，各有所专，但无法通用。同时，这些有形的器官，仍然受制于无形的“心”（当然不是心脏）。心不在焉，便有眼不能见，有耳不能闻。“实”又容易自满，表现出浓厚的本位主义。各有所长，表示各有各的道理。难免有所偏，就顾不了其余的功能，无法整合，达不到整体的需求。我们今天不断地加强整合，便是分容易而合难的最佳说明。

实的管理内容是“事”，虚的理念为“理”。完整的管理活动，不能只有事而缺乏理，也不能只讲理却不做事。孔子说：学而不思则罔，思而不学则殆。管理者只知道取法于人而不假思索，将不知其为什么如此，也就是不知其理，徒然为他人的思想所拘束，难以跳脱而发展自己的独特方式。中华民族历史悠久，文化博大，应该走自己的路，也就是用中国管理哲学，来指引现代化管理，形成符合中土的中国式管理，这是21世纪我们共同的责任。

我们曾经大力引进美国式管理，对于企业的发展，经济的繁荣，有很大的助益。但不可否认的，也带来很多负面的影响。特别是“求新求变”的呼声不断，致使新生代产生“凡是新的，都比旧的好”的错误观念，对于返本开新，造成很大的障碍。世界各民族莫不以自己的传统为荣，极力想要加以保持，使其连续不断，绵延不绝。美国只有两百多年历史，根本没有旧传统可言，当然强调“不连续”的可贵，高喊求新求变。一直到现代，美国仍然以“变”（change）为主。我们冷静想一想：不断求新求变，首先证明找来找去，变来变去，还没有找到真正的好东西。否则，为什么还要变呢？然后，我们已经逐渐发觉，没有旧的基础，必然强调新的胜过旧的，这是新生国家对付历史久远的民族，最有利的武器，我们何苦上当？还有，如果真的愈变愈好，愈新愈好，美国这样富强的国家，为什么愈走愈艰难，对发展中国家，愈来愈恐慌呢？

《易经》告诉我们，天下事物除了变易之外，还有不易的一面，这才叫作一阴一阳之谓道。新的有好也有坏，旧的有需要更新的，也有必须全力保存的。合理兼顾“变易”与“不易”，才是两全其（齐）美的途径。生活的方式，可以求新求变。生活的法则，却应该保持不变。唯有持经达变，知常也能变，才能保持变与不变的均衡。继旧开新，实在是当代中华民族必走的途径。

在管理科学方面，由于科学无国界，我们可以放心地学习。然而在与人员有关的方面，由于各民族的思路，也就是观念不尽相同，我们必须用心作出合理的调整，务求密切配合我们固有的风土人情，才能使现代化管理，落实而有效！经过长期的观察和分析，我们发现在领导、激励和沟通这三方面，中西的差异最大。依西方的方式来从事着三方面的运作，势必丧失效能，并且衍生严重的后患。很多人承受恶果，仍然不明原因，也有不敢说出来，或者不愿意坦白承认的。我们不在乎承认不承认，明言与否，只是善尽研究工作者的一点心意，在此呼吁各界人士，务请及时做好调整，以期适切有效，而福国利民！

中华民族是《易经》民族，《易经》的道理，已经成为我们文化基因的一部分。大家日用而不知，并不妨碍我们的代代相传，历久弥新。21 世纪又是《易经》发扬的时期，易理救宇宙，也是人类最有效的良药。中华民族在 21 世纪，对全人类的最大贡献，莫过于将中国管理哲学好好发扬，妥当指引科技发展的方向，运用现代化管理，使其产生宏大的效果。但愿大家共同努力，善尽光荣的责任。

东方管理学说的创新与实践

苏东水*

创新和发展是我们这个时代的特征，我从20世纪70年代开始，致力于中国特色的管理学、经济学等领域研究，融合古今中外管理思想精华，创造性地提出了东方管理的“以人为本、以德为先、人为为人”核心思想，构建了“学、为、治、行、和”的东方管理理论体系，并将东方管理的核心思想应用于国民经济学、管理心理学、产业经济学等领域的研究，取得了一些成果。

一、基本情况

1932年10月，我出生于一个爱国华侨家庭，1950年培元高中毕业，1953年厦门大学企业管理系毕业，毕业后到国家重工业部任调研员，自1956年9月起，在上海社会科学院、上海财经大学等单位从事实践、教学、科研工作。1972年1月起进入复旦大学工作，先后在复旦大学经济系、经济管理系、经济管理研究所、产业经济系担任系主任、教授、所长、博导和复旦大学首席教授。现任东方管理科学研究院院长，中国国民经济管理学会会长、复旦大学经济管理研究所所长、复旦大学东方管理研究中心主任，东华国际学院院长等。担任由国际三十多国管理协会组成的世界管理协会联盟（IFSAM）理事，IFSAM中国委员会主席，上海市政协委员，东亚国际经营学联合会常务理事等职。学术研究范围包括哲学、经济学、管理学、心理学和伦理学等。主要著作有百余部，近2000万字。曾获国际、国家级和省部

---

* 苏东水，复旦大学首席教授。

级的特等奖十余项，被国务院表彰为“发展中国高等教育事业有突出贡献专家”，享受国务院“特殊津贴”。被英国剑桥大学国际名人传记中心评为“世界有突出贡献的名人”。在我执教50周年时，复旦大学举行了庆祝活动，教育部发来贺电，称赞我探索并创立了独具特色的东方管理学派，为中国管理科学走向世界作出了重要贡献。

二、东方管理学说的研究历程

20世纪80年代前后，亚洲经济在日本和亚洲“四小龙”的带动下迅速崛起，直接威胁了欧美等老牌发达的管理理论和方法手段，便由此成为人们广泛关注的焦点，以中国管理文化为代表的东方管理文化，已经成为世界管理界众望所归的灿烂新星。无论是中国在改革开放的巨大经济潜力的释放，还是世界华商的经济起飞，其背后都有着中华传统管理文化的支撑。中国式、日本式、新加坡式管理也恰恰是融合了中国传统文化精髓与该国文化的结晶。甚至是美国管理文化的“人本复归”倾向也与东方管理文化的“以人为本”的精神极为一致。我对中国乃至东方国家管理思想的研究经历了以下几个阶段：

其一，古为今用阶段。我从20世纪70年代中期开始着手系统研究中国古代管理的相关著作。最初，我给复旦中文系学生做关于《红楼梦》经济管理思想的讲座。我把《红楼梦》十三回到十五回中王熙凤治理宁国府的管理手段总结为“管、卡、压、罚、打”，这些手段后来又变本加厉为“榨、抢、杀”等。当时，我感觉王熙凤的管理方法和晚些时候西方流行的泰罗式管理有相通之处，但泰罗式管理在美国成功施行了相当长一段时间，而王熙凤的管理只在短期内奏效，长期下来却树敌太多、积怨太深，怎样苦心经营也无法挽回家族衰败的命运。虽然这只是小说中的故事，但却启发我思考其中的深层原因，思考的结果是王熙凤的失败是因为她完全背离了东方文化的精神，她的管理方法根本不符合中国传统文化对家庭管理的要求。后来，我又做了另一个讲座《〈资本论〉与管理科学》。《资本论》第三卷提到管理的两重性问题，即管理也具有社会属性和自然属性。我感到，管理的社会属性同时也是管理的文化属性。所以，在此后的研究中，我格外注意分析具体的管理方法对现实文化土壤是否适应。20 世纪 80 年代中期，我陆续发表了《中国古代经营管理思想——孙子经营和领导思想方法》、《现代管理学中的古为今用》、《中国古代行为学说研究》、《试论管理科学的对象与性质》等文章，在学术界引起了很大反响，其中《中国古代行为学说》把中国古代管理行为学说分为十类，这是对东方管理中的行为模式最早的研究之一。我到日本参加学术交流时，向他们介绍了自己关于中国古代管理行为的研究成果，日本学者很感兴趣，他们当时就提出要和我合作建立一个管理学的东方学派，当时我没有答应，一方面出于民族责任感，我认为中国自己的学者有能力做好这些工作，另一方面也考虑到自己对博大精深的东方管理思想研究得还不够深入。

其二，理论创建阶段。我把东方管理思想的本质概括为“人为为人”。“人为”即每个人必须首先注意自身的行为和修养，“正人必先正己”，然后从为人的角度出发，来从事、控制和调整自己的行为，创造良好的人际关系和激励环境，使管理者和被管理者都能够在持久的激发状态下工作，主观能动性得到充分发挥，为人类社会更好地服务。“人为”和“为人”二者具有辩证关系，相互联系，并可以相互转化。这一思想最初渗透在 1987 年出版的《管理心理学》（第一版）中，并成为我独创的“人为科学”的理论基础。“人为为人”的东方管理理论充满生命力，在以复旦大学学者群为代表的国内外学者的共同努力下，对东方管理思想的研究不断深入。时至 2002 年，《管理心理学》已出第四版，发行量逾百万册，该书的每一次更新都从一个侧面反映了东方管理思想研究的新进展。随着对东方管理思想研究的逐渐深入，我越发感到有必要对中国浩如烟海的传统管理文献进行梳理、提炼。着手编著《东方管理学派经典丛书》（三学、四治、八论等 15 部），系统地对东方管理文化，尤其是中国管理文化的各个方面进行了深入的发掘、整理和研究，是海内外第一部系统、全面地反映中国历史上各时期管理思想和管理实践精华的大型著作。1996 年，耗时三年多，由我担任总主编、上百位国内外学者参与编撰的《中国管理通鉴》出版了，这是第一部对中国古代管理思想进行系统整理和研究的著作，内容丰富全面，分人物、要著、名言和技巧四卷，共计 280 余万字。《中国管理通鉴》的出版为东方管理思想的研究奠定了坚实的文献基础。我从 1992 开始连续参加世界管理协会联盟

（IFSAM）举办的世界管理大会，先后在东京、达拉斯、巴黎、马德里等国际会议上提交和宣读论文，向国外学者介绍东方管理思想研究的最新进展，使他们从不了解到感兴趣，再到与中国学者开展合作研究。1997年，我主持召开了在国内外管理学术界和企业界具有深远影响的世界管理大会（上海），国内外50余家媒体到会采访，《人民日报》的报道称大会标志着“东方管理文化在世界叫响”。会上，我的主题发言是《面向21世纪的东西方管理文化》，弘扬东方管理文化，提倡东西方管理思想融合发展。通过参加IFSAM的世界管理大会，我不断地向世界管理学界宣传以中国优秀传统文化为核心的东方管理思想，深得与会各国学者的认同，扩大了东方管理思想的国际影响。从1997年起，我们连续举办八届世界管理论坛暨东方管理学术研讨会，一届世界华商管理大会（1999），就东方管理思想研究展开广泛探讨，在海内外学术界和企业界产生了深远影响。有国外学者将我所创建的东方管理学说的“三为”思想——“以人为本、以德为先、人为为人”称为管理学的S（Su）理论或O（Oriental）理论。这当然是溢美的评价，但从一个侧面说明了东方管理学派的学术地位和国际影响。在“三为”核心思想的基础上，我们经过多方研究，全面构造了“三学”（中国管理学、西方管理学、华商管理学），“四治”（治国、治生、治家、治身），“八论”（人本论、人德论、人为论、人道论、人心论、人缘论、人谋论、人才论）的东方管理学理论体系。

其三，影响扩大阶段。1997年，我承担了国家自然科学基金项目——“东方管理学思想研究”，该项目的研究成果被评为优等。该研究的最终成果《东方管理》一书于2003年出版。在该书中，东方管理学派的学者将东方管理理论进一步完善，形成了更为全面的“东方管理理论体系”。它不仅以继承儒家思想为内核的中国传统管理文化为主，还广泛汲取东方管理文化中道家、释家、兵家、法家和伊斯兰教等思想流派的学说。近几年，在我编著的《中国国民经济管理学》、《产业经济学》、《管理学——东方管理学派的探索》、《应用经济学》等著作中，成功地把东方管理思想嵌入宏观经济管理、中观产业政策、微观企业经营中，受到了学术界同行的一致好评，也扩大了东方管理思想的影响。1998年，由我主编的、发行量高达300余万册的《国民经济管理学》再版，新的《中国国民经济管理学》中大量运用了十年来我研究东方管理思想和人为科学的成果；2000年，复旦大学经济管理研究所承接国家教育部面向21世纪课程教材《产业经济学》的编写工作，这是一部成功融合东方管理思想的创新之作，系统地论述了东方管理思想对产业经济的巨大推动作用，从产业经济的视角肯定了东方管理思想的现代价值，并初步形成了独具特色的东方产业管理模式，此书已经连续印刷多次，即将推出第二版。2001年，我们出了一本阶段性总结著作《管理学——东方管理学派的探索》。该书弘扬优秀中国传统管理文化，融合古今中外管理理论精华，系统对比东西方管理理论，总结出华商管理理论的基本思想，东方管理思想的学术价值和社会意义由此得到进一步的正式和挖掘；该书不仅丰富了管理学的内容，专辟章节阐述治家、治身，在框架上也突破了西方管理过程学派的束缚，充分重视文化和心理的影响和作用，从管理主体、管理权力、管理组织、管理文化和管理心理五个方面归纳出管理的基本要素。2003—2004年两年间，复旦大学东方管理研究中心组织校内外学者合作推出了贯穿东方管理思想“人为为人”核心理念的著作《应用经济学》，系统论述了中国改革开放大背景下企业、市场、政府、社会各领域的互动发展。从20世纪80年代开始，由我主持的复旦大学经济管理系、经济管理研究所就开始在工业经济、企业管理、产业经济学等学科下招收东方管理方向的硕士生、博士生，应用经济学和工商管理的博士后流动站也开始招收东方管理方向的博士后。2003年，复旦东方管理研究中心正式设立了独立的东方管理学博士点和硕士点，是全国第一家，已经开始正式招生，这标志着东方管理学科的人才培养开始进入一个崭新的发展阶段。20年来已毕业数百人，这些学生都成为政界、学界、商界的栋梁之才，他们在学校里学习东方管理，在工作中实践“人为为人”的理念。

三、理论创新和东方管理学的体系结构

自从20世纪70年代，我在复旦大学开始东方管理的研究以来，经过多年研究，汲取中国管理文化中道家、儒家、法家、释家、兵家、墨家以及伊斯兰教和西方管理、华商管理等派别主干思想的合理养分，终于开创性地提出了概括东方管理文化本质特征的“以人为本、以德为先、人为为

人”的“三为”原理，在此基础上形成了治国、治生、治家和治身的“四治”管理，以人本论、人德论、人为论为核心、包括人道、人心、人缘、人谋、人才“五行”经验的东方管理理论体系，并提出东方管理学的管理目标是和贵、和合、和谐。这样，我创立的东方管理学的体系可以总结为五个字：“学”（三学）、“为”（三为）、“治”（四治）；“行”（五行）、“和”（三和）。东方管理学还从管理主体、管理权力、管理组织、管理文化和管理心理等五方面，归结出管理成功的基本要素：以管理主体为出发点，凭借职位权力和非职位权力施加影响力，依靠管理组织去协调人们的活动，通过管理文化规范管理主体的心态、意识和行为方式等，从而使组织目标顺利实施。回顾60年来对国民经济学、产业经济学、管理学和东方管理学等学科领域的研究，本人主要提出了五个方面的原创性观点：一是东方管理的哲学要素为“道、变、人、威、实、和、器、法、信、筹、谋、术、效、勤、圆”等十五个观点；二是东方管理的精髓为“以人为本、以德为先、人为为人”的“三为”思想；三是东方管理的内容为“三学”（中国管理、西方管理、华商管理）、“四治”（“治国、治生、治家、治身”）、“五行”（“人道、人心、人缘、人谋、人才”）；四是融合古今中外管理精髓，创新了东方管理理论体系为“学”、“为”、“治”、“行”、“和”的“五字经”；五是提出东方管理的主旋律及其目标是实现“人和、和合、和谐”，构建“和谐社会”。《中国管理通鉴》（四卷）、《东方管理》、《东方管理学》、《管理心理学》、《产业经济学》等100余部著作，是我历经三十多年研究，全面系统阐述中国特色经济与管理思想的学术专著，其中原创性思想、观点，对现代经济与管理科学发展，对建立中国特色管理学科具有重要价值和现实意义。

商道与王道

霍韬晦 *

一、商有"道"否

现代社会本质上是个商业社会，商业意识无处不在。即使你在互联网、微信公众号上读到的大量信息，最后很可能都是商品广告：宣传、推广、夸张、造势，甚至造假，忽悠消费者。目的只有一个：去库存、套现。朋友，往往变成潜在的顾客。人与人之间的关系到这一步就变得很可哀了，都变成牟利的对象了，参与社交圈和社交活动都变成商业平台了。

在这种情形下，商就很难有"道"；相反，更重视策略、手段、方法、布局，纵横捭阖，都是为了自己的利益，赚取别人的金钱。至于其间讲不讲道德，有没有流弊，守不守承诺，重不重公平，就鲜有人注意了。大部分人都希望通过交易，掌握机会，各出奇谋，赚取巨额回报。

在这一角度下，商场没有友道，同行亦如敌国，互相竞争。

人人都希望自己快速致富，把自己的企业做大做强，野心大、欲望大、敢冒险、敢拼搏，心态有时和赌徒没有分别。为了取胜，有时不能不讲计谋，如孙子之用兵。"兵者，诡道也。"争取主动、避实就虚、知彼知己、因敌制胜，在商场上可说并无一定之制胜法则，必须认清形势，谋定而后动。在这种情形下，一切商业活动都是谋求自利的，即使对对方也有好处，但讲到底，还是为自己。例如商场上的收购，尽管价钱合理，卖方满意，但到底还是为了壮大自己，让自己变成巨无霸，标高品牌，独步市场。至于会不会

---

* 霍韬晦，香港法住文化书院院长、新加坡东亚人文研究所所长。

增加自己的营运收入，负债过多，反而变成拖累，弄巧成拙，像美国最大的超市公司沃尔玛（Walmart），在过去四年（2014—2017）一共收购了16家电商公司，动用资金32亿美元，但不见得受到投资者欢迎，其股价徘徊不进。面书（Facebook）也一样，近五年收购了五十多间创业公司，包括两年前收购WhatsApp，付出190亿美元，令人咋舌。WhatsApp的用户虽多，达10亿人，但目前仍然亏蚀。为了制造网企巨人的假象，吸收股本，用发展眼光看，也许有其道理，但风险是存在的。何况，这会不会造成垄断呢？最近，美国的网企巨人Google，被欧盟重罚24.2亿欧元，原因就是违反了《反垄断法》。

垄断有什么害处？就是对潜在对手及消费者不公平。潜在对手难以进入市场，因为他们没有品牌、没有专利、没有产权（即使有也不起作用）、没有平台，怎能与巨无霸的企业相比？消费者没有选择，只能任由宰割。一企独大，这对整个经济，而不止于对竞争对手，都会受影响。

本来，资本主义就是鼓吹竞争，输家破产，赢家通吃（Winner takes all），虽然残酷，却是资本主义的规律。到最后贫富悬殊，社会分化，财富集中在少数人那里，引起愈来愈多人不满，看不到希望。若有一天连饭碗也失去，群众的情绪就会爆发，场面失控，其危机可想而知。

这是商道吗？恐怕只是罪恶之道，其中还包括许多旁门左道；例如愈来愈多的网骗和投资骗局，投资者和消费者稍一不慎，或一念贪心，就会上当。有些则把它包装为教育和文化产品，例如网上的游戏、电竞，以吸引消费者，目的是扩大市场，却不管其中所售卖的不良意识，对消费者，特别是对青少年的伤害极大，未来的社会将为此付出沉重代价。

官商勾结，以权谋私，贪污腐败，瞒天过海，即使在法制比较健全的国家也层出不穷，何况是新兴国家？或法制不健全的国家？

二、政道亦如商道

商道沦落至此，不想政道亦然。文明古国印度就很严重，中东、南亚各国、马来西亚、印度尼西亚、菲律宾等，贪污已入骨髓。南美更是贪污成风，最近上任仅一年的巴西总统特梅尔（Michel Temer）及其内阁便因贪污罪被起诉，须知其前两任总统卢拉（Lula da Silva）、罗塞夫（D.V. Rousseff）亦是因解决不了贪污问题而被弹劾下台，面对牢狱。风气如此，有什么可说？哥伦比亚、委内瑞拉的情形也很类似，由贪污、经济崩溃导致政治危机。即使较为文明的、政治较上轨道的如以色列、日本，也同样有官商勾结。如以色列前总理奥尔默特（Ehud Olmert）便因在担任内阁部长期间收受美国商人塔兰斯基 15 万美元而被判处 8 个月监禁，罚款 25000 美元。至于日本，贪污更是司空见惯，所谓“政治献金”，已爆出不少丑闻。著名日本政客田中角荣、竹下登、金丸信、桥本龙太郎都因此失去政治光环。即使现任首相安倍晋三，出身政治世家，一直叫嚣修宪，梦想回复昔日日本在第二次世界大战时的“光荣”，亦涉嫌滥权协助右翼团体低价买地办学，其夫人更担任该校之名誉校长，培植极右势力，野心昭然若揭。

亚洲如此，欧洲何尝不一样？例如意大利的贪污就很有名。其前任总理贝卢斯科尼（Silvio Berlusconi）便因逃税而被判刑，更因为其自身行为不检而面临多项指控；前罗马市长阿莱曼诺亦因涉嫌在项目招标中弄权和转移移民管理基金而去职。前些日子，法国举行大选，传说右翼候选人菲永（Francois Fillon）本来大热，却因空饷问题被怀疑贪污而一蹶不振。这些例子，说明在法制比较健全的地方也同样出现腐败，所以欧盟自 2014 年起，发布有关资料，定期与各成员国会晤，交流打击腐败措施。

不过从政治角度看，更值得关注的问题不是其中隐藏的商业利益，而是政治人物的行为表现、道德操守的下降，让人难以信任。民主选举本来是理性的、公开的、透明的，大家都是以理服人，而且互相尊重。孔子所谓君子之争，胜者还要感谢对方的礼让。哪里像今天的选举，互相抹黑，挖对方的疮疤，甚至无中生有、破口大骂，完全不顾自己的身份。像去年美国大选，共和党候选人特朗普（Donald John Trump）与民主党候选人希拉里（Hillary Clinton），全程互相攻击。特朗普攻击希拉里是“说谎的魔鬼”，利用私人电邮处理公务，司法部应派专人调查她的犯罪行为；又攻击希拉里的丈夫，美国前任总统克林顿性骚扰下属的疮疤，更安排了四位曾指控克林顿性丑闻的女子到场作证。希拉里则攻击特朗普的人品低下，常对女性说些猥琐言论；又批评他歧视移民、穆斯林和墨西哥裔人士。特朗普回应，说若依希拉里开放边境的政策，将有 6.5 亿人涌入美国，严重影响美国人的正常生活……

这就是现今"最民主"的超级大国所上演的民主把戏，被评为历史上"最烂"的选举。比较之下，我们对台湾的民主选举为什么这样丑恶也就释然了。民主不是讲道理，而是看你怎样误导群众和煽动群众。群众不是无知，但喜欢热闹、刺激，很多反应都是直接的、凭感觉而不会深入思考，往往被政客利用也不自知。政客没有操守但求达到目的、不择手段。这种道德性的缺失在现代民主社会可谓司空见惯。有人索性把这种现象称为"现代性"，并且上提到15世纪的马基雅维利（Machiavelli），他认为为了达到政治目的，一切造谣、抹黑、欺骗、夸大、恶意中伤、制造绯闻……都可以采取。换言之，为了达到目的，什么话、什么邪恶手段都可以合法化、合理化，不必顾虑社会道德的批判。本来，政治的目的是建设一个公平、合理而且精神健康的社会，但如今却被马基雅维利摧毁了，现代人还认为是对的，多么可怕！

一个社会如果缺乏诚信、缺乏道义、缺乏人与人之间的关怀与尊重，只讲利益，只讲手段，但又没有一个机制来化解，只靠法律守护，有什么用？若人无操守，空有一堆法律条文，有什么用？徒法不能以自行，人类社会走到这一步，把对自己的管理卸责给协约性的公共守则，不是太无能了吗？

三、政道不昌，文明错认

政道何以不昌？原因当然有多方面，但数百年来一直沦落，我认为这就不能不与商业意识的流行、普及、诱惑、影响有关。西方的商业革命始自13世纪，带动欧洲经济的发展，自15世纪起，整个欧洲都为向外殖民疯狂，说穿了就是经济利益。向外扩张是为了掠夺和控制海外资源，以加强本国的经济实力。政治所扮演的是支持者、催动者，鼓动群众来参与。表面是为了民族光荣，实质上是商业利益的战争，各大国轮流登场：15世纪由葡萄牙人率先发难，16世纪西班牙人接棒，17世纪是荷兰人，18世纪是英国和法国，至19世纪德国人也开始参与争夺，谁也不甘心落后于人。

在这一阶段中，由于知识和技术的突破，使欧洲人的武器、船只、生产方式与生产力都远优于亚洲各国，使欧洲人以文明人自居，以为自己有权分配世界。其实这就是一种最原始的野蛮，征服欲、控制欲、占有欲、享受欲，在他们内心不断膨胀，终于走上帝国主义之路。同时，生产力变革，财富增加，他们开始考虑一些制度上的变更，以保障他们的努力所得。这也就是 17 世纪末民主思想的兴起，在人权观念还没有充分发挥之前，先建立起产权观念，即个人劳动所得的私有财产神圣不可侵犯。自由即是合法权利的防卫，于是资本主义兴起。随着武力的扩张，殖民主义、帝国主义横行世界，西方人认为自己很成功，但这是不是一种错认呢?

帝国利益的冲突，20 世纪终于爆发了两次世界大战。战后重建，人们开始认识到以武力来谋取商业利益的不义，殖民地纷纷独立，欧洲开始没落。只有在战争中捡得最大便宜的美国独大，成为世界霸主。在美国主导下，资本主义以新的形式向全球扩展，这就是全球化。通过联合国、世界贸易组织、世界银行、国际货币基金等国际机构，书写规则，打破国界，让全球资金、技术、人才自由流动。这是一种新的殖民主义，不须占领别人的国土，但却可以控制别人的资源和市场，让生意愈做愈大，财富都流进这些跨国公司、大财团、大机构那里，结果导致社会分配严重不公。尤其造成伤害的是，金钱可以购买一切的观念不断刺激人的贪欲、占有欲、消费欲、享受欲，把人的价值观完全扭曲了。数千年来人类所建造的文明不断被侵蚀，变成利益至上、金钱至上。资本主义亦由开始时重视生产力的提升，增加供应，变成不断满足人的欲望的主义，与它的原始精神（讲劳动与劳动所得应有一种公平）很不同了，也就是说扭曲了，变成贪婪的怪兽了。资本主义所肯定的自由，正如美国政治哲学家施特劳斯（Leo Strauss）所说，变成一种堕落的自由。民主政治对此，可谓束手无策。人类文明发展至此，很可能同归于尽。

四、认识中国的王道

历史告诉我们：要挽救人类下坠之势，必须针对当前危机，重建商道与王道。

如何重建？首先批判商道，让今天过分泛滥的商业意识回到它的本位，不要障碍其他的人生价值和社会价值的生起。政道便要做好安排工作，分出主次，让各种价值并行不悖。

在这一点，中国的王道文化足供参考。

也许有人认为：王道文化那么古老，在战国之后，已少人问津。汉武帝虽然对三代之治有所向往，董仲舒亦竭力进言，使汉武帝立《五经》博士，独尊儒术，但汉武帝始终不是王道文化中的王者，反而近霸者。秦汉之后，中央集权之体制已定，而国君之权位，则凌驾体制之上，成为一无限体，此后两千年，无法改变。正如黄宗羲在《明夷待访录·原君》中所说："古者以天下为主，君为客，凡君之所毕世经营者，为天下也。今以君为主，天下为客……然则为天下之大害者，君而已矣。"这就是中国历史的悲剧，承接不了古代的政道，反而每况愈下，很值得我们反省。

所谓"古者以天下为主"，即为君者，为领袖者，不以自己的权位富贵为念，而以天下百姓安危为念。如尧帝，《尚书·尧典》上说他："克明俊德，以亲九族。九族既睦，平章百姓。百姓昭明，协和万邦。"① 他用人审慎而公正，命天文官羲和制定历法，命鲧治水，继位人不选自己儿子而选舜。舜以孝德为人称颂，既有才能又有修养，尧考察他三年，又把两个女儿嫁给他，看他能否治家。凡 28 年，一切满意之后，才把帝位传给他。舜继位之后，首先祭山川、巡守四方，定下刑罚，流放四凶，任命百官，三载考绩，黜陟幽明。于是大家都勤恳国事、尽忠职守、大公无私，以舜之心为心。这就是古代的王道文化。

尧、舜事迹，也许有人认为是后人美化，并非完全真实，但历史如此记载，即代表古人有这样的向往。这是一种内在的真实、人性的真实。儒家就是看到这一点，才会努力，不失希望。至于历史中是否真有理想的王者，为天下人所向往？所谓"王者，往也"②，他们的吸引力有没有到这一步，倒不必深究。读书，"贤者识其大，不贤者识其小"③。眼光不同，学有深浅，岂能强求？

由此可知，王道的理想性，使人的精神有所归宿。《尚书·洪范》所谓

① 《十三经注疏》整理委员会整理：《尚书正义》，北京大学出版社 1999 年版，第 27 页。

② 苏兴：《春秋繁露义证》，中华书局 1992 年版，第 289 页。

③ 程树德：《论语集释》，中华书局 2010 年版，第 1335 页。

“无偏无党，王道荡荡”①、“无反无侧，王道正直”②，刘向解释说：“言至公也。”在这种文化之下，忠孝便不能两全。《诗经·小雅·四牡》：

四牡騑騑、周道倭迟。岂不怀归、王事靡盬、我心伤悲。
四牡騑騑、啴啴骆马。岂不怀归、王事靡盬、不遑启处。
翩翩者鵻、载飞载下、集于苞栩。王事靡盬、不遑将父。
翩翩者鵻、载飞载止、集于苞杞。王事靡盬、不遑将母。③

为了王事，长年奔走在外，思家不得归，念父母而不得养，很无奈，但仍然不敢废公务。又如《诗经·小雅·出车》：

我出我车、于彼牧矣。自天子所、谓我来矣。
召彼仆夫、谓之载矣。王事多难、维其棘矣。④

天子有命，自当应召。征途阻隔，边境苦寒，并非不知，但为了王事，多艰难也要放下，可见其中是有一种超越精神，让自己义无反顾。

站在政府立场，便要努力经营、推行这种王道，以达成一个有文化、有规范、有秩序、有性情的社会。《礼记·乐记》云：

先王之制礼乐，人为之节；衰麻哭泣，所以节丧纪也；钟鼓干戚，所以和安乐也；昏姻冠笄，所以别男女也；射乡食飨，所以正交接也。礼节民心，乐和民声，政以行之，刑以防之，礼乐刑政，四达而不悖，则王道备矣。⑤

---

① 《十三经注疏》整理委员会整理：《尚书正义》，北京大学出版社 1999 年版，第 311 页。

② 《十三经注疏》整理委员会整理：《尚书正义》，北京大学出版社 1999 年版，第 311 页。

③ 《十三经注疏》整理委员会整理：《毛诗正义》，北京大学出版社 1999 年版，第 560—562 页。

④ 《十三经注疏》整理委员会整理：《毛诗正义》，北京大学出版社 1999 年版，第 597—598 页。

⑤ 郑玄注，孔颖达疏，龚抗云整理，王文锦审定：《礼记正义》，北京大学出版社 2000 年版，第 1084—1085 页。

现代人看来，可能有点形式主义，但孟子说：真正的王道，始于老百姓的民生问题解决，即“养生丧死无憾”，然后“谨庠序之教，中之以孝悌之义”，社会便会有温暖。可见这是民生问题、教育问题、教化问题、人生价值观的提升问题，可谓千年之眼，说中核心。不过在推动上，必须由在上位者做起。如尧舜一样，以身作则。所谓“仁者无敌”、“仲尼之徒，无道桓文之事者”、“王之不王，不为也，非不能也”。“乐以天下，忧以天下”，“以力假仁者霸”，“以德行仁者王”，“以力假人者，非心服也，力不赡也；以德服人者，中心悦而诚服也。”① 然后又说：

> 尊贤使能，俊杰在位，则天下之士皆悦而愿立于其朝矣。市廛而不征，法而不廛，则天下之商皆悦而愿藏于其市矣。关讥而不征，则天下之旅皆悦而愿出于其路矣。耕者助而不税，则天下之农皆悦而愿耕于其野矣。廛无夫里之布，则天下之民皆悦而愿为之氓矣。信能行此五者，则邻国之民仰之若父母矣。率其子弟，攻其父母，自生民以来，未有能济者也。如此，则无敌于天下。无敌于天下者，天吏也。然而不王者，未之有也。②

这就是王道。后来汉代的公羊传、董仲舒亦不过是承此义以进。篇幅所限，我就不多说了。

总之，王道的特征，我可以概括如下：

第一，王道没有边界，它不是一个国家观念，而是天下观念。《诗经·北山》有两句为后世传诵的话：“普天之下，莫非王土；率土之滨，莫非王臣。”这两句话从政治上说，似乎表达了一种王权至上的观念，天子成为唯一的权威。现代人可能很反感。但孟子说，读《诗》不可以文害辞，又不可以辞害志。此诗其下云：“大夫不均，我从事独贤。”诗人明显有怨，所以近人多以反映统治阶级内部矛盾说之。但孟子说，读《诗》必须“以意逆之”，即游心体会，才知道诗人是因为“劳于王事，而不得养父母”③，

① 焦循：《孟子正义》，中华书局1987年版，第221—222页。

② 焦循：《孟子正义》，中华书局1987年版，第226—232页。

③ 焦循：《孟子正义》，中华书局1987年版，第637页。

所以有怨。怨是人情，也是性情，因为关乎亲亲，岂能不动心？今因公务，“王事靡盬”，而不能兼顾，便要有所抉择，有所牺牲。何者为重，何者为轻，便要提升自己的思想境界，才能明白。所以孟子其下进一步说孝顺之义，以舜为例，亦忙于王事，不暇侍奉，但“尊亲之至，莫大乎以天下养”。所以王道是一种先公后私的文化，人必先放下自己才能体会到这种精神境界，以天下为重。晚明亡国，顾炎武说“天下兴亡，匹夫有责”，就是这个意思。

第二，王道是政治的最高理想，它不涉及权力斗争。人人各安其职，各司其职，居上位者知人，居下位者知事。所谓知事，不只是对工作、对业务的熟悉，也要把它看作王事的一部分。牵一发则动全身，所以必须全力以赴，自正其身，做好分内工作，尽本分即是“尽王事”。个体生命价值的完成必须通过整体才能彰显，不忮求、不外骛、不攀比，人人脚踏实地，向上负责，也就是向整体负责。居上位者代表整体，亦代表核心，人人向他负责，放下自我，就会产生强大的凝聚力。

第三，王道的实现有赖王者之德。它之所以不产生后代政治的权力之争，乃至种种马基雅维利（Machiavelli）所说的丑恶，是因为王者之位不是从斗争产生的，而是从人民的心悦诚服来的。孟子说：“君仁莫不仁，君义莫不义，君正莫不正。一正君而国定矣。”① 荀子说：“甲兵不劳而天下服，是知王道者也。”② 这也就是“以德行仁者王”之意。历代仁君，都希望能够实现德治，以达到政治的最高理想。可惜修养不足，无王者之风，功亏一篑。

第四，王道以实现一个有文化、有秩序、有修养、有信义、有关怀的幸福社会为鹄的。孔子说：“善人为邦百年，亦可以胜残去杀矣。”③ 不只在贵族阶层，即使平民百姓，亦有礼仪。孔子所谓“入其国，其教可知也”，又说“爱与敬”为“政之本”，以致乡大夫彼此相处，亦有种种礼仪。尊贤养老，见于平日，深入人心，自然流露。所以孔子说：“吾观于乡，而知王道

---

① 焦循：《孟子正义》，中华书局 1987 年版，第 529 页。

② 王先谦：《荀子集解》，中华书局 1988 年版，第 158 页。

③ 程树德：《论语集释》，中华书局 2010 年版，第 909 页。

之易易也。”[①] 荀子引《诗经》之言曰：“饮之食之，教之诲之，王事具矣。”[②]

由此可见，王道与今日流行的政道是如何的不同。它代表一种理想主义、理想政治在人间的实现。在王道之下，人人自律，不须以严苛的法例与刑罚管束；人人都有一种超越个体、融入整体的意识，先公后私，和而不同。由王者开始，至全体百姓，都有这种觉悟和修养。孔子说：“如有王者必世而后仁。”[③] 古人以 30 年为一世，所以，这是一个教化过程和全民思想提升的过程，必经历这个过程，人才能真正体会到自己存在的价值。试想：没有他人，何有自己？没有整体，何有个体？今日西方流行的极端的自由主义与个人主义，眼光都局限在自己那里，就不可能了解。不把心灵打开，放下自我，最后只有让自己进入封闭世界。

五、中国的商道

由此说到中国的商道。在这样的文化背景下，中国的商道就有边界了。它不能超越王道，它只能通过它自己来实现王道，同时实现它自己。虽然在个人的生存层面上，人是自私的、好利的，司马迁说：“天下熙熙，皆为利来；天下攘攘，皆为利往。”[④] 似乎道尽人生的赤裸与无奈。追求财富，是“人之情性，所不学而俱欲者也”。“情性”即生理本能，生理本能所发出的欲望是谁也不能否认的。孟子也说：“口之于味也，目之于色也，耳之于声也，鼻之于臭也，四肢之于安佚也，性也。”但“有命焉，君子不谓性也”[⑤]。为什么？因为君子不能只服从于本能，君子有道德上和历史文化上的使命，所以“仁之于父子也，义之于君臣也，礼之于宾主也，智之于贤者也，圣人之于天道也，命也，有性焉，君子不谓命也”[⑥]。这就是说，君子所发现的“性”，不同于生理本能的“性”，它深藏于人的生命之中，让你觉

① 郑玄注，孔颖达疏，龚抗云整理，王文锦审定：《礼记正义》，北京大学出版社 2000 年版，第 1633 页。

② 王先谦：《荀子集解》，中华书局 1988 年版，第 499 页。

③ 程树德：《论语集释》，中华书局 2010 年版，第 910 页。

④ 司马迁：《史记》，中华书局 1963 年版，第 3256 页。

⑤ 焦循：《孟子正义》，中华书局 1987 年版，第 990 页。

⑥ 焦循：《孟子正义》，中华书局 1987 年版，第 991 页。

醒，让你知道成长自己的道德人格更重要，更让你行动起来，逆转前面的“性”，创造出一个与前面的“性”完全不同的人生。

孔子说：“君子喻于义，小人喻于利。”① 把“义”、“利”对立起来，分属两种不同的人生：你要做君子，还是做小人？非常清晰、非常锐利，千百年来，影响深远。孟子就是据此而言生命有两种不同的“性”：现实的、自然的、本能的和反省的、逆向的、创造的。前者顺欲望而出，后者则逆本能而起；前者所追求的是世俗价值，即求利、求名、求权位、求拥有、求享受，后者则相反，求人格之超升、欲望之化解、道德之建立、理想之创造。两个世界截然异趣，商业活动无疑属于前者。在王道文化约制之下，商业活动能单独发展吗？

初步说：不可以。王道文化至公，商业活动至私，如何可以单独发展？尤有进者，后世儒者为了强调君子之学，一定要在源头上厘清人生的方向。如陆象山当年在白鹿洞讲学，就是据孔子这两句话来发挥。他要学生们辨志：喻于义还是喻于利？不可含糊，不可苟且，说得非常恳切，义正词严，听到的人无不感动下泪。

儒家这种重义轻利的态度一直影响中国读书人，陶冶出无数风骨铮铮的君子，有点像古希腊的斯多葛学派（Stoicism）：禁欲、坚忍、节俭、不动心，所不同者，斯多葛派强调理性，儒家则重视性情，但都是以追求绝对的美善为主。

然而，正如上文所说，人活在现实中，又怎能没有现实的生活呢？斯多葛派后来得到罗马帝皇的赏识，出入宫廷，一面享受富贵，一面提倡禁欲，令人深感矛盾和可笑。20世纪初，韦伯（Max Weber）写了一本非常有名的书，叫《新教伦理与资本主义精神》（*The Protestant Ethic and the Spirit of Capitalism*），指出新教徒的节俭、勤劳、守信、寡欲的伦理推动了资本主义的发展。因为新教徒相信：只有在工作上创出成果才是一个好教徒，才能对上帝的安排有所交代，于是把世俗价值与宗教信仰结合起来，无形中对资本主义的发展提供了动力。从商业角度看，新教徒的商业活动不是出于牟利的动机，反而是信仰的力量了。

① 程树德：《论语集释》，中华书局2010年版，第267页。

这显然有点吊诡，像后期的斯多葛派，又要享受物质财富，但又否认它们的价值。新教徒既要世俗上的成功，又要在宗教教条上不失节，是很难的。他们如何经得起马基雅维利的诱惑呢？时间证明：现代的资本主义已经变得完全唯利是图，营商不择手段，新教徒的伦理能产生什么防治作用？当日附和韦伯的人有没有想到这一点？

反观中国，远自春秋时代起便有成功的商人，政府也没有压抑商人的活动。因为以中国之大，各地物产不同，自然需要流通。所谓“农而食之，虞而出之，工而成之，商而通之”①，都是生活所需，不可偏废，不能说谁贵谁贱。至于哪一个领域容易获得成功，则有待其人。所谓“巧者有余，拙者不足”，每个行业都会产生人才，不过从快速致富的立场，则“农不如工，工不如商”。国家争霸，在在需财，商业的贡献比较大，便不能不重视商人。社会繁荣，更要货物流通，供应充足。人的生存，物质生活是第一道防线。只要取之有道，有什么问题？孔子说：“富与贵，人之所欲也，不以其道得之，不处也；贫与贱，人之所恶也，不以其道得之，不去也。”② 又说：“富而可求也，虽执鞭之士，吾亦为之；如不可求，从吾所好。”③ 由此可见，孔子亦不排斥财富，不像斯多葛派那样故意轻视物质。不过，若物欲太盛，忘记了君子的追求，人生便会颠倒。所以在这里，义与利必须正位。商业活动本身无罪，而且肩负物质流通之责，分担社会需要，改善人民的生活质量，这种活动本身就是一种“义”；问题在于自己会不会产生一种贪念，见利忘义？所以必须有分寸，坚持原则，不可让求利的活动居主位。其上必须有更高的价值理想限制之，这样才不会颠倒。

这就是中国的商道：经商有道德原则，目的不在纯求财富，而在成就家业、国运，或一种理想。从思想渊源上说，这也就是古代王道文化的体现。

如孔子弟子子贡，天生有货殖之才，对市场信息很敏感，孔子说他“臆则屡中”。孔子死后，他在曹、鲁各地经商，财源广进，于是可以“结驷连骑，束帛之币以聘享诸侯，所至，国君无不分庭与之抗礼”④。子贡的目

---

① 司马迁：《史记》，中华书局 1963 年版，第 3254 页。

② 程树德：《论语集释》，中华书局 1990 年版，第 232 页。

③ 程树德：《论语集释》，中华书局 1990 年版，第 453 页。

④ 司马迁：《史记》，中华书局 1963 年版，第 3258 页。

的，是借此宣扬孔子，却不是为了囤积财富。

另外，在进行商业活动时，也有法则，否则不能取得成功。战国商人白圭，和子贡一样，善观市场变化，眼光长远，不争一日之利，“人弃我取，人取我与”，于是利润倍升。但他生活俭朴，和韦伯笔下的新教徒一样，“薄饮食、忍嗜欲、节衣服”，以集中资本，而且与童仆共甘苦，训练出一支很好的营商队伍，如“孙吴用兵、商鞅行法”，用今天的眼光来看，白圭已知生意要做大，必须配合良好的管理、员工培训，和深入员工骨髓的企业文化。

由此可知，中国古代的商业并非不发达，春秋战国时代，大商人辈出，是有道理的。不过，在秦汉以后，由于主流文化，儒法两家的价值观，商人的地位受到压抑，逐渐不受重视，使中国固有的商道不能充分发展，最终受西方资本主义欺凌，这是很可惜的。

不过，在这夹缝中，中国还是创出了一条营商之路，在义利之间，没有各走极端，反而使之合一，回到孔子的财富观：以义为主，以建立一种正当的、道德的、情理兼备的商业文化为主；以此待人、以此治家、以此课子、以此守业、以此传承，绵延数百年，声传遐迩。

这就是中国的儒商。自明代起，晋商、徽商、浙商、粤商，纷纷出现，各逞奇谋，长途跋涉，网络遍及全国。所经营的最先以盐业为主，逐渐扩散至粮食、棉布、丝绸、茶叶、煤炭、铁器、木材、陶瓷、汇兑等品类，直到清末，洋商东来，挟政治之势，中国儒商才没落。

儒商的成功，证明儒道与商道不二，义利可以合一。① 王阳明说：“果能于此处调停得心体无累，虽终日做买卖，不害其为圣为贤。”关键之处就是“心体无累”，良知做主，则虽在利禄中精神仍然不受污染，不会被利禄所牵。所谓“物物而不物而物”（支遁语），人在现实中仍然逍遥。

商业意识不能高于道德意识，这一个道理，被近代资本主义所攻破，也可以说是被自私、丑陋的人性所攻破。人不能自律，商业活动无道，则何事不可为？文首我们所举的丑陋现象和竞争手段，不过是荦荦大者。贪污腐

① 参见霍韬晦：《出世、入世如何不二？——晋商、儒商的精神世界》，《古道场》，（香港）法住出版社 2015 年版。

败遍世界，除了钱财，世上已无其他价值，连在大学任教的学者和所谓公共知识分子，也是如此；“著书都为稻粱谋”，那还有何人主持公义？人类数千年辛辛苦苦创立的文化，将毁于自己手中。尽管我们有技术、有契约、有法律条文、有链接关系，若无诚意，若无信任，若无大公无私之心，国际间的共同价值便无法建立。总之，若无更高远的理想与历史情怀，人类危机不远。

在这个全球严峻的时刻，我们切不可再让商业意识泛滥，应加以批判，加以定位，然后开出其他价值，如文学价值、艺术价值、道德价值、精神价值、生命成长之价值等。总之，人不能只做商人，不做君子。重温中国古代的王道，则普天之下，各族不同，各业不同，我们发现都是秉承同一理想。如此，习近平总书记所说的“人类命运共同体”，乃至古人所说的世界“大同”，才有可能实现。

思想资源

“企业儒学”、“儒商智慧”与“阳明心学”

——兼及于人类文明对话与和平的开启可能

林安梧 *

一、问题的缘起

2016 年春夏间，我接受了一些同道朋友的邀请来大陆讲阳明心学，讲学地点主要在广州与深圳，参与的道友来自全国各地，有从内蒙古来的、西安来的、东北来的、四川来的、河南来的、山东来的、北京来的、上海来的、贵阳来的、杭州来的，当然也有较近从广东、福建来的，最可贵的是有来自印度尼西亚的海外华侨，这些商者、企业家，对于阳明心学可谓求知若渴，令我十分感动!

值得一提的是，这不是一次讲座而已，而是一年的课程，共有 6 次，一次两天，两天 12 学时，总共 72 学时。这相当于大学院系一个学年，两个学分的课。用我的话来说，这不是来听歌，而是来练歌；这不是来看戏，而是来学唱戏。听歌容易，练歌不免要辛苦；看戏有趣，但学唱戏却得用功夫。换句话来说，这已经不是要着玩，而是要契入、真理解，理解了，要践行。显然地，不只是浮泛地过去，而是要承体达用。

我发现这些企业界的道友，有的对中国哲学有着相当的理解，他们的理解视域颇宽广，也深入到一定程度。尽管不算专业，但却有着专业以外的独特氛围，它们果于实践、亲知力行，十分接地气。我深深体会到“企业儒

* 林安梧，台湾慈济大学教授暨人文社会学院院长、山东大学儒学高等研究院客座教授。

学”的确立、“儒商群体”的兴起，已经是不争的事实。想起老友，中山大学黎红雷教授二十多年来的努力，显然地，已经朗朗乾坤，日月明照，十分可观。这不会只是黎教授一人的推动而已，在之前的推动者，有成中英先生、曾仕强先生，他们都是中国式管理学的奠基者。

二、从“文化搭台，经济唱戏”到“经济发展，文化生根”

20世纪末21世纪初，常听到的口号是“文化搭台，经济唱戏”，这是顺着邓小平20世纪90年代中叶，两次南方谈话，底定改革开放的路子，而生出来的口号。风生水起，云行雨施，中国经济的发展，可谓旋乾转坤，盛况空前。伴随而来的文化热、儒学热、孔子热，甚至有人担心热过头了。到了21世纪，约莫2005年后，我发觉已经有了新的转变，口号虽没有被强调要如何变，但却也慢慢转成了“经济发展，文化生根”。要生根，就得深耕易耨，才能发荣滋长，但这谈何容易。尤其，这已经不再只是在旧的范式下的进一步发展而已，他正在面临的是范式的转换变化。就儒学来说，这不再是以农业经济为主导的、聚村而居、聚族而居的，以“血缘性纵贯轴”的儒学。他已经是以工业、商业经济为主导的，由乡村进到城市，或者把乡村改造成城市，人们从家庭拔拖出来，以个体的身份而加入到一新的社群而构成新的群体，这是以“人际性互动轴”为主导的儒学。①

伴随着日新月异电子科技的发展，互联网的广泛使用，从微信的联系，到支付宝的充分使用，电子叫车服务，共享单车的兴起，乃至微商、电商，可以说是不一而足，人们已经学会了，而且非得学会不可，在虚拟现实中，云里来、雾里去，“云端”已经是大家熟悉的概念。中国已非传统的中国，或者说也非只是现代化的中国，甚且是现代化之后的中国，或者应该说，它是一个前现代，迈向现代化，而且又交结着现代化之后，三者揪在一块儿的中国。这样的中国，有着前现代、现代、后现代三个截然不同的成分，但它

① 参见林安梧：《血缘性纵贯轴：解开帝制，重建儒学》第九章“从‘血缘性纵贯轴’到‘人际性互动轴’”，（台北）学生书局2016年版，第155—174页。

们是和合为一不可分的总体。所谓“企业儒学”、“儒商群体”是在这脉络下发生的，是在 21 世纪的场域彰显的。

三、中国式的“企业儒学”与“儒家商道智慧”

何谓“企业儒学”？黎红雷在《儒家商道智慧》一书中说：“企业儒学是儒家思想在现代企业中的应用与发展，它将儒家的治国理念转化为现代企业的治理哲学，以儒学之道驾驭现代管理科学之术，不但解决了企业自身的经营管理问题，而且为儒学在当代的复兴开拓了新的途径；服膺儒学的当代中国企业和企业家，尊敬儒家先师孔子，承担儒家历史使命，践行儒家管理理念，秉承儒家经营哲学，弘扬儒家伦理精神，履行儒家社会责任，在企业的组织、教化、管理、经营、品牌塑造、领导方式、战略变革、社会责任等方面，对企业儒学进行了积极的探索。”① 就此来说，他至少阐述了企业儒学的理念来源层面、企业儒学的管理与治理层面，还有企业儒学所担负起的儒学复兴层面。

黎红雷认为中国企业家办企业，是与其文化因子有密切关系的，他对此做了更完整的表述。他说：“中国企业家靠什么办企业？本书总结中国企业运用儒家思想经商办企业的实践，归纳出当代儒家商道的八大智慧，包括拟家庭化的企业组织形态、教以人伦的企业教化哲学、道之以德的企业管理文化、义以生利的企业经营理念、诚信为本的企业品牌观念、正己正人的企业领导方式、与时变化的企业战略智慧、善行天下的企业责任意识等，从而解读当代中国企业经营管理的独特经验，为世界管理理论的发展提供鲜活的东方视野。”② 值得留意的是，这本书不只是理论的铺排而已，全书列举了许多生动的案例，以分析诠释，并且上升到相当高的思想层次，老实说，这真的对于当代中国企业的发展、管理理论，起了很大的提升作用，反馈回来，这实可以说是现代儒学研究新的前沿。

---

① 黎红雷：《儒家商道智慧》，人民出版社 2017 年版，第 18 页。

② 黎红雷：《当代儒商的启示》，《孔子研究》2016 年第 2 期。此文后来收入《儒家商道智慧》“引言”。

若关联着“现代新儒学研究课题组”成立来说①，从20世纪90年代中叶，到现在约莫三十年，这是一世。这一世的历程，已经将中国的儒学推向了一个新的可能。这里我们看到历史的巨大力量。“现代新儒学研究课题组”的领导人主要是当时南开大学的方克立教授及中山大学的李锦全教授，而黎红雷正是李锦全的学生。抚今追昔，在历史的轨迹里，我们得为这课题组的成立，感到难能可贵，因为他们真看到了历史的飞跃进步。黎红雷开启的企业儒学，中国儒商智慧却也是这时代可贵的珍品之一。

黎红雷所说当代儒家商道的八大智慧，涉及了“组织型态、教化哲学、管理文化、经营理念、品牌观念、领导方式、战略智慧、责任意识”等，不可谓不备。或者，我们可以说，黎红雷所说的中国当代的儒家商道智慧证成了所谓企业儒学的确立，而企业儒学的确立，则回过头来证成了儒家商道智慧的有效性与实用性。或者，我们可以说“企业儒学”是“体”，而“儒家商道智慧”是“用”，它们有着“承体启用，即用显体”体用一如的关系。

四、“儒商”观念与“公共知识分子”

在一次《中国慈善家》的访谈中，杜维明说：“在中国的企业界，以严格意义上的儒商最高标准来论，我不认为目前中国的任何一个企业家有资格算儒商，儒商的观念在当今中国已荡然无存。目前中国还没有儒商，儒商需要具备深厚的文化底蕴。但是，正走在成为儒商路上的人很多，因为在中国企业界，参与社会、注重文化的人现在越来越多。”② 杜维明对儒商群体有着更高的理想，他以为“最近这几十年，中国的思想界和学术界才开始自觉地发展儒商文化。用今天的话说，儒商就是关切政治、参与社会、注重文化的企业家。他们是企业界的知识精英和公共知识分子，是对世界大势特别自觉，而且有公共意识的一批知识分子。作为商人，儒商不完全唯利是图，他们非常重要的观念是见利思义。义利之辨中，一个很大的错误认识是要义就不要利，这完全错误。义是什么？是利益之和。义所代表的利绝对是大利，

① 参见杜维明：《现代新儒学研究十年回顾——方克立先生访谈录》，《社会科学战线》1997年第2期。

② 杜维明：《目前中国没有儒商》，《中国慈善家》2013年7月。

不是小利；是代表很多人的利，不是一个人的利。另外，他们获得利，不是目的本身，而是创造使人能够从事道德实践发展的条件。所以，义比利高，利和义是没有矛盾的"①。

显然地，杜维明的儒商概念更重视所谓"公共型的知识分子"。这样的儒商概念重视的是企业界、商业界的杰出者，应当参与整个政治社会共同体、整个生活世界，特别是整个现代性的社会，去促进其现代性的合理性。这样的儒商概念与黎红雷的儒商概念虽是相通的，但其畸轻畸重却是不同的。

黎红雷强调的更是内化在企业体本身来说的企业儒学，所谓的儒商智慧，也是内化在商业本身来说的儒家智慧。杜维明则较重视从外发出来，落在公共型知识分子来说，充满着现代性与启蒙的味道。或者，我们可以说杜维明所提是较宽泛的、普遍性的、理想性的，但不够接地气。黎红雷的理解、诠释与理论，则是接地气的，而且期待能通天道，更重要的是入乎人心、布乎四体。一个是海外的名人，周游于各国；一个虽也有洋博士后的经历，也常在国外讲演，但其思想却植根于中国本土——他们的对比是蛮有趣的。

五、"乾道难知惟诚立命，坤德未毁斯土安身"：1990年的直觉

我所接触到的儒商、儒家式的商人，这些人或许可能有着子贡般的向往，但还不能用杜维明的国士级的公共知识分子来说他们，而且我觉得要是这样来要求他们也是不合理的。我1990年首度来大陆访问，曾写下一副对联，联曰："乾道难知惟诚立命，坤德未毁斯土安身。"那时，1990年是乾道难知。现在呢？老实说，似乎有个好的倾向，但其实还是难知的。中国是否就此走向"承天命、继道统、立人伦、传斯文"的光明大道，看来是有些希望的，但毕竟这还只是"一阳来复"，还没到"三阳开泰"，不过，我看中的是"坤德未毁"。1990年，我首次到大陆，便直觉到"坤德未毁"，正因

① 杜维明：《目前中国没有儒商》，《中国慈善家》2013年7月。

为坤德未毁，所以斯土足以安身。

1990年到现在，快三十年了，果真如此，这块土地的坤德未毁。那大地厚德载物，中国大陆已然成为世界最具有生命力的地方，不管是经济、政治、军事，乃至文化都是。但我愿意说，这仍只是大地母土发潜德之幽光而已。要如何能“乾知大始，坤作成物”，真做到“乾坤并建”，这可还需要一段漫长的时间，而且要调适而上遂于道的发展，这“向上一几”，可也真不容易。我之所以要说这么多，最主要是要阐明，截至目前，中国现阶段的企业儒学、儒商智慧能得如此发展，也是大地母土所发的潜德幽光，而距离“大明终始”，还需好一段漫长的时间。

六、若人有眼大如天：从“即势成理”到“以理导势”

从《易经》的“时”的观点看来，中国现在所处却是一“形势比人强”的年代，但如何“即势成理”，又如何进一步“以理导势”，却是一极为重要的论题。① 在这形势比人强的年代，只是顺着势往下趋，那这危险可是大得很，而且可能“势不可挽”，这可以说会堕入严重的无明之地。但中国之为中国，应该是具有足够文化底蕴及智慧，可以进到这势态之中，去观其变化，去理解诠释此中的艰难，而作出调整的。我以为所谓具有中国特色者正在于此也。中国者，“中道为体和为用”之国也。② 唯有在“中道为体和为用”下，才可能“即势成理”，进一步“以理导势”，中国文明的复兴，此其时矣！

这么说来，中国已经越过了“启蒙”与“救亡”的紧箍咒了吗？是，是该越过了，但却还有不少朋友，耽溺在“启蒙”的光辉之中，努力地要开启“救亡”的志业。老实说，这是一“时间的错置”，将这个时代错置到清朝末年，这是严重错误的。中国，现在应该是如同楚汉相争之后，越过了文景之治，进到武帝，复古更化的年代。这是一个大调整的大年代，需要有大

---

① “即势成理”、“以理导势”之理论主要来自于船山哲学的启发。（参见林安梧：《王船山人性使哲学之研究》，（台北）东大图书公司1987年版，第118—130页）

② 林安梧：《感怀（冠顶诗）——取“宏扬中华文化，促进两岸交流”为题》，原诗20世纪末参访青海西宁，参加学术会议，写于1997年7月，后来刊载在《民主》2006年11月。

智慧、大眼界，这是一极为可令人惊惧忧疑的年代，却也是一令人惊喜敬畏的年代。[①] 我以为正在兴起的“企业儒学”，以及正在生发的“儒商智慧”，是应该放在这样的视角之下来看待的。若仍把他置放在启蒙与救亡下的思考，那是不适当的。当然，若将它看作只是当权者的维稳，那真未免太小看了，那真是没上到应有的历史视角来看问题，也没上到应有的理论高度来看问题。套用阳明年幼时的诗来说“山近月远觉越小，便道此山大于月；若人有眼大如天，还见山小月更阔”[②]。

七、从“启蒙解放”到“现代性”的意义危机

20世纪初，从晚清以来，不管是变法者、革命者，或者是西化派、俄化派，都努力地进行着其启蒙的伟大志业。这启蒙是现代性意义的，而且都是西方化意义的。这启蒙说的是人的个体解放、人的权力解放、人的利益解放，而且相信在现代性的理性底下，就可以达到这些解放的可能，并且又可以在这些解放底下，寻找回来一现代性的共同体，在现代性的共同体底下，人可以更合理地活着，而且活得更好。

更重要的是，中国当顺着这样的趋势成为一个现代性的强盛国家。强国富民，这本是人人所向往的。这也就是我们所说的现代化的向往与努力。这向往与努力，无疑的，是需要的，也起了极大的作用，也带来了极大的效益，让人们果真活得好些，而且比以前更为合理。中国如此，当然置放在全世界来看，也是如此。换言之，我们对于近几百年来的现代性的变革与进境是要肯定的，对于中国近百年来的启蒙与救亡，及其相关的各种努力，终于走向现代化，我们还是要肯定的。

不过，在历史的推移下，人类文明其实已经从现代迈向了后现代，现代性所带来的种种可贵的“业绩”当然值得肯定，但它所带来的种种劣绩，却已经到了非得正视的年代。空气污染、水污染、环境的污染，从有形的污

---

① 参见林安梧：《从“马踢孔子”到“孔子骑马”：对中国大陆“国学热”的哲学诠释与阐析》，《国文天地》2015年第30卷第10期。

② 王阳明11岁时的诗，请参见蔡仁厚：《王阳明学行年表》，载蔡仁厚：《王阳明哲学》，（台北）东大图书公司2014年版，第157页。

染到无形的污染，从外在物质的污染到内在心灵的污染。这污染之所以污染，其实骨子里是由于人们的贪欲被启动了，一个对现代性的适当调节性机制并没有真正长养起来。

太重视人个体权力的解放，而忽略了人之为人的人伦关联。太注重利益的争夺，并且相信有一种自由而放任的争夺，会带来理性的平衡。太注重此生此世，受限在个体生命的欲望之中，让无明欲望的业力习气无尽地延展。把欲望与需求混淆，加上商业经济的炒作，让一种生命的欲望之力的理性法则高涨，并且相信它能成为维系现代性的法则。这种欲望之力的理性法则伴随着工具性理性的高涨，人们被一种奇特而回不到生命之源的力量拖着往外奔驰。① 生命离其自己，失其居宅，成为一个失丧的异乡人，无家可归，一种以为“处处无家处处家”的“当下”哲学之兴起。突然间，又当下空无、了不可得，原来整个当下是另一种虚无主义式的自我蒙欺。

八、生命觉性的呼声：从“花果飘零”到“灵根自植”

当这波现代性的理性，伴随着权力的、欲望的理法，构成了一严重而势不可挽的业力，迎面冲激而来的则是人们的觉性，这长自我们生命深处的生命之觉性，必然应运而生。这不是现在才生长出来的，早在 20 世纪初，这些生命觉性的呼声，就以不同的方式呐喊着，但现代性热闹滚滚的众声喧哗，这些觉性的呼声也就淹没于其中。在还没有走向现代化的中国，这些觉性的智慧竟然被视为垃圾，要被扔入茅厕坑。现在想来十分可笑，但当时却是救亡启蒙，一种没来由的过头，一种不知道该怎么走的过头，但当时大部分人都认为这是唯一的复兴之路。

历史的进程是十分诡谲的，在这无明的业力习气的滚动下，在这没来由的、莫名所以的、只能相信“物竞天择，适者生存”的弱肉强食的哲学指引下，生命就只能在斗争中，消解了“温良恭俭让”的懦弱，从死亡的边缘活过来，而且果真活过来了。老实说，怎么活过来的都不知道，就只知道在漆黑中寻找亮光，一种发自大地母土的本能式的探索，居然也找到了亮

① 参见沈清松：《现代哲学论衡》，（台北）黎明文化公司 1985 年版，第 1—28 页。

光，居然也克服了过来。这民族的文化生命真有一不可自已的韧性，真有一不可知之的潜德幽光。唐君毅先生曾慨叹中国民族文化花果飘零了，但文化命脉并没有在种种磨难中被斩断，众多深思熟虑的先进却埋深心、发大愿，让此灵根自植，逐渐发荣滋长。① 经过近百年来的颠簸，前辈先生们的努力，保住了文化命脉，承天命、继道统、立人伦、传斯文，其功其德必将载诸史册，辉耀乾坤。

九、“可欲之谓善，有诸己之谓信”：从“文化自信”到“文明交谈”

只是“文化搭台，经济唱戏”，进一步要“经济发展，文化生根”，文化生了根，才真正能生长，生长了才能结果实，才能再抚育下一代。还有，这文化自信了，才真正能挺起腰杆来与人平起平坐地谈话，才能有真正的交谈对话，对这早已失衡的世界文明，才能真正起个调整的作用。

欲望不是不好，但不尽的穷奢极欲，伴随着权力、装点着神圣、裹胁着理性、假恃着自由，这样的欲望所成的无明的业力，将“伊于胡底”，真是令人担心万分。儒家从来不认为欲望是罪恶，但欲望过分高涨之导致罪恶，却是不争的事实。儒家强调的是“可欲”。欲望之为可，何者为可？何处为可？在人伦共同体为可，在自然天地共同体之为可，进一步在如此两个向度所成之政治社会共同体之为可。这样的可欲，就不可能让欲望只是顺势而趋，就不可能让欲望穷奢极欲。欲望必然要有所节、有所度，有所调、有所理。

《孟子》书里讲“可欲之谓善，有诸己之谓信，充实之谓美，充实而有光辉之为大，大而化之之谓圣，圣而不可知之之谓神”②。这是生命的长育过程，是在人伦共同体、政治社会共同体、自然天地共同体下长育成的。这样可欲观的哲学，中正平和、充实饱满，可能也是对治现代性的过度欲望的真正良方，值得重视。

---

① 参见唐君毅：《说中华民族之花果飘零》，（台北）三民书局 1974 年版，第 104 页。

② 焦循：《孟子正义》，中华书局 1987 年版，第 994 页。

十、工作是磨炼灵魂的道场：阳明心学焕发出来的心原动力

因为大陆中间隔了一个“文化大革命”，又因为唯物论的关系，所以起了一个有趣的宗教的除魅作用，因此，儒家经典的带有魅力的宗教性反因之而降低了，倒是其带有教化性的宗教性与知识性，反而成为企业儒学及儒商智慧的核心。这是台港所少见的，大陆这波国学热、孔子热，从原先的实用性、功利性，却也慢慢生根了。当然，它能生根到何境地，那还是有待观察。不过，若从这角度来理解，就可以知道为何可以有阳明心学的私塾班课程了。我认为这在台湾、香港、澳门绝对是不可能的。

记得有次在珠海，我应邀论及阳明心学与现代管理。我论道：阳明心学的创始人，王守仁，字伯安，人称阳明先生，生于明朝中叶，是这五百年来，整个东亚最重要的思想家。清末民初的革命家、改革派，都与阳明心学密切相关。日本的明治维新，进行社会的改革政治运动，其生命动能的唤醒，接壤现代性。许多日本的企业经营者“一生俯首拜阳明”，他们从阳明心学中，取得了实践的动能，即知即行、知行合一，而且又能够将阳明的“一体之仁”发挥到极点，既能照顾好所有的员工，而且推扩这样的大爱能力，使得它成为整个企业的动能。1932年生于日本鹿儿岛的稻盛和夫，被认为是日本的四大经营之圣，他的经营理念最主要的来源是阳明心学。[①]就连中国台湾的经营之神，王永庆其即知即行、说一不二的作风，也与阳明心学密切关联。

稻盛和夫认为“工作是磨炼灵魂的道场”，他的“公司永远都是保障员工生活的地方”。他的人生方程式：工作结果＝思维方式 × 热情 × 能力，这里你可以看到“企业家特殊的战斗力”。[②]这与阳明心学所强调的“心即理”所焕发出来的心原动力密切相关。这甚至可以说就是阳明心学的核心“致良知”最重要的落实与发挥。这特殊战斗力表现为一次又一次“回归零”

① 参见稻盛和夫：《心法：稻盛和夫的哲学》，曹岫云译，东方出版社2016年版，第1—21页。

② 参见曹岫雲：《稻盛和夫的成功方程式》，东方出版社2013年版。

的能力，这与阳明心学的“心外无物”是密切关联的。良知是知是知非，是当下的，是无所染执的，是清静的、是纯粹的，这就是他所强调的要“以善恶，不以得失来做判断”，这也是《易经》讲的“直方大，不习，无不利”① 的大智慧。敬天爱人、自利利他，因为这世界是一体的，是包孕在一体之仁之中的。思维方式决定了整个人生和经营的向度。内在真能确定了，通而贯之，信任管理，这样的领导力才能发挥到极致；顺此落实，管理者、执行者，才能生机勃勃。这是外有天地场域、内有生机动能，两两呼应的一种管理哲学，这可以说是儒家阳明心学所启动的。

十一、阳明心学的核心：一体之仁、致良知于事事物物

这群企业儒学的执行者、实践家，其实他们不只是实践应用，而且对于理论有着相当的兴趣。总的来说：阳明心学的基本理念，以及他在历史文化中的进程里，所扮演的角色，并指出它当前的意义何在，其可开发之动能何在，落实于企业经营，又有如何之效益。记得课程的安排是这样的：第一，阳明心学的主旨：“心即理”、“致良知”、“知行合一”。第二，阳明心学与禅宗哲学的异同。第三，如何阅读王阳明的《传习录》：阅读、体验、生活哲学与经营理念的淬炼。第四，阳明心学的运用：从“修身养性”，到“企业经营”，到“治国平天下”。第五，阳明的“四句教”对于企业经营的启示。

记得：我与他们说所谓的“知行合一”，就是“即知即行”，当下那知就是行。“知”是“知县”的“知”，这是知理、管理、处理、掌理的知，这是“乾知大始，坤作成物”的“知”。我们说“张三知道孝顺父母”的知道，意思是张三果真实践了孝顺父母，这样才算是知道。阳明说“知是行之始，行是知之成”、“知是行的主意，形是知的功夫”，“知行本体”当下必然唤起十足的实践动力，去完成它，这才叫作“知”。“知”是“良知”之“知”，是“致良知”。致良知是个实践活动，必然要及于万事万物，致良知于事事物物，正其不正，使归于正，这才是真知力行。就好像，你行过来，看到一个

① 黄寿祺、张善文：《周易译注》，上海古籍出版社 2001 年版，第 28 页。

玻璃水杯置放在桌角，你马上会觉察到这水杯若不小心会掉落，你会当下心生不忍，这不忍使得你当下就会赶快将玻璃水杯挪置到一个安全的区域。这就叫“致良知于事事物物，正其不正，使归于正”，这也就是“一体之仁”的实践。这也叫作“心外无物”的实践。这也是一“为善去恶是格物”的实践。阳明说的“格物”其实也就是“正其事”，正其不正，使归于正，将一件事好好完成它。这也就是致良知于事事物物。

王阳明的“一体之仁”，强调的是经由仁的实践，关联成一不可分的整体的事物都能如其本然地成就其自己，人去成就这事物。[①] 这样的“一体观”是去践行仁，这样所成的是实践的一体观。这样的一体观便摆脱了境界形态的一体观，而是知行本体，通而为一，这样所成的是实践的一体观。这样的一体是总体之体，这可以是企业总体、是工厂的总体，可以是某个社群的总体，可以是国家社会的总体。它可以是由小而大，由内而外，由近及远的总体，最后是可以扩及天地宇宙的。所谓“宇宙内事即己分内事，己分内事即宇宙内事”，是通而为一的。这是一种崇尚和合、关联成一总体的世界大同、天下为公之学。

十二、从“中国特色”、“一带一路”到“世界和平”

显然地，企业儒学、儒商智慧，这是带着中国特色的。这时候的中国不再停留在20世纪，不再缺乏文化自信而进行自我殖民，或者文化移民，不再只是追问，如何让中国文化传统开出现代化，而且他们充分地发现到这问题带有一定的荒谬性。因为根本不是中国文化是否能开出现代化，又要如何开出现代化，重要的是：在现代化的学习过程里，我们如何一步步走向现代化，而这现代化又如何深深留下自己的字迹与烙印。更重要的是，当我们逐渐现代化了，我们也成为全世界重要的参与者、治理者，我们的文化传统能如何参与到这一波现代化的过程里，展开交谈与对话。我们又该如何用更具体的经济、政治与文化的策略，参与其中，让这世界有更好的良性互

① 参见林安梧：《中国宗教与意义治疗》第四章“王阳明的本体实践学：以王阳明《大学问》为核心的展开”，（台北）学生书局2017年印行。

动，而慢慢地由霸权的争夺，转成王道的干城。大家懂得通天地人三才地想问题，能共生共长共存共荣地思考，人类究竟该当如何？人类不能用“物竞天择，适者生存”的物种进化模式来思考问题。人类应置放在人类之参与天地万物，人懂得参赞化育，这样的角色下，来思考人该当如何。“一带一路”的提出是值得肯定的。

“一带一路”，“一带”指的是“丝绸之路经济带”，这是习近平 2013 年在哈萨克纳扎尔巴耶夫大学做演讲时提出、李克强外访时向各国推广的区域经济合作战略。沿着陆上丝绸之路，发展中国和这些国家与地区的经济合作伙伴关系，计划加强沿路的基础建设，也计划消化中国过剩的产能，并带动西部地区的开发。“一带”主要有两个走向，从中国出发，以欧洲为终点：经中亚、俄罗斯到达欧洲；经中亚、西亚到达波斯湾和地中海沿岸各国。“一路”指的是“21 世纪海上丝绸之路”，是沿着海上丝绸之路，发展中国和东南亚、南亚、中东、北非及欧洲各国的经济合作。“一路”主要有两个走向：从中国沿海港口过南海到印度洋，延伸至欧洲；从中国沿海港口过南海到南太平洋。

显然地，“一带一路”的提出，是人类文明在现代性的发展、进一步的转折，代表着文明的殖民时代的结束，而新的文明交谈年代的开启，代表着过去霸权主义的结束，新的王道主义的开启。这对于原先的权力独霸者，是很难适应的，他们必须要适应好一段时间，才有可能的。当然，很重要的，我们需要有清楚的理念方向、理论构架，并且要有真切具体可行的实践方针，须知：“凡事豫则立，不豫则废”，中国这一波必须迎来自家文明的全面复兴，有了文化自信、道路自信，才可能真正迈向全世界。作为最早的儒商子贡的智慧，“子贡一出，存鲁，乱齐，破吴，强晋而霸越。子贡一使，使势相破，十年之中，五国各有变”①。我想中国的企业儒学及儒商智慧，随着中国国家力量的增长，一步步水涨船高，子贡这些志业，在当代天下，应该会有着更进一步的发展。我们践行着、期许着！

丁酉之秋，2017 年 9 月 5 日，写于台湾花莲，慈济大学人文社

① 司马迁：《史记》，中华书局 1963 年版，第 2201 页。

社会实体的品性与伦理

倪培民*

一、个体伦理与社会实体伦理之间的差异

人们已如此习惯于用经济标准来衡量一个国家的发展程度，以至于当有人提出“幸福指数”这个概念时，它在世界各地引发了一股热潮。①很多人突然第一次意识到位于喜马拉雅山脚下的一个很小而近乎原始的、名叫不丹的王国，可以被看作是比世界上许多工业和经济发达的国家更为“先进”的国度。

这个事件之带来惊奇，其本身就是令人惊奇的。如果一个人的生活之美好不应由他的物质占有及消费来衡量，那为什么一个社会或一个国家的发展却主要甚至仅仅通过经济指标如 GDP 来衡量呢？正如罗伯特·肯尼迪（Robert Kennedy）所说，GDP 可以用来衡量一切，唯独不能衡量那些使生活有意义的东西②。然而，我们仍然随处看到各种社会实体在围绕经济成就

* 倪培民，美国格兰谷州立大学教授。本译文最后经过倪培民教授亲自修改校订。

① 该概念在 1972 年由不丹前国王吉格梅·辛格·旺楚克（Jigme Singye Wangchuck）所创造，它发展成为一种衡量人口总体幸福水平的工具，其中包括可持续发展、文化完整性、生态系统保护和良好的治理（善政）。此概念后来被进一步细化为八个对幸福有贡献的因素：身体的、心理的和精神上的健康，时间的均衡，社会和社区活力，文化活力，教育，生活水平，良好的治理，生态活力。这个概念在全世界迅速引起广泛关注。从那时起，就该专题已经举办了 5 次全球规模的会议，其中有些有接近 800 名与会者参加。（译者注：英文原文采用尾注，为了方便读者对照阅读，译文特将尾注全部改为脚注，个别注释酌加译者按语。此后不再说明）

② Kennedy，Robert（1968），“On the Gross National Product and What It Does not Measure”，Speech at the University of Kansas，March 18.

运转，而牺牲掉其他的重要价值。

［美国的］政府、新闻媒体、出版社、医疗机构和教育机构都被市场经济这只看不见的手严重操控着。媒体依赖于广告，出版社盯着市场来决定出版什么，“文化产业”将文化变成商品，政府的竞选运动必须依靠募捐，这在现在已经被视为理所当然。司法制度以天平作为象征，它本应该是公平的，但是在任何案件被纳入司法系统之前，金钱却已经是这个天平上的一个重要砝码。不仅律师是赚钱的行业，而且游说、监狱以及保释，在美国都已形成数十亿美元的产业。在国际关系中，一个国家的领导人会毫不掩饰地言及“我们国家的利益”来对抗世界上所有其他国家的利益。而谈到“利益”，很明显，他们要说的主要而且凌驾于一切之上的是经济利益。教育机构应该是培养年青一代的最神圣的地方，然而它们也被市场价值观严重侵扰。在一篇题为《市场模式的大学——处于金钱时代的人文学科》（*The Market-Model University*，*Humanities in the Age of Money*）的文章中，詹姆斯·恩格尔（James Engell）和安东尼·丹杰菲尔德（Anthony Dangerfield）用大量统计数据证明，当今的美国高等教育是由三个标准来衡量其成功的：该领域是否提供金钱的承诺（即它是否会带来高收入），该领域是否提供有关金钱的知识（如商业、金融和投资），以及该领域本身是否是金钱的一个来源（意即它能接收到来自研究合约、联邦拨款或公司投资的大量外部资金）。[①] 当年苏格拉底是以像牛虻那样迫使人们走出他们的舒适区而闻名，而且他的“教学奖”是一杯毒芹汁，而现在我们的教学评估却很大程度上基于学生们

---

① 当然，人文学科没有直接的方式来满足这三个标准里的任何一个。以下是该文章作者提供的一些令人震惊的数据：从 1970 年到 1994 年 25 年内，美国授予学士学位的数量增加了 39%。其中有三个专业增加了 5 到 10 倍：计算机与信息科学、安保服务、交通与物流。两个专业增加了 3 倍：卫生和公共管理。早已受欢迎的商业管理翻了一番。与此相反，英语、外语、哲学、历史和宗教都下降了。1960 年，每 6 名教职员就有 1 名是文科的。28 年后，这个比例缩小到 1/13。1960 年，每 100 名大学生中，有 16 人注册入读外语；1970 年是 12 人；而到了 1995 年，随着全球经济的全面展开，已不到 8 人。在过去的大约 30 年里，不仅人文学科的教职员和学生的比例下降了约 50%，而且人文学者的工资是比其他学科低成千上万美元的那种最低教职员工资。在全美范围内，1976 年，一名新聘的文学助理教授比一名新聘的商业助理教授少挣 3000 美元。到 1996 年这个差距已超过 25000 美元！（Engell，James & Anthony Dangerfield，“The Market-Model University，Humanities in the Age of Money”，*Harvard Magazine*，1998，05.）

的“满意度”。正如约翰·麦克默蒂（John McMurty）所评论的，“与以往任何时候相比，教育机构的各种政策、课程和工资都不再以学生和公民需要为生活做什么准备来作为导引……相反，它们越来越追随学生们从一个课堂走向另一个课堂的那种脚的投票”①，就像企业追随市场的潮流一样。

所有这些事情本应被看作是奇怪的，却奇怪地被看作是理所当然。如果一个人以金钱来衡量和安排一切，我们会怎么评价他？个体伦理和社会实体伦理之间显然存在着巨大的差异。当我们教导我们的孩子在道德上要正派且体贴他人时，我们投向社会实体、群体组织以及社会系统的品性培养的关注却很少。我们在很大程度上是把它们交到市场经济的手中，只通过法律和其他条规来限制它们的行为。甚至职业伦理学关注的焦点也集中在个体的专业人员该如何行为，而对社会实体的文化建设却极少关注。社会对个人有强大的影响。我们教导孩子们要远离物质崇拜，却又让物质崇拜充满了我们的社会实体，那不亚于虚伪。用孔子的话来说，“君子喻于义，小人喻于利”②。我们的社会实体有多少可以称得上是君子？

造成这种差异的一个明显原因似乎是，人们倾向于认为伦理并不真正适用于社会实体。虽然我们在言论上经常把社会实体当作道德主体，但是当涉及道德责任时，我们总是寻找那些对相关实体的决策和行为起关键作用的个人。换句话说，人们倾向于认为，社会实体的伦理可归约为个人的伦理。但真是这样吗？在这篇文章中，我想把约耳·库珀曼（Joel Kupperman）有关品性的研究和他关于儒家思想的深刻见解扩展到对社会实体伦理的研究当中。我发现，这样的扩展尽管可能并非库珀曼自己的本意，但却可以是相当有意思且富有成效的。

二、群体自我

根据我的理解，库珀曼不愿把自我的概念用于群体，因此，他很少谈

① McMurtry, John (1991, 214), “Education and the Market Model”, in *Journal of Philosophy of Education*, 25.2, pp.209-217.

② 程树德：《论语集释》，中华书局2010年版，第267页。

及社会实体的品性。[1] 在哲学家当中人所共知，如何理解“自我”是个非常困难的问题。库珀曼对所有关于永恒自我的直觉观念的哲学挑战都非常熟悉，不论它们是来自如休谟这样的西方哲学家，还是来自如佛教这样的东方哲学传统。当我们寻找这样的永恒自我时，“要么我们发现除了精神的不停流变之外什么也没有，要么我们所发现的远不是我们所想象的个体自我”[2]。顺理成章且相当合乎逻辑的，库珀曼转向了一个不包含任何像灵魂或神秘实体这类假设的自我概念。它是一个构造出来的“形而上学的专用术语”[3]，我们可以这样来解释它：

> 不管怎么着，我们有一个切实可行的理解个人的方法，即通过人们的生活经历来追踪他们。例如，X 已经形成了一个像我（I）和自己（me）这样固定一致且有意义的用语，凭靠这个用语，我们从外面观察 X，也可以把 X 看作是处在她或他人生不同阶段上的同一个人，X 将至少在这一（最小的）意义上有一个自我。[4]

注意这里的问题“与人格同一性这个问题，即按照什么条件来判定 X 与 Y 是或者不是同一个人的问题，交织在一起”[5]，但肯定不能简单地把它简化为关于同一性的问题。我们能确定一艘船在它生命的不同阶段是同一艘船，但是，我们不会说这艘船有一个自我。因此，在库珀曼看来，有一个自我必须有一个额外要求，即一个最小程度的意识整合：

> 一个人如果记不住任何事情，并且很少注意到那些我们认为是发生在他身上的事情，这样的人就不能获得自我的概念。由于这一最低

---

① 当他（库珀曼）这样做时，例如 1991 年，97 页（译者按：即 Kupperman，Joel. Character，Oxford：Oxford University Press，1991.）上，他使用了“他们的社会的品性”的表述，他似乎更多是将它看作代表了这个群体里的大多数个体的品性的一个集合。这种集合之所以值得注意，主要是在于它对每个个体品性的影响。

② Kupperman，Joel，*Character*，Oxford：Oxford University Press，1991，p.45，note 2.

③ Kupperman，Joel，*Character*，Oxford：Oxford University Press，1991，pp.33-34.

④ Kupperman，Joel，*Character*，Oxford：Oxford University Press，1991，p.35.

⑤ Kupperman，Joel，*Character*，Oxford：Oxford University Press，1991，pp.45-46.

标准，人类群体就没有形成自我的现实可能。我们对彼此不够敏感、不够了解，也相互不够协调。①

换句话说，就群体自我而言，我们不仅需要能够稳定一致且有意义地运用诸如“我们（we）”和“咱们（us）”那样的词语，从而当我们从外面观察像“美国（The United States）”或“沃尔玛（Wal-Mart）”这样的社会实体的时候，能够确认它们在不同的历史时期是同一实体，而且需要能够说这些群体“具有自我认知的可能性，这种自我认知是比某个实体（此处意为群体）经遗传而得的品性和倾向的那种集合更坚实的东西”②。

群体当然没有像个人通常所具有的那种完整统一的意识。即使是在一个最协调一致的社会群体中（想象一下，比如一支纪律严明的军队），人们依然无法进入别人的心灵中去真正地体会彼此的感觉、理解彼此的想法，也无法如同一个个人的四肢那样完美地彼此协调。然而，如果具备一个自我所需要的一切就是“比品性和倾向的那种集合更坚实”的“自我认知的可能性”，那么群体或许也可以有此资格。库珀曼承认，如果一群聪明的白蚁能够记住群体中其他成员身上所发生的事，那么我们就可以认为这里有一个群体自我。之所以以白蚁为例，当然是因为它们看起来协调得很好。不过，人类当然也表现出良好的协调性，尽管并不总是像白蚁那么好。正如库珀曼也承认的，就像一个个人无法保留他自身经历中的每一项记忆一样③，一个群体的整合也不一定需要是完美的。使用这个不太完美的标准，一个社会群体或许可以说是有“集体意识”和“集体良知”的。在很多情况下，一个群体可以像伯恩斯（Burns）和埃格达尔（Egdahl）所说的那样，“被认为具有行为主体（agential）的能力：思考、判断、决定、行动、改革，将自我和他人以及自我的行动与互动概念化，并反省。”④

---

① Kupperman，Joel，*Character*，Oxford：Oxford University Press，1991，p.37.

② Kupperman，Joel，*Character*，Oxford：Oxford University Press，1991，p.44.

③ Kupperman，Joel，*Character*，Oxford：Oxford University Press，1991，p.37.

④ Burns，T.R. & E. Engdahl，“The Social Construction of Consciousness. Part 1：Collective Consciousness and its Socio-Cultural Foundations”，*Journal of Consciousness Studies*（May 1998），p.72

或许有人会对此提出反驳，说所谓的“集体意识”与“集体良知”实际上是个体意识与个人良知的集合，它由群体成员共享而不是在群体内被整合成一体。要称得上“自我”，需要一种最小程度的意识整合，而群体则往往是由各种其他的整合形成的，比如一个连续不断的历史的整合（例如一个家族史），或者相互关系的整合（例如婚姻），或者共同空间的整合（例如城市或社区），或者使命的整合（例如一个社会组织）。在这些其他类型的整合中，相关群体的思想与行为模式可以归结为是其中个体成员的，尤其是那些处于领导地位的个人的思想与行为模式之间的相似性。

确实，在完全没有任何意识整合的情况下，我们不想把这些群体称为社会实体，更不用说称为有“自我”的社会实体。根据库珀曼对相关术语的使用，我们可以将社会群体看作是一个比社会实体更宽泛的概念。举例来说，一个种族是一个社会群体，但是，如果没有种族成员间的充分整合，我们就不能称之为社会实体。另一方面，一个社会实体并不一定有一个自我。依据库珀曼的观点，即使是个人也不一定有一个自我。“存在于一个新生儿身上并贯穿其新生儿生命的心理场（The psychological field）更确切地应该叫作原始的自我（protoself）”①，因为（新生儿）他或她仍然无法理解我（I）这个概念和理解自我形象（self-image）。一个新社区的居民之间或许会有相互接触，但是，如果没有社区组织或其他的协调方式有意识地将居民的思想和活动聚集在一起，这个新社区就不能声称有一个自我，尽管它也许取得了一个社会实体的资格。

现在回头看看前面提到的那些其他形式的整合，我们发现，不论我们把它们仅仅称为群体，还是取得了实体资格的群体，又或是能被称作有自我的实体，那都是一个它们各自成员间整合程度的问题。此外，我们发现这所谓“他形式的整合”只不过是人们的意识通过它们来相互整合的一些具体方式。正是通过对他们意识的整合，一个社会群体的历史得以延续，一个群体内部的关系得以维持，一个社会群体的共同使命得以形成。

不过，重要的是要记住，个人之间的意识整合并不一定依赖于形成一个组织（例如，想想在“占领华尔街”运动中人们是如何协调他们的行动

---

① Kupperman，Joel，*Character*，Oxford：Oxford University Press，1991，p.43.

的)。人们不无道理地认为法国人比英国人更浪漫，而德国人比法国人更形而上学，尽管法国人、英国人和德国人都未通过他们各自的政府整合起来，而是为各自的地域文化与传统所整合的。文化或传统有它自己的生命，它虽然存在于每一个个体身上，却超越每一个个体，反过来又对个体产生强烈影响。①

事实上，当我们发现一群人分享着某种共同的思想和行为模式的时候，我们总是相信在背后存在着对这些人产生影响的一种文化与传统，它起到了“比品性与倾向的集合更坚实”的联系作用。“整体大于其各个部分的总和”这种说法也适用于此。如同一个人大于她身体和心理要素的总和一样，一个社会群体也大于其每个成员的总和。一个人的身份通常来自于他或她所属的群体。这意味着，一个群体不仅不同于每个个体的简单集合，而且是每个个体的自我的一个来源。孔子关于自我的相关见解可以作为一个很好的例子。依据这一见解，一个个体经由他在关系网中的特定位置而被理解。用安乐哲（Roger T. Ames）的话来说，儒家的自我是“场的聚焦（foci of fields)”。尽管这个概念也是一种“形而上学的专业术语”，正如罗思文（Henry Rosemont Jr.）所说的那样，它既不能最终通过经验来证实，也不能通过先验推理来证明②，但是它得到我们自己的存在感的强烈支撑。在世界各地，把一个人的父母，尤其是母亲，带入辱骂中，常常被作为侮辱一个人的恶毒方式来使用（例如英语中的“the son of a bitch”和中文中的“狗娘养的”)。这不是一个巧合。它表明人们普遍将父母看作他们身份的重要组成部分。超越家庭之外，我们发现性别、种族、所属机构、国籍等，都是一个人骄傲或尊严的来源。社会实体不同于一盒盒火柴那样的实物群体。社会实体的一个基本特征是，它们由作为它们构成要素的人组成，而作为个人的延伸，它们牵涉到更复杂的人类主体性的表现。来源于作为一个社群一员的个

① 最近，丹尼尔·贝尔（Daniel Bell）和阿夫纳·德沙利特（Avner de-Shalit）合著了一本名为《城市精神》的书，该书探讨了世界各大城市的各种特征。（Bell，Daniel A. and Avner de-Shalit. *The Spirit of Cities：Why the Identity of a City Matters in a Global Age*. Princeton：Princeton University Press，2011.）

② Rosemont，Jr. Henry，Rationality and Religious Experience—The Continuing Relevance of the World's Spiritual Traditions. Chicago and La Salle，IL.：Open Court，2001，p.91.

人身份是一种归属感，或者是对社会关系网中个人角色的一种意识，这种归属感或意识不能简化为在每个个人心灵中的记忆等的整合；恰恰相反，它要求这些个体超越他们自己的心理场之外，才能找到自己。

当然，分析和阐明群体的主体性比分析和阐明个体的主体性要更难，而后者本身就已经是出了名的困难了。但是请记住，我们这里正在谈论的是一个形而上学的专用术语，它解释我们如何能够通过诸如“我们（we）”和“咱们（us）”这样的用语，来有意义地谈论社会群体，而且在实践中，使我们能够论证文化和传统超越个人之外而存在这一事实。为了这样的目的，在我们有正当理由使用它之前，我们不一定必须能够讲清楚所有关于它如何发生作用的细节，就像在有意义地使用诸如“我（I）”和“自己（me）”这样的术语以前，我们不一定需要对个人的自我作出任何令人满意的形而上学解释一样。在这里，我们可以再次跟随库珀曼的建议，满足于意识的“最小意义上的整合”，并将其应用于社会群体。通过超越每个个人的心理场的这种限制，群体自我这个概念给我们解决群体责任提供了一个更好也更现实的手段，因为它使我们能够论证一个个体是怎样被他或她所在的群体影响，同时又反过来怎样影响群体的。通过接受群体自我这个概念，我们能够对经验教给我们的东西作出更好的处理，那就是：尽管没有人对一个社会群体负完全责任，然而，一个群体的每个成员都对它负有部分责任。群体伦理要求一个人按照与个人在群体中的角色和群体的整合程度相对应的比例，来对群体负责。

三、一个有品性的社会实体意味着什么

库珀曼将品性定义为：“X 的品性是 X 思想与行为的正常模式，特别是就对 X 本人或他人的幸福有影响的那些关注和承诺的事情而言，尤其是就与道德选择相关的事情而言。”① 根据这个定义，我们大致可将一个社会群体的品性理解成它的文化②，它存在于一组共有的心态（习惯和倾向）、价值

① Kupperman，Joel，*Character*，Oxford：Oxford University Press，1991，p.17.

② 说“大致”是因为文化是一个没有明确定义的复杂概念。

观、目标，以及体现一个机构、组织或群体的特征的实践模式中。就像个人的品性一样，社会群体的文化包含其思想与行为的习惯和倾向，它使得社会群体的倾向和行为在一定程度上可预测。①

在18、19世纪以及20世纪的早期，群体品性的概念在欧洲和美国颇为流行。例如伏尔泰（Voltaire）谈到了esprit des nations（国家精神），J.G.赫德（J.G. Herder）也使用了Volksgeist（民族精神）这个概念。在20世纪初，西方作家和中国知识分子就中国人的品性写了许多书和文章。现在这种概念不再流行，部分是由于做这样的概括本身的困难。但是，我认为它更多是与人们的忧虑有关，即忧虑会对某些群体因为他们的种族、国籍甚至外貌而形成刻板印象或偏见。尽管这些都是非常重要的考虑因素，但不是完全回避群体品性这个话题的足够理由。相反，它们要求我们更小心和谨慎地来认真对待这个话题。毕竟，即使是对个人，我们也要谨慎，不要仅仅基于人们的品性来断定他们的行为。然而，这并不意味着不存在使得人们的行为在一定程度上可预测的正常的思想和行为模式。

社会实体（不仅仅是群体）的品性往往比我们通常在个人身上看到的品性更加清楚。人们甚至可以说，与个人不同，社会实体的存在本身就包含了它们自己的目的或独特功能。例如，企业是赚取利润的实体，军队是军事单位，教会是为宗教活动而组织的。个体显然没有这样预先确定的性质，即使有的话，至少也不那么明显。这种差异似乎对个体伦理是否适用于社会群体伦理有影响。以经济实体为例，比如银行和制造业，它们的目的难道不顺理成章且必不可免地是自私和赚取利润吗？我们可以制定规则来限制它们可以做什么和不能做什么（例如关于公平竞争、公平就业等方面的法律），但是，我们能要求它们不把赚取利润作为自己的首要目的却不完全废了它们？

这个论点实际上并不像它看上去的那样有力。一个个人也可以是商人、政治家或教会牧师。我们能因此说，要求一个商人超越赚取利润、一个政治家不要只考虑选举输赢、一个牧师不把自己仅仅当作上帝的代言人，是不合理的吗？形而上学地把社会实体仅仅当作它们本意要做的事情，那是一种抽象。这就类似于这种逻辑，即把我旋转开关、我打开灯、我照亮房间、我无

① Kupperman，Joel，*Character*，Oxford：Oxford University Press，1991，p.4.

意中警告了正在屋内的窃贼看作四个完全不同的行为，尽管它们实际上是用四种不同方式来描述的同一个行为。① 用来翻译“economy”的中文和日文术语“经济”，可以作为一个例证。经济原本的意思是“管理和供给”，是“经世济民”的缩写，即管理世界来为民众提供生活所需。尽管我们并不确切地知道谁最先将它作为“economy”的翻译来使用以及这个人当时的想法是什么，② 但是“经济”和 economy 的联系体现了儒家对经济活动应该是什么的一种理解。现在，我们大多数的经济实体都把“经济”的这种内在善行转变成它们为了赚取利润这外在好处的手段。与创造一种产品来满足人民的需求并在此过程中也赚取利润不同，现在的标准格式是：为了赚取利润，我们制造一种产品去引起欲望或需要。作为一种社会存在，一个经济实体可以影响社会的政治、文化、安全等诸多方面，因此，期望它们在更广泛的意义上对社会负责，是理所当然的。

但是，人们或许会进一步论辩说，一个社会实体的目的或功能是建立在为其目的或功能而设计的结构中的。它们的结构特征在塑造其品性方面起着重要作用。因此，举例来说，极权主义政体的正常行为模式与民主政体的正常行为模式截然不同。事实上，一些人甚至可能将社会实体仅仅当作是系统或它们的构成要素被联系起来的方式，并由此论证说，社会实体的文化或品性本质上无非是各相关系统的品性。这意味着，除非你改变系统的结构，否则就无法改变它们的品性。善人（The do-goods）不能在资本主义中生存，因为资本主义天生具有竞争性。与能够运用自由意志作出道德决定的个人相比，社会实体通常缺乏作出集权性决定的能力（不管人们怎么去定义它）。大多数人感觉到他们生活在一个社会群体中，无力影响这个社会的系统或文

---

① 那种抽象概念的逻辑表现在金在权（Kim，Jaegwon.“Events as Property Exemplifications”，in M. Brand and D. Waiton ed. *Action Theory*. Dordrecht，Holland：Reidel，1980，pp.159-77.）和阿尔文·戈德曼（Goldman，Alvin I. *A Theory of Human Action*，Princeton：Princeton University Press，1970.）关于事件作为“一种性质的例证”的观点中，它与安斯康姆（Anscombe，G.E.M.Intention.Oxford：Blackwell，1957.）和唐纳德·戴维森（Donald Davidson，“Actions，Reasons and Causes”，in *The Journal of Philosophy*，60.23，1963.）所持有的关于事件的那种更符合常识的观点相对立。

② 不过，我们知道，这个术语最先是由日本人用来翻译 economy 的，而后，这一用法由孙中山引进到中国。

化。大多数社会群体的领袖人物，包括据说拥有为所欲为的一切权力的中国皇帝，都会有这样的感觉。他们仍然被历史上传承下来的传统、他们朝廷上的官员以及人民的意志所制约。①

虽然我不认为社会实体的品性可以简单归约为它们的结构特征，因为品性包含着思想和行为的态度与风格等诸多超出结构特征的内容，我承认结构特征在塑造和界定一个社会实体的品性方面起着重要作用。我们可以再一次将社会实体与个人的比较来得到一些启示。个体的自主性通常是被夸大了的。作为个体，我们也被制约着——被我们有着自己的"好恶"的身体制约，被我们并不总是与理性相一致的感情制约，还有被通过家庭和社群传递给我们的社会环境与传统制约。随着年龄增长，一个人的思想和身体倾向的"结构"牢牢建立，这个人就变得不那么易受影响了。孔子甚至说："年四十而见恶焉，其终也已。"然而，这并不意味着一个人完全无法控制这些因素。库珀曼对品性的分析和他对东方哲学的研究，其中的一个主要贡献就是，他向我们说明了伦理不应仅仅是一个人在"明确地对各种选项进行权衡，然后决定做这件事还是做另一件事"②，这个意义上的作出决断的问题。伦理应该包括承诺的连续性（continuity of commitments）。在这个连续的过程中，主体的选择"是不经过审思的，甚至主体都不会明确意识到自己是在做选择"。"尽管如此，这些选择可能做得很好或很糟。当布洛格斯未经慎思就突然转向以避免开车撞到某个人时，他做得很好。当施密特未经慎思或对他正在做的选择没有任何明确意识地从事着他集中营守卫的工作时，他做得很糟。"③与此类似，一个社会实体的系统或结构可以被视为更大级别的"承诺的连续性"。作为一个选择（或从一个时刻到另一个时刻的一系列选择），它比个人在这种情况下的选择更不可察觉，当然也更难改变，因为社会实体往往比个人的协调程度更差。但是，这并不意味着，除了发动革命，就无法对一个社会实体作出改变。

在缺乏现成的确切术语的情况下，我且将这个难题称作"红灯笼效

① 其中一个例子是关于唐朝玄宗皇帝的著名故事。面对来自他自己的臣民和军队的压力，他不得不让他最宠爱的妃子去死。

② Kupperman，Joel，*Character*，Oxford：Oxford University Press，1991，p.69.

③ Kupperman，Joel，*Character*，Oxford：Oxford University Press，1991，p.71.

应”。这个名字来源于一部名为《大红灯笼高高挂》的中国电影。故事讲的是一个生活在20世纪20年代的中国女孩，她被迫嫁给了一个老地主，而老地主已经有了三位太太。每天晚上其中一位太太房前的红灯笼将被点亮，用来表示男主人选择了与这个太太共度良宵。因为男主人的关注带来权力、地位和特殊待遇，所以，哪个太太房前的红灯笼将被点亮，在几位太太之间存在着竞争。新来的女孩发现自己处于这样一个两难困境：要么她拒绝参加这种荒谬的竞争，其结果是她将成为这个游戏的受害者；要么她参加游戏，但那时她就变成了这个游戏之荒谬性的强化者。

虽然这部电影的故事是虚构的，但实际上“红灯笼效应”在现实生活中无处不在。在当今中国的教育体制中，小孩子每天被迫做大量的家庭作业，父母和学校老师尽管都知道这对孩子不好，但是，却感到除了成为这种残酷实践的执行者，他们别无选择，因为不然的话，他们的学生（孩子）将在这个社会中丧失竞争力。在当今的资本主义社会中，尽管依靠政府救助来解救陷于危机的金融机构只是暂时缓解困境，而从长远来看，这种做法会让困境变得更深，但它仍然被认为是唯一的选择。就连斯德哥尔摩症这样一种矛盾的心理现象，即人质对劫持他们的人产生同情和积极感情，也可以被视为红灯笼效应的一种特殊案例，因为人质倾向于认为他们的生存机会依赖于劫持者的宽大处理。

所有这些实际上都指出了更加重视社会实体品性的重要性和把道德心理学的成就拓展到社会实体研究上的潜在成效。正如库珀曼所说的，一种成功的道德教育和培养可以使一个人变成好人，那时，他的真正可供选择的选项缩小了，因为一些不道德的事（比如踢儿童取乐）将变得不可思议而被排除在选项以外①；一种糟糕的道德教育或培养也会缩小一个人的选择范围，就像持续的赌博习惯会使人觉得身不由己。由此，我们可以得出这样的结论，即“一个人可能从长期的过程而言有真正的选择，而就短期而言却没有选择”②。人们在短期内没有选择，因为一个人似乎除了沿袭已经形成的品

① See Kupperman，Joel，*Learning from Asian Philosophy*，New York & Oxford：Oxford University Press，1999，p.77，pp.104-106，p.136.

② Kupperman，Joel，*Learning from Asian Philosophy*，New York & Oxford：Oxford University Press，1999，p.111.

性，别无选择；但从长远来看，人们是有选择的，因为一个人仍旧可以尝试逐渐改变自己的品性。这同样可以适用于社会实体：与其总是盯着社会实体的个别行为，不如把更多的注意力放在改变它们的文化上，因为个别行为或多或少是它们的文化（常常反映在它们的结构中）造成的结果。

四、楷模的改变力量

我们实际上确实期冀社会实体成为道德上负责任的社会主体（agents）。事实上，世界上最可怕的悲剧事件是由社会实体而不是由个体作出的，而且它们总是在推行某些良善理想的名义下作出的。宗教原教旨主义是对当代种种弊病的又一反应，但它显然造成了更多的伤害而不是好处，并已经成为这个世界上动荡和暴力的主要根源之一。在 20 世纪的两次世界大战期间，世界上一些最先进的国家所表现出的前所未有的残暴程度，震惊了整个人类。两次世界大战之后，人类尽管在其他领域取得了惊人的成就，世界却仍是一个不安全的生活空间。在科索沃、卢旺达、柬埔寨红色高棉、美国 911、苏联斯大林时代所发生的事，仍然在世界上不断地发生着，尽管其毁灭性程度不是每天都那么严重。它们的一个后果就是加强了人们对价值强加和任何形式社会规划的恐惧。

为了维护和平与秩序并同时仍然保持人类自由，大多数人专注于努力在一些最基本的（也因此是最低限度的）普遍原则上达成重叠共识，并且诉诸对行为不做价值判断的规范（法律和法规）。这种“最小公分母”的做法有值得称道的优点，即考虑到自由，并为社会及其子实体的运作带来效率和规律性。然而，诉诸普遍原则和对行为不做价值判断的准则，就其本质而言是不够且有问题的。为了实现普遍性，原则必须用非常抽象的术语来表述。即使是所谓的“道德金律”（golden rule）也必须接受在各种情况下的例外。“己所欲，施于人”的逻辑不会在所有情况下都行得通，因为我所欲或所不欲的东西可能是道德或不道德的[①]。正是有关行为的康德主义和功利主义伦

① 更多的分析，请参见 Ni，Peimin，“Rules with Exceptions，A Discussion on Confucian Ethics”，in *International Journal of Decision Ethics*，Fall 2006，volume II.1，pp.151-164。我在文章中提到了一个相关观点：儒家“己所不欲，勿施于人”的主张应被当作一种“功

理学的不足导致了美德伦理学的复兴，那是一种更关注行为主体的良善而非制定行为原则和规则的伦理学。规则的本质是它们是从外部强加的。即使当我们把规则加诸自己的时候，它们仍然是限制我们的所作所为，因此，总会有规则与被规则的自我之间的冲突。规则永远不会与自由和自主完全一致，除非它们被完全内化，而在充分内化的情况下，它们也就不再作为规则起作用了。[①] 孔子说："道之以政，齐之以刑，民免而无耻。" [②] 规则不助长意愿。因此，它们只能是守护底线的。它们不能要求我们超越基本的期待去建立长期的和谐关系，或去实现我们的全部潜能。规则之失也在于我们不可能制定出涵盖所有可能情况的规则，因此总会有漏洞。当我们编写越来越多的规则弥补漏洞时，很快，大量的规则本身就会成为问题的一部分。规则带来不信任，而没有信任，社会将难以维持！对 TSA（美国运输安全管理局）越来越多的抱怨和讽刺就是一个典型的例子。[③] 即便是像现在 TSA 做得那样细致（例如从没收乘客的指甲剪到扫描人体），它仍然不得不依赖于一定程度的信任。

如何既保持社会实体的自由，同时又要求得到行为准则所无法企及的成效？这实际上又是一个我们能够从个体伦理中汲取灵感的领域。正如儒家学者很早以前就已发现的那样，培养品性并因此带来社会和谐与繁荣的最佳途径，就是通过榜样的模仿——或现代心理学所称的"观察性学习"。

季康子问政于孔子曰："如杀无道，以就有道，何如？"孔子对曰：

夫指令"（a gongfu instruction）而不是一种道德义务。当作一种道德义务，"道德金律"就变成了绝对的，不允许有例外，并将因此受到反例的驳斥。但当作一种功夫指令，它就变成了一种达到"从心所欲，不逾矩"那种境界的有效方法（功法）。在这里反例并不适用，因为指令不是普遍的规则，而是获得技能或能力的帮助。

① 我意识到我这里的观点与康德的观点相左。对此观点的详细分析论证，请参见 Ni, Peimin (2002). "The Confucian Account of Freedom", in Xinyan Jiang ed. *The Examined Life—Chinese Perspectives*：*Essays on Chinese Ethical Traditions*（Binghamton，NY：Global Publications），pp.119-140。

② 程树德：《论语集释》，中华书局 2010 年版，第 68 页。

③ 人们只需做一个简单的在线搜索就能找到大量对 TSA 的调侃，比如称呼 TSA 为"成千上万的人站在周围"（Thousands Standing Around）或"成千上万的人被性侵犯"（Thousands Sexually Assaulted）。

“子为政，焉用杀？子欲善而民善矣。”①

“政者，正也。子帅以正，孰敢不正？”②

孔子不仅将古代的圣人奉为他自己的楷模，而且将周朝的早期社会作为后代社会效仿的典范。子曰：“周监于二代，郁郁乎文哉！吾从周。”③

虽然一个模范社会实体的存在离不开其中的模范个人，但它不能被简化为具有这样的个人。在古代的圣人中，孔子最为赞颂的是那些献身于为社会建立一种伟大文化的人，如尧、舜、文王和周公。他们不仅是在道德上具有造福世界的伟大使命感的模范人物，而且还拥有显赫的社会地位来实现他们的理想。孔子自己花了他一生当中相当长的时间周游列国，谋求实施其理想的位置。子曰：“如有用我者，吾其为东周乎？”④不幸的是，没有一个统治者愿意听他的。另一方面，对孔子来说，政治并不局限于官方的政府事务。有人问孔子曰：“子奚不为政？”子曰：“《书》云：‘孝乎惟孝，友于兄弟，施于有政。’是亦为政，奚其为为政？”⑤换句话说，即使是通过家庭事务，一个人也可以开始影响世界。通过创建一个模范家庭，一个人为其他家庭树立了榜样。通过使个人所归属的社会群体变得更好，一个人影响着世界。不管一个人在群体中的位置多么微不足道，他依然可以作出贡献来使群体变得更好。这就是我们之前所说的：虽然没人能对一个群体的品性负完全的责任，但每个人对它都有部分责任，尽管这个比例取决于个人在这个群体中的角色。

也许一个例子比许多话更有作用。尽管美国最大的公司通用电气（General Electric）并不拥有道德楷模的名声⑥，但该公司旗下的一个分支机构——位于北卡罗来纳州达勒姆的通用电气飞机发动机组装厂（GE Aircraft Engine Assembly plant in Durham，North Carolina）——是社会实体的一个非

① 程树德：《论语集释》，中华书局2010年版，第866页。

② 程树德：《论语集释》，中华书局2010年版，第864页。

③ 程树德：《论语集释》，中华书局2010年版，第182页。

④ 程树德：《论语集释》，中华书局2010年版，第1194页。

⑤ 程树德：《论语集释》，中华书局2010年版，第121页。

⑥ 特别是因为它在避税方面存在极具争议性的做法。（参见Kocieniewski，David，“G.E.’s Strategies Let It Avoid Taxes Altogether”，in The *New York Times*，March 24，2011）

凡的楷模。根据《快速公司》(*Fast Company*) 杂志的一篇报道[①]，在达勒姆的通用电气，没有记录上下班的刷卡时钟。每个工人都可以任由他们喜欢的那样自由地出现和离开。厂里只有一个老板，即工厂经理，每个人都向其汇报，或者更确切地说，都不向其汇报。工人们从她那里得到的唯一命令是发动机的预定装运期。对工人的高绩效没有特别的货币激励。在达勒姆的通用电气，除了三个常规薪金等级，即完全基于技能水平和培训的一级技工、二级技工和三级技工之外，唯一的货币激励就是在“多样技能”(multiskilling) 中获得更好的教育，以使团队之间有更好的技术连续性。经理宝拉·西姆斯 (Paula Sims) 坦白地说：“它们 (财务激励) 并不是通用电气飞机发动机厂文化的一部分。”然而，在 20 世纪 90 年代的 5 年里，该工厂将飞机发动机组装成本降低了 50% 以上，而质量缺陷降低了 75%。它们释放到空气中的有毒化学物质的含量比其他同类工厂低得多。简而言之，他们在效率、质量和低环境成本上真正达到了最先进的状态。

他们的秘诀就在于文化。该厂的经理说，她的工作中最具挑战性的部分是它“需要一个高水平的倾听技巧”，因为大多数的决定都是由工作团队共同作出的。她的工作是协调这个进程，以确保它顺利进行。虽然在某种意义上没有人有老板，但相反的说法也可以成立，该工厂的一名技术员基思·麦基 (Keith McKee) 说：“我有 15 个老板。我所有的队友都是我的老板。”要在达勒姆的通用电气找到一份工作，你需要精通 11 个领域。“其中只有一个涉及技术能力或经验”，其他领域包括“协助技能、团队技能、沟通能力、多样性、灵活性、培训能力、职业伦理等”。西姆斯的老板鲍勃·麦克尤恩 (Bob McEwan)，也即在辛辛那提附近的埃文达尔 (Evendale) 的通用电气组装公司的总经理，说：“我认为他们在达勒姆发现的是人的价值。”他指着他自己管理的这个工厂的天花板说：“在楼上，你有扳手的操作者。在达勒姆，你有在思考的人。”

这篇报道的作者说：“在一个士气高涨、表现非凡的地方，必定是有那些痴迷于附加福利、无端奉承和当日股市收盘价的经济所视而不见的因素在起作用。在达勒姆的通用电气，他们关注的事情就是工作本身。”他们为什

① Fishman，Charles，“Engines of Democracy”，*Fast Company*，28 (September 1999)：p.174.

么这么做？“这很重要”，一名35岁的二级技工比尔·莱恩（Bill Lane）说道，“我有一个3岁的女儿，我设想每架带着我们制造的发动机的飞机都有一位有3岁女儿的人正在乘坐它”。这位记者写道：“这个地方有点儿如此非凡，以至于你希望能与卡尔·马克思和马克斯·韦伯一起来此走走，听他们解释一下这个地方别具一格的文化如何能够与他们关于现代社会工作非人化的理论相吻合。”

这个模范显示的内容很丰富。其中之一就是对高于经济收益的价值的承诺（commitment）。“在达勒姆的通用电气，人们追求完美，他们期待的回报不外乎是自己的满足。”他们所拥有的制度，确实比任何最低限度的自由主义者所预想的更简约、更自由、更民主，因为规则如此之少，而且几乎没有老板。然而，它之所以是可能的，只是因为里面有一种浓厚的文化，在这种文化中，更高的价值观与个人的自由和创造力处在完美的和谐中。它表明，通过信奉更高的价值观，在达勒姆的通用电气里的那些人实现了在一个由规则管理的社会中无法想象的自由和创造力。当他们把工作与财务激励脱钩时，他们用对良好活动本身的满足来取代了它（财务激励），成功地把工作转变成了麦金泰尔（MacIntyre）所谓的“实践”，也为中文概念“经济”的原意（经世济民）提供了一个完美的实例。而通过这种方式，他们极大地增加了他们的财务成功！这说明经济的繁荣不仅无须与价值的承诺相冲突，而且它正是价值承诺的结果。这让我们想起孟子所说的，如果你想要求利而却不行仁义，恰如“缘木而求鱼也”①。LRN商业咨询公司的首席执行官多夫·塞德曼（Dov Seidman）由这个例子引申道：“达勒姆的通用电气的成功之处在于那里的人所选择的彼此相互联系的独特方式、安排其工作的独特方式和管理他们自己的独特方式——简而言之，是他们的文化。……文化是一个公司的独特品性、它的命脉。……就像有人说性格是一个人的命运那样，文化可以被认为是一个组织的命运。”②

人们自然会质疑这样的模范是否适合或可普遍应用于所有种类的社会实体。当然，不同的社会群体有各自的特点。达勒姆通用电气的这种文化，

① 焦循：《孟子正义》，中华书局1987年版，第90页。

② Seidman，Dov（2007，p.218），How—Why How We Do Anything Means Everything...in Business（and in Life）. Hoboken，NJ：John Wiley & Sons，Inc.

在不同的群体和地点必然要寻找不同的表现方式。在学习模范的时候，最具挑战性的困难是防止机械性地复制一个模范的每一个细节。[①] 这将我们引到另一个问题，也是本文结束前我想谈及的最后一个问题：当人们都模仿相同的模范时，到处都将是这同一（模范）品性的复制品，那么，模仿会导致“历史的终结”吗？如果是这样的话，那么，它将肯定是多样性和个性的敌人，并将导致它自身的毁灭，因为从逻辑上来说最终一切都将一样，也就没有什么可模仿了。

且不论借助数字技术的快速发展，现代自由民主和市场经济让所有事物标准化，从语言到购物中心的风格，使世界变“平”了，正确理解和实践下的模仿远不是单纯的复制。关键是要把模仿与重复和仅仅形式上的相似性区分开来。模仿应该被理解为一个获取能力、艺术或功夫的过程。海德格尔（Heidegger）坚持认为描摹并不是模仿所关涉的，相反，模仿是“追随着做：是随之而后来的创造。模仿在其本质上是通过距离来定位和定义的”[②]。德里达（Derrida）也认为，“真正的模仿（发生）在两个生产主体之间，而不在两个被生产的东西之间”[③]。实际上，模仿恰恰是一个人获得创造能力的过程——不是无中生有那样的创造，而是将自身的创造力建立在模范的优越性基础上的那种创造。例如，在中国武术和书法中，对大师的模仿总是作为

---

① 孟旦（Donald Munro）把这种机械性复制称为“问题解决模式”，与他称为“品性模式”的那种学习模范的正确方式形成对比。他把中国“文化大革命”期间的工业学大庆作为模范的机械复制的极端案例。在“文化大革命”期间，大庆被树立为所有工业的楷模，无论是就其程序模式还是作为一种攻克万难的“精神”。1979 年，石油部的官员采用大庆工艺模式，并将其应用到一个名为渤海 2 号的海上钻井平台。在这样做的过程中，他们忽视了作为陆地油田的大庆与海洋石油平台之间的差异，并且没有提供关于水和天气状况的信息。结果，渤海 2 号在一场十级强风的冲击下倾覆，导致海洋石油平台 72 名队员溺亡。参见 Munro，Donald J.，*A Chinese Ethics for the New Century*，Hong Kong：The Chinese University Press，2005，pp.35-37。

② Heidegger，Martin，*Nietzsche*，Pfullingen：Neste. Vol.1，1961，p.215. 译者按：译者不懂德文，根据这句话英文的意思寻检，在海德格尔《尼采》对应的中译本中，孙周兴将此语译为：“摹仿乃是从属的生产。摹仿者在本质上是由他的距离位置来决定的。”（参见海德格尔：《尼采》上卷，商务印书馆 2002 年版，第 205 页）

③ Derrida，Jacques，“Economimesis”，in *Mimesis -des articulations*，Paris：Flammarion，1975，p.67ff.

基础来强调，因为通常而言，一个人自己的简单创造是毫无价值的，或者甚至更糟，会阻碍一个人发展真正创造力的机会。

模仿模范人物是否限制人的创造力和自由这个问题，与库珀曼的观点密切相关。在他看来，获得自由是选项范围的缩小①；拥有强烈和良好的品性总的说来“喜忧参半”，因为它会使一个人变得可预料②。孔子在他达到“从心所欲，不逾矩”③那种境界的名言中，展示了真正自由的这种悖论本质——面对错误或糟糕的选项，他已经无须作出选择，因为他不再有做那种坏事或蠢事的愿望。这正是笛卡尔（Descartes）认识到的。在其“沉思四”（Meditations IV）中，笛卡尔说到无倾向性的自由是一种最低级的自由④。真正的自由恰恰是通过对知识、指导和“规则”的深度内化，以至于它们变成一个人的第二天性或品性而获得的。⑤

当然，将模仿误解为机械性重复的这种危险是真实的。正如任何指令都可以被机械地或正确地执行一样，模仿一个模范本身就是一门艺术。追随模范的时候要对特定模范的那些文化的、历史的与其他具体的环境和局限性，有着审慎的思考和敏感⑥。但是，这种危险不会比缺乏正确指导的危险更大。而且，如果缺乏正确的引导，一个人一旦内化了不良的影响，就丧失了发展成健全的人并过上美好生活的自由。对社会实体也可以这样说。

报道达勒姆通用电气的那位记者在他文章的标题中使用了一个双关语：“民主的发动机”（Engines of Democracy）。达勒姆的通用电气不仅是一个飞机发动机组装厂，而且它也例证了什么是能够推进民主并将它拉升到最低线

① Kupperman，Joel，*Learning from Asian Philosophy*，New York & Oxford：Oxford University Press，1999，pp.97-114.

② Kupperman，Joel，*Character*，Oxford：Oxford University Press，1991，pp.140-141.

③ 程树德：《论语集释》，中华书局2010年版，第76页。

④ Descartes，René，*Discourse on Method and Meditations on First Philosophy*，Trans.by Donald A. Cress. Indianapolis：Hackett Publishing Company，1980，p.81.

⑤ See Ni，Peimin，“The Confucian Account of Freedom”，in Xinyan Jiang ed. *The Examined Life—Chinese Perspectives：Essays on Chinese Ethical Traditions*（Binghamton，NY：Global Publications），2002，pp.119-140.

⑥ Munro，Donald J.，“Unequal Human Worth”，in Brian Bruya ed. *The Philosophical Challenge from China*，MIT Press，2011，p.14.

以上的"引擎"。它的文化或品性使它成为社会实体中的一个"模范人物"。这个"模范人物"的特殊意义在于，它为我们提供了一个比任何个体模范人物所能提供的要更丰富的模范。这个工厂是一个社群。它真正的力量不在于其特定成员的任何特殊道德修养，更不在于其肌肉（财力、货币激励）的大小，而在于其成员之间互相联系和合作的方式。这一品性使其每一个成员都能够真正实现他们作为人的潜能，包括同情和信任，还有在一起和谐工作，或更准确地说，在一起和谐生活的潜能，而不必依赖于那些行为准则或重叠共识的概念化公式。让它全面发挥其强大影响力所需要做的唯一事情，就是一种仪式上的位置——被安放在一个席位上，"恭己正南面而已"①。

其他的社会群体会追随吗？LRN 做的一项研究表明"绝大多数的员工（94%）表示，其任职的公司有坚定的价值观承诺，这是至关重要的。事实上，82% 的人表示，他们宁愿工资低一些而为受价值观驱动的公司工作，也不愿在一个价值观承诺上有问题的公司领取高薪"②。这大概正是孔子乐观评价的基础："君子之德风，小人之德草。草上之风必偃。"③

（本文由山东师范大学齐鲁文化研究院中国哲学专业讲师李福建博士、黑龙江省委党校硕士研究生刘雷从英文翻译过来。两人各自完整翻译好文章后，相互校读一遍对方的译文，最后由李福建逐字逐句校订、润色和统稿。译文如有疏漏和错误，当由李福建负责。译事之乐之难，不经历其间，实难尽道。虽有幸得尝个中甘苦，但限于译者个人学养的不足，译文难免有错误和纰漏，还望读者方家不吝赐教指正！——李福建谨识）

① 子曰："无为而治者其舜也与？夫何为哉？恭己正南面而已矣。"（《论语·卫灵公》）面向正南是中国传统礼仪中权威的位置。在这里，它被用来暗指，更大的社会需要树立像达勒姆的通用电气那样的模范来让其他社会实体追随。

② Seidman，Dov（2007，p.136）. How—Why How We Do Anything Means Everything...in Business（and in Life）. Hoboken，NJ：John Wiley & Sons，Inc.

③ 程树德：《论语集释》，中华书局 2010 年版，第 866 页。

儒家经济学之百年探索与展望

姚中秋 *

经济学是近世之显学，甚至有所谓“经济学帝国主义”之说。不幸的是，在中国，现代经济学与儒学长期处在隔绝状态；尤其是在过去三十年中，主流经济学家对儒学，进而对中国文化多持否弃态度，而政府官员、企业家群体的心智正是经济学塑造的，今日中国文化复兴遭遇巨大障碍，根源在此。

以研究制度经济学闻名的盛洪教授最新出版之《儒学的经济学解释》，则反此主流，致力于打通儒学与经济学，进而为发展儒家经济学奠定了极富启发性之新起点。说此书是新起点，乃因为，此非第一本系统的儒家经济学著作：一百多年前，康有为弟子陈焕章已有发展儒家（或曰儒教）经济学之努力。此后百年，这方面零星的知识努力也断续有之。

故本文将首先回顾 19 世纪末以来，在西方实力优势和知识压力下，中国知识人发展儒家经济学之艰难努力，进而在此脉络中考察《儒学的经济学解释》对于发展儒家经济学之开拓性贡献，最后简单讨论在此基础上发展、完善儒家经济学之路径。

一、中西经济学传统之分殊

人欲生存，不能不消费，不能不生产。人们合群并探索提高其合群之技艺，以扩大其群之规模，目的也在于提高生产效率，产出更多物品，养活

* 姚中秋，笔名秋风，曾任北京航空航天大学人文与社会科学高等研究院教授、天则经济研究所理事长、弘道书院山长，现任山东大学儒学高等研究院教授。

更多人，提升生存质量。

故《尚书·舜典》记帝舜设立华夏第一政府，首先命禹为司空，在洪水泛滥之后，负责“平水土”，以为恢复生产创造条件；其次命周人祖先弃“后稷”，主管农业，“播时百谷”，改进农业生产；在任命契为司徒以负责教化、皋陶为士以负责兵刑之后，命垂作“共工”，负责组织玉器、青铜器等礼器工业生产和公共工程兴建。此即中国政府之典范，其前五大官职竟有三个与今人所谓经济活动相关。故《尚书·大禹谟》记禹谓“德惟善政，政在养民，正德、利用、厚生，惟和”①；《洪范》八政，首列“食”与“货”，货者，货物、货币也。由尧、舜、禹、文、武、周公之行、制可见，重视利用自然资源、创造条件便利民众生产，以保养生民，为中国治道之要义。

《中庸》曰“仲尼祖述尧舜、宪章文武”②，故孔子治国之道是，先“富之”而后“教之”。在儒家士大夫形成并成为社会治理主体后，即高度重视今人所谓“经济”问题，而细致观察、深入思考，形成诸多思想，自成一儒家经济学体系。儒家士大夫较为系统的表述，见于汉儒之《盐铁论》，明儒邱濬之《大学衍义补》，及清代冠以“经世”之名的各种文献汇编。

但以中国思想学术之固有品质，士大夫无意构造专门分科之经济学体系，其经济思考内置于治平之学、经世济民之学的大框架中；士大夫也无意以西式逻辑和风格表达其思考，则以西人眼光来看，儒家似无经济学。但这怎么可能？儒家以治国、平天下为要务，怎能不思考经济问题？事实上，《大学》后半部分主要探讨财政问题。

经济学在西方，其性质、格局自始即不同于中国。在色诺芬《经济学》、亚里士多德《政治学》、《伦理学》与伪亚里士多德《经济学》中均可见，经济学是家政学，即家政管理之学；而此所谓“家”，系以奴隶生产为主之庄园经济体。故家政学也即经济学研究之主要议题是，家主也即奴隶主如何组织奴隶高效生产财富。

故从一开始，中西经济思考之对象完全不同：在中国，“家”是血亲、姻亲之家；此家作为生产活动单元，其组成人员始终是相亲相敬之自由人：

---

① 《十三经注疏》整理委员会整理：《尚书正义（十三经注疏）》，北京大学出版社2000年版，第106页。

② 朱熹：《四书章句集注》，中华书局1983年版，第37页。

在三代封建制下是庶民，庶民身份固低于君子，绝非奴隶，故《诗经》雅、颂各诗中可见周王、诸侯、大夫等各级君子与普通农民敦睦和洽之气氛。

战国以后则有士、农、工、商“四民社会”，此为职业分途，非等级之别。在此社会中，家就是自成体系之小微型企业，独立自主地组织生产、消费活动，家内自然形成劳动分工，所谓“男耕女织”、“耕读传家”、“商农为本”等，即为家内职业分工模式。在中国，向无身份制，故人们可自由转换职业，且在城乡之间自由流动。

在此背景下，儒家经济学思考之议题完全不同于古希腊：儒家经济学不关心微观的家政管理，因为，每个家作为独立企业，自主经营，无须外人包括政府操心。又因其规模较小，也根本用不着发展专门的家政管理学。儒家士大夫思考、讨论之议题相关于经济活动者，始终在今人所谓宏观经济学、制度经济学、财政学等层面，即“经世济民”一词之所指；具体而言，儒家大夫的经济学思考聚焦于政府如何维护良好的制度和文化环境，为无数独立自主之家庭企业之生产、消费活动，创造良好而公平之环境，并通过再分配政策，保障人人得遂其生，且转化财富于文明之创造和积累过程。

在此经济思考中，经济与政治、公与私之间的关系也完全不同于古希腊：在古希腊，家政管理之对象是奴隶，城邦政治生活之主体是公民，由此而有经济与政治之两分，也即私人事务与公共事务之别。经济学研究私人致富之术，政治学研究公共生活之道，两者隐然有分立乃至对立之关系。而在中国，国家之公共事务与家庭之私人事务不是分立、对立的，经济与政治也不是相脱离的。相反，儒家士大夫之经济学思考旨在协和诸私人之经济活动，而达到财之“均”、心之“安”，此即为社会治理之大公。

古希腊的政治与经济、公共领域与私人领域之分立、对立，后世演变为西方经济思考之两大分途：首先，在中世纪，基督教设定两个世界，而追求来世、鄙弃现世，可谓公压制私。经济学思考传统在此基本中断。

至早期现代则有一次反转：王权崛起，摆脱罗马教会控制，乃一反宗教之求来世永生，转而在今世追求物质之“富强”。经济学乃获得发展机会，此经济学摆脱宗教之伦理控制，转而服务于君主财政收益之最大化，有所谓“官房经济学”，发展为“重商主义”经济学。借助这一早期现代经济学提供之财政技术，西方各国极大地提高了其财政汲取能力，改进武备，积极对外扩张，殖民主义兴起于西方富国。殖民地又推动欧洲工商业之爆发性增长，欧洲在技术上实现突破，其经济、军事实力迅速提高，一举超过中国。

现代国家构建率先完成于英国，新型工商业市民阶层兴起，知识重心乃由公转向私，也即从国家转向市民，从而有“政治经济学”或“古典经济学”之兴起，要旨在确立私人产权之神圣性，确信并论证企业组成之市场机制之自足和完备。市场机制与国家权力、私人企业与政府之间变成交易关系：国家从私人企业获得财政资源，作为回报，政府以其权威维护市场秩序。从某种意义上说，政治经济学确立了市场相对于国家、资本相对于政府之道德优越地位。

19 世纪中期，中国与欧洲相遇，接连失败。西方传教士进入，古典经济学初入中国，时称“富国策”。中国败于日本之后，儒家士大夫发奋变法，追求“富强”，这正是早期现代重商主义经济学之主题。严复翻译亚当·斯密之《原富》，其用意正在求富——在很大程度上，这是对斯密之有意误读，以斯密的市民阶级经济学作重商主义经济学之用。实际上，这一富强意识贯穿于整个 20 世纪的中国经济学。

整个 20 世纪，欧洲经济学大规模涌入中国。以来源可分两支：一支是英美经济学，另一支是苏俄经济学与其背后的马克思主义经济学，两种经济学范式大不相同，争论激烈。在传入时间上又可分两阶段：前面大半个世纪，借经济学求国家之富强；80 年代以来，主要依靠英美经济学，求企业家之发财致富。后一种经济学在知识上的一大努力，是反对前一种经济学。

不管经济学在现代中国之图景多么复杂，欠缺是始终而明显的：儒家基本缺席，源远流长而丰富深刻的儒家士大夫之经济思考传统，基本中断。由此知识之偏离儒家，20 世纪中国之经济制度与政策也大体偏离中国治道，比如，20 世纪中期所实行之制度，国家全面计划、经济全盘官有官营、民众集体劳动等，在中国历史上绝无先例，其理论依据全来自外部世界。

二、《孔门理财学》：孔教徒的儒家经济学

当然，儒家经济学思想传统尚未完全中断，就如同儒家思想以各种方式不绝如线一样。首先，在民众日常经济活动中，儒家观念仍发挥作用。其

次，在某些官员的运思过程中，儒家观念仍发挥作用。最后，儒家经济学思想仍顽强存在，虽然微乎其微。

严复译介《原富》，开西学倾入中国之先河，但严氏常在其案语对比中西经济思想和制度。严复肯定士大夫确有丰富的经济学思考，但较为零散，不成系统，且存在诸多问题，故严复在案语中，对此类经济思考多有批评。

梁启超曾发掘管子之经济学思想，晚年又钟情于墨家经济思想。这一选择揭示19世纪末以来中国知识人和整个精英群体之共同思想倾向：偏离儒家。他们认为，中国落后责任在儒家，故纷纷走向诸子，尤其是法家，因为法家"追求富强"。可以这样说：大多数现代中国思想和政治人物都是法家，故20世纪70年代中期有群众性的"评法批儒"运动。

然而，就在知识人开始偏离儒家之初，陈焕章却在美国大学以英文撰作《孔门理财学》，系统阐发儒家经济学思想。陈焕章是康有为弟子，最为推崇康有为之孔教思想，故《孔门理财学》开头，陈焕章全照乃师学说，叙述孔子为创教之教主，最后则捍卫孔教，称之为最好的宗教，收尾于大同理想。光绪三十年（1904），陈焕章参加最后一次会试、殿试，中进士，朝考点内阁中书，入进士馆。他主动申请出洋留学，次年奉派入美，短暂学习英语后，入哥伦比亚大学，习政治经济学，满清覆亡之年获哲学博士学位，学位论文是《孔子及其学派之经济学原理》，也即《孔门理财学》。陈焕章回国后，未继续研究经济学，而以主要精力协助康有为创办孔教会。

陈焕章虽尊孔子，但《孔门理财学》之取材并不狭隘：首先是五经，其次是孔子与儒家，兼及诸子，同时大量引述中国历代理财制度。

陈焕章攻读经济学之时，新古典经济学体系已经成熟，典范是马歇尔于1890年出版之《经济学原理》，全书分六编：第一编，序论，定义经济学为研究财富及人类欲望关系的一门应用科学，认为其目的在于解救贫困和增进福利。第二编，说明财富、价值、土地、所得、工资、地租、利息、利润、准租等基本概念。第三编，欲望与满足，论述消费理论。第四编，生产要素，论述生产理论。第五编，需求供给与价值的一般关系。第六编，国民所得的分配，论述分配理论。《孔门理财学》完全照此结构安排写作。

此书出版后，颇得西人重视，彼时尚未得大名之凯恩斯曾著文评论《孔门理财学》，谓"其基本内容一部分属于中国经济史，一部分是世代相传的诗篇和格言，其所涉话题只与最广义理解的‘经济’有关。其章节标题虽为‘生产要素’、‘分配’、‘公共财政’等等，但装入这一牵强框架的是大量讨人喜欢的教诲性内容”。然而，本书最精彩之处正在此“教诲性内容”，如梁捷评论，“这本书在表面上是很容易为西方学者所接受的。但是每一章每一节的内容却都是严格的今文经学体例。偶尔也会涉及西方思想家如斯密、马尔萨斯等，但无不是以与中国学者思想作对比的形象出现，而且陈焕章对他们的评价并不高。这本书的形式和内容构成了极强的张力”。西人以及今人常以本书为经济思想史或经济史著作，其实不是，它是一本基于儒家的经济学著作，当然属《春秋》公羊学派。陈焕章拆散儒家义理，以现代经济学模板予以重新装配，构造出作为一门学科的儒家经济学义理体系。

故《孔门理财学》有西方经济学之外观，义理却别有洞天，“理财学”定义就不同。陈氏定义化用自《周易·系辞》：“天地之大德曰生，圣人之大宝曰位。何以守位？曰仁；何以聚人？曰财；理财、正辞、禁民为非，曰义。”陈焕章据此创造“理财学”，而“正辞”指向伦理界，“禁民为非”指向政治界，三者“均以义贯穿其中”，“我们必须记住理财之目的在人，简而言之，理财之缘故，完全是为了聚集仁人，这需要以理财作支撑”。最后，陈焕章得出结论：“理财学是以正义原则为根据管理财富的科学，其目的是为了使人类集聚而生存。”

理财学之此一目的清晰可见于第四篇《消费》。在西方，中世纪基督教倾向于禁欲，到现代，西人反向而行，倾向于纵欲。古典经济学以降的经济学传统乃高度肯定消费活动，且其所讨论者，仅为可见的物质之消费，今日列国经济政策更以刺激消费为要务。陈焕章指出，在中国，如孔子，对人之欲望从未禁绝，但也不放纵，而节制之于适度，故陈焕章专列“礼教”章讨论中国社会节制欲望之机制。

至于消费品，陈焕章特别重视非物质部分，“乐生之道”章列举音乐、乡饮酒礼、乡射礼、苑囿与田猎。陈焕章以为，带给人们快乐的其实是这些礼仪活动，此类活动确需物质资源支撑，但资源纳入文化性质的礼仪中，而非简单的物质享用。陈焕章又列“特别支出”一章，讨论结婚、葬礼与服丧、祭祀祖宗、社会交往等方面的支出。陈焕章也明确指出，此为孔子理财学体系所特有，与伦理生活相关。奇怪的是，陈焕章没有论及教育这项重要支出。

总之，此处章节安排展现了中国社会礼仪、伦理性消费之重要地位。这正是陈焕章所引《周易·系辞》之精义所在。西方经济学假设所预设之人是个体，故消费当然是个体满足其对物质之欲望的活动。在儒家看来，人本非个体的存在，而存生于家中，在由亲及疏、由近及远的社会网络中，消费必定展开于与他人之关系中，旨在敦睦亲族或慎终追远。也即，消费之效应是“聚人”。20世纪初，西方经济学已全属个人主义和功利主义，陈氏清楚这一趋势，仍坚持此古典理财观，在此，理财、经济活动内嵌于伦理、社会、政治结构中，始终受到后者的约束。

由儒家义理所决定，儒家经济学不能不如此；其于当代世界的意义，也正在于此。它因此而为人冷落，但未必永远如此。

三、儒家经济学不绝如线

《孔门理财学》突兀地闪亮一瞬，此后，儒家经济学传统归于暗淡，一个世纪间，儒家经济学只能以不绝如线形容。

儒家经济思想最常见的寄身之所是中国经济思想史学科。此类历史性质的著作如同博物馆，展示历史上包括儒家在内中国人之经济思考。较早也最为优秀的《中国经济思想史》（仅有上册，商务印书馆1936年版），唐庆增先生作。此书颇有可称道之处：从六经开始叙事。而差不多同时期冯友兰先生《中国哲学史》、萧公权先生《中国政治思想史》，反深受疑古思潮影响，从春秋战国时代“子学”开始，惜乎其为大家，却只见流而不见源。

也有专门研究儒家经济思想之著作，如侯家驹先生著《先秦儒家自由经济思想》，从标题可见，此书系从现代视角对儒家经济思想予以肯定。

但总体上，此类关于经济思想之著作，既为历史性质，则必断定或者隐含，儒家思想已是古代的，与今日无大关联，故难入研究经济学理论和现实经济问题之经济学家之法眼，只有知识考古意义，而无现实致用价值。

主流经济学者普遍以外来经济学解释中国，在此过程中，可能有中国化之努力，比如马克思主义经济学之中国化，也即，基于中国现实发展马克思主义经济学；或者，运用西方经济学理论，研究中国经济问题。其在经济学理论上或许略有所成，但无关于儒家之经济学思考。

有个别学者例外，最重要者当为周德伟先生（1902—1986）。周氏系奥地利学派经济学大家弗里德里希·哈耶克之入室弟子，曾随哈耶克在伦敦攻读博士学位，20 世纪 50 年代在台湾传播哈耶克思想。在当代中国学人想象的思想谱系中，哈耶克属于自由主义者，然而哈耶克自称“老辉格党人”，此为伯克用语，故哈耶克属于伯克式保守主义者，对自由的信念反而使之肯定传统。哈耶克断定，恰恰是传统让人自由。循此义理，周德伟积极引入西方经济学，同时肯定中国自身传统，他认为，两者并不对立。比如，他曾探讨礼治与法治之相通处。令人遗憾的是，周德伟未能将儒家义理运用于经济学基础理论，发展儒家经济学。

周德伟的认识很快获得事实证明。第二次世界大战后东亚儒家文明圈快速实现工业化，成为全球瞩目的发展典型。这一事实促成西方学术界重新思考儒家与资本主义之关系，但此次讨论在韦伯命题之框架中展开。这方面的代表作是《华人的资本主义精神》（1990）。作者循韦伯命题提出一个问题：什么是东南亚海外华人企业赖以成功的精神资源？全书以对 72 家华人企业之深度访谈为基础，探讨海外华人家族企业背后的文化、价值观支撑，得出结论：华人家族企业展示的企业精神完全不同于西方，其核心价值观是儒家文化。

从 19 世纪末以来，在西方、在东亚内部，儒家逐渐遭到否弃，主要理由其实就是，儒家无助于甚至妨碍国家富强。20 世纪中期的东亚增长事实令人们从经济上肯定儒家，这对于儒家重新在文明上得到肯定至关重要，对儒家经济学之重新展开当然更为重要。人们突然发现，尽管精英们鄙弃甚至破坏之，但在百姓日用之社会经济生活中，儒家观念未死，仍在发挥作用，且带来良好经济绩效。学术界不得不认真对待儒家，探究儒家与经济增长之间的关系。

重要的是，基于儒家的正面作用，这一次儒家学者终于以主体身份，在舞台中央，与经济学界、与经济政治精英们共同讨论，而不只在边缘上自言自语（20 世纪中期的港台新儒学大体上只能于花果飘零之际自言自语）。参与这次东亚资本主义或曰儒教资本主义（儒教之说大概受韦伯《儒教与道教》一书之影响）讨论最为深入的是杜维明先生、余英时先生。

在《儒家伦理与东亚企业精神》一文中，杜维明先生基于自己的《中庸》研究，解释了儒家如何促成经济增长："这种特殊类型的资本主义，强调自我是各种关系的中心，义务感，自我约束，修身，取得一致意见和合作。它高度重视教育和礼仪。它注重信用社区和政府的领导。其经营的风格，涉及既学习一套实际技能又学习如何工作的一种程序和仪式。"杜维明特别在意反驳韦伯命题。

余英时先生则回到历史，作《中国近世宗教伦理与商人精神》（1987），他以丰富资料证明，唐代以来，塑造中国人精神的各种观念体系，如禅宗、道教、宋明儒家，都发生了一次"入世的转向"，由此形成新的宗教伦理正好符合韦伯在清教所看到的"入世苦行"观念，故能支撑市场经济之发展。这一研究是否存在比附，大有争议，但毕竟打开了重新考察唐宋以来儒家思想与经济、社会变化之关系的大门。

此后，儒教资本主义议题余音缭绕，大陆学者也有参与，隐然成为20世纪八九十年代学术界热点议题，对儒家观念与经济增长之间的正面关系，肯定者有之，否定者有之。逐渐地，"儒商"之说在学界、在实业界兴起，不断有学者讨论儒家伦理与市场经济之关系。虽然，东南亚金融危机之后，此讨论迅速降温，但不管怎样，儒家与经济学之间有所交集。接下来，中国大陆经济持续高速增长，再度推动人们思考儒家与经济增长之间的正面关系。

于是，有人提出"儒家经济学"之名，如龚鹏程发表《儒家经济学刍议》，认为儒家经济学的功能不是顺应现代经济学，而是批判反省现代文明。畅钟最近则有《儒家经济学思想之辨析及重建之原则》。

由于种种原因，大陆主流经济学界对儒学对现代经济发展的价值评价普遍不高，但也有例外。值得注意的，以笔者所知，约有三位。

首先是林毅夫。在《经济发展与中国文化的复兴》一文中，林毅夫肯定中国文化之根本在于以仁为核心的价值伦理，他相信，近代中国落后不是因为文化有问题，而是因为经济落后。中国文化能否复兴，取决于三个问题：第一，儒家文化以"仁"为核心的伦理价值是否能支撑起经济基础，即器物层次的不断发展、创新，生产力水平的不断提高。第二，在以"仁"为核心的价值下形成的组织层次能不能与经济基础的发展相适应而不断演进？第三，以"仁"为核心的价值在经济基础不断提升以及政治、经济、社会组织不断演化的过程中能否保存，并形成一个完整的器物、组织、伦理三个层次自洽的文化体系？对此三个问题，林毅夫均给出肯定答案。

其次是张维迎。其著作《博弈与社会》最后一章“制度企业家与儒家社会规范”从“制度企业家”入手，认为制度企业家的根本特征是不以个人盈利为目的，最为突出者是那些在轴心时代创立教化体系的先知、圣人，他们确立了人类的基本行为准则。孔子就是伟大的制度企业家。他创立的儒家之所以在思想的竞争中获胜，因其提出促进人类合作之有效办法，这包括礼，可协调预期和定分止争。孔子确定的君子、小人之别，也构成一种激励机制。张维迎把囚徒困境中的“合作者”称为“君子”，“不合作者”称为“小人”，有君子，才能走出囚徒困境。张维迎最后提出：“中国现代化的许多问题，可能需要我们更进一步地思考，需要深入地理解中国固有的治理之道，尊重和运用中国人在过去几千年积累的智慧。”可以说，张维迎已属于半个儒家经济学家。

最后一位盛洪，可说已是儒家经济学家。20 世纪 90 年代，也即，西方经济学刚入中国并走红，所谓“经济学帝国主义”形成之际，盛洪就在倡导制度经济学的同时走向儒家，与蒋庆先生对话，倡导天下主义、家庭主义，均得儒家思想之精义。经由这些积累，而有《儒学的经济学解释》，可算盛洪二十多年来基于经济学心智思考儒家之系统总结。

四、《儒家的经济学解释》：经济学家的儒家经济学

陈焕章作为接受过经济学教育的孔教徒，把儒家义理拆散，装入西方经济学体系中，构造出儒家经济学之初步框架。反过来，盛洪作为专业经济学家，以制度经济学理论解释《大学》八目，得以深入西方经济学之若干根基问题，反思其基本预设和命题，深化了儒家经济学义理体系。

《儒学的经济学解释》第一讲“格物致知和正心诚意：认识论和宇宙观”反思主流经济学之理性经济人预设。市场的本质是人的合作秩序，而单靠个人理性，合作秩序之范围终究有限。继续扩大，需超越经验之力量。在世界大多数地方走神灵信仰之路，尤其是一神教信仰，在中国，则是敬天。由神或天的引导，人得以超出自身，具有整体意识，具有道德意识，此即盛洪所

说之“诚意正心”。由此，人们接受普遍伦理约束，大范围的合作秩序得以形成和维系。“如果人只是一个经济人，人类社会只可能达到任何一种动物社会都可以达到的效率水平。唯一使人高于其他动物的是道德。道德使人类社会更有效率，同时也是组成社会的生命的意义所在。”诚意正心就是市场作为扩展的合作秩序维系之基础。

第二讲“修身：文化精英的意义及形成”反思经济学关于理性经济人之同质预设。作者首先指出，法律的他律制度不能解决所有问题，仅有此，必有市场失灵，也会存在一致同意原则的失灵。不论是市场或政治的正常运作都需要文化精英，超越个人利益，有道德自律。这些文化精英的宪政位置是：“第一，文化精英要提出社会的根本原则，把它变成社会整个制度的基本框架。第二，这个社会要把文化精英放到公共事务的重要位置上”，发挥重大作用。“而儒家的有关理论，最重要的就是如何培养文化精英。”所谓“君子喻于义”，意思就是“文化精英要超越个人利害，要着眼于社会的公正，着眼于公正的制度、有效率的制度”。此处之“文化精英”，就是张维迎讨论之“君子”，“文化精英”这个词或许并不比“君子”好。

第三讲“齐家：家庭主义”反思主流经济学之个人主义预设，提出以家庭为经济社会分析的基本单位，其基本看法是，“以家庭为基本单位，按家庭利益最大化的标准去分配财富的话，可能导致更有效的资源配置。如果不是以个人为单位去计较当下的成本和收益，而是从整个家庭的角度去考虑，这种家庭主义的分配模式是更优的”。因为家内可有基于爱的分工与合作安排，一人之收益可为他人分享。同时，家让人具有长远视野，解决人的死亡焦虑。在这里，他对陈志武的金融替代家庭说提出批评。

第四、五讲是“治国”，前者讨论经济制度与政策，发掘儒家的自由经济、轻徭薄赋思想；后者讨论宪政与政治结构，讨论儒家政治合法性、儒家的民本主义、王道理想、礼治、历史的制衡、君子治国、谏议制度等，最后得出结论：“儒家的传统政治资源，我们要好好地去挖掘、去思考、去提炼，它对我们今天形成新的政治结构会有非常重要的作用。这样一种政治文化资源和其他文明的资源要放在一起形成互补，形成一个新的政治结构的基础。”

第六讲“平天下：从民族主义到天下主义”看似超出西方经济学的范围，但实际上，经济学在早期现代思考之核心问题是国际贸易，随后有殖民地经济问题，背后可见民族主义精神，今日之全球化也深受民族主义之困扰，或者是霸权国家以表面上的全球性规则谋求一国之私利，或者是受害者拒绝开放市场。天下主义基于儒家义理和中国历史经验，另找出路，以构建道德原则和权利体系互补的世界政治结构。

至此，一个较完整的儒家经济学初步成型，虽因系讲课记录稿，论述不够缜密，但基本结构是完整的，足以成为一门成熟儒家经济学之新起点。由此书，儒家义理支撑起了一个经济学体系，它修正了主流经济学的基本预设，比之更为接近真实世界，因而也具有更大解释力。

五、以儒学发展“真实世界的经济学”

面对盛行于今日中国和全世界的主流经济学，不能不注意一个最基本的事实是：作为专业化学科的经济学，形成于西方文明处在全盛、现代性走向成熟的理性主义时代，故西方文明之根本特征塑造了经济学之基本预设与其理论体系，其中时时可见其神教信仰铭印。

新古典经济学预设之经济活动主体是同质的“理性经济人”。首先是同质。上帝造人，人人相同。经济学也预设，所有人完全相同，无性别、长幼之别，无任何文化与社会属性。其次是理性，这是西方哲学、神学之核心概念，此理性就是计算成本—收益之能力，与情感无关。所谓经济人，则追求自身物质利益最大化之人。神教相信存在两个世界，人有灵与肉之两分，经济活动是肉体的欲望所驱动，与灵魂无关。

西方经济学预设经济活动展开之前提是私人产权制度，人对物之独占和支配。生产是人完全按自己意志，运用既有的全无生命之材料，制造前所未有之产品，类似于上帝造天地万物以及人。消费则是消费物。总之，整个经济活动以物为中心。

新古典经济学预设“均衡”为标准状态，马歇尔意义上的局部均衡指单个市场或部分市场的供给和需求相等，瓦尔拉斯一般均衡（应为“总体均衡”）指一个经济社会体所有市场的供给和需求相等。均衡状态是静止、不变的状态，实即柏拉图的理念（或曰相）世界，神教想象之神的天国。经济学家以此看待现实的市场，自然随处可见“失灵”。

在现代经济学理论体系中，市场与国家间关系是重要议题。之所以有此议题，乃因为，在西人思维方式中，市场体系和国家可以两分，且处在对立状态。此认知之模板是精神秩序与世俗秩序之两分，教会与世俗政府之两分。经济学家由此有取向之大分裂：或者主张自由放任，甚至走向无政府主义；或者主张政府管制，甚至走向全面计划体制。有意思的是，两者基于理性迷信：前者迷信个体理性，后者迷信社会工程之科学理性。

这一经济学体系过于天真，面对现实世界捉襟见肘，故西方之晚近学术发展已对上述预设和基本命题有所修正，类似于哲学领域中，19世纪末以来的哲学对早期经典哲学有重大修正。比如，博弈论揭示个体理性与集体理性之不相容，自利的理性经济人实难实现其收益最大化。制度经济学揭示之集体行动的困境、搭便车问题，同样彰显个体理性之局限。演化经济学肯定了利他、合作倾向对于经济系统正常运作之决定意义。在西方经济学谱系中，修正主流经济学最彻底的是奥地利学派经济学，它肯定人与人不同，有些人的企业家精神较强，有些人较弱；所谓均衡本身是虚幻的，市场是持续不断的过程。不过，奥地利学派也不能免于对个体理性之迷信，而常常走向自由放任的无政府主义。

故在西方文明脉络中，经济学之自我修正终有其天花板。儒家经济学的可能贡献正在于，真正突破西式心智对经济学设定之藩篱，走向“真实世界的经济学”，或可从根基上重构经济学之预设和基本命题，从而推动发展一种更为普遍、更有解释力的经济学。依据上文所列陈焕章、张维迎、盛洪等人的探索，以及儒家义理，或可提出儒家经济学之基本预设如下：

第一，经济活动主体是非同质的、在人际关系中的、理性能力有限而有情感的人。

首先，人在社会关系中。关于人的最基本事实是，人由人生，生而在家中，故常态下，人以家中成员身份充当经济活动主体。个体和家均为经济社会活动之基本单元，人的成本—收益计算不是纯粹个体的。

其次，人不完备，理性有限，常在无知状态，故道德、制度和组织至关重要，人在其中，可大幅度降低与他人合作、交易之成本。教育、教化也是经济活动之内在要求。

再次，人有情，在经济活动中，情感、情绪会极大地影响市场运作。

人之从事经济活动，并非只是计算物质收益—成本，而同样寻求情感之满足。

最后，人是不同质的，孔子说："性相近也，习相远也"①，人生而不同，有些人生而有较强企业家精神，成为经济意义上的君子，也即企业家。由此不同，形成人际之分工、合作，而人际之和而不同，正是经济活力所在。

第二，人从事经济活动，旨在成己、成人、成物，也即寻求个人生命成长，人际相亲相敬，以及赞天地之化育。故经济之全幅过程均在伦理与社会关系结构中展开，如《礼记·礼运》所说："男有分，女有归。货，恶其弃于地也，不必藏于己；力，恶其不出于身也，不必为己。"② 生产与交易的伦理与生命的伦理交织，经济结构与社会结构互动；至于消费，如陈焕章所说，多有伦理和礼仪意味。经济学必须提升自己为精神科学，而不是物的计算学。

第三，市场是持续展开之过程。均衡根本就是幻觉，市场没有终点。天行不已，世间生生不已，经济活动必定呈现为变动不居、永无终点的过程，其间总有各种创新的惊喜，当然也有意外和破坏，并有盛衰起伏。

故经济学除了结构分析、制度研究，还应有历史视野，历史分析应为经济学的主要方法之一。经济学除了关注当下财富之生产和分配，更应有长远眼光，当期经济活动是在承先启后的历史过程中的，资源的分配必须有助于文明之长期积累。

同时，经济学应将终点放在人，因为，在市场持续展开之过程中，确保市场有序之力量，不是抽象的数量，而是活生生的人：只有人可以随"时"，抓住机会，企业家能力就表现为见"几"而作，矫正市场的错误，发现市场的机会，扩展市场秩序。

第四，企业与政府、市场机制与社会治理互嵌而合作。不可能设想没有政府的企业，也不可能设想脱开社会治理之市场机制。人类活动的任何机制、制度、组织都会有过、犯错，自然地生发出其他机制、制度、组织，以补充之或矫正之。凡此种种机制、制度、组织处在协调、互动过程中，共同

① 程树德：《论语集释》，中华书局 1990 年版，第 1177 页。

② 《十三经注疏》整理委员会整理：《礼记正义（十三经注疏）》，北京大学出版社 2000 年版，第 769 页。

发挥作用，方能造福于人。两分法必定导致完整秩序之不可能，而经济社会体会在极端之间摇摆，难上中道，也就无法保有长远生命力。

上列各条，相当粗疏，远不完备。儒家经济学之要旨在以人为本，人是完整的，而非只有肉体、物质的面相。人为其生命之成长健全，为改善自身境遇，做各种努力，生产、交易、消费、分配是此完整过程中的一个维度。故经济学不只简单地研究财富生产或者资源配置，而有更广泛的任务，即《尚书·大禹谟》所说之“正德、利用、厚生，惟和”[①]：正德者，研究经济主体如何正己之德，以使交易合作过程得以维续、扩展；利用者，研究如何合宜地开发、配置、利用各种可用的资源，使之惠泽于人；厚生者，研究资源、财富如何让人各遂其生，生生不已；惟和者，研究不同的人、各种组织、各个国家之间如何形成良好秩序，俾每个人、每个组织、每个国家、每种文明各正性命，保合太和。

儒家经济学极大地放宽了经济学的预设，让其进一步接近真实世界，从而可有更大解释力。当然，预设如此放宽之经济学，不利于经济学之计量化。但计量化本身未必是经济学发展之唯一法门，真实世界本就高度复杂，经济学本应为复杂科学，唯有如此复杂的经济学，才能利用、厚生且惟和。

中国在内整个世界的有识之士，包括那些有自我反省意识的经济学家，均已感到，现有西方经济学之解释力相当有限；故有中国经济学家呼吁，不应只是引进西方经济学，还需在中国发展经济学。且有学者乐观地预计，中国经济增长的经验可为经济学在中国的发展提供便利条件，中国会涌现一批大经济学家。然而，经济学在中国如何发展，才能有效地解释和回应中国问题，同时推动经济学一般理论发展，为理解人之经济活动作出知识贡献？

很显然，中国过去几十年之经济增长经验至关重要，有人已据此发展经济学理论。然而，若不理解儒家价值及其塑造之经济主体之行为方式、活动之社会结构，并理解其作用于经济活动之机制，必然无从真正把握此经验的内在机理。尽管百年来的国家意识形态和政治力量多数时间致力于破坏传

① 《十三经注疏》整理委员会整理：《尚书正义（十三经注疏）》，北京大学出版社2000年版，第106页。

统，但构成经济活动主体之普通民众之心智和观念，大体上仍然是儒家，尤其是增长绩效最好的地区。

更进一步，若无思考经济学之替代性预设，经济学在中国的发展只能是技术意义上的枝节改进，而不可能带有范式转换意义。现行主流经济学之预设具有深刻的西方文明背景，身在此文明中的西方经济学家可以方便地穷尽此预设蕴含之最精微意义，中国经济学人却很困难；中国经济学人欲对经济学的发展有所贡献，恐怕不能不从自己熟悉的文明中构造经济学的新预设，从另一条路上探索人的经济活动之一般逻辑。当然，这些替代性预设未必是全盘替代既有预设，而是扩展之，使之更有涵容能力。显然，在中国文明中，儒家对人、对规则、对秩序的理解是构造这一组新预设之最佳资源。也就是说，经济学在中国的发展，若有范式转换意义，必定扎根于儒学。

儒家旨在重建和维护整全秩序，自不能无视理财、经济事务，完整的儒学体系中必有经济学；没有经济学的儒学体系，显然无力齐家、治国、平天下。

儒家经济学在儒学与经济学之间，完善、发展、成熟有赖于两领域之相互进入与会通。相隔百年的陈焕章和盛洪是会通之典范，初具规模的《孔门理财学》和《儒学的经济学解释》是可取的出发点。或可预期，随着人类进入“世界历史的中国时刻”，以及中国思想之创发，会有越来越多的学人从儒学和经济学两个方向，共探儒家经济学之义理体系。

中庸之道与现代经济学

张 践 郑 华*

近年来“国学热”在企业家中不断升温，这是一件提升文化自信和企业家整体素质的大好事。但是在“国学热”中很容易产生一种心理倾向，即认为西方的一切都没有中国的好，甚至是坏的，要远离。这就走到了另一个极端，并不符合中国“和而不同”的思维方式。试想国学深不可测的道理是否可以用西方经济学的工具来证明？我们能否用国学的语言来表达西方经济学的精辟原理？那么我们不仅可以认识到西方经济学与中国国学思想有异曲同工、殊途同归、互为表里、互为体用之妙，而且更利于中国的企业家学习接受西方市场运作的方法，在经营管理中规避风险，获得更大效益。

一、现代经济学无差曲线、预算线与“中庸之道”

无差曲线是西方经济学边际经济分析的一个基础的思维工具，源于生产函数理论中生产要素与产量的关系的一个公式：$Y=f(x_1, x_2, \cdots, x_n)$。这里Y表示产量，X表示生产要素的投入量，这里可能是资本、人力、技术、土地等，也可以是情感、精力、时间。为了获得Y这个产量，我们要投入多少资金、人力、技术、土地呢？在全部投入量均能变动的情况下，分析产量的变动比较复杂。为了简化问题，西方经济学用等产量曲线（产量无差异曲线）把多元的取舍转化为两两比较，分析具有两种可变投入量的生产函数。图1中的等产量曲线表明，多用资本少用劳动，或多用劳动少用资本，仍可以得出相等数量的产品。

---

* 张践，中国人民大学继续教育学院教授；郑华，中国人民大学土地管理系副教授。

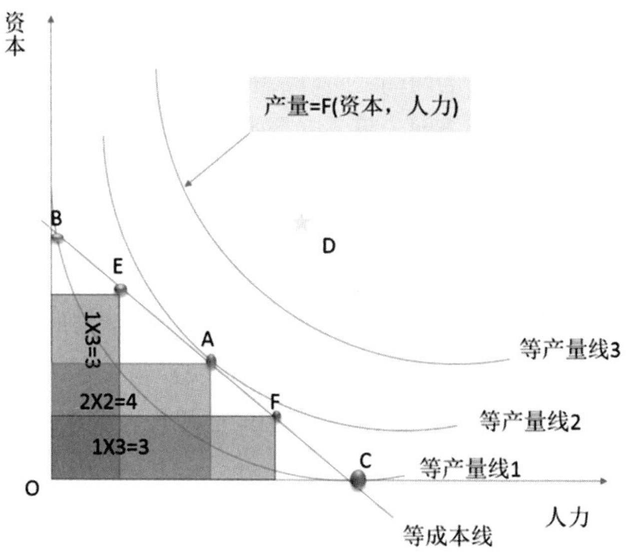

图 1　等产量线与等成本线

生产者只用等产量曲线还不能确定两种可变投入量的最优组合，还需要预算线来参与决定。所谓最优组合就是成本最低的组合，就是在生产要素价格已知的条件下，一定的预算支出所能得到的两种投入量的各种组合，形成的一条预算线与等产量线（无差曲线）的切点。

在这里可以看出现代西方经济学对最佳选择行为的权衡与中庸之道有以下共同点：

（一）同是抽象简化的思维模式，把多维取舍转化为两两比较

两轴代表取舍的两极，它们往往是相对立的，难取舍的，互相不容易替代，或互相替代的成本很大。中国人常说进退两难，很难得兼。比如，决定产量的关键因素可能是资金与人力、硬件与软件、虚拟与实体、守成与创新、激励与约束……等产量线是任何两种生产要素与产量之间的函数关系，是无差异曲线的一种，任何两两选择且结果没有明显差异时的选择都可用到无差曲线。

《易传·系辞上传》说："易有太极，是生两仪，两仪生四象，四象生八卦。"①

① 黄寿祺、张善文：《周易译注》，上海古籍出版社 2001 年版，第 556 页。

任何复杂的事物都可以简化成对立的两极，这是中国人解决复杂问题的基本哲学思维方式。而在对立的两端之间取其中，则是中庸的真谛。子曰："吾有知乎哉，无知也，有鄙夫问于我，空空如也，我叩其两端而竭焉。"圣人也常常会碰到未知的新事物，怎么解决？就是把问题分成对立的两端，从两种对立的方面取其中，获得新的知识。

（二）同是在进行取舍时不要选择极端，会得到最佳结果

在相同的价格和预算约束条件下，合理的资源组配点 A 上可以比两个极端获得更多的产量，即 A 点的坐标所围的面积均大于在 B、C、E、F 各点坐标围成的面积。

D 点产量虽高却超出预算，就像一句"宁在宝马车上哭，也不在自行车上笑"，道出了一种恋爱观的价值取舍，一个多金、多情且专一的男神不是普通姑娘消费得起的一样，产量或效用虽高却超出了预算。中庸的选择是既不选宝马车里哭，也不选在自行车上笑，经济适用的大众车才是更明智的选择。

正如"仲尼曰：君子中庸，小人反中庸。君子之中庸，君子而时中。小人之（反）中庸也，小人而无忌惮也"①。孔子认为，君子坚持中庸之道，安时守位，持中守正，往往会得到生活中最佳的组合结果；而小人则反对中庸之道，为所欲为，行险侥幸。最终的结果，小人往往会因为铤而走险而身败名裂。

二、现代经济学的边际分析与中庸的"度"

沿预算线滑动的各点，只有 A 点产量最大，不仅是因为 B、C、D、E、F 各点均不在等产量线 2 上，而 A 点在等产量线 2 上，是预算线上唯一在等产量线上的点，即切点，而且因为 A 点还是等产量线 2 的一个特殊的拐点。在 A 点上，单位货币购买两种物品的边际效用相等，即支出于 X 物品

① 郑玄注，孔颖达疏，龚抗云整理，王文锦审定：《礼记正义》，北京大学出版社 2000 年版，第 1426 页。

的每一元钱的边际效用等于支出于 Y 物品的每一元钱的边际效用。由此反推出一个最大化产量的定理是：生产者进行要素组合选择时无差异曲线（等效用线）与预算线相切的点上，边际替代率与切线的斜率相等时获得的效用最大。

在经济生活中，人们无限的需求与有限资源相矛盾的情况下，人们进行选择就会用到边际分析。当最后每一分钱在两种要素上得到的产出或效用相等时，就不再左右游移了。或把最后一个产量的追加支出和额外收益相比较，二者相等时也就是投入的最后一个单位资金和得到的最后一单位的利益相等时就不再增减投入了。这里，MU 为边际效应或产量，P 为价格。

$$\frac{MU_x}{P_x}=\frac{MU_y}{P_y}$$

求最优、最大、求最小的例子在西方经济学中有很多，这种方法叫作边际分析方法。使用的数学工具不外乎就是求导、求极值、求拐点。找到了拐点，就找到了最大、最优（收益）、最小（成本），守着拐点，就守住了帕累托最优点，或动态的纳什均衡的局面。

什么是帕累托最优？在资源配置的处境下，存在一种调整可以使得所有人的境况都不变差的前提下，有至少一个人的境况变好，则该资源配置不是帕累托最优。反之，若不存在这样的调整，则该配置可以被称作帕累托最优。也就是说，不损任何人的利益，也不能改善哪怕一个人的利益的局面，人人都没有改变的动能的状态。在这里不损人是底线。并非普通人理解的大多数人共赢或共同富裕的结果。

纳什均衡指博弈中存在的一个所有博弈者的符合以下条件的策略组合：给定其他博弈者策略不变，每一个博弈者都没有动机改变自己的策略。

没有最好只有更好是人类的愿望，但不损人利己是人类行为应有的底线。帕累托最优和纳什均衡是一种推导预测人类行为最终结局的方法。把对方的效用函数考虑到自己的策略中，寻找一个稳定均衡点的策略是最经济的。

这也正是所谓："不偏之谓中，不易之谓庸"① 中的"不易"，也就是说

① 朱熹撰：《四书章句集注》，中华书局 1983 年版，第 17 页。

“庸”的状态，“庸”就是一种动态的均衡状态。

《中庸》第九章中记孔子说：“天下国家可均也，爵禄可辞也，白刃可蹈也，中庸不可能也。”① 这句话说明了中庸的境界比平天下、辞官位、赴汤蹈火的智、仁、勇的行为还不易达到。子曰：“中庸之为德也，其至矣乎！民鲜久矣。”② 由于古代没有计算机，没有办法计量和计算边际量，要找到中庸之“度”是非常难的，要把中庸的思想表达清楚都是非常困难的。但孔子所说的中庸的不可能，也就是境界的难于达到，还不在于计量与表述的困难，而是他知道，一个多元和多轮的动态博弈过程，特别是使参与者从不合作，转变为合作的博弈，并保持长期合作的状态，作为齐家治国的人来说是多么不易。更不用说要动态中保持这种平衡，即守住了帕累托最优点，或动态的纳什均衡的局面更是难上加难。现代经济学家们已经发现人的不理性、契约的不完全、信息不对称使得帕累托最优的动态均衡，即资源配置最优，不论是凭借政府这只看得见的手还是市场这只看不见的手，要达成都是十分困难的。何况在两三千年的中国古代没有市场经济，全靠全能的齐家治国者来实现中庸的状态，当然是“不可能也”。中国古代就有了追求中庸即帕累托最优的思想，今天现代经济学和现代信息技术有望帮我们更确切地把握中庸的度，足见中国古人的思想之深邃和也使我们认识到中西贯通是多么重要。

三、中庸之道与“利润最大化”

中庸之道就是最优状态及其求取帕累托最优的方法和策略，那么中庸之道就不仅是员工管理和人际沟通的方法那么简单和狭窄，它是一种多元多轮、动态、最优的均衡思想方法，它可以将管理者的思维变得更加立体和灵活。它会要求管理者更加全方位地适应市场，了解竞争对手及客户偏好变动，顾及利益相关者股东、贷款人、供应商、公众等各方需求。在经营管理中更综合、更周到、更变通、更有创造性地处理复杂的局面。企业运用中庸的思想指导经营管理，就是寻求与各种力量达到动态均衡，在各种力量的制

① 朱熹：《四书章句集注》，中华书局1983年版，第21页。

② 程树德：《论语集释》，中华书局1990年版，第425页。

衡博弈中达到自己利益的最大限度的边界。这是一种“尽乎勇”，却又“止于至善”的“智”的行为。

在企业各项经营能力，选择和判断投资机会、融资拓展市场空间、适应市场进行存货调整等，在这些基本功能中，成本控制是基础的基础。经济学的成本概念种类又很多，其中可以用货币精确计量的属于会计成本，管理经济学和成本理论就是以边际分析方法运用会计信息数据分析生产成本为基础的。

按管理经济学，企业的平均成本 $AC_n=\frac{TC_n}{X_n}$，现在增加一个单位的产量，那么：

$$AC_{n+1}=\frac{TC_n+MC}{Y_{n+1}}=\frac{AC_n \times X_n+MC}{Y_{n+1}}$$

如果产量增加到 $n+1$ 所增加的 $MC<ACn$，那么 AC_{n+1} 也将小于 AC_n。如果 X_{n+1} 的 MC 大于 AC_n，那么 AC_{n+1} 也将大于 AC_n，这里 MC 为边际成本。$MC=AC_n$ 时，企业的产量为最佳规模，因为此时的平均成本达到最低点。

这里最关键的是要及时发现边际成本的变化，记录边际成本数据就可以做到尽早找到与平均成本相等的点。按前面所论述的，中庸的“庸”是一个最优解。（现在每个企业都有会计，但能够运用会计数据进行边际分析的企业相信不多。这里用到的数据指标并不多，只要有现金日记数据就可以做边际分析）

有了边际分析的方法就可以找到最佳点、最适度点。企业的规模不是越大越好，不一定非要五百强，其实一个小企业的投入产出比可能好过大企业。市场环境变化不定，唯一不变的是企业要把握“以少的投入”前提下的最大产出，即平均成本最低点上的产量规模才是最佳最适度的生产规模（见图 2），而不为挣光市场上每一分钱，不惜代价地追求市场占有率，或做到五百强，或总产量名列前茅。经济周期进入低潮时期，那些不计成本的企业就会面临危机了。只有在危机时期，平均成本还在价格以下的企业才是好企业。那些在市场好的时就急着扩张，到经济低潮到来时成本高过下降的价格以上的企业就会面临危机。

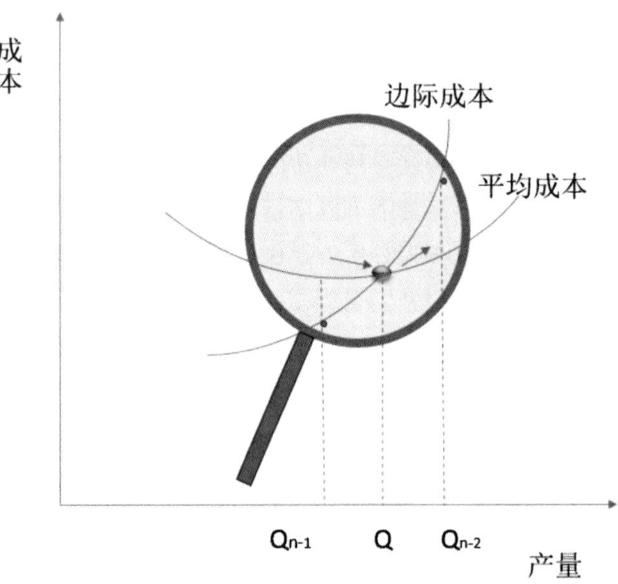

图 2　企业的边际成本与平均成本相交于最有效规模时

案例一：万科曾经定过一个规矩，超过 25% 利润率的项目不做。当房地产过热时，有些地方政府请万科开发土地，并答应不收一分钱地价，很多企业很难抵挡住这样的诱惑，而万科做到了拒绝进入这看似一本万利的市场。相反，迅驰房地产曾经大手笔进入二手市场，一个月之内在北京开店上百家，甚至还高调进入一手开发市场，开发了迅驰蓝调项目，正在顺风顺水的市场环境下，这样的开疆拓土的确让人羡慕，迅驰甚至还嘲笑万科是“温室里的花朵”。可是一旦经济危机一来，市场立刻紧收银根。这里迅驰暴露出其致命的弱点，由于快速扩张，其内部管理制度不健全，员工管理费用过高，当时为了争夺管理人才，迅驰花高过市场行情的价格争夺管理人才。当市场交易放慢后，其成本率高，资金链就断了，很快市场上的迅驰门店几乎是一夜之内不知所踪了。

案例二：在市场好的时候，所有企业都有利润，做企业不难，难的是在危机到来时，市场很差时，价格很低的条件下还能盈利的企业才是真正的市场经济主体。这里有一个故事，刚刚去世的老洛克菲勒家族企业就是发迹于 20 世纪二三十年代的经济危机。在别的企业资金链断了的时候，洛克菲勒的企业一年之内廉价收购了四十多家同行企业。为什么别人都没钱的时候他还有钱呢？当市场好的时候，每加仑原油价格 89 美分，经济危机时每加仑价格 39 美分。所以大多数企业都面临倒闭，而洛克菲勒企业的价格是 5 美分。也就不难理解，为什么经济危机对于它来说恰恰是扩张的机会。

企业经营中扩张规模并不难，难的是保证自己的成本最低，保证企业成本与价格的差额为最大化正值。当市场由高涨转为低落时，企业能始终保持其成本控制优势。所以企业经营的难点在于知道适可而止、量入为出，知道在市场拐点前退出竞争，这是企业的底线。在拐点到来之前有所止，在价格下跌之前产量有所止。

因为，明智的企业懂得，价格高涨是短期的现象，会引起大量竞争对手企业的进入，很快会使价格下降到大量企业退出，价格回落到低于最低点。所以，明智的企业不会为了短期的利润，而追加成本，更不会在危机到来时，来不及收回投资而被套。这就是中庸的思想，也是止于至善的思想。如果我们的企业家懂得中庸，懂得止于至善，不就可以使企业免于危机，在危机中有所作为吗？

从长远来看，与其投机、盲目投入、冒险，不如专注地做好企业的内部管理，使低成本高水平的生产状态保持住，不为机会和外来力量所干扰。

综上所述，中庸之道并不是折中的、各打五十大板那么简单，它是审时度势智勇双全地利用各种条件，达到长期、稳定、最大化收益的行为和境界。也就是说，中庸不仅与利润最大化不矛盾，甚至我们可以说：要想得到最大化的利润，还必须做到中庸。

厘清了中庸的概念，我们就可以理解“利润最大化是均衡状态下各方各得其所，又不再有改变意愿的状态下所能得到的最多利润的境界”。也就是说，是在不损害利益相关者的条件下的利润最大，而不是要投机倒把，更不是突破道德底线做那些以次充好、假冒伪劣、巧取豪夺、强买强卖、欺行霸市、内幕交易、关联交易、过度投机、走后门、破坏规矩等行为。

当我们的企业能够修炼到中庸的境界，中国的市场经济就进入到了一个更加有效的、平稳的层次，企业和个人、政府的盲目性就会减少很多，而且经济危机的破坏性就会减少很多，甚至经济危机本身都有可能成为可防可控的事情。

四、中庸之道与比较优势理论

既然，中庸是帕累托最优和纳什均衡状态，那么，中庸之道就是抵达最优最佳之道。也就是说，中庸之道用在生产上，就是寻找等产量线与预算线切点，以求成本最低利润最大的产量，同样，在交易双方，就是要寻找交易双方都愿意接受且不想再改变的一种状态下，双方的效用曲线相切的点。

现代经济学解释交易背后的逻辑，用的是比较优势理论：假设一个国家只有A先生和B先生，只生产X和Y两种产品。A和B在生产X和Y上各有比较优势，于是他们为得到更大的效用，分工协作专业化生产，把总产出做大，然后交易共赢。

当一个国家、一个企业、一个人与另一个国家、一个企业、一个人比较，生产一种物品所需要的投入量较少，就可以说该生产者在生产这种物品中有绝对优势。比如：同样一天时间，A生产10个X，B生产8个X，我们称A比B有绝对优势。如果A在X方面比B强，而B在Y方面比A强，A和B的优势如何确定呢？这时，还有另一种方法考察生产者的优势，即考察生产者的比较优势，也就是相对优势。就用它们生产某一产品时的机会成本来衡量。所谓机会成本，是为了得到这种东西所放弃另外一种东西，在这个例子中，就是生产者为了生产一个X而要放弃的生产Y的数量。

	X	Y	X(放弃Y)的机会成本	Y(放弃X)的机会成本
A	10	5	0.5	2
B	5	15	3	1/3
总产出	15	20	0.5~3	1/3~2

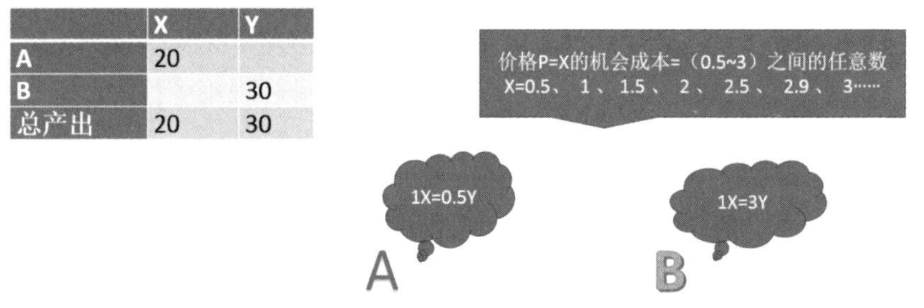

	X	Y
A	20	
B		30
总产出	20	30

图3 分工以后各方的比较优势和机会成本

A生产一个X，要放弃0.5个Y，B生产一个X，要放弃3个Y，因此，我们说在生产X方面A比B有优势，因为A的机会成本小于B。同样A生产一个Y，要放弃2个X，而B生产一个Y，要放弃1/3个X。这样我们可以判断，在生产Y方面，B比A有优势，因为B的机会成本小于A。

	X	Y		P:1x=0.5y
A	15（10）+	2.5（5）-	20-5=15	5*0.5=2.5
B	5（5）	27.5（15）+	5	30-2.5=27.5
总产出	20	30	20	30

B A

	X	Y		P:X=1Y
A	15（10）+	5（5）	20-5=15	5*1=5
B	5（5）	25（15）+	5	30-5=25
总产出	20	30	20	30

A B

	X	Y		p:X=3Y
A	15（10）+	15（5）+	20-5=15	5*3=15
B	5（5）	15（15）	5	30-15=15
总产出	20	30	20	30

A B

图4 交易以后各方的所得与效益得到改变

图3中，可以看到A和B在机会成本比较中找到了各自的优势。于是双方进行分工，双方进行专业化分工合作。A把生产Y的时间也用来生产X，B把生产X的时间全转来生产Y。由于他们各自都做的是自己有优势的，比较擅长和专业的事，于是他们总产量比分工前有所提高。从图3中可以看到，同样是对X成本的估计，A和B不同，也就是说，同样的一个X，它等于多少个Y呢？A和B的估计不同，在0.5—3之间。因此，在这之间的任何一点的值都是双方可以接受的。经济学称之为可交易空间。

从图3、4可判断，比较优势差异越大，A和B的可交易空间就越大。关键是要善于寻找交易对手或者交易机会。彼此的比较优势反差越大，彼此间替代性越差，交易的空间就越大，彼此就越看重对方的价值。生活中，智商高和情商高通常不可得兼。于是从理论上说，智商高和情商高的两个人进行专业化分工协作，比较容易取得双赢的结果。在企业中资金密集型的企业收购一个技术密集型的企业比较容易成交，且比较容易在今后取得共赢的结果。这里的关键是分工和专业化生产，提升产出量！把蛋糕做大，分配的空间就大了。这一理论的结论是：比较优势反差越大，可交易空间就越大，这不仅解释了分工专业化生产的逻辑，而且倒过来推理就是，要得到最大效用，就要找反差大的甚至是比较优势完全互补的对手进行交易。也就是说，阴阳互补才有大的可交易空间，这就是交易的智慧！

《易经》中的“易”恰恰是交易的“易”，共用一个“易”字只是巧合吗？为什么不说“交换”或“交意”？文言版《说文解字》：“易，蜥易，蝘蜓，守宫也，象形。”意思就是“易是蜥蜴，又叫蝘蜓、守宫。字形像蜥易之形”。《祕书》说：“日月为易，象阴阳也。一曰从勿。凡易之属皆从易。”意思是说：日月二字合成“易”，象征阴阳的变易。

易是一个象形字，上为日下为月，日在上月在下，日月相对，正是阳与阴相对相交相合互补互利共生共赢，生生不息、生生之谓“易”，这不正说明，古代的周易也在告诉我们应该如何交易、与谁交换吗？要比较优势互补的双方彼此交易，才是生生不息之道啊。

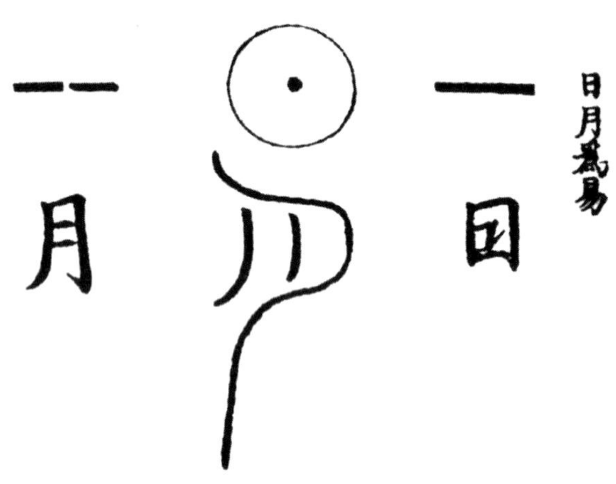

图 5　易字的象形文图解

一方不要固守自己认为最合适自己的价格，笞成交易就可以双赢。所以说，一味地占便宜，一味地坚持自己的价值体系和价格是不明智的。不要总抱着“有你没我，你多我少，甚至你死我活，要么损人利己，要么损己利人”。其实找对交易对象，既可不损人利己，也可利人利己兼顾。所以，人要善于与自己反差大的人合作，人要善于妥协。要给人让点利，不要为了自己的利益最大化，恨不得把交易对手的利润空间压低，甚至逼到“破产”为止，占便宜占到极致为止。从图 4 中可见，如果 B 一味坚持以 1X＝0.5Y 的价格向 A 购买 5 个 X 的话（即便 0.5 是 A 的心理底线价位），B 也太不厚道了。同样如果 A 一定要坚持按一个 X 等于 3 个 Y 的价格把 5 个 X 卖给 B 的话，那 B 就没有一点改善了。最好的办法是按一个 X＝（3－0.5）/2＝1.25Y 来交易。为了计算方便，我们这里假设的是，双方接受按一个 X 等于一个 Y 进行交易。在市场交易中，完全把自己的心理价格公开透明的情况并不多，但是只要双方在可交易空间内，而不是在可交易空间的边缘上决策交易价格就是可行的。

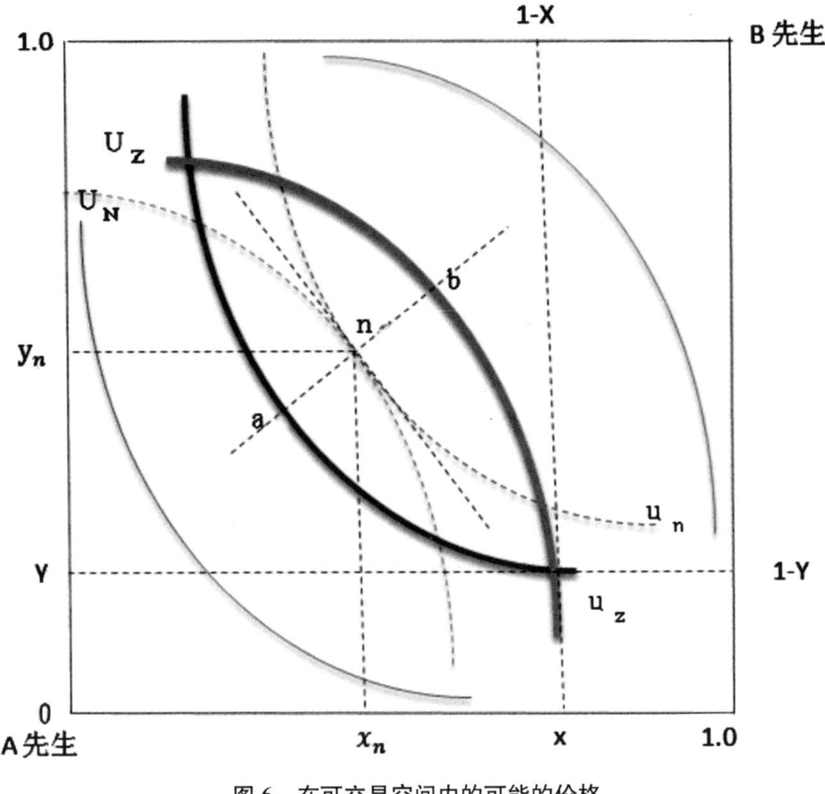

图 6　在可交易空间内的可能的价格

所以，企业完全不必要利用信息不对称来欺诈对方，提出苛刻的条件。比如，那些报“零团费”旅游，又不接受导游安排的游客，到了酒店专吃免费午餐的人们也是不懂得交易精意的。交易的精意是取双方可交易空间的中间地带，给对方和自己留下改善的空间。

当一个人的行动“适当地考虑”对于其他人的福利时，就意味着，根据其他人的边际替代率来评价一个人自己的行动。

图 6 所描述的是在可交易空间内可能的价格，单位正方形代表着（标准化的）两种商品，正方形中的每个点代表一个可行的交易解。也就是说，它是一个穷尽了两种商品的供给的配置。A 先生的无差异曲线 u=u（x，y）凸向左下方的原点，而 B 先生的无差异曲线 U=U（X，Y）凸向右上方的原点，这样，两个比较优势互补的两个人的无差异曲线就形成了一个“透镜”。①“透镜”内部的任何交易都是可行的，这些“透镜”内部的点都代表一个对于初始状态的帕累托改进，由于 A 先生的反应函数把 B 先生的效用函数考虑在内，同样 B 先生也把 A 先生的反应考虑在自己的效用函数之内，即假定 A 先生知道 B 先生的效用函数，并在 A 的效用函数中用 1－X 替代 x，用 1－Y 替代 y，A 将得到这一问题的解：选择 X 和 Y，在 u=u（x，y）=u（1－X，1－Y）≥u 的约束下，使 U=U（X，Y）最大化。即求导求切点的斜率，使：

$$\frac{u_x}{u_y}=\frac{U_x}{U_y}$$

也就是说，当 A 和 B 两人的消费边际替代率相等时，或者当两人的无差异曲线相切，交易的均衡价格应落在 ab 线上。那么经过多次的一系列交易，不停地进行帕累托改进，最终双方会达到在效率契约线段 ab 上的 n 为止。交易双方达成了共赢合作的最佳状态，一个比较稳定的均衡状态，也就是中庸的状态。这种把交易人的效用水平作为约束条件，考虑自己的最大化过程，也就是一种“中庸之道”。

可见，无论是生产规模确定，还是消费或投资决策，还是交易双方的价格谈判，都有一个均衡也就是中庸的内在的、最优最大最佳的度。只要把握好这个度，就把握了西学和国学共同的精华。

① 参见萨缪·鲍尔斯：《微观经济学：行为，制度和演化》，江艇、洪福海、周业安等译，中国人民大学出版社 2006 年版，第 157 页。

从总体说来，经济学说到底也是教人向善并提倡自我约束的学说。因此，我们在国学推广中应按中央与国务院办公厅《关于实施中华优秀传统文化传承发展工程的意见》号召："坚持交流互鉴、开放包容。以我为主、为我所用，取长补短、择善而从，既不简单拿来，也不盲目排外，吸收借鉴国外优秀文明成果，积极参与世界文化的对话交流，不断丰富和发展中华文化。"

中国管理学发展中的文化自信

苏　勇*

一、中国管理：实践与理论的脱节

当前，中国经济发展已经引起全世界瞩目。在中国经济高速发展过程中，企业作为经济发展的主体，也获得了飞速发展。在世界500强中，中国企业已占据110席，一大批中国企业不仅在中国经济社会发展中起着主体作用，而且正在大踏步地走向世界，活跃在世界经济舞台。

在中国经济和企业的发展中，管理学功不可没。伴随着改革开放近四十年的进程，中国的管理学从学科空白到紧跟全球学术界前沿步伐，从对世界管理学发展知之甚少到如今几乎与世界同步，取得的成果非常明显。然而，我们不难发现，在这一学科发展过程中，我们在管理理论研究和管理实践操作中却缺乏自信心，完全缺乏原创性。首先说管理学理论研究，虽然改革开放近四十年来，中国管理学研究从无到有，如今更是遍地开花，几乎每一所大学都有管理院系。但是毋庸讳言，当今的中国管理学研究，仍然停留在对西方管理学理论的诠释性、注解性研究层面，亦步亦趋，“依样画葫芦”。西方学者提一个新概念，中国学者便一拥而上、不厌其烦地反复阐述，最多也就做一些西方管理学理论在中国情境下的描述与分析，而鲜有自己的理论创新。甚至有学者并非戏言地指出：当今中国的管理学研究，是“运用美国人发明的理论，研究美国人感兴趣的问题，使用美国人的语言，写出符合美国人评价标准的论文，在美国杂志上发表”。此话虽过于犀利，却不无

* 苏勇，复旦大学东方管理研究院院长、复旦大学管理学院企业管理系主任。

道理。其次在管理实践层面，虽然作为管理者的管理主体和作为被管理者的管理客体都是中国人，但在很多中国企业中，用来指导管理实践的理论却都来自西方。以至于“食洋不化”，水土不服。

西方管理理论的“全球通吃”固然有其原因。一方面，现代意义的管理科学兴起于西方，自从被尊为“西方管理学之父”的泰勒于1911年出版《科学管理原理》一书以来，在一百多年的历史发展中，西方管理学者在其市场经济逐步发展和企业不断壮大的过程中，构建了很多管理理论。这些管理理论指导着企业不断完善和发展，为人类社会进步创造了巨大财富。另一方面，从管理实践而言，西方国家在其经济长期发展中，由于其先进科技和经济实力以及不断提升的管理水平使然，诞生了很多世界性大企业，这些企业成为全世界企业学习的标杆，向世人昭示了其企业管理的成功之处，因此得到了大家的追捧。当代社会，文化领域的话语权在很多情况下都是和经济发展状况密切相关的。经济发达国家由于在许多方面具有领先地位，因而其学术文化领域的话语权也就相应强大。不仅自然科学是如此，社会科学也是如此，而作为与经济增长及企业发展息息相关的管理学领域则更是如此。

认真学习西方管理理论自有其必要性，但与此同时，我们如何来看待东方的管理呢?

2017年年初，中共中央办公厅和国务院办公厅印发了《关于实施中华优秀传统文化传承发展工程的意见》(以下简称《意见》),《意见》指出:“文化是民族的血脉，是人民的精神家园。文化自信是更基本、更深层、更持久的力量。中华优秀传统文化积淀着多样、珍贵的精神财富，如求同存异、和而不同的处世方法，文以载道、以文化人的教化思想，形神兼备、情景交融的美学追求，俭约自守、中和泰和的生活理念等，是中国人民思想观念、风俗习惯、生活方式、情感样式的集中表达，滋养了独特丰富的文学艺术、科学技术、人文学术，至今仍然具有深刻影响。”

管理是一种文化的积淀和表现。任何社会和组织的管理，都不是无源之水、无本之木，其管理理念、方法、手段，都是该社会或组织历史传承的产物，无论是管理者或被管理者，无不受到所在社会和组织文化传统的影响。从文化表现而言，任何组织的管理方式都是当代文化的体现，在管理活动中体现出来的各种形式的管理过程，都反映了当代文化的特点，带有时代的印记。因此，建构中国管理学，就不能采取文化虚无主义的态度，认为中国在管理方面就是一纸空白，就是一无所有，就是应该全盘照搬照套西方管理学的理论体系。而且，在21世纪的今天，中国企业要走向国际，中国要实施“一带一路”倡议，就应该充分建立起文化自信。我国的管理科学正处于从跟踪、模仿走向自主创新的关键时期，在中国的企业管理中，我们要倡导在理论指导下的实践，更要倡导有实践基础的理论。因此，创建并繁荣中国气派的管理学，是管理学者及企业管理者义不容辞的责任。

习近平总书记2016年5月17日在哲学社会科学座谈会上指出：“我们的哲学社会科学有没有中国特色，归根到底要看有没有主体性、原创性。跟在别人后面亦步亦趋，不仅难以形成中国特色哲学社会科学，而且解决不了我国的实际问题。”在中国当前的经济发展与转型中，经济生活和各类组织管理中出现了许许多多新现象和新问题，这些问题光靠西方的管理理论与方法是无法解决的。我们的社会科学要建立自己的特色，要解决中国社会发展中的现实问题，就必须在借鉴西方先进管理理论的同时，立足于广袤的中国大地，立足于从博大精深的中国文化中提炼出自己的管理理论和智慧，构建中国特色管理理论和管理模式。

二、中国管理思想的价值

管理学大师彼得·德鲁克对于管理问题曾经有过一段精辟论述。管理是关于人类的管理，其任务就是使人与人之间能够协调配合，扬长避短，实现最大的集体效益……因为管理涉及人们在共同事业中的整合问题，所以它是被深深地植根于文化之中。管理者所做的工作内容都是完全一样的，但是他们的工作方式却千差万别。因此，发展中国家的管理者所面临的一个基本挑战就是，如何发现和确定本国的传统、历史与文化中哪些内容可以用来构建管理，确定管理方式。中国社会历史悠久，长期以来，在中国社会发展中，管理思想的光芒一直在闪现。无论是国家的宏观管理或者区域、组织的微观管理，具有东方色彩的中国管理思想始终在发挥其特有的作用。虽然，在漫漫历史长河中，中国管理思想还未形成规范系统的理论体系，但其中的价值经过千百年的文化洗礼，却依然闪耀着熠熠光芒。要真正进行中国管理学研究，基本前提就是要对中华文化有充分认识，包括对中华传统文化以及当代文化的认识。没有对中华文化的基本认识，就谈不上研究中国管理学，因为本土化并非生硬地将西方的东西借过来或搬过来，而是要对中国文化的价值在管理领域有基本的内化。

在中国浩瀚的历史长河中，儒家、道家、墨家、兵家、法家可谓是中国文化的主要流派，这些学术流派中的管理理念和方法影响着数千年中国社会的各个方面，对中国社会发展起到了极为重要的作用。

儒家提出“修己安人”的领导方式。孔子提出：“修己以敬，修己以安人，修己以安百姓。”从管理学角度而言，这就是对管理者自身、对主要骨干以及对全体员工的有效管理。墨家主张“兼爱尚贤”，这和现代管理中日益成为主流的人本管理方式不谋而合。兵家更是和管理学有着极深的渊源，现代管理学中的很多术语例如“战略”、“参谋”等本就来自于军事学，而《孙子兵法》中“守正出奇”等卓越的战略思想，更是直接被现代企业管理者加以运用，成为企业竞争战略中的重要指导思想。法家“令行禁止”的管理思想，用现代管理术语来说就是制度管理，“无规矩不成方圆”，组织只有严格制度管理，才能让所有成员行动一致，组织才有竞争力。而道家“无为而治”的管理智慧，更是出神入化，可以理解为充分信任，大胆授权，以无为致有为。

需要着重指出的是，我们在寻找中国管理思想的价值时，并非只是沉浸在昔日的辉煌之中。探索中国管理思想价值，绝非“考古事业”。当代中国企业及其管理者，同样在丰富的管理实践中涌现出许多智慧的火花。例如“两参一改三结合”的“鞍钢宪法”，提倡全员参与管理，“三老四严”的“大庆精神”，强调从严管理，实事求是等，都完全和当代管理理论内涵高度契合。而在改革开放之后，随着中国社会主义市场经济的推进和企业的飞速发展，又涌现出一大批优秀企业和企业家。复旦管理学奖励基金会联合第一财经、复旦大学东方管理研究院正在进行的“改变世界——中国杰出企业家管理思想访谈录”项目，已经系统采访了 20 名中国企业家。这些企业家中，张瑞敏的领先意识、柳传志的运筹帷幄、董明珠的刚柔并济、雷军的交互思维等，都为中国管理学宝库增添了一颗又一颗璀璨明珠，这些管理思想，即便在世界的管理学理论中，同样毫不逊色。

多年来，在中国管理学的发展中，始终存在着一种文化困境，即如何解决欧美原创的管理学理论和中国管理实践对接问题。当今世界，只有欧美的管理学才算得上是本土管理学，也可以称之为内生性管理学，而非西方国家照搬欧美管理学，其实质是一种外衍性管理学，即非源于本国文化和社会的本土管理学。虽然我们并不排斥西方外来的管理学，但是无论就其话语体系还是应用效果来看，这种外衍性管理学所提供的理论知识和工具框架，都和中国社会、文化、历史、生活、人的心理状况以及最重要的企业管理实践产生脱节，以至于不少企业管理者在将西方管理理论套用到中国企业管理实践后，感觉严重脱离实际，远远收不到管理实效。

作为一种文化表现形式的管理活动，有其必然的文化依存性。马克思很早就指出管理活动有自然属性和社会属性这两重性。自然属性的管理其文化依存性很小或者全无，即管理学中的某些工具、公式等，可以不考虑使用中的主体、客体、情境，即通常所说的“放之四海而皆准”。这种状况不能说没有，但少之又少，而且即便是这种所谓普适性的管理理论，使用时也会因为环境的不确定性使得效果大相径庭。而管理活动更多更重要的是其社会属性，即任何管理活动的实施和管理理论的运用，一定不能脱离其情境因素，尤其是作为管理活动主体和客体的人，否则不仅有可能事倍功半，而且完全可能颗粒无收，收不到任何管理实效。所以在任何组织的管理中，如果仅仅以一种外衍性管理学来运用于内生性的管理现象之中，很难解决管理实际问题。

三、中国管理理论构建

著名管理学家、《竞争大未来》作者之一的加里 · 哈默（Gary Hamel）教授，早在《哈佛商业评论》2009 年第 7 期上曾发表一篇文章，提出一个管理学的“登月计划”，有一条是“重建管理理念基础”。事实上，不少西方学者近年来也纷纷反思，他们以往对东方，尤其是中国的管理现象和管理成就是有所忽视的，为此，他们纷纷将目光转向东方。2011 年的美国管理学年会（AOM），就将主题定为“West meets East”（西方遇见东方），这就充分体现出当代西方管理学界开始高度重视中国的组织管理问题。例如，中国著名企业海尔集团正在推行的小微企业和创客生态圈，就引起了哈默教授的高度关注。在这位以研究企业战略见长的教授看来，海尔以如此体量的公司进行这场大规模的变革，在全世界都很少见。这一做法是把客户至上转化为与客户共创，同时打破传统的组织边界，把员工转化成为创客，海尔走的是一条没有路线图的发展之路。

在中国管理理论构建中，当前需要针对以下问题开展扎实研究：

第一，明确中国管理学的主要研究内容。中国管理学研究内容应是具有中国社会和文化特点的管理活动及在此基础上提炼形成的管理理论。如果我们承认，管理既是一种科学又是一门艺术，那么，我们更有必要从中国文化价值体系出发，立足于中国大地，通过分析中国企业中每时每刻所发生的鲜活案例，来研究各种管理活动的适用性和有效性，并从中归纳提炼出相关理论，为中国和东方管理学构建系统理论。

第二，用中国和东方社会文化视角，系统分析现有来自西方的管理学理论。现有来自美欧林林总总的管理学理论，是在总结提炼西方企业近百年发展壮大的历史经验中产生的，不少理论具有很强的完整性和系统性，这些理论虽然经过了西方社会发展过程的筛选和企业管理实践的检验，但在当今时代，这些理论是否依然适用，尤其是基于中国和东方社会文化视角来审视，是否具有文化差异性，依然需要深入研究。

第三，探讨现有管理学理论在中国以及东方社会和企业情境下的应用效果。东西方管理学并非互相排斥，其中有很多相通之处。但即使西方管理学理论在西方企业中的应用收到了良好效果，其是否具有普适性，是否能很好地被吸收到东方管理学实践体系中来，是否适用于受到中国文化影响的管理者和被管理者，成为东方乃至中国管理学的有机组成部分，仍然有待于认真检验。

第四，研究东方文化价值体系下对管理活动的认知和判断。东西方社会由于文化传统和社会背景不同，导致各自的价值体系有所差异，而在具体的企业管理中，因为管理的主体和客体都是具有思想和价值观的人，从管理主体即管理者来看，不同文化背景的企业经营管理者对于同样的管理活动和行为会有不同的认知和判断，例如著名管理学家霍夫斯蒂德就曾提出东西方在崇尚个人主义还是集体主义之间的差别。而从管理客体即被管理者角度而言，东西方员工对于不同的管理方式感受也会有差异，而且有时候这种差异甚至会对管理绩效产生巨大影响。最近媒体披露的福耀玻璃在美国投资遭受挫折的案例就可见一斑。中国企业近年来在走出去过程中所发生的种种事件，都说明了这一点。

第五，研究中国和东方国家中企业管理活动的特点与规律。美国著名科学哲学家托马斯·库恩认为，范式是指特定的科学共同体从事某一类科学活动所必须遵循的公认的模式，它包括共有的世界观、基本理论、范例、方法、手段、标准等等与科学研究有关的所有东西。我们在建立中国管理学理论体系中，同样要从管理学已有的范式出发，去分析和研究中国和东方国家企业管理活动的特点、规律，并探寻这些特点和规律背后的原因，并通过深入具体的研究，用科学范式将已有的中国企业丰富的管理实践活动规范化、体系化。

第六，研究东西方管理思想和理论的异同和融合。虽然从目前情况而言，从泰勒的《科学管理原理》一书问世起，西方管理学理论经过一百多年发展，已经较为丰富和全面，其内涵也相当丰富，而现代意义上的中国管理学理论更多尚停留在认知与经验阶段，还比较零散，但同样需要我们通过比较分析的方法，认真分析研究东西方管理理论的异同，哪些可洋为中用，哪些需做扬弃，兼容并蓄，探索东西方管理理论的融合之道。

第七，系统建构中国管理学理论体系。相对于西方企业发展历史和管理学成熟体系，中国市场经济还在不断完善，有真正意义上的企业时间也不长，企业运作与组织管理等各方面还相对稚嫩，真正的企业家精神和商业文明氛围还在形成过程之中，中国管理学理论、东方管理学理论还处于初创时期，其理论基础、内容要素、框架体系等还需要进一步建立与完善。

在中国，管理的“洋务运动”虽还有一定市场，但正呈日益衰微之势，随着信息传递速度和广度的增加和人们对西方世界日益深入的了解，以及那些按照标准西方管理理论打造的著名企业频繁发生的经营不良事件，那些曾被奉为“管理圣经”的西方理论光环逐渐褪去，越来越多的中国企业家通过管理实践认识到，靠外国的工具管理中国人是不行的，张瑞敏就指出中国企业要有自己的管理模式。而日益众多的中国管理学者在对西方理论有了更深的了解之后，正将研究目光更多地投向中国本土的管理学理论，探索从中国丰富多样的管理实战案例中找出其共同规律，并进而提炼成中国原创的管理学理论。这种现象令人可喜。

中国社会科学要形成中国特色，要解决中国的实际问题。中华民族在全球化的趋势中如何找到自己的文化地位，建立强大的文化自信，是当前中国社科界重大而又紧迫的任务。在这一繁重任务面前，我又想到了费孝通先生的名言，它给我们点明了文化创新和文化自信的实施路径，那就是“各美其美，美人之美，美美与共，天下大同”。全球文化的繁荣就像生物多样性那样，一定是百花齐放、群芳争艳。为此，我们要充分认识中国管理智慧的优势，同时也要看到西方管理学理论的长处，在建立中国管理学理论体系的同时，与世界其他管理学理论流派“美美与共”，共同开创世界管理学的明天。

子思对领导者的忠告

张国刚 *

子思，名孔伋（约前483—前402），仲尼之嫡孙、孔鲤之子，生于圣人家庭。父亲孔鲤先于孔子去世，在祖父孔子（前551—前479）去世那一年，子思大约“龆龀七八岁”（白居易诗）的年纪，有可能亲承祖父之庭训。

子思在孔子思想传承上，具有重要地位。子思的业师是孔子的门人曾参，子思的门人又传给孟子。由于学脉相承，后人把子思、孟子并称“思孟学派”。《史记·孔子世家》明确提到“子思作《中庸》”①。子思上接孔子中庸之学，下启孟子心性之学，对于后世儒学特别是宋儒有直接影响。

孔子当年周游列国，在卫国辗转数回。子思也曾经在卫国生活多年。《资治通鉴》卷一记载了子思对卫国国政的评论，体现了儒家对于领导者及其团队关系的看法，涉及决策、用人等问题，在现代管理学中属于组织行为学方面的内容。②

卫国从来都不是强国，可是卫国的始封国君姬封，家世却十分“牛”！第一“牛”的是父母：他是周文王与太妃生的儿子。第二“牛”的是兄弟：武王姬发、周公姬旦都是其一奶同胞的兄长。姬封被称为康叔，周公平定三监之乱后，分封于此，到战国初年，卫国已经传了三十多代国君。

子思在卫国生活的战国初年，三晋强盛，卫国沦为魏氏家族的附庸，国事日非，子思就治国理政问题，多次对卫侯提出忠告。

用人问题　就《资治通鉴》的记载而言，子思首先谈到用人的问题。

---

* 张国刚，清华大学历史系教授。

① 司马迁：《史记》，中华书局1963年版，第2344页。也有学者认为《中庸》是战国中期的作品，非子思所作。

② 司马光：《资治通鉴》，中华书局1992年版，第33—34页。

子思向卫侯推荐说，苟变是一个优秀的将领，其才能足堪带领战车500乘。春秋战国的战车一乘，最多可以带兵70余人。能够指挥500辆战车、数万大军的，必然是大将。可是，卫侯连忙解释说，苟变诚然有军事才能，但是品行有瑕疵。他曾经在征收赋税的时候，白吃了人家两颗鸡蛋，所以废而不用。子思对此大不以为然，说了一段很有名的话，大意是：

优秀的领导用人，犹如巧匠处理手中的木材一样。用其所长，弃其所短。粗大的杞梓之树，几个人都无法环抱，哪个巧匠会因为树干上有几尺烂木，就废弃不用？如今我们处在战国乱争之世，选拔带兵打仗的爪牙之士，怎能因为两颗鸡蛋的事而弃置优秀的将领而不用呢？列国的诸侯会怎么看我们呢？

子思的话道出了两点道理。第一，选拔人才要取其长，容其短。唐太宗就说过，人之行能（才能、品行），未必兼备。第二，现在是非常时期，大争之世，对于急需人才，更应该有包容心。苟变虽然曾吃了民家两个鸡蛋，毕竟是不可多得的将才，应该用其长。季布曾经在项羽麾下，多次使刘邦难堪。刘邦称帝之后，甚至能赦免其罪，委任以官职。唐人赵蕤《反经》里说："含垢藏疾，君之体也。""垢"和"疾"都不是好东西，但是，君主应该能够包容，特别是在创业时期，急需人才之际，应该用"最大公约数"来团结所有可以团结的力量。没有"含垢藏疾"，一味求全责备，何来共图大业的"统一战线"？

卫侯似乎明白了子思的意思，说"谨受教矣！"客气地接受子思的教诲。子思是社会名人，《中庸》一书即出自其手，卫侯不得不顾虑其社会影响，所以，能够听取其言论。可是卫国君臣之间的关系却蛮不是这么回事。"卫侯言计非是，而群臣和者如出一口。"卫侯决策错误，可是其下属群臣却异口同声地附和称赞。子思对一个叫公丘懿子的人失望地说："以吾观卫，所谓'君不君，臣不臣'者也。"公丘懿子曰："何乃若是？"何以这么严重？子思接着谈了他对君臣关系的看法。

决策问题　子思认为，领导人在决策时，自以为是，就听不到也听不进大家的意见。即使领导的意见正确，也应该集思广益，何况决策失误呢？群臣竟然苟同取媚，任由错误发展！领导者不问是非，就喜欢别人顺着自己说话，这是多么昏暗！臣下不管对错，只是阿谀取容，这是多么谄媚！主上昏暗，臣下谄媚，却高居于百姓之上，民众能拥护么？长此下去，国家能不覆亡么！

子思的意思很清楚，君臣之间只有相互坦诚，才能众志成城，治理好国家。领导搞一言堂，文过饰非，搞得大家都噤若寒蝉，不敢说真话，成天揣摩着领导的心思拍马屁，非亡国不可。于是，子思直截了当地言于卫侯曰："君之国事将日非矣！"卫侯说："何故？"对曰："有由然焉。"子思讲出了他的理由：

国君有错误，却自以为是，卿大夫不敢指出来；卿大夫有错误，却自以为是，庶众不敢指出来。这就失去了纠错机制。上面感觉良好，自以为贤，下面的人同声附和，一片赞扬声。岂非自欺欺人！给领导戴高帽子的，就有好处；给领导提意见的，就有祸害。这样下去，正确的决策何从而来！《诗经》曰："具曰予圣，谁知乌之雌雄？"（君臣都说自己是圣人，无法辩论是非，犹如谁都分不清乌鸦的雌雄呀）这话说的不就是你们君臣现在的样子么！

和而不同　子思对卫侯的上述两条忠告，道出了领导力修炼的核心内容：出主意（决策）、用干部（用人）。近年出土的郭店楚简记鲁穆公问子思："何如而可谓忠臣？"（原文多假借字："可女而可胃忠臣？"）子思回答："恒称其君之亚（恶）者，可谓忠臣矣。"鲁公"不悦，揖而退之。"能够讲真话，指出国君过失的，就是忠臣。传承子思学说的孟子（约前372—前289），曾与齐宣王有一段问答："王曰：'请问贵戚之卿。'曰：'君有大过则谏；反复之而不听，则易位。'王勃然变乎色。"（《孟子·万章下》）敢于指出国君有重大过错，是贵戚重臣的本分。假如多次指正，国君仍不改正，就应该换掉他。这是何等大胆的言论！敢于向领导提意见，弥补国君决策中的失误，不是给领导拆台，而是补台，即所谓"和而不同"。

和而不同，进谏纳谏，是中国古代中央集权体制的一个内在必需环节。约略晚于孟子的大儒荀子（前313—前238）从操作层面，谈到进谏纳谏的现实意义。

《荀子·臣道》曰："从命而利君谓之顺，从命而不利君谓之谄；逆命而利君谓之忠，逆命而不利君谓之篡；不恤君之荣辱，不恤国之臧否，偷合苟容以持禄养交而已耳，谓之国贼。"这里首先给"臣"的角色做了一个定性的分析：从君之命而有利于君叫顺从，从君之命而不利于君叫谄媚；违君之令而有利于君叫忠诚，抗君之令而不利于君叫篡夺。不顾及君主之荣辱，不顾及国家之得失，只是苟合取容，以保禄位，豢养结交党羽，这种人就是国贼。这里首先是从国君的根本利益上，而不是从表面的依违态度上，定性国君与臣属的关系。

荀子进而又说：“君有过谋过事，将危国家陨社稷之惧也；大臣父兄，有能进言于君，用则可，不用则去，谓之谏；有能进言于君，用则可，不用则死，谓之争；有能比知同力，率群臣百吏而相与强君矫君，君虽不安，不能不听，遂以解国之大患，除国之大害，成于尊君安国，谓之辅；有能抗君之命，窃君之重，反君之事，以安国之危，除君之辱，功伐足以成国之大利，谓之拂。故谏争辅拂之人，社稷之臣也，国君之宝也，明君之所尊厚也，而闇主惑君以为己贼也。”

这段话的大意是，君主决策行事错误，将危及国家政权。大臣们能向君主提出不同意见，被采纳则罢，不采纳则走人，这是劝谏；意见被采纳就罢，不采纳不惜以身相殉，这是死诤；若能联合众人，率领群臣百官强制性纠正君主之错，君主虽然不情愿，却不能不听从，从而消除了国之大患，清除了国之大害，使君主尊贵、国家安定，这叫辅弼；如果有大臣能拒绝执行君主错误的命令，借用君之重权，纠正君之错事，使国家转危为安，除去君主蒙受的耻辱，成就国家的重大利益，这叫作匡正。因此，能劝谏、死诤、辅弼、匡正之人，是社稷之臣，国君之宝。英明的君主会尊敬优待他们，但愚昧糊涂的君主却视之为寇仇。

荀子的这番“臣道”，把臣属在纠正君主错误方面的职责讲得淋漓尽致，有助于我们理解子思对于卫侯的忠告。与西方的权力制约不同，中国古代强调权力协商。和而不同，进谏纳谏，本质上是要求执政者，在重大决策问题上，要与自己的管理团队，进行有效的沟通和协商，一把手权责第一，但是不要搞一言堂。尽管道理言之凿凿，可是，在现实政治操作层面，由于缺乏制度化、机制化的约束，全凭领导者的道德自觉，势必出现人存政存、人去政息的现象。

总之，子思的忠告，体现了儒家对于领导者的基本看法，虽然是对二千五百年前的君主所言，至今仍然有现实意义。子思的看法，在唐代李世民与魏徵的关系上得到了最好的阐释。我们也希望当今的企业家们在学习运用儒家思想治理企业的时候，也能够从中得到启发。

理学思想与曾国藩管理理念的特质与内涵

宫玉振 *

不少人心中的曾国藩，往往是“权谋”的形象。曾国藩因此也成为官场权谋的代名词，这其实是极大的误解。曾国藩并非天资聪明之人。左宗棠对曾国藩的评价是“才略太欠”，是个“书憨”，即书呆子。梁启超也说曾国藩“非有超群轶伦之天才，在并时诸贤杰中，称最钝拙”[①]。曾国藩对自己也很有自知之明，他评价自己“生平短于才”、“自问仅一愚人”。他给家里写信时也说：“吾兄弟天分均不甚高明”；他曾以读书、做事为例说：“余性鲁钝，他人目下二三行，余或疾读不能终一行；他人顷刻立办者，余或沉吟数时不能了。”[②] 曾国藩的这些特点，同以聪明和才略而著称的胡林翼和左宗棠相比，确实是非常突出的。

然而曾国藩的成功之处在于，他恰恰因此而发展出了一套践行自己理念的“拙诚”的功夫。“拙诚”强调的就是不存投机取巧之心。所谓的“拙”，就是一步一步地去做；所谓的“诚”，就是实心实意地去做。

在一个虚浮、圆滑、取巧、推诿成为社会普遍心态的时代，曾国藩却揭橥出“天道忌巧”的命题。他高呼“去伪而崇拙”[③]，他相信“惟天下之至诚，能胜天下之至伪；惟天下之至拙，能胜天下之至巧”[④]。梁启超认为曾国藩的成功，恰恰就是这个“拙诚”的功夫；民国年间的学者萧一山也说“不

* 宫玉振，北京大学国家发展研究院教授，BiMBA 副院长兼学术委员会副主任、EMBA 学术主任。

① 梁启超：《曾文正嘉言抄 · 序》，商务印书馆 1917 年版。

② 《曾文正公全集 · 杂著》，传忠书局 1917 年版。

③ 《曾文正公全集 · 文集 · 湘乡昭忠祠记》，传忠书局 1917 年版。

④ 《曾国藩家训》，岳麓书社 1999 年版，第 111 页。

尚机权，惟务质实”，是曾国藩人生哲学与管理理念的核心。“拙诚”二字，正是帮助我们揭示出曾国藩管理理念的特质及其事业成功要素的关键。

值得注意的是，曾国藩以“拙诚”为核心的管理理念，是从他一生服膺与信仰的程朱理学的思想脉络中发展出来的。曾国藩以理学家的身份从政为官、带兵打仗，理学是其管理理念的出发点与归宿点。这种浓厚的理学背景，使得曾国藩对管理的内涵作出了全新的诠释，并提出了大量极富理学意蕴的管理命题。这些命题深深地植根于传统文化的土壤中，体现了理学思想的深刻性。今天我们也只有从理学的角度，才能更好地解读曾国藩在中国管理思想史上的地位与价值。

一、理念：志之所向，金石为开

曾国藩所说的“拙诚”，首先体现在他在晚清这样一个功利而浮躁的时代，对于自己理念的坚守与践行上。

曾国藩所处的时代，正是封建王朝的末世。整个统治集团中，官吏渎法贪冒，柔靡浮滑；士子不知廉耻，唯利是求。流波所及，军队之中，将帅贪婪平庸，士卒望敌而走。用曾国藩的说法，这些人都已经丧尽天良了。在他看来，当时最可怕的不是太平军的造反，而是统治阶级本身的人心陷溺，人欲横流。军事的失败只是一种表象，它的背后是价值体系的崩溃：“无兵不足深忧，无饷不足痛哭。独举目斯世，求一攘利不先，赴义恐后，忠愤耿耿者，不可亟得。……此其可为浩叹也。”①

在曾国藩看来，大清王朝要想走出这场空前的危机，就不能光着眼于眼前的军事问题，而是人心的问题。对于投身于这场大搏斗中的社会精英们来说，也就不仅仅应当具备军事的素质，更需要具备卫道的精神。只有重建社会的价值体系，才能挽救当前的局面；而重建社会的价值体系，全在于“一二人之心之所向而已”：“此一二人者之心向义，则众人与之赴义；一二人者之心向利，则众人与之赴利。”② 当务之急，则是以“忠义血性”为核

① 《曾文正公全集·书札·复彭丽生》，传忠书局 1917 年版。

② 《曾文正公全集·文集·原才》，传忠书局 1917 年版。

心的理念来激发天良，改变人心，号召那些“抱道君子”，以“舍身卫道”、“杀身成仁”的精神，以“打脱牙，和血吞”的刚毅，以“志之所向，金石为开”的信念，去投身于挽狂澜于既倒的事业中。只有忠义血性之士，才能自拔于流俗，才能以强烈的使命感、责任心和卫道精神，去堪破得失，堪破利害，堪破生死，名利不足以辱其身，生死不足以动其性，关键之地能站得住脚，途穷之日能定住心，以此“塞绝横流之人欲”，“挽回厌乱之天心”①，从而从根本上扭转军事和政治上的危机。

由此，曾国藩便把与太平天国的斗争，由军事和政治上的斗争，提升到了价值信仰的层面。在“舍身卫道”、“忠义血性”的驱动下，曾国藩的湘军确实表现出了它异于任何军队的战斗力。《中兴将帅别传》说曾国藩“履危濒死屡矣，有百折不挠之志”，胡林翼“虽挫其气弥厉”，江忠源“每战亲临阵，踔厉风发”，罗泽南和他的弟子们“以灭贼自任”，“忠义愤发，虽败犹荣”②……这些平时手无缚鸡之力的书生，竟然“敢战胜于勇悍愚夫”，屡挫屡奋，屡败屡战，与“舍身卫道”、“忠义血性”的激励是有很大关系的。曾国藩在《湘乡昭忠祠记》中回顾湘军成功的原因时说过一段非常精彩的话：

> 君子之道，莫大乎以忠诚为天下倡。世之乱也，上下纵亡等之欲，奸伪相吞，变诈相角，自图其安，而予人以至危，畏难避害，曾不肯捐丝粟之力以拯天下。得忠诚者起而矫之，克己而爱人，去伪而崇拙，躬履诸艰，而不责人以同患，浩然捐生，如远游之还乡，而无所顾悸。由是众人效其所为，亦皆以苟活为羞，以避事为耻。呜呼！吾乡数君子所以鼓舞群伦，历九载而戡大乱，非拙且诚者之效欤？③

君子之道，没有比“以忠诚为天下倡”更大的了。世道混乱的时候，上上下下都拼命追求没有节制的欲望，用奸伪之心相互吞并，用变诈之心相互争斗，各自图谋自己的安全，而不惜把别人置于最危险的地方。畏难避

① 《曾文正公全集·书札·与江岷樵、左季高》，传忠书局1917年版。

② 朱孔彰：《中兴将帅别传》，岳麓书社1989年版，第14、17、32、73页。

③ 《曾文正公全集·文集·湘乡昭忠祠记》，传忠书局1917年版。

害，就连捐出一丝一粟来拯救天下的力量也不想出。得到忠诚之人起而矫正这种风气，克己爱人，去伪崇拙，亲临艰难而不苟求人共患难，浩然献身如同远游之人回到故乡而无所犹豫担心。于是众人效其所为，也以苟活为羞，以避事为耻。呜呼！我们同乡几位君子之所以能够鼓舞群伦，纵横天下，戡平大乱，难道不正是拙和诚的效果吗?

曾国藩所说的“舍身卫道”、“忠义血性”，显然是有其鲜明的内涵的。但是，它也确实地提示出了一个命题，就是对于管理者而言，理念以及由此产生的使命感与责任感所具有的核心地位。湘军之成为中国历史上“第一支有主义的军队”(蒋方震语)，湘军能够把太平天国镇压下去，正根于这种理念所带来的刚健而持久的强大的精神动力。

不管在什么样的时代，一个人要想成就一番事业，都是需要智慧和勇气的。人有趋利之勇，人有血气之勇。趋利之勇，金多则奋勇蚁附近，利尽则冷落兽散；血气之勇，气实则斗，气夺则走。同样，人有避害逐利之智，人有巧饰取容之智，但这都是谋及一身的小智。胜则争功，败则先走，正是这种小智，导致了人心的沦丧。理念赋予人的则是强烈的担当与责任意识。只有在理念基础上的智慧与勇气，才会把个人的生存智慧，升华为家国、王朝和文化的生存智慧；把个人的生存勇气，升华为家国、王朝和文化的生存勇气。这种理念本身就是一种智慧和力量。这样的理念，可以激发出领导者身上的所有潜能，从而使其担负起常人难以担负的责任，创下常人难以创立的功业。可以说，曾国藩的信念和抱负、他的强烈的救世意识，以及他执着地将自己的理念付诸行动所形成的强大感召力，和由此所激励起的一大批有着同样理念的“抱道君子”共同投身于他所谓的事业，正是他能够成就他的功业的关键因素。

二、用人：尚朴实，耐劳苦

任何理念最终都是需要认同理念的人去实现的。如果在理念上曾国藩高扬的是“舍身卫道”、“杀身成仁”，那么在人才的选拔上，他选择的则是能够切实认同这种理念并加以践行的“朴拙之人”。

曾国藩揭橥出了“以忠诚为天下倡”的理念，然而他所面临的却是投机取巧、虚伪浮滑的普遍社会心态。承平日久，无论是官场还是军队，都是“巧滑偷惰，积习已深”。太平天国起义以来，清政府的正规军绿营一败涂地，望风而逃，“大难之起，无一兵足供一割之用”，原因就在于当时的绿营“无事则应对趋跄，务为美观；临阵则趦趄退避，专择便宜；论功则多方钻营，希图美擢；遇败则巧为推诿，求便私图”①。人人都想着投机取巧，争功诿过，这样的军队根本形不成战斗力。在曾国藩看来，要想打败太平天国，就必须从根本上改变这种习气才行。

为此，曾国藩在编练湘军的一开始，就非常重视避免绿营的虚浮习气，养成一种朴实纯正的作风。为此曾国藩从最根本的选人环节入手，提出在选人上，除了以“忠义血性”为本之外，还强调军官一定要选“质直而晓军事之君子”，兵勇则一定要选“朴实而有土气之农夫”②。

湘军对军官的选拔，是以“朴实廉介”为原则。曾国藩说：“大抵观人之道，以朴实廉介为质。以其质而更傅以他长，斯为可贵。无其质则长处亦不足恃。”③大概说来，考察人才的优劣，应当以看他是否具备朴实、廉正、耿介的品质为主。有这样的品质，又有其他的特长，才是最可贵的。如果没有这样的品质，即使有其他的特长，也是靠不住的。他认为：“军营宜多用朴实少心窍之人，则风气易于纯正。”④大营中多选用一些朴实没有心眼的人，风气容易纯正。所以他特别强调要“于纯朴中选拔人才”，认为“专从危难之际，默察朴拙之人，则几矣”⑤，专门从危难之际，不动声色地识别出那些有朴拙品质的人才来加以重用，这样才是可以的。

曾国藩所说的“纯朴之人”、“朴拙之人”，就是指朴实、踏实，无官气、不虚夸，不以大言惊人、不以巧语媚上，而具有负责实干、吃苦耐劳作风的人才。曾国藩之所以喜欢用朴实之人，一个原因就是这样的人实实在在，没有投机取巧之心，只要给他布置下任务，他就会往死里打。而那些浮滑的将领，“一遇危险之际，其神情之飞越，足以摇惑军心；其言语之圆滑，足以

① 江忠源：《条陈军务疏》，自强斋主人编：《皇朝经济文编》卷七十三，慎记书庄1901年版。

② 《曾文正公全集 · 杂著 · 营规》，传忠书局 1917 年版。

③ 《曾文正公全集 · 书札 · 复方子白》，传忠书局 1917 年版。

④ 《曾文正公全集 · 书札 · 复李次青》，传忠书局 1917 年版。

⑤ 《曾文正公全集 · 书札 · 复姚秋浦》，传忠书局 1917 年版。

淆乱是非”①。一旦遇到危险，他们神情的慌张，足以动摇军心；他们言辞的圆滑，足以混淆是非。所以他说湘军从来不喜欢用太能说会道的将领：“凡官气重、心窍多者，在所必斥。”②

对普通士兵的选择，曾国藩也是以朴实为本。湘军的军饷在当时是比较高的，所以很多人都愿意应募当兵。在湘军早期招兵的时候，曾国藩往往会亲自面试。他坐在一张桌子的后面，如果一个前来应募的人面色白白净净，眼珠子滴溜溜地转，一看就是“城市油滑之人”，曾国藩马上就连连摇头，表示不行。如果前来应募的人面目晒得黑黑的，手脚粗大，脚上恨不得还有泥巴，一看就是刚从田里上来的乡野农夫，曾国藩马上就连连点头，表示可以。用他的话说，他专选那些“朴实而有农民土气者”，而“油头滑面，有市井气者，有衙门气者，概不收用”③。

选什么样的人，决定了一个组织会养成什么样的作风。湘军选人都是朴实、拙诚之人，由此也就使湘军形成了以朴实为特点的作风。曾国藩曾说：“楚军水、陆师之好处，全在无官气而有血性，若官气增一分，则血性必减一分。”④湘军水师、陆师，最大的好处就是实实在在，没有虚浮的东西、摆架子的东西、面子上的东西。有的只是一种朴素的、实实在在的血性。如果虚浮的东西了多一分，实实在在的东西就会少了一分。他还说：“我楚师风气，大率尚朴实，耐劳苦。老湘营恪守成法，故声名历久不衰。”⑤湘军的作风，大致说来就是六个字：“尚朴实，耐劳苦”，实实在在，耐劳吃苦。老湘军恪守这样的原则，所以能够基业常青。他并警告说：“历岁稍久，亦未免沾染习气，应切戒之。”⑥时间长了，任何组织都会不可避免地沾染上虚浮的习气，这是一定要切切警惕的，因为正是这种习气会掏空一个组织的基础。

“尚朴实，耐劳苦”，可以说是湘军战斗力的来源。湘军靠什么打胜仗？

---

① 《曾文正公全集·书札·复姚秋浦》，传忠书局 1917 年版。

② 《曾文正公全集·书札·复李次青》，传忠书局 1917 年版。

③ 《曾文正公全集·杂著·营规》，传忠书局 1917 年版。

④ 蔡锷：《曾胡治兵语录·诚实》，振武书局 1916 年版。

⑤ 《曾文正公全集·书札·与张凯章》，传忠书局 1917 年版。

⑥ 《曾文正公全集·书札·复李次青》，传忠书局 1917 年版。

靠什么持续地打胜仗？靠的就是这种“尚朴实、耐劳苦”的作风。而湘军之所以能形成这样的作风，关键就是湘军选募时坚持选实在朴拙之人。曾国藩的用人，表面看来迂阔笨拙，其实正是他的过人之处。

三、治事：大处着眼，小处下手

在理学的影响下，在具体的管理上，曾国藩强调的则是“大处着眼，小处下手”的平实功夫。

管理最忌讳的就是全无实际而空谈误事。曾国藩从一开始就对此有深刻的认识，他强调“军事是极质之事”，来不得半点虚浮的东西。他说自己“恶闻高言深论，但好庸言庸行”，厌恶听到那些高谈阔论，只喜欢平实之言、平实之行。他在解释什么是“实”时说：“实者，不说大话，不好虚名，不行架空之事，不谈过高之理。”① 什么是实？实就是不说大话，不求虚名，不做虚浮无根的事情，不谈不着边际的道理。

总结曾国藩的管理风格，可以说是以“勤、实”二字为核心。他说：“治军总须脚踏实地，克勤小物，乃可日起而有功。”② 带兵一定要脚踏实地，勤勤恳恳，一步步地从小事做去，才能日积月累，见到成效。

“勤”的核心，是“五到”、“三勤”。他说：

> 办事之法，以五到为要。五到者，身到、心到、眼到、手到、口到也。身到者，如做吏则亲验命盗案，亲巡乡里。治军则亲巡营垒、亲探贼地是也。心到者，凡事苦心剖晰，大条理、小条理，始条理、终条理，理其绪而分之，又比其类而合之也。眼到者，着意看人，认真看公牍也。手到者，于人之长短，事之关键，随笔写记，以备遗忘也。口到者，使人之事，既有公文，又苦口叮嘱也。③

曾国藩所说的“身到”，就是管理者一定要亲临现场。湘军之中，各级将领，

① 《曾文正公全集·日记·庚申九月二十四日》，传忠书局1917年版。

② 《曾文正公家书·咸丰八年正月十四日与沅弟书》，商务印书馆1938年版。

③ 《曾文正公全集·批牍·咸丰十年八月初十日批冯卓怀》，传忠书局1917年版。

从大帅以下一直到营官，都是以亲看地势为行军作战的第一条原则。像曾国藩进攻武昌，就是先乘小船亲赴沌口相度地势；左宗棠攻杭州，也是先骑着马赴余杭察看地形。他们都是在看明地形之后，才制订进攻的方略。其他将领像塔齐布、罗泽南、王鑫、刘典等，都是以善看地势而著称。刘典在嘉应作战时，在战前的几天，带领自己手下的统领、营官们，将附近数十里内大小路径全部勘察了一遍，达到了如指掌的地步。仗打起来后，冲、堵、抄、截，各尽其能，一战便全歼了对手。

身到之外，心到、眼到、手到、口到，湘军上下也都是实力施行。这“五到”，重心在于一个“到”上，不是六分到位，七分到位，而是十分到位，反映了湘军对执行力的高度重视。

“五到”构成了湘军基本的治事之方。除“五到”之外，曾国藩还有“三勤”的说法。所谓的“三勤”，是“口勤、脚勤、心勤”，其实就是从“五到”中提炼出来的另一种表述。

“实”的核心，则是带兵要从小处、细处下手。他说：“近年军中阅历有年，益知天下事当于大处着眼，小处下手。陆氏但称先立乎其大者，若不辅以朱子铢积寸累功夫，则下梢全无把握。故国藩治军，摒弃一切高深神奇之说，专就粗浅纤细处致力。”① 近来有了几年的带兵经验，越发明白一个道理，就是天下之事，当从大处着眼，从小处下手。陆象山只是说但“先立乎其大者”，如果不加上朱熹铢积寸累的功夫，那么下手之处全没有把握。所以他治军，摒弃所有那些高深神奇的理论，专门就粗浅纤细处下功夫。

曾国藩对于下属的要求，往往就是办事要从浅和实的地方下手。张运兰，字凯章，因为做事扎实，而为曾国藩一再提拔。有一次曾国藩安排张运兰与宋梦兰配合作战，他专门给宋梦兰写信说：“凯章办事，皆从浅处、实处着力，于勇情体贴入微。阁下与之共事，望亦从浅处、实处下手。”凯章这个人办事，都是从浅处、实处下功夫，对士兵的情况体贴入微。阁下你与他合作，希望也要从浅处、实处下手。

湘军之中，从粗浅纤细的“小处”下手，典型的例子就是曾国藩所亲手拟定的《湘军日夜常课之规》。这是他制定出来的“日日用得着的”、人人

① 《曾文正公全集·书札·致吴竹如》，传忠书局 1917 年版。

易知易行的规章制度。基本的内容其实非常简单，就是点名、演操、站墙子三项。点名则士兵不能私出游荡，为非作歹；演操则锻炼体魄，熟练技艺；站墙子则日日如临大敌，有备无患。这些都是军队管理的基础。这三项，也就是所谓的“湘军家法”。这些营规看起来十分粗浅、简单，甚至给人以很笨的感觉，但却是实实在在、脚踏实地地抓住了治军的关键。正因为它是粗浅简单的，士兵才能人人易知易行，成为训练有素的军队。正是这些粗处浅处，奠定了湘军战斗力的基础。用胡林翼的话说：“兵事不可言奇，不可言精，盖必先能粗而后能精，能脚踏实地乃能运用之妙存乎一心。”①

四、作战：扎硬寨，打死仗

从军事指挥的角度来说，曾国藩并不是有用兵天赋的人。曾国藩自己也承认“行军本非余所长”，他并很清醒地把这一弱点归因于他自己的性格：“兵贵奇而余太平，兵贵诈而余太直。”② 确实，曾国藩用兵，很少出奇制胜的战例，然而他却有自知之明，他承认自己能力的局限，不敢骄，不敢怠，不高估自己的能力，不低估对手的智商，由此发展出了一套“扎硬寨、打死仗”的笨功夫，稳慎徐图，稳扎稳打，反而一步步地在与太平军的作战中占尽了上风。

曾国藩曾经给曾国荃写过这样一副对联：“打仗不慌不忙，先求稳妥，次求变化；办事无声无臭，既要精到，又要简捷。”③ 这副对联，充分反映出了曾国藩作战指挥的基本风格，就是用兵必须充分准备，不求速成，不打无把握之仗，宁拙勿巧，宁慎勿疏，宁慢勿速，宁稳勿奇。

他认为作战“宁可数月不开一仗，不可开仗而毫无安排计算”④，哪怕几个月都不打一仗，绝对不能打仗时候，一点安排都没有，一点计算都没有；“宁失之慎，毋失之疏”，宁可因为谨慎而失去一些机会，也不能潦潦草草贸然出手。“惟当步步谨慎，谋定后进，不敢稍涉大意”，一定保证自己每一

① 胡林翼：《胡林翼集》第2册，岳麓书社1999年版，第512页。

② 《曾文正公全集·家书·咸丰十一年三月十三日》，传忠书局1917年版。

③ 《曾文正公全集·家书·咸丰八年正月初四日与沅弟书》，传忠书局1917年版。

④ 《曾文正公全集·家书·咸丰七年十月十五日与沅弟书》，传忠书局1917年版。

步都小心谨慎，谋定后动，而千万不要有任何的大意。他还说："一年不得一城，只要大局无碍，并不为过；一月而得数城，敌来转不能战，则不可为功。"① 一年内没有打下一座城池，但只要大局没有影响，就不须算是过错；一个月打下了几座城池，对手一来进攻反而无法作战，这也不能叫作有功。

在进攻南京的过程中，曾国藩屡屡告诫曾国荃一定要稳慎徐图："望弟不贪功之速成，但求事之稳适。专在'稳慎'二字上用心。务望老弟不求奇功，但求稳着。至嘱！至嘱！"② 要求他"谋定后战，不可轻视"。他认为如果军事进展太快，反而是指挥者必须高度警惕的时候："军行太速，气太锐，其中必有不整不齐之处。"③ 表面来看是进展极快，士气极盛，但是其中往往潜伏着致命的短板缺陷。如果意识不到这些问题，下一步一定就是大败。

在曾国藩看来，用兵打仗属于"阴事"，应当始终保持敬戒恐惧之心："哀戚之意，如临亲丧；肃敬之心，如承大祭"，这样才能取胜。他还用自己的经验说："每介疑胜疑败之际，战兢恐惧，上下悚惧者，其后常得大胜；当志得意满之候，各路云集，狃于屡胜，将卒矜慢，其后常有意外之失。"④ 为将者必须始终保持一种如临深渊、如履薄冰的紧张与清醒，虽胜不骄、愈胜愈慎。这样才能始终避免"大胜变成大挫"。

曾国藩非常欣赏湘军的一员名将，叫李续宾。他认为李续宾善于打仗，秘诀就是"不轻进，不轻退"六个字：不会轻易地发动进攻，但也不会轻易地退出战场。要么不进攻敌人，一进攻就会得手；要么不要占领阵地，一占领阵地就不会轻易失去。

在行军过程中，湘军最重视的则是扎营。曾国藩规定，湘军每到一处安营，"无论风雨寒暑，队伍一到，立刻修挖墙濠"，要求一个时辰完成。没有完成之前，绝对不许休息，也不许向太平军挑战。首先是挖沟，沟深一丈五尺，越深越好，上宽下窄。挖完沟后开始垒墙，墙高八尺，厚一丈。然后再在最外的一道壕沟之外，树上五尺的花篱木，埋在土中二尺，作为障碍。墙一道即可，沟需要两道或三道，而花篱则要五层六层。为什么要下如此的

① 蔡锷：《曾胡治兵语录·兵机》，振武书局 1916 年版。

② 《曾文公正全集·家书·同治三年四月初五日与沅弟书》，传忠书局 1917 年版。

③ 《曾文正公全集·家书·咸丰十一年二月二十日与沅季书》，传忠书局 1917 年版。

④ 蔡锷：《曾胡治兵语录·兵机》，振武书局 1916 年版。

笨功夫来修工事？用曾国藩的话说："虽仅一宿，亦须为坚不可拔之计。但使能守我营垒安如泰山，纵不能进攻，亦无损于大局。"[①] 这也就是湘军所谓的"扎硬寨，打死仗"。

湘军这种扎营的笨功夫，实际上最早是跟对手太平军学的。但是后来太平军筑垒掘濠，一天比一天潦草，而湘军修垒浚濠，则一天比一天扎实。曾国藩发现这一现象以后非常高兴，认为从这一件事情上，就可以看出双方的力量消长：太平天国大势已去，而湘军的胜利指日可待了。

五、组织文化：还我真面，复我固有

曾国藩的管理理念，并非完全没有权谋的因素。身为一个官员，他也必须跟现实妥协，必须内方外圆，但其待人处事的根本原则，却是以坦诚为本，从而在湘军内部形成了以诚相待、相互信任的组织文化。

李瀚章曾经对曾国藩有这样一段评价："推诚布公，不假权术，故人乐为之用。"曾国藩也说过："驭将之道，最贵推诚，不贵权术。"[②] 他认为，诚心诚意地对待别人，渐渐地就能使他人为我所用。即使不能让他们全心全意地为我效力，也必然不会有先亲近而后疏远的弊端。光用智谋和权术去笼络别人，即使是驾驭自己的同乡都是无法长久的。

管理者玩弄权术会带来一个严重的问题：一旦领导对下属使用权术，下属便不知道你的真实想法是什么，也就不敢跟你说实话，于是上上下下就会开始猜忌。而一个组织一旦陷入到猜忌之中，这个组织也就要出问题了。曾国藩说："祸机之发，莫烈于猜忌，此古今之通病。败国、亡家、丧身，皆猜忌之所致。"

在曾国藩看来，既然这样，还不如一开始就与下属坦诚相待，一片真心。他对曾国荃说：

> 吾自信亦笃实人，只为阅历世途，饱更事变，略参些机权作用，

---

① 《曾文正公全集·书札·与李次青》，传忠书局 1917 年版。

② 蔡锷：《曾胡治兵语录·诚实》，振武书局 1916 年版。

把自家学坏了。实则作用万不如人，徒惹人笑，教人怀憾，何益之有？近日忧居猛省，一味向平实处用心，将自家笃实的本质，还我真面，复我固有。贤弟此刻在外，亦急需将笃实复还，万不可走入机巧一路，日趋日下也。纵人以机巧来，我仍以含混应之，以诚愚应之。久之，则人之意也消。若钩心斗角，相迎相距，则报复无已时耳。①

我自认为也是笃实之人，只是因为看惯世道人心，饱更各种事变，稍稍加了些权谋的手段，把自家学坏了。其实效果根本就不如人意，白白惹人笑话、令人遗憾而已，有什么用呢？近来丁忧在家，突然明白了过来，一心一意向平实之处用心，把自己笃实的本质，还我本来的面目，复我固有的品德。老弟你现在在外带兵，也迫切需要将笃实的面目恢复过来，千万不要走入机巧这一路去，导致自己日趋日下。即使人带着试探猜测的心计而来，我仍以浑含混沌来对付，以朴诚愚拙来对付。时间一长，人家的试探猜测自然也就消除了。如果钩心斗角，你来我往，那么报复起来，没有穷尽的时候。

在曾国藩看来，至诚以待，本身也是管理者修养的需要。他说："豪杰之所以为豪杰，圣贤之所以为圣贤，便是此等处磊落过人。能透过此一关，寸心便异常安乐，省得多少纠葛，省得多少遮掩装饰丑态。"② 胡林翼对曾国藩这一点非常佩服，他说："吾于当世贤者，可谓倾心以事矣，而人终乐从曾公。其至诚出于天性，感人深故也。"③ 我对于当世的人才，我也可以说是恨不得掏出自己的心来给人看，唯恐有做的不周到的地方。但是人家最终还是乐于追随曾公。这是因为他的至诚出于天性，所以具有一种打动人心的力量啊。

如果用一句话来概括曾国藩的管理理念，那就是他所说的"惟天下之至诚，能胜天下之至伪；惟天下之至拙，能胜天下之至巧"。管理的最高境界，是打造一种坦诚的组织文化。如果说"至伪"、"至巧"是一种小聪明，那么"至诚"、"至拙"就是一种大智慧。从"至伪"、"至巧"到"至诚"、"至拙"，需要组织文化的极大突破，需要一个脱胎换骨的过程。许多组织是没有办法完成这一步的，这就是组织无法卓越的根本原因。而这种突破，一

① 《曾文正公全集·家书·咸丰八年正月初四日与沅弟书》，传忠书局1917年版。

② 蔡锷：《曾胡治兵语录·诚实》，振武书局1916年版。

③ 郭嵩焘：《养知书屋全集》，近代中国史料丛刊第42辑，第1061页。

定是要从管理者放下机心、放下面具、推心置腹以待人开始的。所以曾国藩讲："真心实肠，是第一义。凡正话实话，多说几句，久之人自能共亮其心。"[①]真心实意，坦诚相待，是领导力的第一条原则。凡是正话实话，多说几句，时间长了，人家自然会体会到你的苦心。"人以伪来，我以诚往，久之则伪者亦共趋于诚矣。"[②]别人戴着面具来，我还以诚心诚意，时间长了，戴着面具的人也会慢慢地向诚心诚意的方向发展了。其实人谁愿意戴着面具呢？谁不愿意有一种坦荡、痛快、相互信任的环境呢？就看领导者能不能创造出这样一种文化来。"诚至则情可渐通，气平则言可渐入。"只要你诚心诚意，人和人之间情感的隔阂，是可以渐渐打通的。只要你心平气和，你所说的话，别人慢慢地是可以听进去的。

在曾国藩的身体力行和激励之下，湘军确实形成了一种坦诚相待、相互信任、相互支持的团队文化。用曾国藩的话说，就是"呼吸相顾，痛痒相关，赴火同行，蹈汤同往，胜则举杯酒以让功，败则出死力以相救"[③]，就是"齐心相顾，不曾轻弃伴侣。有争愤于公庭，而言欢于私室；有交哄于平昔，而救助于疆场。虽平日积怨深仇，临阵仍彼此照顾；虽上午口角相商，下午仍彼此救援"。[④]这就是所谓的"湘军精神"，也是湘军凝聚力和战斗力的来源。

两位美国学者詹姆斯·库泽斯和巴里·波斯纳曾经在世界范围内做过多次名为"受人尊敬的领导者的品质"的调查，每次都有80%以上的人选择了"真诚"，在所有的调查中"真诚"也都是占据第一名的位置。在管理中，坦诚是一种大德，权谋则只能是小技。曾国藩能够最终成就"中兴名臣之首"的地位，他打造出的坦诚和信任的湘军文化，是其关键的因素之一。

六、心性：成败听之于天，毁誉听之于人

曾国藩管理理念的基本原则，其实就是传统的儒家情怀。儒家的追求，

---

① 蔡锷：《曾胡治兵语录·诚实》，振武书局1916年版。

② 《曾文正公全集·家书·咸丰七年十二月初六日与沅弟书》，传忠书局1917年版。

③ 《曾文正公全集·书札·与王璞山》，传忠书局1917年版。

④ 蔡锷：《曾胡治兵语录·和辑》，振武书局1916年版。

用宋代理学家张载的话说，就是“为天地立心，为生民立命，为往圣继绝学，为万世开太平”。这一理念早就在那里了，然而一般的儒生却只是想、只是说，而不敢做、不去做、不能做。曾国藩与一般儒生不一样的是，他坚信“天下事在局外呐喊议论，总是无益，必须躬自入局，挺膺负责，乃有成事之可冀”①，因而他以“忠诚为天下倡”的信念，以“拙”、“诚”的“力行”的功夫，以“知一句便行一句”的精神，把儒家的理念转化为强有力的行动。

然而任何一种理念的践行，都不可能是靠单纯的决心即可成功的，在理念的践行过程中一定会遇到很多的挫折与障碍，这就需要践行者必须有一种百折不挠、愈挫愈奋的意志。而曾国藩正是以“成败听之于天，毁誉听之于人”的倔强，以“千磨百折而不改其常度，终有顺理成章之一日”的信念，将自己的追求最终变为了现实。

曾国藩的一生，可以说是屡战屡败，充满了挫折与逆境，但他的过人之处，就在于他以“男儿自立，必须有倔强之气”的意志力量坚持到了最后。他在回顾自己的一生时，说过这样一段话：

> 李申夫曾尝谓余怄气从不说出，一味忍耐，徐图自强，因引谚曰：“好汉打脱牙，和血吞。”此二语是余咬牙立志之诀。余庚戌辛亥间为京师权贵所唾骂，癸丑甲寅为长沙所唾骂，乙卯丙辰为江西所唾骂，以及岳州之败、靖港之败、湖口之败，盖打脱牙之时多矣，无一次不和血吞之。②

人性本就是有弱点的，包括软弱、自私、懒惰、动摇等。正是这些东西阻碍了人们的积极进取，阻碍了人们最终的成就。曾国藩认为，要战胜人性的弱点，关键是要把毁誉得失放在一边：“于毁誉祸福置之度外，此是根本第一层功夫。此处有定力，到处皆坦途矣。”③他相信只要坚持自己的信仰与追求并执着地走下去，最终一定会成功的：“天下事果能坚忍不懈，总可

① 吴永：《庚子西狩丛谈》第4卷，苕溪渔隐1943年版，第134页。

② 《曾文正公全集·家书·同·治五年十二月十八日与沅弟书》，传忠书局1917年版。

③ 《曾文正公全集·家书·同治四年十二月二十五日与澄弟沅弟书》，传忠书局1917年版。

有志竟成”；“天下事只在人力作为，到山穷水尽之时自有路走”；“凡事皆有极困极难之时，打得通的，便是好汉”。①

对于自己的倔强，曾国藩十分自负。他有一次说自己要写一部书教人，叫作《挺经》。人生一世，就是要挺直了，不能趴下，不能轻易服输。还有一次，当他的心腹幕僚赵烈文说起李鸿章来，说他“事机不顺，未必能如师宏忍”的时候，曾国藩立即非常得意地说：“吾谥法文韧公，此邵位西之言，足下知之乎？”② 我死了以后，应当谥为文韧公，这是邵位西说的，足下知道吗？可见曾国藩最自得的，就是自己的心性的坚忍不拔。

七、结束语：而困而知，而勉而行

稻盛和夫在解释是什么造就了平凡人的非凡时也说：“是那一股能默默专注在同一件事而不感到厌烦的力量，也就是拼命去过每一个今天的力量，以及一天天去累积的持续力。换句话说，把平凡化为非凡的是‘持续’。”他还说：“要在人生这块大舞台上演出一出精彩的戏，得到丰硕的成果，所需的能力不是单靠脑细胞的多寡来定高下。要看的是，能不能在任何情况下，都可以凭着一股傻劲认真去做，而遭遇困难时也能不闪不躲与其正面交锋？这可以说是成功的不二法门，也是我们必须时时刻刻牢记在心的原理原则。”

梁启超在评价曾国藩时也有一段非常精辟的话：

> 文正固非有超群绝伦之天才，在并时诸贤杰中，称最钝拙。其所遭值事会，亦终身在拂逆之中。然乃立德、立功、立言，三并不朽，所成就震古烁今，而莫与京者。其一生得力，在立志自拔于流俗。而困而知，而勉而行，历百千艰阻而不挫屈，不求近效，铢积寸累。受之以虚，将之以勤，植之以刚，贞之以恒，帅之以诚，勇猛精进，坚苦卓绝，如斯而已，如斯而已！③

① 《曾文正公全集·家书·同治五年正月十八日与纪鸿书》，传忠书局1917年版。

② 赵烈文：《能静居日记·同治六年八月二十八日》，（台北）学生书局1964年版。

③ 梁启超：《曾文正公嘉言钞，序》，商务印书馆1917年版。

曾国藩并没有超群绝伦的才华。在当时的著名人物中，他被认为是最迟钝愚拙的一位。他的一生，也一直在逆境之中，然而他立德、立功、立言，达到了古人所说的三不朽的境界，他的成就震古烁今，没有一个人能跟他比，这是什么原因呢？他一生得力的地方，在于立志自拔于流俗，而困而知，而勉而行，历尽百千险阻而不屈服；他不求近效，铢积寸累，受之以虚，将之以勤，植之以刚，贞之以恒，帅之以诚，勇猛精进，坚苦卓绝，如此而已！如此而已！

的确，曾国藩的成功，靠的并不是投机取巧。他靠的是对理念和信仰的坚守，靠的是“惟天下之至诚，能胜天下之至伪；惟天下之至拙，能胜天下之至巧”的信心，靠的是“知一句便行一句”的力行。曾国藩说：“天下事，未有不由艰苦得来，而可大可久者也。”① 取巧只是小聪明，只会得利于一时；拙诚才是大智慧，方可奠基于长远。曾国藩的“不求近效，铢积寸累”、“而困而知，而勉而行”，正是所有那些能够成就伟大事业的管理者的基本品格。

① 蔡锷：《曾胡治兵语录·勤劳》，振武书局 1916 年版。

假如德鲁克遇见荣德生

李　晓*

在西方管理学的历史上，美国管理学家彼得·德鲁克出版于1946年的《公司的概念》首次提出了培养“有管理能力”的、有“责任感”的工人、建立“自我管理的工厂社区”的理念，这些理念也构成了德鲁克所有管理学著作的基调。然而，我国的民族实业家荣德生却早在1926—1937年就在申新纺织三厂等企业中创造性地建立了“劳工自治区”，在儒家思想指导下，实行工人的自我管理，并产生了良好的实效。这个事实告诉人们：在中国企业管理现代化、企业经营国际化的进程中，我们当然必须下功夫向西方学习，但是也不能对于我们固有的本土经验妄自菲薄。

一、德鲁克的“工人自治区”理念

1943年，欧亚战事方酣，法西斯的败局已经在弥漫的硝烟背后日趋明朗，此前被纳入军备生产的企业们也着手为战后转型做准备。

深秋的一天，彼得·德鲁克突然接到了通用汽车公司公关部主任保罗·加勒特的电话，邀请他从一个外部顾问的角度对通用汽车公司（GM）的管理政策和组织方式进行研究，提供给将于战后上任的公司领导层参考。

在此两年前，德鲁克曾出版了《工业人的未来》一书，最后的结论是，企业终将成为工业社会的主体，在这种体制之中，不但要实现管理的原则，也得兼顾个人的地位和功用。通用汽车公司的高管们阅读了这部书，认为德鲁克是研究他们企业并能够提出针对性意见的合适人选。

* 李晓，中国政法大学商学院教授、副院长，中国商业史学会副会长。

接到加勒特的电话，德鲁克欣喜若狂。德鲁克一直想找机会深入企业内部开展研究，却总是四处碰壁。不少企业的主管拒绝与他合作，西屋电器的总裁甚至把他视为危险的、喜欢作乱的极端分子。能得到大名鼎鼎的通用汽车公司的邀请，简直不啻天上掉馅饼！

然而，为时 18 个月的调研结束之后，德鲁克接二连三遇到的事情，却比接到加勒特的邀请电话还要意外。

1946 年 1 月，德鲁克的研究报告以《公司的概念》为名出版。他曾经怀疑这本书能否卖出去，出版社也有同样的顾虑。因为当时管理方面的著作凤毛麟角，即使印出来也只是分享给少得可怜的几个好友而已。大多数经理人压根儿就不晓得自己从事的工作就是“管理”，一般公众虽然对富豪的钱财满怀艳羡，却从没有听说过“管理”这个词。

令德鲁克喜出望外的是，《公司的概念》一出版就成了畅销书，甚至获得了不少人的热捧——濒临破产的福特汽车公司把它当成拯救和重建公司的蓝本；通用电气公司（GE）则用这本书作为大规模机构重组的指南；一些州立大学拿它作为组织结构调整的教科书；就连纽约的红衣主教都从中寻找适应新形势的组织原则；《公司的概念》还很快被译成了日文，丰田汽车公司甚至设法搞到了德鲁克未曾出版的研究报告的副本，作为改造企业内部关系的模板。

同样令德鲁克始料未及的是，《公司的概念》反而在通用汽车公司遭到了极端冷遇。被斥为“一次对通用汽车公司的攻击，其敌意不下于任何一位左派人士”。通用汽车公司的一把手斯隆更是大为光火，为了批驳德鲁克，斯隆甚至亲自捉刀上阵，写出了《我在通用汽车的岁月》。

结果，《公司的概念》誉满全球之际，却在通用汽车公司毫无踪迹，经理们的书架上根本不会有它，就连通用学院开设管理学的课程之后，这部现代管理学的奠基之作也没有被列入推荐书目，甚至在学院图书馆的索引里都找不到它的影子。

是什么让这部书在通用汽车公司如此不受待见呢？德鲁克自己反思说，主要基于三个原因：一是本书对通用汽车公司政策的态度，二是本书关于雇员关系的建议，三是要求大型公司“服从公众利益”。

在《公司的概念》里，德鲁克极力主张通用汽车公司应该将它战后的雇员关系建立在工人对工作和产品有自豪感的基础上，主张通用汽车公司和整个企业界将工人看作是一种资源而不是成本。具体而言，书中建议通用汽车公司在结束战争订货、恢复和平生产之后，致力于培养“有管理能力”的、有“责任感”的工人和一个“自我管理的工厂社区”。德鲁克自我评价说，在管理学发展史上，《公司的概念》首次指出雇主应该怎样为雇员提供“工作安全感”，并建议认真研究收入保障和退休计划等政策。这些理念从此构成了他所有管理学著作的基调。

“在我所有关于管理和‘工业秩序的解剖’方面的研究中，我认为最重要而且最有创意的，即是工厂社区自治和授权给员工。”所以当时“我满怀天真地期望这个‘工厂社区自治’的建议能成为我的通用研究计划结论中最令人信服的一点”。德鲁克后来在回忆录《旁观者》中如是说。

但是，德鲁克的这些理念，却与通用汽车公司管理者们格格不入，甚至被视为异端邪说。他们困惑不解：工人们怎么会有管理的能力呢？如果工人能自我管理，那还要管理者干什么？他们高喊：“让经理来管理，让工人去干活！”“让工人承担本该由管理层负责的工作，就好比给他加上了一副无法承受的重担！”

直到20世纪60年代中期，通用汽车公司的管理者们依然坚持认为：“工人们要的仅仅是钱。”公司里常说的一句口号是：“金钱+纪律=生产率。”

其实，在当时的美国，何止通用汽车公司，即使是那些对《公司的概念》趋之若鹜的管理者，真正感兴趣的，也只是书中关于组织结构和分权思想的内容而已，对于德鲁克最引以为自豪的工厂社区自治，根本就不当回事。并且直到今天，管理学界还认为《公司的概念》的最大贡献是首次提出了“组织”的概念，奠定了组织学的基础。

这让德鲁克很受伤：“我一直认为，有经理观念的负责任的员工和自行管理的工厂社区，是我最重要和最有创意的思想，也是我所作出的最大贡献。不管这些概念在日本有多大的影响，通用汽车公司及其经理人员拒绝采纳它们，结果使得这些概念对我所在的国家毫无影响，这是我遇到的最大和最让我感到恼怒的失败！”《公司的概念》出版37年后的1983年，德鲁克在再版跋中的这段话，让我们窥见了他那耿耿于怀的铭心刻骨之疼。

那是先觉者曲高和寡、顾影自怜的寂寥孤独之疼！

实际上，虽然德鲁克对于自己的创意终生引以为豪，但就实质而言，它终究只是一种理念而已。至于“如何规划和创造负责任的员工以及自行管理的工厂，当时还没有一点头绪。威尔逊（通用汽车公司唯一认同德鲁克此种理念的高管，曾经在通用汽车公司按照德鲁克的设想搞过一点尝试，但很快失败）和我都清楚地看到，解决这个问题需要十年的实验”。

德鲁克根本想不到，也丝毫不了解，就在他提出工人自治社区理念的20年之前，中国近代实业家荣德生就已经在位于太湖之滨无锡的申新三厂等企业创办了“劳工自治区”，并在实践中探索出了一整套颇为成熟的管理模式。

假如玩一个时空穿越，让德鲁克在写作《公司的概念》之前的20世纪二三十年代来到中国，遇上荣德生，参观一下荣家办的“劳工自治区”，其心境将会如何呢?

二、荣德生的“劳工自治区”实践

荣德生（1875—1952），名宗铨，号乐农，江苏无锡人，是已故国家前副主席荣毅仁的父亲。荣德生和胞兄荣宗敬（名宗锦）都只上过五六年私塾，从学徒起步。20世纪初开始，荣氏兄弟陆续创办面粉厂、纺织厂、机器厂等工业企业，先后建立茂新面粉公司、福新面粉公司、申新纺织公司，成为蜚声中外的“面粉大王”和“棉纱大王”。毛泽东曾经说过：荣家是中国民族资本家的首户，在国外能够称得上财团的，我国没有几家，荣家是其中之一。邓小平也评价：“荣家在发展我国民族工业上是有功的，对中华民族做出了贡献。”

申新纺织公司是民国时代中国最大的民营纺织企业，共有9家工厂，其中，位于无锡的申新第三纺织厂（通常简称申新三厂或申三），是荣宗敬、荣德生兄弟于1919年集股筹建，1922年正式建成投产的。荣德生一直担任该厂经理，在他的悉心管理下，申新三厂成为当时江苏省规模最大、设备最新的棉纺织厂。1936年，全厂职工4142人，纱锭67920枚，织布机1478台。在申新系统内部，其纱锭数量仅次于1931年创办的申新九厂，而织布机规模和生产效益则居各厂之冠。

申新三厂的“劳工自治区”经历了一个发展完善的过程。根据该厂总管理处处长薛明剑的记录，大体如下：

1924年起，申新三厂就决定着手兴办劳工福利事业，聘任了郑翔德、谈家枨等专家。

1926年8月，厂方举行职员谈话会，决定改革工人管理、劳工福利，把一部分工人宿舍划为“劳工自治区”，办理培训事宜。

1929年，鉴于劳工福利事业已经收到较为显著的效果，决定自当年起进一步加大培训员工的力度。遂于3月成立申新职员养成所，聘任沈泮元为所长，薛明剑兼任教师，讲授《纺织工场设计及管理》。

1932年，创办劳工自治区职工医院，聘请夏子和、盛振杰夫妇主持西医事务，郑际青主持中医事务。员工培训方面增设机工、女工等养成所。

1933年，劳工自治区更加扩充完善，并与中华职业教育社联办，以利实施各项劳工教育及福利事业。申新三厂该项事业的成功，引起了广泛的社会重视，荣氏各厂亦纷纷仿办。

1936年，劳工自治区经十余年建设，各项设施大致宣告完成。国际劳工总局特派员伊士曼参观劳工自治区，称之为“工业界先觉”。

1937年，劳工自治区因抗战全面爆发、无锡沦陷而停办。

1946年，抗战胜利后，劳工自治区复办。

综观申新三厂“劳工自治区”，其特点概有四个方面：

第一，设施上，齐全先进。

劳工自治区内的设施项目，完备齐全，几乎涵盖了员工生活、学习、医疗、购物、娱乐等方方面面，按照薛明剑的说法：“凡工人自出生至老死，均已顾及。”

以1936年劳工自治区建设大致告成时的设施为例，主要有以下几项：

① 区内组织。

劳工自治区下设4个分区，每分区又分别下设村、组、室等。

单身女工区，内分8个村，每村14—26室，每室住8—12人，共住1628人。

单身男工区，内有1个村，住240人。

单身男女工区都设有寝室、膳室、教室、娱乐室、浴室、花园、运动场、书报室、洗面室等。寝室配备的被褥、铁床、席枕、衣箱等，均由厂方供应。

工人家属区，内分 4 个村，以每三幢为一组，每组住 10 户，每户住 4 人为标准。户内厨房、客厅、凉台、公共储藏室等，一应俱全。共住 1100 人。

职员家属区，内分 3 个村，每户二幢，住 84 人。

以上 4 区，合计 16 个村，现住 3052 人。以 1936 年全厂职工 4142 人计，约有 73% 的职工归于劳工自治区。

1935 年 7 月，上海《新闻报》记者陆诒专程参观考察了申新三厂的劳工自治区。他说："离开隆隆机声的所在，踏进环境新鲜的自治区，触入眼帘的，是整齐的树木、清洁的道路、娇丽的花草。我们置身其间，好像在达官巨商的园庭中，决不会想象到这原来是工人的住居区域。"单身男女工宿舍区，"每室中放着双层的小铁床，铺着洁白的被褥，布置得井井有条。有几间模范室，那里面的整洁程度，恐怕叫一班少爷小姐见之也会脸红的"。工人家属区，"里面整洁的程度，虽不如单身男女宿舍，可是比较普通平民住户，那已经胜过好几倍了"。

② 劳工教育。

劳工子弟教育方面，有托儿所和小学，凡是 6 岁以下的工友子弟，在工友工作期间无人看管时，可以入托，以便父母安心工作，在校男女生 48 人；6 岁至 10 岁的孩子，入初级小学，分 4 个年级，在校男女生 182 人，学习初级知识和进行公民训练；10 岁至 12 岁，入高级小学，有 2 个年级，在校男女生 52 人。以上各类学生，凡是本人之祖父母或父母、兄弟、姐妹在申新三厂工作者，所有学费、杂费均得免缴。非本厂职工子弟，一律收学费，一、二年级 1 元，三、四年级 1 元 5 角，五、六年级 3 元 5 角。

劳工补习教育方面，设立"申新晨夜校"，以普及教育、增加知识、提高道德修养为宗旨。教学的时间，是利用劳工每天工作的余暇（每日授课一至二小时）或星期日，所以名称叫晨校、夜校、星期学校或者传习科等。学习期限，短则数周，长则一年。各类班级合计 1052 人。此项教育纯粹属于义务性质，凡系本厂工人，均得入学，不收学费，并供给书籍。

劳工技能教育方面，主要培训员工的纺织专业技术。有女工养成所、机工养成所、职员养成所三类。入学须经考试。凡属本厂工人子弟及愿意投身产业界的青年，具有小学毕业程度者，均可报名应考。考试科目为国语、算术。在学期间，学费、膳食费全免，还每月发给零用钱大洋1元。1935年，三类养成所在校生176人。

另外，还有帮助工人识字的“小导师”、帮助工人代写家信的代笔处、图书馆、阅报室等。

③ 医疗卫生。

申新三厂的职工医院，创办于1932年，翌年扩建。内设男病室、女病室、传染病室、普通病室、外症室等，诊断、治疗、化验、手术等，莫不悉备。后来还添置了当时罕见的X光机、解剖台等设备，有住院床位百余张。该医院被誉为“不特为各工厂之冠，抑且为无锡最完备医院之一！”凡本厂职工就医，只收3个铜钱的挂号费，药费全免。若系职工家属，药费减半。非本厂职工，挂号费大洋2角，药费实收。

职工浴室共有5处，分盆汤、池浴两种，可供80余人同时洗浴，概不收费。

④ 合作事业与副业生产。

劳工自治区内与职工衣食住行等生活消费相关的商业服务业等设施，基本上都采取职工合作社的方式，由厂方和职工集资入股举办。有日用杂货、饮食点心、制衣、洗衣、理发合作社等。所售商品和服务，都比厂外便宜，目的在于便利职工生活，减少生活开支。

自治区还举办了一些职工业余副业生产项目，如养鸡、养兔、种菜等，是职工和自治区一项不小的收入来源。

⑤ 公益事业。

劳工裁判所，是工人纠纷的调解裁判机构。

劳工自治法庭，是工人不服裁判所裁决时的上诉机构。

法律顾问，特聘金婉范女大律师，担任为女工维权的法律顾问。

功德祠，是纪念企业有功之臣的祭祀场所。凡是因公殉职，或在本厂工作十年以上且有功绩者，皆可入祠奉祀。

尊贤堂，供奉岳飞、关羽、戚继光等遗像。

第二，内容上，注重文教。

从上述设施可以看出，就申新三厂劳工自治区的主要职能而言，与其说它是一个组织管理系统，不如说它是一个培养综合素质的学校、造就现代公民的课堂。

这一特征，在劳工自治区“实施方针”和“实施纲要”中都有明确体现。

例如，实施方针规定：“注重文化教育，使区民人人有读书之机会，并得正当之娱乐。”

实施纲要规定：“宗旨：改善区民生活，培养良好之工友”；总的训练目标是“做新生活”；普通训练目标是：“应知之事项：做事勤劳，工作努力。”“应具之性质：浓厚的兴趣，快乐的态度；合作的精神，健全的身心。”特殊训练的目标是：“健康生活”、“工业生活”。

这些目标又通过一系列实施细则加以落实。例如，各区都聘任指导员，指导区民日常良好生活。区民的日常作息有时间表，膳室、寝室都有行为公约。执行公约的情况有奖惩办法。奖励的事项为：“操行优良，工作努力，遵守公约，热心运动，勤苦读书，衣被清洁”；惩戒的事项为：“不服训导，懒于洗涤，侮谩师长，无故停工，不肯上课。”这些奖惩制度，强调的重点不是工作状况，更多的是生活态度、学习态度。

针对几乎所有普通工人设立的“申新晨夜校”的教学内容，更是注重综合素质教育，而不是职业技能培训。该校根据工人文化程度，分成识字训练班、公民训练班、技能训练班三级。其中的识字训练班，有6门课程：国语、算术、体育、音乐、公民、艺术；公民训练班有7门课程：国语、珠算、尺牍、体育、音乐、公民、艺术。

特别值得注意的是技能训练班的课程，有缝纫、刺绣、园艺、养鸡、养兔、养鱼等。这些培训与纺织厂的职业技能似乎没有太多关系，为什么要开设呢？为的是“培养区民退职后之生活技能”，也就是如果工人们年老退职，不再务工了，回到乡下后，还可以懂得一门手艺，搞一些农村副业，继续养家糊口。

劳工自治区的这些做法，完全是站在工人长远利益上考虑的，功利色彩十分淡薄，真可谓用心良苦、格调高远！

第三，管理上，工人自治。

申新三厂劳工自治区的内部管理体系，无论是负责人的产生、机构的设立，还是规章制度的制定等，都充分体现和贯彻了职工民主自治的原则。

劳工自治区的组织系统，如图所示：

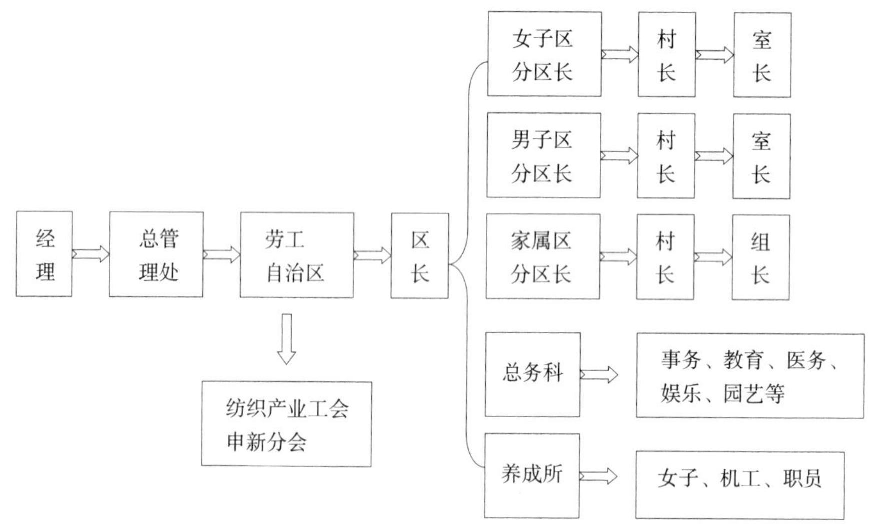

其最高领导是申新三厂的经理荣德生，直接领导是厂总管理处处长薛明剑。区长是荣德生委任的老工人胡鸣虎，属于专职负责人。其余的各个层次的负责人，除了学校的专任教师、医院的医生由厂方聘任外，各分区长、村长、室长、组长、裁判长、裁判员等，都是由职工经过民主程序、自由推举的。

职工宿舍区的每个室（组），除了民主推举室长、组长外，还要公举一位文化程度较高的人做“小导师”。所谓“小导师”，就是著名教育家陶行知先生提倡的“小先生”。只是因为“小先生”这个名称不太适合纺织厂中的女工，所以改称“小导师”。1936 年时，全区共有“小导师”157 人。她们的任务，就是在教师授课之余，教工友识字。室与室之间，每月还要举行比赛或测验。

劳工自治区内的日常重大事务，由各类委员会会议协商决定。常规的会议有事业会议、区务会议、村长会议、室长会议、教育会议、小导师会议、裁判委员会议、卫生会议、园艺委员会会议等。1936 年度共计开会 62 次，平均每个委员会开会 7 次左右。

劳工自治区的许多规章制度，都采取公约的形式，有“寝室公约”、“膳室公约”等。表明是经过比较充分的民主协商而达成一致的规则，从而体现了主办方“多用积极的劝导，少用消极的抑止；多用间接的方法，少用直接的方法”的实施原则。

在有关机构中，最能体现民主自治精神的，大概就是劳工裁判所和劳工自治法庭了。

劳工裁判所由 7 人构成，经职工民主选举产生，都是办事公道、群众威信高的职工，负责处理劳工纠纷调解、裁判、惩罚等事宜。

劳工自治法庭由 5 人构成，产生途径与劳工裁判所相同，属于职工不服裁判所判决时的申诉机构。如果依然不服劳工自治法庭裁决的，才最终上诉到厂总管理处。

1936 年，劳工裁判所受理的案件共计 91 宗，上诉到劳工自治法庭的只有 3 件。这表明劳工裁判所和劳工自治法庭的处理结果是非常得人心的。

劳工自治法庭的隔壁，就是供奉关羽、岳飞、戚继光等民族英雄塑像的尊贤堂。凡是遇到蛮横不讲理的，劳工裁判所经常采取的办法，就是罚他们到尊贤堂去宣誓。据说对于改造思想、平息纠纷颇有效果。

第四，运营上，劳资合作。

申新三厂劳工自治区的基础设施建设，如职工宿舍、医院、校舍、礼堂、道路、园圃等，都需要相当大的投入。其中的很多项目，如职工的学费、书本费、医药费、洗浴费等，还都是免费的，日积月累，这也将是一项不菲的开支。如果纯粹属于只投入不产出的福利，企业效益好的时候或许还能负担，一旦效益滑坡，成为企业沉重的包袱，再好的事情恐怕也难以持久。

那么，申新三厂的劳工自治区究竟是如何运营、如何维持的呢？

答案是，包括某些基础设施建设在内，很多项目都采取了劳资双方合作共营的方式。具体做法有：

① 厂方举债，用作启动资金。“借到了钱，再来着手做增加收入的工作，以便分年月来偿还借款。”

② 房租收入。当时上海、无锡地区工人宿舍的租金，每幢 1—2 元 / 月，一般是亲属混居。申新三厂的宿舍大都是设施先进的新房，宿舍内的床铺被

褥衣箱等也都一应俱全，采取了单身男女工分住的办法，每幢可住 24 人左右。每人房租 0.4 元 / 月，则每幢收入 9.6 元。工人开支减少，但厂方收入增加，可用作自治区经费。

③ 职工工作失误的罚款、违约违规的充公资金等，通常是归企业所有，现用于办理劳工事业。

④ 副业生产收入。培训职工养鸡、养兔、园艺等，本意是让员工有一技之长，但教学实践的过程中就形成了规模不小的副业生产。薛明剑算了一笔账：假如一千工人，每人养 10 只兔，除去饲养成本，一万只兔就可以赚 8 万元。

⑤ 工会会费补助。当时的工会会费是从工人的收入中每月每元扣 1 分。申新三厂工人平均月收入 15 元，全厂三四千人，每月就有七八百元的会费收入。以往是工会负责人用光分光，设立劳工自治区之后，除了工会组织的必要开支外，其余全部拨作劳工自治区经费。

⑥ 职工捐款。薛明剑说，如果一项事业确实有益，就一定能够得到获益者的支持。"申三的劳工图书馆、劳工医院和尊贤堂、养兔场等，都是由这样捐款来完成的。"

由于广开财源，尤其是劳资合作调动起了广大职工的积极性，申新三厂劳工自治区很快走上了自主运营、良性循环的轨道。1935 年，上海《新闻报》报道："在劳工自治区最初创办的时候，厂方固然也曾费了不少的金钱和力量，但到现在，厂方对自治区方面，除每月供给事业费一百元外，其余的经费，都是由工会和自治区内工人膳宿费及其他生产收入项下拨付。"

申新三厂的劳工自治区，如果从 1926 年正式开办算起，到 1937 年抗日战争全面爆发为止，历时十余载，实行效果究竟怎样呢？

首先是减少了劳资纠纷，促进了劳资合作。

申新三厂的历史上，也曾经在 1925 年发生过影响较大的工潮。起因是 1922 年该厂建成投产后，一方面依然沿用传统的工头制管理方式，由各级工头把持生产、技术等重要环节；另一方面又陆续引进了一些具有科学管理头脑的新式经营人才。经过比较，荣德生认识到了新式科学管理的先进作用，以及旧式工头欺压工人、效率低下等弊端。于是废除工头制，改用由工程师、技术人员构成的新职员实行科学管理。工头不甘心丧失既得利益，四处煽风点火，一部分工人也因为管理强度加大、劳动定额增加而不满，结果发生了工人闹事、殴打新职员的事件，被迫停工数日。

但是，随着劳工自治区的建立和完善，此类劳资冲突再也没有发生过，企业主与职工之间、职员与劳工之间的和谐关系初步得以建立。

最有说服力的，还是企业的经营绩效。请见下表：

1922—1936 年申三历年生产情况一览表

年份	职工人数	纱锭（枚）	布机（台）	锭日产（磅）	每件纱成本（元）	每批布成本（元）	盈利（万元）	利润率（%）	申一、八利润率（%）
1922	4700	50400	504	0.798			50.07	23.48	16.46
1923	4700	51008	504	0.752			−5.9	12.35	7.56
1924	4000	51008	504	0.688			−23.4	11.51	
1925	4000	51008	504	0.861			11.23	13.54	9.95
1926	4000	51008	504	0.86					11.89
1927	3863	51008	504	0.726			14.2	16.4	11.65
1928	5500	54008	878	0.925			78.41	17.67	13.54
1929	4000	57008	878	0.853			90.12	23.59	18.58
1930	3800	57008	878	0.807					7.46
1931	4118	65808	1478	0.93					18.52
1932	4118	65808	1478	1.032			69.9	22.18	16.56
1933	3126	65808	1478	0.999	21.1851	1.01056	71.98		12.08
1934	2996	65808	1478	1.057	17.8361	0.88222			14.1
1935	3774	65808	1478	1.103	15.8915	0.75793	72.47		14.42
1936	4142	67920	1478	1.164	13.8334	0.73903	100.38	20.56	11.87

薛明剑还曾就 1933 年至 1936 年的情况做过比较：

一是每一纱锭的产量逐年增加，从 0.821 磅增至 1.1 磅；开支却逐年减少，节约资金从 19 万元扩大到 30 万元有余。

二是工人的技术水平显著提高，1933 年前，每万纱锭雇佣工人 450 余人，1934 年减为 297 人，继而又减为 270 人。织布方面，以前每人管理 2 台织机，后来管理 4 台（1937 年增至管理 6—8 台）。

三是工人收入大幅度提高。平均日工资，从3角7分，增加到5角5分9厘，而且还有继续增加的可能。

需要特别指出的是，申新三厂的这些经营业绩，不仅没有得力于外在的宏观经济环境，反而是在环境愈益不利的情况下取得的。

第一次世界大战期间，由于主要帝国主义国家忙于战争，外国棉纺织品的输入大大减少，华资纺织厂普遍盈利，国内掀起了一个大建棉纺织厂的热潮。荣氏兄弟涉足棉纺行业创建申新系统就是这股热潮推动的结果。然而，第一次世界大战结束后，帝国主义势力卷土重来，1922年起的数年间，许多华资企业陷入困境。申新三厂可谓生不逢时。

1925年的“五卅惨案”，引起全国性的抵制英货、日货运动，华资棉纺织业获得难得的喘息之机，从萧条中有所恢复。但好景不长，1929年爆发了席卷全球的世界经济大危机，帝国主义国家纷纷向中国倾销剩余产品。特别是1931年日本侵占东北，东北市场丧失，日货蜂拥而至，许多华资棉纺企业产量锐减、利润骤降。

与此同时，南京国民政府加重了对国产纱、布、面粉的税收，工人农民也迫于水深火热，掀起了一浪高过一浪的斗争风潮，生产成本显著提升。

面临如此之多的不利因素，很多华资企业或破产倒闭，或关门歇业，申新三厂却不退反进，这愈发显得不同凡响！薛明剑分析：“这种成绩，虽不能说是完全归功于办理劳工事业的结果，但是因了厂方注意劳工事业，劳工们的生活和环境大大的改善，工作都能安心，生产效率因以提高。”

人们不禁要问，劳工自治区的作用如此之大，那么，荣德生当初究竟是在什么动机驱使下致力于此项事业的呢？

一是儒家思想的深远影响。

荣德生虽然上学不多，但是嗜学终生，具有深厚的传统文化功底，深受儒家思想的影响。他最推崇“仁”，把“仁”当作自己的立身之本。他的7个儿子、2个女儿，名字中都带一个“仁”字。

荣德生经营企业也强调“以德服人”。有一次，申新三厂失火，附近的职工都纷纷赶来救火，他交代门房把这些人的名字都记录下来，却不让他们进厂救火。他说：“这些人都是厂里的忠臣。厂烧了，保险公司会赔偿，可以再造。忠臣烧死了，就不好找了。”这些人后来都得到提拔、重用。

1934年以申三总管理处的名义发表的《申新第三纺织公司劳工自治区概况》一文，就比较集中地反映了荣德生对于劳工自治区与企业经营之关系的认识："夫欲劳其形者，必安其心；欲乐其业者，必一其志；欲用其力者，必健其身；欲改其恶者，必修其德。故实业家欲直接谋技术之精良，工作之改造，则间接必先筹劳工之福利，注意于其身心之安康，庶几工作之时无内顾之忧，业余之暇得精神之慰，安居乐业，专心一志，自无因循畏难之思，见异思迁之想……我国工人之生活状态及知识程度，不及他国，苟厂方再无相当之设施，驱乌合之众，以事生产，欲其出数增加，成本减低，将安可得?"

荣德生的主要助手薛明剑也举例说："劳资间如有龃龉，无论耳目如何周到，管理如何严格，但是工人人数众多，终可于暗中损坏你的物料和机件，或者有意增加你的消耗，减低出品的成色，所谓'以力服人者非心服也'。如能互相了解，互相爱护，此类事件就不至于发生。"

显而易见，这些说法都深深地打上了"仁者爱人"，"己所不欲，勿施于人"，"己欲立而立人，己欲达而达人"，"修己安人"，利己先利人等儒家思想的文化烙印。

二是竞争激烈、生存环境恶劣的现实压力。

我国近代的民族资产阶级，是在上有帝国主义、官僚垄断压迫，下有劳工斗争的夹缝中艰难生存的。帝国主义、官僚垄断资本主义无疑是其主要威胁，这就迫切需要劳资双方团结起来共御外敌。荣德生和申新三厂的管理者在接受上海《新闻报》记者采访时，就表示了这种想法："希望国内实业家在这民族工业濒于危亡境地的今日，对于劳工生活多想点改善办法，这样才可以在劳资双方团结下，打破最重的难关。"

三、荣德生经验的启示

申新三厂劳工自治区，可以说是荣德生把中国传统的"仁德"思想与资本主义的管理制度相结合的产物。它关心职工生活和教育培训，协调劳资关系，让工人自我管理，堪称具有中国民族特色的企业管理模式。他的做法，即使在当时世界范围内来看，也是非常先进的伟大创举，所以被国际劳工总局特派员伊士曼誉为“工业界先觉”。

荣德生的做法可以给予我们的启示有：

第一，人的需要虽然具有多样性，但未必像马斯洛所主张的按等级序列的形态垂直排列，很多时候应是多种需求叠加并行的。例如，申新三厂的工人，既有衣食住行、就医、洗浴等生理性需要，也有受教育、被尊重、通过自我管理而获得自我实现的需要。而且，越是出身卑微、地位低下的人，对于尊重和平等的渴望就越是强烈，越期冀人格有尊严，权利得保障，地位被认可，能力获肯定！

如果说，针对衣、食、住、行、医等生理性需要而进行的激励属于物资激励，那么，针对求知、尊重、自我实现等需求的激励就属于精神激励。荣德生是多管齐下，实行了综合激励，且尤其强调精神激励。

荣德生的经验证明，即使对于最底层的普通工人，教育、尊重、互爱、民主、自治、自我实现等精神激励也是必不可少的。

第二，精神激励成本低、威力大。

正因为越是出身卑微、地位低下的人，越渴望尊严和平等，因而针对这种需求的激励，其效果也就越是显著。

旧中国劳工的悲惨境遇，从夏衍写于1935年的《包身工》等作品中即可略见一斑。申新三厂劳工自治区的免费教育、免费医疗、民主自治等看上去很简单的事情，却产生了令人震撼的巨大威力，激发了工人们的自尊、自爱、自觉、自信，产生了强烈的自豪感、归属感、凝聚力，提高了对企业的忠诚度，唤起了积极性和创造力，同时大大降低了员工的管理协调成本。

虽然厂方对于劳工自治区有一定投入，但与企业获得的综合收益相比，却是微不足道的。

第三，荣德生的经验，既有普遍价值，也有现实意义。

20世纪30年代初，河北的实业家苏秉璋参观了申新三厂的劳工自治区，他感慨：“无论哪一种企业的成功，必须先从加惠工人着手。因为工人是工厂的基本势力，也就是工厂的生命线，要使他们的精神有寄托，能安居乐业，事业方面自然随之改进。反之，未有不失败者！”

虽然德鲁克关于“工厂社区自治”的理念和荣德生的“劳工自治区”实践有某些细微差别，例如，前者的“自治”集中在生产过程之中、后者的

“自治”主要体现在生产过程之外，但是，两者都强调员工的主体地位，这一点却是高度一致的。近些年盛行的“以员工为本”的经营哲学，其实都属于荣德生实践和德鲁克理念的流脉余绪。

时下，受国内外经济形势的影响，我国的许多企业面临重重困难：国际市场萎缩，原材料价格上涨，劳动力成本提升，利润空间缩小……要摆脱困境，员工的因素恐怕应该是必须首先考虑的。而不少企业恰恰存在员工关系不和谐的问题，痛感“得其人难以得其力”、“得其力难以得其心”。究竟怎样才能让广大员工尽心尽力呢？荣德生的实践和德鲁克的理念都是值得借鉴的经营之道。

假如德鲁克遇见荣德生，考察了申新三厂的劳工自治区，他还会因为自己的理念在美国无人赏识而有曲高和寡之疼、顾影自怜之叹吗？他还会坚持以为工人自治区是自己的首创而有自鸣得意之情吗？他也许不会的。

在中国企业管理现代化、企业经营国际化的进程中，我们当然必须下功夫向西方学习，但是也不能对于我们固有的本土经验妄自菲薄！

民间儒学的新开展

郭齐勇 *

五四以来，特别是“文化大革命”以来，我国的文化精神传统在其本土遭遇很大的冲击，几代人对传统文化相对隔膜，而长期以来对金钱权力的崇拜使得国民的精神归宿感与对做人做事之正道的信念日渐淡薄。近十多年来，民间老百姓对自己的文化精神资源有了自发的需求，国学与儒学出现了复兴之势。

一、何谓民间儒学及儒学的学术研究与民间儒学的关系

民间儒学是儒学灵根自植、重返社会人间的文化思想形态。自汉代至民国，儒学本来就是活在民间社会，起着指导、凝聚人心作用的精神价值。历史上儒学的形态既有上层社会的经典注疏传统等研究性的层面，又有把经典中的精神与经验转化为治国平天下的外王制度与管理方略的层面，更有将其中的精神信念与价值体系通过各种方式教化民众，转化成“百姓日用而不知”的行为方式的层面。民间儒学是活生生地在老百姓的生活中起作用的儒学的精神价值。

杜维明先生说：“在儒家的底层，像一般的农民、工人，他们也受到儒家文化的影响。这种影响有时候是不自觉的、潜移默化的，用西方的说法就是‘心灵的积习’。正因为这个原因，很多人认为尽管五四以来儒家被摧残得很厉害，但是儒家心灵的积习、潜存的影响非常大，只要是中国人就会受到影响——人的自我了解、人与人之间的关系、人与自然的关系、人与天道

* 郭齐勇，武汉大学教授、国学院院长，中华孔子学会副会长。

的关系，都和儒家有关……民间所蕴含的儒家的基本价值，远远比一般知识分子更为深厚。”① 也就是说，中国人一般都自觉不自觉地受到儒家文化观念的影响，越是社会底层的老百姓，越是拥有儒家的基本价值。这是民间儒学的基础。

仁、义、礼、智、信等我国的传统美德，至今仍是活着的、有生命力的价值理念。普通平凡的老百姓，例如蹬三轮捐钱给贫困生的白芳礼老人，奋不顾身救学生的最美女教师张丽莉，道德模范吴天祥，防治艾滋病的专家桂希恩，信义兄弟孙水林、孙东林，以及一些青年志愿者朋友，仍然继承并实践着中华文明的精华，以一颗仁爱之心，诚朴信实，时时处处为他人着想，爱利他人，服务社会。

近七八年间在我国大江南北的民间，有关王善人的故事广泛流传，不胫而走。王善人即王凤仪老善人（1864—1937）是位东北农村的长工，因笃行忠、孝，自诚而明。王善人讲道，语似俚俗，而意境深远，均由自性中所流露，不拘经教，权宜说法，活泼自然，要旨在教人尽忠孝之道而化性立命。他没有念过书，却成了一位有影响的教育家，办了大量的女子学堂。原香港凤凰卫视的主持人梁冬在介绍王凤仪时，称他为“儒家的慧能”。王善人悟道颇有点传奇色彩，而由民间团体，特别是带有神秘性的，与健身、养生、治疗疾病联系在一起的民间宗教团体自发推动了学习王善人的运动，他们四处赠送有关王善人的书、护身符（正面是王善人的像，背面是王善人讲“三界”语录）与光盘，还有现代人讲王善人的书与光盘，办了有关王善人的网站。我以为这是我国善事、善书传统的现代版，颇值得我们儒家学者重视。此即我所说的民间儒学。②

近二十年推动民间儒学的特点是海峡两岸三地互动，佛道教团体与民间团体互动，例如台湾知名学者南怀瑾先生来大陆讲国学，王财贵来大陆推动儿童读经运动，净空法师在香港与安徽推动《弟子规》的学习运动等。现在《弟子规》已成为流传最广的蒙学读物，乃至成为企业管理的宝典。

---

① 杜维明：《体知儒学》，浙江大学出版社 2012 年版，第 39 页。

② 有关王善人的正式出版物，见中国华侨出版社 2009 年至 2011 年出版之《王凤仪讲人生》、《王凤仪诚明录》、《王凤仪言行录》、《王凤仪嘉言录》、《王凤仪笃行录》、《王凤仪性理讲病录》、《王凤仪论理思想全集》（套装全 10 册）等。

与释道教合流互补而以民间宗教形式发展的民间儒学，古时即有，如太谷学派即是。它产生于清代嘉庆、道光年间，至抗日战争爆发时止，长达一个多世纪。太谷学派创始人为周太谷（1764—1832），该学派广泛传布于江苏仪征、扬州、泰州、苏州一带，百余年间，盛行于江湖，全盛时徒众达万余人。这一学派仍以儒家学说为主，但又吸收了道、佛两家的一些思想，是传统儒学与现代儒学的中间环节。

2010 年 6 月 29 日我在北京大学儒学研究院成立大会上的致辞中指出：有关儒学研究，我想至少有六个向度。第一是儒学经典的研究。五经、十三经是中国历史上的政治、教育之本，有很多宝贵的治理社会的经验教训的总结，又是社会习俗、社会生活方式的记录。儒家经典当然不仅只在经部，还在子部、史部、集部中，要花力气整理与研究。第二是儒家人物的研究，包括儒林传、道学传与地方志上的人物。现在中国哲学史方面的博士论文、学术研究，多在孔孟老庄程朱陆王上扎堆，而历史上各地域很多很有影响的人物却没有人去研究，例如明代经学史上的陈士元、郝敬，明清哲学史上的胡承诺等。有许多人物的资料尚待搜集、整理。儒学不专属于中国，还有韩国、日本与越南的儒学及其经典、人物。第三是儒学历史的研究。我说的不仅仅是儒学精英的思想史，还包括社会史、制度史。由于我们的传统社会是儒家型社会，民间社会空间很大，民间自治组织很多，儒学与传统制度文明中的有益成分有密切的关系，如文官制度、教育制度、救荒济赈制度、监察制度等，可以总结并予以创造性转化。礼学中有关于衣食住行、视听言动、生死祭祀的规范规矩，家礼、家训中又不乏转化为现代公民社会的规范、规矩的内容。除了制度与规范及儒家美政美俗的功能之外，还有作为其中内核的以“仁爱”为中心的价值系统，更需转化。第四是儒学理论的研究，包括对现代性（化）与启蒙理性的反思，与自由主义、唯科学主义、女性主义、马克思主义，与基督教、印度教、伊斯兰教的对话，乃至整个文明对话，还有全球伦理、生态环境伦理的新建构等。当前，特别要纠正五四以来国内外学界对中国文化的诸多偏见，有很多看法相沿成习，积重难返，需要拨乱反正。第五是儒学全面参与现代中国社会文化的建设，如中国文化精神的重新凝聚，中华民族的自我身份的认同，伦理共识与真正具有内在约束力的信仰系统的重建等，成为促进中国现代化健康发展的正面的、积极的因素。我特别重视草根的民间社会的重建，例如湖北黄陂“信义兄弟”事迹的重释等。第六是儒学的教育与传承，培养后代。儒学从来都是与教育有着密切关联的。今天，从蒙学、幼学教育，到儒商的教育与干部、公务员的教育与培训，从家庭、学校到社会教育，儒学都有很大的空间。要重视对管理者、官员与公务员等加强君子人格的培养与心性的修养、陶冶。

儒家学者的工作不应只停留在撰写研究论著上，儒生的本性在知行合一，身体力行，有理想有人格，落到做事做人的实处，积极参与社会政治生活，扶掖青年，弘大正气，鞭挞丑恶。儒学的学术研究与民间儒学并不是决然对立的，两者应互为表里，相互补充。当然，两者也可以分途，我们鼓励学者们以现代学术的方式，埋头作为学术而学术的研究。另一方面，我们也鼓励学者们立志做全面的人、全面的儒者，例如梁漱溟先生。梁先生在 20 世纪 20 至 30 年代在山东邹平、菏泽等地推行乡村建设运动，即是民间儒学。① 香港法住学会霍韬晦先生所推动的文化事业基本上也属民间儒学的范畴。

我们且以朱子为例说明历史上儒学大家的全面性及诸方面的贯通。朱子的经学与理学研究在当时无疑是第一流的，同时，为了明辨理论是非，朱子用了很多精力去论战，而且他一生在政事治道、教育师道、经史博古、文章子集之学诸方面都有杰出的贡献。钱穆先生说：“朱子于政事治道之学，可谓于理学界中最特出。试观其壬午、庚子、戊申诸封事，议论光明正大，指陈确切着实，体用兼备，理事互尽，厝诸北宋诸儒乃及古今名贤大奏议中，断当在第一流之列。又其在州郡之行政实绩，如在南康军之救荒，在漳州之正经界，虽其事有成有败，然其精心果为，与夫强立不反之风，历代名疆吏施政，其可赞佩，亦不过如此。又朱子注意史学，于历代人物贤奸，制度得失，事为利病，治乱关键，莫不探讨精密，了如指掌。尤其于北宋熙宁变法，新旧党争，能平心评判，抉摘幽微，既不蹈道学家之义理空言，亦不陷于当时名士贤大夫之意气积习。以朱子之学养，果获大用，则汉唐名相政绩，宜非难致。”② 更重要的是，他潜心撰写、反复修改《四书章句集注》，此书在朱子身后六七百年间成为影响整个东亚诸国家地域朝野上下的最重要

---

① 参见郭齐勇、龚建平：《梁漱溟哲学思想》，北京大学出版社 2011 年版，第 46—53 页。

② 钱穆：《朱子学提纲》，（台北）东大图书公司 1991 年版，第 27 页。

的著作，代表了东亚的精神文明。受“四书”与《四书章句集注》的影响，诸多蒙学读物、家训、善书、戏文、谚语等，使仁义礼智信、忠孝、廉耻等核心价值进入寻常百姓之家，成为老百姓的生活指南与安身立命之道。

朱子很重视带有宗教性与社群性的民间礼俗的重建，着力推广吕大钧兄弟的《乡约》与《乡仪》，将二书合编成一书，修补加工为《增损吕氏乡约》。朱子又兼采宋代人的家规，在司马光《书仪》、《家范》与程子祭礼的基础上，作《家礼》。是书的撰著①，更可见朱子对士庶通用，尤其是庶民可实行的日常生活仪礼规范，主要是冠婚丧祭之礼的重视。《乡约》与《家礼》在我国、朝鲜半岛、越南、日本等地流传甚广，深入人心。关于《家礼》的普及，日本学者吾妻重二教授说：“《家礼》一书的影响超越了中国的地域范围，扩展到了韩国、日本等东亚世界。由上述东亚地区有着十分丰富的有关《家礼》的注释、撰述及其论文便可充分说明这一点。《家礼》在东亚近世时期所具有的影响，此前只被一部分研究者所了解，然而，我们应当重新关注《家礼》所拥有的这种巨大的感化力。”② 传统社会中，儒家的终极关怀、精神价值是通过家教，通过执守行为规范的“礼”，特别是乡约、家礼等，得以在下层民间社会流传与维系的。

二、民间儒学的态势及其进一步发展的多种途径

近十多年来，国学，特别是其中的儒学正在中国大陆的民间复兴起来。有人曾问我：社会上出现“国学热”，比如：穿汉服、行跪拜礼，让孩子背《三字经》、《千字文》等蒙学读物与家训，还有各式各样的“国学班”、“祭孔大典”等。这些现象说明了什么？我回答说：这表明国民对国学、儒学有一种需要。由于国民教育中传统文化的内容太少，而国民又有一种了解我们文化传统的迫切需求，这正是“国学热”的真实背景。我们应当积极引导，

① 有关《家礼》的作者，自王懋竑以降，众说纷纭。近人上山春平、陈来、束景南、杨志刚、吾妻重二等专家证实《家礼》确为朱子自著。参见吾妻重二著，吴震编：《朱熹〈家礼〉实证研究》，吴震等译，华东师范大学出版社 2012 年版，第 14—15 页。

② 吾妻重二著，吴震编：《朱熹〈家礼〉实证研究》，吴震等译，华东师范大学出版社 2012 年版，第 2 页。

使老百姓对国学的学习与理解更加理性。任何民族、国家的成员对自己的文化或宗教传统有了解的义务，同时这也是一种权利。反过来我们可以说，任何民族、国家的文化或宗教传统是自家走向现代化的基础与土壤。“五四”以来，特别是“文化大革命”以来，中国的知识人不加分析地把自己的祖宗文明全部作为负面的糟粕、批判的对象，认为传统文化都是现代化的障碍，所以，体制内的教育中不仅传统文化的内容很少，而且还灌输了很多片面的、似是而非地矮化中国文化的看法，使之成为几代人的“共识”。这很危险，其危险性是使我们不能建立起真正的文化身份的自我认同、社会伦理的基本共识及终极信念与关怀。现在出现“国学热”，正是一种反拨。

我一直在批评“国学热”中的“虚热”、“假热”。由于我们体制内的教育中，有关国学的基本知识与核心价值的内容实在太少，大家不甚了了，甚至大的媒体、大导演、名演员与主持人，在普通的称谓与谦词使用上，例如关于“家父”、“内人”等，都闹出不少笑话。而现在社会上一旦有了对国学的需求，不免会出现沙泥俱下的状况。尤其是在商品生产的时代，很多赚钱的人盯上了这种需求，办了这样、那样以赢利为目的的各种国学班；而一些媒体只要收视率，很多演讲、影视剧等对历史文化实际上是在歪讲、邪演、庸俗化，故看起来很“热”，实际上恰好相反，效果是负面的。国学教育是有神圣性的，虽然可以用寓教于乐的方式，但是国民需要通过庄严的学习，理解自己的文化精神传统。抗战胜利后，为了消除日据时代皇民教育的影响，台湾地区在体制内的教育中，加强国语、国学教育，让所有的中学生都完整地学习了“四书”(课程与教材的名称是《中国文化基本教材》)，一直延续至今。这对文化认同与一代代人的德性养育很重要，乃至陈水扁政府的“去中国化”不能实现，而且台湾的旅游者在全世界被誉为最有教养的一群华人。

对儿童、少年的教育，蒙学教育是很好的传统。从三岁到十三岁，是记忆力最好的时期，在家长与老师的引导下，适当背诵一点《弟子规》、《三字经》、《百家姓》、《千字文》、《千家诗》，一点《家训》、唐诗宋词与《四书》等，没有什么坏处。蒙学主要讲的是行为规范，礼貌礼敬，讲品行，讲爱心，爱父母兄弟，爱邻人与陌生人。“勿以善小而不为，勿以恶小而为之”；“积善之家，必有余庆；积不善之家，必有余殃”；“老吾老以及人之老，幼吾幼以及人之幼。”孩子们长大了，会慢慢地反刍，慢慢地理解。最近几年，我与同事、学生编了“正启蒙”、“国学读本”等三套书，在湖北教育出版社出版。它们是针对幼儿、小学生与中学生的，有拣择，着重启发并帮助孩子们提高分析能力，且图文并茂。2012年，人民教育出版社推出了类似的国学读本。国学教育，主要是生命、性情教育，让孩子们从小在心、性、情、才上接受国学的熏陶，他们一辈子会受用无穷。亲子学习，效果更是特别好，对养成健康的心理、人格，与家庭、社区的和谐十分有益。

据我所知，武汉市的大方学校、第25中学、积玉桥学校等中小学在校内教学中适当补充了浅近的国学教育，对青少年的人格养成颇有成效。广州城市职业学院在全校范围内开设“国学精粹”必修课，并辅助学生社团推广书法、古琴、茶艺，营造人文校园，组织学生深入社区开展经典诵读，为大专学校作出了榜样。郑州市天明路建业森林半岛社区内建了一个“本源社区书院”，其理念是“感恩、尊重、给予”。2012年夏天，台湾学者朱高正先生邀我去考察，朱先生、曾昭旭先生与我还应邀在该书院做了演讲。在社区内建书院，正合我意。该书院在社区办人文学堂、少年国学院、图书馆与义工中心，活动有声有色，且讲实效。有的一家几代人一块儿在此接受教育，而且非本社区的居民也可参与。该书院还培养推广国学的义工，主要对象是在读的大学生。他们让国学走进社区的经验，值得推广。现各地都在恢复书院，厦门市官民合办的筼筜书院开展国学讲习活动，颇受老百姓欢迎。湖北省与武汉市正拟复建新洲问津书院。各地民间社团组织为民间儒学的发展起着积极的作用，例如河南省儒家文化促进会等都在做一些实际的工作。许多国有、私营企业也在不同程度推广儒学，儒学在企业管理上的作用越来越大。笔者曾在青岛参观过海信集团公司，其在企业理念与管理方略上吸纳了儒家精神。①

有人问我：今天我们对于国学到底应该继承些什么？形式上的东西（例

① 2013年1月在深圳大学举行的“儒家思想与当代中国文化建设”国际学术研讨会上，中山大学黎红雷教授在会上介绍了其长期以来在企业、高校、乡村中推广儒学的情况；深圳大学问永宁副教授在会上介绍了深圳市孔圣堂、梧桐山私塾联合会、信德图书馆等民间儒学的情况。此外，笔者在会上报告本论文后，浙江大学李明友教授对笔者讲述了杭州、天台一带民间社团推广民间儒学的情况。这都说明民间儒学正在发展中并对社会起着良性作用。

如，穿汉服、行跪拜礼、祭孔等）是否重要？我回答说：形式非常重要。虽然我们主要继承的是中华文化精神，仁、义、礼、智、信等核心价值观，但仪式也很重要。我们每个人都要有王国维先生所说的敬畏之心、恻隐之心、感恩之心，而这恰恰是在待人接物、礼尚往来、冠婚丧祭的礼文仪节中慢慢养成的。蒙学中的行为规范也是让孩童从小养成礼貌、礼敬的习惯。陈来先生说："礼就是文化、文明。古礼包含大量行为细节的规定、礼仪举止的规定，人在一定场景下的进退揖让、语词应答、程式次序、手足举措皆须按礼仪举止的规定而行，显示出发达的行为形式化的特色。这些规定在一个人孩提时起开始学习，养成为一种艺术，而这种行为的艺术在那个时代是一种文明，一种文化上的教养。"① 现代有现代的礼仪，我们现今的尴尬不仅是"礼失而求诸野"，而是产生了很多最无行止规矩的粗鄙的人，使"礼仪之邦"不断蒙羞。

历史上，司马光、朱熹的家礼对整个东亚的精神文明都起了积极的作用。我提倡每户人家，在居住地的室内找一个较好的空间，摆上"天地圣亲师"的神木牌位及夫妻双方已故的曾祖父母、祖父母、父母亲的牌位，在一定的节日或忌日穿上民族服装（如深衣）行跪拜礼或鞠躬礼。我们现行的冠婚丧祭之礼很杂乱，不东不西，不古不今，应增加一定的民族文化的内涵，制定新的健康的家礼（主要是冠婚丧祭之礼）。上海秋霞圃书院将在嘉定孔庙举行带有较多传统元素的婚礼仪式，我们期盼这一活动日常化。

台北大学赖贤宗教授倡导唱持活动，这很有意义。四书五经、蒙学家训及道教、佛教经典是可以吟唱的，配以乐谱，组织唱持活动，有利于传统文化的普及推广，使之深入人心。

孔子是中国文化的代表，孔子诞辰日应是我们的教师节。几十年来，我不断呼吁以孔诞为教师节。2010 年孔诞前夕，杜维明先生、陈来先生与我联合发起签名运动，希望促成此事成功，如不行就让孔诞为"尊师日"。我们是文化民族，孔子是至圣先师，祭孔有深意焉。孔子思想对欧洲文化启蒙，对世界人权宣言与伦理宣言的形成，有积极影响。多年来，我都在孔诞日带着国学学子在校内孔子像前行礼（2011 年、2012 年行的是释菜礼）并

① 陈来：《北京 · 国学 · 大学》，北京大学出版社 2012 年版，第 47 页。

背诵《论语》若干章。武大国学院还多次带学生到曲阜孔庙去祭祀孔子。

各地应逐步恢复书院与文庙。民国以前，各地书院与文庙林立，在社会上起着良性作用。现在佛寺、道观的复兴很好，但相形之下，在文化生态上，书院与文庙还太过凋零。一些地方的民间组织正在恢复祠堂、书院与民间慈善会，这是民间儒学的题中应有之义。为了便于在现代社会生存与发展，儒家团体不妨如道教、佛教团体一样，申请成为教团组织，在民政部门登记，如同汤恩佳先生的香港孔教学会那样，成为合法的宗教团体。

传统儒学是乡村儒学，颜炳罡教授最近在山东的泗水县推动乡村儒学，带着学生和老乡一起读《论语》，效果很好。目前我国农村比较衰败，近年来兴起了保护古村落运动。据说我国现有约 60 万个村庄，其中古村落大约有 5000 个，占全部村落数量不足 1%。这 1% 村落的保护工作还很艰难。我以为，保护工作应不仅仅限于生态与建筑，更重要的是文化传统与价值观。当然，我国农村有少数地区，特别是有文化传统的地区，例如广东梅州客家文化聚落区，民间还保留着尊文重教的传统。今天，重振乡村儒学的任务十分沉重，可以尝试与古村落保护运动同步进行，然后慢慢推开，努力复兴。

现代儒学除了乡村儒学的重振，更为主要的则是城市儒学的建设。乡村儒学与城市儒学也不是截然分开的，例如二十多年来，广大农村重修家谱的民间活动已进入广大城市。如前所述，我们所说的城市儒学的建设，是努力使中国文化的基本做人做事之正道，即儒家的仁义之道，透过家庭、学校、社区、企业、机关等现代公民社会的组织形式，运用网络等技术手段，亦可以尝试通过冠婚丧祭之家礼等仪式，在每个国民的心中扎根，促进公民道德的重建。①

总之，国学、儒学可以通过民间组织的各种各样的途径，如重建书院与文庙、恢复祠堂与民间慈善会、组织儿童读经与唱持活动、复兴并改革冠婚丧祭家礼、恢复以孔子诞辰为教师节并举行相应礼仪，乃至组成合法的儒教团体参与社会活动，以各种形式让儒学更加深入地走进我国广大城乡的家

---

① 参见郭齐勇：《儒家文明的教养的意义》，《哲学分析》2010 年第 1 卷第 1 期；郭齐勇：《儒家修身成德之教与当代社会的公德建设》，《光明日报》2011 年 7 月 26 日。

庭、社区、学校、企业、机关，走进老百姓的日常生活，通过耳濡目染，使儒家精神价值慢慢地内在化，重新成为中国人内在的心灵。这当然亦是自觉的而不是强制的，当然亦需要引导。

三、民间儒学的现代意义及儒家在当代中国文化建设中的作用

应该怎样做才能保持传统文化绵延不绝？根本上还是要将国学，特别是儒学教育引入基础教育体系。国学是国本，当然是基础教育的主要内容，应以循序渐进的方式，在体制内的国民基础教育中加大国学、传统文化的分量。用政治教育取代道德教育只能是失败的。国学教育是生命教育、性情教育，是管总的。国学、中国文化中的很多珍宝还未被我们认识，我们应以健康的心态，以同情理解的方式，学一点经典，慢慢培养我们的兴趣，慢慢理解我们的传统，并创造性地加以转化，使我们的现代化得到健康的发展。

如上所述，民间儒学指的是儒学的核心价值、主要精神深入到家庭、学校、社会、企业、机关，变成国民的信仰、信念与日用常行之道的精神形态。

民间儒学，也可以理解为在民间、在日常生活世界里的儒学，或民间办儒学，即民间组织推动的儒学。儒家的道有终极性，同时又在老百姓的日常生活之中。本来儒学就不是书斋之学，而是生活之学，但由于西方化的影响，儒学有变成书斋、会议之学的危险，所以我们尤其要提倡民间儒学，并鼓励青年学子立志到民间去弘大儒学，再植灵根。

民间儒学的现代意义：第一，弘扬以“修身”为中心的格物、致知、诚意、正心、修身、齐家、治国、平天下的精神，克服现代病症，治疗顽疾，促使自然与社会的和谐，特别使人的心灵得到安顿，使社会生活与现代化良性发展。第二，在广泛吸取东西方各民族文化优长的基础上，在肯定文化时代性的同时，确保中国文化的主体性，坚持并发展中国文化之为中国文化、中国人之为中国人的基本精神与核心价值。在这个意义上我们主张“中体西用”或“中体外用”。第三，与佛教、道教及其他民间宗教和文化一道成长，与已经在民间有了较大发展的基督教（含天主教、新教等）交往对话，保持

良好的宗教文化的生态平衡，根本上是使人的精神生活有所寄托与安立。在这里，儒家中人要向基督教徒、教士学习，动心忍性，深入草根民间，博施济众，修己以安人，修己以安百姓。推广儒家诗教、礼教、乐教，让我们这个社会多一些君子，多一些有教养的、温良恭俭让的国民。

关于儒家在当代中国文化建设中的积极作用，前贤与时贤多有论说，我也曾在拙著《中国儒学之精神》一书中作了阐发。① 景海峰先生说："未来的儒学定位必须要打破'向后看'的惯习，努力走出历史主义的阴影，用前瞻性的视野，追寻儒学的现代性联想，重新发现它的当代意义。传统的线性历史观是一维单向的，按此理解，儒学只能属于过去，无法超越时间的格限，不可能与现代性发生联系。而我们认为，'什么是儒学'的追问并不是简单的历史学问题，尤其不是线性历史的命题；它本身就含蕴着现代性的意义，既是历史的也是超越历史的。"② 干春松先生说："现代中国学者对于儒家的研究并不是出于一种'考古'的兴趣，因为每一个中国人都能真切地感受到儒家对于我们的生活、制度、价值所投射的影响……在20世纪末的改革开放中，儒家和现代化的关系又一次成为关注的热点……"③

就社会理想而言，儒学的理想在今天仍有现实意义。古人曰："大道之行也，天下为公，选贤与能，讲信修睦。故人不独亲其亲，不独子其子，使老有所终，壮有所用，幼有所长，矜寡孤独废疾者皆有所养，男有分，女有归；货恶其弃于地也，不必藏于己；力恶其不出于身也，不必为己。是故谋闭而不兴，盗窃乱贼而不作，故外户而不闭，是谓大同。"④ "是故明君制民之产，必使仰足以事父母，俯足以畜妻子，乐岁终身饱，凶年免于死亡，然后驱而之善，故民之从之也轻。"⑤ 这是从古至今，从上层精英到普通老百姓的社会理想。与此相应的表达是："耕者有其田"，"居者有其屋"；"内无怨女，外无旷夫"；"人尽其才，物尽其用，地尽其利，货畅其流"等。就今天

---

① 参见郭齐勇：《中国儒学之精神》，复旦大学出版社2009年版。

② 景海峰：《新儒学与二十世纪中国思想》，中州古籍出版社2005年版，第16页。

③ 干春松：《制度化儒家及其解体》，中国人民大学出版社2003年版，第360页。

④ 《十三经注疏》整理委员会整理：《礼记正义（十三经注疏）》，北京大学出版社2000年版，第769页。

⑤ 朱熹：《四书章句集注》，中华书局1983年版，第211页。

的社会而言，人们普遍期待的社会状况是：失业率不高，犯罪率很低，公序良俗得到护持，有全社会的征信系统，贫富差距不大，公民的基本人权、政治经济权与尊严得到尊重与保护，全民享受住宅、教育、医疗保险，生态环境良好，食品安全得到保障，人口预期寿命增加，生活品质提升。这就包含着人人平等、伸张每个公民的民主权利、社会基本的公平正义的诉求。

在社会层面的文明上，儒家的理论与实践是大社会小政府，主要是地方与村社自治，有很多自治组织与较大的发展空间，有社与会，有乡约、义庄等，士绅阶层的作用很大。

在制度层面的文明上，儒家的制度架构，行政、司法制度，土地、赋税等经济制度，征辟诠选制度（荐举、科举考试），文官制度，教育制度，荒政、赈灾的制度，优待老人与弱势群体的制度，君相制、三省六部制、谏议制、封驳制与监察制等，这些制度文明中有不少实质公正的内涵与制度设计的智慧，对人类文明的贡献极大，都可以在现时代做创造转化。

就核心价值与个体道德而言，儒家倡导的以"仁爱"为中心的五常、四维八德是源远流长的优秀传统文化中之最重要的核心的道德价值，这属于"内圣修己"的层面，但人们有了这种价值理念，往住就能敬业乐群，有益于"外王事功"的开拓。儒家的孝悌忠信、礼义廉耻等，仍是我国社会生活中最需要的道德价值。应当看到，当下仍有很多不健康的现象，如老人倒地无人敢扶等现象，毒奶粉、地沟油、商业欺诈、制假售假等现象，假文凭与学术不端现象，金钱与权力拜物教盛行、钱权色交易现象等，腐蚀着社会，某种程度上反映了价值失序与道德信念的危机。我们要唤醒人的爱心，这是人之所以为人最重要的东西，是人性人情之根；面对社会诚信出现"断裂带"，我们要努力建设管乎人心的、具有内在约束力的信用系统。健康的市场经济、健康的官德吏治，非常需要"仁爱"、"诚信"、价值理念的支撑，它们有着现实针对性，有助于美政美俗，整饬秩序，是人们现实生活的需要，对今天的社会规范、法律体系起指导与辅助的作用，有助于社会规范、法律体系健康地建构、实施与完善。

胡治洪先生指出："综合吸收古今中西优秀文化的'文化中国'必将是精神资源厚而不薄、价值领域多而不少的意义世界。只有在这一意义世界中，现实中国经济、政治、意识形态等各层面的功能实体才可能获得整合了适应内容的认同的基础。也正是通过这种认同，‘文化中国’以儒学为核心的多元多样的文化资源才可能发扬光大。”①

总之，我们认为，儒家或儒学或儒教，特别是民间的儒家或儒学或儒教，在文化身份的认同、维系世道人心，乃至社会制度层面的改革等方面，在今天的中国文化建设中，大有用武之地。我们儒家学者不仅要努力与官、学、商界打交道，以儒家正道指引官、学、商界，还要眼中有民，努力到民间去，弘扬儒学，把会议儒学、书本儒学转化为民间儒学、生命儒学。同时，如前所述，民间儒学是多样的，它与各宗教的活动，包括外来宗教的传教活动形成健康的互动，保持文化的主体性与生态平衡。

① 胡治洪：《全球语境中的儒家论说：杜维明新儒学思想研究》，生活·读书·新知三联书店2004年版，第219页。

商政文化与子贡之问

单　纯*

“经济学”（Economics）在西方语境中原意是“金钱、贸易和工业流通规则”，其与“政治学”（Politics）——“掌握公权力的正确原则”——的区别在于“流通规则”与“正确原则”，区别“规则”与“原则”在中国语境下就是“道器之辨”，也就是说，西方“经济学”在中国语境里译为“食货学”或“货殖学”，即《史记》中的“货殖列传”或《汉书》中的“食货志”所阐述的思想，或许更为贴切。照中国人的思维定式看，这些都属于“形而下”的“器用”知识，而“经济学”则是“经世济民”或“经邦济世”的缩写，本身蕴含“形而上”的“道体”精神。合“器用”知识与“道体”精神，中国经典文献讨论的“经济学”议题更多是围绕“商政”文化所展开的，即“商”的“食货”流通规则与“政”的“仁道”正确原则相契合者。

由于近代以降西方话语在国际文化交流中的垄断性地位，“经济学”完全成为了西方的概念，而要阐释中国思想传统中“经世济民”或“安邦济世”的精神资源，我们则不得不另择一个核心概念——“商政”，以之作为一种对政治、经济和社会文化现象的系统反思，来对接西方语境下的“经济学”、“政治学”或“政治经济学”。

在“商政”文化中，“经济学”或“政治经济学”中所关注的财富有两个基本维度，一是“器用”，二是“道体”。就“器用”方面言，是指财富的数理定量性，如我们常说的“家财万贯”、“富甲天下”、“金山银山”、“富可敌国”、“酒池肉林”及“贯朽粟红”等；就“道体”方面言，是指财富的人文伦理性，如“不义之财”、“民脂民膏”、“仗义疏财”、“君子爱财，取之有

* 单纯，中国政法大学教授，国际儒联中国委员会副主任。

道”、“藏富于民”及“与民争利”等。涉及“经济”最核心内涵的财富的这两个维度，在中国“商政”文化中并不是“二元对立”的，而是在“天人合一”和“道器合一”的原则下，被理解为一个“对立统一”的合命题，即“明体达用”（明道体而达致器用）。对中国儒家文化伦理和西方企业经营既有生命体验又有运作经验的日本近代企业之父涩泽荣一将“明体达用”的“商政”文化形象地比喻为“论语加算盘”，他的辩证解释是：追求商业器用之利的算盘必须由弘扬道体仁义的《论语》拨动，否则其信誉和功效就不能广为接受和保持，因此，“经济殖利和仁义道德”必然需要“齐头并进”，否则“两败俱伤”；进而将中国儒家的“见利思义”发展成为“义利合一论”。“义利之辨”本来亦属儒家“天人之辨”文明体系中一个关乎经济、社会和政治民生方面的议题，特别是在经济方面，孔子明确提出了“义财观”，即“君子之于天下也，无适也，无莫也，义之与比”①，人处理天下万物的关系，无私利之取舍、亲疏，全凭公义为原则。因此，“义然后取，人不厌其取”②，这就是老百姓耳熟能详的“君子爱财，取之有道”。反之，“不义而富且贵，于我如浮云”③，即蔑视“不义之财”。因此，“富与贵是人之所欲也，不以其道，得之不处也；贫与贱是人之所恶也，不以其道，得之不去也。君子去仁，恶乎成名？君子无终食之间违仁，造次必于是，颠沛必于是”④。其中的关键是：“君子”之名与仁道之实必须“名实相符”，否则即沦为富贵的“小人”，富贵是指其数理纬度，而“小人”则指其伦理纬度；一则因其“实然”，一则因其“应然”。总之，这些思想表明，“道”、“仁”、“义”、“道义”或“仁义”在中华文明的价值体系中是支配人们言行的最高原则，对于具体事物的规则具有伦理价值方面的指导意义。

就原则的“应然性”和规则的“实然性”辩证关系看，既然“仁义”是伦理的价值原则，其运用于具体的社会事物方面时，如商业和政治，或“经世济民”或“经邦济世”，就必然会与掌控事物运行的“实然性”规则相契合，使原则的价值得以实现，且规则自身不因限于一种“价值中立”的

① 程树德：《论语集释》，中华书局2010年版，第247页。

② 程树德：《论语集释》，中华书局2010年版，第975页。

③ 程树德：《论语集释》，中华书局2010年版，第465页。

④ 程树德：《论语集释》，中华书局2010年版，第232—235页。

“实然性”而自戕其效率，所谓“为富不仁，殃及子孙”（慈善企业家曹德旺感言），“为政不廉，纵火自焚”（中国贪官的实例），在商政环境下，财富没有“价值中立”地带，要么是“道义之财”即“君子爱财，取之有道”、要么是“不义之财”即“巧取豪夺，民脂民膏”，商人、官员当存此心戒。鉴之我们的文化传统，体现价值原则和效率规则之间的辩证统一或公平制衡在中国人的“经济”或“商政”思想中一直十分突出，成为儒家入世哲学或政治经济学的一个核心议题。孔子说：“邦有道，贫且贱焉，耻也；邦无道，富且贵焉，耻也。”① 对照西方基督教文明的“罪感文化”，中国的商政文化也可以因此推论为“耻感文化”，即孟子说的“无羞耻之心，非人也”，一如西方人说“无罪感意识，非基督徒也”。在孔子创立儒家学说的封建制度下，分封建侯有两种基本情况：一是天下大乱或改朝换代时建立军功或政绩的人“因功授奖”而致“富且贵”；一是天下顺平或经营事业时积累财富而“屡致千金”，这两者即所谓“居家则致千金，居官则至卿相，此布衣之极也”②。周代的开国元勋姜太公和春秋战国时的范蠡即是这两类人的典型，都是因道义而致富贵的，前者多见于军政，后者多见于商政。相反的情形，如战国时吕不韦和西汉的邓通，他们登峰造极的富贵则是建立在“无耻之耻”上的，故以“奸商”和“佞幸”之尤“被钉在历史的耻辱柱上”。因此，中国历史上因其军政功绩而被称誉的人颇多，如伊尹、姜尚、管仲、诸葛亮、曾国藩等。但是，因商政功绩而被称誉的人却没有那么鲜活、灿烂，这多少是由于“农本商末”或“重本抑末”思想的影响，即老百姓心目中想的，“十商九奸”、“无商不奸”、“唯利是图”、“见利忘义”、“市井小人”等，这是把商人鄙视为一种只知积累财富的计算工具和殖利机器，而非具有价值追求的道德人格。西方的信仰主义和理性主义也有类似的倾向，前者将人视为证明造物主上帝存在的工具，后者则将人仅仅视为一种思维工具，而不是具有自由意志、追求道德理想的人，康德对此情形发出过深沉的告诫：“人是目的本身，而不是实现目的的工具！”中国人对“商人”的蔑视，从积极的方面讲，也有康德式的警戒，不过他们更喜欢用“儒商”这一概念来作正面的警示，

① 程树德：《论语集释》，中华书局 2010 年版，第 540 页。

② 司马迁：《史记》，中华书局 1963 年版，第 1752 页。

其内涵就是“商政”文化或用借用《黄帝内经》“圣人不治已病之病，治未病；不治已乱，治未乱”的精神讲，“商政”文化就是中国特色的“腐败免疫学”。

在“轴心时代”的“中华文明”中，诸子百家中并没有单列出“商家”，因为“商家”与“官政”还有封建制度上的“间隔”。“诸子出自王官”自然就不列“商家”，因之“儒家者流，盖处于司徒之官”、“道家者流，盖处于史官”及“法家者流，盖出于理官”未见类推至“商家者流，盖出于某官”，但是，在“礼坏乐崩”而“天下大乱”的春秋战国，商人与诸侯官僚“分庭抗礼”之事则屡见不鲜，司马迁赞叹其为“素封”，即与“王亲、功臣和遗老”一样平等受封，社会礼遇不亚于周天子的“分封建侯”，是孔子赞扬子贡“不受命”者，用今天的话讲就是敢于挑战封建等级制的命运安排。这种情况说明，在“诸子出自王官”的“百家争鸣”中，有道义的商人也能“与时逐利”，出类拔萃，成就“经世济民”或“安邦济世”的伟大业绩，与“帝王将相”平分秋色，清史留名。太史公在其巨著《史记》中，专门列出“货殖列传”——尽管是最后一章，但在西汉抑制商人的政治环境下，这是一个思想突破，其深义就是要彰显“商贾”身上的“商政”文化精髓。

在《史记·货殖列传》中，我们不仅读到了与帝王将相家世业绩不相上下的商贾，如计然、范蠡、子贡、白圭，甚至还读到了巴郡寡妇清经商守业，深得秦始皇赞美的事迹。在太史公的笔下，这些“货殖”者不仅有经营知识，“论其有余不足，则知贵贱。贵上极则反贱，贱下极则反贵。贵出如粪土，贱取如珠玉。财币欲其行如流水”——这些知识在近现代经济学和商业理论中亦属精妙之论，而且还将经商技巧与政治伦理有机协调：“吾治生产，犹伊尹、吕尚之谋，孙吴用兵，商鞅行法是也”——这就是中国政治经济学中的“仁、智、勇、强（诚）”伦理品质。特别是计然、范蠡、子贡和白圭这些人物，太史公描述和评价他们都不是仅限于他们聚集财富的技巧和数量，而是大力张扬他们货殖中或经商活动中的社会伦理，即财富数理性与伦理性相契合的“商政”文化意蕴。如描写子贡那一段，虽然不足一百字，然历史线索、社会经历、商政成绩、文化定位无不层次分明、论述清晰且结论确当，中心思想落在“国君无不分庭与之抗礼，使孔子名布扬于天下”这两句，前者赞叹其政治社会地位为“素封”，后者表彰其弘扬儒家伦理的历史功绩，因此，以之言子贡为“儒商”之宗，“商政”之魁，亦不为溢美之词。

言“儒商”之宗，或许有人将此“桂冠”戴在范蠡头上。但是，言“商政”之魁，恐范蠡不能与子贡相伯仲。原因在于，不唯太史公以《孔子世家》、《仲尼弟子列传》和《货殖列传》三篇皆出赞誉子贡的文字，而且在传播儒家思想的通俗经典——《论语》之中提问最多、涉及儒家核心议题最广而且这些议题影响最深刻者莫过于子贡。我将这三方面的情况归结为“子贡之问”，以期通过这些问题的讨论来阐释中国“商政”文化的特色。

第一，子贡问仁。“仁”是儒家的最高概念，即儒家是以“仁”为核心而建立的思想体系。而对于后世传播的儒家思想体系中“仁”的政治伦理内涵，比较完整的论述正是在孔子对子贡的提问之中呈现的：“子贡曰：‘如有博施于民而能济众，何如？可谓仁乎？’子曰：‘何事于仁，必也圣乎！尧、舜其犹病诸！夫仁者，己欲立而立人；己欲达而达人。能近取譬，可谓仁之方也已。’”① 作为最高政治伦理的“仁”，其内涵和原则就是“博施于民而能济众”，在此政治伦理标准之下，即便有圣人尧舜般的治理功绩也不足自满，这是理念对于现实的精神激励和指导作用。而“仁”作为政治伦理的运用原则就是：仁自己出，推及他人，至于天下。

第二，子贡问政。政是仁的表现形式和实现途径，即“内圣”的“外王”之道。“子贡问政。子曰：‘足食，足兵，民信之矣。’子贡曰：‘必不得已而去，于斯三者何先？’曰：‘去兵。’子贡曰：‘必不得已而去，于斯二者何先？’曰：‘去食。自古皆有死，民无信不立。’”② “食”、“兵”、“信”这三个议题既关涉商，也关系到政。食货是经商的内容；兵战可折射商战的谋略，民信则涉及商品的质量、价格、市场和服务等问题；政治也一样，需要有治理环境中的君民关系，有维系此关系的物质基础以及信任情感。在这三个议题中，食、兵是数理定量性的概念，可以用“足”或“不足”加以计算或约定，而“信”属于社会伦理性的概念，不能以“足”或“多少”加以限定，只能说有无，不能说多少。这就有如说“孔子不饮盗泉水”、“孟子不食

---

① 程树德：《论语集释》，中华书局 2010 年版，第 428 页。

② 程树德：《论语集释》，中华书局 2010 年版，第 837 页。

嗟来食”，“水”和“食”都是物质性的，可以用数理定量；而孔子“恶其名”是对强盗的伦理价值判断，孟子言“乞人不屑蹴尔之食”亦是明其自尊之天良。孔子所以“杀身成仁”和孟子所以“舍生取义”者皆因其政治伦理，而非生理本能使然，故伦理取向高于生理皮囊，所谓仁义不存于心者无异一具行尸走肉。子贡以商人的身份就学于孔子，故于其问政孔子亦启发以商政之辩证关系：政无商不达成，商无政则自毁，以政导商而已矣。其辩证关系一如孔子解释刑礼：“道之以政，齐之以刑，民免而无耻；道之以德，齐之以礼，有耻且格。”① 商、兵不足可以补足，失信于民，则政无所补救。后儒的“民贵君轻”、“水舟之喻”、“天下为公”等，皆可视为子贡问政开出的思想血脉。

第三，子贡问为仁。孔子七十二贤弟子中，政治才干突出者一为商人出身的子贡，一为武夫出身的子路。因此，他们二人向孔子问政的语录较多，而子贡之问更为突出，从为仁的原则问到为士的规则，老师弟子之间的对话也多有启发意义。子贡问为仁，孔子答：“工欲善其事，必先利其器。居是邦也，事其大夫之贤者，友其士之仁者。”② 这是就推行仁政的规则方面所做的回答，与“问仁”的原则形成对照。仁的政治原则是“博施广济，爱人如己”，而施行仁的规则则是“忠于职守，择贤而从”。孔子自己带着一帮弟子周游列国十四年，就是对“为仁”规则的身体力行；他们的“自我政治流放”也折射出当时“天下无道”的政治原则；“春秋无义战”，孔子师徒如“丧家犬”般地“周游列国”应当视为其“为仁”的道德壮举，颇类当代政治中的“用脚投票”和“非暴力不合作”。

第四，子贡问士。子贡以商人身份就学于孔子，逐渐成为辩才无碍、商政兼通的风云人物，孔子称赞他“不受命”——不向命运低头，司马迁抬举他为“素封”——不由官方封官晋爵，由社会共识推崇，为后世“学而优则仕”文官制度树立了一个成功的样板。他以自己的切身经历问“士”于孔子，“何如斯可谓之士矣？”孔子回答：“行己有耻，使于四方，不辱君命，可谓士矣。”他最终问道：“今之从政者何如？”孔子也不含糊：“噫！斗

① 程树德：《论语集释》，中华书局2010年版，第68页。

② 程树德：《论语集释》，中华书局2010年版，第1075页。

筲之人，何足算也?”[①] 孔子不把当时的“大权在握者”当回事，而且鄙夷之极，足见其视子贡有“同调”之肺腑！至此，我们不难看出儒家的政治伦理特色，即不仅以“仁”批判周代现行的“礼乐制度”，而且对“礼坏乐崩”社会中的权贵亦采取政治道义上的批判立场。所以，儒家的士“以天下为己任”而“不辱使命”者或“以德抗位”而“义不帝秦”者皆可从子贡问士中得到启发：士是一种超越权贵的政治人格。

第五，子贡问贫富。经商和为政都会碰到贫富的问题，这是“商政”文化中的两道关卡。而在儒家传统中“儒商”和“儒官”则被人们树为“富而好仁”和“爱民如子”的君子人格。与君子人格相反的是“为富不仁”和“鱼肉百姓”。以子贡的经历和志向看，贫富并不仅仅是一个经济上的数理问题，而重要的是其蕴含的政治伦理问题。他将自己的判断提出来与孔子切磋。“子贡曰：‘贫而无谄，富而无骄，何如?’子曰：‘可也。未若贫而乐，富而好礼者也。’”[②] 若只是看子贡的判断，人能做到“贫无谄”、“富无骄”已属难能可贵，社会上通常的情形是“人穷志短”或“财大气粗”，而子贡对“贫富”的价值判断是守住做人的底线，即不卑不亢；可是孔子认为这还不够，还应予以更高的期待，这是从儒家的理想人格方面提出标准，以致激发出后来孟子的“大丈夫人格”——“富贵不能淫，贫贱不能移，威武不能屈”[③]，及至宋儒更有“道通天地有形外，思入风云变态中。富贵不淫贫贱乐，男儿到此是豪雄”的“天人合一”气魄，将商人关心的贫富问题转化成政治家的道义伦理。

以上五个方面，大略可窥见孔子一系儒家的商政思想脉络，其对后世中国政治与社会之影响，在各种文献和世俗经验中都得到了持续性的展现，成为中国政治与经济历史中的一种“文化特色”。

孔子曾经对子贡有两句精要的评论，一是“赐不受命而货殖”，一是“赐也达”。前者言其经商是“不受命”，即不承认命运的安排，自己选择经商致富的道路，结果做到了富可敌国、与诸侯分庭抗礼；后者言其事业通达、实现了“己欲达而达人”的“仁政”境界。这两个评论都深含商政文

---

① 程树德：《论语集释》，中华书局 2010 年版，第 927 页。

② 程树德：《论语集释》，中华书局 2010 年版，第 54 页。

③ 焦循：《孟子正义》，中华书局 1987 年版，第 419 页。

化意蕴。因此，无论是孔子答鲁国权臣季康子关于子贡的政治才干时赞誉他“游刃有余”(“赐也达，于从政何乎有？”)[①]，还是令尹子西问楚王有关子贡的外交风范——“子贡一出，存鲁、乱齐、破吴，强晋而霸越；子贡一使，使势相破，十年之中，五国各有变”[②]，答问双方都没有将子贡局限于“豪商巨贾”层面，而是赞叹体现在他身上非凡的“商政”人格，而这种人格恰好是中国“商政”文化对当今中国经济社会建设最有价值的精神贡献。

① 程树德：《论语集释》，中华书局 2010 年版，第 379 页。

② 司马迁：《史记》，中华书局 1963 年版，第 2201 页。

明清时期的商人与商业伦理

周生春*

我们今天探讨商业文化与伦理，是因为与16—17世纪的明朝一样，上述问题又成为影响商业发展的重要因素。

在数千年的中华文明史上，明清时期的商业既构成了历史发展过程中不可或缺的重要一环，又具有独到的地位和特点。这是中华商业传统文明发展成熟，并逐渐转型的时代。以下拟就商人与商业伦理来探讨商业文化。

这一时期作为家族企业前身的家族生意蓬勃发展，地域性的商人群体商帮发展成熟。在家族生意和不同地域性的商人群体中，形成了各具特色，同时又面向天下，具有普适性的商业伦理。由于明清时家族生意人（族贾）、地域性商人群体（商帮）和伦理意义上有文化的商人（儒商）构成明清时商业的特色，其商业伦理亦颇多有差别，同时又具有共同性，探讨明清时商人及其商业伦理难以泛泛而论，而应从族贾、商帮与儒商入手。

一、族贾及其商业伦理

与其他朝代一样，明清时期的商人往往依靠家族这一血缘组织来经商。这种经营方式当时称作族贾。如黄庭坚《山谷别集》卷十《跋七叔祖主簿与族伯侍御书》即云：唐季其族人有一支外迁，族贾于长沙。黄宗羲《明文海》卷四百十八《二客传》云："松崖叶君名伯诚，徽州歙县人，幼从其亲族贾真州。"

"族贾"一词并非罕见，如汪道昆《太函集》卷十六《海阳程次公七十

* 周生春，浙江大学儒商与东亚文明研究中心执行主任。

寿序》、卷十七《寿草市程次公六十序》、卷五十三《处士吴君重墓志铭》、卷六十五《虞部陈使君榷政碑》，和余继登《淡然轩集》卷五《林天廸榷税清源记》、《历代赋汇》卷五明邹迪光《墨赋有序》均以“族贾”称呼合族经商和家族生意。

“族贾”之所以依靠家族来经商，是因为这可以降低经营成本。科斯《企业的本质》指出，企业的显著特征就是作为价格机制的替代物。市场的运行是有成本的，通过形成组织，并允许某个权威（“企业家”）来支配资源，就能节约市场运行成本。按科斯所言，家族企业或家族生意的本质特征就是依靠现成的家族这一血缘组织来节省市场运行成本。“族贾”就是以家族血缘组织来节省市场运行成本的生意人。

族贾的经营既然以家族为基础，其商业伦理亦必然以家族伦理为基础。家族以血脉延续为最高价值，以孝悌为本，以亲亲、尊尊，尊祖敬宗，谨名分、崇爱敬等家族伦理作为处理成员关系的准则，以家法族规来规范成员的行为。家族伦理对商人的伦理道德影响甚大。

如在从商的范蠡家族中，范蠡曾将其十九年中三致千金的经营所得，再分散与贫交疏昆弟。其以长子为家督（中、监、察），执掌家族生意。蠡后年衰老而听子孙，子孙脩业而息之，遂至巨万。蠡中男杀人，囚于楚。蠡明知“杀人而死，职（责、分）也”，却以“然吾闻千金之子不死于市”为理由，将亲情和金钱置于国法之上，欲捐财救人，遣其子携“黄金千溢”往视之。

又明清时期徽人尊其乡贤朱熹，奉行《朱子家礼》，尊祖敬宗，谨名分、崇爱敬。其经商亦多依《朱子家礼》，家长必谨守礼法，以御群子弟及家众。分之以职（谓使之掌仓廪厩库庖厨舍业田园之类），授之以事（谓朝夕所干，及非常之事），而责其成功。制财用之节，量入以为出。禁止奢华，常须稍存盈余。凡诸卑幼，事无大小，必咨禀于家长。凡为子为妇者，毋得蓄私财。男仆有忠信可任者，重其禄，能干家事次之。如徽商兰谷公不与舅氏争利。许文才“承父绪”，与兄弟同居共炊，“一钱寸帛，不入私室”，“苟役于利而违于亲，虽日赢千金不愿也”。① 其行事即尊奉《朱子家礼》正伦

① 《明清徽商资料选编》882、883，转引自范金民、夏维中：《明清徽州典商述略》，《徽学》2002年第20期。

理、笃恩爱、谨名分、恭敬尊长、毋得蓄私财的原则主张。

当时徽商多以血缘和宗族关系为基础，在宗族子弟中选拔经理和伙计，依靠宗法制度、族规家法，控制伙计。胡开文墨业商号品牌的传承、经营和财产分析的伦理原则即来自家族伦理。①

家族生意及其商业伦理具有家族性与企业性双重特性。家族性表现为注重血缘。企业性则表现为注重赢利。家族性和企业性是对立统一的关系，两者既对立、冲突，又协调融合、相辅相成。

以上述范氏家族生意为例。范蠡在分析其长子未能救其中男的原因时指出，其少子能弃财，而长者非不爱其弟，但重财，故以杀其弟。家族性与企业性的对立与冲突表现为其核心成员心目中人与财何者为重的问题。

如若说明清时期家族性在族贾的商业伦理中往往占主导地位，那么到今天，由于个人主义价值观的盛行，不婚、不育、少生育日渐普遍，家族渐趋衰落，商业伦理中的家族性开始淡化，企业性日渐增强，利润最大化似已成为企业商业伦理之主流。在一社会中，当构成企业多数的家族企业的商业伦理日趋企业化之时，其商业伦理的逐利性亦将随之不断增强。而随着全球经济一体化和商业化的迅猛发展，利润最大化将成为全球性商业伦理的严峻问题和危机。

二、商帮及其商业伦理

商帮是明清时期盛行的一种地域性商人群体。地域性商人群体在战国时即已出现。如《史记·货殖列传》说："周人既纤（俭啬），而师史尤甚，转毂以百数，贾郡国，无所不至。洛阳街居在齐秦楚赵之中，（洛阳东贾齐、鲁，南贾梁、楚）贫人学事富家，相矜以久贾（久贾在此诸国），数过邑不入门。"《马可·波罗游记》则云："从太原到平阳（临汾）这一带的商人遍及全国各地，获得巨额利润。"

明清时在地域性商人群体基础上形成的晋商、徽商等商帮是以地域为

① 周生春、陈倩倩：《家族商号传承与治理制度的演变——以胡开文墨业"分产不分业"为例》，《浙江大学学报》（人文社会科学版）2014 年第 3 期。

中心，以血缘、乡谊为联络纽带，以相亲相助为宗旨，以会馆、会所为其在异乡的活动场所，带有行业特色的商人群体。

不同地区形成的商帮因各自地域文化的差异而呈现出浓厚的地域性特色和商业伦理上的特点。如按《史记》、《汉书》、《隋书》、《通典》、《宋史》、《文献通考》、《晋录》、《广志绎》、《大清一统志》（嘉庆）等典籍的记载，山西其俗刚强，其人勤俭习事，靳啬尤甚，以致于纤（意为斤斤计较）俭，薄恩礼，好生分（父母在而兄弟不同财产）。虽闾井之间，习于程法。

在本土文化影响下，晋商尚气力，勤俭、纤啬、生分、重利。其人以行止相高，特重信义。其合伙而商者名曰伙计，一人出本，众伙共而商之。祖父或以子母息匄贷于人而道亡，贷者业，舍之数十年矣，子孙生而有知，更焦劳强作以还其贷，则他大有居积者争欲得斯人以为伙计，谓其不忘死，肯背生也。晋商尊奉关公，以义为原则，以程法规范其行为，以地域关系为纽带，凝聚人心，遵循避亲举乡原则，选择同乡出任经理和伙计，利用正式的号规约束、用奖金和股俸制度激励其成员。

又按《宋史》、《新安志》、《广志绎》、《江南通志》（乾隆）、《重修安徽通志》（光绪）所载，徽州山限壤隔，山谷民衣冠至百年不变，俗向文雅。其人重宗义，讲世好。家多故旧，自唐宋来数百年世系比比皆是。往往千年之冢不动一抔，千丁之族未尝散处，千载之谱丝毫不紊，主仆之严虽数十世不改。其民勤俭，俭啬，务蓄积。其俗性悍急，以众帮众，尚气好争，难以力服，易以理胜。

在本土文化影响下，徽商大多注重家族与伦理道德，依靠宗族资源经商，以血缘和宗族关系为基础，在宗族子弟中选拔经理和伙计，依靠宗法制度、族规家法，控制伙计。徽商往往尊官重教，贾而好儒，以儒商自居，以诚、信、义作为其商业道德的根本，恪守做人第一，经商第二的准则。

值得注意的是，因区域文化的差异，地域性商人群体在行为方式和商业伦理上亦呈现种种特色，各有其特点。

试以晋商和徽商为例。晋商具有俭啬、生分（亲兄弟明算账），注重义和地缘同乡关系的特点。徽商则与其不同，具有奢侈、强调家族聚居共财、不入私室、注重礼和血缘家族关系等特点。

就商业文化而言，徽商崇尚朱熹的纲常伦理思想和“举族迁徙”的经商习俗，以《朱子家礼》强化宗族凝聚力，以家族性制约企业性。晋商崇尚“关公信义”和“重迁徙”的经商习俗，借助同乡熟人关系从道德、程法层面约束见利忘义的观念及行为。

就治理而言。地域宗族制度发达程度的差异导致徽商主要在宗族子弟中选拔经理和伙计，用族法家规和传统习俗约束同宗伙计。而晋商则遵循避亲举乡原则，选择同乡出任经理和伙计，以运用本地人策略、可信第三方担保及内部选拔为主的机制筛选非家族经理人。并借助允许人力入股的股俸制和号规习俗激励并约束同乡伙计。对非家族经理人采用动态的激励配置组合引导非家族经理的行为选择。前期侧重外在的、物质激励（以增长期权为主，辛金与现实所有权分红为辅）。后期则侧重内在、非物质激励（交往关系网络、控制权与信任）。

两者虽都将仁义礼智信作为其商业伦理，但晋商侧重义和信，徽商偏重仁和礼。不同地域商人群体各具特色的商业伦理使明清时期的商业伦理显得丰富而又多彩。

目前，由于全球化和科技进步、交通便捷使人口流动性大大增强，地域性商人群体虽依然存在，但其地域性业已弱化。地域性的商业伦理仍然有其影响，但影响力已较明清时期减小，不足为恃。当代商业伦理的重建尚有待于超越血缘性和地缘性的所有商人群体和全社会的努力。

三、儒商及其商业伦理

明代中叶以降，随着海内商业和大航海时代到来以后海外贸易的发展，出现了读书人纷纷由儒入贾，士商互动、合流的现象。商人阶层知识水平和文化素养的提高，推动了其自我意识的觉醒和对自己身份的认同，使商人的话语权增大，文化自觉性得以提升。而统一市场的形成和商业交易的需要，促成了构建统一的普适性商业伦理意识的形成与实践。出现了不少在内容、话题和文风等方面与文人学者所著差别颇大，由商人编撰的商业书。

明清时期出现的商业书，其内容不仅有水陆路程和经商必备的基本知识，还包括商业道德、经商行为准则、行为规范。如万历间余象斗《三台万用正宗·商旅门·客商规鉴论》是现存明代最早的一篇有关经商规范的篇章。天启时程春宇《士商类要》“客商规略”、“买卖机关”、“为客十要”、“醒迷论”等章介绍相关的经商知识，强调商业道德及为商之道。崇祯间李晋德的《客商一览醒迷》，内容偏重于论述商业行为规范、道德修养。上述诸书和清中期吴中孚的《商贾便览》，王秉元的《生意世事初阶》、《贸易须知》等特别重视中国传统伦理中所提倡的诚信观，要求商人重信义，守然诺，诚实无欺，重恩守信，光明正大，公平交易，不刻剥。强调君子之财，取之有道，不能见利忘义。从中可以看出传统的伦理道德思想对商人影响至深。

上述商书多出自商人之手。如余象斗为闽中大书贾。《士商类要》即出自经商数十年，足迹几遍中原，粗通文墨的新安商人程春宇之手。其《客商规略》云：“托付资金当审择，义利之交，财命之托，非良心者不可实任也。审择尚须临时通变，公道随乡。”《为客十要》主张不可瞒税，谨慎小心以防不测，良善忠厚，老实老成，尊老不欺幼，勤紧用心，刚柔相济，活动乖巧，笃实至诚。

《买卖机关》曰，知羞耻者不负人债，守己不贪终是稳。《贸易赋》认为贸易之道勤俭为先，谨言为本。道虽微末，理最幽深，虽曰天命，亦可人为，贵于顺天，大于得地，重于知人，神于识物巧于投机，妙于遇时，气宜清健，性要图灵。《经营说》则指出凡人做事，先须克己无私。为客经营，勿以贪小失大，搭伴若亲结亲之故，交财须账目分明。财何损身，只为私贪而致害。利终养己，盖因公取以成家。

《客商一览醒迷》出自亦通文墨，载录《悲商歌》的闽商李晋德之手。作者认为商人应诚信、俭省爱恤、老实节俭、质朴真率，应周详筹划，预防未来，量入制出。强调守己不贪、宾主情义相守，义合则为，利而义；执中平稳、忠厚笃实、勤谨志诚；宁可大才小使，不可小才大用；有德无才可贵，有才无德可轻；榷征莫漏、赋役当供；狂者堕法、智者不讼、爱身守法安常；少入公门，毋亲囚罪，正直赏善、良善宜分。主张慈和孝友、和能处世，敬官尊长、谦逊自重。凡处财治事须仁厚宽恕，凡事留情，怀人以德；识大体、保身家、安分守己、居安思危、不贪戾；积德在于存心合乎天理；正三纲、明五伦、积恩向善、拯困苦、解冤讼、行方便、息是非、恤孤寡、宽贫穷；厚利非为我利，轻财方是吾财；做好人、行好事、庶几无愧。

明清时期商人的商业伦理观不仅见诸商人自编的商书中，而且载见于方志、族谱等地方文献和文人学者所撰文集之中。如前引徽商兰谷公、许文才的言行，张洲以忠诚立质、长厚摄心、以礼接人、以义应事之事，李大嵩财自道生，利缘义取之言，余文义诚笃不欺人之为人，胡山惟膺天理之说，吴南坡宁贸信之语，吴鋼仁心为质，存好心、行好事、说好话、亲好人的事迹即出自前两类文献。① 见于后者的则有张四维为其父所撰行状、三弟所撰墓志，李梦阳所撰《王文显墓志铭》②，王世懋（1536—1588）、卓发之为居贾之道先义后利，仁在其中的见斋卓君所作传记③，王世贞为以仁义智贯穿为贾之道的蒋次公所作传④，鲍应鳌为一以信义行之，财利辐辏的程次公所撰传⑤，黄凤翔为耻奸富的杨宗叙所作墓志⑥，焦竑为义不苟取，无私蓄，忠信不欺的金甫所撰墓志⑦，黄居中为贾行而士心的黄镬所作墓志⑧，俞樾为为贾勤且仁的俞汝荣所作墓志⑨。

值得注意的是，这些商人颇有以儒贾或贾儒自居者。如汪道昆（1525—1593）所撰《范长君传》，即载范长君诫其二子，“第为儒贾，毋为

① 参见张海鹏、王廷元主编：《明清徽商资料选编》，黄山书社 1985 年版，第 882、883、865、867、884、885、886、919 页。

② 参见《条麓堂集》卷 30、卷 28，中国国家图书馆编：《原国立北平图书馆甲库善本丛书》，国家图书馆出版社 2013 年版，第 795 册，第 517—521、486—488 页；《空同集》卷 44，《景印文渊阁四库全书》，台湾商务印书馆 1986 年版，第 1262 册，第 419—420 页。

③ 参见《见斋卓君传》，《王奉常集》卷 16，中国国家图书馆编：《原国立北平图书馆甲库善本丛书》，国家图书馆出版社 2013 年版，第 798 册，第 735—736 页；卓发之：《漉篱集》卷 12《家传一》，明崇祯刻本。

④ 参见《蒋次公（1520—1581）墓志铭》，《弇州山人四部续稿》卷 93，《四库提要著录丛书》编纂委员会编：《四库提要著录丛书》，北京出版社 2010 年版，第 121 册，第 347—348 页。

⑤ 参见鲍应鳌：《瑞芝山房集》卷 12《程次公传》，明崇祯刻本。

⑥ 参见《田亭草》卷 15《杨公暨配薛氏墓志铭》，明万历刻本。

⑦ 参见《金君子公（1532—1604）墓志铭》，《焦氏澹园集》卷 30，中国国家图书馆编：《原国立北平图书馆甲库善本丛书》，国家图书馆出版社 2013 年版，第 854 册，第 417—419 页。

⑧ 参见《孝友长公（1501—1534）暨配孝节李孺人（1505—1535）合葬墓志铭》，《千顷斋初集》卷 22，《续修四库全书》编纂委员会编：《续修四库全书》，上海古籍出版社 1995—2002 年版，第 1363 册，第 693—695 页。

⑨ 参见《蓉生俞君墓志铭》，《春在堂杂文》六编卷 5，《续修四库全书》编纂委员会编：《续修四库全书》，上海古籍出版社 1995—2002 年版，第 1551 册，第 53—54 页。

贾儒”[①]；其《程长公墓表》则载程长公（1500—1563）去世前诫其三子，“与其为贾儒，宁为儒贾”[②]。

而商人以外人士如士人、医生等亦有撰文表彰这些商人为儒贾或贾儒的。如耿定向为程豪作《儒贾传》[③]。焦竑（1541—1620）为范濠所作《范长君本禹墓志铭》说，“世以儒贾，君以贾儒”[④]。邹迪光《吴母田孺人传》和《榆村程居士传》则称赞吴母子“以儒贾，不以贾贾”，认为“儒贾之利十，居士为德而如其贾，定收利十倍”[⑤]。叶向高《程公墓志铭》云程汝彦（1536—1608）“儒而贾”，“即贾也，亦常操儒行”[⑥]。温纯即指出石象（1511—1577）“所谓商而儒者”[⑦]。王世懋称卓贤为“贾而儒者”[⑧]。汪道昆称程次公为“贾名而儒行者”[⑨]。江瓘《名医类案》卷1称淮商朱枫野“此商而儒行者”。徐弘祖曰金重甫乃“贾而儒”[⑩]。张鼐《寿汪雨翁太年伯八十序》云“翁少习儒，已为儒贾”[⑪]。

在商人和社会人士的共同推动下，随着儒而贾现象的盛行和人们对贾

---

① 《范长君传》，《太函集》卷29，《续修四库全书》编纂委员会编：《续修四库全书》，上海古籍出版社1995—2002年版，第1347册，第149—150页。

② 《程长公墓表》，《太函集》卷61，《续修四库全书》编纂委员会编：《续修四库全书》，上海古籍出版社1995—2002年版，第1347册，第479页。

③ 参见《儒贾传》，《耿天台先生文集》卷16，四库全书存目丛书编纂委员会编：《四库全书存目丛书》，齐鲁书社1997年版，第131册，第395—397页。

④ 《范长君本禹墓志铭》，《焦氏澹园集》卷30，中国国家图书馆编：《原国立北平图书馆甲库善本丛书》，国家图书馆出版社2013年版，第854册，第420页。

⑤ 邹迪光撰：《始青阁稿》卷17，凤凰出版社2012年版，无锡文库第4辑，第462、456—457页。

⑥ 《苍霞续草》卷10，中国国家图书馆编：《原国立北平图书馆甲库善本丛书》，国家图书馆出版社2013年版，第850册，第1526—1527页。

⑦ 《石君墓志铭》，《温恭毅集》卷11，《影印文渊阁四库全书》，台湾商务印书馆1986年版，第1288册，第646页。

⑧ 《见斋卓君传》，《王奉常集》卷16，中国国家图书馆编：《原国立北平图书馆甲库善本丛书》，国家图书馆出版社2013年版，第799册，第736页。

⑨ 《寿草市程次公六十序》，《太函集》卷17，《续修四库全书》编纂委员会编：《续修四库全书》，上海古籍出版社1995—2002年版，第1347册，第8页。

⑩ 《徐霞客游记》第四册下，明崇祯刻本。

⑪ 明崇祯二年刻本《宝日堂初集》卷10，《四库禁毁书丛刊》编纂委员会编：《四库禁毁书丛刊》，北京出版社2000年版，集部第76册，第225页。

而儒的认同，儒贾（商）、贾儒一语及概念逐渐形成并开始流行。

儒商或儒贾、贾儒早在春秋、战国之际即已出现，但儒商或儒贾、贾儒一词的出现却很晚。据笔者目前所知，文献中的“儒商”一目最早出现于清康熙间人杜浚所撰《汪时甫家传》①中。而与儒商义同的儒贾一词出现、流行于明嘉靖、万历之际。见前文所引汪道昆、耿定向等人的记撰。可见儒贾（商）、贾儒当时已成为一流行的专用词语。

按耿定向、叶向高、汪道昆、王世懋、王世贞、鲍应鳌、黄凤翔、邹迪光、焦竑、黄居中、俞樾等所言及其所载商人自述，可知所谓儒贾（商）、贾儒，是指好儒重文，倜傥有儒者风范；其人孝友礼让，仁义慈善，重族谊、乡里、故旧，恤孤弱，厚人伦，好善乐施，急公好义，热心社会公益事业，具有社会责任感；为贾先义后利，仁在其中，诚心质行，勤俭、敬业，忠信不欺，中藏干略，精于榷会，候时转物，操赢制余，不屑屑权子母，多智善贾，人乐为用，其利十倍常贾，贾而士心，虽以贾起家，一以信义行之，而精神常在儒，能做到儒行与贾业的统一和良性互动，且获成功的商贾。简言之，儒贾（商）、贾儒主要是指贾业而儒行者。

儒贾（商）、贾儒一词在明嘉靖、万历之际出现并流行自有其原因。在中国，通过科举入仕是社会公认的首选治生途径，也是广大读书人的理想和目标。明代中叶以后，经济发展迅速，书籍日益普及，人口不断增长，进入举业的读书人增加很多，但科举名额却未相应增加。因举业出路有限，数量日增的读书人只能另谋出路。当时，商业兴盛，前景、收益较佳，读书人多弃儒而商，投身正在迅速发展的商业领域。但早年的教育使其思想和行为方式都深受儒学的影响，这就使其理所当然地成为儒贾（商）、贾儒。而儒学的转向，特别是王学的兴起和士商互动，则使士商彼此认可，并使“弃儒而商”和“儒贾”成为流行话语。除上述社会、政治、经济和思想文化上的原因外，商业本身的需求及其发展的内在逻辑，即统一市场的形成和商业交易对构建统一的普适性商业伦理的需要，实为儒贾（商）、贾儒一词在明嘉靖、万历之际出现并流行的原因。

① 《汪时甫家传》，《变雅堂遗集》卷 6，《续修四库全书》编纂委员会编：《续修四库全书》，上海古籍出版社 1995—2002 年版，第 1394 册，第 61 页。

商业伦理是商业的命脉。商业伦理是处理交易双方关系的价值准则，是商人的道德和行为原则，也是建立商业规范和制度的标准。没有商业伦理，人们将缺乏认同基础，失去以互信为核心的道德约束和共同遵循的行为准则，商业规范和制度无法建立，交易便无法进行。随着商业的迅猛发展和统一大市场的逐渐形成，商业从业者迫切需要有一种具有普遍意义，能为大家所接受的商业伦理价值准则、道德与行为原则和商业规范与制度。儒家伦理是明清时期东亚具有普适性的主流伦理，而有能力构建统一商业伦理的又主要是熟读儒家书的士人和由儒入贾的商人。因此，通过表彰儒贾（商）、贾儒，依靠儒家伦理来构建统一的商业伦理既是十分自然的，也是成本最低的一种方法。儒贾（商）、贾儒的出现与流行，乃是明清时人构建统一的市场与商业伦理努力的结果和体现。

四、结　语

古代中国社会可以说是一种关系社会。就明清商人而言，其生存及其事业的发展往往需依赖以下几种关系或资源：一为家族：家族生意，族贾——血缘。二为乡里：商帮——地缘。三为天下利益相关者：儒贾（商）、贾儒（仁者与天地万物为一体）——业缘。依靠上述关系或资源，商人不仅可以满足其身家和事业上的需求，而且可以满足其在精神信仰和伦理道德方面的需求。而上述关系或资源的形成与发展则构成了古代商人伦理道德（包括商业伦理）的基础。

族贾、商帮及其商业伦理虽有其血缘和地缘的优势与积极作用，同时又有其排他性和局限性。因而又具有相当的负面作用。如族贾不利于吸引族外优秀人才，商帮易引起本地人的反对。例如万历年间杭州人即将徽商在杭所作所为视为“罪同杀人”①，认为徽商典当朝奉“若辈最为势利”，“言之令人痛恨”，并编排新安某富翁有“仁为首恶”之商训②。

统一大市场的形成需要超越血缘和地缘的局限，由士商共同努力建立

① 万历《杭州府志》卷19。

② 参见《明清徽商资料选编》926、924，转引自范金民、夏维中：《明清徽州典商述略》，《徽学》2002年第20期。

统一的商业伦理。士商协力共建超越血缘和地缘的统一商业伦理的努力是以儒家为主流的传统伦理为思想理论资源和制度基础的。这主要体现在士与商均为儒贾（商）、贾儒张目，并以其为表彰对象。如前文所引商人范长君、程长公戒其子“第为儒贾”，“宁为儒贾”，程豪被“里人”称为“儒贾”①，均系嘉靖间事。而耿定向为程豪作《儒贾传》，邹迪光称赞程凤辇为“儒贾”，张鼐云汪雨翁“已为儒贾”，叶向高云“昔闻廉贾，未闻儒贾”，焦竑称范濠为“贾儒”等均在万历初之后，晚于商人，且杂有其他动机。如耿定向即云：“世以儒命者衒智钓奇，有市心焉，儒而贾也。扶义乐善，仁心为质，儒之行也。贾而有是，不亦儒乎。俗眸肤剽，贾儒眯观，余慨焉作《儒贾传》。”② 可见商人对构建统一的商业伦理的需求较为敏感自觉，动机较单纯，亦较早付诸行动。

商人之所以较为敏感自觉并较早行动，是因为统一的商业伦理与其利益直接有关。如《士商类要》卷 3《买卖机关》末尾云“予著斯言，为目击经商艰于获利，渐见消替，而牙侩日坐失业，益见困惫，所以人心不古，俗习浇漓，有自来矣”，其目的在于“指人循道义，履中正，不溺欲海，挽回淳厚，向化美俗，诸君不鄙而共之，俾可少补处世治家之万一耳”。

值得注意的是，这种统一的商业伦理因超越血缘和地缘的局限，给商业和商人带来了更大的利益。如儒贾程豪即认为：“吾家世受什一不事儒，自吾一染指而士庶亲悦，贾且什倍。由是观之，儒何负于贾哉!”③ 又如“族贾逐什一务干没，以奸富为良”，而“贾名而儒行者”程次公“惟以什一为凖，无所干没。脱贫乏不能出子钱，次公惟取母钱废质剂，细民归之者如流水，息业益滋”。“次公父季年，兄伯主著居业几不振。次公蒿目而更始，居数年数倍其初。”④

① 《儒贾传》，《耿天台先生文集》卷 16，四库全书存目丛书编纂委员会编：《四库全书存目丛书》，齐鲁书社 1997 年版，第 131 册，第 395 页。

② 《儒贾传》，《耿天台先生文集》卷 16，四库全书存目丛书编纂委员会编：《四库全书存目丛书》，齐鲁书社 1997 年版，第 131 册，第 395 页。

③ 《儒贾传》，《耿天台先生文集》卷 16，四库全书存目丛书编纂委员会编：《四库全书存目丛书》，齐鲁书社 1997 年版，第 131 册，第 396 页。

④ 《寿草市程次公六十序》，《太函集》卷 17，《续修四库全书》编纂委员会编：《续修四库全书》，上海古籍出版社 1995—2002 年版，第 1347 册，第 8 页。

再如徽商吴珽、吴珆重信义，“由是居人族贾率以然诺重两公”。可见儒贾不仅能比族贾带来更大的利益，而且还能赢得族贾的尊重。①

通俗解释：先交朋友，后做生意，和气生财。先做人，后做事。

在中国的传统中，义利之辨构成了商业伦理重要内容。如果说上述程豪等儒贾在按儒商伦理经营的同时又获大利是从实践上解决了义利之辨，那么参与共同构建上述统一的商业伦理的士人则在理论上解决了这一问题。

如耿定向《儒贾传》认为程豪“扶义乐善，仁心为质”，“其为贾诚心平价，人乐趋赴。赀渐起，市亦因以辐凑”。鲍应鳌则云程杰，“一以信义行之，人心归往，财利辐辏，更倍于他贾”②。邹迪光声称“族贾之利一，而儒贾之利十，居士为德而如其贾，定收利十倍”③。

顾宪成《倪公墓志铭》将义与利的关系总结为：“以义主利，以利佐义，合而相成，通为一脉。”其思想构成了这种统一商业伦理义利观的主流。

超越族贾、商帮的儒贾（商）、贾儒的出现，超越血缘和地缘性商业伦理局限的儒商伦理的流行，乃是明清时构建统一的商业伦理努力的结果和体现。

与明清时期相似，当代商业伦理与儒商的倡行也是首先出自商人群体及其自觉。但和明清时不同的是，今天商业伦理的重构困难更多也更大。

明清时期统一的商业伦理和商业文化的构建是建立在族贾、商帮发展的基础之上，依靠的是血缘、地缘和以儒家为主流的传统文化的资源。

今天的商业伦理和商业文化的重建则很不一样。近百年来对传统的批判与否定，使我们的文化陷入新旧青黄不接的困境。族贾、商帮目前尚处在重生的恢复阶段。基于血缘的家族价值观和家族伦理受到来自个人主义和自由主义价值观的批判与否定，基于乡情的地缘价值观和商帮伦理因全球化而日益淡化，基于儒家价值的儒商伦理因长期受到对以儒家为主流的传统文化的批判与否定而缺乏认同。社会风气和道德水准因对旧文化的批判与否定，新文化重建的不易而江河日下。这都使得我们很难以族贾、商帮为基础，依靠血缘、地缘和以儒家为主流的传统文化来重建现代的商业伦理和商业文化。

---

① 参见《处士吴君重墓志铭》，《太函集》卷53，《续修四库全书》编纂委员会编：《续修四库全书》，上海古籍出版社1995—2002年版，第1347册，第401页。

② 鲍应鳌：《瑞芝山房集》卷12，明崇祯刻本。

③ 邹迪光：《始青阁稿》卷17，凤凰出版社2012年版，无锡文库第4辑，第456—457页。

从文化的角度来看，商业伦理构成了商业文化和文化的重要组成部分，传统商业伦理和商业文化的现代转化构成了传统中国文化现代转化的重要组成部分，亦有赖于中国现代文化的重建。传统的现代转化和文化重建的需求与动力虽强，却有传统资源不足，基础薄弱之嫌，借助域外文化资源又有一个消化吸收的过程。因此，不论是现代社会的文化和价值观，还是现代商业伦理和商业文化的重建或传统的现代转化，都不可能一蹴而就，而是一个考验耐心和需要持续努力的过程，需要相当长的时间。

儒商与儒商精神

王建宝 *

一、引言——四民异业而同道

儒家的分工理论、通有无的思想、反垄断的记载、行公益的精神和关爱万物的环保主义，此五点或可说明儒家与工商业不仅仅有亲和性(affinity)，而且儒家还从理论上或者在其教义上论证了社会分工、市场自由流通、反垄断、行公益、关爱地球的必要性，也强调了五者的重要性。当然，儒家不仅有理论的探讨，还有商业的实践。“圣人之于天下，耻一物之不知”①，以格物致知的《大学》之教为圭臬，儒家是一门实践的哲学，举凡修齐治平，士农工商皆如是，所谓成己成物也。本文即讨论商业实践的典范——儒商。儒商之作为个体的修身成己之道，成己成物之功，己立立人的群己关系的伦理实践，庶几可以豁显其所实践的儒商精神。

一般来说，具有儒家价值观并以这些价值观实践于商业行为的商人就是儒商。儒商的概念内涵很丰富，既狭窄又广阔。说其丰富，乃是因为儒家的价值资源源远流长，是中国和东亚传统社会几千年延续下来的心灵积习和生活习惯，很多价值都到了百姓日用而不知的潜移默化的程度。说其狭窄，乃是因为儒家有极高明的一面，“大哉，圣人之道”，反而导致商人在日用之中而不知，其结果是很多企业家或商人没有意识或者没有能力认同自己是儒商。说其广阔，乃是因为儒家之道亲切平易，人伦日用之中道而已，“凡有

---

* 王建宝，北京大学高等人文研究院博士，长江商学院人文与商业伦理研究中心主任。

① 李守奎：《扬子法言译注 · 君子卷第十二》，黑龙江人民出版社 2003 年版，第 194 页。

血气者，莫不尊亲，故曰配天”①。申言之，凡有人之为人的恻隐、辞让、羞耻、是非之心而以货殖为业者，皆可以被视作儒商。正如明代王阳明先生所说的“四民异业而同道”。王阳明说：

> 古者四民异业而同道，其尽心焉，一也。士以修治，农以具养，工以利器，商以通货，各就其资之所近，力之所及者而业焉，以求尽其心。其归要在于有益于生人之道，则一而已。士农以其尽心于修治具养者，而利器通货，犹其士与农也；工商以其尽心于利器通货者，而修治具养，犹其工与商也。故曰：四民异业而同道。②

按阳明先生，无论士农工商，“其归要在于有益于生人之道，则一而已”。在从事各种不同的职业活动中，“其尽心焉，一也”。阳明先生还指出：

> 果能于此处调停得心体无累，虽终日做买卖，不害其为圣为贤，何妨于学？学何贰于治生？③

为了行文方便，在此把认同儒家基本价值观，并在商业实践中践履这些价值观的商人以及企业家等作为儒商这一群体的标识。正如杜维明先生所期望的：

> 用今天的话说，儒商就是关切政治、参与社会、注重文化的企业家。他们是企业界的知识精英和公共知识分子，是对世界大势特别自觉，而且有公共意识的一批知识分子。④

儒商必然来自企业界，儒商同时也是知识精英。儒商必然关切政

---

① 郑玄注，孔颖达疏，龚抗云整理，王文锦审定：《礼记正义》，北京大学出版社 2000 年版，第 1460 页。

② 吴光编：《王阳明全集》，上海古籍出版社 1992 年版，第 941 页。

③ 邓艾民注：《传习录注疏》，上海古籍出版社 2015 年版，第 285 页。

④ 杜维明先生对长江商学院学员发表的谈话，2013 年于北京。

治、参与社会、注重文化。“当然，太开放的心灵会导致一种‘认同扩散（Identity diffusion）’的危机，需要内在的收敛功夫。”① 这也是本文小心谨慎进行讨论的儒商只有子贡（端木赐，儒家发展第一期的代表）、陆象山（陆九渊，儒家发展第二期的代表）、张謇（现代）、俞吉濬（朝鲜）和涩泽荣一（日本）等为数不多的几个人之原因。儒商可以说是商人知识分子（Merchant-intellectual）的代表之一。当然，儒商首先是一个成功的商人。

二、子贡——儒家发展第一期的儒商②

首先，子贡是一位成功的商人。所谓“既在黎阳学子贡，何必南越法陶朱”。孔子曰：“赐不受命，而货殖焉，亿则屡中。”③《史记》记载：“子贡好废举，与时转货赀。常相鲁卫，家累千金。”④ 根据仲尼之说和史迁所载，可知子贡在商业上的巨大成就，可谓“家累千金”。“七十子之徒，赐最为饶益。”“束帛之币以聘享诸侯，所至，国君无不分庭与之抗礼。”杨联升先生说司马迁“以陶朱（范蠡）、子贡（端木赐）、白圭三人为起首，可称为三大贤，值得讨论”⑤。司马迁所载如下：

> 子赣既学于仲尼，退而仕于卫，废著鬻财于曹、鲁之间，七十子之徒，赐最为饶益。原宪不厌糟糠，匿于穷巷。子贡结驷连骑，束帛之币以聘享诸侯，所至，国君无不分庭与之抗礼。夫使孔子名布扬于天下者，子贡先后之也。此所谓得势而益彰者乎？⑥

---

① 杜维明：《龙鹰之旅》，北京大学出版社 2013 年版，第 199 页。

② 有学者曾经在杜维明的三期说之外提出“四期”说、“五期”说。事实上，无论是“四期”说还是“五期”说，其实都不应当构成三期说的挑战。关键在于如何理解“儒学三期说”。参见彭国翔：《宗教对话：儒学第三期开展的核心课题》，《孔子研究》2006 年第 3 期。

③ 程树德：《论语集释》，中华书局 2010 年版，第 779 页。

④ 司马迁：《史记》，中华书局 1963 年版，第 2201 页。

⑤ 杨联升：《原商贾》，余英时：《中国近世宗教伦理与商人精神》，九州出版社 2014 年版，第 5 页。

⑥ 司马迁：《史记》，中华书局 1963 年版，第 3258 页。

第二，子贡是一代大儒。

何为儒商，颇多争论，不过大家公认的儒商是子贡，于此一点，似无争议。据史料记载，子贡，复姓端木，名赐，字子贡，又字子赣。卫国人。在《论语》中，孔子称其名“赐”，行文中称“子贡”。子贡比孔子小31岁，生于公元前520年，大约卒于公元前456年，享年64岁。属于春秋末期人，子贡卒后大约53年的公元前403年，三家分晋，中国历史正式进入战国时代。为更好地理解子贡的形象，兹总结以下六点。

其一，子贡先从游于陈蔡，与孔门先进回、由之徒砥砺论学，后筑庐于夫子之墓，守孝六年，与孔门后学商、参等人相交弘道。子贡也许是唯一一位参与了孔子讲学全部过程的弟子，在师门有承前启后的作用，既无颜子早逝之恨，也无商、参年齿之殊。钱穆先生引全谢山《经史问答》云：

> 孔子之卒，高弟盖多不在。而三年之任，入揖子贡，是子贡之年最长。其长于子贡而尚在者，惟高柴。孔子卒，子贡年四十二。①

其二，子贡善于做生意，结驷连骑，饶有财货，解决了孔门的很多生活困难。

其三，子贡善问。夫子如大钟，小叩则小鸣，大叩则大鸣，而子贡之问，屡发夫子之教，泽被后世。

其四，子贡巧言善辩，出使列国，存鲁，乱齐，灭吴，霸越，强晋，事功存世。仲尼曰：

> 赐不幸而言中，是使赐多言者也。②

其五，子贡是孔子身后最能弘扬孔子人格气象的弟子。子贡的社会地位、言语才华和对老师的一往情深，使得子贡对夫子的推崇之说成为不刊之论，为当时所接受，为后世所遵循。

---

① 钱穆：《先秦诸子系年考辨》，上海书店1992年版，第65页。

② 钱穆：《先秦诸子系年考辨》，上海书店1992年版，第65页。

其六，当然，“子贡失之于达”，其传经不如子夏，载道不如曾参，好学不如颜子，刚猛不如子路，只得圣人一偏，但是这不妨碍子贡在儒家历史上被尊为“十哲”的先贤地位。钱穆先生判断，“子贡少颜子一岁，观孔子与回孰愈之问，见二人在孔门之相伯仲”①。

“经商不让陶朱富，贷殖当推子贡贤”等历史流传下来的名联证明了子贡在商业领域的儒商师祖的崇高地位。子贡之贤胜于子贡之富。“夫使孔子名布扬于天下者，子贡先后之也。”子贡经商使道尊，也使道行，岂不两便。这对于后世儒者在儒与商之间的艰难选择或有启迪。

最后，作为一个成功的儒商，子贡也关心政治。

根据一般的了解，孟子倡王道，言必称尧舜，这并不意味着儒家没有能力处理霸道的矛盾，非不能也，乃不为也，孟子因为志不在此，所为更大更高。这与子贡所为相映成趣。孟子曰：

> 五亩之宅，树之以桑，五十者可以衣帛矣；鸡豚狗彘之畜，无失其时，七十者可以食肉矣；百亩之田，勿夺其时，数口之家可以无饥矣；谨庠序之教，申之以孝悌之义，颁白者不负戴于道路矣。七十者衣帛食肉，黎民不饥不寒，然而不王者，未之有也。②

在孟子的理想国中，桑、畜、农、教是四个具体措施。这在农耕社会，无可厚非。我们当然可以用工业社会以后的产业分工来更好地理解孟子，但是不能以刻舟求剑的方法来批判孟子主张之不合时宜，在战国时期，这种主张是因地制宜的。桑、畜、农、教是富民、教民的根本。如此才能够生意盎然，天下安宁，在此有“王霸之辨”的问题。在历史上，王道也许从来没有出现过，后世把遥远的尧舜禹之世想象为王道之世，以此理想的时代来寄托自己的理想，这是一种文明传承念兹在兹的责任感和人文关怀。正是由于一代代人有此理想的坚持，才使得斯文不坠，文明不毁，成就了世界上唯一有古有今的人类共同体，形成了一个非常稳固强大历史悠久而又包容开放的文化认

---

① 钱穆：《先秦诸子系年考辨》，上海书店 1992 年版，第 64 页。

② 朱熹：《四书章句集注》，中华书局 2012 年版，第 202—203 页。

同体即文化中国。文化中国不是政治的也不是地理的概念，有历史传承的因素在其中，但是又是与时俱进生生不息的，说到底是一个通过文化认同而形成的一个人类共同体。文化中国不断地在盛衰曲折中前进，不断地接纳吸收外来的文明，并将为新轴心时代的人类探索出一条王道。

但是，在孟子的时代，霸道横行，所谓大争之世，司马迁曰：

> 当是之时，秦用商君，富国强兵；楚魏用吴起，战胜弱敌；齐威王、宣王用孙子、田忌之徒，而诸侯东面朝齐。天下方务于合纵连衡，以攻伐为贤，而孟轲乃述唐、虞、三代之德，是以所遇者不合。退而与万章之徒，序《诗》《书》，述仲尼之意，作《孟子》七篇。①

司马迁对当时天下熙熙皆为利来的诸侯争霸做了很好的概括。在务于合纵连横，以攻伐为贤的时代，孟子述唐、虞、三代之德，显然是不被战国诸侯所欣赏的，“是以所遇者不合”。但是孟子认识到了霸道的危险性和破坏性，在滔滔乱世，孤明独发，气魄宏伟，如寒冰之冷艳，如黄钟大吕之激昂，不谋一世谋万年，不争一国一君之利，只争天下之利、苍生之利，在滚滚的历史长河中留下了不朽的文字。孟子的思想必将为新轴心时代的人类文明提供丰富的营养。

反观子贡，司马迁说：

> 故子贡一出，存鲁，乱齐，破吴，强晋而霸越。子贡一使，使势相破，十年之中，五国各有变。②

在礼崩乐坏，诸侯攻伐之时，儒家在此时没有空谈王道，而是挺身而出，救国救民。当时，齐国田常想作乱于齐，为了转移国内矛盾而侵略鲁国，《史记》记载：

---

① 司马迁：《史记》，中华书局 1963 年版，第 2343 页。

② 司马迁：《史记》，中华书局 1963 年版，第 2201 页。

> 孔子谓门弟子曰：夫鲁，坟墓所处，父母之国，国危如此，二三子何为莫出？

在诸多弟子之中，大家都踊跃出使，太史迁做了生动的记载：

> 子路请出，孔子止之，子张、子石请行，孔子弗许。子贡请行，孔子许之。①

知弟子莫若师，孔子了解各个弟子的特点，故不允许子路、子张和子石他们出使，同意子贡出使列国，因为子贡“利口巧辞”。虽然孔子“常黜其辩”，但是对他的外交才能还是心中有数的。

子贡出使的成功，原因很多，或许有以下缘由：其一，儒者虽胸怀天下王道，但赤子之心不忘父母之邦；其二，孔子知人善任；其三，子贡是一个天才的外交家和战略家，能够在纷繁芜杂的国际关系中，洞察各国的利害长短，投其所好，完成存鲁的最终目标。在当今国际关系非常复杂的形势下，时代需要子贡这样的人才。

综上，儒家既有弘扬王道传承文明的孟子，也有不避强权而谋国于霸道的子贡，王霸之间，无可无不可，只与自己的才干和形势的需要有关。但是王道的理想，传承文明的使命感都是一样的。“有良知的儒家满怀孔子那种执着的使命感，即使面对极端的困难，他们也拒绝放弃或者让步。”②

三、陆象山——士的自觉

本文从研究商业伦理的角度出发，发现陆象山或许是继子贡之后又一个儒商。象山读孟子而自得之，乃千年大儒，“窃不自揆，区区之学，自谓孟子之后至是而始一明也”③。不过，象山也夫子自道：

---

① 司马迁：《史记》，中华书局1963年版，第2197页。

② 狄百瑞：《儒家的困境》，黄水婴译，北京大学出版社2010年版，第39页。

③ 《陆九渊集》，中华书局1980年版，第134页。

吾家合族而食，每轮差子弟掌库三年。某适当其责，所学大进。这方是“执事敬”。①

如果这只是一个孤证，则可检朱子所说以为旁证。

问：“吾辈之贫者，令不学子弟经营，莫不妨否？”曰：“止经营衣食，亦无甚害。陆家亦作铺买卖。”②

可见陆家是作铺买卖的。子弟每轮掌库三年，象山也“适当其责”，经商理财，“所学大进”。象山所掌比一般的商业店铺要复杂得多。朱子感慨：

陆子静始初理会家法，亦齐整：诸父自做一处喫（吃的江西方言）饭，诸母自做一处喫饭，诸子自做一处，诸妇自做一处，诸孙自做一处，孙妇自做一处，卑幼自做一处。③

牟先生说：“是故象山先令人辨志，先明本心即理，盖起经典的宗主在《孟子》，而实理实事之宗主则在道德实践也。”④无论作铺买卖还是理会家法，都是象山的道德实践，所宗者孟子也。象山“其全副生命几全是一孟子生命。其读《孟子》之熟，可谓已到深造自得、左右逢源之境。孟子后真了解孟子者，象山是第一人”⑤。

象山自己经商掌库，对于财富的取与之道颇有洞见。在《刘晏知取予论》中，象山首先肯定了刘晏的功绩：“国不增役而民力纾，民不加赋而国用足。非夫知取予之说，妙取予之术，畴克济哉？”刘晏能够“索之于人所不见，图之于人之所不虑”，从而做到了“取焉而不伤民，予焉而不伤国”。

① 《陆九渊集》，中华书局1980年版，第428页。

② 黎靖德编：《朱子语类》，中华书局1986年版，第2752页。

③ 黎靖德编：《朱子语类》，中华书局1986年版，第2308页。

④ 牟宗三：《从陆象山到刘蕺山》，吉林出版集团2010年版，第5页。

⑤ 牟宗三：《从陆象山到刘蕺山》，吉林出版集团2010年版，第53页。

象山激赏之余不禁感慨道："非唐之刘晏，吾谁与归?!"① 但是，象山也清醒地认识到，"晏之治财未能过管、商氏"，因为"晏之取予，出于才而不出于学，根于术而不根于道"。象山做此判断的依据是，"《易》之理财，《周官》之制国用，《孟子》之正经界，其取不伤民、予不伤国者，未始不与晏同。而纲条法度，使官有所守，民有所赖，致天下之大利，而人知有义而不知有利，此则与晏异"②。故象山认为刘晏的这种成功是"出于才而根于术，则世主之忠诚而圣君之罪人也"。"故论之以圣人之道，照之以君子之智，盖未免于可诋，亦未必不与坚、铉、国忠等同科。"③ 按象山，如果没有道体的生生之意，就没有商业的生意之遂。正如朱子曰：

> 元者生意；在亨则生意之长，在利则生意之遂，在贞则生意之成。若言仁，便是这意思。④

朱子的话值得深玩。获利只是生意之遂，得到了利，但还不是生意之成。当代中国，在激荡三十年的经济发展过程中，生意之遂而获利者多矣，然而河里打鱼河里散，贞定而成者的比例非常之少，好像"遂而不成"是一种宿命。中间原因固然很多，生意之遂后的富而好礼，生意之成时的厚德载物或许可以帮助理解其中缘由。

作为一位儒者，象山关心社会，心系苍生，对于农民穷苦、农业利薄也是感同身受。象山有书云：

> 金溪陶户，大抵皆农民于农隙时为之。今时农民率多穷困，农业利薄，其来久矣。当其隙时，藉他业以相补助者，殆不止此。邦君不能补其不足，助其不给，而又征其自补助之业，是奚可哉?⑤

① 《陆九渊集》，中华书局 1980 年版，第 353 页。
② 《陆九渊集》，中华书局 1980 年版，第 355 页。
③ 《陆九渊集》，中华书局 1980 年版，第 355 页。
④ 黎靖德编：《朱子语类》，中华书局 1986 年版，第 1691 页。
⑤ 《陆九渊集》，中华书局 1980 年版，第 132 页。

按象山，没有崇本抑末的虚谈，而是视民如伤的圣人之忧。对于“邦君不能补其不足，助其不给”的不作为，“而又征其自补助之业”的乱作为，期期以为不可。

象山不仅实践商业，而且懂经济。其在《问赈济解试》中提到了“平粜”（常平仓）制度。象山曰：

> 文潞公之在成都也，米价腾贵，因就诸城门相近院凡十八处，减价而粜，仍不限其数，张榜通衢，异日米价遂减。此盖刘晏之遗意。然公廪无储，私困且竭，则其策穷矣。
>
> 赵清献之守越，米价涌贵。傍州且榜衢路，禁增米价。清献独榜衢路，令有米者任增价粜之。于是诸路米商，辐辏诣越，米价更贱，民无饿莩。此盖卢坦之旧策。然商路不通，邻境无粟，则其策穷矣。
>
> 舍是二策，独可取之富民。而富民之囷廪盈虚、谷粟有无，不得而知。就令知之，而闭粜如初，又诚如明问所虑。以公家之势，发民之私藏，以济赈食，不为无义。顾其间尚多他利害。故愚请舍其末而论其本可也。①

文彦博和赵抃都是北宋名臣。文彦博知益州时通过政府储备粮的平价抛售抑制了米价腾贵。赵清献知虔遇到同样的问题，当临近的州张榜衢路，禁增米价的时候，他反其道而为之，“令有米者任增价粜之”，通过放开市场流通来抑制米价涌贵，“于是诸路米商，辐辏诣越，米价更贱，民无饿莩”。对于“平粜制度”，陈焕章先生认为，“李悝提倡平籴政策、调剂粮价，而孟子的思想被‘常平仓’制度采用”②。孟子曰：“狗彘食人食而不知检，涂有饿莩而不知发；人死，则曰：‘非我也，岁也。’是何异于刺人而杀之，曰：‘非我也，兵也。’王无罪岁，斯天下之民至焉。”③平粜这一儒家经济思想为现实问题的解决提供了思路和办法。钱存训说：

---

① 《陆九渊集》，中华书局 1980 年版，第 366 页。

② 陈焕章：《孔门理财学》，商务印书馆 2015 年版，第 447 页。

③ 焦循：《孟子正义》，中华书局 1987 年版，第 59—61 页。

> 我们这代人所亲身经历，完全经由学术途径传播的最有利而重要的实例，就是美国采用了中国古代的所谓“平粜”制度，那就是在丰收的年头由政府向农民收购米谷储藏，到歉收时期便以平价抛售给平民。这项中国古代的经济理论，最早是由哥伦比亚大学的陈焕章在其1911年的博士论文中加以讨论。1918年，华勒斯（Henry Wallace）先生主编一份周报，这篇研究论文正巧落在他手里，自此他对这一项中国古代制度极为赞赏。当华勒斯于1933年出任农业部部长时，这个中国的理想终于为美国所采纳。他运用此经济理论以控制不断增加的小麦及其他剩余农产品，20世纪30年代，美国剩余农产品的堆积，形成了1929年不景气的重要原因。1933年第一次颁布的农业调节法案（The Agricultural Adjustment Act），乃是罗斯福实施新政的主要措施，也就是“平粜法”这个中国制度在美国具体化的一个案例。①

有人甚至说“平粜”制度的采用不仅使得美国从经济大萧条中恢复过来，而且为赢得第二次世界大战做好了物质的准备。

象山所论，不仅仅限于平粜制度，而是以赵清献治虔一案说明，不是政府管控米价而是市场的自由流通才能解决饥荒问题，“民无饿殍”。更加深刻的是，象山甚至注意到了市场也有可能失灵，所谓“然商路不通，邻境无粟，则其策穷矣”。这还不是最糟糕的情况，更严重的情况就如1998年诺贝尔经济学奖获得者阿马蒂亚 · 森（Amartya Sen）所说：

> 从权利角度来看，市场机制促使粮食从遭受饥荒的地区向其他地方流动并不是什么不可理解的事情。市场需求所反映的不是生物学上的需求或心理学的欲望，而是建立在权利关系之上的选择。②

因此，象山说“故愚请舍其末而论其本可也”。何谓其本？象山曰：

---

① 钱存训、韩华跋译：《美国对亚洲研究的启蒙》，转引自《孔门理财学》，第604页。

② ［美］阿玛蒂亚 · 森：《贫困与饥荒》，王宇、王文玉译，商务印书馆2001年版，第197页。

汉倪宽以租不办居殿，当去官。百姓思之，大家牛车，小家负担，乃更居最。夫宽于科敛之方略亦疏矣，而能旦暮之间以殿为最，则爱民之心孚于其下故也。诚使今之县令，有倪宽爱民之心，感动乎其下，则富民之粟出，而迩臣散给之策可得而施矣。

方略之未至，利害之未悉，皆可次第而讲求。若监司郡守不能以是心为明主谨择县令，或惮于有所按发，而务为因循舍贷，则吾未如之何也已矣。

如此爱民之心才是本，这样才可以“以公家之势，发民之私藏，以济赈食，不为无义”，“散给之策可得而施矣”。按象山，“方略之未至，利害之未悉，皆可次第而讲求”，但是没有是心，“则吾未如之何也已矣”。森所说，“社会主义国家——中国，在人均食物数量没有明显增加的情况下消灭了饥饿”。可以佐证以民为本之心可以弥补市场经济之不足。

象山是与朱子比肩的大儒，“二先生同植纲常，同扶名教，同宗孔、孟”①。朱陆同心。象山有语，“与晦翁往复书，因得发明其平生学问之病，近得朋友之义，远则破后学之疑，为后世之益”②。朱子平生亦颇重象山，鹅湖之会，千古佳话。朱子由衷地赞叹道：

近世所见会说话，说得响，令人感动者，无如陆子静。可惜如伯恭都不会说话，更不可晓，只通寒暄也听不得。自是他声音难晓，子约尤甚。③

《朱子语类》记载：

象山死，先生率门人往寺中哭之。④

---

① 黄宗羲：《黄宗羲全集》第五册，浙江古籍出版社 1985 年版，第 279 页。

② 《陆九渊集》，中华书局 1980 年版，第 126 页。

③ 黎靖德编：《朱子语类》，中华书局 1986 年版，第 2458 页。

④ 黎靖德编：《朱子语类》，中华书局 1986 年版，第 2979 页。

牟先生说："孟子之槃槃大才确定了内圣之学之弘规，然自孟子后，除陆象山与王阳明外，很少有能接得上者。"① 但是象山"亦作铺买卖"（朱子语），"掌库三年"（象山夫子自道），亦儒亦商，可谓儒商。象山于门内"理会家法，亦齐整"（朱子语），于门外，为陶户正名，晓农业利薄，视民如伤。论政则通赈济之策，明平粜之用，知市场不足，重爱民之心，得孟子民本思想之血脉。象山崇尚言论自由，认为：有道之世，士传言，庶人谤于道，商旅议于市，皆朝廷之所乐闻而非所禁也。② 为政曾知荆门军，"政行令修，民俗为变"，颇有事功。

象山以一代硕儒，博学明辨，参与政治，关心社会，治生齐家，本文判象山为子贡之后的儒商代表似不为过。或以为以象山为儒商有悖儒家之道。子贡以一代大儒而废著鬻财于曹、鲁之间而最为饶益，"若子贡之明达，固居游、夏之右。见礼知政，闻乐知德之识，绝凡民远矣"③。子贡可谓一代鸿儒而商、而仕，甚至"国君无不分庭与之抗礼"，学、商、仕三者不在象山之下，尤其重要的是子贡生前亲炙孔圣，"受业身通"，为后世所尊，陪祀孔庙，作为十哲之一的子贡已经优入圣域。既然子贡是大家公认的儒商，那么判象山为儒商也可谓是一以贯之。当然，象山曰："曾子得之以鲁，子贡失之以达。"④ 然而，"传道者，道岂可真传？亦只是德慧生命之前后相辉映、相启悟，故能相续不断耳"⑤。象山夫子自道：

> 世儒耻及簿书，独不思伯禹作贡成赋，周公制国用，孔子会计当，《洪范》八政首食货，孟子言王政亦先制民产、正经界，果皆可耻乎？⑥

象山之言，掷地有声！象山认为，"于此有志，于此有勇，于此有立，然后

① 牟宗三：《从陆象山到刘蕺山》，吉林出版集团2010年版，第137页。
② 参见《陆九渊集》，中华书局1980年版，第288页。
③ 牟宗三：《从陆象山到刘蕺山》，吉林出版集团2010年版，第122页。
④ 牟宗三：《从陆象山到刘蕺山》，吉林出版集团2010年版，第122页。
⑤ 牟宗三：《从陆象山到刘蕺山》，吉林出版集团2010年版，第123页。
⑥ 《陆九渊集》，中华书局1980年版，第70页。

能克己复礼，逊志时敏，真地中有山谦也”。[①] 在象山，天地群己打并为一体，仁体如如，天德流行，士农工商，异业同道，无论天子庶人，“壹是皆以修身为本”，象山坚信，不为此等所惑，“则自求多福，何远之有?”最终，“蔽解惑去，此心此理我固有之，所谓‘万物皆备于我’。昔之圣贤先得我心之所同然者耳。故曰：周公岂欺我哉!”[②] 象山在此“十字打开”的就是士的自觉。

四、现代儒商——东亚儒家圈

（一）张謇与涩泽荣一——兼论士魂商才

学界基本达成共识，张謇（1853—1926）可谓是中国近现代的儒商代表。他一生创办了20多个企业，370多所学校，为中国近代民族工业的兴起、教育事业的发展作出了宝贵贡献，被称为“状元实业家”。前人之述备矣。张謇办的第一个纱厂起名为“大生”，其源自《易》之“天地之大德曰生”。根据明旭博士的研究，《易》是张謇视为营养空气的中国哲学文本。天地间易道的展开，是生生、大生等持续创造、变化的过程。张謇早期的“经济”取义“经世济民”，与内在道德涵养“气节”关联，从而构建了士的认同，形成儒家的“天职”观。张謇晚年使用的“经济”是“政治经济”，仍然不可离开个体的道德与修身。与张謇同时代的郑观应不仅是一位儒商，而且是现代商业领域之中职业经理人的典范。[③]

与张謇的含恨而终不同的是，比其年长13岁的“日本企业之父”涩泽荣一（1840—1931）则以商业成功和道德文章泽被后世。涩泽荣一先生一生都尊信孔子之教，早年矢志于尊王攘夷以救国救民，维新成功后又出仕为大藏大丞，后退出政界，投身实业界，取得了巨大的成就。一生中与他有关的

① 牟宗三：《从陆象山到刘蕺山》，吉林出版集团2010年版，第131—132页。牟先生按：谦卦为艮下坤上。艮为山，坤为地。象曰：“地中有山：谦。”象山于“地”上加“真”字，明“地”为真实地也，即本心实地也，即本心实理为“真地”。朱子注云：“以卑蕴高，谦之象也。”

② 《陆九渊集》，中华书局1980年版，第13页。

③ 关于职业经理人的伦理问题，另文讨论。

经济实业有 500 项之多，横跨银行、保险、建筑、铁路、航运、钢铁、机电、纺织、矿山、造船等各大行业。被誉为“日本近代实业界之父”、“日本近代化之父”。1916 年以 77 岁高龄退休后又从事教育、福利、文化事业和国际关系的发展。生前与他有关的社会事业多达 600 余项。[①] 涩泽先生本人集士魂与商才与一身，可谓现代儒商之典范。其三世孙涩泽雅英先生率团参加了在北京大学举办的 2014 年第二届儒商论域，为儒商之返本开新作出了贡献。

涩泽荣一先生在政商之余暇撰有《论语与算盘》一书以明“士魂商才”。平安时期的菅原道真（845—903）讲“和魂汉才”，据此以发挥，涩泽荣一先生提出了“士魂商才”的卓见。涩泽先生说：

> 为人处世时，应该以武士精神为本。但是如果偏于士魂而没有商才，经济上也就会招致自灭。因此，有士魂，还必须有商才。

但是，涩泽荣一先生马上强调，

> 要培养士魂，可以从书本借鉴很多，但我认为只有《论语》才是培养士魂的根基。那么，商才怎么样呢？商才也要通过《论语》来充分培养。或许有人说道德方面的书同商才没有什么直接的关系。但是，所谓商才，本来也是以道德为根基的。离开道德的商才，即不道德、欺骗、浮华、轻佻的商才，所谓小聪明，绝不是真正的商才。因此说商才不能够离开道德，当然就要靠论述道德的《论语》来培养。同时，处世之道，虽然艰难，但如果能熟读而且仔细玩味《论语》，就会有很高的领悟。因此，我一生都尊信孔子之教，把《论语》作为处世的金科玉律，不离座右。[②]

涩泽先生认为《论语》不仅可以培养士魂，而且能够培养商才，乃至

---

① 参见涩泽荣一：《论语与算盘》，王中江译，中国青年出版社 1996 年版，“译者前言”第 2 页。后简称《论语与算盘》。

② 涩泽荣一：《论语与算盘》，王中江译，中国青年出版社 1996 年版，第 5 页。

可以作为处世之道的金科玉律。士魂商才最要紧的是企业家的自觉，是企业家良知的体现。正如杜维明先生指出的：

> 良知理性所代表的一种新的精神，这就是一种自觉。这是在中国传统文化中，以“仁”为主的一种每个人都有的自觉，也是反思的能力。自觉不表示一个人的觉悟而已，它一定有人与人之间的关系，一定有社会性，一定有历史性，一定有超越性。①

换言之，士魂所说的是如何做人的问题，商才所指的是如何经商的问题。学做人才有可能实现士的自觉，具备良知理性，成为一个具有士魂的人。士魂是本，商才是末。不能做人是不能经商的，做人是经商的前提，士魂是商才的基础。没有士魂，再好的商才都没有用，甚至会起到反面的作用，其表现就是尔虞我诈、唯利是图甚至坑蒙拐骗直到违法犯罪。李梦阳（1473—1530）与王阳明之生卒年都只差一岁，其在《明故王文显墓志铭》中就借王文显之口说出“商与士异术而同心”，表达出士商平等的观念，或者为商争平等之权利：

> 文显尝训诸子曰：夫商与士异术而同心，故善商者处财货之场，而修高明之行。是故虽利而不污。善士者引先王之经而绝货利之径，是故必名而有成。故利以义制，名以清修，各守其业，天之鉴也。如，则子孙必昌，身安而家肥矣。②

商与士“同心”，所同者“士魂”也；商与士“异术”，所异之术即是指有无商才。

当然，仅有士魂而无商才也不能取得工商业之成就，或者说，是不适合从事这个职业的。有商才的人毕竟是少数，大部分人不必去经商，可以从事其他自己擅长的行业。

---

① 杜维明先生在 2015 年 11 月 11 日北京大学第三届儒商论域的主旨演讲。

② 余英时编：《中国近世宗教伦理与商人的精神》，（台北）联经出版事业股份有限公司 2004 年版，第 197 页。余公此书所引史料颇多，读者有兴趣可以参阅。

商人白圭是极具商才的范例。《史记》记载：

> ……而白圭乐观时变，故人弃我取，人取我与。……故曰："吾治生产，犹伊尹、吕尚之谋，孙吴用兵，商鞅行法是也。是故其智不足与权变，勇不足以决断，仁不能以取予，强不能有所守，虽欲学吾术，终不告之矣。"盖天下言治生祖白圭。白圭其有所试矣，能试有所长，非苟而已也。①

"归市者弗止，芸者不变。"变动不居是企业家的特点。熊彼特把实现资源的重新组合并创造价值所形成的群称为企业，把以实现新组合为基本职能的人们称为企业家。人们原来认为的企业家，比如各大公司、工厂的高管就不见得是熊彼特意义上的企业家，而原来不被当作企业家的，则属于熊彼特意义上的企业家。一个人只有当他实际上实现"新组合"时才是一个企业家。②在移动互联网时代，在技术创新的时代，在跨界颠覆的时代，熊彼特的理论取得了更加巩固的地位。举例说明之，风光一时的诺基亚和柯达等企业没有实现资源的重新组合而灰飞烟灭，其管理层就不能称为熊彼特意义上的企业家，而只是一些企业官僚或者管理工头。

无论如何，企业家必须兼具士魂与商才。商才是为商的必要条件，工商业需要一些特殊的才能这是大家有目共睹的，不具商才者可以去从事科学技术、教育、学术、政治、演艺等各种行业，所谓行行出状元。反观现在社会，很多人都有角色错位。没有商才的人在孜孜以求利，没有哲思的人在惶惶而思考，岂不哀哉。总之，不能因为倡导士魂而贬低商才的难能可贵，也不能因为商才之专业而忽视士魂的培养。既有士魂也具商才者，儒商也。

（二）俞吉濬——英雄商人

韩国历史上朝鲜王朝（李朝）的俞吉濬（亦作俞吉浚）(Yu Kil-chun)(1856—1914)，也是儒商的代表。俞吉濬的学识、思想和遭遇可谓东海黄宗

① 司马迁：《史记》，中华书局 1963 年版，第 3257—3259 页。

② 参见熊彼特：《经济发展理论——对于利润、资本、信息和信贷周期的考察》，何畏、易家祥等译，商务印书馆 19991 年版，第 83 页。

義，去世时为了表达亡国之恨，遗言不要给自己树立墓碑。在倭寇入侵、社稷倾覆的历史大巨变中，俞吉濬命运多舛，“裁制君权，谓之犯上；改革庶政，谓之悖德。众口铄金，积毁销骨，遂使有猷有为之才，不能一日安于朝，岂不痛哉!”① 云养先生哀之深、论之切。

作为大东学会的讲师，俞吉濬应该是认可该会宗旨的，即“要立体达用，守孔孟之宗旨，明事物之时宜，使正德、利用、厚生三者并行不悖”。在治学救国的同时，俞吉濬力主产业救国并身体力行之。他在《西游见闻》第十四编中说：“商贾亦国家之大本，其关系重大不后于农业，政府富饶，人民蕃盛实状，不以此道，其成不能。”② 在这种思想主导下，他先后建立了国民经济会、湖南铁道会社、汉城织物株式会社等民族企业，为韩国民族资本主义的发展作出了贡献。

俞吉濬是批判传统的轻商思想而将商人称为英雄的东海第一人。“英雄商人（Hero-merchant)”必须是逐利的，但是获利是为了仁爱和民族而不是为了一己之私利，更不是为了个人生活之享乐。当然俞吉濬强调了商人独立自主、理性决策的重要性，靠人与人之间的信任和诚实而不是靠政府的扶持来谋取利润。他认为商人要有是非观，并具有从商的基本技巧和知识（即商才)。鉴于当时李朝正在经受亡国灭种的深重的民族灾难，因此俞吉濬特别强调商人对于人民福祉与国家独立强大负有不可推卸的责任，否则，就被视为是非不分，商才不逮，公私不辨的商人。俞吉濬的这些思想已经成为韩国资本主义的主流意识。③

五、结论——有自由才有儒商

纵观历史，杨联升先生认为商人的地位一般说来也是很低，不过不同时代又有相对高低之不同，战国至秦汉初，宋朝，明朝中叶以降、清中叶以

① 金允植：《云养集》卷四，《矩堂俞公吉濬追悼文》，韩国文集丛刊（卷 328），韩国景仁文化社 1996 年版。

② 刘群艺：《俞吉浚的〈西游见闻〉与韩国开化期的经济思想》，《史学集刊》2004 年第 1 期。

③ 参见 TU Weiming，*The Confucian World Observed*：*A Contemporary Discussion of Confucian Humanism in East Asia*，University of Hawaii Press，1992，pp.76-77。

降，商人地位稍有增进。[①] 儒商乃至整个商业活动在秦始皇统一中国以后就已经式微，原因有很多。根据韦伯的观察，

> 在中国，帝国统一之后，和罗马帝国的情形一样，为了谋求资本的政治性竞争便消失了。中国的统一帝国也没有海外的殖民地关系，这也阻碍了类似西方古代、中世纪与近代所共有的那些（海外殖民）资本主义类型的发展。[②]
>
> 在国家方面，权力的垄断则会窒息了行政运作、财政管理与经济政策的理性化。存在于各战国诸侯战争期间的理性化驱动力，在帝国统一后就不复存在。[③]

以史揆之，韦伯确有洞见。汉武帝的中央集权统治建立以后，国家为了掠夺人民的财富，不断地在资源生产、流通领域甚至分配领域伸出自己的手。资源生产体现在《盐铁论》中桑弘羊的主张，流通领域就是所谓的“均输”办法，分配领域最臭名昭著的就是“告缗法”的实施。因此，重农抑商政策的提出和倡导，乃至内化到价值观里面，都是专制政府的贪婪造成的。孟子对此有大量的批判和建议。汉初的儒家还能自觉地意识到这个矛盾，继承孟子的思想与之进行了斗争，前有董仲舒“谋其道不计其功，正其谊不计其利”之呼吁，后有儒生与桑弘羊的辩论，其目的是尊重市场的规律，倡导商业的自由，其出发点还是为了人民的福祉而不是政府乃至皇帝的一己之私。

但是坊间的错觉是儒家主张“抑商”。实际上，“抑商”的始作俑者是法家，变本加厉者是专制皇权，这二者都是儒家努力批判甚至是奋起反抗的。在孟子时代，中央集权制尚未建立，列强纷争，各国为了富国强军，对于商

---

① 参见杨联升：《中国文化中“报”、“保”、“包”之意义》，贵州出版集团 2009 年版，第 148 页。

② 韦伯：《中国的宗教：儒教与道教》，康乐、简惠美译，广西师范大学出版社 2010 年版，第 156 页。

③ 韦伯：《中国的宗教：儒教与道教》，康乐、简惠美译，广西师范大学出版社 2010 年版，第 105 页。

业和市场是鼓励的。各国都有“征商”的政府行为，但是政府还没有条件进行“垄断”。相反，由于列强之间综合国力的竞争，各国都采取了吸引商人，培育市场，发展商业的各种手段，各国政府还没有条件能够走到前台对商业进行垄断。等到秦汉一统，正如韦伯指出的：

> 当中国在政治上统一为一个世界帝国之后，就像帝制罗马所统一的全世界（Orbis terrarium）。这种本质上由国与国之间的竞争所维系起来的资本主义就衰退了。①

中央专制政权建立以后，国家垄断就成了人民的噩梦。前有桑弘羊的盐铁专卖，中有隋唐公廨本钱制的官营高利贷，后有明代的开中、清代的盐引，其实质都是政府通过垄断，牟取暴利。无论是中唐的理财能手刘晏还是宋代的改革家王安石，都看中了国家垄断的巨大好处，而将孟子的教导抛之脑后。由于垄断，官商飞扬跋扈，以商业代替抢劫，打着抑商的旗号搞官商，商业不仅在价值观上被污名化，而且实际上已经被腐化。

至于士大夫阶层，魏晋南北朝的门阀豪族已经是与民争利的“儿皇帝”了，在掌握儒家经传的同时，也掠夺了大量的财富。庄园经济遍布华夏，从此，门阀士族与皇权沆瀣一气，或进而成为有奴婢部曲的隋唐关陇新贵。儒家缺少了孟董二子和汉宣儒生之批判精神。隋唐科举以后的儒生从此有了稳定的进身之阶，“书中自有黄金屋”，富贵不分，重贵而轻富，轻富而贱商，儒生乃至大众凭此形成了看不起商人的心灵积习。即便在宋元明清之际，士大夫虽然遥契孔孟，重建价值，实现了儒家第二期发展，但是皇权对资源的控制、对市场流通的遏制和在财富分配环节的专制，不让汉唐。儒家也淡忘了孔孟求富之教，与之渐行渐远。

虽然宋朝的情况比隋唐稍有好转，前揭陆象山的案例可以略窥消息，但是明朝初年又把商人的地位压制到最低，穿衣服有分别，住的房子有规定，参加科举也有限制。明中叶以后虽有儒贾群体之出现，但是大部分都是

---

① 韦伯：《中国的宗教：儒教与道教》，康乐、简惠美译，广西师范大学出版社 2010 年版，第 132 页。

从事与垄断勾连的生意，例如供应明朝边防军粮产生的晋商，从政府获取盐业专卖的徽商，明清鼎革以后基本上还是如此。当然，自古皇权不下县，而且除了盐铁之专卖、米粟之漕运为政府垄断，至少有茶、丝、木、药等其他重要物资属于自由流通领域，“平情而论，历史中颇有勤政爱民的循吏，也有公买公卖的安良商贾，尤其是义举、善举的贡献，突出传统伦理道德的作用”①。

民国肇造，军阀混战，一盘散沙，国家之不幸在客观上却催生了现代真正意义上的商人，以张謇为发端，以江苏无锡荣家为代表，一大批民族工业得到了发展，商人在军阀割据的缝隙中不其然建立了自己的主体性，践行儒商本应有的士的自觉。张謇就是其中杰出的代表人物。但是1927年北伐成功以后的政府管制使得几乎所有银行几乎一夜之间全部国有化，作为万业之母的金融为权力所控制。在与日韩一样同属儒家文化圈的中国，企业家或者商人具有士魂商才者不乏其人，然而命运多舛。前有张謇的含恨而终，后有荣氏家族被民国政府挤压而奄奄一息。即便如此，民族工商业还是取得了持续的发展。然而日本在1937年发动的全面侵华战争打乱了民族工业的发展进程，机器设备毁于战火，或者西迁大后方，许多像卢作孚这样的企业家毁家纾难，为民族工业保留了一点元气和火种。

在当代商界，《论语》与算盘的张力也一度非常紧张。针对这些现实情况，杜维明先生说：

> 在中国的企业界，以严格意义上的儒商最高标准来论，我不认为目前中国的任何一个企业家有资格算儒商，儒商的观念在当今中国已荡然无存。目前中国还没有儒商，儒商需要具备深厚的文化底蕴。但是，正走在成为儒商路上的人很多，因为在中国企业界，参与社会、注重文化的人现在越来越多。②

杜先生的期望正在逐步变成现实。兹引司马迁的“素封”之论以结束本文关

① 杨联升：《原商贾》，载余英时编：《中国近世宗教伦理与商人精神》，（台北）联经出版事业股份有限公司2004年版，第11页。

② 《中国慈善家》2013年7月号。

于“儒商”的讨论。太史公曰：

> 谚曰：“百里不贩樵，千里不贩籴。”居之一岁，种之以谷；十岁，树之以木；百岁，来之以德。德者，人物之谓也。今有无秩禄之奉，爵邑之入，而乐与之比者，命曰“素封”。①

在全球化的发展过程中，达“素封”之位的商人或者企业家将会或正在不断出现，他们正在为人类的进步和福祉作出自己应有的贡献。从这个意义上讲，天下皆儒商，其道一也。如果说法家重耕战为抑商之始，皇权或求富强或饱私欲是抑商之流，汉儒反垄断却堕入崇本抑末的窠臼有违孔孟富民之教而不知，是抑商之推波与助澜，那么，富贵不分、贵贵贱富、重仕轻商乃是全民抑商之汹涌暗流而不自明。我们现在只有回到孔孟之教的源头活水，只有明辨富与贵以激浊扬清，反垄断以维护自由市场经济，或富贵可辨、富而好礼可期。

① 司马迁：《史记》，中华书局1963年版，第2201页。

现实研究

孔子的信仰体系与企业家信仰模式的研究

齐善鸿　孙继哲　李　宽*

近些年来，我国的经济发展取得了世界瞩目的成绩，大大提升了人们的物质生活水平。然而，人们也看到了一系列诸如食品安全、环境保护等方面由企业失德行为所引发的社会问题。各种诸如“毒食品”、“毒产品”等问题所昭示的，是一个更加深刻的社会道德困境：企业的领导者唯利是图、蔑视道德、缺乏信仰时，其失德行为是具有普遍性的。如此下去，就会产生两个悖论：企业家和企业的发展会日益步入困境，这样的模式所驱动的社会发展，会导致人性扭曲、环境和生态破坏，威胁人类自身的生存。

针对企业道德失范这一问题，政府从两个方面采取了相应措施：一方面加强法制建设，依赖法律的强制力，加大对企业失德行为的惩处力度；另一方面也在加强道德教化，希望通过增强企业家社会责任意识和提高企业家道德认识水平，让企业守住道德和法律的底线。实践证明，这种做法确实起到了一定的积极作用，但依然让人忧心的是，企业家道德状况并没有因此得到根本性的改善，企业失德行为依然十分普遍和严重。究其原因，也是法律自身的承载力和道德的约束力均不足以解决这样一个社会性和精神性的问题。众所周知，法律多是对越过底线行为的惩戒，虽然具有很大的强制力，但是受到法律承载力的限制，并不是所有的企业失范行为都能够被法律及时地惩治。而道德教化更偏重方向性的引导，尽管可以为企业家提供道德的正向引领，但是当人们受到经济利益诱惑、竞争压力等几股力量的挤压时，依然很难作出符合法律和道德的正确选择。

---

* 齐善鸿，南开大学商学院，孙继哲、李宽，南开大学旅游与服务学院。基金项目：国家自然科学基金资助项目（71472093）。

于是，在企业界就出现了“电网中的老鼠”现象：一些企业家一方面因为害怕法律的惩罚而不敢“越雷池半步”；另一方面又由于缺乏足够的道德力引领，时常在道德的底线上下徘徊。一不留神就滑落到了道德的底线以下，甚至触犯法律。此时，已经取得的经济“成绩”就往往变成了犯罪的证据。虽然不少的企业家认同并向往道德，但是因为缺乏对道德价值和运行机理的清晰理解，道德在他们那里只是一个模糊的概念。特别是在经济利益与道德准则发生冲突时，就会在坚守道德方向时产生迟疑，进而习惯性地选择经济收益。于是就又陷入到了一个自我悖论之中：心中向往着健康的发展，而行动做法又在阻碍发展。

现实中也有这样一些企业家，他们看似与一般人也没有什么不同，然而却通过自己的实践很好地解决了这个问题。海底捞创始人张勇总结“海底捞”的成功在于把顾客的幸福和员工的幸福作为赚钱的前提。员工的这种幸福状态所形成的文化氛围可以改变员工、改变员工之间的关系，并最终通过员工改变企业与顾客之间的关系，通过顾客改变企业与社会的关系。苏州固锝电子股份有限公司董事长吴念博把“员工幸福”作为企业的第一要务，认为企业利润不应该是考核企业是否做得好的唯一指标，企业的价值在于员工的幸福和客户的感动。信誉楼的创始人张洪瑞先生自企业创立之初就把“以信誉为本”作为企业的信条，并通过一系列相应的举措，使企业做到了“以诚待人，以誉取信”，受到了顾客的一致好评。

这些企业家及其所经营的企业极少出现道德和法律问题，公司品牌在社会中有很大的正向影响力。与此同时，他们的业绩收入也在市场中处于领先地位。更重要的是，他们本人和员工的幸福感也非常高。这是因为，他们明白企业首先是人的组织，其所有的经营活动都依赖于人，其所追求的利润最终也是为了服务于人的心智成长与生活幸福。企业如果为了物质利益而牺牲道德准则，就违背了企业“服务于人”的价值方向，即使获得了一时的利益，一旦被发现，就会成为自身道德的负债以及法律审判的证据。特别是在当今的互联网信息时代，这种失德行为会被迅速地传播，使企业因为丧失了道德信誉而让人们对其产品失去信心，企业也因此失去了市场信用和未来的发展空间。正如打造了两个世界500强公司的稻盛和夫所说的那样，“企业在追求利润的过程中必须坚持利他，同时追求利润本身就是实现利他的手段，因此在追求利润时必须做到取财有道，绝不能为了赚钱就不择手段”。

因此，当企业家明白了道德对个体和企业的综合利益是最重要的力量以及任何违背道德和法律的做法都会导致人生和企业的负债时，就会首先将自己的理性上升到一个更高的水平，无论受到怎样的诱惑与压力，也不会动摇自己对道德的坚守。这种基于对道德机理的理性认识，主动选择道德方向，并在任何情况下都不会动摇的状态，被称之为信仰！纵观人类历史，那些拥有真正信仰的人，让自己的生命走上了一条正向、健康、可持续发展的道路，杜绝了对正面价值的犹豫不定所导致的生命的浪费，他们所领导的组织也解决了因为信仰的不究竟而产生的停滞、徘徊所带来的对组织生命的消耗。这就是将法律道德内在化、信仰化能够给个体、组织所提供的重要精神制度的力量。可见，将外在法律制约与内在道德自律进一步整合成为个人与组织的信仰，是解决上述问题的一项新的制度安排。

企业家是企业组织的最高领导人，其思维与行为的方式对企业中的员工有着“上行下效”的影响作用。而且，企业家处于权力的顶端，如果认识不到信仰的重要性或者认识得不深刻，不仅会影响自己的生命精神体系建设，更无法在企业中推动众人信仰的建立。假如企业家信仰出现了偏差，企业就极有可能按照一种错误的思维、行为方式经营下去，这无疑会给企业、社会和他人带来无法想象的损失甚至于伤害。

由于信仰的高端性和社会启蒙的匮乏，现实中的人们对信仰概念与本质的认识还比较模糊，对于身边尚处在追求信仰过程中的人们也存有很多偏见。基于此，从研究者角度，提出对信仰本质的深入思考，对信仰进行科学化、体系化研究，就显得尤为必要。

一、关于“信仰”主题现状及研究分析

（一）民间“类信仰”的澄清

尽管有关信仰的说法和观点也在人们的日常生活中多有涉及，但是对于普通人来说，很难厘清信仰的概念及其真正的内涵。再加上信仰这一主题主要是在宗教和哲学范畴中被关注和诠释，因此人们常常将信仰与非理性联系在一起，进而产生许多盲目性的信仰现象。为了区分这些看起来属于信仰

而本质上又不是真正信仰的现象与行为，此处用“类信仰”一词指代。

1. 宗教信仰的辨析

现实中，人们疑惑最多的可能就是宗教信仰到底是不是真正的信仰的问题了。很多人认为，宗教强调对教主的绝对服从而使人丧失了理性思考的能力。这种不让人做理性思考而绝对崇拜的做法，是很多人远离宗教进而远离信仰的重要原因。应当承认，现实中确实有一些宗教人士强调信众对那个神灵般拟人化代表的绝对依从，但这并不是宗教的本义。纵观历史，古今中外的宗教无一例外都是在用一种近乎纪实文学和历史神话的手法将人类所有美好的愿望和个体所不具备的某些能力集中在一个虚拟的人物身上。他们似乎具有人的外形，但是又不能完全被感知，同时还具有某种个体无法超越和摆脱的神秘力量。实际上，这种做法只是一个迎合了人们日常生活经验层面理解方式的“方便法门”，是圣人们在将天地间的客观规律引到人间时，因为受到语言的局限而采用的一种手法而已。

实际上，宗教信仰就是一个典型的将客观真理人格化和神圣化的信仰体系，它的主要功能不再是对客观真相的简单描述，而是经过人为加工用来服务于现实生活中人们的精神“产品”，目的在于帮助人们建立自身的精神体系和群体秩序。当然，宗教中有信仰，但信仰不仅限于宗教，更不能等同于宗教。“几千年的人类发展史，宗教只是信仰的一种形式，但是宗教并非是信仰的唯一存在方式，实际上它只是信仰的一种特定的存在形态。离开了宗教，信仰完全可以获得其他的存在形式。”

2. 信仰与迷信的辨析

现实中普遍存在的信仰现象中，有不少都呈现出迷信的色彩。原因在于普通民众对信仰少有深入系统的研究，自然也就无法搞清楚什么是真正的信仰。但是，当人们面对复杂的外部环境而感到无奈和无助时，总想依靠信点什么来稳定自己不安的情绪。此时的“信”往往表现为迷信。这种“信”既不能作为真正的信仰，也不能因为不是真正的信仰而一概否定。因为信仰是一个生命的历程，不是可以一蹴而就的。从“迷”到“信”也是人类领悟真正信仰的过程，但不能成为混淆信仰和迷信或者借“迷信”否定“信仰”的借口。

3. 概念泛化的信仰辨析

提到信仰，或许人们会经常听到这样一种论调："信仰每个人都有，只是信的不同罢了。"实际上，这是典型的概念泛化，即给一大类现象赋予一个概念的标签。其错误的本质是在缺乏对"应然信仰"正确认知的前提下，将现实中的"实然信仰"等同于"应然信仰"。现实中如"人不为己，天诛地灭"、"法不责众"、"利他是为了利己"等所谓"信仰"就是典型的代表。

（二）学界关于信仰及企业家信仰的研究现状及评析

在理论界，信仰的主题也备受学者们的关注。特别是随着现实中企业和个人越来越频繁地爆发道德危机事件，企业家信仰的问题成为管理研究者们关注的热点。

1. 认识信仰

信仰并非今天才有，它是伴随着人类历史产生和发展而来的。在原始社会中，人类对自身的了解非常少，对抗自然的能力也很弱。在天地自然的变幻莫测以及人在其中被左右的现实状态下，人们由于不了解天地运行的规律而自然地对天地产生了一种敬畏之心，这也是催生人类崇拜与信仰的力量源头。因此，原始的信仰多是一种万物皆有灵的概念。也因为崇拜对象以及主体的差异，信仰多是以一种多神教的状态存在着。

随着人类认知能力的提升，基于原始社会的图腾崇拜开始向着宗教的方向发展，并慢慢形成了具有各自民族地域特色的宗教信仰。宗教信仰的主要作用是承担一些重要的心理和社会功能。如"宗教通过对某种未知力量的解释来缓解人们的焦虑，当发生危机时通过宣扬超自然力量来安慰人们的不安。同时宗教的各类仪式还可以促进学习，增进人与人之间的情感交流，维护社会的团结和稳定"；还可以"帮助宗教信仰者在面临自己的有限能力及有限生命的尽头时，给予一种慰藉"，进而"形成个人与自己及周围关系的互动体系，在面对未知世界的恐慌中达成一种相对的安定、安全的感觉"。

因此，从本质上讲，信仰属于人的精神领域的内容，是在人的意识层面生成的东西。它表达了人类对无限的一种向往，为人类在莫测的未来旅途中标注了目的与归宿，也是人类社会面对复杂与多变的态势生成的一种价值尺度与模式。信仰是一种有目的的价值追求和选择，对人的生命与生活具有导向作用，也为生活实践中的人们提供了一种追求价值与幸福的动力和目标。

同时，信仰可以被描述为一种复合性的心态，其本身包含理性、逻辑、认知的成分。同时，信仰也是一种心理状态、一种精神文化活动，是人们向往那种极致的最高境界而产生的状态。信仰能够触及人生命的意义与价值，涉及人类社会存在的根源与归宿。它是一种价值理想或者一种价值承诺，具有理想的目的性；是一些特定的文化群体以及生活于该文化影响下的社会群体中的个体，在一个共同的目标引领基础上所做的一种共同的选择，因此这种选择就具有坚定及持久性。

2. 关于企业家信仰

早期对企业家信仰的研究集中在宗教社会学领域，主要从宗教与经济增长之间关系的宏观层面逐渐扩展到企业家宗教信仰的微观层面。根据企业家不同的宗教背景，有学者将企业家信仰定义为“有基督教信仰的，并以个体经营和民营经济为基础的商人、企业主、经理、董事和有股份的职工教徒，即为‘老板基督徒’”；或者“是指那些具有佛教信仰的，并以个体经营和民营经济为基础的商人、企业主、经理、董事或者白领的佛教徒”。还有学者从管理学视角出发，在综合考察了现实中诸多企业家信仰状况的基础上，提出了关于“企业家信仰”的描述性定义：“是指企业家在创造财富的程中所体现出来的精神源泉、精神动力和精神财富；是企业家们对其终极眷注有精神追求的勇气；是对一种哲学价值观的参悟与遵循；是企业家在灵魂飘忽中得以驻足停留的居所；是企业家和企业生存的根本信念；是一种毕其一生追求卓越、打造世界一流企业的雄心和信心；是一种不达目的誓不罢休的坚定信念；是一种为了国家富强和民族振兴的崇高使命感和社会责任感。”此外，还有管理学者分析了企业家和企业管理者的超自然信念，并进一步探究其对企业商业决策的影响“基于无知、对未知事物的恐惧、相信魔法或运气，或是对因果关系的错误认识而形成的一种信念或做法”。此外，还有些学者在研究中探究了企业家以儒释道三家为主体的传统文化信仰，以及信奉或赞同某种或某几种宗教的基本理念并将其引入到企业治理结构和企业文化的建设当中的企业家信仰群体，称之为“文化宗教徒企业家”。总体上说，现有的文献对企业家信仰概念的研究相对还是较少的。

近些年，尽管针对企业家信仰的实证研究文献数量呈现上升趋势，而且研究情境涉及诸多国家或地区，但是学者们关注更多的是宗教信仰，且主要集中在企业家（宗教）信仰作为前置变量对企业家个体以及企业层面的结果变量的影响研究。

从企业家个体特质角度，通过对印度尼西亚的（家族）企业家的研究发现，伊斯兰教的信仰精神影响着穆斯林企业家的商业伦理和商业实践，并深刻改变着企业家个人的特质，使其具有美好的品质，促其企业取得成功。从企业家创业行为的角度，企业家大多以个人的信仰作为开创新事业、打造全新工作环境的价值导向，通过工作甚至是生活中的各个方面传达个人的信仰理念。此外，企业家的个体宗教信仰对管理决策有着重要影响。同时，不同的宗教信仰对风险规避的态度也不尽相同。

从企业行为的角度，企业主宗教信仰中乐善好施的思想对其捐赠决定具有正向影响。而且，企业首席执行官的政治信仰与企业社会责任行为也显著相关。在企业利益方面，研究也发现有信仰的企业家，其经营企业的目标不单单是为了经济利润，更为重要的是追求精神上的利润。

3. 对于信仰及企业家信仰研究的评析

通过对现有的关于信仰及企业家信仰研究的分析发现以下几个主要问题：

（1）缺乏对信仰的内涵、核心要素以及要素之间的逻辑构建等问题的深入研究，只能部分地呈现关于信仰中的某些事实和对信仰进行一般性的议论。现实中缺乏信仰的启蒙教育，以科学为主流的教育体系中很少涉及信仰方面的内容，社会上也少有针对信仰主题的培训和教育，因而在遇到问题时往往因为缺乏思考的知识素材而无法对信仰进行深入研究。

（2）对企业家信仰的研究偏重企业家的宗教信仰。由于缺乏对信仰进行科学化的研究，因此对于信仰的精神特质、运行的机理不明确，加上“类信仰”的影响，很容易将信仰与宗教信仰等同，并在此基础之上进行企业家信仰的相关研究。

（3）本土的信仰研究缺乏对中国传统优秀文化的信仰模式的深度挖掘。中国文化中不缺乏信仰的思想要素，只是祖先的很多经典在描述这些思想时用词简练，再加上文字、字义的演变等原因，导致了现代人只是引用圣人的文字而没有发掘其思想的精髓，也没有形成自己的信仰体系。

（4）缺乏将信仰的理性逻辑与企业家管理理性全面系统的对接。企业家处在企业这样一个名利组织中，如何建构起精神与经济之间的良性互动关系，如何让高尚的信仰促进企业家心智模式的提升，进而影响企业综合价值收益最优，是信仰应该关注的重点内容。然而目前依然缺乏有深度和实践可行的研究成果。

信仰，是人类精神活动当中无法回避的主题。然而，对于很多人来说有些神秘，许多人心中有信仰的需求却找不到信仰的大门；既不愿意进入纯粹的宗教信仰体系，也不想灵魂缺乏指引而空虚。什么才是真正的信仰？它赋予生命的卓越价值有哪些？对解决当前道德问题有哪些帮助？这些都是本文涉及的一些焦点问题。

三、至善理性信仰的生成

（一）信仰的理性基础

信仰的形成首先源自人类对客观世界的认识，是人的主观与客观意志互动的一种反应。随着人类认识的进步，人们发现这个客观的世界在人类产生之前和之后都在按照自己的秩序和规律运行着。实际上，人只是地球上万千生物种类之一，是天地自然的一部分。天地大道的自然规律也蕴藏在人的自身中。这种人与天地间关系的基本事实，就决定了人本身就是客观的一部分，承载着客观规律的基因。但是人又不是一般的客观存在，具有主观能动性。人类不是完全被动地等待和接受客观规律的制约，而是在认识客观规律的基础上发挥主观能动性来服务人类自身的生存和发展。这种主动将自己的主观认识归于客观事实规律的做法，就是人类最高理性的体现。这种理性使得信仰者时刻看清客观真理的无限性以及自身认知的有限性，明白以自己有限的能力，是不可能真正完全、准确的发现真理的。因此，信仰不仅赋予了信仰者一个目标，也同时赋予了信仰者一个自我更新与升级的程序。即信仰者会随时观照自己的认识状态，并不断地对自己的认识进行理性客观的否定与剖析，这种做法在客观上也使得信仰者比常人能够更快地接近真理。

（二）信仰价值的形成

在人类不断地发展和进化的过程中，人们也逐步意识到，个体对抗自然环境的能力是有限的，一味地以自我为中心的做法只能使自己的生存变得十分艰难。而借助集体的力量，人们不仅可以获取更多的食物来满足生存的需要，还可以抵御外部的威胁和伤害。这种对群体以及其他个体的依赖也决定了其愿意选择做被他人认可的事情。与此同时，那些邪恶的、功利的、伪善的观念和行为，不断地被人们识破，进而被淘汰。只有那些纯粹的利他行为以及超越了世俗观念的善，才会被人们的理性所接受从而得以保留和传承。于是，在经历了漫长的实践活动之后，人类确立了自身的文明信念，就是要团结互助，无私地帮助他人，多做“善事”与“好事”，并无功利性期望。出现问题时，还能进行自省，而不是责难他人或者放弃自己的追求。这种文明的价值理念，可以表述成“至善利他”。它会减少群体内部的冲突，降低内耗，将集体的力量进行有效的汇集和组织，提高效率，这是动物世界无法企及和达到的，也是人类变得越来越强大的重要原因。尽管在不同的文化背景下被冠以不同的名称，如在道家思想中被称之为“上善”，在基督教思想中被称之为“博爱”，在佛教中被称之为“慈悲”。但是，“至善”始终是东西方人们共同追求和憧憬的主题。

由此可见，信仰就是人基于理性、至善和自知的前提对客观大道与客观真理的坚信、追求与践行，是对自我主观的连续审视与不断超越、对至善的坚定不移、对其他生命形态的尊重、对方法与态度选择的文明性所构成的一个生命精神体系。

（三）信仰对道德内在机理的解读

那些有信仰的企业家，也许未必对信仰的本质和价值逻辑有十分清晰的认识，但是信仰中的某些核心元素一定在很大程度上影响了他的道德观，进而决定了他的行为模式。

首先，信仰为道德确立了“至善”的标尺。人们一般所熟悉的“善”是相对于“恶”的一种表述，也就是在一种两极之间进行的一种性质描述和一种简单的价值选择，并不涉及程度的问题。于是，这种朴素的善在现实生活中就很容易按照一种交易式的逻辑进行，即为了证明自己是个好人，或者为了获得某种回报，或者为自己吸引更多的机会。这种基于自利的善念，其行善的对象往往是有选择性的：对于那些对自己有用的人，就要对他好；而那些对自己没有用的人，就不会对他好，时间久了就容易让人看透。而且，这种善行也是不稳定的，当自己的付出没有获得所期望的反馈时，继续行善的念头就会动摇，甚至于因为不满意对方的反应而产生仇恨的念头。而信仰中的“至善”是一种基于对人类文明发展主线的认识而主动选择的价值方向，是一种脱离了外部条件的纯粹的真善，是超越了世俗中“善恶”二元对立思维的善，是人世间最高的人文情怀。

其次，信仰为道德破解了“伪信”的逻辑。现实中人们关于信仰的理解存在很大分歧。很多人认为每个人都有信仰，只是信的不同罢了。实际上，这种观点正是由于缺乏对信仰的文明指向和终极价值追求的正确认识所产生的一种概念泛化的错误。它将所有人内心所信统称为信仰，不去分别真伪，也没有明确的真伪的标准。这种现象在现实中还是非常普遍的。例如很多人相信“人不为己，天诛地灭”，但这种通过自私自利的方式对自己好的模式能够成功吗？如果一个人只想着自己，而不考虑其行为给周围的人带来的结果，这种自私行为就会与外界发生冲突，而矛盾与冲突的存在和不断升级就会对个体收益造成不断累积的障碍。克服障碍就会多付出一些代价，成本增加了，收益也就减少了。再比如“小恶无所谓”。很多人看到一些损人利己的恶人做了坏事并没有得到惩罚，于是也开始模仿那种方式来为自己获取利益。的确，法律无法及时地惩治所有的恶行，于是小的恶行就给人们带来了很多暂时的好处。特别是当看到身边很多人都这样做的时候，“法不责众”的心态又助长了这种恶行。而当小恶不断积累成大恶，并最终导致“恶贯满盈”的结果时，一切都来不及了。由此可见，诸如此类的错误信条如果不能被破解，就很难坚守道德的底线。当遇到重大考验的时候，就容易被外部的诱惑所吸引，进而偏离自己的信仰。正是因为存在这样的恶果，古人一直在劝导人们：勿以恶小而为之，勿以善小而不为。人为善，福虽未至，祸已远离；人为恶，祸虽未至，福已远离。这些信条构成了中国人朴素信仰的基本价值内核。

再次，信仰为道德提供了“坚守”的信念。在破解了一系列错误信条的基础上，人们或许可以不被外面的小利所诱惑，但是衡量一个人的道德方向是否为至善，还有一个重要的标准，就是在践行的过程中，遇到很多的误解甚至是伤害时，他是否会改变善的方向？选择了至善道德方向的人，在面对现实中各种人和事的时候，都会按照一种至善的标准去对待别人。因而会让有些人觉得“好欺负”，为了能占些便宜，很有可能会做出对其本人的伤害性行为。此时，就是对一个以善作为道德方向的人的最严峻的考验。至善信仰者在面对这样的情况时，会继续坚守至善的道德方向，并不断地优化自己的行为。不但不会责怪那些伤害自己的人，还会以一种悲悯之心去体谅对方无缘至善的不幸。明白对方需要的不是惩罚，而是可以温暖其心灵的帮助。只有不断地优化自己的方法去帮助他们，才能使之从不幸的境地中走出来。这样的信念及对现象背后本质的认知，使得至善信仰者保持着稳定的道德坚守状态。

最后，信仰为道德明确了“自省”的思维模式。非信仰状态下的人在出现道德失范的情况时，往往会强调外部条件的欠缺，或者强调他人的失范行为对自己所产生的负面影响，进而为自己的失范行为开脱。而真正选择了至善道德方向的人，要求的是自己践行至善的理念，因而不会为自己的错误寻找任何借口，更不会按照这个标准去要求和衡量别人。在遇到问题时首先思考自己出了什么问题，进而思考如何进行自我调整才有利事情的发展。而不是一味地指责别人，即使别人有错，也不会得理不饶人。于是，通过各种问题的解决提升了自己的能力，周围的朋友也会因为得到的宽容而产生信赖，并在这种互动方式下形成更加紧密的依赖关系。

由此可见，在人类的生活实践中，信仰不仅成为支撑道德生活的基石，而且也为个体心灵与精神的健康发展提供了基本的保障条件。信仰不但开启了道德中的自律能力，赋予了道德行为中的意义与价值，也成为了人的精神生活状态以及道德尺度的坐标。信仰不仅可以提升道德境界，也可以在不知不觉中塑造一种至善信仰型的人格。于是，信仰为人类构筑了一个理想的道德高度和体系，通过个体的自我奉献与牺牲，在更高的境界中实现了一个与自私完全不同的自我，一个更高的自我实现。

缺乏真正信仰的人，往往会忽视客观规律对人的决定性，过分夸大人的主观能动性对客观规律的作用，分析和处理问题也容易按照一般世俗的观点和信条进行，遇到困难时首先强调客观理由，或许还会责怪他人不配合自己。当人们按照这样的一种思维逻辑和行为模式做事时，就无法与周围的人形成良性的互动关系。当人们在企业中延续这种方式时，就会降低工作的效率，增加企业的管理成本。如果企业的管理者，特别是最高领导者不能够及时发现问题存在的思想根源，而只是在方法上进行改进，就难以防范企业经营的道德风险。

（四）至善理性信仰是企业家的必然选择

有人说，中国人是没有信仰的。也有人说，中国人是有信仰的。其实这两种说法在逻辑上都不准确。如果说中国人没有信仰，是指的所有的中国人吗？现实中的实际情况是，有的人没有，但是有的人是有信仰的。说没有的人多半是自己没有，而说有的人首先自己就是信仰者。毫无疑问，有信仰的人成了社会的中坚力量，是国家和民族的脊梁。他们奉献自己，用生命来尽职，面对着现实中的各种诱惑毫不动摇，用智慧在现实条件下践行自己的理想，对自己选择的这种生命模式无怨无悔，充满自豪。从历史上看，圣人、伟人和英雄们，他们无一例外都是拥有信仰的人。在信仰的价值理念驱动下，他们坚定地走出了小我，将自己与一个超越其生命能量无数倍的世界紧密联系起来，从而获得了一种巨大的生命力量，也打造了他们信仰般的人格模式，进而推动了人类历史的发展。

无论企业家的学历高低和对自己的定位如何，他们都已经处在了那种对很多人乃至整个社会产生重大影响的位置上。因此，无论从企业家个人、企业组织还是社会的角度，企业家都只有一个选择，就是不仅要用专业的智慧经营企业，更要用正义的信念和行动培育自己的队伍。只有这样，才能在正确思想的指引和保证下把企业经营好。作为企业的最高领导，企业家要追求一种至圣的境界；作为企业中的精英管理层，也要按照君子的高度去思考和行动；至于普通员工，也必须从小人的那种思维模式中走出来，才有可能利于自己、利于企业，并且向着君子的方向提升自己。由此可见，至善理性信仰是企业家必然的选择。如果企业家的选择标准低于普通人，企业就无法吸纳优秀的人才，同时，企业中的其他人也会以更低的标准要求自己，如此将对企业的长期健康发展构成巨大的威胁。

也许很多人会认为这样做很难，实际上当人们面对一个问题时，理性的智慧首先是要思考做这件事情的必要性。如果答案是肯定的，那么“难”就是一种未明了规律前的情绪反应，也就是一种畏难情绪。这是人们需要注意和克服的。对于在现实环境下追求理想的人生实践，历史上就有很多人，其中一位就是人们都熟悉的人，他从一个普通的家庭，一个不幸的童年，走到了圣人的地步，这个人就是至圣先师孔子。人们常说半部《论语》治天下，那整部《论语》就是一个人的成圣之道。孔子从一个普通人成为圣人的人生经历，给现实中的企业家之精神方向与方法都提供了一个重要的参照。

四、《论语》智慧中孔子的信仰体系

（一）孔子思想的基础——对天地大道的信仰

作为春秋战国时期的圣人，孔子与其他圣人的思想都有一个共同的基础——天地大道。那个时候的人们所领悟的文明也是离自然道性最近的，因为人类自身的文明都是肇始于对天地自然的观察与领悟。这一点，可以说是那个时代思想家们共同的思想根基，孔子当然也不例外。虽然从文字上看起来孔子很强调周公制礼所形成的人类社会文明，但其思想基础依然是客观自然大道。这一点，是由历史的客观性所决定的。因此，孔子在语言文字上所谈及的道，表面含义是指人间正道，背后的支撑必然是天地大道。这从孔子对一些自然现象的感慨可见一斑。“天生德于予，桓魋其如予何?”① “逝者如斯夫，不舍昼夜。”② “无为而治者，其舜也与？夫何为哉？恭己正南面而已矣。”③ “天将以夫子为木铎。”④ “山梁雌雉，时哉时哉!”⑤ “获罪于天，无所祷也。”⑥ “朝闻道，夕死可矣。”⑦ 理解了孔子思想背后的价值逻辑，也许才能真正理解孔子思想的真意。

① 程树德：《论语集释》，中华书局2010年版，第484页。
② 程树德：《论语集释》，中华书局2010年版，第610页。
③ 程树德：《论语集释》，中华书局2010年版，第1062页。
④ 程树德：《论语集释》，中华书局2010年版，第219页。
⑤ 程树德：《论语集释》，中华书局2010年版，第730页。
⑥ 程树德：《论语集释》，中华书局2010年版，第181页。
⑦ 程树德：《论语集释》，中华书局2010年版，第244页。

（二）孔子价值思想的纲领——仁德统摄

在孔子看来，天地大道创造了人，人是天地规律的一部分，所以人的生存与发展都离不开这样的一个客观规律的制约。人的主观能动性就是在认识到这个规律之后，将其引申到人类自身和社会中，演绎出人间的价值属性，孔子将其概念化成“仁德”。《礼记 · 大学》中说：“大学之道，在明明德，在亲民，在止于至善。”朱熹集注中说：“言明明德，亲民，皆当至于至善之地而不迁，盖必其有以尽夫天理之极，而无一毫人欲之私也。”

在孔子看来，“仁”是人间一切美德的最高统摄，它既是人们内在的心理意识，又是人的行为所遵循的基本准则和道德规范。离开了仁德，其他一切所谓的美德都可能不完美，甚至走向反面。“知及之，仁不能守之；虽得之，必失之；知及之，仁能守之，不庄以涖之，则民不敬。知及之，仁能守之，庄以涖之，动之不以礼，未善也。”① 于是，成就仁德就是孔子人生追求的最高价值，也是孔子信仰体系的核心，“人而不仁，如礼何？人而不仁，如乐何？”②

（三）孔子的生命指向——在贫困中立志，学圣贤而为天下

孔子的出身并不高贵，年轻时地位非常的卑贱，“吾少也贱，故多能鄙事”③，但孔子没有像一般人那样抱怨自己的出身，更没有以此为借口而自甘平庸，他自强不息地学艺，心中坚守仁德的方向，修习大道，心怀天下。在礼崩乐坏的乱世中，普通人都在忙碌着自己的利益得失，而圣人孔子却能够做到不为自己的功名利禄活着，而是为天下苍生而奔走，就像天赋予了他这样一种使命一样。这使得他的一生充满了无穷的力量，为后世创造人间文明的巅峰做出了重要贡献，他本人也因此成为了一代圣人。

（四）孔子的智慧土壤——在生活实践中学习领悟生活真谛

孔子是文武双全的人，按照孔子谦卑的说法，他的才艺都是在自己年轻和身份卑微时学习到的。“吾少也贱，故多能鄙事。君子多乎哉？不

---

① 程树德：《论语集释》，中华书局 2010 年版，第 1120 页。

② 程树德：《论语集释》，中华书局 2010 年版，第 142 页。

③ 程树德：《论语集释》，中华书局 2010 年版，第 583 页。

多也。”[①] 但是，在任何时候都会有一些多才多艺的人，他们更多的是在用“艺”来谋生，很少有人因为自己的才艺而成为圣人。这些人与孔子最大的区别就在于，孔子不仅精通六艺，而且潜心钻研周礼，不仅坚信仁德，而且将“道、德、仁”作为才艺的统帅和灵魂。子曰：“志于道，据于德，依于仁，游于艺。”[②] 也就是说，孔子的学习是以天下人间正道为方向，以道德为指针，以仁爱为主调，以才艺作为载体。而其他的多才多艺的人，要么是缺乏这样一个灵魂，要么就是不知道这样的灵魂而沉迷于自己的才艺之中。

孔子学艺的目的是要成为一个仁者，因此，他特别强调“仁者爱人”(樊迟问仁，子曰“爱人”[③]) 的核心价值观，对人、对社会的一切价值出发点都以爱人作为准则，所以遇到任何情况首先想到的是也是人而不是其他的事或物。“厩焚。子退朝，曰：‘伤人乎？’不问马。”[④]

（五）孔子的智慧方法论——确立思想的最高境界

孔子所处的年代是一个政局动荡、战争频发的时代，许多人的基本生存都成了问题，因此顾不上考虑别人，也很少思考人与人之间如何能够和睦相处这样的问题。于是，在这种以自我为核心的思维模式指导下，人们遇事多想的是自己如何获取更大的收益而少有考虑其他人的感受。孔子，作为时代的觉者，他认识到了自私自利的思维与行为方式或许可以给人们带来一时的收益，但是却造成了人与人之间关系的恶化，终将使得所有人的长远利益受损的恶果。因此，尽管被很多人误解，甚至讽刺挖苦，他依然把“爱人”作为自己的核心价值观，将忠恕、中庸等待人处事的思想传递给众人，强调在看待人、对待人、思考人的时候，要以忠恕之道为原则。“夫子之道，忠恕而已矣。”[⑤] 以心比心，以心换心。“己所不欲，勿施于人”[⑥]、“己欲立而立人，己欲达而达人”[⑦]。同时，在看待和处理事物时，强调中庸之道。“喜怒

① 程树德：《论语集释》，中华书局 2010 年版，第 583 页。

② 程树德：《论语集释》，中华书局 2010 年版，第 443 页。

③ 程树德：《论语集释》，中华书局 2010 年版，第 873 页。

④ 程树德：《论语集释》，中华书局 2010 年版，第 712 页。

⑤ 程树德：《论语集释》，中华书局 2010 年版，第 263 页。

⑥ 程树德：《论语集释》，中华书局 2010 年版，第 1106 页。

⑦ 程树德：《论语集释》，中华书局 2010 年版，第 428 页。

哀乐之未发，谓之中；发而皆中节，谓之和”①，就是对分寸火候的把握要恰到好处，思考和处理问题不走极端，做事无过无不及，“过犹不及”②。在对待利益的问题上，孔子认识到没有道义作为约束的逐利行为，就容易变成极端的自私自利，进而与人发生冲突，最终也无法真正的享受到财富“富与贵，是人之所欲也，不以其道得之，不处也”③，因而提出“君子喻于义小人喻于利”④ 的观点。孔子主张“君子爱财，取之有道”，当与别人的利益发生冲突时，要先人而后己。“仁者先难而后获，可谓仁矣。”⑤ 当遇到利益与道德发生冲突时，要舍利取义。“桓公九合诸侯，不以兵车，管仲之力也。如其仁。”⑥ 这些都为那个时代的人们提供了一种新的思考方向，同时也贡献了自己独到的思想价值。

（六）孔子的梦想实现模式——提供生活行为的标准

有了思想的指引作为基础，在具体的行动方式上，孔子认为一个真正有仁德的人，要首先守住自己的本位。“君子务本，本立而道生。”⑦ 具体就是，在家可以对亲人做到“孝悌”，“孝弟也者，其为仁之本与?”⑧；一个人做事的时候，可以做到谨言慎行，“君子欲讷于言而敏于行”⑨，行胜于言，“先行其言而后从之”⑩。这样才可以赢得别人的信任，不会出卖自己；与人共事时可以做到克己，并按照礼的要求去做，“克己复礼为仁”⑪；当与人发生利益冲突时，能够以仁德作为取舍的标准，“子罕言利与命与仁”⑫。

---

① 郑玄注，孔颖达疏，龚抗云整理，王文锦审定：《礼记正义》，北京大学出版社 2000 年版，第 1422 页。

② 程树德：《论语集释》，中华书局 2010 年版，第 772 页。

③ 程树德：《论语集释》，中华书局 2010 年版，第 232 页。

④ 程树德：《论语集释》，中华书局 2010 年版，第 267 页。

⑤ 程树德：《论语集释》，中华书局 2010 年版，第 406 页。

⑥ 程树德：《论语集释》，中华书局 2010 年版，第 982 页。

⑦ 程树德：《论语集释》，中华书局 2010 年版，第 13 页。

⑧ 程树德：《论语集释》，中华书局 2010 年版，第 13 页。

⑨ 程树德：《论语集释》，中华书局 2010 年版，第 278 页。

⑩ 程树德：《论语集释》，中华书局 2010 年版，第 97 页。

⑪ 程树德：《论语集释》，中华书局 2010 年版，第 817 页。

⑫ 程树德：《论语集释》，中华书局 2010 年版，第 565 页。

在守住君子本位的基础上，孔子还提出了君子的五种美德：恭、宽、信、敏、惠，“恭、宽、信、敏、惠。恭则不侮，宽则得众，信则人任焉，敏则有功，惠则足以使人”①。在日常生活中，孔子还告诉人们要自我约束，做到“人不知，而不愠”②，还要“畏天命，畏大人，畏圣人之言”③。

在教育的问题上，孔子作为至圣先师，培养了很多人才，他提出要对接学生的状态，贯彻因材施教、因态施教的做法，“中人以上，可以语上也；中人以下，不可以语上也”④。也就是说，人的状态并不是固定不变的，要根据人的状态变化，来选择与人的状态相适应的谈话内容与方式。此外，孔子十分重视教育的作用，认为教育是一个神圣的职业，教师要做到，有教无类，诲人不倦，“自行束脩以上，吾未尝无诲焉”⑤。毫无疑问，一个人如有遇到名师指点，就会少走很多弯路，反之就容易在徘徊中浪费生命的时间。

（七）孔子自身的生命模式——正己而成样板

任何一种思想或学说，如果提出者自己不能亲身践行，就无法要求别人做到，也容易让人对其目的产生怀疑。因此，孔子在自己生活的时时、处处、事事上践行自己的思想，履行自己的诺言，用实际行动为众人做出了榜样。

孔子心中有正道，认为生命的过程中唯一的价值就是借万事万物来悟道，自言：“朝闻道，夕死可矣。”⑥在悟道的过程中，孔子特别强调安贫乐道，不仅夸赞颜回“贤哉回也，一箪食，一瓢饮，在陋巷，人不堪其忧，回也不改其乐”⑦的做法，他自己更是如此要求自己“饭疏食饮水，曲肱而枕之，乐亦在其中矣。不义而富且贵，于我如浮云”⑧。“子欲居九夷。或曰：

① 程树德：《论语集释》，中华书局 2010 年版，第 1199 页。

② 程树德：《论语集释》，中华书局 2010 年版，第 8 页。

③ 程树德：《论语集释》，中华书局 2010 年版，第 1156 页。

④ 程树德：《论语集释》，中华书局 2010 年版，第 404 页。

⑤ 程树德：《论语集释》，中华书局 2010 年版，第 445 页。

⑥ 程树德：《论语集释》，中华书局 2010 年版，第 244 页。

⑦ 程树德：《论语集释》，中华书局 2010 年版，第 386 页。

⑧ 程树德：《论语集释》，中华书局 2010 年版，第 465 页。

'陋，如之何？'子曰：'君子居之，何陋之有？'"[①] 孔子以先王圣主为目标，"禹，吾无间然矣"[②]。立志要做那样的贤德之人，为天下人做榜样，"文王既没，文不在兹乎？天之将丧斯文也，后死者不得与于斯文也"[③]。所以人们才对孔子佩服至极，甚至就认为上天将以孔夫子为圣人号令天下，"仪封人出曰：'二三子何患于丧乎？天下之无道也久矣，天将以夫子为木铎'"[④]。

（八）孔子的自我升级程序——遇事好学与自省

那么，如何才能让自己保持思想不断精进，为众人树立榜样的状态呢？在孔子看来，就是要好学，"十室之邑，必有忠信如丘者焉，不如丘之好学也。"[⑤] 向一切人学习优点和长处，随时随处都可以从别人那里吸收能量，"三人行，必有我师焉"[⑥]。特别要向身边的能者、贤者学习，"泰伯三以天下让，民无得而称焉"[⑦]；"柳下惠直道而事人，焉往而不三黜"[⑧]。遇到问题"不耻下问"[⑨]，而且，在学习的过程中还要勇猛精进，永不止步，"吾见其进也，未见其止也"[⑩]。孔子可谓学习的楷模，其学习的状态已经达到了一种"发愤忘食，乐以忘忧，不知老之将至"[⑪] 的状态。此外，孔子还强调学习不能只是熟练背诵，还要懂得如何在实践中应用，理论联系实际，知识解决实际问题，才是学习追求的最终结果。"诵诗三百，授之以政，不达；使于四方，不能专对。虽多，亦奚以为？"[⑫]

在日常生活中，孔子提倡"吾日三省吾身"[⑬]，当与人发生冲突时，首先

---

① 程树德：《论语集释》，中华书局2010年版，第605页。
② 程树德：《论语集释》，中华书局2010年版，第561页。
③ 程树德：《论语集释》，中华书局2010年版，第578—579页。
④ 程树德：《论语集释》，中华书局2010年版，第219页。
⑤ 程树德：《论语集释》，中华书局2010年版，第358页。
⑥ 程树德：《论语集释》，中华书局2010年版，第482页。
⑦ 程树德：《论语集释》，中华书局2010年版，第507页。
⑧ 程树德：《论语集释》，中华书局2010年版，第1254页。
⑨ 程树德：《论语集释》，中华书局2010年版，第325页。
⑩ 程树德：《论语集释》，中华书局2010年版，第614页。
⑪ 程树德：《论语集释》，中华书局2010年版，第479页。
⑫ 程树德：《论语集释》，中华书局2010年版，第900页。
⑬ 程树德：《论语集释》，中华书局2010年版，第18页。

考虑自己的责任而不是指责对方，“君子求诸己，小人求诸人”[①]。多责备自己而少责备别人，“躬自厚而薄责于人，则远怨矣”[②]。这种修己的思维不仅可以让问题得以快速解决，更重要的是让别人看到了孔子的勇气与人品，这是孔子成为一个圣人的重要原因。

在人们以往对孔圣人的身份定位中，似乎“教育家”是核心。通过以上分析可以看出，孔子不仅是个教育家，还是一个哲学家和修行家。哲学思维是孔子思想的方法论，而将思想放置内心、溢于言表、见诸行动，并由此形成自我思想反观的一个连续不断的回路，则是孔子思想的基本轨迹。

孔子强调仁德，将仁德置于人生所有品德的核心。他声称，如果没有仁德作为基础，智、勇、义、礼、乐等一切品质，都将可能成为人生中一种破坏性的力量。这一方面确立了仁德在各种品质中的核心地位，也建构了以仁德为中心的人的品性学说。在他的思想中，坚定并一贯地反对那些巧言令色、知行不一的人和行为，倡导谨言慎行、行胜于言的思想。他在思考和行动中的中庸原则，也是中国文化中中道智慧的典型代表。他的“义利相生”的思想，也建构了红尘中“义”和“利”两者的逻辑关系。林语堂先生说，孔子的思想不止是“处世格言”、“道德修养”，更是一种深沉的理性思索，一种对人生意义的执着追求。

此外，孔子还是一个修行家，他一方面将“好学”发挥到了极致，另一方面在践行中又不断地寻找自己的差距，总在说“我没有做到啊”，以此反省和自励。“好学”就是精进，孔子勤于反思自己，时刻观照自己的言行，及时地进行调整和修正。他以天地为师，以明君圣王为师，以生活为师，以众人为师，以反面为师，这使得他能够汲取来自四面八方的能量，也丰富了他作为思想家的内涵。孔子心中有理想，思考中有情怀，行动中有反思，这使得他自己的现实在快速地向着理想接近。正是这份永不懈怠地修行，使得他在活着时就已经成为了人们心目中的圣人。

① 程树德：《论语集释》，中华书局 2010 年版，第 1103 页。

② 程树德：《论语集释》，中华书局 2010 年版，第 1097 页。

五、企业家信仰模式

企业家作为组织中的最高领导者，是企业的第一责任人和实践者。企业家透过其内在的影响力，不仅可以激发部下的热情，提高部下的动力进而提升其工作效率，还可以通过影响部下的使命感，提升部下的组织身份感进而影响促进组织目标的达成及组织绩效的提高。同时，企业家还可以通过对组织氛围的影响，向员工传递一种积极的正面的健康心态。此外，借助企业组织平台和社会网络，作为社会精英的企业家群体，其思想、理念、行为方式对整个社会也具有极大的辐射作用。因此，给予企业家唯一的选项就是要按照圣人的标准确立自己的信仰模式，并在此基础之上建构企业家内部与外部、主观与客观之间的均衡互动模式，实现至善利他的企业终极文明目标。

（一）企业家的信仰根基——客观大道

在很多情况下，企业家由于缺乏更高一级的管理和约束，就容易按照自己已有的知识和以往的成功经验做决策。然而，一个人的知识、经验总是有限的，都不可能完全符合客观规律的发展。当一个企业过分依赖某位“精英”的知识或者经验，管理往往会面临很大的风险；如果再按照少数“精英”的意愿，通过压迫众人意志的手段来做决策，就必然会导致众人非理性的反弹。因此，企业家始终都要意识到自身能力的局限性和主观的有限性。如果不能突破这一点，其局限的能力就会束缚企业的发展，其有限的主观就会妨碍其看到企业存在的潜在危险，其已经取得的成功就很有可能成为获取新的成功的负担，而这一切往往会成为自己和企业走向失败的力量。

客观世界是自在的，人只是客观世界里的一个小分子，因此，人的所有行为必然受到客观规律的制约。在规律内发挥人的主观能动性和运用规律才能取得好的结果。同理，企业是社会的组成部分，其生存、发展就必然受到社会规则的制约，否则就会被人类的文明所淘汰。企业家必须认识到并且顺应这种文明的规律和方向，并将这一文明准则作为自己的信条，也就是把客观真理作为自己的领导去服从，才不至于被自己的经验和主观所困住，才能获得理性与智慧。可见，企业家做好管理的首要条件，就是建立自己的主观与客观世界的联系，让自己成为客观真理的信仰者和皈依者。

（二）企业家的价值信仰——利他爱人

从主体的角度，人和人之间只有利他才是唯一正确的选择；在人类社会关系网中，只有互利的关系，才是每个人价值健康增长的关键和保障。在出现问题时，躬身自省，寻找自己的问题，通过改变自己进而改变关系，并且推动关系进一步良性发展。这就是人类持续健康发展所要遵守的客观规律。同理，企业作为社会的组织，其健康的发展离不开与员工、客户、社会等利益相关者之间的良性互动关系，因此企业必须遵循发展员工、利益客户、服务社会这样一个价值体系的运行规律。企业家若不能认识到这个体系的客观性及决定性，一切方法都可能成为满足个人功利的技巧甚至阴谋，既不符合企业家自身的利益，也不符合他人的利益，更不符合企业的长远利益。企业家要做的就是在信仰的价值方向上确立自我的行为体系，明确基于这种信仰的思维方式、行为方式以及相应的社会关系模式，并进行全方位的践行。在这一过程中，企业家要不断地检视自己的有限经验与理性给自己造成的问题，随时按照信仰价值方向的要求调整自己的思维程序与行为方式。这种模式的反复过程，就是让自己的主观逐步贴近客观，同时也是不断完善自己的理性认知，并趋近信仰至高精神状态的过程。

（三）企业家的信仰正道——正义引领众人之心

很多企业家做企业原始的动机就是为自己赚钱，这种自利的思想动机容易导致企业家的唯利是图。其结果，企业往往将员工作为赚钱的工具，同时，为了自己利益的最大化也常常逃避社会责任。于是，就造成了企业与员工、与社会之间的冲突和矛盾。当这种冲突和矛盾不断地升级，并且给员工和社会带来伤害时，其结果必将使企业受到来自员工与社会的惩罚，进而导致企业的失败。而孔子在贫困中立志为民的做法提醒企业家们，时刻牢记企业是人的组织，其生存和发展都离不开员工的努力和社会的支持，企业的任何收益都是在与员工和社会和谐关系的前提下创造的，也最终要服务于员工的成长和社会的发展。企业满足员工的成长，员工就能更好地为客户提供服务，好的服务又是客户再次选择企业产品或服务的动力，这种良性的循环互动关系就是做好一个企业的核心逻辑，也是企业要遵守和服从的人间正道。

（四）企业家信仰的动力系统——学习、充实、突破和服务员工成长

现实中的很多企业家都在不停地四处寻找学习的机会，一方面，由于企业家看到了外部环境不断地变化对企业产生的影响，因此只有学习才能提升自己，从而跟上时代的步伐；另一方面，学习的过程也是结交人脉、开拓思路、相互取经的手段。当然，很多企业家在学习了各种管理理论和方法之后，使企业的业绩得到了很大提升。然而，许多人会就此沉浸其中而忘记了方法背后“服务于人”的终极目的。于是，方法就变成了企业家逐利的一种手段，管理也就成了一种控制人的工具。

在这一点上，孔子在学艺中悟道的理念，特别值得企业家借鉴。孔子学艺的目的不是为自己谋利益，获得更好的生存和发展机会，而是为了更好地“爱人”。可见，企业家学习的目的，不是借助理论知识来满足自己的需求，而是用更加科学理性的方法，通过提高管理效率，提升企业业绩收入，来服务于员工的成长。企业只有给员工带来切实的利益，员工才能更加主动、长久地为企业效力；反之，利用员工为企业挣钱，那么必然会造成员工的反感和厌恶，对企业的名誉和经济造成更大的损失。因此，服务员工的成长才是企业长久发展的根本动力。

（五）企业家信仰的卓越价值——用卓越汇聚市场的能量

作为一个思想家，孔子所提出的思想在其所处的年代具有稀缺性，是其他人无法提供的，因此孔子的思想对当时的社会就有了独到的价值优势。对于现实中的企业来讲，满足客户的个性化需求，提供具有价值的产品或者服务是企业生存的基础条件。这种价值不仅体现在产品本身在服务、成本、价格、功能、售后、更新换代升级等方面所具有的竞争优势，更体现在与同行或者同类产品相比较下的卓越价值。否则，企业的产品或者服务就不具备稀缺性和唯一性，企业也就自然会面临十分激烈的市场竞争。

（六）企业家信仰的组织化模式——打造信仰体系

孔子作为老师，以身作则，为学生树立榜样，进而影响弟子及众人的

思想及行为。同理，企业家也要率先垂范，在企业中践行自己的信仰。否则，就会让员工对企业家提倡信仰的目的产生怀疑，而且企业家的这种言行不一的做法也会降低其在员工心中的形象，减弱对员工的影响力。因此，企业家不仅要通过自己的言行向部下传递信仰的能量，而且还应该利用组织管理的优势，建立一套规范的信仰体系，使得部下有榜样可以参照，有制度可以遵守，有方法可以学习，有程序可以遵循。此外，企业家不仅要做给自己的部下看，还要教授自己的部下如何做给他的部下看，把这种“上行下效”的影响在企业内部传递下去，最终使得每个人都能够建立起一整套完善的信仰体系。否则，只是企业家一个人有信仰，在面对许多没有信仰的部下时，其信仰的力道也会减弱。这就是以企业家个人为原点的信仰体系建设。

（七）企业家信仰生命的全面化——综合价值最优

企业家一旦确立了自己的信仰，就要将信仰的模式覆盖到生活的各个方面，而不仅仅局限于企业中。因为，信仰作为人的最高精神追求，一经确定，就成为人一生唯一的价值方向和处理各种关系的价值标准。接下来，人们需要做的就是在生活中践行信仰，将所遇到的一切人、事、物作为客观的对象观察发现其背后的规律，产生问题时按照信仰的要求反省自己，通过改变自己进而改变与客观对象的关系。按照这种模式，企业家不仅可以收获物质利益，还有丰富的精神收益；不仅可以获得眼前的利益，还可以确保长期的发展；不仅在企业中，而且在自己所处的其他组织环境中也可以打造和谐的人际关系，进而收获综合的人生价值。而综合价值的收益又会进一步坚定企业家的信仰，使企业家的心智、行为、方法渐渐进入一种无意识的自动自发自觉的状态，也就更加接近一个真正的信仰者。否则，就会顾此失彼，造成人生某个方面价值的缺失，而缺失的价值就会造成生命的困扰，进而影响人的信仰状态。此外，不在生活中全面践行信仰，也会引起员工对企业家信仰真实性的怀疑，从而降低信仰对员工的影响力道。

（八）企业家信仰的自动升级——修己自省

孔子为了保持自己的信仰状态，提出了自省的修行方式，也就是把自己作为改变的支点，当遇到外部反馈时，始终保持“内求”的思维模式。同理，企业家也需要这样的模式修正自我，进而不断地升级自己的心智模式，以接近信仰的状态。实际上，信仰不仅体现在动机、行为和行为产生的结果上，而且还体现在对待结果的态度和做法上。当遇到理想与预期不符的情况时，企业家首先不能对结果产生情绪反应，而要客观冷静地接受这一既成的事实。进而，将自己作为“首因”进行分析，客观冷静地分析自己的责任，并调整自己未来工作的重点和方向，而不是谴责其他人员。从自己身上找原因，不仅有利于问题的尽快解决，更可以在这个过程中让员工看到企业家的人格魅力，进而愿意去效仿，主动走上信仰之路。当结果令人满意时，也不能骄傲，更不能自居，要放低自己，赞美别人，只有这样才能让更多的人感受到自己的价值，于是更愿意主动、积极地发挥自身的才能，为企业做贡献。

综上，企业家的特殊地位和作用决定了企业家不能像职业经理人那样把工作重心放在解决企业具体事物上，而是要通过建设自己的信仰体系，并外化到组织的精神体系当中，将来自不同背景、拥有不同特长的一群人在同一信仰体系的统摄下，打造成一个和谐而有战斗力的团队。这样的信仰型组织才具有那种远远超过不具备这种状态组织的力量，才能战胜对手，才能够连续不断地提升自己，最终形成坚不可摧和无坚不摧的力量。

由此可见，企业家信仰就是基于对天地大道规律的认识与臣服，以至善利他作为指导人生的价值方向和处理工作和生活中一切关系的准则；在面对各种现实困难、威胁与利诱而不会改变和动摇自己的人生方向，并且能够在现实生活中处处反观自己、修行自己，以自己为原点发现问题，解决问题；在遇到利义冲突时，能够坚定道德方向，做到以义生利，以利证义，以利养义；践行有教无类，诲人不倦，因而能够带动一个志同道合的团队；管控自己的欲望，防止自我的膨胀，在有了尊严、成绩和实力的时候，依然能够保持谦卑；永不自满，发奋好学，不耻下问，能够从人人、处处、事事、时时吸纳到生命营养和能量的生命状态。

当企业家上升到信仰的状态时，就会体会到与一般人不同的心灵感受：工作就是家庭之外的生活；同事就是生命的伙伴；所遇到的任何困难都是进步的阶梯。于是，任何人或事，不管自己是否喜欢，都可以转化成让自己心性成长的营养和基石。此时，企业家就拥有了随时观照自己状态，不管发生什么都只会调整方法，而不会使自己偏离至善的方向。借助千年中华文明经典之力，体悟圣人孔子之信仰内涵，打造企业家至善信仰之路，进而影响许多生命踏上至善价值的天梯，其所打造的企业不仅能为社会提供经济价值，更能够成为培养信仰的天使。由此可见，企业家信仰对构建和谐社会起到的作用是难以估量的。

儒学传统与21世纪企业家素质

陈寒鸣*

21世纪是以知识经济为主导的时代。知识经济的发展亟须培育出与之相适应的具有高素质的企业家。对于中国的企业家来说，要适应知识经济时代的要求，固然应通过不断拓展新知以提高自身素质，同时也应体认本国的历史文化传统，从历史悠久、根基深厚的传统中汲取精神资源，从而使其素质呈现出中国风格和民族气派。

本文着重从下列六个方面略述作为中国传统文化之核心的儒学对21世纪企业家素质的积极影响。

一、笃志尚功

中国历代儒家学者既尚志，又求功，且把立志作为成功的先决条件和思想前提。如孔子本人“十有五而志于学”①，终成至圣先师。孟子认为：“夫志，气之帅也；气，体之充也。夫志至焉，气次焉，故曰持其志，无暴其气。”② 荀子以“笃志而体”③ 为君子。宋儒张载谓：“志大则才大，事业大，故曰可大，又曰富有；志久则气久，德性久，故曰可久，又曰日新。”④ 明儒王阳明亦曰：“夫学莫先于之志。志不立，犹不种其根而徒事培雍灌溉，劳苦无成矣。”又云：“志不立，天下无可成之事。虽百工技艺，未有不本于志

* 陈寒鸣，天津市工会干部管理学院副教授。

① 程树德：《论语集释》，中华书局2010年版，第70页。

② 焦循：《孟子正义》，中华书局1987年版，第196—197页。

③ 王先谦：《荀子集解》，中华书局1988年版，第33页。

④ 《张载集》，中华书局1985年版，第35页。

者。”他还把立志比作气之帅、人之命、木之根、水之源、舟之舵。任何人想要有所成就，须先立志，有明确的奋斗目标，然后去持之以恒地努力，不懈地追求这个目标，以达成功之境。基于这种认识，儒家学者极为重视立志而求功的问题，并将之作为人生理想境界的一个重要目标加以追求。

企业家要想事业有成，就得先立志，有远大的理想目标，才能在实际行动中一步步去实现它。没有志向，没有目标，恰如无舵之舟，随风漂流，绝难达到理想的彼岸。20 世纪二三十年代，英国“蜜蜂”牌毛线、日本“麻雀”牌毛线称雄中国。民族资本家宋裴卿立志要创出一种与洋品牌毛线相抗衡，并能最终赶走洋品牌的中国自己的品牌毛线。1931 年“九一八”事变不久，宋氏在全国人民勿忘国耻、同仇敌忾精神鼓励下，于天津创办东亚毛呢纺织股份有限公司，虽历经磨难，终创出了“抵羊”牌毛线。“抵羊”是“抵洋”的谐音，寓“抵制洋货”之意。故其甫一问世，立即得到国人支持，取得了巨大成功。

“士不可以不弘毅，任重而道远。”① 处于21世纪知识经济浪潮之中的中国企业家，必须首先从儒学传统中汲取滋养，树立起远大的理想和志向。只有这样，才有望在日趋激烈的市场竞争中取得成功。

二、以义生利

儒学以道德人文主义为本质特征，而义利观则是道德思想的核心。在儒家学者看来，义、利问题是伦理道德的基本问题，天下之事都可归结到这一问题上来，所谓“天下之事，惟义、利而已”。儒学史上虽有“正其谊（义）不谋其利，明其道不计其功”② 之说，但就主流而言，儒者并不一般地讳言利，而是主张利合于义，即以义得利，以义生利。如孔子即说“富与贵是人之所欲也”，“若得之有道，虽执鞭之士亦可为之”③。《国语·晋语》谓：“义以生利，利以生民。”清儒颜元更称：“以义为利，圣贤平正道理也。……后儒乃云‘正其谊不谋其利’，过矣。宋人喜道之，以文其空疏无用之学。

① 程树德：《论语集释》，中华书局 2010 年版，第 527 页。

② 班固：《汉书》，中华书局 1964 年版，第 2524 页。

③ 程树德：《论语集释》，中华书局 2010 年版，第 453 页。

予尝矫其偏，改云：正其谊以谋其利，明其道而计其功。”儒家学者进而主张，当人们面对义（道德）、利（利益）二重选择时，应以前者为本，后者为末，即自觉地肯认义具有最高价值，“见利不亏其义”①，切不可舍本逐末，更不能“以利害义”②。而当义、利二者有所冲突时，则应重义轻利，此即孟子所云：“鱼，我所欲也；熊掌，亦我所欲也。二者不可得兼，舍鱼而取熊掌者也。生，亦我所欲也；义，亦我所欲也。二者不可得兼，舍生而取义者也。”③

从事工商业经营活动的企业家，当然要求利，但君子“临财毋苟得”④。企业家理应以“见利思义”⑤、“先义而后利”⑥、“义以生利”⑦的义利观作为其精神素质的重要组成要素之一。菲籍华裔儒商林健民认为，信义本身就是企业的最大利益，故其在经营实践活动中，当信义与其他利益发生冲突时，宁可放弃其他利益，也要维护信义。中国四川成都恩威集团公司总裁薛永新提出其颇具特色的企业义利观。他认为，现代企业就应以利他为立业之道，即应将企业生存发展的大业立在为满足人们利益需要而服务的基础上；在人们最普遍、最实际、最不可缺少的利益之中，在整个社会的利益之中来确立企业的生存发展之道。他将这样的义利观付诸经营实践，总结出几条经验：（1）企业应当是利益的制造者和生产者，而不是利益的占有者和享受者；（2）企业生产的全过程以物质大千世界的诸元素为起点，以民用生命现象的繁荣昌盛为终点，必须为生产的全过程担负责任；（3）企业的利润是公众对企业界交纳的对未来利益的订购，公众是在受益后产生信任和期望的基础上对企业界伸出订购之手的；（4）成熟的人文企业只有一个使命，就是不断地为民众生产新的利益，不可将“订购”吞为已有。企业的天职就是为民众谋

① 郑玄注，孔颖达疏，龚抗云整理，王文锦审定：《礼记正义》，北京大学出版社2000年版，第1578页。

② 王先谦：《荀子集解》，中华书局1988年版，第535页。

③ 焦循：《孟子正义》，中华书局1987年版，第789页。

④ 郑玄注，孔颖达疏，龚抗云整理，王文锦审定：《礼记正义》，北京大学出版社2000年版，第9页。

⑤ 程树德：《论语集释》，中华书局2010年版，第972页。

⑥ 王先谦：《荀子集解》，中华书局1988年版，第58页。

⑦ 《十三经注疏》整理委员会整理：《春秋左传》，北京大学出版社1999年版，第691页。

利益。薛永新把“利他”作为基本立业点，这使其企业得到了社会丰富的物质回报。

21世纪的中国企业家应以儒学“见利思义”、“以义生利”、“义利合一”思想作为行动指南。只有这样，才能为企业谋利，为苍生造福，为社会做贡献。

三、重诚守信

儒家认为，客观的天道真实无妄，体现天道的人道亦真实无妄，故而诚信理应成为人的基本品性。孔子说：“人而无信，不知其可也。大车无輗，小车无軏，其何以行哉?”① 先秦儒家都提倡人与人之间以信义相交，坦诚相待，“必诚必信，勿之有悔”②。晋代名士傅玄亦谓，“讲信修义，人道宝矣”，认为人与人之间只有重诚守信，才能建立相互理解、尊重、信任的关系，否则必将无法沟通而生隔阂，以致关系恶化，甚而影响整个社会秩序和社会风尚。并且，儒家又以诚信为立国之本。孔子说一个国家可以“去食”、“去兵”，但绝不能没有诚信：“自古皆有死，民无信不立!”③ 王肃《孔子家语·人官》云：“自非忠信，则无可以取亲于百姓者矣；内外不相应，则无以取信于庶民者矣。”吴兢《贞观政要·诚信》亦曰：“言而不信，言无信也；令而不从，令无诚也。不信之言，无诚之令，为上则败德，为下则身危，虽在颠沛之中，君子之所以不为也。”由此可见，在儒学传统中，诚信是非常重要的。

“不信不立，不诚不行。”现代企业家无疑应以“推诚则不欺，守信而不疑”作为基本素质。“金利来”的开创者曾宪梓始终奉守“勤俭诚信”的经营理念。在他看来，勤能补拙，俭能守业，而唯有诚信才能长期取信于消费者，使“金利来”永续经营。这种经营理念主要表现在坚持不做骗人生意这一朴素的商业道德观上，具体体现为对产品质量、品质的追求，尽善尽

① 程树德：《论语集释》，中华书局2010年版，第426页。

② 郑玄注，孔颖达疏，龚抗云整理，王文锦审定：《礼记正义》，北京大学出版社2000年版，第175页。

③ 程树德：《论语集释》，中华书局2010年版，第837页。

美，一丝不苟，使消费者感受到购买“金利来”就是在享用上乘的、精美的产品，从而增强对“金利来”的信心。已故“世界船王”包玉刚也是位恪守信用的企业家。他常说，签订合同是一种必不可少的惯例手段，但签在纸上的合同可以撕毁，而签订在心上的合同是永远撕不毁的。人与人之间的友谊应该建立在相互信任的基础上。包氏所以能成功，被日本造船业誉为“最尊贵的主顾”，就在于他始终重诚守信。非独华商如此，世界上凡成功的企业家无不竭力培植、建塑其企业信誉。诚信，确是企业生命的保障。

四、儒雅风度

这本是对文人学士气质风范、仪表外象方面的要求。所谓“儒”即儒家或儒士，“雅”即斯文雅致，“风”即人格风采，“度”即仪态气质。儒家认为，士君子应通过“博学于文，约之以礼”的文化教界和道德人文涵化，使自身的情感与理性达到高度统一，并能在社会生活和各种人伦关系中做到从容中道，举止大方，谈吐文雅，性情中和。这种人格形象，就是所谓儒雅风度。

驰骋商海的企业家，终日辛劳，难免形神交瘁，但“君子不器”①，亦应具有儒雅风度。这就首先要求企业家温文尔雅，注重礼仪。“质胜文则野，文胜质则史。文质彬彬，然后君子。”②成功的企业家，其内在精神素质与外在行为形象应该是有机统一的。日本企业家不仅自己重礼，而且还非常重视对员工的礼仪训练。在日本，被企业录用的大学毕业生，不管其有过什么样的教育背景和经历，进入企业后都要先上一堂礼仪课，学习怎样正确地交换名片，如何根据对方身份行礼，怎样打电话、开门、关门和倒茶，女士还得学习轻盈优美的迈步和转身，如此等等。通过这些以及其他一些相沿成习的礼仪的训练，员工们多能展示出谦谦君子的风采，企业的精神亦由此而得以展露。这无疑是日本企业成功的重要原因之一。其次，真正的成功企业家应不狂不狷，刚柔相济，性情中和，情理交融，人情练达，温柔敦和。邵逸夫

① 程树德：《论语集释》，中华书局2010年版，第96页。

② 程树德：《论语集释》，中华书局2010年版，第400页。

即以其态度安详、笑容可掬的"公众行象"，使人感受到他锋芒内敛、儒雅外流的风范。邵氏经过半个世纪的奋斗，成为东南亚乃至整个亚洲的影业巨头，但他从未因财大而气粗。他的成功，无疑与其内在精神涵养不无关系。最后，企业家还应加强文学艺术修养，使自身情感得以净化、理性得以昌明、道德得以升华，从而成为真正的儒商。香港大昌百货公司、蓝田贸易公司和天马图书有限公司的创办者蓝海文，显然是位很成功的殷实商人，但其同时又是位学识渊博的文士。他作诗撰文，提倡"新传统主义"，力图扭转流行的颓废诗风，使现代诗纳入正道。他创作的《中华史诗》，更凝聚着其对民族、历史、传统以及中国命运的深沉思考，字里行间使人触摸到他那颗盼望中华民族再振雄风的赤子之心的搏动。吴正也是位在商场和文苑都大获成功的儒商。他以经办"乐度音乐中心"为坚实基点，其经营根脉伸入香港商界各领域（股票证券、外汇金融、地产投资等）。他不仅在经济领域获得巨大成功，而且在文学方面造诣非凡，成果颇丰，出版了长篇小说《上海人》和《爱的诗原》、《吴正诗选》等多部诗集及《鹰翅行动》等五部译作。

五、为政以德

儒家强调以"德"治天下，而"修身正人"则是儒家"德治"观的中心主题。孔子说："为政以德，譬如北辰，居其所而众星共之。"① "政者，正也。子帅以正，孰敢不正？"② "苟正其身矣，于从政乎何有？不能正其身，如正人何？"③ "其身正，不令而行；其身不正，虽令不从。"④ 孟子说："上有好者，下必有甚焉者矣。君子之德，风也；小人之德，草也。草尚之风，必偃。"⑤ 荀子也说："君者仪也，民者景也，仪正而景正；君者盘也，民者水也，盘圆而水圆。"⑥ 先秦儒学宗师的这些名言，阐述的正是领导者加强道德

---

① 程树德：《论语集释》，中华书局2010年版，第61页。
② 程树德：《论语集释》，中华书局2010年版，第864页。
③ 程树德：《论语集释》，中华书局2010年版，第911页。
④ 程树德：《论语集释》，中华书局2010年版，第901页。
⑤ 程树德：《论语集释》，中华书局2010年版，第866页。
⑥ 王先谦：《荀子集解》，中华书局1988年版，第234页。

践履，提高自身心性修养的必要性和重要性。作为中华文化的优良传统，儒家的这种思想不仅应该成为当代中国“以德治国”重要治国理念的精神资源，而且完全可以运用于社会主义市场经济实践之中。

企业家不一定具有多么高深的道德思想，但必须展示出自身的道德人格风范，否则便不可能在其所统领的企业确立起真正的权威，亦难以在企业群体中形成真正的号召力。因此，企业家应自觉地从儒学传统中汲取智慧，以具备率先垂范的精神素质。日本著名企业家土光敏夫在其所著《经营管理艺术》中说，对管理者最大的要求，是管理好他自己，而不是管理别人。人们不会由于你的说教而行动；如果你身体力行了，人们就会行动起来。“率先垂范”这种精神，乃是人们处理好相互关系的基本原则。部下学习的是上级的行动，上级对工作全力以赴的实际行动是对下级最好的教育。土光敏夫的这一思想在本田宗一郎的经营实践中得到了充分体现。本田宗一郎既无雄厚资本，也没有大财阀做背景，但凭藉着以身作则、率先垂范、苦干实干的精神创造了奇迹，成为日本汽车王国的“大王”。他作风平易，从不摆老板架子。他与企业员工们同心协力，同甘苦共命运，赢得了员工们的衷心爱戴。美国的艾柯卡也是位严于律己、宽以待人，率先垂范的成功企业家。他刚出任克莱斯勒公司董事长时，该公司濒于破产。为了拯救企业，他首先将自己的年薪降到一美元，然后要求全体员工上下一致，同心同德，与企业共渡难关。他的表率，赢得了员工们的呼应，大家甘愿勒紧裤腰带过苦日子。经过艰辛努力，终使克莱斯勒公司走出了困境，起死回生。日、美优秀企业家尚能如此，承受着儒家文化传统滋养的中国企业家更应具有“率先垂范”的精神素质。

作为一家国有企业，东方工业企业集团公司所以能在我国浙江温州这样一个私企众多，被私有经济重重包围的环境中取得成功，关键就在于该公司党委书记、总经理滕增寿及其为核心的领导集体，身先士卒，注重自身道德建设，发挥了很好的表率作用。滕增寿有句名言：“干有劲，言有理，利要让，难要抢，带头干！”试想，这样的企业能不士气旺盛，龙腾虎跃，洋溢出勃勃生机？

六、仁爱情怀

“仁”，是儒学中最重要的范畴，含义十分丰富。广义的“仁”是一全德之辞，而狭义的“仁”即是“五常”（所谓“仁”、“义”、“礼”、“智”、“信”）之一，主要是以人与人之间相亲相爱的道德情感为主要内涵的道德规范。孔子倡言“仁者爱人”，朱熹释之曰：“仁者，爱之理；爱者，仁之事。”① 这种思想成为儒学的重要传统。在儒家学者看来，“古之为政，爱人为大”②，故而主张为政者必须“亲亲而仁民，仁民而爱物”，以仁爱之心治理天下，“老吾老以及人之老，幼吾幼以及人之幼”，从而使“四海之内，合敬同爱”。

儒学的这一传统仍有现代意义。企业家理应具有仁爱情怀。美国哈佛大学教授梅奥及其助手罗特利斯伯格提出“社会人”假说和“人际关系”管理理论，认为在现代企业中，人们的行为会受到心理、社会等诸多因素制约，他们的工作并不仅仅是为了追求金钱，还要追求安全感、归属感、成就感、价值感等，并希望获得友谊，受到尊重，被人爱护。因此，领导者应该善于沟通人际关系，关注员工的情感，尊重员工的人格，倾听员工的意见，满足员工的正当心理需求，并尽可能使正式组织的经济需要与非正式组织群体的情感需要保持相对平衡的状态。他们的这一思想同西方古典管理理论中把企业员工只看作“经济人”，故要单纯地以经济方式对其严加管理的观点截然不同，而与中国儒家传统的“仁爱”观颇有相契之处。事实上，以仁爱之心管理企业，确有成效。如湖北省沙市第三棉纺厂曾经制定136条重惩重罚的厂规，原以为能够整肃厂纪，取得效果，但实施后却导致干群关系严重紧张，职工群众怨声载道，人心涣散，经济效益迅速滑坡，企业连年亏损。在这种情况下不得不对该厂的领导班子进行调整。新上任的厂长面对职工们冷漠的面孔，实行以“让三棉充满爱”为核心的“第一要素工作法”，努力使企业成为爱的绿洲。新的企业领导班子倡导五爱，即爱党，从拥护党的方

① 黎靖德编：《朱子语类》，中华书局1986年版，第466页。

② 郑玄注，孔颖达疏，龚抗云整理，王文锦审定：《礼记正义》，北京大学出版社2000年版，第1375页。

针政策做起；爱国家，从爱企业、多作贡献做起；爱人民，从爱周围同事做起；爱劳动，从爱本职工作、提高业务技能做起；爱公物，从爱自己手中的劳动工具和生产资料做起。同时，他们毅然废除不得人心的136条厂规，代之以保障职工权益的十条具体措施及一系列旨在加强企业内部部门与部门、管理者与普通员工等沟通的实施细则，把爱融进管理和生产经营活动之中。通过这种种实实在在的举措，原先横亘在干群之间的“墙”垮了，员工们的心由冷转热，企业渐显生机和活力，经济效益也上去了。

企业家不仅应以仁爱治厂，注重发挥情感投入这种“软管理”的效能，而且还应在整个社会生活中展露其博大的仁爱情怀，承担尽可能多的社会责任。1978年以来，霍英东以巨资在中国大陆进行捐款和投资，其中20%是捐赠款项。他曾说：“我的钱，不要留给我的子孙，而要拿出来为国家做一点事情。”“我的捐款，就好比是大海中的一滴水，作用是很小的，说不上是什么贡献，这只是我们一份心意。”朴实的话语，体现出这位巨商爱国、爱乡、爱民的仁爱情怀。

综上所述，历史悠久的儒学传统，仍具现代价值，而要使这种价值真正得以显现，就必须使儒学传统融注到现实的社会生产生活实践之中。另一方面，在现实社会生产生活实践中发挥着重要作用的企业家，也应自觉地从儒学传统中汲取精华，使自己不仅成为能在经济中获得成功的实践家，而且也成为精神生活中优秀民族文化传统的承继者、弘扬者和践履者。这样的企业家，才堪称具有真正儒商精神。

从管理好自我做起

张新民*

一、修养是一种自我管理

中国文化讲人文修养，其中最基本的思想是什么呢？就是修身。修身实际上就是个人的自我管理。自我管理是最重要的一门学问。有的人可以打天下，但是未必能够管理好自己。很多位高权重的干部因为贪污而落马，他们管理别人却管理不好自己。贪污是什么？就是人性异化的贪婪，习气积累的膨胀，利欲计算的扩张，就是不善于自我管理。做人就需要善于管理，上自天子下至百姓都需要管理，管理好自己，管理好家庭，管理好工作，管理好企业，管理好社会，管理好国家，管理好人类。这在传统中国就叫“修己治人”，要先“修”好自己，然后才能去“治”别人。

现代社会存在的问题很多，往往与人不能管理好自己有关。贪婪、放纵、骄淫，消费上毫无节制，权力面前只知进不知退，生命完全为欲望所牵引，人性光明的一面长期受到遮蔽，最后的结果必然是身败名裂。管理的起点是从自己的心念开始做起——用儒家的话来讲就是“正心”、“诚意”。自己先走进自己的内心世界，真诚地面对自己和认知自己。只有从心源深处认知自己，人才能更好地了解自己，了解自己即意味着把握好自己，把握好自己才能管理好自己，管理好自己才能管理好家庭、社会。

任何一个社会都有管理，包括对正面的伦理行为、道德风尚的管理，对负面的贪污腐败、堕落滋事的管理。合理的管理即意味着合理的秩序。一

* 张新民，贵州大学中国文化书院荣誉院长、国际儒学联合会理事。

个完全没有伦理制约的社会只能是野兽的社会，缺乏基本秩序的国家也只能是一片混乱的国家。

更重要的是，由人人认同的管理引发的自动自发的秩序，永远都为生活世界所必需。人是各种社会关系交叉重叠的主体性存在，人与人之间一定会有交往，交往就会出现某些临时或长久的共同体，构成生活世界多种多样的面相。当然，我们也可将共同体称为集体或团体，集体或团体构成的方式很多，有临时聚集起来的“乌合之众”，有为了共同利益组织起来的商业行会，有为了共同理想凝聚起来的宗教团体。举一个简单的例子，譬如我们上公共汽车，你也上车，他也上车，每一个人的目的地不一样，互相都是不需要打招呼的陌生人，到了不同的站台便各自下车，没有共同的利益诉求，也没有共同的价值理想，只能是临时聚合起来的“乌合之众”。但这个临时的共同体——“乌合之众”，在一定的条件下也会发生变化，例如突然遭遇恐怖分子的袭击，他们要炸毁公共汽车，车上的人出于自身安全的考虑，开始团结起来进行抵制或反抗，于是一盘散沙的“乌合之众”变成了有共同利益诉求的利益共同体。但他们仍然是出于生命安全需要临时组成的共同体，一旦目的实现通常就会自动解散。但也有可能发生另一种情况，即他们从此认识到暴力恐怖活动对人类生存安全的威胁，深刻地反省到人类社会生活相亲相爱的重要，于是开始建立永久的反恐和平组织，并扩大规模形成有共同理想和管理结构的组织，由“乌合之众”变为利益共同体，再由利益共同体变为意义共同体。意义共同体除了利益的连接外，更重要的是道义的连接、精神的连接，共同的价值理想将他们紧密地团结起来，甚至愿意牺牲“小我”的利益而成全人类“大我”的利益，一盘散沙式的陌生个体最终变成了不分彼此的互敬互爱的兄弟。可见，无论个人的修身还是社会公众的团结，最高的管理都必须有源自心性的真诚认同与精神情感的价值滋润。

根据上面的想法，我认为企业应该是一个长久的意义共同体。当然，企业是不能不追求利润的，因为成本的投入是必须有回报的，但这种回报却是一种我为人人、人人为我的回报，是一种凭借市场互通有无的回报，企业通过必要的合理的管理实现利润的最大化，尽可能地谋求企业自身的发展和上下各级员工福利的提高，从而与社会经济生活的整体进步契合一致。企业的发展显然也是关涉千家万户整体经济结构不可或缺的一环，具有不可置疑的正当性与合法性。从根本上说，在为国家上缴大量税收的同时，企业的利润低，员工的福利就少；企业的利润高，员工的福利就好；企业垮掉了，员工的生路也就堵塞了。所以，任何一个企业，员工在其中首先都是利益共同体的成员。

但是，企业不应该仅仅是一个利益共同体，员工也并非是纯粹的利益人。如果公司给你多少钱，你就给公司干多少活，多余的工作就以为没有义务，大家都同机器人一样毫无集体情感，企业也将具有理性与情感完整生命需求的员工化约为单向度的利益人，前者多干一点工作就来索取报酬，后者利益之外别无其他意义许诺，这样公司就变成了一个赤裸裸的利益团体，完全陷入功利境界之中，情况的糟糕当然就比公共汽车上临时的“乌合之众”好不了多少。

因此，我认为企业完全可以再向上提升一层，在利益共同体之上再架构一个生命所必需的意义共同体。意义就像水中之盐一样融入到企业生活之中去，不知不觉，但却有滋有味，企业成为文化企业，凝聚每个员工的价值理想，成为每个员工寄托情感的具体对象，就像公共汽车上的“乌合之众”变成了意义共同体、理想共同体一样。企业必不可少的经济生活之外，更有丰富的文化生活——无论情感的交流、价值的传递，还是意义的表达，都有畅通的渠道可以展开或进行，都是企业组织结构的具体生活内容。如果说经济管理是硬管理，它的指涉对象主要是看得见可计算的企业产值与指标；那么文化管理就是软管理，它的关注对象则是可感觉不可计算的企业精神和气象。只有价值理性的太阳从每个人的心中冉冉升起，才能将工具理性一脉偏大造成的雾霾转化为万里无云的晴朗天空。

员工为企业服务，企业关心员工，员工与企业融合为亲密无间的一体，形成相互依赖的共在性关系，企业才是员工的家园，员工才是企业的主体。而家园的范围还可以扩大：不仅仅企业是员工的家，社会也应是员工的家，国家也是员工的家——我们共同拥有人类物质与精神财富合为一体的诗意般的家园。

二、超越自我是管理的高境界

中国先秦诸子百家中有一个学派叫墨家。墨家是讲兼爱的，讲平等的，他们认为对待每一个陌生人都要像对待自己的父母一样，希望打破一切人我自他的分别，如同爱自己的父母、爱自己的子女一样去爱一切陌生的人。试想父亲落水了不先去救，却跑到南美洲去救一个同样落水的陌生人，我们能做到吗？

中国古代另有一个学派叫杨朱学派，他们认为每一个人从头到尾都是自私的，因而主张彻底的自私自利主义，强调“拔一毛以利天下而不为”——拔一根毫毛对天下人有利，能够帮助天下人都不干。试想假如每个社会都完全自私自利，社会是不是会完全封闭，我们的存在又有什么意义呢？

彻底的大公无私做不到，彻底的自私自利更不行，而社会又决定了人不可能不交往，请问大家怎么办？于是儒家主张走一个中间路线。这个路线怎么走？首先就是提倡“为己之学”。“为己之学”是从孔子开始就一再为儒家学者所强调的。“为己之学”不是为了你的父母，也不是为了你的国家，而是为了实现你自己的价值，充分地发挥或发展自己的生命潜能。例如我读书、求知是为了实现我的价值，但每一个人的价值实现有大有小，施展自己才能的范围也有大有小：我为家庭做出了贡献，就是在家庭实现了自己的价值；为企业做出了贡献，就是在企业实现了自己的价值；为一省人民做了贡献，就是在一省人民之中实现了自己的价值；为国家民族做出了贡献，就是在国家民族之中实现了自己的价值；为全人类的进步事业做出了贡献，就是在人类的进步事业之中实现了自己的价值。这是一条由个人的善通往人类的善的蜿蜒曲折的道路，最终的理想则是“天下一家”、“四海之内皆兄弟”。

因此，儒家主张首先要实现人的价值，但实现自己的价值决不可能只是封闭在狭小的自我之中，彻头彻尾的利己主义根本就不可能实现自己的价值，要实现自己的价值就必须超越自我。“推己及人”是人人都能做到的方法，“老吾老以及人之老，幼吾幼以及人之幼”，由己及人，由近至远，最后依然可以实现墨家所强调的遍及一切的大爱，但不同的却是有了一个切己或在身的立足点和出发点。而以实现自己的价值为立足点和出发点，首先就应该管理好自己。自己都不能管理好自己，又怎么能要求他人。譬如自己首先不乱扔垃圾，然后才能要求别人不乱扔垃圾。一个对自己的进步成长都毫无热情的冷漠人，怎么能要求他关爱自己的父母和家庭，然后又由自己的父母和家庭超拔出来，去关爱别人的父母和家庭呢？超越意识的升起就是生命价值实现的开始，只要一层一层提升发展，一步一步展开落实，最终是可以实现儒家所强调的万物一体之仁的。

人生最不能缺少的就是关爱，关爱是道德的璀璨光芒，能够化解人间的仇恨，可以温暖他人的心灵。员工当然应该爱企业，将企业构筑成关爱的家园。但仅仅关爱企业还不够，如同爱家乡又超越爱家乡、爱金坛又超越爱金坛一样，我们还应该爱具有更大时空范围的历史性的国家和民族。但即使民族主义或国家主义也是狭隘的，民族与国家之上还有天下与人类，马克思曾经说他是世界的公民，无论走到哪里都在为人类工作。可见，企业精神的立足点在每一个员工，但关爱精神却可以扩大至一切生命存在。缺少了关爱精神滋润的企业管理，当然就只能是冷冰冰的异化的管理。

现在，地球已经是百孔千疮了，人类在开采地球资源的同时，也在破坏地球固有的生态秩序结构。地球是一个有生命的机体，一旦破坏超过了自然所能承受的极限，最终的结果就是自然的报复与惩罚，人类必然随同自然一起毁灭。因此，对自然也是要尊重的，自然和人一样值得尊重。自然不仅先于人的存在而存在，而且本身就有存在的权利。所以，面对无限广袤的宇宙，观察无私无我的天地，体会生化不已的自然，领悟参赞化育的意义，即使人类自我中心的立场与观点也显得狭隘，关爱人类本身也值得翻转向上再作超越，最后就是浩浩然与天地同流，“民吾同胞，物吾与也”。如同人与人的连接应成为意义与价值的连接一样，人与自然的连接也应成为意义与价值的连接。这就是中国文化一贯强调的“天人合一”的思想。人与天地精神相往来，人与天地万物为一体，宇宙的存在就是人的存在，人的存在就是宇宙的存在。人是自然的目的，自然是人的归宿。人尽管已从自然宇宙中分化出来，但仍在自然宇宙之中而非在自然宇宙之外。自然宇宙的目的和人的目的完全可以统一，如同宋儒朱熹所说：“天即人，人即天，人之始生得之于天，既生此人，则天又在人矣。”自然可以不依附于人而独立存在，人则必须依附自然才有可能存在，即人的生命也是自然的产物，而非人工的机器的制成品。当然，人与天地宇宙合二为一以后，民族、国家、人类依然都是我们关爱的对象，只是多了一重天地宇宙的眼光，我们的管理会更符合宇宙自然的秩序大法，而非一味的人工造作的强硬施加。如同自然法高于成文法一样，自然秩序也优于人为秩序。符合自然的秩序管理会更有生机与活力，当然也就最切合人的自然天性，自然天性是企业文化的内在面，企业文化则是人的自然天性的外在面。最高的管理乃是让人充分自由发展的管理，每一个人都能“随心所欲不逾矩”的管理，自由意志与普遍立法合为一体的管理，为每一个体开拓层层超越广阔空间的管理。

严格地说，中国式的企业管理精神必须建立在中国经验之上。现代性的发展未必就意味着中国经验的丢失，也不一定就要走欧美等西方大国的道路。中国的企业应走出一条有中国经验特色的企业管理道路，成为在国家治理体系中有示范或模仿意义的义利结合的精神凝聚共同体。

三、文化是管理的艺术形式

企业既然需要管理，当然也可创造文化——企业文化。概括地说，文化就是我们存在的方式，文化就是我们的生活。没有一个人，没有一个民族，可以自立于文化之外而存在，因为文化世界与生活世界本质上是一体的。请问谁能脱离生活世界而存在？当然，动物可以在文化世界之外而存在，因为动物只有自然生命而无文化生命，人却能够将自然生命提升为文化生命。所以动物只有自然演化史，人则有自己的文明史或文化史。动物只有自然世界，人却创造了文化世界。

企业除了追求利润之外，必须建构必要的责任伦理。日本大地震时，秩序井然，这跟日本受益于中国文化及相应的伦理精神有关。文化可以交流传播，相互之间也有共性，不是可以随意关起门来，主观人为地加以封闭的。文化不像自然资源，开采利用之后就匮乏了。文化可以在人人受用的同时，不断地积累扩大或发展增殖。日本长期受中国文化的影响，但在现代化的过程中，却创造了独特的企业文化，成为东亚儒学现代性转型的一个闪光点。

企业的运作离不开知识的运用，知识运用的背后一定有一套知识体系。知识体系后面是什么呢？我想，知识体系的背后一定是人的理性精神，是理性精神凭借知识体系进行管理，而管理本身也自成一套系统。这套系统就是管理系统，它和知识系统可以相互重叠。但管理系统的后面又是什么呢？当然就是具有主体能动性的人，是活生生的人在进行管理，是活生生的人在运用知识体系，是活生生的人在操作或支配机器，是活生生的人通过操作或支配机器来获得物质产品，最后才是产品通过流通进入市场，以市场交换的方式来获取利润。

人靠理性进行管理——无论管理系统还是知识系统，都是理性的产物。因此，也可说从机器生产到市场出售，每一个环节都是管理者在进行操作。就人与机器的关系而言，每一个员工都是管理者。人的高度理性化即意味着企业管理水平的高度理性化，因而提高管理水平当然就可以提高机器的生产效率，同时也就意味着在社会竞争过程中实现了利益的最大化。

但是，仅有理性似乎还不够，如同机器是冷冰冰的一样，理性也是冷冰冰的。重要的是，人不仅是理性的存在，同时也是情感的存在。如同理性需要沟通一样，情感也需要交流。所以创造企业文化的目的，就是在理性世界之外，再开出一个情感的世界——不仅使人的性情能够自由交流发抒，而且形成情理交融的企业精神。可见，我们不但要高扬理性精神，而且也要创造性情文化。

任何人都有自己私密的情感世界，但真性情的展露也为人生所必需。性情怎么表达，怎么交流？人为什么需要爱？爱为什么那么重要？情和爱能满足人类最微妙的心灵世界的需要，无情无义即意味着灵性生命的枯萎或凋谢。人可以不是一个政治家，不是一个科学家，但不能不是一个生活者，不能不在生活世界中参与各种人文活动。生活是什么？生活就是存在本身，生活世界也是现象世界，热爱一切美好的事物也是人的本能，是有意义的存在的诗学化开显。譬如我们女同志喜欢打扮，但是最好的打扮不是外在生理的打扮，而是内在心灵的打扮，高贵的心灵与美丽的人生是一体的。我们要用高贵的心灵来统领和管理美好的人生——灵魂美好，气质美好，人生美好。而由美好的人组成美好的共同体，也就会花簇似锦般地形成更美好的世界。

因此，我们可以把管理艺术化，把企业精神艺术化，艺术化是理性管理精神的再提高和再升华，是对人的尊严和庄重的诗意化彰显与维护。也就是说，即使是企业，只要有人与人的交往活动存在，我们就可以营造文化氛围，开展艺术活动，进行美的欣赏，从事诗的创造——就如只要有人存在的地方，就一定有生命的歌唱一样。

中国古代特别是唐朝，可说是一个艺术胜国，一个诗人的世界，一个充满生命劲气的国度。唐朝的诗人可以成千上万计，甚至唐玄宗那样的皇帝也是诗人。皇帝也有审美的价值诉求，走进艺术王国的精神向往，抒发情感的心理需要。权力可以决定他为皇帝，但权力不能决定他成为诗人。是诗使人成为诗人，而非权力使人成为诗人，如同权力使人成为权力者，但权力并不就意味着高尚的情操一样。与权力世界往往只是少数人的世界不同，美的世界和道德的世界具有无限的开放性，乃是人人都能参与的世界。因此，企业管理精神一方面要有艺术的升华，成为美的欣赏的训练场域，一方面也要有道德精神的建构，成为情操感染的培育基地。也就是说，企业管理不能缺少人文的向度，企业精神也必须依靠伦理来维系，否则人就可能异化为机器，企业也就会物化为一堆生产工具。

四、建构具有中国特色的企业管理模式

今天我们都共同面对道德危机、信仰危机、意义迷失危机，它们都在心灵深处伤害着纯洁的人性，实际也是涉及人的安身立命问题的根源性存在危机。不仅人与人之间相互欺骗，甚至国家与国家之间也彼此讹诈，大国欺负小国，小国报复大国，国际社会政治秩序并不稳定，根本的问题仍在人心的贪婪。

更重要的是，全球一体化已是客观的事实。全球一体化即意味着地球变成地球村了，以往十分遥远的国家也变成相互依赖的邻居了。是邻居就一定有交往，有交往就难免不产生问题，当然也就需要寻找相互认同的伦理。从 20 世纪 90 年代开始，世界的宗教家就开始对话，以后则有不少哲学家、思想家、政治家的配合参与，甚至每年都有联合国科教文组织的专门机构召开世界性的会议，形成世界各大文明体系主动沟通对话的时代新态势。对话的目的之一就是寻找全球伦理。全球伦理找来找去仍不能不以孔子讲的

八个字——“己所不欲，勿施于人”为金律。这是人类共同的基本信条，代表了人际关系的根本原则，既然适用于全人类，当然也可运用于企业。而与之相应，“推己及人”作为相互沟通的艺术，也为不少异国学者所接受，我想企业管理不能不关心员工的互助和团结，当然也可将其奉为基本的伦理原则。

生命是复杂的，也是可以层层提升的：从生理活动的我，到心理活动的我、政治关怀的我、文化生命的我，一步一步提升，再到知性探求的我，道德主体的我、艺术生命的我、终极关怀的我，生命每向前跨一步，都意味着自我的完善。而由自我管理通往企业管理，再由企业管理通往国家天下管理，也意味着由个人的善通向社会的善，再由社会的善通向天下国家的善。其中人的自我选择是最重要的，选择植根于自由意志，选择决定存在方式，选择象征着主体性的获得。无论东西方文化，都有大量的例证，说明选择对人生的重要。缺少选择就缺少了人生的自我设计。即使合为一个共同体的企业，做与不做什么，在管理决策设计上，也不能不有面向未来的选择。

西方历史文化演绎出来的工具理性至上的企业精神并不具有普遍的必然性，西方单子式的个人主义及工具主义决不适合中国文化的具体语境。如何从西方真理的幻象牢笼中走出来，重建包括管理在内的合理合情的国家社会秩序，是我们这一代人必须要做的重要工作。我们完全可以将价值理性也引入企业精神，并将其转化为工作伦理原则或人生态度方法。中国不能重走西方“人是机器”的企业发展道路，不能以赤裸裸的利害关系来处理企业事务。中国不仅要找到一套成熟的符合自身国情的企业管理模式，而且更要以人文或人道主义取向的方法治理好自己正在朝着现代性方向发展的悠久文明国家。

因此，我希望中国未来的发展不仅仅是经济的发展，更重要的是在文化上也一派生机活泼。经济发展固然非常重要，我们需要最大化地改善物质生活条件，希望国民的财富逐年增加，企业的收入逐年翻番。但是仅仅是经济生活一脉偏大地发展，恐怕并不意味就取得了最大化的国家成就。中国应该是一个经济发达的国家，一个享有礼仪之邦美誉的国家，一个艺术的诗化的国家，一个能为人类提供充沛的安身立命价值资源的国家，一个能在思想和精神上帮助人类发展步入正轨的国家。如果有条件选择国籍的话，人们也乐意首选在中国生活，就真的是有德来远、天下归心了。中国文化的影响力当然不能局限于海峡两岸，它也应该以和平交流的方式影响整个亚洲，辐射整个世界。让我们都参与其中，把自己管理好，把企业管理好，把我们的家乡建设好，把我们的国家建设好，把人必须生活于其中的世界建设得更美好。

传统文化与领导者的修养

雷　原*

领导者的修养是从事管理的基础。中国文化在管理上的体现概括成一句话就是，修身安人。虽然法家代表韩非也许出于对君权的维护，关于君主的素养讲得不多，但按照韩非的理论，君主要做到明“道”、处“势”、任“法”、用“术”，没有高水平的素养是决然不行的。韩非强调君臣关系纯属交换关系，即“臣尽死力以与君市，君垂爵禄以与臣市”，君主好像一个商人；但即便是一个商人，没有高水平的素养，也是万万不行的。因此，中国文化无不重视“修身”。作为一个领导者，其首要任务就是修身。修身以十二字为要。

一、十二字修身法宝

“温”。就是不过冷也不过热。《论语》中说：“望之俨然，即之也温，听其言也厉。”作为一个领导，“温”是至关重要的；温才能接近群众，听取群众的意见，不受蒙蔽。魏征《谏十思疏》上说“虑壅蔽，则思虚心以纳下”。虽然有虚心的态度，但面目可憎或过于威严，部属不敢接近，也是不能纳下和听到真话的。

“良”。是指《论语》所说“君子成人之美，不成人之恶”。三国时刘备也曾一再重复孟子所说的“勿以善小而不为，勿以恶小而为之”，劝喻他的子嗣。成人之美的事情我们身边到处可见。时时刻刻有“良”的态度，长期下去就成为一种自然而然、不知不觉的行为和素养。古人云：“积德为道”，

* 雷原，西安交通大学教授。

一点也不假。事实上，作为一个经营者，如能成人之美，商机自在其中。有成人之美之心，扩大而言就是成就社会的需要，社会的需要不就是市场吗？

“恭”。即恭敬、虔诚。善待人者，行己也恭——这是孔子“仁”的要素之一。孔子说“恭而无礼则劳”，还说“温而厉，恭而安，威而不猛”。“恭”是一种认真诚敬的精神，此种精神态度对于事情的成败具有至关重要的作用。然而“恭”不能过度到紧张，紧张就成了“恭而无礼则劳”，要“恭而安”，恰到好处。

孔子在赞扬舜无为而治时说“恭己正南面而已矣”，这里的“恭”其实一在修己安人，二在讲庄重的样子。

“俭”。就是俭朴。孔子说“奢者不孙，俭则固，与其不孙，也宁固”。意思是说，宁可简陋，也不奢华。为什么要俭朴呢？俭朴才能恭敬，奢侈容易纵欲，纵欲则民不得安，民不安则国不固。汉代刘向说：“天子好利则诸侯贪，诸侯贪则大夫鄙，大夫鄙则庶人盗，上之变下，犹风之靡草也。”明太祖朱元璋也说：“居上能俭，可以导俗，居上能侈，必至厉民。”清代唐甄认为：“人君能俭，则百官化之，庶民化之。于是官不扰民，民不丧财。”故明君治国“必身先节约以训天下”。“俭”还可以帮助我们励志。汉代疏广指出：“贤者多财，则损其志；愚者多财，则益其过。”

说到这里，有人会提出，现在发展市场经济，需要扩大内需，“俭”不利于经济发展。我坚决反对这样的观点。首先，作为领导者，“俭”是安民之本，是一种风尚，是一种长远的经济利益。其次，从宏观经济学角度而言，人类资源是有限的，可再生资源更是有限的；科学技术的进步，已经导致了人类透支资源的趋势。比如，美国人不提倡节俭，通过各种手段掠夺他国的财富，透支别国的资源；从短期看，似乎他国的经济也得到了发展，但从长期而言，却导致了别国资源的浪费——其最终结果是人类共同资源的枯竭。再次，如果人人都节俭，我们可以从产业结构上进行调整，以扩张需求。比如吃饭，如果不浪费，很多饭馆以及与餐饮业相关的产业可以转移到别的行业中去，为我们在别的领域，比如教育、农业等方面注入更多的资金和人力，以满足社会更大的需要。最后，就企业经营而言，俭朴能降低成本，减少资源浪费，使企业在市场竞争中立于不败之地。

“让”。就是指谦虚的美德。谦虚才能礼贤下士；谦虚才能纳下，纳下才能不被蒙蔽；谦虚才能“谋不己出”，充分发挥部属的创造性。毛泽东主席曾说过：“谦虚使人进步，骄傲使人落后”，这句话充分说明了谦虚美德的益处。

“宽”。就是宽容，胸襟博大。“宽”才能容纳贤人，“宽”才能赦人小过，用人之长。《周易》上讲：“地势坤，君子以厚德载物”。作为领导者，应有海纳百川的胸怀；如果心胸狭隘，心眼小、气量窄、嫉贤妒能，那他周围就容不下人才，从而也成就不了什么事业。一个领导者的胸怀决定了他事业的大小。古人讲“齐家、治国、平天下”，三者的道理大致一样，但三者涉及的领域规模大小，显然相差甚远。能齐家者未必能治国，能治国者未必能平天下；如果能齐家，并且心胸宽广，“以身寄天下”，这样的人，才能进一步治国平天下。

“信”即信用、诚信。人无信不立。儒家文化将信奉为仁、义、礼、智、信“五常”之一；法家也尊奉这一原则。当年商鞅变法，首先“移木立信”，足见“信”的重要性。诚信是现代人的基本素养，是做人的基本准则，也是我们全世界共同信奉的原则。作为一个现代社会的领导者、一个企业家，的确是非信不立。

“敏”就是机敏。“敏”才能抢占先机，占天时、占地利。在当今竞争激烈的市场中，尤其要“敏”，对市场信息要以最快的速度做出反应；否则贻误商机，再好的谋略、决策都会泡汤——所以“敏则有功”。

“惠”就是使人以惠。不管是儒家文化，还是法家文化，都重视百姓的或者属下的利益。儒家讲，治国者要“养民、富民、教民”，要置民之产，民有恒产才有恒心。法家更强调人与人之间的物质利益关系。因此，“惠”从治国而言，就是充分考虑老百姓的利益，使民以惠，达到爱民。正如荀子所说的，“君者舟也，庶人者水也，水可载舟亦可覆舟”，君主应当爱戴人民，致富于民，才能“君人者爱民而安”；又如：“王者富民，霸者富士，仅存之国富大夫，亡国富筐箧、实府库”——这些讲的都是惠民之政。对于现代企业，“惠”一方面要求不断施惠于客户，另一方面是要不断地施惠于职员，充分考虑职工的利益，建立健全福利制度、奖励制度。情况好的企业还要建立职工持股、期权制度，使员工成为企业的真正主人。当然，在“使民以惠”的时候，还要坚持一个原则，即“惠而不费”，正如孔子所说的“因民之所利而利之，斯不亦惠而不费乎？”意思是说不能坐吃老本，把股东的投资都“惠”光了；要从利润中拿出适当的比例，“使民以惠”，这样才能长久下去。

“智”就是智能。孔子说：“仁者安仁，智者利仁”，“仁”必是智者所为；孙子也说“智、信、仁、勇、严”是为将必备的素质。智而不惑，才能明而不昏，正确地辨别是非，明察秋毫，不受蒙蔽，做到公正。在现代企业经营管理活动中，更是如此。“智”才能正确决策，准确判断市场，辨别真伪，做到公正廉明。

“勇”。是指胆略，是“仁者勇”；勇若缺仁即为暴。“勇”还指健康的体魄，毛泽东主席曾将《中庸》提出的“仁”、“智”、“勇”三达德，变成“德”、“智”、“体”，作为“三好学生”的必备条件，强调“德”、“智”、“体”全面发展。

“严”。是指以身作则，严肃有威。带兵打仗，不威严就没有秩序，必吃败仗无疑；管理企业也是如此。尤其是生产管理，一个工序接一个工序，如果没有严明的纪律，严密的工作程序，中途稍有疏忽、失误，必出大事。管理规范化，主要是靠这个“严”字。当然，严得过头就会变成“残”，即残忍。

上面讲的十二字修身法宝是融为一体的，绝不可有所偏颇，要用孔子中庸的思想去理解、把握。经常以此为镜，对照自己，时日既久，必有改观。

二、应注意的“四戒”、“五危”

除了以上十二字修身法宝外，一个人还应有一些道德之戒条，引以自律。孔子曾教导学生以“毋意，毋必，毋固，毋我”① 为戒。“毋意”就是不凭空揣测；“毋必”就是不绝对肯定；“毋固”就是不固执己见；“毋我”就是不自以为是。这“四毋”对我们今天的领导管理者乃至每个人仍然很有借鉴价值。当然，人非圣贤，孰能无过，对于犯错误的情形，孔子主张“过则

① 程树德：《论语集释》，中华书局 2010 年版，第 573 页。

无惮改”；又说，“君子之过也，如日月之食焉，人皆见之”，有错改之，“人皆仰之”。要坚持“知之为知之，不知为不知”的求实精神，还要坚持“躬自厚而薄责于人”的自我批评精神。

孙子也告诫我们“将有五危”：“必死可杀，必生可虏，忿速可侮，廉洁可辱，爱民可烦。”这五点，都是人性的弱点，或因阅历浅、经验不足，容易中敌人的激将之法，使军队蒙受失败；对企业经营而言，也是同样的道理。商海之中小人甚多，道行很深的人大有人在，稍不留心就会上当受骗。

做一个英明的管理者不是一件容易的事情，只有对上面的条款实践力行，时时检讨自己，以君子三省吾身的毅力，以史为鉴、以人为镜，尽快成长起来、成熟起来。社会呼唤着真正的企业家，正所谓“民之于仁也，甚于水火”。

三、领导者的职责

树立德法并行，以礼为主的治国理念。荀子说：“礼者法之大分，类之纲纪也。”可见，“礼”包含有社会典章制度、社会秩序和人的行为规范的含义。

中国文化起源于农耕文化，完成于家文化。因此，家庭中之“三伦”即父子有亲、夫妇有别、长幼有序，就被推及于全社会成为“五伦”，依据五伦处理人与人之间的关系，就成为“中国一人，天下一家”，或言“四海之内皆兄弟也”。

既然四海为一家，就不应以法待之，而应以礼治理，在礼无能为力时，动之以刑，以维护礼的尊严与秩序，这种制度模式可称之为礼法合制。礼为主，法为辅助。以礼为主，就会有孔子所讲的“导之以德，齐之以礼，民耻且格”的作用。否则“导之以政，齐之以刑，民免而无耻”①。

今日中国之法，与中国古代之法是不同的。中国古代的法是以礼的精神为核心，而礼又源于情，是以仁为根本的，所以中国古代的法是情理法的统一。礼是喜好之情，法则是憎恶之情，精神在仁德，所维护的是五伦为核

① 程树德：《论语集释》，中华书局2010年版，第68页。

心的礼制。而今日之法从西方移植而来，不仅水土不服，而且与情理没有关系，是各种力量博弈的结果。一旦力量格局发生变化，法的条款就会变化。

而礼则不同，只要人不变，情就不变，礼也不变。

孔子说："殷因于夏礼，所损益，可知也；周因于殷礼，所损益，可知也。"①从中我们可以得知礼是基本不变的。作为一个企业领导，一个非常重要的职责就是传承礼义文化，用礼义文化维护人心、维护道德、维护企业秩序，用礼义精神构建企业文化，将家庭伦理融会于企业之中，使员工有家一样的归属感，安和乐群，身心和谐。

识人用人。领导除了以身作则、坚守制度化管理外，就是用人。毛泽东主席曾经说过："领导一是出主意，二是用人。"出主意就是决策，不管是韩非也好，孔子也好，都视用人为领导最重要的职责。韩非说："任人以事，存亡治乱之机也"；并进一步提出唯才是举的用人方针："明主不羞其卑贱也，以其能，……从而举之"②，他还强调内举不避亲，外举不避仇。孔子也说："一言可以兴国，一言可以丧国。"③

奖惩。法家认为赏与罚实乃领导者统御下属的二柄；孔子还教导我们在赏罚中要"摒四恶"。"四恶"即"不教而杀，谓之虐；不戒视成，谓之暴；慢令致期，谓之贼；犹之与人也，出纳之吝，谓之有司"④。就是说事先不加教育便杀人，是虐；事先不告诫便责备完成的不恰当，是暴；起先懈怠而又突然限期峻急叫作贼害；本来应该给予的却吝啬出手，是小气。孔子认为，虐、暴、贼、吝都是恶政，应该加以摒除。最后，在执法过程中还要注意以猛纠宽、以宽济猛、宽猛相济的原则。

四、孔子的"正名"与中国式的控制

孔子非常重视"正名"，他说："名不正则言不顺，言不顺则事不成"⑤——

① 程树德：《论语集释》，中华书局 2010 年版，第 127 页。

② 王先慎：《韩非子集解》，中华书局 2003 年版，第 504 页。

③ 程树德：《论语集释》，中华书局 2010 年版，第 916—918 页。

④ 程树德：《论语集释》，中华书局 2010 年版，第 1373 页。

⑤ 程树德：《论语集释》，中华书局 2010 年版，第 892 页。

“正名”是一切控制的必需条件。孔子所说的“正名”，是依据制度调整各个成员之间的权利与义务。广义而言，是对于一切人员及事项，都应该制定标准，然后切实按照所定的基准，努力做到名实相符。我们现在常说的控制三阶段，即先设定基准，再评价业务，最后改正差异，实际上就是先正其名，再考核实与名的差异，然后设法矫正，使得实如其名。

“正名”必须以具体制度为标准。孔子当时所依据的标准，是盛周的制度；所以，“正名”是“从周”的实行，“从周”为“正名”的起点。许多人认定孔子主张人治而不倡导法治，亦即不重视制度；而孔子则一再强调：“在其位，谋其政”，也就是要求组织内的成员，各依其名位而尽其所应尽的责任，专心一意地把自己分内的工作做好。而依名位、尽责任，自然非有具体的制度不可。

中国人的控制，依据孔子的主张，一如现代的控制，有四个连续的步骤：

第一步，决定工作标准，亦即“正名”。

第二步，记录相当于该标准的实际工作情形，亦即考核事“实”。

第三步，比较“名”与“实”，确定其差异，即名、实之间的差距。

第四步，根据差异采取适当的管理行动；若差距并未超出适当限度或目前尚无合适的改变方法，而决定不采取任何行动。

五行管理述要

颜世富　马喜芳*

尽管我们中国人提倡中庸之道，但是，近现代以来，在对于西方文明和西方管理的态度上，总体上来看一向是走极端的。鸦片战争前的清朝皇帝、士大夫和一般国民，真正把自己看成世界的中心，把欧美等国家及地区看成不开化的蛮夷之地。鸦片战争后，走向另外一个极端，一味崇拜西方文明，把美国、英国作为真理、先进的代名词；编写管理学著作时也是照搬西方的管理学原理、思想、方法、案例等。可喜的是，国内少数学者已经意识到中国有着丰富的管理学思想，在编写管理学著作时也开始介绍中国管理思想了。

通过在复旦大学、上海交通大学的管理教学工作，结合我为中国石油、中国石化、中国神华、宝钢、中国银行、国家电网、上汽集团等著名公司提供培训与咨询服务的实践活动，我经常思考：管理人员到底应该扮演什么角色？管理工作千头万绪，领导们到底应该管什么？

最近机械工业出版社出版了我主编的《中西管理会通丛书》。《中西管理会通丛书》从谋略管理、心理管理、关系管理、绩效管理、适应管理等角度出发，利用东西方管理语言，对错综复杂的管理现象进行分析。经过学习研究《论语》、《孟子》和《王阳明全集》，结合管理实践，我认为，在管理工作中，从行为、过程和结果来看，最重要的是谋略管理、心理管理、关系管理、绩效管理、适应管理。这五项内容，利用五行学说来分析，可以概括为五行管理模型。五行理论把自然、社会和人看成一个有机联系的系统。谋

* 颜世富，上海交通大学东方管理研究中心主任，东方管理研究院执行院长，上海慧圣咨询公司董事长；马喜芳，上海交通大学国家战略研究院讲师，上海交通大学东方管理研究中心副秘书长。

略管理属木，决定管理的方向与计谋；心理管理属火，是管理的出发点，也是管理工作最终结果的归属；关系管理属土，管理者要劳神苦思协调关系，寻找资源；适应管理属水，管理者要勇于创新，适应变化，甚至不断否定自己；绩效管理属金，做企业多是成败论英雄，最终看绩效。五行之间有着复杂的生克乘侮互藏关系。五行管理模型可以概括为协调五行、治心为上。

一、心理管理

以前的管理工作中，很少听见情绪资本、员工心理援助计划、灵修、情商等说法，但现在的管理工作则要经常和这些内容打交道。管理涉及的范围很广，管理的对象要素也有很多，包括人、财、物等资源，但是最核心、最重要的还是对人的管理。其中，心理管理对发挥人的主动性、挖掘人的潜在能力是极为重要的。

孔子把管理概括为“修己安人”，“安人”的核心是安人之心。孟子的“万物皆备于我”，王阳明的“心即理”、“致良知”，核心思想都是强调心理因素的重要性。

何谓心理管理？心理管理就是管理者遵循事物发展与人的心理发展的特点、规律，有意识、有目的地借助各种媒介，调动人的主观能动性，使人保持良好心态，以实现目标而实施的管理。心理管理的内容，用通俗的话表示，就是要长心眼、有心计、藏心机。心机，并不是我们平时所认为的一个贬义词，而是智慧和谋略，为人之策和处事之道。心机，是从生活和历史中汲取的智慧。心中有“计”才能成大事。成大事者，要善“断”，善于当机立断，果断决策；要善于“权”，善于权衡利弊，取“大”舍“小”；要善“变”，善于根据形势变通，敢于打破常规；要善“借”，善于借助别人的力量为自己办事。

孟子认为，“劳心者治人，劳力者治于人”①。中国古代没有“管理”这个词，中国古代的“治”、“治理”等字词代表“管理”的意义。中国古代有许多涉及“治心”的思想。在激励和奖惩方面，孙膑提出，“合军聚众，务

① 焦循：《孟子正义》，中华书局1987年版，第373页。

在激气"，主张"文武兼施"，"恩威并重"。诸葛亮指出："赏以兴功，罚以禁奸，赏不可不平，罚不可不均"；"赏赐不避怨雠，则齐桓得管仲之力；诛罚不避亲戚，则周公有杀弟之名"。对于管理者品行修养的研究，中国古代也十分重视。孟子主张"自反"、"内省"来修养自己，他说，"爱人不亲反其仁，治人不治反其智，礼人不答反其敬"①，并认为"知耻"是修养的先决条件。荀子提出"治气养心之本"，即"血气刚强，则柔之以调和；勇毅猛戾，则辅之以道顺；狭隘偏小，则廓之以广大"②。管理涉及的范围很广，管理的对象要素也有很多，包括人、财、物等资源，但是最核心、最重要的还是对人的管理。其中，心理管理对发挥人的主动性、挖掘人的潜在能力是最重要的。何谓心理管理？心理管理就是管理者遵循事物发展与人的心理发展的特点、规律，有意识、有目的地借助各种媒介，调动人的主观能动性，使人保持良好心态，以实现目标而实施的管理。

兵家提倡在战争中要"攻心为上"。攻心为上，在管理工作中，要把调节和控制管理者本人和被管理者的心理放在首位。心理管理倡导，管理中要以心为本；管理者自身要有良好的心理素质；管理者得到被管理者的拥戴是搞好管理工作的前提和基础；管理过程实际上是心理调节过程；管理者应该了解被管理者的需求，尊重被管理者的意愿；管理者要有洞悉心灵的能力；心治要与法治相结合。

近年来EAP受到广泛的关注。EAP（Employee Assistance Program），直译为员工帮助计划，又称员工心理援助项目、全员心理管理技术，内容包括：压力管理、职业心理健康、职业生涯发展、人际关系问题和沟通障碍、环境适应问题、工作能力提升、裁员心理危机、灾难性事件、健康生活方式、工作与生活的协调、家庭问题、情感问题等各个方面，全面帮助员工解决工作问题和个人问题，提高员工在企业中的工作绩效。根据已有数据显示，EAP的投资回报率在不同国家、不同行业都得以体现：在美国，拥有7万员工的信托银行引进EAP之后，仅仅一年，它们在病假的花费上就节约了739870美元的成本；某权威机构对50家企业的调查结果显示，在引进

① 焦循：《孟子正义》，中华书局1987年版，第492页。

② 王先谦：《荀子集解》，中华书局1988年版，第25页。

EAP之后，员工的缺勤率降低了21%，工作的事故率降低了17%，而生产率提高了14%；日本公司在引进EAP之后，平均降低了40%的病假率。

二、谋略管理

谋略不等同于战略。中国一直有兵不厌诈之说，和西方的管理相比，中国的管理工作中，更加强调谋略的运用。在有的人看来，中国人不以道德而以谋略著称于世，著名的《老子》、《孙子》、《鬼谷子》等谋略名著早已盛传于海内外。

谋略，在《现代汉语成语词典》中的解释为“计谋策略”。在这里，“计”就是计划或者规划的含义，“谋”就是谋划、思考和运筹的意思，“策”是对策、策划的意思，而“略”则是战略、策略的意思。从对“谋略”这一术语的解析中我们可以看出，“谋略”就是计划、运筹、规划和制定策略或者战略。或者简要地说，“谋略”是制定策略（战略）。在古代，醍醐子的弟子曾经问其何谓谋略？醍醐子的解释是，“谋略指对事物高瞻远瞩、曲折迂回的认识，以及为了达到认识的目标所采用的间接的、神奇的、不合规律的、令人惊异的手段。具体地说，它是隐藏不露的政治计谋、运筹帷幄的军事战略战术、事半功倍的做事方法、风云变幻的人生策略”。醍醐子的解释基本符合我们的理解，但他显然更看重“谋略”的神奇效用。

中国人不但善于著书立说来阐述“谋略”，中国人的生活本身在某些论述中亦被认为是谋略化的：“或阴或阳，或柔或刚，或开或闭，或弛或张，或进或退，或入世或出世，持中和，处柔顺，善变通，精辩证。”换句话说，想在竞争激烈的社会中生存，就得尽量地隐瞒自己的想法和做法，同时想尽办法去探知对方、揣摩对方的心理。因此，“谋略是中国文化的主轴。中国堪称谋略之国”。

我们可以用一个故事来说明，如何动脑筋利用谋略来出奇制胜。古时候，有个皇帝特别爱好算命，他在皇宫里养了一位算命先生，对他佩服万分。有一天，这名算命先生算出宫中会有一名妃子在8天之内死亡。预言果真实现了，皇帝也吓坏了，他想，要不是算命先生谋杀了那名妃子，那就是他算得太准了。算命先生的法力威胁了皇帝，不管是哪一种情况，这位算命先生都得死。有一天，皇帝要召见算命先生，事先他埋伏好士兵，让士兵等他的暗号，他一摔杯子，埋伏的士兵就冲出来抓住算命先生，把算命先生推出去斩首。算命先生到了皇宫，皇帝在发出暗号之前问了算命先生最后一个问题，他想看看这个死到临头的算命先生到底有多大本事，是否真能预知自己的未来。他问道："你声称会算命，而且清楚别人的命运，那么告诉我你的命运会如何，你能活多久呢?"算命先生吃了一惊，皇帝怎么突然问这个问题呢？他觉察到了皇帝嘴角那抹微笑。他从容地回答说："陛下，我会在您驾崩前3天去世。"皇帝紧紧地握着酒杯，一直没有下达暗号。算命先生的命保住了，不仅如此，皇帝还慷慨地给他丰厚的赏赐，派高明的御医照顾他的健康。最后，这位算命先生甚至比皇帝多活了好几年。

在历史上深谋远虑、进退自如的名商巨贾可以为我们提供参考。他们一生大都跌宕起伏，极具传奇色彩，他们的成与败都值得总结与借鉴。如商贾之宗的计然；商之鼻祖的范蠡；千古奇商，志在谋国的吕不韦；经营鬼才，大明首富沈万三；山西票号创始人雷履泰；籍左成事的红顶商人胡雪岩；甲午状元，商业巨擘张謇；沪上名商，业界翘楚叶澄衷；赤脚财神，一品百姓虞洽卿等。总结这些名商巨贾的奋斗历程，也许共同的成长背景——悠久的传统思想文化的熏陶，能给我们解读成功的秘密。

在变化着的世界当中，既要遵循各种谋略的基本理念，又要不固守常规、常法，独辟蹊径，出奇创新，才是最后制胜的关键所在。更为重要的是，现代企业的竞争不是以前单纯意义上的竞争，作为生态系统中生存的企业，更需要讲求合作意识。因此，正如我们以后要阐述的那样，现代意义上的谋略还有更宽的内涵，比如谋势、造机等。现代意义上的谋略已经是包含"竞争"和"合作"双重意义上的谋略。当代社会的进步要求更深层次意义上的谋略，它需要面向未来，满足各个利益相关者的总体谋略思想。为此，拓展谋略的概念，阐述现代意义上企业制胜的谋略将成为本文的一个重要任务。

在中国古代论述谋略的著名著作中，《孙子兵法》侧重于总体战略，而《鬼谷子》则专于具体技巧，两者可说是相辅相成。鬼谷子的纵横捭阖、揣情摩意、阴智制人等学说很少被人在正式场合推崇，很少有人把鬼谷子的战术技巧对于一位高层领导来说的深邃含义进行正面分析。但是他的一些谋略之术却在古今管理工作中得到实际的推崇。

鬼谷子所说的纵横捭阖，就是审时度势，以权变的原理来获得领导的主动权；揣情摩意，就是揣摩人们的心理状态、了解下属的迫切需要，对症下药地把领导意图以暗示寓意的方式浸入对方的内心，让对方能够揣摩到，心领神会；阴智制人，就是不是以公开的法则或规章制度明白无遮地控制指挥他人，而要运用自己智慧，以私下的情意来感动对方，以“社会软件”、“潜规则”来获取对方的认同。

三、关系管理

在现实的管理工作中，经营关系网是管理者的主要工作之一，虽然一些技术人员出身的管理人员有些不适应。

吃饭、喝酒、打高尔夫等活动的主要动机是为了编织和维持关系网。一些管理人员为众多的应酬烦恼，但是扮演了管理者的角色必须经常进行关系管理，其他人很难代替你，孔子提倡的“礼”，强调等级观念，所以，在非常讲究身份、地位的中国文化中，做领导要花很多时间在搭建和维护人际关系上，一般员工代替不了领导者的这个角色。

长久以来，强调社会和谐性及人际关系的合理安排一直被认为是中国文化最显著的特性之一。

分析中国的关系管理，家是一个基本概念。中国有着悠久的“家文化”传统，“家族主义”与“泛家族主义”的倾向是十分普遍的。台湾大学杨国枢认为：“家族不但成为中国人之社会生活、经济生活及文化生活的核心，甚至也成为政治生活的主导因素”。汪丁丁指出，“从那个最深厚的文化层次中流传下来，至今仍是中国人行为核心的，是‘家’的概念”。中国家文化之重要，是因为它不止是给家庭或家族提供一套规则，还泛化到了社会经济生活的方方面面。任何家族以外的社群、机构，包括企业或国家都可视为“家”的扩大。因此，泛家族主义是中国文化的一大突出特征。

《论语·学而》中说：“礼之用，和为贵。先王之道，斯为美。”① 注意

① 程树德：《论语集释》，中华书局 2010 年版，第 46 页。

到和谐的方法论作用，儒家文化反对搞片面性和走极端。在处理人际关系上，《礼记·中庸》中进一步说："中也者，天下之大本也；和也者，天下之达道也。"① 强调和谐是国家人伦关系的五个"达道"，即君臣、父子、夫妇、兄弟、朋友这五个人人共生共存的最根本的人伦关系。应用到企业管理上，"和为贵"的"中庸"思维方法，可以系统地用来协调企业中职工与职工、管理者与职工、企业与环境的关系，全面地搞好企业内外人际关系管理。

第一，企业与外部环境的关系。企业管理者都是在一定外部环境中从事管理工作的，对于外部宏观环境如政治环境、经济环境、人文环境、技术环境等，他不能超越它、改造它，而要适应它、利用它，取得企业与外部环境的和谐、融合；对于外部微观环境如设备、原料、资金等生产要素的供应商，零部件、工艺技术等的协作者，产品输出的购买者以及竞争者、社区、政府等，他要把他们看作企业的合作伙伴和利益共同体，看作企业获取绩效、实现经营目标的直接相关因素，互惠互利，和谐相处。

第二，职工与管理者的关系。在中国的企业中体现出一种家长制的特点，讲究上下关系间传统式的服从，而上级必须照顾下级的福利。照顾的范围和程度属于上级的权责，而不是由职工组织工会来争取。管理者在同职工的关系上，要贯彻孟子的"爱人者人恒爱之，敬人者人恒敬之"的思想，所谓"爱人"就是管理者要关心职工的工作生活，搞好劳保福利；所谓"敬人"就是管理者要主动密切与职工的关系，经常与职工接触，帮助职工解决实际困难。反过来职工要关心企业、服从领导，这样上下关系就会融洽。要处理好管理者与职工的关系，还应注意以下问题：管理者通过民主形式，了解和掌握职工的需要和要求，尽可能给予满足或吸收到企业决策中去加以解决；改进劳动人事和分配制度，打破干部、职工界限，干部能上能下，教育培训制度化，提高职工素质，调动职工积极性；干部以身作则，廉洁奉公，与职工同甘共苦。

第三，职工间的竞争与协作关系。每个员工都是企业群体中的一员，其工作热情和效率一方面通过企业内部的个人竞争来刺激，另一方面要通过

---

① 郑玄注，孔颖达疏，龚抗云整理，王文锦审定：《礼记正义》，北京大学出版社 2000 年版，第 1422 页。

群体协作来提高。现代企业生产分工精细，任何产品的制造都要经过许多环节，经由许多人的共同努力才能完成。没有群体协作，任何产品的制造、任何科研的完成，都是难以想象的。然而以个人为激励对象的管理和激励机制容易引起群体内部个人之间的过度竞争，影响部门间、个人间的协作精神，彼此保密、封锁、不合作，导致关系紧张，进而损害企业整体利益。日本企业受儒家中庸思想的影响，具有强烈的“企业家族主义”的集体精神和协作意识，“天、地、人”三方中，强调“人和”，认为企业的成功非“人和”不能取胜，企业员工之间应该和谐相处，亲如一家。我国国有企业正在进行以建立现代企业制度为目标的改革，打破原有职工之间竞争机制不健全的状况，引入新的人事、分配制度。在发挥竞争机制作用的同时，同样要加强协作，提倡互助精神、和谐精神，处理好员工间竞争与协作的关系。

关系网是起重要作用的，在市场规则、行政规则并存的环境中，“关系”规则的作用也是相当大的。“关系”已经成为中国社会生活中一种普遍存在的“游戏规则”。因此管理人员必须花大量功夫经营和维持血缘关系、地缘关系、学缘关系、业缘关系和神缘（信仰）关系等关系网。

四、适应管理

周易的的核心思想是关于变化的思想。近些年流行的哈佛大学隆纳·海菲兹的适应管理思想，核心也是关于变化管理的主张。隆纳·海菲兹博士倡导适应型领导（adaptive leadership）对于当代CEO们的发展具有重要意义。

领导者要向现状挑战。他们应鼓励适应性变革，并且注入一种紧迫感。当人们在新现实所引发的失衡和痛苦中挣扎时，领导者应提供一个支持环境。与权威人物不同，领导者不提供答案，而是把适应性工作交还给人们。他们提醒下属，在他们向别人寻求方案的过程中，应具有其自身的能动作用和个人的付出。好的领导帮助人们产生变化的焦虑，它不会使人们产生情感上的淡漠。人们常常把寻找解决方案的责任一股脑地推给权威者，以此来逃避问题所带来的痛苦。

适应型领导（Adaptive leadership）善于分析问题，质疑问题的定义与答案；公开外在威胁，让成员有危机感；打破既有的角色定位；揭露冲突；不断向制度规范挑战；放权，获取魅力。适应型领导就是识别价值紧张，并且在使价值和新现实相一致方面取得进展。海菲兹博士归结，判断一个问题是否要使用适应性原则，主要看一个问题是否有了答案，如果可有章可恃，这就是一个技术性问题；如果没有，需要创造，就是适应性问题。

海菲兹说，领导要有自己的行为原则，他要做的主要行为原则有以下几条：

第一，确认哪些是适应性的问题，哪些是技术性的问题。而其中最常见的错误就是把适应性问题看成技术性问题。

第二，高瞻远瞩，维持对主要问题的专注。

第三，还政于民。适应性问题的一个原则是要让有问题的人自己去解决，决不可越俎代庖。

第四，调节对不稳定状况的反映，保持平衡。

第五，保护来自基层人员的声音，调动每一个人的领导才能。工作在第一线的人，可能首先发现一些细微的变化、不和谐、价值紧张，要创造一种大家愿意自由发表见解的氛围。

第六，给工作赋予意义。即使是平凡的工作，领导也要善于发掘出它的价值，让人们乐于从事这些工作。

熟悉易经思想的人，就非常容易理解海菲兹的主张。《周易》是讲变化的书。司马迁就说过"《易》长于变"。易学的主要内容就在于探讨自然、社会和人类的规则、形态和思想如何运动、变化和发展。《周易》在对变化持积极应对态度的同时，还在每一卦中对如何应变提出了指导性的建议，这些思想在《革》卦表现得最明显。《周易》专立一个《革》卦，充分表现出了对变革的重视。《易传》把变革适应——"革去故，鼎取新"①、"穷则变，变则通"②视为必然规律，至于如何适应客观规律，怎样实行变革或改革，《周易》持谨慎的态度，主张"革而信之"、"革而当"，由"物极必反"而引申出变革必须恰当、合适，可革可不革干脆不革，非到可革之时方可实行变

① 黄寿祺、张善文：《周易译注》，上海古籍出版社2001年版，第657页。

② 黄寿祺、张善文：《周易译注》，上海古籍出版社2001年版，第572页。

革，这样才能取信于人。变革要掌握时机，做到措施适当，“顺乎天而应乎人”。

五、绩效管理

不管是企业管理，还是党政机关事业单位的管理，绩效管理都是核心工作之一，但是要搞好绩效管理工作却很艰难，国内外对于比较流行的MBO（目标管理）、KPI（关键绩效指标）、EVA（经济增加值）和BSC（平衡计分卡）等工具，都有不同程度的批评意见。中国古代的绩效考评有多种名称，诸如考绩、考核、考成、考察、考功、考课、考试、考满、京察、大计等，它是通过考核官吏德、才、勤、廉、功而定黜陟的用官之法。中国古代有着丰富的绩效管理思想，历代帝王重视考绩，并以此奖优罚劣、进贤退拙，所以它渊远流长，相承不辍。苏洵在《上皇帝书》中说：“夫有官必有课，有课必有赏罚。有官而无课是无官也；有课而无赏罚是无课也。”有官员，就自然有考核；有考核，自然有奖惩。以前一些企业认为绩效管理主要是人力资源部门的工作，平衡计分卡流行后，一些组织的一把手才意识到，绩效管理应该是高管的重要工作。

中国古代的绩效管理思想，主要有五个方面的现代应用价值。第一，一把手重视，皇帝亲自抓考绩。绩效管理是一把手工程，领导不重视，只依靠人力资源等部门是难以做好绩效管理工作的。第二，专门设立绩效管理机构。BSC 的提出者卡普兰等人主张，专门成立战略管理或绩效管理机构，推动绩效管理。中国目前在选拔任用干部方面有中共中央组织部等机构，但是，对于干部具体在如何干、干得如何等方面，没有专门的机构进行管理。加强绩效管理机构的建设，对于预防腐败具有重要的现实意义。第三，主观、定性考核为主，客观、定量为辅。考评方式方法是否科学，我们主要看是否有助于组织的稳定和发展，是否促进组织本身的绩效得到改进。从1990 年以来，人们对于以净资产收益率等财务指标为主的量化考核提出了批评，主要看重财务指标的考核，容易使个人和组织急功近利，采取短期行为，结果是不能可持续发展，不能带来幸福的生活。第四，平时考核和任期考核相结合。对于官员的考核既有平时的抽查、述职、巡视等考核，又有任期比较全面、长期的考核等。考核周期比较长，有利于官员有长远打算，而不是搞短期的政绩工程。第五，重视考核结果的使用。通过考核官吏德、才、勤、廉、功而定黜陟，甚至决定生死。绩效考核如果不和职务升迁、收入增减联系起来，大家就不会当回事，就不会加以重视。

总之，中国古代在绩效考核的领导重视、专门机构设立、考核计划、考核内容、考核周期、考核结果使用等方面的一些优秀理念和具体做法，值得我们学习、借鉴和弘扬，坚持主观和客观相结合、定性和定量相结合、长期和短期相结合等原则，可以帮助组织改进现有的绩效管理系统。

现代管理人员对于绩效、绩效管理这两个概念不陌生，但是能够正确理解的人并不是很多，能够正确地进行绩效管理的机构更少。现实生活中，大家基本上都认识到绩效管理很重要，由于各种各样的原因，绩效评估往往流于形式。因此，正确认识绩效管理中存在的问题，积极寻求建立有效的绩效管理体系的方法对于每个企业而言都具有十分重要的意义。

国外绩效管理的发展大致经历了三个时期：成本绩效管理时期即 19 世纪至 20 世纪初、财务绩效管理时期即 20 世纪初至 20 世纪 90 年代和绩效管理的创新时期即 20 世纪 90 年代至今。

20 世纪 80 年代后，对企业经营绩效的考评形成了以财务指标为主、非财务指标为补充的考评体系。逐渐地美国的许多公司，包括跨国公司已意识到过分强调短期财务绩效是美国公司在欧洲和日本企业竞争时处于不利地位的重要原因，于是他们把着眼点更多地转向企业长期竞争优势的形成和保持上。对管理者的补偿准备以是否实现了股东财富最大化为根据，而不是短期的财务业绩状况。由此，非财务指标在绩效考评中的作用越来越重要。

管理人员目前应该重点关注 BSC（平衡计分卡，Balanced Scorecard）。平衡计分卡被广泛接受的重要原因之一，是以前的战略管理往往被看成是企业高管的事，一般的员工不大关心公司战略；以往即使有战略，但是都容易落空；平衡计分卡可以作为贯彻执行公司战略的有效工具。平衡计分法最突出的特点是：将企业的远景、使命和发展战略与企业的业绩评价系统联系起来，它把企业的使命和战略转变为具体的目标和评测指标，以实现战略和绩效的有机结合。平衡计分卡以企业的战略为基础，并将各种衡量方法整合为一个有机的整体，它既包含了财务指标，又通过顾客满意度、内部流程、学习和成长的业务指标，来补充说明财务指标，这些业务指标是财务指标的趋动因素。这样，就使组织能够一方面追踪财务结果，一方面密切关注能使企业提高能力并获得未来增长潜力的无形资产等方面的进展，这样就使企业既具有反映“硬件”的财务指标，同时又具备能在竞争中取胜的“软件”指标。

总之，管理者的工作重心是抓心理管理、关系管理、谋略管理、适应管理、绩效管理，而不应该被许多杂事纠缠住。

儒学的根本精神及其在现代企业管理中的运用

吴　光*

一、引　言

（一）从古人的经商艺术谈起

我在企业工作近十年，当过铸造工、计划调度员、设备动力科长，对企业管理略懂皮毛；1979年在人大读研究生时，在《北京日报》发表过《铁饭碗制度需要改》，在砸与保之外，提出改革职工与干部制度的“铁饭碗”问题；1988—1990年在新加坡东亚哲学研究所做客座研究，全家在商业社会和市场经济社会生活近两年，与大企业家有接触、交流，对新加坡经济起飞的奥秘有所了解，也发表过《经商艺术古今谈》等文章。

现代商人的经商手段、管理方式虽比古人高明，但也有不少人根本不懂经商的道德、艺术与商业精神，可谓“不识庐山真面目，只缘身在此山中”。有必要学习、借鉴古人的智慧。

孔子并不轻视商人。《论语》中有孔子赞扬善于经商的学生子贡的话：“赐不受命，而货殖焉，亿（臆）则屡中。”

《史记·货殖列传》和《汉书·食货志》是最早系统记载商业活动、各地民俗、资源物产、经商艺术的专书，还记载了许多精通经营管理的富商巨贾的故事。有善于经国理财、促成国强民富的政治领袖，也有急流勇退、弃

* 吴光，浙江省社会科学院哲学研究所研究员、浙江省文史研究馆馆员、国际儒学联合会理事暨学术委员。

政从商并获得成功的文人雅士，有以财富支持学术事业的孔门弟子，也有出身贫贱、白手起家而富比王侯的平民百姓，甚至有善守家业、敢与皇帝分庭抗礼的寡妇。在其所记众多成功的商人中，其中特别是春秋时代越国的大夫范蠡及其老师计然、战国时代的周人白圭、秦汉之际的巴蜀卓氏，堪称当时第一流的商界巨子。概括地说，他们的经商艺术有下列特色：

一是有战略眼光，善于预测市场需求。如计然说："知斗则修备，时用则知物"、"旱则资舟，水则资车"。意即预知战争将到就提前修理备战之具，能因势利导、适时满足需要才算懂得市场行情；气候干旱时就预备好水行的船，水灾泛滥时就准备好陆行的车，以适应未来情况变化的需要。这是要有战略眼光的。计然不愧是越国的头号谋士！

二是善于把握时机。计然认为，物价往往是"贵极则贱，贱极则贵"(现在的股票行情也是这样)。因此要注意商品"有余不足"的行情，及时调整物价和经营策略。白圭认为进货出货要"乐观时变"，做到"人弃我取，人取我与"，这样才能赚大钱。

三是重视选择和开辟经营环境。如范蠡弃官后，乘扁舟浮于江湖，先至齐，后到陶，认为陶居"天下之中，诸侯四通"，是经商的好地方，即在此定居下来，结果"三致千金"，世称"陶朱公"，甚至把他当作商界始祖。

四是勤俭节约，以身作则。古代富商虽然僮仆成群，家资千万，却很崇尚勤俭节约、以身作则的精神。如白圭就很注意"薄饮食，忍嗜欲，节衣服，与用事僮仆同苦乐"。宣曲（今陕西西安）任氏不但亲自参加生产，而且立下家约：不是自家的不消费，公事没做完不准吃肉。这简直就是马克斯·韦伯《新教伦理与资本主义精神》一书所讲的禁欲致富的"秘诀"了。

五是智、仁、勇、强，四德皆备。《货殖列传》特别记载了周人白圭的一段"生意经"，大意是说：我的经营原则，要求像伊尹、吕尚治国那样有战略家的远见卓识，像孙武、吴起用兵那样有军事家的刚强果断，像商鞅执法那样有政治家的权变智巧；那些"智不足与权变，勇不足以决断，仁不能以取予，强不能有所守"的人，虽然想学我的本领，我却不会教他。这是一个成功商人的道德观，可谓深得要领。

《货殖列传》还讲述了其他许多商业原则和道德，如注重信用、知人善任、真诚专一等，可见要当个好商人并不容易。而《史记》作者所特别推崇的，是以“富国”为根本目标、深知爱惜民力的战略家、政治家和富而好德、勤俭节约的富商廉贾。太史公将“富”分为三种，认为“本富为上，末富次之，奸富为下”、“上则富国，下则富家”。所谓“本富”，一是指那些善于经国理财从而使国家富强起来的战略家、政治家，如太公望、管仲、计然等人，二是指那些德才兼备、富而好德的君子，如范蠡之类，即所谓“君子富，好行其德”者。所谓“末富”，是指那些因时察变、勤俭积累并通过巧妙的商业活动而发家致富的富商大贾，如子贡、白圭之流。所谓“奸富”，则指那些社会地位低微、从事行贾卖艺、贩脂卖浆之类“下贱”行业甚至从事盗墓赌博等违法勾当但却真诚专一从而获得成功者。

在我看来，即便是进入了21世纪、市场经济遍及全球的当今社会，古人的经商艺术和商业道德不仅没有过时，而且应当发扬光大。作为一名有进取心的商人或企业家，应当是具有战略眼光、善于捕捉商机的大才，应当是“智、仁、勇、强”四德皆备的贤才，应当是勤俭节约、以身作则的典范，还应当是富而好德、诚信为本的君子。我们现代中国的企业家，真应当好好学习古人的经商艺术和商业道德了。

（二）晋商、徽商与浙商的比较

晋商、徽商是中国明清近代时期的著名商帮，是商品经济不很发达时代的商人群体；浙商则主要是现代、当代中国的商人，是市场经济时代的商人、企业家群体。

晋商主要是近代金融领域的精英，徽商主要是商品流通业的巨子，浙商则是商业、实业、服务业全方位开拓发展的佼佼者。

晋商、徽商与浙商的根本精神与价值观的取向有同有异，其同者，在致富的道路上坚持自强不息、勤劳节俭，具有务实开拓的精神；其异者，晋商、徽商特重“诚信”二字，而浙商则特别注重“功利”。

商人最根本的道德精神是什么？就在“诚信”二字！这在晋商电视剧《乔家大院》与《白银谷》中有典型的表现。如《乔家大院》的主人公乔致庸，就在自家的店铺挂上“诚信”匾，立下“诚信第一”的行规，正是晋商根本精神的形象体现。当他发现有人在胡麻油中掺入旧油时，就不顾巨额亏损，决定一文钱一斤低价出卖胡麻油，从而保住了商号的信誉。而被称为“红顶商人”的徽商胡雪岩，尽管有仰赖官府以扩大商机的利益驱动，但他之所以能保住百年老店“胡庆余堂”的品牌，最重要的是靠着“戒欺”这块金字招牌，靠的是诚信立业的根本精神。现代浙商的成功秘诀，则是充分把握了市场经济“利益最大化”的法则，突出的是功利主义，但却存在“谋利有余，诚信不足”的弊端，以致成为企业发展的障碍。如一度风靡世界的“温州模式”与“浙江村”，固然因其“敢为天下先”、“自强不息”、“自主创业”的精神而广受重视，但也由于其产品的“假冒伪劣”、缺乏诚信而广受批评，当然，这种现象是资本原始积累时的通病，现在的浙商已经吸取教训而大树“诚信”的精神（义乌小商品市场的“诚信”研讨会、温州“二次创业”的“诚信为本”口号是其例证）。这说明诚信是商人、企业家的普世精神。

二、儒学的根本精神及其核心价值观念

（一）儒学的根本精神：道德人文精神

要回答这个问题，首先必须回答“儒学是什么”的问题，即必须给儒学以适当的定位。

有人将儒学定位为“伦理本位主义”，即认为儒家思想是以确立人伦秩序、维护封建等级制为根本目标的政治伦理哲学体系。我是不以为然的。我在二十年前出版的《儒家哲学片论——东方道德人文主义之研究》一书中就批评过这种偏见，而从本质上把儒学定位为“确立普遍内在的人类道德主体性同时极为重视社会问题的解决和对人生意义价值的肯定因而富有人文精神”的“道德人文主义”哲学。① 我之所以要对儒学作这样的定位，是因为我认为儒学在本质上是道德的、人文的，而非伦理的。在中国哲学中，伦理与道德尽管关系密切，却意义不同。伦理讲的是外在的人际关系，是一种秩序之“理”，正如《礼记》所说：“伦者，序也”；道德是一种内在于人的心理自觉，是发自内心的东西，如同孔子所讲的“为仁由己，而由乎人哉”。

---

① 参见吴光：《儒家哲学片论——东方道德人文主义之研究 · 自序》，新加坡东亚哲学研究所 1989 年版、（台北）允晨文化公司 1990 年版，第 4 页。

如三纲五伦是伦理，仁、义、孝、悌、忠、信等是道德。儒家固然讲伦理秩序（礼），但最重视的还是道德理性（仁），追求的是修身成德，即道德人格的完善。儒学认为，人之所以为人，是因为人是有道德的，人生的根本意义和价值，就体现在对理想道德境界与完善人格的不懈追求之中，但儒学的道德理想并不是脱离社会实践的空想，而是一种以人为本的人文主义的思想艺术。《周易》说："刚柔相济，天文也；文明以止，人文也。观乎天文，以察时变；观乎人文，以化成天下。"这就是"人文"、"文化"观念的本土起源。所谓"人文"，就是人类文明所达到的境界；所谓文化，就是以人文精神去教化天下人民。所以我认为，儒学的根本精神就是确立道德主体性的人文主义精神，即道德人文精神。

（二）儒学的五大核心价值观念：仁爱、民本、和谐、诚信、中庸

1. 对五大核心价值观念的基本解读

如果我们承认儒学在本质上是"道德人文主义"哲学，那么，我们就应当承认儒学的核心价值观并不在于"三纲五伦"的伦理秩序，而在于"以德为体，以人为本"的道德人文精神。而构成这一道德人文精神的核心价值观念是什么呢？在我看来，就是仁爱、民本、和谐、诚信、中庸五大范畴。

儒家"仁爱"思想的基础是"民本"，按照孔子的思想逻辑，就是"仁者人也，仁者爱人"，按孟子的说法就是"亲亲而仁民，仁民而爱物"，即社会以人为本，国家以民为本。社会以人为本，就是要尊重人的生存权、发展权。国家以民为本，就得承认人民力量的伟大，民心向背是关系到国家兴亡、政权成败的关键，这就是千古相传的"水可载舟，亦可覆舟"的真理。儒家的"仁爱"、"民本"是儒家思想体系中最核心的价值观念，它强调人的道德自觉、民的伟大力量和统治者的仁民爱物精神。由此而发展出从民本走向民主的现代人文精神。中国明清之际文学家张岱说的"予夺之权，自民主之"①，与他同时同郡的思想家黄宗羲的"天下（人民）为主，君为客"②思想，就是先秦儒家"仁爱"精神和"民本"思想在明清之际的发扬光大，是

① 张岱：《四书遇·孟子·丘民章》，浙江古籍出版社1985年版，第562页。

② 黄宗羲：《明夷待访录·原君》，《黄宗羲全集》第一册，浙江古籍出版社2005年版，第2页。

中国早期民主启蒙思想的集中体现。

“和谐”体现的是人与自然、人与社会、人与人的共生、共处、共荣的精神。这是对人类社会理想境界的追求，是人类永续性发展的生态需要。《礼记·礼运》宣传的“大同”理想，实质上是提倡“多元和谐”的“太和”社会理想。因为儒家一向是重视“和而不同”、“和为贵”的。所谓“太和”，就是最高的和谐境界。正如《礼记·中庸》所说：“和也者，天下之达道也。”

“诚信”体现了实事求是、尊重客观实际和守信、守礼、守法的精神。“诚”指的是真实无妄，“信”就是守这个“诚”。儒家历来以“诚”为道德之本、行为之源，而以“信”为德目之一，并且重视“诚信”的实践，强调言行一致、知行合一。“诚信”之德，对个人而言是立身之本，对企事业而言是立业之本，对国家而言是立国之本。“民无信不立”，指的就是当政者要取信于民，才能成就大业。东汉思想家王充首倡的“实事疾妄”命题就是典型的实事求是、批判虚妄的诚信思想。

所谓“中庸”，其实就是“用中”，即推行“中道”，强调的是不走极端，体现了公正、务实、协调的精神。这种思想极为高明，走的是“执其两端，用其中”的道路，是一种辩证的、和谐的思想方法与工作作风。

总之，仁爱、民本、和谐、诚信、中庸这五大核心观念，既是孔子以来的传统儒家孜孜以求的核心价值观念，也是现代新儒家所传承弘扬且能为大多数人所接受的普世性价值观念。

2. 儒学核心价值观念的普世性

现代社会一方面享受着科技文明，同时也不可避免地也产生了许多弊病。随着科技的发展，核武器等大规模杀伤性武器也在威胁着人类。生态失衡、环境污染是困扰各国现代化进程的大问题，特别是当今的中国，生态失衡、环境污染已经是个危及国民健康的严重问题。物质生活富裕的另一面是享乐主义、人欲横流；而市场竞争的另一面则是拜金主义、人际关系的冷漠紧张与人性的扭曲和沉沦。崇尚自由、民主、人权、法治的另一面是极端个人主义、无政府主义、形式主义的滋长泛滥，以及对道德教育和人格修养的忽视与贬斥。这些弊病如何解决？科学与法制不能完全解决这些问题。“心病还需心药医”，精神层面的东西还是需要精神的处方。现代社会正在重新呼唤儒学，呼唤仁爱、和谐、诚信、节俭、中道、团队精神等传统美德。

当今的世界正处在经济全球化、社会现代化、文化多元化、价值观念趋同化的进程之中，一些原本属于西方或东方的价值观念，正在跨越文化的国界而日益为全人类普遍认同、接受。如原本植根于西方文化的民主、自由、人权、法治等价值观念，现在已不再是西方的“专利”而被全人类所认同。而根植于中国儒家文化的仁爱、和谐、诚信、中庸等价值观念，是经过数千年文化变迁和社会实践证明是有利于人类生存发展及社会进步的精神财富，当然具有普世性和永久性的价值。而在当代中国，伴随着现代化建设的成功进展，使中国从20世纪80年代的“改革开放”到21世纪的“和平崛起”，具有强大生命力的中华文化特别是儒家文化的核心价值观也正日益显示出它的普世性价值。由于儒学本身的人文性、实用性特点，正日益受到现代社会的普遍重视，并为现代人类所接纳，成为全人类都普遍认同的基本价值观念。

三、现代企业管理中如何实践儒学的智慧

（一）以人为本，充分发挥员工的聪明才智

“以人为本，人最为贵”的思想，是历代儒家最基本的观念。孔子说：“仁者人也，仁者爱人。”在中国历史上破天荒第一次揭示了人的道德人文特性。孟子说：“人之所以异于禽兽者几希”。人与禽兽差别很稀少，这个差别稀少的地方就是道德仁义。有道德的便是人，没道德的人就与禽兽无异。所以，孟子在讲了这句名言后，列举舜、禹、汤、周文王、武王、周公的事例，来说明君子必须遵循道德仁义行事的道理。继孔孟之后的战国时期大儒荀子说得更为具体。他说：

> 水火有气而无生，草木有生而无知，禽兽有知而无义，人有气、有生、有知，亦且有义，故最为天下贵也。力不若牛，走不若马，而牛马为用，何也？曰：人能群，彼不能群也。人何以能群？曰：分。分何以能行？曰：义。①

---

① 王先谦：《荀子集解》，中华书局1988年版，第164页。

人之所以最为天下贵，是因为人是有聪明智慧而且讲道义的，是因为人具有群体意识（能群），并能在群体中发挥个体的作用（能分），从而使群体不断进步。儒家高度重视人的地位、作用与价值，重视人的群体性作用，这正是企业文化应有之义。企业文化是企业在生产经营活动中形成的独具特色的企业品牌，包括价值观念、道德标准、行为规范、群体精神与管理模式。企业文化所重视的人具有鲜明的群体性特征，但并不否定个体在群体链中的作用，而是充分发挥个体的积极性、创造性，使每个人都能为企业的发展作出积极的贡献。所以，企业文化的首要内涵就是树立“以人为本，人最为贵”的道德人文精神。

（二）以德治业，提高企业的治理水平与员工素质

儒学主张以德治国，以德治业。孔子说：

> 道之以政，齐之以刑，民免而无耻；道之以德，齐之以礼，有耻且格。[①]

以刑政治国还是以德礼治国，这是法家政治理念与儒家政治理念的分水岭。所谓“道（导）之以德，齐之以礼，有耻且格”，乃是以道德仁义为价值导向，以礼仪规范为约束机制来推行政策，就能使人民知道羞耻，形成有道德人格的良好风尚。儒家并不否认礼法的强制性规范作用，但更重视的是道德导向的作用。儒家治国的基本理论模式是“仁本礼用”。所以，孟子有“徒善不足以为政，徒法不足以自行”[②]的警句。这个基本理论模式同样适合企业管理并应作为企业管理理论大力推广，对于提高企业的治理水平与员工素质具有十分重要的作用。

（三）诚信为本，确立企业长期发展的信誉保证

儒家自孔子始，即把“诚”、“信”作为核心价值观念之一。儒家“诚

---

① 程树德：《论语集释》，中华书局 2010 年版，第 68 页。

② 焦循：《孟子正义》，中华书局 1987 年版，第 484 页。

信”思想的内涵主要有三点。一是以“诚”为真实无妄的本然之道。如《中庸》所谓“诚者，天之道”、“诚者，不勉而中，不思而得”，宋儒朱熹所谓“诚者，真实无妄之谓，天理之本然也”①，都是讲“诚”的客观性和真实性。二是以“诚”为道德之本、行为之源，而以“信”为德目之一。宋儒周敦颐说：“诚，五常之本，百行之原也。……守曰信。”② 这里所谓“守曰信”，是说守“诚”便是“信”，“诚”是体，“信”是用。三是重视“诚”的实践，强调言行一致、知行合一。《中庸》所谓“诚之”、《孟子》所谓“思诚”，都是指“诚”的实践。而致“诚”的方法和途径是博学、审问、慎思、明辨、笃行。在他们这里，“诚”是最高境界，是根本之道；“信”就是守诚，即实践“诚”，是手段、途径。

“诚信”观念在现代社会背景下，具有了新的内涵：

第一，诚信的根本精神是真实无妄，它要求人们尊重客观规律，坚持实事求是的思想路线，树立求真、务实的精神。在“诚信”这把精神标尺面前，一切虚情假意、欺瞒诈骗的言行都将无所遁其形，必然遭到无情的揭露、批判和唾弃。

第二，“诚信”作为一种价值观念，具有公正、不偏的特性，它要求社会群体建立公正、合理的政治、经济与法律制度，要求社会成员树立起公正、公平的处事态度，并建立互信互利的人际关系。

第三，在现代市场经济体制和法治社会条件下，“诚信”所内含的人文精神，要求人们自觉守法，真诚守信，树立起适应市场经济体制和法治社会的价值观和公私分明的道德观。

对于每个社会成员而言，“诚信”是立身之本、处世之宝。“诚信”精神是培养人的高尚道德情操、指引人们正确处理各种关系的重要道德准则。个人以诚立身，就会做到公正无私、不偏不倚、不贪不酷；讲究信用，就能守法、守约、取信于人，就能妥善处理好人与人、个人与社会的关系。对于一个企业、一项社会事业而言，“诚信”作为一项普遍适用的道德规范和行为准则，是建立行业之间、单位之间以及人与人之间互信、互利的良性互动

① 黎靖德编：《朱子语类》，中华书局1986年版，第1564页。

② 周敦颐：《通书》，《黄宗羲全集》第3册，浙江古籍出版社1992年版，第587页。

关系的道德杠杆。中国现代的跨国企业“海尔集团”总结出开发市场的三条原则是“紧盯市场创美誉、绝不对市场说不、抱怨就是投诉”，其实就是企业面对市场和顾客坚持了“诚信”原则。被誉为“日本近代化之父”的日本著名企业家涩泽荣一写了一本叫《论语与算盘》的书，提出了“士魂商才”口号，认为“《论语》是培养士魂的根基”，而所谓“商才”，就是坚守“诚信”，反对欺瞒的企业家：“离开道德的商才，即不道德、欺瞒、浮华、轻佻的商才，所谓小聪明，决不是真正的商才。”① 现在，许多企业家、事业家都已认识到“诚信”对于企事业生存、发展的重要作用，所以提出了“诚信兴业”、“诚信兴商”、“诚信是企业的灵魂”、“靠诚信赢得市场、赢得效益、赢得实力”等口号。这是我国现代市场经济体制趋于成熟的表现。“三鹿集团”之所以破产，则从反面证明了树立正确义利观和诚信观的重要，说明唯利是图、失信于民的巨大危害。

现在，不少企业家都以“儒商”自诩，这固然反映了中华传统文化的魅力。但“儒商”这个称号，并不是自封可定或者轻易可得的，而是指那些对社会作出了杰出贡献从而获得社会公认并富有儒家人文精神而且自觉实践儒学价值观的商人和实业家。

既然“诚信”不仅是个人立身之本，而且是企业立业之本，那么，凡是堪称儒商或以儒商自诩的现代企业家们就尤其应当自觉提倡、弘扬并实践诚信的原则与精神，就应当时时处处坚守诚信的原则与精神。

尽管实践“诚信”的方法与途径是多种多样的，但还是有一些普遍适用的道德准则的。我认为，作为现代儒商，其实践“诚信”的方向与准则主要体现在以下五个方面：

第一，服务观。儒家历来提倡“以民为本”，体现在儒商企业的经营宗旨上，就必须树立“顾客至上、人民利益高于一切”的服务观，全心全意地为社会大众服务。儒商企业应当适时地做好市场调查和预测，根据民众的需要来设计和生产，做一个“奉献社会、服务人民”的诚信企业。

第二，人才观。儒商在企业管理中应当高度重视人才的网罗、培养与

---

① 涩泽荣一：《论语与算盘——人生 · 道德 · 财富》，王中江译，中国青年出版社 1996 年版，第 5 页。

使用，要树立“人才第一”的创业观，同时坚持“用人唯贤”的方针。在具体任用中则应坚持“以诚待人，执事以信”的原则。这将有助于建立企业与个人之间的互信、互利的良性互动关系，从而有利于企业的稳定与发展，消解企业内部人际关系的紧张与人力资源的内耗与浪费。

第三，义利观。儒商企业在处理“义”与“利”的关系上，既应当摒弃“唯利是图”的价值观，也应当摒弃“正义不谋利，明道不计功”的“唯道德论”倾向，而应树立“以义谋利，义利双行”的“义利”观。既要正确处理好企业与员工的义、利关系，制定一套合理可行的利益分配制度，又要正确处理好企业之间以及企业与社会、企业与国家之间的义、利关系，恪守企业对于社会、国家应尽的职责和义务，自觉遵守国家的法令与社会的规约，坚持公平竞争，以正道、公义去谋取企业的最大利益与利润。

第四，信誉观。儒商企业必须培植“守信践诺”的优秀品格，在经营实践中严格遵守合同、信守承诺，决不做背信弃义、欺骗社会、欺诈人民的事情，从而在社会大众心目中树立起良好形象。“民无信不立”，就是要求我们的政府和企业家要取信于民，才能得到人民的拥护与社会的认同。

（四）树立义利兼顾、勤劳节俭的价值观

儒学在义利观上的思想主张比较复杂。孔子是很重视国家人民的大义大利的，所以在为政理念上有先富后教的政策。但孔子在君子小人之辨上讲到义利关系时则是重义轻利的。他说“君子义以为上”①、“君子喻于义，小人喻于利”②就是明证；孟子则有“何必曰利？亦有仁义而已矣”之说；荀子则将“先义而后利”③视为“国之大用”，将“先利而后义”视为小人之用④；董仲舒更有“正其谊不谋其利，明其道不计其功”⑤的名言。这造成了儒家“重义轻利”的传统。即便是董仲舒，也并不否定“利”的必需，他说：“天

① 程树德：《论语集释》，中华书局2010年版，第1241页。

② 程树德：《论语集释》，中华书局2010年版，第267页。

③ 王先谦：《荀子集解》，中华书局1988年版，第58页。

④ 王先谦：《荀子集解》，中华书局1988年版，第58页。

⑤ 班固：《汉书》，中华书局1964年版，第2524页。

之生人也，使人生义与利：利以养其体，义以养气心。”①

勤劳节俭一贯是中华民族的传统美德，都对企业管理与科学发展尤具有重要的作用。

《古文尚书·大禹谟》谓“克勤于邦，克俭于家”。唐代李商隐作《咏史》诗，有“历览前贤国与家，成由勤俭破由奢”之句。儒家这种克勤克俭、奋斗不息的思想传统无疑有助于培育以艰苦奋斗为主要内容的现代企业精神。儒家重视积极用世，刚健有力，这种思想传统，显然也可以成为当今以开拓进取为主要内容的企业精神。

总之，一个成功的企业家，也如成功的政治家、军事家、科学家一样，必须具备崇高的仁爱之心，远大的战略谋划、果断的决策能力、睿深的聪明才智、诚信的信誉保证，才能使自己的企业行之久远，立于不败之地！

① 苏兴：《春秋繁露义证》，中华书局 1992 年版，第 263 页。

创造作为一种责任

吕　力*

若将儒家伦理与商人精神相勾连，需根本突破以利润为主导的传统商人价值观，而完成这一突破的关键在于历史地考察“商”这一概念的内涵演变。儒商的价值不表现于利润而体现于创造。因之，儒商的核心价值观便不是表面化的儒家礼仪、仪式性的慈善或阳儒阴法的管理方法，而是创新与创造。“创新与创造”作为当代商人应具有的核心价值观与儒家思想观念高度一致。儒家强调的社会责任与西方基于利润的商人价值观大相径庭。但从创新与创造的过程而言，儒家还应从“器”的层面加以落实，这是新工业文明时代儒学复兴的关键。

一、“士大夫”阶层与“四民同道”

传统士大夫一直是中国古代儒学得以传承的重要社会基础。战国时代以法家学说为主的治国方略，造就了一个职业官吏群体。而自宋代开始形成了士大夫与官僚的合流，产生了皇帝与士大夫共治天下的局面。自此以后，中国古代的官僚不再是纯粹的职业官僚，而是代表儒学价值观，甚至在某种程度上能与皇帝共治天下的社会阶层。士大夫与职业官僚的巨大差别不表现在行政能力，而更多地表现于道德节操，它完美地体现了儒家的精神追求。正是因为士大夫阶层在中国古代的延续性，才构成儒学得以传承的社会基础。

然而，近代以来，官吏或官僚的构成发生了巨大的变化。随着社会的

---

* 吕力，武汉工程大学管理学院教授。国家社会科学基金资助项目（11BGL003）。

日益分化、治理情势的逐渐复杂，行政能力逐渐成为官吏选拔最重要的标准，士大夫作为一个独立的阶层在现代社会已不复存在。所有在当代进行的儒学重建都不能脱离上述社会现实。余英时在《明清变迁时期社会与文化的转变》中指出，甚至在16世纪，与士大夫相类似的士人阶层与商人阶层的传统界限已变得非常模糊。余英时援引王阳明的话说，古者四民异业而同道，其尽心焉，一也。当代社会中，王阳明这一表述尤其重要：在儒学得以传承的社会基础消失之后，儒学之重建只能落实于“心”，而非其他。

二、利润或创造：儒商的核心价值观

明末清初的士商合流与宋代的士与官僚的合流在儒学发展史上具有同等重要的地位。如前所述，士与官僚的合流标志着独立士大夫阶层的出现，而士商合流一方面说明士大夫阶层独立性的逐渐下降，另一方面则意味着儒家精神向四民的扩散。至现代社会，随着士大夫阶层的彻底终结，唯有将儒家精神扩展至“士农工商”，落实于职业工作之中，方有可能实现儒家的重建，舍此别无他法。

现代社会“士农工商”四民之中商人阶层尤显重要，这是因为早期的资本主义与商人阶层有莫大的关联：商人是自由市场的重要参与者与组织者，若没有商人阶层，自由市场便不存在，资本主义便不复存在。然而，商人之价值观与传统农耕社会之主流伦理有较大差别，这同时也是商人位居四民之末的主要原因。传统上，商人的主要价值观是利润，而非道德追求，因此，要将儒家之精神移植到商人阶层，无论从思辨还是考据的角度而言都显得困难重重。但如前所述，由于现代社会士大夫阶层不复存在，儒家精神如果不为“士”之外的社会阶层所接受，儒学之现代重建便是一句空话。正因为如此，现代以来不少儒学研究者致力于打通这一经脉。举其要者，杜维明20世纪80年代曾研究儒家伦理与东亚资本主义，余英时亦花费相当时间着力于儒家伦理与商人精神的研究，二人的研究中又以后者较为重要。

与韦伯的新教伦理研究类似，余英时关于儒家伦理与商人精神研究的前提仍然是商人的利润观。显然在这一点上，商人的价值观与儒家伦理是严重冲突的。虽儒家早有“义利之辨”，然而根本无法解释为何商人会无休止地追求利润，余英时充其量也只是对商人的利润给予了“同情”与“理解”。例如，余英时对“润笔费”的解释，他说，明代士大夫往往要靠润笔来补贴生活费用，这种情况的造成主要是由于明代百官俸禄在中国各大朝代中几乎是最微薄的。余英时又说，在传统中国社会，商不如士的关键在于荣誉——社会的承认和政治的表扬，但明代中晚期以来，商人也可以通过热心公益之举而获得这种荣誉。凡此种种，皆未涉及商人之无休止利润追求这一核心问题。

因此，若将儒家伦理与商人精神相勾连，需完成利润这一价值观上的根本突破，而完成这一突破的关键在于历史地考察“商”这一概念的内涵演变。传统社会中的“商”乃“货殖之际，孳孳为利”，用现代语言来解释，就是专事于流通环节，以流通环节的增殖为利润之来源。因此，商人的工作并不增加社会总产出，这也是商人位居四民之末的根本原因。然而，现代社会之后，商的内涵和外延发生了巨大变化：绝大多数企业必须亲自销售所生产的产品，其产品亦称为商品，企业不再称为工厂，而一般称为厂商，且传统上由专业商人完成的销售任务绝大部分转移到企业，著名管理学家德鲁克甚至认为，营销是企业最重要的职能。

换言之，现代社会中，“商与工”或“商与农”已形成“亦工亦商”或“亦农亦商”的合一状态。如果从这一视角来看，现代社会中的商人从事的便不再是“货殖之际”，而是为社会生产产品、创造财富。由此，我们对现代社会商人的价值认识应从利润转移到创造上来，继之，儒商的核心价值观便不再是表面化的儒家礼仪、仪式性的慈善或阳儒阴法的管理方法，而是创新与创造。

三、创造与责任：当代儒学发展的基本理念

以天下为己任是儒家的传统思想观念，所谓修身、齐家、治国、平天下。由此出发，“创新与创造”作为现代儒商的核心价值观与儒家的思想观念高度一致，因为创新与创造是使天下得以富足平安的根本方法，而儒商正应以此为根本追求。换言之，对于儒商而言，创造是一种责任。

反观西方，创造更多地被视为一种手段。无论是在古典经济学还是韦

伯的新教伦理学说中，创新与创造都被首先认为是一种获得自身利益的方法。斯密论证自身的利益最大化必将导致社会利益的最大化从而奠定了西方经济学的基础，而韦伯认为创新与创造是为上帝积累财富从而完成对自身的救赎。以上两种主流学说都将创造的出发点定位于“个体的利益”而非“奉献社会”，这是与西方社会根深蒂固的个体主义思想密切相关的。

儒家并非不重视个体，儒家的社会思想是由远及近的，它分为个体、家庭（家族）、国家、社会四个层次：即对自身的责任、对家族的责任、对国家的责任和对社会的责任。即使在第一层面，儒家强调对自身的责任：格物、致知、诚意、正心、修身，也与西方基于利润满足的学说大相径庭。如此一来，儒家便可以构建完全基于社会责任的商人价值观，这一价值观也适合于四民之中的“农”与“工”：将创造作为一种责任，这便是当代儒学发展的基本理念。

四、儒学与新工业文明

斯密及其后继者曾经花费巨大心力论证“个体或企业的利益最大化将导致社会利益最大化”这一主流经济学的基本结论。然而斯密本人也意识到，这一主流经济学结论将导致古典伦理的彻底破产，因为“若自利能导致社会利益的最大化”，公益的道德情操便没有存在的必要。更有甚者，古典经济学甚至将自利这一条件严格化为必要条件，即：只有自身的利益最大化才能导致社会利益的最大化。换言之，公益不仅没有用处，有时反而存在害处。基于上述考虑，斯密本人又写了《道德情操论》一书，该书中所倡导的道德情操与《国富论》中的人类自利完全无法调和。

学术史上将自利或利润动机与道德情操相调和的最著名论点来自于韦伯。韦伯认为，资本家无休止的利润追求来自于新教徒为上帝积聚财富的动机，从而为追逐财富这一传统道德所抵触的行为罩上一层宗教圣洁的光环。笔者曾经质疑这一结论的公允性，从实证的角度而言，韦伯本人对于所搜集证据并没有进行科学、客观的分析，就思辨与直觉而言，这一结论亦偏离一般常识。

韦伯命题产生了两个消极影响：一是由于韦伯将资本主义精神与新教伦

理相结合，从而宣布了亚洲在基于资本运作的工商领域发展的先天不足；二是误导了一批儒家学者以《新教伦理与资本主义》为参照，试图论证儒商利润动机的社会效果。如前所述，这一方向是彻底错误的，其原因已如前述，即现代以来工商业的核心社会价值不在于利润，而在于创造。

创造作为工商业的核心价值在新工业文明时代表现得尤为明显。在新工业文明时代，没有创新和创造的企业和商业不具有任何社会价值，自身也将在激烈的商业竞争中破产。即使是致力于纯粹流通业的电子商务，也包含巨大的创新因素，即通过信息的快速加工，为消费者创造价值。事实上，美国经济学家熊彼特早在1912年就提出，不是利润而是创新才是资本主义发展的源泉。只是这一著名的论断在20世纪末之前一直未得到学术界的重视。基于此，新工业文明时代的儒学将不能再以韦伯命题作为参照，韦伯命题已随着新工业文明的飞速发展而成为历史。另一方面，儒家学说反而符合新工业文明的发展方向，儒学与新工业文明具有内在的一致性而优于西方以往基于自利的学说。

五、“创造、责任与完美人格”与新工业文明时代的儒学发展

一般认为，近现代儒学发展的另一阻力来源于所谓列文森难题。列文森认为，儒家所追求的目标与现代所要求的职业化是相矛盾的。以官员为例，列文森说，占据高位的官僚们——统治阶级的佼佼者——从来都不是某种专家，而官员的声誉建立在那种与为官的职责毫不相干，但却能帮他取得官位的纯文学修养，因而它要求的不是行政效率，而是这种效率的文化点缀。

诚然，对于士大夫的声誉而言，行政效率也许并不是排在第一位的因素。然而，列文森认为儒家所追求的乃是“一种纯文化的点缀”则是对儒家最大的误解。如前所述，儒家伦理乃是遵循修身、齐家、治国、平天下的由近及远的顺序而扩展的逻辑，文化修养充其量只是修身的一部分，真正的儒家所追求的乃是“平天下”的担当。从这一点出发，所谓列文森难题其实并不能站住脚。

当然，儒家所谓“君子不器”的说法可能在一定程度上暗合列文森的评论：儒家的确存在重道轻器的问题。从创新与创造的过程而言，它不能流于一种精神层面的价值，还必须从“器”的层面加以落实。因此，尽管如前所述，儒学传统在价值层面与新工业文明完全一致，然而欲实现新的工业文明，必须“熔器入道”，倡导一种真正的实干精神，这是新工业文明时代儒学复兴的关键。

事实上，儒学自创立以来就是一种“入世”的学说，它当然致力于追求人类的最高理想，但从来主张将这种最高理想落实于人们的现实生活之中。虽然以现代政治文明的视角来看，传统儒学没有提出民主、自由等理念；以现代工业文明的视角来看，传统儒学重道而轻器，忽视了技术在人类发展中的重要作用，但任何一种学说都局限于它所提出的那个时代，当代学术研究不是将其弃之不用，而应致力于将传统学说转化为现代化转型的资源。尤为重要的，笔者认为，尽管工业文明发端于西方，但重建后的儒家也许在某些方面更适应于这一浪潮。

近年来，一些儒家研究者着力论证儒学作为人类的一种生活方式的存在价值。当然，这一论证本身是完全正确的。然而，在本文看来，这是远远不够的，儒学对于中华民族或世界文明的意义并不是作为生活方式之一种。笔者认为，经过重建与发展，儒家传统中的“创造、责任与完美人格”完全可以成为新工业文明的精神资源，它比加尔文新教更具创造精神和责任意识。儒家传统需要在新工业文明下进行重建，中国学者应致力于儒学重建这一伟大的事业。

“太极式企业文化建设与落地系统”在中国企业的实践

——C 理论的发展和应用

刘　庆*

无可否认，西方管理思想、企业文化理论助推了中国企业的发展。如今越来越多的有识之士意识到一个不容忽视的问题——在东西方不同的文化背景下，是亦步亦趋地跟随西方之后，还是反观自身，以中华文化为根基，结合东西方优秀管理理论，对照中国企业自己的经营背景和管理背景，从而发展出一套中国自己的企业文化理论。

著名学者、世界著名管理哲学家、美国夏威夷大学教授成中英先生在其著作《C 理论：中国管理哲学》中所传达的思想、构建的理论体系，为我们指明了方向：“美国管理代表了科学管理，日本管理比美国管理更进一步，结合了一些中国文化的因素，也展现了日本民族的文化精神，但它所能挖掘和展现的文化资源还不够深，也不够广。”① “就中国而言，中国文化一定有中国的管理特色。”② “基于中国文化和中国哲学的中国管理体系应该具有更多的活力。”③ “我们应该把科学管理和中国文化的经验相结合，展现出中国的一种管理特色、管理精神。”④ 笔者认为，C 理论不仅可以应用于管理，在企业文化领域，也有深远的指导意义，同样值得发展和应用。

* 刘庆，青岛智诚灵动公司首席文化官。

① 成中英：《C 理论：中国管理哲学》，东方出版社 2011 年版，第 6 页。

② 成中英：《C 理论：中国管理哲学》，东方出版社 2011 年版，第 5 页。

③ 成中英：《C 理论：中国管理哲学》，东方出版社 2011 年版，第 6 页。

④ 成中英：《C 理论：中国管理哲学》，东方出版社 2011 年版，第 5 页。

笔者身在青岛智诚灵动品牌营销机构，负责企业文化建设的研究和实践，致力于让中华文化推动中国企业的发展的研究，我们把这个课题称为“中国精神锻造中国企业”。在过去的许多年里，笔者就这个课题进行了深入的思考与实践，一边服务企业，一边研究，以C理论为根基，总结梳理出一套以中华文化为基准的企业文化建设与落地的方法——“太极式企业文化建设与落地系统”，并运用该系统，帮助多个企业完成了企业文化的建设。

一、C理论与“太极式企业文化建设与落地系统”

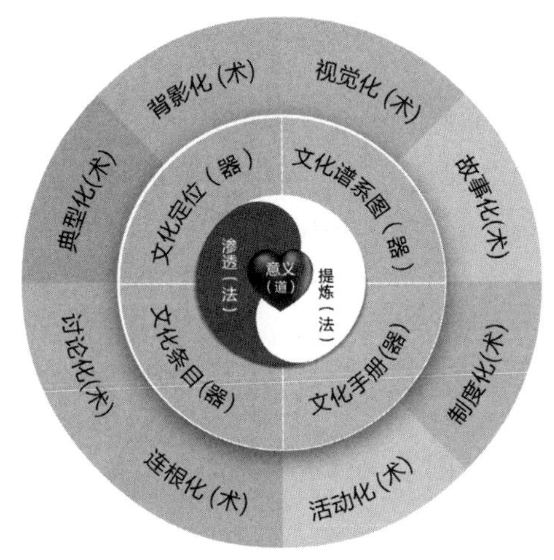

C理论指导下的“太极式企业文化建设与落地系统”图

“C理论·中国管理哲学”是中国的创造力理论或中国创造之道，由著名管理哲学家成中英先生创立。“太极式企业文化建设与落地系统”脱胎于“C理论”，是“C理论”在企业文化领域的发展和应用，即中国企业文化创造之道。就两者关系而言，“C理论”是其本体，“太极式企业文化建设与落地系统”是其实践。

“太极式企业文化建设与落地系统”是“中国精神锻造中国企业”的方法论。“太极式企业文化建设与落地系统”包括“太极提炼四象图”、“太极阴阳塑造法”等专业工具，运用“一心、二度、四象、八法”，从“道、法、器、术”四个方面，帮助企业建设企业文化，提升企业经营。

简而言之，“一心”探究的是一家企业存在的意义（即终极价值）。这个意义可以是多重的，彼此之间有关联性，但必须有整体性，也就是说必须有一个明确的核心意义作为统领，体现的是企业领导者的核心决策和经营境界，对应的是“C理论”中的“决策”和“太极定位”。“二度”指“提炼”和“渗透”企业文化的两个方法，提炼是由下至上，渗透是由上至下，两者互为阴阳，简称“太极阴阳塑造法”，对应“C理论”中的“阴阳定位”。提炼包括提炼文化定位、文化条目、文化谱系图、文化手册，简称“文化四象”，实现“理念文字化”、“条目体系化”、“行为标准化”、“案例故事化”等的系列成果；渗透包括“背影化”、“故事化”、“视觉化”、“活动化”、“典型化”、“连根化”、“制度化”、“讨论化”，简称“文化落地八化法”。“八化法”就是在太极智慧指导下实现企业文化落地的八种途径，遵循“三化鼎力·八化合一·以人贯通”的原则，实现“圆融落地”。

迄今为止，用这套理论，已经帮助奥扬集团、长川集团、高阳物流、力创科技、政睿达、嗨妈宝贝、中海软银、加油亲子岛等企业完成了企业文化的建设。

二、“太极式企业文化建设与落地系统”在中国企业的实践

（一）“太极式企业文化建设与落地系统”之“一心”

“一心”即企业的意义，这是企业文化建设的核心。企业文化就是一家企业的意义的明确、呈现和共识。企业的意义即企业存在世界上的终极目的，回答了企业最基本的问题：我们是谁，我们要到哪里去，我们如何去？这是任何一家企业都必须思考的问题。这是企业的真问题，也是经营的真问题，越早找到答案，企业越接近光明。我们是谁？明确企业存在的目的和意义——使命；我们要到哪里去？明确企业的长期目标——愿景；我们如何去？所匹配的是非判断的原理原则——价值观，合起来就是一个企业的经营哲学。

姜奇平先生在其著作《新文明论概略》中为我们打开了“意义”的世界，遵循这个视角，让我们更深层次地理解了寻找企业存在意义的时代性和

必要性。透过对深层次的“意义”的追寻和探究，将会彻底地帮助企业从“到底为了什么而存在”的困惑中解脱出来。行动源于思想。企业文化作为顶层设计，这个解脱，以企业文化为切入口最合适不过了。

笔者认为，企业存在的目的和意义，肯定不是为了仅仅生产几个产品，赚一点点钱，一定还有更为崇高的目的和意义。就像乔布斯所说的“活着，就要改变世界”；就像稻盛和夫所说的“敬天爱人”；就像方太集团董事长茅忠群所说的“优秀的企业满足人的欲望，伟大的企业导人向善，方太要成为一家伟大的企业”，等等。因此，产品、厂房等实体的规模仅是一个载体，背后的企业意义才是核心。企业同样具有传道的责任，企业就是要通过产品改变人们的生活理念和生活方式，用文化和意义照亮和温暖这个世界。

一家企业最强劲的发展动力是找到自己存在的意义，一家企业最伟大的标志是向社会输出优秀的价值观。例如，在服务教育品牌——加油亲子岛时，笔者为其找到的意义为：“让中国 1 亿孩子受益，引领和推动教育行业的变革和发展，用 100 年做一件事情，以一流品质和匠心精神，为实现中华民族伟大文化复兴贡献力量。”

“太极式企业文化建设与落地系统”之“一心”就是透过企业的发心，帮助企业找到意义。每家企业的意义都不同，如何帮助企业找到和落实意义，这便是“太极式企业文化建设与落地系统”二度中的“提炼”和“渗透”。两者互为阴阳，“提炼”侧重找到，“渗透”侧重落实。“提炼”和“渗透”是企业文化建设和落地的两大核心工程。

（二）“太极式企业文化建设与落地系统”二度之“提炼理念”

企业文化在哪里？在企业家的发心里，在团队的头脑里，在利益相关者的印象里，在服务企业的过程中，笔者梳理出了“提炼”企业文化的三部曲：发现、提炼、升华。

企业文化是企业的文化，企业文化的建设过程是发现而非发明，笔者不能凭“一己之好”去帮助客户“创造”文化，而是通过沟通、交流，运用专业和服务。将企业内心已有的思考和想法启发、引导出来，并通过专业的润色、阐释，帮助企业进行清晰、完整、明确的表达和升华。整个过程，便是运用“太极提炼四象图”提炼出“文化定位”、“文化条目”、“文化谱系图”、“文化手册”，实现“理念文字化”、“条目体系化”、“行为标准化”、“案例故事化”的系列成果。

提炼理念案例：

品牌核心理念：育心养正

品牌使命：导之以正，唤醒千千万万中国父母，让孩子接受应该接受的正确教育

品牌愿景：成为中国托育领导品牌，构建育儿服务共享生态圈，成就千千万万快乐家庭

品牌价值主张：让孩子拥有一颗温暖的心灵，让妈妈和家庭享受“乐活”的人生

品牌个性：嗨！

品牌宣言：幼儿之教，家之本也，国之基也，以正而善教之，筑基家国之未来。希冀天下父母从哲学的高度来思考孩子的教育，此亦嗨妈之责任也。幼儿智则家国智，幼儿正则家国正，幼儿强则家国强；幼儿温暖则家国温暖，幼儿成长则家国成长，幼儿安康则家国安康；红日初升，其道大光；家园同构、养育合方。美哉我中国幼儿，前途似海！壮哉我中国幼儿，来日方长！

在服务嗨妈宝贝过程中，笔者深深地感动于嗨妈宝贝品牌创始人、北京大学孕婴童课题组金牌讲师刘子鞅女士的教育情怀，多次深入机构内部，与之沟通交流，捕捉文化建设的基础素材。笔者受“C 理论”的启发，借鉴《易经》精神，最终融合了创始人思想，为其提炼出“育心养正”的教育理念。

嗨妈宝贝核心理念——“育心养正”，来源于《易经》的教育思想。《易经 · 蒙卦》：“蒙以养正，圣功也”[①]，一语道出教育的最高境界和目标——养正教育。“蒙者，蒙也，物之稚也”[②]，人在童蒙时期，天真可爱，心地澄明，

① 《十三经注疏》整理委员会整理：《周易正义（十三经注疏）》，北京大学出版社 2000 年版，第 46 页。

② 《十三经注疏》整理委员会整理：《周易正义（十三经注疏）》，北京大学出版社 2000 年版，第 394 页。

未染俗气恶习，正是培根固本、育心养正之时。无论身心言语，都要导之以正，使其正而无邪，心存善念，立乎其大，循序渐进教育之，自然慧性日开。

嗨妈宝贝的核心理念“育心养正”中的“育心”包括亲子心、快乐心、温暖心，分别从孩子所处的家庭、社会和世界三个角度来确定其教育理念。“养正”包括说正言、做正事、行正道，中国传统文化中有“言传身教”的理念，嗨妈宝贝的养正也正是借鉴传统文化的精神，通过引导孩子不说负面的话语，在合适的时间做正确的事情，树立孩子正确认知事物的标准来培育孩子朝正向成长。

理念的提炼不是凭空捏造，而是来源于企业实践，例如，嗨妈宝贝在日常的课程设置和教师、育婴师培训中也充分体现了中国传统的教育理念，通过贴近生活本源、自然、精致的生活方式塑造生态化的教育环境，助力孩子和家庭共同成长。

（三）“太极式企业文化建设与落地系统”二度之“提炼文化谱系图”

文化谱系图，体现了一家企业的整体观。笔者认为，在企业文化建设中，理念的提炼是基础，内在的逻辑更关键。因此，笔者在给企业服务的时候，会将理念用一种谱系图的形式展示出来，清晰明了地讲清了文化的架构和关系。

“提炼文化谱系图”的目的是纲举目张，是一家企业文化的整体观，一目了然地呈现了文化的体系和构造，是文化建设中非常重要的一个方面。记住了谱系图，就把握了企业文化的关键。当然，文化谱系图的展示形式有多种，每家企业的文化内涵不同，展示方式也不同。

（四）“太极式企业文化建设与落地系统”二度之“提炼文化手册”

在编撰文化手册的过程中，笔者梳理出一套可供参考应用的总程序，一共分为 7 步，称为“编撰七步法”，可供企业家参考借鉴。

1. 宣讲发动。

2. 成立企业文化建设推进组：设定组长（董事长）+ 专人负责此项工作。

3. 文化调研：(1) 深度访谈（以企业领袖为主）、问卷调研（普通同事）；(2) 调研统计、分析讨论、记录。

4. 文化疏解：(1)“文化条目”——企业文化条目观：三纲（主文化）+子文化；(2)“文化谱系图”——企业文化整体观：讲清楚文化体系，文化的内在逻辑；(3)“文化诠释”——企业文化诠释观：讲明白企业的文化基本概念+文化行为标准；(4)“文化诠证”——企业文化故事观：最好的传播是讲故事。

5. 编撰文化手册：简单来说，编撰文化手册，需要围绕以下两方面的核心内容展开创意，一个是内容框架，如：封面、序言、目录、公司历史与简介、理念、故事，等等；另外一个是纸张形式，如：尺寸、纸张、单色或彩色，等等。

6. 宣贯执行：(1)“文化宣讲”——共知、共识、共行；(2)“文化理念上墙”——境教、变化气质。

7. 版本升级。

提炼文化手册案例：

> 青岛智诚灵动品牌营销有限公司创立于2002年，15年来专注于“品牌营销策划”，涵盖品牌建设、视觉设计、企业文化与公关传播等方面的研究和实践。公司以“让品牌真正创造价值”为专业使命，帮助客户在销售中建设品牌。服务的客户有：太阳雨太阳能集团、新界泵业集团、杰克缝纫机、奥扬集团、青岛海博家居、江苏宗申、青岛啤酒、轮库、七彩云南翡翠、奥扬集团等品牌。先后被授予“中国十大最受企业家信赖的营销机构”，第三届中国品牌节“金谱奖”获得机构、“2012年度最佳咨询公司”、“全国民营企业文化建设先进单位”等荣誉称号。

2013年，在智诚灵动成立10周年之际，笔者重新对智诚灵动的文化、哲学等进行梳理和提炼，以儒家经典为底蕴编撰出集企业哲学、文化、伦理三册合一的手册——《帮助有梦想的人实现梦想——智诚灵动哲学手册》（简称《智诚灵动哲学手册》）。该手册主要内容涵盖4大核心版块，75条哲学条目，2条商业伦理，42句语录，63个案例故事，另外附录文化经典选摘若干。集哲学、文化、伦理三种手册为一体，三册合一。该手册以智诚灵动核心哲学、文化为基础，广泛征询公司各方意见，组织多次探讨会议，另外，博观约取，采众家之所长。借鉴《京瓷哲学手册》并参考《稻盛和夫·人为什么活着》《活法》《了凡四训》《六祖坛经》《中庸》《大学》《朱熹四书章句集注》《梁启超文集》等经典文本和传统经典的精华，经过十余次的编撰、修改、调整，历经一年之久，终于编撰完成。2016年，又重新做了修订。

智诚灵动哲学分为两部分，即人生哲学和经营哲学，其中人生哲学31条，经营哲学4条，共计35条。

附录如下：

一、人生哲学（31条）

人为什么活着（2条）

1. 不断提升自我，为了活得更美好

2. 磨炼心志，自利利他

人应该如何活着（4条）

3. 知善恶，明真假

4. 日行三善，日绝三恶

5. 可以犯错，绝不作恶

6. 每日反省，反省就是洗心

人生的目的和意义（4条）

7. 人生真正的目的在于使人格越来越完美

8. 活着就是修行，一切的问题都是在磨炼心智

9. 修行需要三心：耻心、畏心、勇心

10. 自利利他坐标，人格高下一目了然

人为什么工作（4条）

11. 工作提升心志，不只为稻粱谋

12. 认真工作造就深沉厚重的人格

13. 努力工作的彼岸是美好人生

14. 健全的心灵来自于健康的身体

以至真至诚之心度过快乐美好的人生（8条）

15．以真诚的心性为本，至真至诚，达人成己
16．拥有纯朴率真的心性，持有谦虚谨慎的态度
17．搭建事业平台，构建信赖关系：只有同事，没有员工
18．全力以赴、将心注入，不断从事创造性的工作
19．做事要言出必行，说到做到
20．让自己成为工作的中心，率先垂范
21．原点思维和终点思维，以终为始
22．人生成功方程式：人生结果＝思维方式 × 热情 × 能力
快乐哲学（2条）
23．快乐生活、快乐工作、快乐创造
24．让我们快乐的三因素："兴趣、融入、智慧"
成长哲学（7条）
25．成长比成功更重要
26．只有自己成长才能成长
27．有压力正是成长的体现
28．解决问题就是成长
29．持续成长的方法：不断反思、不断总结、不断改善
30．成长就是不断放低自己，要有空杯心态
31．运用七种力量，成就伟大事业
二、经营哲学（4条）
32．帮助有梦想的人实现梦想
33．人人都是经营者
34．价值经营：为合作者创造价值
35．判断基准：怎么对，怎么做！怎么好，怎么干！

（五）"太极式企业文化建设与落地系统"二度之"渗透"

渗透是指运用"太极落地八化法"工具，逐步落地企业文化。"八化法"分别为"背影化"、"故事化"、"视觉化"、"活动化"、"典型化"、"连根化"、"制度化"、"讨论化"，"八化法"就是太极智慧指导下的实现企业文化落地的八种途径，遵循"三化鼎力·八化合一·以人贯通"的原则，实现"圆融

落地”。“八化法”中，以“背影化”、“典型化”、“故事化”三化为核心，其余五法均为配合。在“三化中，又以“背影化”为核心。

1. 背影化：其身正，不令则从，教育的极致是行为的影响

众所周知，在企业中，企业文化落地是最难的一件事情，这给企业家造成了不少的困惑。笔者认为，文化落地最核心的环节是企业领导者和核心团队对企业文化的践行，正如孔子所说：“其身正，不令而行；其身不正，虽令不从”①，又如“为政以德，譬如北辰，居其所而众星共之”。② 受C理论的启发，在文化落地过程中，特别强调领导者和组织的带头作用，这种由领导者带头落地企业文化的方法，可称为“背影化”。

背影化案例：

智诚灵动文化落地核心指导思想是落实“背影化”。简单来说，也就是领导干部、部门长带头学习企业文化。智诚灵动制订了学习计划。

1. 董事长必须率先垂范、全体高管率先学习公司文化手册。

2. 设立文化落地小组架构：由董事长、高管组成。

3. 设定目标。

① 不贪多，全年学习16条，平均每月约1条；

推动“智诚灵动哲学条目精选10条”、“职业心态6条”在核心管理层头脑中落地，全体干部引领掀起深入学习和践行的热潮；

② 每周一领导干部带领团队学习企业文化；

③ 每周天晚上12点前将感悟发送至公司微信群。

4. 制定规矩。

学习目的是为了实践，运用公司的文化，切实地指导工作。无规矩不成方圆，为了大家互相砥砺，互相补益，特意制定了分享格式、分享时间等。

全体部门负责人每周需将学习实践感悟分享至公司微信群，以便大家互相借鉴、激发、成长。感悟格式，例如：

---

① 程树德：《论语集释》，中华书局1990年版，第901页。

② 程树德：《论语集释》，中华书局1990年版，第61页。

某某 20160517 本周文化·学习感悟

××××××××××××××××××××

××××××××××××××××××××

这是我本周学习感悟，分享给大家，与大家共同成长。

感悟发送时间：

每周五 18 点至周天晚 12 点，逾期不发感悟，需在公司微信群发 10 元红包 1 个（17 人），红包名字为："未发哲学文化分享感悟"。

2. 故事化：最好的传播是讲故事

最好的传播是讲故事。我们常说"三流企业做产品，二流企业做市场，一流企业做文化，更优秀的企业讲故事。"在企业文化落地过程中，故事的宣导至关重要。我们都喜欢故事，不喜欢被说教，你无法告诉同事该如何做，但你可以告诉同事别人已经怎么做了。例如，宝洁的"以客户为中心"的案例，海尔的"真诚到永远"案例，这些耳熟能详的文化故事，让我们能很好地理解企业文化。

"故事化"主要分为五个环节：故事访谈、故事梳理、故事提炼、故事设计、故事集印刷。通过这个完整的闭环，捕捉具备典型特征的人物、典型特征的事件，用故事来传播企业的文化理念。

《企业文化故事集》有多个方面的用途，可用于内部的传阅、共享；峰会论坛的推广；作为文化礼品赠送给客户，等等。

3. 视觉化：境教让理念看得见、摸得着、想得起

如何让理念深入人心，营造一个良好的文化氛围，至关重要，这也就是传统文化里面讲的"境教"。一言以蔽之，要让理念通过各种可视化的形式，呈现在大家面前，让理念看得见、摸得着、想得起，这套方法可称为"视觉化"。

4. 活动化：构建能量场，活动

结合服务企业的经验，笔者认为，企业通过举办各种各样体现公司文化的活动，的确会很好地促进文化的落地。当然，活动形式多种多样，通过梳理总结，大致有这么几个活动，在文化落地中会起到积极有效的作用。

第一类，"学习类"的活动，主要是邀请专家学者到公司开办讲座，诠

释文化；还包括公司自己组织学习文化的活动；第二类，“娱乐类”的活动，主要是在公司举办例如烧烤会、外出旅游等，增加大家的情感以及对公司的归属感；“第三类”，“仪式类”的活动，例如举办新入职同事、晋升等，通过正式的场合，增加庄重感。

(1) 学习类活动：转益师是吾师

智诚灵动举办各种形式的讲座、论坛，邀请专家学者诠释公司的文化，先后聘请中国孔子研究院院长杨朝明，同济大学教授邵龙宝，上海师范大学哲学学院教授石立善，知名企业文化学者、南开大学教授王学秀为公司文化顾问，践行传统经典教育。

截至 2016 年，已经学习了两年阳明心学的智诚灵动董事长王诚莹，深受其益。为了让同事接续圣贤的力量，助推品牌营销专业的发展，王诚莹在公司内部组建青年传习社，帮助同事找到生命的意义。至今，每周二晚，大家一起学习阳明学。

(2) 娱乐类的活动：寓教于乐

没有了解，就没有爱。笔者认为，公司通过举办各种娱乐类活动，例如烧烤会、外出旅游，等等，可以增进大家的情感，培育同事的企业归属感和集体荣誉感。其实这种活动的本身，并没有特别高深的意味，其根本价值在于打造了一个同事与同事之间沟通交流的“场”，在交流中，增加了了解和认知。另外，如何能够让这个“场”发挥作用，赋予其意义是关键策略，一定要让这个“场”体现出公司的文化，否则，少了意味，为了活动而活动，就偏离了公司活动的意义。

例如，快乐是智诚灵动重要的文化，举办夏季烧烤会是公司的文化传统，每年都会对主题进行着重的策划。2013 年的烧烤会主题是“燃烧吧，思烤者”。为什么要做这样一个创意？第一，因为智诚灵动是一家智力服务公司，简单来说，是靠智慧吃饭，靠思考吃饭，所以，在主题上，巧妙地运用了“思考者”的谐音——思烤者。“燃烧吧”，源于智诚灵动的动字——灵动，寓意智诚灵动的同事，既然靠脑吃饭，为企业家贡献智慧。那么，在这个激情的夏天，就让自己的智慧燃烧起来吧！

(3) 仪式类的活动：不重则不威

笔者认为，通过举办特定的仪式，可以让同事能够体会到公司文化的意义，例如举办新入职同事、晋升等。通过正式的场合，正式的呈现，增加庄重感，不重则不威。此法可称为“仪式化”。

5. 典型化：榜样的力量是无穷的

典型人物是价值观的人格化，并集中体现了组织力量所在，是一种强有力文化中的中枢形象。以践行核心价值观为基准，评选企业文化实践标杆，树立典型，在季度会、年会上等重要场合隆重颁奖，形成良好的带头作用。可称为“典型化”。

6. 连根化：连根养根，企业一家亲

《弟子规》开篇说：“弟子规，圣人训，首孝悌。”生命第一重要的事情，就是立命有根，就是孝，根深才能叶茂。诸事不顺，皆因不孝。在企业文化建设过程中，有一个维度特别重要，简单来说，就是企业要关照到同事背后的家庭，安居才能乐业，此法可称为“连根化”。每个同事背后都是一个家庭，个中深意，不言则明。连根养根，根深就叶茂，父母是根，我们是树，要想把根养好，就得连根，连的是心根。

连根化案例：

2013 年 6 月 27—28 日，历时一天半的“带咱爸妈游青岛——智诚灵动亲情感恩之旅”活动在岛城上演。

百善孝为先。夏日临近，在智诚灵动成立 11 个年头，智诚灵动董事长王诚莹发心要做一件事情，盛情邀请公司全体同事的父母来岛城免费游玩，看看岛城的风景，看看子女工作的公司，往返车票、住宿费用，全部由智诚灵动承担。全体同事及其父母 80 余人汇聚岛城，一个个欣慰的笑脸，连同绚烂的夏花一起，绽放在青岛，成为岛城又一道美丽的风景线。

28 日早晨，在各自儿女的陪同下，父母们分别参观了智诚灵动青岛总部。王诚莹董事长发表了热情洋溢的欢迎词，感恩同事父母的到来，感恩同事父母为公司培养了优秀的人才，希望大家在青岛度过美妙的旅程。此后，在智诚灵动的策划下，大家浏览了八大峡、五四广场、奥帆中心、石老人、雕塑园等岛城景点，父母们的身影尽现岛城，笑容绽放海滨。

7. 制度化：文化落地制度是保障

笔者认为，文化和制度是一不是二，文化是源，制度是流，文化是根，制度是干。有了顶层设计的企业文化，要想落地，制度是非常重要的保障。制度是公司文化尤其是公司价值观的重要体现和支撑，设置与文化相匹配的制度，是文化落地重要的举措。例如，如果企业里面有“以客户为中心”的文化理念或者价值观，就应当配有服务客户的相关制度：接待、回访、服务、客户投诉管理、客户满意度管理，等等；如果有“关爱同事”的文化理念或者价值观，就应当配备有关爱同事的相关制度：清晰的职业生涯规划体系、同事成长计划、同事福利制度、带薪休假制度，等等。

制度是围绕文化而制定的，在文化达成共识的情况下，如果现行制度和文化有不一致的地方，企业要想做到“知行合一”，就必须调整制度，只有调整了制度，才能符合公司倡导的理念和文化，才能让同事获得认同，否则就会留有“公司说一套做一套”的印象。反之亦然。

例如，笔者曾经为奥扬集团提供企业文化服务，奥扬的价值观其中一条便是“创新”，如何体现这个价值观呢？ 2016 年 8 月 25 日，奥扬正式出台《山东奥扬新能源投资控股有限公司创新管理制度》，为那些敢于创新却又惧怕失败而受惩罚的同事鼓劲撑腰，为营造“创新”的文化氛围而铺路搭桥，在制度上捍卫了核心价值观，让价值观通过制度的落地而获得同事的认同。

8. 讨论化：讨论的本身就是导入，参与的过程就是落地

笔者认为，在企业文化建设和落地过程中，讨论是达成文化共识的有效途径。尤其是移动互联网时代的到来，在这个“个性崛起”的时代，过去胡萝卜加大棒的管理方式终将会退出历史舞台。灌输思想的操作方法越来越不合时宜，取而代之的是上下之间需要更多的尊重、平等的交流、探讨。这也正是受 C 理论的启发，在文化建设、落地、升级的过程中，需要发挥每个人的文化创造力，此方法可称为“讨论化”。

企业文化建设虽然始于企业家，但是不能止于企业家。企业是生命共同体，它承载了整个企业的意义和追求，如果不能让大家参与进来，企业文化就只是企业家的个人意志，那么，如何引领大家，成就社会事业？企业文化的大讨论，就是针对企业的发展，让大家发生自觉，并有齐心协力解决问

题的机会。文化是大家智慧的结晶，而不仅仅是企业家个人意志的体现，尤其在当今“个性崛起”的时代。

“太极式企业文化建设与落地系统”脱胎于C理论，是C理论在企业文化领域的发展和应用——即中国企业文化创造之道——中国精神锻造中国企业。就两者关系而言，C理论是其本体，“太极式企业文化建设与落地系统”是其实践。“太极式企业文化建设与落地系统”是中国精神锻造中国企业的方法论，在实践过程中，还有很多不足，还需要继续研究和实践。然而，用中国精神锻造中国企业，用中国精神助推中国企业文化的建设，这个新时代的主题，已经提上日程。

这是一个以“意义、使命、信仰、价值观”为觉醒和驱动力的新时代，也是开创中华民族伟大复兴新局面的时代，东方世界的天空就要亮了，“中国精神锻造中国企业”必将在这个时代成就。东方复兴，曙光初见，在中华民族伟大复兴的进程中，需要出现一批蕴含中国底蕴价值、彰显中国风格气派、传承中国商业文明精神的企业，代表中国，与世界对话。是为“东方既白”。

五藏式管理

侯国军 *

宇宙是大生命，生命是小宇宙。万事万物都具有生命，同时也都是一个小宇宙。《易经》和现代最前沿科学都主张这个观点。这个观点的理论基础就是全息论。中国哲学认为，是宇宙就必须遵循阴阳五行原理，是生命就会有意识。中国医学的奠基著作《黄帝内经》更将这个观点演绎得淋漓尽致。因此，企业，它既是一个生命，也是一个小宇宙，我们可以从生命（或宇宙）的角度观察企业现象。物理学认为生命是一个耗散结构，任何生命都要与外界环境不断地交换物质和能量，否则生命就会死亡。一般认为生命是生物的生长、发育、繁殖、代谢、应激、进化、运动、行为、特征、结构所表现出来的生存意识。而企业同样具有类似的生存意识。时至今日，我们所知道的生命的最高形式是人类，而在经济环境中的最高生命形式是企业。构成企业基本结构的“蛋白质”是人类。因此，我们可以尝试着将人类生命和企业生命对比思考和分析。这样一来，就出现了经济市场中跨界最远距离的融合：中医师和企业管理者的融合。即用中医的思维逻辑来思考企业。用《黄帝内经》的原理来指导企业管理。其实，现代西方的管理学也具有这种人企融合思维。不过他们所采用的是西医的思维方式。即将企业拆分成不同的组织进行分析。而中医思维是整体思维模式，是物质和精神合一的思维模式。我们不反对西方分析式管理，而中医整体式管理至少能为企业提供一种全新的管理思路。古贤说：上医治国，中医治人，下医治病。习主席常以中医语言提出治国理政的道理。中医尚可治国，何况治企？用《黄帝内经》思维指导企业管理还有一个重要的原因，就是《黄帝内经》与管理本来就有渊源。《黄

---

* 侯国军，湖南正孚居贤实业有限公司董事长、湖南自悟门文化传播有限公司董事长。

帝内经》十二脏腑就是采用的当时行政官职来形象比喻的。而行政管理与企业管理的本质是相同的。《黄帝内经》十二脏腑对应行政十二官。“心者，君主之官；肺者，相傅之官；肝者，将军之官；胆者，中正之官；膻中者，臣使之官；脾胃者，仓廪之官；大肠者，传道之官；小肠者，受盛之官；肾者，作强之官；三焦者，决渎之官；膀胱者，州都之官。”

中医思维非常朴实和简洁。《黄帝内经》仅用了二（阴阳）和五（五行）两个数就构建了人体宇宙生命最基本模型。二（阴阳）代表的意义是生命存在于平衡之中；五（五行）代表的意义是人体生命以五行（木、火、土、金、水）为基本结构，以五行的相生相克原理揭示人体的生命现象。人体的五行结构就是五藏结构。即将人体分为相生相克的五大功能系统：心藏系统（火）、肝藏系统（木）、脾藏系统（土）、肺藏系统（金）和肾藏系统（水）。一部为中华民族的健康作出了巨大贡献的著作《内经》的基本原理仅概括为二与五两个数字。真是大道至简！同样，企业管理的基本原理也可以概括为二与五两个数。这种中医式的仿生管理，也可以称为“五藏式管理”。这里要特别说明两点。其一，人体五藏，常常称作五脏是错误的。五脏只指心、肝、脾、肺、肾人体五大器官，而五藏则是指分别包含心、肝、脾、肺、肾五大器官在内的五大功能系统，如心藏系统由心脏、心包、血脉、面、小肠和脑等器官组成。其二,五行的排列有一定的顺序（见下图）。但我们日常的称呼不一定按此顺序，如日常说“金木水火土”，而按相生原理应是“木火土金水”。

为了建立人体仿生管理体系，我们首先要将企业看作是一个活着的“人体”，这样，它就具有人体一样的五藏系统，同时也遵循阴阳五行原理。为此，我们必须先弄清楚企业的五藏系统是什么。

一、企业五藏

《黄帝内经》对五藏系统的功能借用当时的行政官职名称作如下概括：“心者，君主之官，神明出焉；肝者，将军之官，谋虑出焉；肺者，相傅之官，治节出焉；脾胃者，仓廪之官，五味出焉；肾者，作强之官，伎巧出焉。”

（一）企业的心藏系统

企业的心藏系统就是企业的决策管理部门。《黄帝内经》认为，心藏系统如朝廷，最高权力是君主，而且君主是通过神明（精神）来统治。做企业经营决策的人就是企业君主。企业君主不一定是董事长或大股东。企业“君主”一定是企业的核心大脑。企业的一切“神明”都出自于这个大脑。什么是神明？变化莫测谓之神，了然于心谓之明。对于变幻莫测的客户心志而能了然于心就是神明。战略决策者不是神，他们是通过什么方法知了未来的呢？其实，只要经营决策者具备两大基本素质就能够“神明出焉”。《黄帝内经》说：“心主血脉和神志。”首先，我们要弄清企业的血脉和神志是什么？在人体中，通往组织细胞的往来路径叫血脉；在企业中，通往市场客户的往来路径叫渠道。在人体中，器官、组织和细胞的精神反应叫神志；在企业中，市场客户的精神反应叫需求。作为企业君主，不需要事事负责。要学会放权。但有一种责必负，有一种权不可放，那就是要把控与客户的连通渠道，由此才能弄清楚市场客户的真正需求。因为需求是决策者的决策之源，是企业的神明之本。就如一个国家，君主若不能通达老百姓，就不能真正了解老百姓的心志，也就不可能制定出正确的国策。《黄帝内经》又说：“主不明则十二官危。”因此，企业的“心藏”决定着企业其他所有“脏腑”。企业最大的成就，是决策正确；企业最大的成本是因决策失误所造成的成本。企业决策既是企业活动的始点，又是企业活动的终点。《黄帝内经》还说：“心者，生之本，神之处也。”因此，企业的决策部门是企业生命之根本，是企业精神的营地。企业的根本之道不是行动，而是决策。企业决策机构不强大就是企业“心衰”，即企业缺少指路明灯，无法制定发展蓝图。

（二）企业的肝藏系统

企业的肝藏是企业的市场管理部门。市场管理部门的职责只有两个：为企业市场开疆辟土以及守卫企业已有市场疆土。市场营销部门的一把手就是企业的“将军”。但是，优秀的将军一定具有谋略。什么是谋略？《黄帝内经》又说：“肝者，主疏泄和藏血。”先说疏泄：市场管理部门的职能就是疏通企业血管，即让企业通往市场及顾客的渠道畅通无阻。再说藏血：肝藏血，是指肝有储藏血液和调节血量的作用。市场部门也必须具有市场调节的能力。要调节市场，就必须储藏市场血液，即产品（包括服务）。市场“将军”谋略的目的就是有效疏通渠道和调节产品。优秀的企业将军，一定会使市场渠道始终保持畅通，能高效地调度和调节产品流量，这两个条件也是考核市场部门的基本指标。《黄帝内经》还说，肝有调节情志的作用。“肝气虚则恐，实则怒。”产品不能满足市场需求（虚）就会产生恐惧，产品滞销（实）就会产生愤怒。如何做到不恐不怒就要看市场将军的谋略了。《黄帝内经》还说：“肝者，罢极之本，魂之居也。”罢极之本是说肝者是人体疏泄的根本。魂之居是说肝藏是人体灵魂的居所。市场管理部门的主要职责就是“疏泄”企业与顾客之间的通道。企业的灵魂存在于市场营销中。罢极，就是罢免至极。市场之罢极就是使产品零滞销。何谓企业灵魂？魂者，云与鬼也，即云游的情志。企业之魂生于企业之外的市场而非企业内部，是顾客情志的常态形式，是构筑企业文化的核心成分。因此，企业文化不可植入，不可模仿，不可自我造作。市场不畅通就是企业的“肝功能”不足。肝功能不足的企业表现为企业体质虚弱。

（三）企业的肺藏系统

企业的肺藏系统就是企业的行政管理部门。行政管理部门的职责就是通过创新组织结构和建立规章制度，并通过对组织的计划、组织、指挥和控制等手段提高工作效率。因此，《黄帝内经》说：“肺者，相傅之官，治节出焉。”企业的“相傅”就是CEO或总经理。企业相傅的主要工作就是“治节”，即对企业进行治理和节度。治是疏，节是堵。通过一疏一堵的制度来行政。如何疏堵呢？《黄帝内经》又说：肺主宣发肃降，通调水道。宣发肃降是肺脏系统的主要功能。将水谷精微（地气）向上宣发，同时将氧气（天气）向下肃降，从而形成供生命使用的宗气，即营养成分。行政管理部门就如肺藏系统一样具有两大职能：宣发肃降和通调水道。先说企业相傅的第一大职能：“宣发肃降”。企业相傅要善于氤氲企业天地之气。企业的“天气”就是市场（含顾客）需求。企业的“地气”就是企业的人、事、物。行政管理部门的首要任务就是建立一个能够将企业天地之气有效融合的组织架构。然后将地气（人事物）向上有效宣发，即发挥有效作用。同时将天气（市场需求）向下肃降，即严肃地将市场需求融入到产品研发设计当中。从而形成具有使用价值的产品，即企业宗气。肺藏系统的第二个功能就是通调水道。因宣发肃降需要一定的水液渗入。而肺系统就负责水液的调节。企业所吸收的“氧气”是市场需求，企业的“水液”就是资金。要打造产品就必须有资金做后盾。因此，行政管理部门的第二大职能就是对资金使用的管理。《黄帝内经》又说：“肺者，气之本，魄之处也。”衡量行政管理部门活力的就是看有无气魄。企业气魄来自于企业“宗气”，即具有将市场需求和自身资源相融合的高价产品。《黄帝内经》还说：“脉气流经，经气归于肺，肺朝百脉，输精于皮毛。”肺朝百脉是指肺气贯通全身各处。从企业而言，就是产品所承载之能量（气）贯穿企业的方方面面。由此可见，行政管理者的工作不是管人，而是打造有能量的产品，即成为产品经理。企业的肺功能不足表现为产品的能量弱。

（四）企业的肾藏系统

企业的肾藏系统就是企业的资本管理部门。这里所说的资本是广义的资本，包括资金、技术、专利、品牌、文化等具有企业实用价值的东西。管理内容包括资本运作、文化建设、技术开发和产品研发等。《黄帝内经》说：“肾者，作强之官，伎巧出焉。”负责企业发展和强大的总经理就是企业的“作强之官”。而作（发展）强（强大）企业的基础靠智慧。伎巧（技巧）就是智慧的意思。那么，企业做强的智慧是什么智慧呢？我们从《黄帝内经》中的两段话来分析：“肾主水液，藏精纳气。”“肾者，封藏之本，精之处也。”

肾主水液。上一节我们说了，企业的水液是资金，就是钱。生命的主要成分是水液，企业的主要成分是资金。没有资金企业就会干枯。因此，资本管理部门的第一大职能就是资本运作。肾藏系统的第二大功能是藏精纳气。企业资本管理部门的第二大职能就是为企业“藏精纳气”。企业之精是指企业能够传承的文化和技术。精分阴精和阳精。如果将文化看作是企业的阴精，那么技术则为企业的阳精。精又分先天之精和后天之精。企业创始时所传承下来的文化和技术为企业先天之精，企业在创造和创新过程中所沉淀出来的文化和技术为后天之精。企业资本管理部门要善于为企业封藏这种能够传承的精（文化和技术），要善于从市场中捕捉需求信息并融入到产品研发中来。这就是企业藏精纳气的意思。企业的精气是企业生命延续的根本，是企业的基因。由此可见，没有自己文化基因和技术基因的企业没有真正的生命，没有可以传承的文化和技术的企业没有生命力。企业如此，国家亦如此。

（五）企业的脾藏系统

企业的脾藏系统就是企业的营运管理部门。企业靠谁运作？靠一切企业人。企业的主体是员工，也包括一切利益相关者。在五藏系统中，脾藏系统是承载其他四藏系统的基础。同样，企业的营运管理系统承载和涵盖着决策管理部门、市场管理部门、行政管理部门、资本管理部门。营运管理部门是企业生命的供养部门，企业利润来源于这个部门。因为企业的利润是由员工和利益相关者创造的。营运管理部门是企业的仓廪。《黄帝内经》之《素问灵兰秘典论》云：“脾胃者，仓廪之官，五味出焉。”也就是说，负责企业营运管理的主要负责人就是企业的仓廪之官。一切营养企业的“五味”都出自于这个部门。这个部门的职责就是为企业创造利润。因此，绩效考核是这个部门的主要管理手段。《素问本病论》又云：“脾者，谏仪之官，知周出焉。”因为营运管理部门身处第一线，他们最了解市场和客户。因此，负责这个部门的领导者充当向决策部门及其他相关部门献言献策（谏议）的角色。对市场和客户能周详了解的信息就出自于这个部门。《黄帝内经》说，脾藏系统的功能有运化水谷和统血。企业的水谷就是资金和原材料。资金和原材料是形成企业产品的物质基础。这两种物质都交由这个部门去运化。运化之后的产品就是企业血液。企业“血液”的质量优劣全由这个部门决定。

因此，有统血之说。《黄帝内经》还说："脾者，仓廪之本，营之居也。"企业的脾藏系统以充实企业的仓廪为要务。企业的战略营地就在此地。对于营运管理部门，还有一个重要的问题要重点阐述，那就是企业"运化"动力的来源问题。企业人的一切工作都是运化。运化的动力除了工资、奖金、福利和分红这些物态形式之外，还有企业文化这种心态的形式。企业文化源自其他四大部门，而形成于本部门。物态形式有利于激发个体能量，心态形式则有利于激发全体能量。企业如果运化能量不足，就会疲软瘫痪。

二、企业"郎中"

我们已经明白了企业"五藏"的概念和功能，接下来就是阐述关于企业"诊治"的方法了。此文开头就说了，生命的奥秘全在二与五这两个数中。那么，企业生命的诊断也就不离二与五这两个数。二即阴阳，阴阳平衡原理可以通过太极图理解；五即五行，五行生克原理可以通过五行生克图理解。

二与五不是分立的。二中有五，五中有二。即从五行生克中分析阴阳平衡，从阴阳平衡中分析五行。为了篇幅简要，我们只以心藏系统为例。

第一，观察企业心藏系统自身的阴阳是否平衡。依据五行理论，决策管理部门五行属火。企业心藏系统有两端：决策者心志端（阳）和客户心志端（阴）。决策管理部门是产生企业神明的地方。企业神明是企业的精神归属，是企业的生命之根，是企业的信仰。什么样的决策才能形成企业神明呢？太极决策。何谓太极决策？我们通过太极图来理解太极决策。太极图由对称的黑鱼和白鱼完美结合成圆，并且互生鱼眼。即黑白两鱼完美对称，且黑鱼生白眼，白鱼生黑眼。若决策者心志端看作白鱼，则客户心志端为黑鱼。首先，这两条鱼必须对称平衡。即决策者心志与客户心志必须平衡。其次，要互生鱼眼。一方面，决策者的心眼要生在客户心性之中，要善于看懂客户的真正需求，绝不能受经验者或专家影响；另一方面，必须让客户的心眼生在企业，让他们时刻关注企业的大小决策。这两方面都成立的决策就是太极决策。两情相悦，两心相照，则企业神明由此产生，否则，企业就有"心病"。

第二，观察企业心藏系统的生气是否不足。依据五行理论，决策管理部门的五行属火，市场管理部门的五行属木。木生火。如果生火的木气不足，则心火也会虚弱。若决策管理部门为阳，则市场管理部门为阴。这两个部门也需阴阳平衡。市场是决策之源。市场弱，则决策之源不足，难以作出正确的决策。这是绝对的阴虚。还有一种相对阴虚，就是决策层太强大，根本不顾及市场部门的建议。

第三，观察企业心藏系统是否泄气过多。在五行理论中，决策管理部门的五行属火，营运管理部门的五行属土。火生土。如果火生土太多，就会泄火气。如果决策管理部门属阳，营运管理部门则属阴。阴阳需要平衡。决策者有时两头为难。一头是外在的市场，一头是内部的员工。决策之源是市场，但决策者有时会为了顾及员工的利益而作出背离市场的决策，或者，营运部门过于强势（如工会）也会影响决策部门的决策。

第四，观察企业心藏系统的活力是否被抑制。依据五行系统，决策管理部门五行属火，资本管理部门五行属水。水克火。这两个部门也要阴阳平衡。水克火本来就是一种平衡。企业的资金、文化和技术制约着决策部门的天马行空。但是，若决策者过多地考虑这些要素就会囚禁决策者的创新思维，就会抑制决策部门的活力。

第五，观察企业心藏系统的能量是否耗散过多。依据五行理论，决策管理部门五行属火，行政管理部门五行属金。火克金。为了平衡，火克金本来很正常。但若失去其平衡就会得病。决策者太强势，而行政层太弱小，则决策难以执行到位。反过来，若决策层太弱，而行政层太强大，则决策就会变味。决策层毕竟是君主，有改变这一切的权力，但要耗散大量的心气。

平衡之道是生命的根本之道，也是企业管理的根本之道。可以这样说，企业的一切毛病都是非平衡所致。因此，企业“郎中”的任务就是调节平衡。平衡调节好了，企业生命就会恢复活力。企业生命是由五大系统所组成。每大系统又有五类平衡问题。我们企业的毛病虽有百千种，但都不出五大系统的各各五类平衡问题，即不出二十五类平衡问题。

从广义上说，每个企业都是一个独立的生命体，但现代社会是一个共生的社会，因此，我们只有和其他相关企业一起才能构成一个完整的企业生命体。五藏式管理模式在共生体系中尤为重要。不管是合作型共生、融合型共生、兼并型共生，还是加盟型共生，都不可违背五藏模式。比如，决策管理强大而资本管理弱小的企业，就需要与决策管理弱小而资本管理强大的企业合作；市场管理强大的企业就需要与市场管理弱小的企业合作；同时，也为创业者提供了一条创业思路，那就是寻找市场企业的五行之缺，并弥补之。

但愿五藏式管理模式能为企业管理者提供一种全新的管理思路，并能获得治企养生双丰收。

企业魂的重塑及其转化

陈泽钦 *

在最近三年的儒商孵化实践中，我们和国企、民企、外企的领导及员工们一起探索，总结出一些心得，分四方面向大家汇报。

一、什么是企业魂

到一家企业，我们感触最深的就是这家企业的精气神。

精气神来自员工的状态、表情、眼神、言谈甚至坐相、站相和走路，当然还有职场标语、图文的布置。其实客户也是一样的，他们到我们公司走一遭，感受到了我们的精气神，潜意识就已经决定了是否和我们合作。

企业魂貌似抽象，但却实实在在存在并时刻深深影响着企业的兴衰成败。就像一个人的精气神每天都影响着他的工作效率和成果，影响着他的人生命运。

那企业魂是什么呢？就是这家企业的灵魂，是支撑这家企业长生的精神系统。如果将企业的各种资源比喻成珍珠，那企业魂就是把这些珍珠串成项链的那根线。企业魂把不同的人变成一个整体，就如同把手指收成拳头，去完成个人无法完成的事。企业魂赋予我们员工强大的凝聚力、战斗力、认同感及归属感。

来看几个代表性的成功案例：

---

* 陈泽钦，云南国学会儒商孵化中心主任、云南培根文化传播公司总经理。本文获“2017中国企业培训教育”十大创新成果奖。

例一：中国太平人寿

成立88年来，行业人均产能最高，投诉最低。

公司愿景：打造世界金融服务杰出的中国品牌

公司使命：创造富裕的安宁生活

核心价值观：诚信、专业、价值

全国40万员工每个工作日都在早会上满怀激情地唱司歌、诵读“为天地立心，为生民立命，为往圣继绝学，为万世开太平”。

例二：苏州固锝

成立27年来，二极管行业领导者，世界幸福企业样板。

企业愿景：应用传统文化构建幸福企业典范

倡导：企业的价值，在于让员工家庭幸福、客户感动，顺便财务指标第一

例三：浙江方太

成立21年来，高端厨具领导品牌，年均增长20%以上，售价比国际名牌贵10%以上。

公司使命：让家的感觉更好

公司愿景：成为受人尊重的世界一流企业

核心价值观：人品、企品、产品三品合一

中国第一家在内部成立“孔子堂”的企业，主张“中学为道、西学为术，中西合璧，以道御术”。注重员工精神信念和价值观培养。

反面案例：中国三鹿、泛亚……美国雷曼兄弟、安然……破产倒闭原因很多，核心是，道德沦丧，企业魂丢失！

对大多数企业来说，经营哲学、愿景、使命、价值观就是企业魂，这没错。但多年做下来，凝聚力没增强，战斗力没持续，认同感没提升，归属感更说不上，企业仍处于“上下交征利”的危险状态。原因何在？不在“道”上。“顺道者昌，逆道者亡。”一个企业之所以欣欣向荣、生生不息是因为这个企业所思、所言、所行符合行业运行的规律，即符合道。就是说，我们在制定企业的经营哲学、愿景、使命、价值观的时候，要清楚对于我们企业来说什么是道？怎么做才合道？否则没有力量、事与愿违也就从一开始

就注定了。怎么办？重塑！

今天，我们必须为企业重新塑造“志于道”的企业魂。曾子说：“大学之道，在明明德，在亲民，在止于至善。”① 这句话，从企业角度理解就是，企业做强做大做久的规律，在于要去弘扬让人明白人生真理、追求幸福生活的文化；在于让这种文化实实在在的利益到所有的员工、客户和社会；在于时刻不忘、时时践行——这就是我们制定企业经营哲学、愿景、使命、价值观的总原则。唯如此，方合道。

二、如何提炼“志于道”的企业魂

现在企业普遍存在的问题：没有在团队形成之前就开始建立企业魂；建立了但只停留在口上挂在墙上，没有清晰解读和阐述，更没有落实或落实不够；偶尔讲讲，没有持续的推动，更没制度化。

先要梳理，搞清楚我们现在的灵魂是什么？还缺什么？需要补什么？方法：问问员工自从加入我们企业，最喜欢我们的地方是哪三点？最不喜欢的是哪三点？最难忘的三件事是什么？……再问问客户，自从跟我们合作，最满意的是哪三点？最不满意的是哪三点？最希望我们怎么做（三点）……

具体操作：

第一步：想象。分部门所有人一起想，并一条条写下来：比如我心目中最向往的我们公司是什么样？为做成这个样我们需要建立哪些共同的信念？哪些共同的思维模式？哪些共同的是非标准？哪些共同的行为规范……如果这样，我定率先遵照执行。

第二步：排序。问自己这项内容如只能选一条，选哪条？以此方式排序。

第三步：整理规范表达：用简短规范的语言浓缩成一句话或几个词。

第四步：清晰、准确阐述：对每一条都要有清晰的解释。

第五步：传承与执行。（让所有人都理解、记住、接受并乐于去执行，

---

① 郑玄注，孔颖达疏，龚抗云整理，王文锦审定：《礼记正义》，北京大学出版社 2000 年版，第 1592 页。

才能最终形成灵魂）

五步中，第一、二、三步容易做，第四步较难，第五步最难。

三、如何将“志于道”的企业魂转化成效率和效益

第一步：入心（有了前面上上下下的融合融通基础，再经过系列系统的教育培训、演练、演讲、心得交流……将企业 DNA 植入员工内心）。

第二步：入行（围绕愿景、使命、价值观而展开的各项内容将细化到各部门具体工作细节上，此时文化制度化、制度文化化就尤为关键，3—6 个月即可将企业魂转化成员工的言行举止。这一步难度最大，但一旦转化成功，效率效益立刻凸显）。

第三步：入境（根据企业办公环境、厂区、车间、餐厅、宿舍等功能区设计一整套反映企业文化特色的文字图案上墙，语音、视频、线上线下结合）。

第四步：落地工具《365 成长日志》应用。

四、“志于道”的企业魂重塑转化后的效果呈现

老总：因为行在“道”上，身心得到了释放，轻松快乐了不少，决策上有了定力，明白自己和企业要什么？要去哪里？哪些事情该做？一定要做好，并有人做。哪些事坚决不能做，碰都不碰，想都不想。所以心静下来了。静下来干什么呢？陪家人的时间多了，家庭关系改善了；生活习惯变了，应酬少了，锻炼多了，身体好了；关心员工家庭夫妻感情好不好，老人健不健康，孩子听不听话啊，逢年过节、员工父母生日还会奉上感谢信和礼金，和员工处得像一家人。读书（传统文化经典）多了，有时间到社会上需要的地方去作分享，做义工，带领员工看望孤寡老人；国家有难时和员工一起捐款捐物；和客户、政商界朋友交往也不再大吃大喝、胡侃乱扯了，多谈做人的责任贡献了；发现简单了却反而更受尊重。当然公司业绩也不减反增，员工流失少了，客户满意度提升了。

各级主管：因为看到老总变化，也有样学样，工作学习主动性提高了，

明白“敦伦尽分，上下有序”的道理，对上级恭敬，对下属谦和，也以身作则了，特别是在领导力和沟通技巧上都有了不小进步，使团队工作效率大大提升。

员工：因为参与了企业魂的整个提炼过程，又接受了多次培训、学习、活动，发表了自己的意见、建议，还被重视采纳，感到自己受尊重了；又看到老总们、主管们的变化，都在真抓实干，感觉有了新的希望，所以工作、学习，积极性、主动性大大提高，脸上笑容多了，吃饭不剩饭了，喝水都喝多少接多少了，离开座位椅子归位了，部门、班组、攻关小组或公益活动都积极参加了，看到外来客人、看到同事也都彬彬有礼了……

客户及社会的评价：“哇！这个企业变化好大呀，生机勃勃的！”

总之，通过企业魂重塑和转化，大部分企业展现出由内而外的气质变化和欣欣向荣的景象。

企 业 家 言

总裁是怎样炼成的

柳传志　陈春花*

陈春花：其实你会发现我们总是要变的，去年我觉得这个台上还是坐三个人，当时还有明耀，今年我突然发现只能坐我们两个人，我估计明年的课程应该是坐四个人，总是要变的。但是不管我们怎么变，有一件事情是不能变的，就是你对于职责的认识，你对于你自己价值的认识，你对于你要担当的这个使命和你必须付出努力的认识，我觉得这个是不能变的。在这样的经营环境下，对于一个总裁来说，你应该做什么，你应该怎么想，哪些是你最重要的，哪些是你必须思考的东西，应该是我们每一次课程开课时必须要明确的。

柳传志：总裁本身其实是不同的，不同阶段的总裁会有不同的要求，今天咱们细想，我们在这儿坐着的，多半都是创业总裁。刚才第一位说使命、愿景、价值观肯定是对的，但是如果你跟家里人借了 10 万、20 万，你首先想的是什么？我觉得是第三位朋友说的可能更正确一些，当前创业总裁最应该做的是让企业先活下来。1984 年我自己刚创业的时候，我拿了 20 万块钱，钱很快被人骗走了 14 万。这时候怎么能让自个儿活下来，所以我卖过电子手表，还卖过旱冰鞋。这不都是为了让自己活下来吗？要不然工资怎么开？到底用什么样的业务模式活下来。比如说今天我们有各种不同类型的公司，你们选的这个模式本身是不是适合在市场中生存，这个像刚才第二位说的，也可以认为它是战略。战略是什么？因为定义不同，我在这儿定义的战略就

---

* 柳传志，联想控股股份有限公司董事长；陈春花，曾任新希望六和股份有限公司联席董事长兼 CEO，现任北京大学国家发展研究院 BiMBA 商学院院长。本文是 2017 年 3 月 18 日，在联想之星“创业 CEO 特训班第九期 LS9S 班开学典礼暨开学第一课”上的对话实录，由陈春花整理提供。

是说像控股这么大的公司，愿景是什么？比如我未来要做成一个什么样的公司，像联想控股有一个战略叫双轮驱动，其中有一部分叫做战略投资，战略投资是什么意思呢？就是说我通过投资的方式要在某个领域里面形成自己的产业。联想的双轮驱动，一轮是财务投资，联想控股旗下有三个专做财务投资类的公司，一个是鸿毅，一个是君联资本，一个是联想之星，所以财务投资的意思就是投进去的钱要退出来，就是投到企业里面去要帮助这个企业做大、上市，然后把钱取出来，通过这个来挣钱，这个叫财务投资。

另一轮叫战略投资，战略投资是什么呢？就是我们联想控股会选择某几个行业，我们认为比如受不确定因素影响少的、在中国肯定有发展的空间的行业，比如我们现在选的像金融、消费和创新服务，还有像农业和新食品以及新材料，这几项尤其前面那几项在咱们国家已经形成一个庞大的中产阶级的人群，因此在这个里面是稳定的，因为我本来已经有一个 IT 行业，就是联想集团，所以我们想把这一块发展起来，但是在做这个的同时我心里一直想一件事情，就是在未来的几年之中，科技的发展必然会有大的突破。像移动互联网，就是因为在有了电脑以后，有了互联网就有了移动互联网，一下子通过业务模式的创新，很多行业让社会产生了巨大的变化，而在未来由于人工智能、生物工程等等这些方面再和移动互联网结合起来以后，世界将会变成什么样子？真的很难说，如果在这些方面联想控股还只专心于说当前我们为了让公司脚跟站稳，选择不确定性小的行业，在这里边给自己汲取力量，完全不顾未来的话，那将来联想肯定是个平庸的企业，甚至能不能立得住脚这很难说。我把话再兜回来说，请大家注意听我说话的思路。

我做联想集团的时候是在 1997、1998 年，电脑正处于各行业中心行业，联想集团在那时候一路往上走的时候，我为什么要把这两块业务交给年轻同事做，我自己单独另外出来成立了一个投资公司，就是因为我觉得高科技领域风险确实很大。我在 1984 年出来创业的时候，是从计算所出来，所以出来当然就是做跟电脑有关的业务，当时电脑行业排名第一的就是 IBM，IBM 当时有 40 万人，他的吨量比第二、三、四、五、六、七名的总和加起来还要大得多。但是到了今天，IBM 依然存在，已经整个转型了，但第二、三、四、五、六、七名完全没有了。当时的联想，尽管在中国做得很不错，但确实随时有可能被彻底颠覆，在这种情况下我觉得杨元庆他们做我当时所能做的事情会比我做得好。我想应该为联想的股东，为中国科学院以及联想的这些老的创业者们，他们当时也拥有股份了，建立应该有一个更保底的东西，于是就进入到投资领域。其实是让联想集团能够更义无反顾地去创新、去突破，同时使得自己能够有个更站得稳的一个基础。试想 2005 年联想集团在并购 IBM 的时候，联想集团的营业额是 30 亿美元，IBM 的 PC 这一块是 100 亿美元，明显是个蛇吞象的业务，所有的股东都不同意那么做，舆论界整个不看好，为什么我作为董事长最后坚决支持了杨元庆他们去做这件事情？一方面是做了深入的调查和了解，认为我们有可能打胜这场仗，但是也离把握还是差得很远；还有一个重要的因素，确实我在那另外一个地方布了局，就是在新的业务上投资领域这块我做了布局，虽然在那时候利润还没有显现出来，但是好的趋势已经有了。今天的联想控股，联想集团做电脑那块贡献的利润在整个联想控股里面贡献的利润大概在 30% 左右，其他的部分则是后边形成的，所以在这种情况下我们会积极支持联想集团去做更创新的事，创新的事就是既可能做先驱，更大可能是做先烈的事情，所以这就是一个整体的布局。在这个布局之中联想之星是布了一个什么局呢？除了做天使投资支持大众创业以外，在高科技领域上我们希望布下一个点，要站得更高，看得更远，不仅在中国国内，要和美国和以色列以及欧洲的某些技术先进的地方有直接联系，和中关村这边当然要有更密切的依托，然后发现有这样的点以后跟着后边君联、鸿毅甚至控股本部都会上去，使得我们能够用这样的方式在制高点上不失手。

刚才我说了一大堆话，回到主题：总裁干什么的。我们联想控股的总裁是要把自己的愿景看清楚，根据这个愿景制定战略，然后制定到当前今年这一步我们做什么，这就是总裁的使命，这个使命是什么呢？就是他会把自己要到达愿景所走的路线看清楚，有可能航线上有哪些暗礁，会起什么样的风浪，应该怎么去躲过，这是他要做的事情，或者换成现在的话，好像这个企业是一个桶，但是这个桶的形状应该是怎么样容积量最大，短板是什么，长板是什么，总裁要清楚，但是他不要亲自去做那件事，比如短板，他不要亲自去做补短板的事，他是要浮在上面去看大的方向。

现在人们常说一句话，就是说：做对的事情比把事情做对更为重要。其实这话是两说的，你只会看，做对的事情那是学者的事，这个总裁一定也要会看，但是不会把事情做对也是不行的，但是我确实认识到做对的事情是多么地重要，有的时候我觉得在联想里面，比如想带队伍、苦练内功等等，会使我们执行力很强，我们看见河对岸有一棵树，树上结着桃子，我们就下决心造船，把船造好过去拼命把桃子摘下来，这就说明我们能够把事情做对。摘完这个桃子的同时，回头一看在不远处就有一棵树根本不用过河，桃子比那大多了，没发现，那就是说我们第一件做对事情这件事本身就做得不合适，所以现在总裁在这种世界不确定的环境状况下，他要不停地根据这个来确定公司的愿景、使命和当前的近期目标，否则到一定规模，企业是不能存活的。这是我讲到了一定规模后企业总裁的使命。是什么呢？他要看清楚这个大的方向，指导这个水桶应该是什么形状，在这个水桶中长板短板是什么，但是自己不要一门心思去补这个短板，一会儿我可以给大家讲一个我自己犯错误的故事，为什么不要盯住长板和短板，要让合适的别人去做，然后你始终在这儿盯这个方向，然后好进行调整。

我刚才讲的跟大家多数的人目前关系并不特别直接，是因为你们还没到这个程度，多数的公司目前更重要的是让当前的盈利模式能立得住，而当前的盈利模式之中有哪些事是需要你亲自去解决，所以这就是活下来的问题，别的公司比如在立五年的目标，十年的计划，你们是当前今年的计划，或者说这三个月的计划，你心里要有一年两年三年以后的一个愿景，一个希望，一个追求，但是首先是把当前这碗里的饭吃到嘴，不然你想着锅里的饭，碗里的饭根本没有，你就会饿死，我大概先表达这些。

陈春花：谢谢，其实柳总刚才已经通过他联想控股、联想自己的发展给大家做了一个比较完整的叙述。事实上总裁是什么？首先第一个一定是跟阶段有关系。在每个阶段总裁做的事情是不一样的，柳总介绍了在一定规模上总裁做什么，而如果我们反过身来回到现场各位，在你这个阶段的总裁，其实你有几件事情是最重要的，第一个最大的事情就是可持续，你怎么让你这个企业一直活下去，你能从创业期间然后活得更久、活得更长，这个就是你排在第一位最重要的事情，也就是我们柳总刚刚说要选对的事情做。但是光做对的事情在你初创业的时候还不行，你还得把事情做对，其实这对你是很大的挑战。我们大的企业当中，做对的事情和把事情做对可以分两组，因为你的系统成本和投资规模都够，你可以分，比如说之前我去当总裁的时候，我可以稍微分开一点，但是你不可以，你选对的事和做对的事和把事做对其实对你同样是要求，所以就有四件事情是可能大家一定要做的，就是在这个阶段的总裁，第一件事情是你的产品和服务，你要真正地把它做好，其实你是靠这个来立命的，很多时候我们在跟创业企业家讨论的时候，他比较多地去讲说要颠覆这个行业，要改造这个社会，要推动人类的进步。我其实挺怕跟创业企业家聊这个话题，因为我觉得这个话题一下子就把自己立得非常地高，这个没有问题，我把它称之为梦想，人是要有梦想的，可是你也知道大大的梦想，包括王健林都说要先做个小目标，那还是 1 个亿。所以你的梦想先放那，但是你今天要谈的你的产品是服务，你的服务是什么，要把这个先做到，这是第一件重要的事情。第二件重要的事情是什么？是你一定要理解到这个市场的本质是什么，这个本质其实是非常关键的，很多时候我确实比较担心，我们蛮多的创业者他们比较关心说我要不断地创新，不断地迭代。可是大家一定要记住，创新要回归到我们讲商业和市场当中来，熊彼特对创新有一个很好的定义，我可以转述给大家，他说创新如果不在某件事情上，这个创新不是一个真正的创新。第一，创新必须是创造一个新产品；第二，创新必须进入一个新市场，就是你以前没进去过你进去了就是创新；第三，应该是一个新的替代的原材料；第四，做出来一种原材料可以替代掉；第五，创新应该是个新的商业模式，创新应该是一个新的企业组合。你没有做到这些，就没有做到创新，我是很认同这个部分的。

柳传志：这五个是同时要有还是有其中一个？

陈春花：一个就行，作为创业者，要去突破这个行业，不要把自己拉得那么高说要颠覆这个行业。具备像柳总这样能力的时候，对行业的游戏规则做调整我觉得是有条件的，但是你这个时间做总裁，就应该回归到市场，回归到商业的本质来做，这是第二件事情。第三件事情很重要的是现金流，而且这个现金流有很大一块要来源于你的业务和盈利，不是来源于投资者。

柳传志：现金流这块很重要，活下来和活不下来其实标准就是现金流，没钱就停，所以各位在做自己业务的同时一定要衡量手里边的钱，如果要坚持往下做，你就要一边做一边去融钱，这两件事配合不好的话，再好的事情钱断了你再去说服别人那也是不行的，现金流对创业者来说是非常重要的事情。

陈春花：第三个一定是现金流，但是我们都很清楚现金流会有投资构成，会有业务构成，会有你的盈利在投放构成，我今天提醒大家的就是一方面融资，一方面也要要求自己业务要产生现金流，一定要有盈利，这个是需要各位一定要注意的。

第四个我们要做的事情，其实刚才柳总已经讲了，我也是特别赞同的，就是你要有一个业务上的可持续的安排，你业务上做可持续的安排，很多时候我们要有布局，要有对这个市场深切的了解，要真正能够去做。如果柳总当时不是为联想做这么大的布局，我想今天我们很难有联想之星这件事情出现，所以这是一个我们讲的业务上的安排，当然最后就是我们讲的组织上的安排，就是你怎么样去做可持续，包括各种制度的分配，所以大家可能在前面问的问题，我也透露一点点，我跟柳总其实是挺认真的，为了这个课程我们俩还备课了，柳总拿出他宝贵的时间跟我对课备课，我也不敢不认真。我们备课发现第一个就是找人，第二个是管理。我们两个就想说这个找人和管理是不是你最需要的现阶段的问题。你们可能会遇到一个挑战是找来人不好用，或者找不到可用的人，或者说已经找来了之后发现又冲突了，然后又牺牲了很多的成本要离开。核心还是刚刚说的，你对你的商业模式，你对你的可持续，你对你要做的东西，是不是清晰了。如果你清晰了找来的人就可以用了，管理上也会简单，所以我们才从这个话题切入下去，但是这个话题就会碰到第二个话题，这次我请柳总先跟大家分享然后我们再做讨论，就是你跑得快和你活得久，也就是你挣大钱挣小钱，你这个之间怎么平衡？我们有人很会融资，他会融很多的资，但是他在业务的可持续性上花的时间不够。有的人在可持续性上花的时间很够，但是他又不会去找钱。所以说他就发现有人就会跟他说，你再努力一下，你再努力个五年我就一定投你了，可是你发现你自己五年跑不过去。然后你又觉得突然有一个挣大钱的机会，你就想拼所有力量都去挣这个钱，然后你就会发现这个挣大钱的机会有可能是个陷阱，然后有些时候你就应该去做一个付出，然后是一个很小的钱，但是这有可能是一个持续的商业的价值或者顾客的需求。所以跑得快跟活得久，或者融资跟业务之间的节奏，或者说挣大钱跟挣小钱之间我应该怎么想，我想这个话题最有发言权的应该是我们的柳总，我们下面就请柳总跟大家沿着这个话题再讲一讲，我们找人的问题有可能会回到这个问题上。

柳传志：我还是讲我自己的切身故事，是怎么过来的，然后再回到这个上头来。

我起家最早的第一个产品是联想式汉卡，什么是汉卡呢？当时的电脑没有汉字系统，全是外文的，所以你要做一个汉字系统，这里边有硬件和软件，就是把这个卡插进电脑，再加一个软件就有了汉字。我就是靠这个发展起来的，如果我要是死盯住，当时咱们国家刚刚打开国门，国家过去是封闭的，微型电脑，就是PC个人电脑相差太远了，我在计算所做的电脑整个要比这个房间大得多，但是功能远不如今天一部手机，那个时候就是属于那种类型的电脑，个人电脑我们从资料上看都确实要研究一段，看不明白。所以我们更多的研究所和中国人能做的研发的事情，就是汉字系统。在做这个汉字系统的时候，我们的钱由两个地方来，一个就是跟科学院要，说我这是报国家科研项目，去争，这个就非常地困难，而且会拿很少的钱，当时我的突破就是从市场上做，当时大多数研究所不习惯那个，于是我自己就首先做了第一个销售人员，在展览会上去卖联想式的汉卡，在卖汉卡的过程之中，确实存在着一个我们有多少钱能够卖多少东西的比例问题，这点我先放下。

在做汉卡的同时，做到一定程度以后，我发现科技人员很容易被汉卡本身的指标不断地引着去往上发展，就是研究汉卡的指标，但是盈利其实不是最好的，如果把汉卡插在国外的机器上，同时用汉卡助推作为一个手段去卖机器，这个利润要比汉卡高得多。那时候一块汉卡大概能够有一千多块钱的盈利，但是你如果能卖出一台PC机的话，大概能赚七八千块钱，所以我自己把盈利模式改成为由光做汉卡进入到去做PC的销售，后来进入到代理，然后逐渐逐渐那么转换的，这就是刚才我说随着情况在不停地变化，我们的业务模式、盈利模式是在不停地变化之中。在这个里面如果我汉卡中间做不成的话，我的现金流要断了，什么事就都没有了。所以在当时我找钱的方式跟今天的方式是不一样的，我说一下我找钱的方式，因为今天对大家没有任何借鉴作用，我就说说那时候多么困难。

我弟弟在中国银行总行外汇部，外汇部里边有少量的人民币资金，但是由于是总行，少量的人家也是论亿计的，所以他带着我，带着我们的会计见了他们的处长，当时我们会计水平低到只会计流水账，所以他得亲自去给人家讲，说我们这个账是怎么怎么回事，人家一个是看着我弟弟的面子，另外我是中国科学院出来的，再一看我长着一副君子相，不像是要骗钱的样子，所以他们很快就批了100万。因为一百万对他们不算什么，但是我们能做到按时还钱，第一次100万按时还钱，第二次又100万按时还钱，然后请他们的人来看我们是怎么做生意的，怎么卖出去的，建立了良好的关系，因为这一点后来我们的资金就不愁了。后来到香港以后我们又跟香港的中国银行做联系，曾经在诚信上受到过重要的考验，我们的资金问题就是这么解决的，当时因为钱并不多，然后我们又能够及时返还，所以诸位在这儿考虑现金流的时候我觉得是这样，凡事有大计划。今天联想控股的管理层加上我，可以使用多少钱我心里还是能撑得住的，我觉得三五千亿人民币是可以的。这个不是吹牛，我们能够弄好，但是不是所有的公司能这样。现在有的公司用了很多钱，其实他们是心里有想法、有计划的。但有的并不是，只是一个在创业高潮的时候说猪被风吹了也能上天的时候，他就是一个普通的猪，被风吹上去以后他以为有了那么多钱，他也会能怎么样。其实不是的，最后一定会摔下来，所以其实每个人在做你自己本身事情的时候，碗里的饭要吃好，要吃到嘴里面，能把碗里的饭吃好再去布置锅里的饭，一般正常的思维是这样。移动互联网模式出现以后，会有一种说我暂时不盈利，我聚了很大的人气以后，然后突然间产生盈利，包括今天BAT三家都是这么一个状况。别人我不太清楚，马云我还是比较了解的，实际上他是有明确的战略目标和明确的战略步骤，到哪一步的时候会怎么怎么样。所以如果没有这个，完全不知道下面如何盈利，拼命地去搞得很大，就算弄到了钱但我觉得后面是难以为继的。

陈春花：谢谢，看来我们柳总很多很多故事是可以讲给大家的。

柳传志：但是刚才那个故事对大家没什么帮助。

陈春花：有帮助，至少我听了有两点很重要，第一要有一个好兄弟，这个很重要。第二要长得很诚实，这很重要，我觉得这个很重要。兄弟不见得是要亲兄弟，但一定是真正要帮你的人，一定要有，因为没有真正帮你的人实际上是在最困难的时候，你一个人是走不过去的。另外就是你自己一直以来被证明是诚信的就很重要，因为这个相是由心生的，柳总一直证明是这样，所以他就长成这样，我觉得这两点很重要。事实上我们在企业的经营过程当中，确实是一直要平衡，你要做的事情和你将要做的事情之间的节奏，你正在做的事情和你将要做的事情这两件事情实际上一直要平衡好，如果你只做正在做的事情你就不会有未来，如果你过早地去做将要做的事情，你现在没做好，其实你也是没有未来的，所以柳总实际上一直要平衡这个，我们今天看到联想有三五千亿人民币可调用的规模，我相信你们心里会这么想。

柳传志：我觉得我能用这么多钱，手里掌握的资金远不够，我有这么多钱的话我相信能用好。

陈春花：他有运作这么大的资金规模的能力，或者别人也相信他能用好，跟各位来讲这个距离会比较远，当然跟你也很近，你就告诉他说用一点给我，我相信可以直接关联。但是我想这个过程当中，其实有些东西还是确实需要我们比较认真地去理解，就是你能不能这样把现在做的事情和未来做的事情的节奏做好，实际上是有两三件事情就像柳总自己走过来的路那样，我们真的要关注。首先一个是你要真的把你现在做的事情做好，就是吃到碗里的要吃到，我觉得这个很重要。第二个很重要的实际上是你要把未来的两步三步四步五步想清楚，我前两天一直跟一些年轻的创业者在一起，他们总是很羡慕别人一下子拿很多的钱，然后我就告诉他，投资人一定是最聪明的人，一定要记得这个，就是资本最聪明，他最重要的本质是趋利避害，他会很清楚什么东西值钱，什么东西不值钱，如果我说你很厉害，我觉得我一定要欣赏你，我要么是真的投钱给了你，要么买了你的东西，要么支持了你的事业，我说的那句话就是真金白银的话，所以有时候老师说你厉害你也不要太相信，因为他没有拿真金白银出来，柳总说你厉害你要相信，我要说的是什么意思呢？每一个资本在给你钱的时候他其实是想清楚你的路径了，但是如果你自己没想清楚路径的时候其实你拿不到那笔钱，也就是羊毛出在猪身上狗买单，这个逻辑在投资的逻辑里面是成立的，但是你没有把这三步想清楚的时候，你拿到这个钱你也不会得到最终的支撑，反而资本会让你的事业受到伤害，所以这就是我们要注意这个节奏，这个节奏是什么，一定把现在的事情做好，同时要对未来要做的事情有一步两步三步的规划，然后你再跟资本讨论，我想这是第二件事情。最后一件事情就是诚信，这个非常关键，有些人问他亏损我担不担心，我说我不担心，我唯一看的不是你亏不亏损，而是你每次承诺能不能做得到。我自己在公司做总裁时我也要投新项目，我作为战略的安排，会选一个方向，我请这个团队去做，让他说服我，他说陈老师这是我们的战略方向我就投，然后我会预估亏五年，我也会预估这个，但是每一年我们的承诺，比如说多少用户、多少顾客、多少业务量，然后减亏是什么样的节奏，我们每一年的承诺彼此要兑现，这个我就敢投，如果你只是跟我说这是个战略要素，五年后看结果，我一定是不投的，这叫什么？这就叫诚信，也就是说你一步一步的承诺要兑现，而不是在于说你现在能不能赚钱，我相信这个是需要大家特别关注的。

我刚刚为什么说柳总的故事是可以学的，最重要的是后边的，就是他承诺的事情他做到了，他不断地印证他的诚信，他一百万还不断地还，就会让你整个资金有效地去做，这样我们就可以同样话题往下代入，代入到我们今天讨论的第二个命题，这个命题就是总裁个人的成长，我们到底要管理什么？我们要注意什么？我为什么说我们如果有时间可以给柳总更多的时间让他讲更多的故事？因为他就是这样过来的，他会有很多很多鲜活的故事给大家，但是限于时间的关系我们可能就要讨论第二个话题，这个话题就是说一个总裁，特别是创业者做的总裁，个人的成长要关注什么样的话题，我就想我们是不是简单地先请柳总介绍一下，他从创业到现在几个最重要的故事，或者他比较想给大家讲的故事是什么，我们请柳总给大家讲讲关于合作伙伴的选择，对于一个人"德"的评价，到底什么样的品德，你怎么会选这个事业合伙，你的经历当中哪个故事是你最觉得想跟大家分享的，或者你觉得哪些人你就不能跟他合作，这种人再怎么有能力我们都不讨论他，我们是不是请柳总先聊聊这个话题。

柳传志：我还是先说一个自己诚信的故事。确实很多人要买你的东西，市场上认不认可你，你的合作伙伴、银行认不认可你，这些东西都取决于你的名声、你的诚信，但是你要是把这个诚信当成一个很实用的东西来看，这个其实也是不行的。我应该讲从本质上、内心上，也许是年轻的时候读的书，或者受家庭的教育、社会的教育，等等，我就是把个人的名声、个人的信誉看得是非常之重，并不是真的想通过这个得到什么好处，但是确实他在一些很关键的事情上，我回过头来看给了我关键时刻的帮助。我举两个例子。一个是在 1992、1993 年的时候，当时我们已经有一家公司叫香港联想，这个香港联想是北京联想投资过去跟香港人合资办的一个公司，北京联想是他的大股东。而我们当时做的事情就是在香港生产主机板，然后卖到全世界，卖到欧洲和美国去，同时也卖到中国做联想当时品牌机器的主机板。钱从哪来呢？跟香港银行借的，香港就是中国银行，香港银行下边有十几家都是归中国银行管的，出了什么事呢？就是在 1992、1993 年的时候，那时候我们是拿人民币，就是你在国内卖的东西我拿人民币，通过进出口商换成港币，然后拿港币再还给银行，银行再借出钱来买元器件做成产品卖出去以后，然后卖到国内，国内再把人民币换回来，是这么一个循环，就是人民币换成港币还了，然后再买元器件再到国内去卖，是这么一个循环。1992 年 1993 年出了什么事呢？就是那一年的时间，某种原因，是当时公司小，还不知道，今天我也不知道是什么原因。人民币与美元的汇率突然间在几个月之内发生了大的变化，我们在换汇的时候是说 1∶6，谁知道在几个月之内，我们把合同签了以后，就在几个月之内人民币跟美元的比例大概突然间涨到了 1∶8、1∶9，这时候我们再拿人民币换成港币还银行的时候，进出口商就不肯了，他觉得吃亏太大了，他就毁约了，毁约的方式当时也没法告，就拖在那，拖在那的结果就是我不能按时还给银行的钱了，在这个时候就挺麻烦，我们如果按照进出口商的要求，大概要损失一百多万人民币，一百多万在当时也是很心疼的事，因为你一共就赚了这么多钱，要贴在那里面。后来我们研究，也基本没有怎么研究，我下决心就是说宁可让他本身不遵守合同，我们自己还是要遵守合同，所以就赔了钱，允许他不按合同办，我们按期把钱还给了中国银行。中国银行那个办事处大吃一惊，因为汇率变化使所有中国在香港的中资公司都受到了影响，因为出了这个变化以后银行自个儿就认了，没有想到还有公司能还钱，就这件事我就得到了两个意想不到的结果，一个结果就是还了钱以后他立刻更多地借给我钱，在别人不能动的时候我多做了两三圈生意，别人都没法跟我竞争，别人钱都死在那，别人都在那耗着，我能做成了，这是意想不到的事。第二个更大的意想不到的事，确实在中国银行留下了非常深刻的印象，这个印象起了什么作用呢？在 1996 年的时候，我自己主要精力完全撤回了内地。为了跟外国的电脑大战一场的时候，把香港董事长的工作转交给香港总经理，那是个香港人，我说完全由你负责，你做什么不必跟我说了，我全面撤回。香港这位先生在工作中由于判断性的错误，一下做了大的亏损，亏了 1.9 个亿，在当时 1.9 个亿又是不得了的数字，我们在香港赚的钱都不够 1.9 个亿。这个事亏了以后现金流就要断了，在这时候我的办法就是拿内地的资产做抵押，拿香港的股票去做抵押，要把这个钱借回来，先把这个事稳住，要不然我们没法在元器件供应商那买东西。在这种情况下银行居然把钱借给我们，他相信我在内地的资产值这个钱，没有耽误我的时间，一口气倒过来，我后面就全顺了，后来我又采取了别的办法，把内地的业务重新打包到香港上市，在一些财务方面想了一些办法，但是首先这股气倒回来了，倒的重要原因就是因为银行相信我，我就觉得这都是无形中并没有想到会得到的结果，就讲这两个。

陈春花：谢谢，其实柳总的这两个故事，如果我们折回到我们的主题，作为总裁或者创始人，或者企业最重要的负责人，其实很重要的实际上就是对于诚信、对于承诺的这种坚守，不管你遇到什么样的外部变化。其实他刚才讲的这个变化，我们在商业上可以称之为不可抗逆，因为这是汇率变化，汇率变化是两个国家的事情。对于一个单独的企业个体来讲，或者商业的逻辑上来讲，很多人都认为这叫不可抗逆了，其实可以找到别的方法应对，但是我觉得柳总的解决方案就是虽然这是一个不可抗逆，但是他商业上的承诺他继续承诺，我觉得这个是非常值得大家学习和思考的。

我们今天也处在一个不确定非常多的一个环境，也会遇到很多预先想不到的事情，但是如果你想在商业市场上立足，或者有更长久的发展，一定在诚信、承诺这个部分要做得非常坚守，因为这个会给你持续性发展很大的帮助。下面看看我们的新同学，或者我们往届的同学也可以来谈谈。

（同学）回答：我在过去创业的过程中遇到的一个问题，就是刚才柳总讲的，诚信和企业的生存都是很重要的，当这两个矛盾的时候，当你讲诚信企业就要死掉的时候你是选择哪个？这个我是比较困惑的，因为我还是选择活下去。

陈春花：这个话题有挑战了。

柳传志：我也遇见过这个事，就是我们在20世纪80年代代理卖电脑的时候，曾经也卖服务器的，当时服务器的价格就要贵很多了，大概五六万块钱一台，我们做服务器销售的时候并不是代理商，因为总代理都是在香港，当时外国人没有把总代理商放在中国的，因为他对中国不相信，所以我们是在国内买的别人的服务器然后卖出去，我们能帮助用户讲怎么用好服务，所以我们可以赚这个差价，结果我们卖的这台服务器以后，坏了以后人家要退货，我们根本找不着人头就没法退，但是当时赔不起那钱，实际上在躲着了，就赖了账了，这是真事，但是心里头是感到十分愧疚，跟人回答说我们努力在找代理。在当时可能这种事也比较多，找不着代理人家也知道，这是事实，所以并没有逼得很厉害。这个事大概是在 1986 年或者 1987 年，到了 1990 年前后，我们已经有一定实力的时候，在陕西西安办过一次展销会，当时是我们一个常务副总带领人去的，结果正好这家买服务器的到我们这儿看了，当时就发表议论说，我买过你们服务器，你们服务器当时坏了根本没退钱，我们的那位副总就立刻打电话给了我，我跟他说你什么意见，他说咱们马上把钱给人退过去，就找了人家专门给人还了钱，这事就这么做，做了以后人家当然很感谢，这个并不重要，最重要的是什么呢？是教育了员工，当时的很多员工以为只要挣钱就好，只要挣钱老板一定会高兴，但是你这么做会让员工知道公司是挣什么钱不挣什么钱，我觉得就是这件事本身我也同意你的那个说法，当时你实在还不了了，难道我还非剖腹自杀不可吗？也做不到，但是你要记住这个事，你内心要对这个事真的有深深的愧疚，我觉得还是可以理解。

顺便我再讲一个故事，就是对于员工本身教育的重要性。我做过一件也是不太合适的事，是个什么事呢？就是在 1987 年前后的时候，我们因为前面做了很多铺垫工作，从香港直接进了 500 台 IBM 的 PC 机，那年赚了很多的钱，当时跟销售部是有承包的，就是如果完成了多少营业额，多少利润以后，怎么提奖金有一个比例，我由于前面的工作做得好，他们可以敞开卖，结果大大地超出了预定的指标，奖金高到了当时难以想象的地步，负责人老金奖金大概是 60 多万，60 多万是什么概念呢？当时我的工资是一百多块钱，一百多块钱你还不能按今天 60 倍来算，是因为今天大家都吃饱穿暖以后，这个 60 倍跟吃得并不饱穿得并不暖的时候 60 倍是完全不一样的，麻烦在哪呢？整个部门的人都得按这个方案，多发大概上百万块钱。麻烦在什么地方，这个奖金我们出的钱，因为本身是按奖金提的，没想到国家有一个制度，我们不懂，叫奖金税，当时国家还没有什么民营企业，所有的企业以国企为主，因此这个奖金税怎么定的呢？你发给员工的奖金超过三个月工资以后多的那部分按 300% 来交税，这个税一交我们公司就真玩不动了。所以面临这个情况，这真的是个重大考验，我也承受不了，于是就开会讨论，三条道路：第一个就是把钱发了，把税交了，来年运营资本确实要大大地受到影响，就是发展受到很大影响。第二种做法也是比较常规的做法，员工也能接受，就是跟大家讲情况是在不断变化的，而且我们之前也不知道税的问题，我相信大家也会原谅，但是你说话的分量会打折扣。第三个做法，就是不太好的做法，中关村街上的公司都是这么做的，因为那些公司都是集体所有、个体所有的，我们是国有企业，一般不这么做，怎么做呢？就是我直接发现金不入账，不入账发了不交税，你看不见不就完了嘛，很不幸我们最后选了第三条路，到广东去找了一个科学院的试验工厂的企业，那个企业本身经常能倒腾出现金来，我们在那带回来了现金。

刚才 60 万说错了，是 6000，就那样加起来加上税也将近上百万。我们提回来十几二十万的现金就把这个钱发了，发了以后大家都很高兴，认为领导都很遵守规则，非常高兴，谁知道第二年就东窗事发了，原因就是那个科学院的工厂查他们别的事出事了，查别的毛病就把我们这个事也发现了，发现了以后科学院审计局的领导来找我，专门提出来批评，应该给予警告，我完全承认。后来也不太惭愧的原因是，很快就把这个奖金税改了，因为完全不符合市场的规则，就改成现在的所得税，但是那件事本身就会让员工有个感觉，其实那个奖金跟我一点关系没有，我并分不着什么，但是这个责任我敢担当，说出的话就算，所以对后来我们说什么话，旗子往那一插说非打下来不可，大家真的敢往那冲，这就是人家认为你靠谱，你说了话算，当然下回踩红线的事尽量别做，但是确确实实像刚才说的，有的时候我们做了诚信，做的很多事情是让员工有了深刻的认识，使得企业领导人追求的愿景他们认为是能实现的，我觉得这是很有必要的。

陈春花：谢谢，柳总用亲身经历回答了你关于这个问题他的选择和过程，不过我要补充一点，因为不同的时代，边界一定要很认真的，就比如说像今天来讲，当你的诚信跟你活下去有冲突的时候，你可能还要特别注意一件事情，就是我们现在信息是完全开放的，而且治理市场的规则、游戏的规则也是很明确，所以就是当你在做选择的时候，你一定要很清晰地知道底线是什么，底线会不会毁掉你所有的东西。

柳传志：还有一个就是你这个不诚信本身，带来的损失危害有多大，这个也是要考虑，你也可能自己会死，但是如果你不诚信会害了更多的人，甚至会造成更恶劣的社会影响，这样的事也是不能做的，做完了以后你会终身不安。

陈春花：是的，所以我为什么说要补一句，这个是非常重要，因为我们讲总裁个人的成长，其实你不仅仅是个人，你还影响到了整个组织，甚至你还会影响很多很多跟你相关的人，所以在这种冲突的情况下他有最基本的底线是不能破的。另外一个事实上也决定了你未来很多人跟你之间能不能建立信任的基本判断，所以这是要特别在意的一件事情，在这种情况下当你是在冲突到不可选，我觉得你还是要回问这一次的失去对你未来的影响有多大，因为各位如果是个创业者的话你完全可以选择再来创业，所以我觉得这个可能是在今天要更加坚守的，这是我们两个共同给你回答的部分。

（同学）提问：柳总好，我们是9S班的，今天上午谈了很多诚信问题，情况随时在变，我提问完是可以有合影的机会对吧？我想问一个您今天提到的眼前跟未来矛盾的问题，因为我知道联想最早也是做制造业出身的，包括把品牌打出。我是来自深圳的，因为现在联想之星班里面交的所谓的智能硬件越来越少了，我们这个班里可能就两三个人，我是其中一个，我们是做智能运动装备的，我们这个装备在全球的细分领域做到了被行业称为前三，但是我们遇到个很大的问题，就是新产品，这是个新市场，需要时间，所以现金流需要逐渐转正，但是如果现在我发现一个新的另外一个事情，和我这个非常相关，怎么办？我最近很困扰这个问题，但是这个事情如果我半年之内不做，这个时间窗口就过去了。这是一个眼前我正在做的事，做很深的事情和时间窗口之内，六个月之内会做得很大的一个事情的一个矛盾，我想听听柳总和陈教授的评价。

陈春花：我本来说这个环节我们先分享，你现在就开始提问了。

（同学）提问：我也是分享。

陈春花：你先说你怎么分享的。

（同学）回答：我现在的做法是我尽量把我现在扎深做的这个团队建强，我想拖开，因为他是属于全资的公司做的，我来做新项目，但是今天柳总讲的一句话把我给镇住了，总裁也不能说去顶那一块，所以我就很困惑了。

陈春花：柳总他的问题就是短期跟长期，或者是现在做的事情和一个很大的机会在旁边，看看你有没有经历过这个事情给他分享一下。

柳传志：你一定要把你想做的这件更大的事情本身到底做成功有几个瓶颈口、有几个卡，想得非常的清楚，因为人们往往在做当前手里边事情的时候觉得有这样那样的困难，找未来的事就容易看得更好，更多的是看前景，而没想到那个。如果你要把手里边的事，就是眼看着要摘到手里小的桃子，你把它放弃了，你觉得边上那棵树，那是更大的桃子，但是你根本不可能上去，有若干个环节卡住你，你最后就一无所有。所以这里面的关键是在于你到底有几成把握能把你信的那个事做好，中间有没有死扣，死扣是什么呢？好多事这个人做就行，那个人做就不行，你的队伍里面有没有这样的人，为什么大家老要提人的问题，就是做的事里面经常人就是死扣，钱、人合作的关系，这里边要把每个项目想得很清楚，真想明白了，觉得那个可以，那你就可以放弃原来的那个事，独立抓这块，那不是不可以。我在以前做的时候，多半都是一边吃着碗里的饭，锅里的饭真要那什么的话，我还是会先保证碗里的饭有人帮我吃到嘴，我的注意力再移到那个地方去。因为你认为那个事特重要的话，你主要的精力就要往那边去转移，你原来的工作是不是能够继承下去，当然更重要的是那块是不是能做，我觉得这是你可能最为关键的问题。

陈春花：应该是这么想，我觉得柳总已经回答了，其实我们在做长期短期，尤其是你自己原来做的主业务是长期业务，然后你突然发现一个短期机会的时候，你怎么选？我们两件事情是非常关键的，一件事情就是你在选这个新机会的时候，会不会耗掉和伤掉你原来一直想做的主业务，这个你要判断，哪怕你抓到这个机会，而且是一个你认为非常大的机会，但是你本身就要做的这件事情被侵占资源或者被耗掉了，我们其实是不太建议你选，因为等于说你抓了一个很短的机会把你最要做的事情可能给丢掉了，这就是刚才问你那些坎儿能不能过去，这是第一个要判断的。

第二个，我们做经营或者是做商业的同学或者是经理，有两个原则，我们心里要有数。第一个原则就是机会永远都出现，就不是说那个没了就没了，不是这样。我其实一直反对两个口号，刚才柳总已经说了一个，就是风口的猪，这是我比较反对的说法，我认为基本上没有这种事，猪就是猪了，没有这回事。第二个我其实也一直反对，就是说有窗口期，这两个词我基本上是反对的，你已经选择了做企业家，其实这两个词对你都应该是不成立的，你选择做企业家就永远都得去找窗口期，永远要找，永远都要找到，然后你就永远都要找属于你的机会。不是说风起来你这个猪才飞起来，有没有风这只猪都得变肥变大，能够涨起来。所以这两个部分有可能是投资者的语言、投资的逻辑，但绝对不是做创业和做经营的逻辑。有些时候我们会混乱。我特别提醒，当你提这个问题的时候给大家一个最重要界定的调整，就是你不要用投资的逻辑去做经营，一定要记得这个，经营的逻辑就是有没有窗口我得做下去，我既然选择就往下走，有没有机会我都得创造机会。但是投资不是这样，投资得选择最佳进去时间和最佳退出时间。你得这样，所以现在这个市场当中有很多词，实际上是资本市场的词和投资的词，恰恰我们很多创业者和企业家经常拿出来用。我今天在这个地方提醒大家不要这样用，因为这个时候会把你自己搞乱，你坚守你就搞下去。有一次一个学生问我，说陈老师我看到人家做了 20 年、30 年一个企业，然后有个品牌，然后有个产业，很骄傲，我就很想去做，但是我又看到一个赚钱的机会，对我影响很大，我心里老动，我就想去。他就问我我怎么办，我就跟他讲，你是想当个资本家还是想当个企业家，如果你想当个资本家，见到赚钱的机会就去，如果你想当个企业家你就挡住这个诱惑踏踏实实地去做，持续地去做，我说他们两个的感觉是不一样的，就你问我这个问题的角度来讲，我估计你是个资本家，因为你看到机会你就睡不着觉了。人家几十年做一个品牌一个产业的荣耀，我说你就别要了，你也别把自己往那个群体上放，觉得自己可以那样。我说你别那么想，你就天天数钱就好了，那个感觉会更好，其实这就是我回答你的问题，我想这是我们所考虑的。

柳传志：民生银行在 1996 年 1997 年开创的时候，最先找的企业，第一个就是联想，当时用的钱也不是太多，大概一个亿左右，你可以按不同的量，一个亿就是很大的股份了，我们几乎没有做太多的研究就拒绝了，原因就是当时在 1992 年 1993 年的时候，有一轮房地产高潮，我们曾经想进入，中关村所有的企业几乎都在房地产中卷进去了。我们也谈了两个地方，一个是烟台，一个是福州。后来我们内部开了会，研究为什么要做房地产，我们是缺钱用吗？当时银行的贷款基本上是可以给予保证的，我说挣了那把钱又怎么着，万一挣不着这把钱怎么着，研究的结果是定的方向坚决不动摇，往这个方向走。根据这个原则我们把民生银行那个机会就错过了，就没做，没做以后的结果有可能损失了有几百个亿。这是我边上的卢总，他们当时就是这么投的，但是如果我做了的话也可能联想后来就连着投这个投那个，不像现在我们做投资形成个战略，那是我们研究过以后的路线。那时候要做就再也不会做电脑了，没有什么并购IBM，没那回事，以后心就乱了，到底哪个合算呢？我觉得还是我们现在这样，按照我既定的目标去做，即使钱没人家挣的多，但是我觉得自己想明白了的事去做可能更为合适，大概是这样。

陈春花：对，是这样的。在座多是创业者，大概思考的角度更重要一些。我们就以总裁个人的成长当中，除了刚才讲诚信，讲你的战略选择，对冲突特别是剧烈的冲突，比如诚信跟活下去之间的关系，比如说我们讲业务跟机会的关系，我们刚好就有了讨论。我最后一个话题，我们聊完之后就可以提问了，最后一个话题就是说我们在总裁个人成长当中蛮重要的一个是学习。我们开这个班，我自己又是个大学的老师，所以我就不舍得把这个话题丢掉，我们就讨论这个话题，关于总裁个人学习的这个部分，这其实是非常重要的。很多人问我说，在今天如果你去选一个总裁，你会选一个什么样的总裁，比如说有一个很大的上市公司，推荐一个总裁，我说你想要一个什么总裁？他说要懂这个行业的，然后在这个行业里面做过二三十年的，他说我要找这么一个总裁，然后我就回答了两个问题，我说如果他在这个行业做了二三十年，来到你这个地方我相信他没有办法带领你突破这个行业做更大的发展，因为他没有这个能力，因为他只是有他那个经历，而那个经历会陷入到他过去的经验，我反而建议你有一个学习能力的总裁，当你有学习能力总裁的时候，他反而可以引领你这个企业取得更大的成就，所以我们认为总裁的学习力其实是非常关键的，尤其在今天，所以我们就把最后的话题，我们再请柳总，等一下我也会谈一谈我的想法，就是我们关于总裁的个人学习，柳总也可以讲讲你过去的经历和故事，我记得大鸡小鸡什么故事之类的，你给大家讲一讲，谈谈个人学习的这部分。

柳传志：各位将来成功不成功有多方面的因素，比如说不断挑高目标有更大的追求，那是做一个更大公司总裁的要求，比如意志力要顽强，不要受了挫折受了打击以后就经受不住，这个不仅是大公司，小公司本身也会有，还有比如情商要高，这些东西都极为重要，但是其中还有一件既是重点也是难点的事，就是要有一个很强的学习能力，是因为在座的各位，你们大学的本科、你们的研究生学的东西和你们现在做的事，我估计现在大概有一半人可能是不一样的，再加上做着做着又会发生变化，因为环境在不停地变化，你们的角色在不停地变化，今天你们是创业者，创业有可能失败了，再去做职业经理人，做职业工作者，这个本身对个人也是个重要经历，我觉得创业的人在衡量事情，再去求职的话那个角度是完全不一样，因为你做过创业者，你替所有的人包括柴米油盐考虑以后，你再回来做，你的学习是不一样的，所以创业者的学习能力将会有很大的提高。现在咱们回到这儿，什么是学习能力的问题，怎么提高学习能力的问题，我觉得学习能力最强的就是解决你的实际问题的能力，解决你实际问题的能力怎么去提高呢？因为我们经常的做法就是看书，书上怎么讲，看同行，就比如来参加这个会，听别人怎么说的，还有一种就是从自身本身怎么做的，摔了跟头以后有了经验，以后怎么总结，归根到底的一条是学习能力，是跟自己的现实联系并且进行改造复盘的能力。陈老师刚才在里面说他每天要保持着看书，然后系统学习，因为他是个学者，我也看了很多书，但是真的是学得很杂，根本不系统，但是我觉得有一条是我事事处处都跟自己当前的事、各方面的事老在联系。解决实际问题的能力就是通过别人做的事跟自己联系起来，到底这件事我应该怎么做，而在联系之中，有什么特别要强调的事情吗？首先要从自己身上找原因，觉得哪件事是自己做得不合适才会发生这样的事，然后去进行调整，所谓大鸡小鸡的概念是什么意思呢？就是我常讲，就是两个鸡一般大的时候，甲鸡觉得自己是个大鸡，乙鸡是个小鸡。乙鸡也会有同样的感觉，觉得自己是个大鸡，甲鸡是小鸡。人们有时候也是这样，容易过多地把自己看得更高一点，我觉得人们经常是要克服这些问题才能够有所进步。

我刚才讲的，我举一个我自己身上发生的事情。1994 年的时候，是联想生存的一个坎。什么呢？ 1994 年发生了两件大事，其中一件大事由于 1992 年 1993 年前后，国家发现了电脑行业对国家的国民经济各行各业都有很大影响的时候，就打开了对电脑行业的限制，原来电脑用批文的方式，不让进口，只让自己的电脑行业发展，因为国家有一个全力投资的长城公司，国家投了很多的钱，希望中国人全用长城，不要买外国人的机器。这一政策的结果是长城东西贵而且质量很低，使得各行各业都难以进步。因此，国家非常明智地决定把进口批文取消了，关税大幅度降低，原来关税 200% 减到

20%，这一来外国电脑大量地进入到中国来。当时联想已经有了自己品牌的电脑，就在这种冲击之下，长城公司是一个副部级的企业，1993 年一年长城就灰飞烟灭了。联想就那个时候崛起的，但是 1994 年这一年联想一下被打蒙了，打蒙了的原因是什么？这就是我反省的内容，其实为什么呢？按道理我当时身兼两职，一个是北京联想的总裁，一个是香港联想的董事长，当时北京跟香港，北京刚才我介绍了，是香港的大股东，香港联想什么业务呢？香港联想有两个业务，一个是有一种品牌的电脑叫 AST，香港联想是总代理，当时全中国都在用 AST，所以香港联想通过卖 AST 赚了很多的钱，另外一个就是生产主机板，卖到全世界，同时作为联想品牌自己的主机板。当时我就是在那当董事长，总经理是由香港人来担任的，在 1993 年前后的时候，香港联想两位香港的同事一直提出希望香港联想要上市，我在当时对为什么要上市并不是特别清楚，总之觉得人家都说上市好，我们就上市了，可是上市的过程遇到了极大的困难，当时在中国国内上市，本来在香港上市是不要国内证监会批的，1994 年的时候突然定下来新的规定，要证监会来批，当时证监会的领导人手里权力特别地大，所以要想得到批准是难于登天，但是联想有个文化，有个说法，要把 5% 的希望变成 100% 的现实，当决心去做的事就死磕了，这件事死磕的人只能是我，别的人不可能够得着那么高的地方，最后我 1993 年所有的事都不管了，就管这件事，最后两次见了朱镕基总理，请他批准了香港联想上市，我就磕这件事了，最后的结果就是别的事我一概不知，当时发生刚才我说的那些情况全不知道，当我把这件事弄定了以后发现这时候公司就处在一个亏损、四面楚歌非常严重的状况。我自个儿也生了一场大病，后来住在医院里面，然后在医院里面作为指挥的大本营，重新调整，脱了一层皮才把这个事扭过来，那时候的联想几乎九死一生，毛病出在哪呢？就在于我在一块并不重要的木板上死磕，而没有观察全局，这就是后来我得出来一个结论，就是总裁一定要对全面的情况能够清楚。

另外像联想提供复盘的问题，其实就是各个部门总部不停地对自己的战略进行复盘，对每一件事情的实施进行复盘。拿我自己身边的故事，我们因为 19 世纪 80 年代开始起，就养成了一个习惯，就是我只想干工作的事，其他事一概不管，谁来管呢？就是秘书给我帮忙，所以我确实做到了。我从酒店里开完会，回到房间在哪完全不知道，根本不问，秘书就全得管，我只想我要专心做的事，后来连我的身体我也不管，他也得替我想，后来得病以后这个公司里面真的就成立了一个小组帮我考虑问题。大概就在几年前吧，我们赵总，鸿毅的老总换了一个新的秘书，我和他开会的时候，我的秘书跟他的秘书接头就没接好，结果我们俩开会时间就耽误了，就这么一件很简单的事，我一定要大家三头六面说清楚，这事怎么产生的误会，是语言上的还是概念上的，因为这里面其实误会的原因很简单，就是人家比如看，以你的秘书为主，你说了个意思人家就去想，把话没盯实，等等。比如给人家发了个微信，以为人家收到了就按这事办了，人家根本没收到微信，类似这种事也要进行复盘，复盘了以后反复几次就盯实了，这是规矩，按照规矩办就不出错，规矩不对改规矩，规矩对了就按照规矩办，反反复复地复盘以后你就会把刚才说的怎么样把应该做的事能做对，这个是通过复盘来解决，包括战略、包括用人的问题也是可以用复盘来解决，像刚才诚信这样的问题，等等，我觉得复盘最核心的地方就是要联系实际，联系自己，然后所谓大鸡小鸡的问题就是更多地从自己的身上去找原因，不要老去从客观上找原因，没有用，客观在变，这样的话你就会越变越聪明，就会把聪明变成智慧。

陈春花：谢谢。其实总裁的个人学习很重要的地方就是要解决问题，我们在学习当中特别是对于总裁，或者企业的学习来讲有两个东西实际上最重要，第一个是学习致用，学了要拿来用，不是学了为了拿来证明别的东西，这个是很重要的，所以我们联想之星的班另外一个词叫做行动或者解决问题，实战，这些都是非常好。我顺便做个广告，北京大学国发院也可以是这样的，也欢迎大家。

学以致用其实是最关键的。第二是什么？第二是你所有的工作都要跟你的工作联系，一定要实际发生关联。我举一个例子，我当时空降过去当总裁，我那个时候比较艰苦，我要统合大家的认识，我当时要求这个公司全公司上下，我们这个公司的人当时是接近 8 万人，我说全公司上下只看三本书，虽然鼓励大家看很多书，但是这个时间我要求大家看透这三本，而且要求全公司上下第一个读，我自己第一个带头做读书分享会，我来讲我怎么看这三本书，第一本书是星巴克创始人写的《一路向前》，信息化在当时遇到的挑战跟星巴克创始人再回到星巴克遇到的挑战是一样的。第二本书是

《专业组织》，要回归到专业，把事情做好。第三本就是我们的创始人的那本《长丰》，我们基于农业产业的专注性是怎么做的，所以我就让大家读这三本书，全面读，反复读，然后你要变成共同的语言，我们花半年的时间把业绩调回来，就是因为一起读这三本书，有些时候我们一定要让你的学习跟你的工作联系在一起，像刚才柳总说的所有东西都是回到工作。学习要有行动方案，你学完了你要拿出你的方案，你不能学完了之后，就像我为什么第一个做读书分享，我不是跟大家讲这三本书讲了什么，受启发是什么，我是讲说这三本书要做的六件事情是什么，我要让大家知道，我觉得总裁读书也是这样，你个人读书才真正产生效果。

做教授的不太希望这样讲话，但是我们今天讲的总裁个人学习我觉得还是需要这样来做的。

（同学）提问：我就问一个道的层面，柳总您觉得创业的本质是什么？您觉得人生的意义是什么，以及您觉得几十年创办联想你得到最珍贵的是什么？

陈春花：你给柳总的问题已经三个问题了。

柳传志：这个问题应该留给班禅才合适。创业的本质是什么？还有人生的意义是什么？创办联想这么多年最大的收获是什么？我不直接回答，我这么说吧，因为我现在超过 70 岁，以后逐渐地要给自己的一生能画一个比较好的句号，什么东西让我觉得特别地好？什么东西会有遗憾？我觉得特别好的东西，我比你们绝大多数人，不敢说所有人，是因为我经历过两个几乎截然不同的年代，在改革开放前人的道路是被规定死的，你这一生上什么大学，分配什么工作，娶什么媳妇，这一辈子就是这样；而改革开放以后能够让你们等于真是天高任鸟飞，真的给了这么一种感觉，使得我自己觉得人生价值得到了充分的体现，同时也觉得为社会，最起码为我所关爱、所关心的人作出了一定的贡献。这是让我觉得，为什么说大家感受不到，是因为你们没经历过那些事，没经历过的人跟体会过的人会有很大的不同，当时去做吃苦受累的事，我会特别高兴，是为什么呢？那是我愿意，当年你想那么去做，想死你也没用，你每天只能坐在那政治学习讨论，去批判什么什么东西，所以为什么我在刚开始办联想的时候只注重管理权根本没注重什么分配权，就是想做事，这就是挨过饿的人吃红烧肉跟没挨过饿的人吃红烧肉味道不一样，我挨过饿所以我更知道红烧肉多美好。

第二个，我比你们岁数大，我将画句号的时候，我能做什么事儿？就是我特别关心的，对我所关心的，对整个中国大的方面，我有这三个圈，我觉得我能够做到我关心了他们，他们也关心了我，到最后也就仅此而已。比如说我的家人，我要好的朋友，我认为我应该为他们负责，我把他们画在圈里头，我惦记着他们，他们也更惦记着我。联想的员工是在我所考虑范围之内的，我要努力地为他们创造更好的条件，这个做得未必好，但是我在努力做。

第三个，就是为社会能尽到更大的责任，比如说我最近特别强调打假这件事，我希望能够通过立法来对售假制假进行打击，因为这会不断地严重地伤害企业家的名誉，而且会使整个社会本身的信任遭到冲击。另外还有公益活动，这些是我力所能做的，我觉得做到这些就足够了，这就是既包括了人生活着的意义，也包括了创业的意义，也包括了联想本身所做的事情。谢谢！

儒商的来路与归途

黄怒波*

最近“土豪”这个词很流行。曾经有人采访我，问我怎么看。我说这个“土豪”和过去的“土豪”不一样。过去是一种被掠夺的对象，是革命的对象；现在是幽默的，中国政治式、文化式的幽默。但确实中国处在一个“土豪”的阶段。我有时候也说我是个“土豪”，因为我们还未被现在的企业伦理驯化。但我认为，要走出现代企业伦理出现的诸多困境，仅有“土豪”是不够的，因为“土豪”本身就是这种困境的一部分。

杜维明老师谈到“儒商”，用今天的话说，儒商就是关切政治、参与社会、注重文化的企业家。请注意，他没说商人，而是企业家。“他们是企业界的知识精英和公共知识分子，是对世界大势特别自觉，而且有公共意识的一批知识分子。”做到这个特别难，要做到杜老师说的这个标准，就差不多成上帝了。我的看法是，“儒商”应该是为富且仁，为富好礼，关键是具有时代特征的贵族气质。这个贵族气质在中国社会是特别缺乏的，中国从来没有贵族，所以，贵族气质在中国是要担当、要承担、要谦和、要平民化。这是中国社会当下极度缺乏的资源。

一、西方商人的概念

我想，必须先从西方角度来讲一下关于西方商人的概念。我先从现代性讲一下。尼采把“上帝”杀死了，他说的是“毁灭性创新”。尼采特别爱讲“毁灭”，为什么？因为他从现代性判断，认为西方社会已经走入虚无主

* 黄怒波，中坤集团董事长。

义，让他失望透顶。所以他希望“超人”出现。从而，他在政治信念上主张“贵族激进主义”，怀有道德优越感及有“天职”的使命感意识，坚称“我一定要当毁灭者”。目的是什么呢？是“超人”，期待“超人”的出现拯救人类。

海德格尔也同样表达了对现代性的不满，他说：“我认为技术的本质就在于我称为座架的这个东西中，座架的作用：人被坐落于此，被一股力量安排着、要求着，这股力量是在技术的本质中显示出来的，而又是人自己所不能控制的力量。”由此，他十分悲观地感叹：我们都是无家可归的，“无家可归的状态实基于存在者之离弃存在。无家可归是忘在标志。”谁对此作出了补充回应呢？马克斯·韦伯。他认为：“现代性的出现首先是一种经济秩序，即资本主义经济秩序的创立。”因而，资本主义精神与启蒙的主旨理性化合为一体。他的所谓的资本主义精神与新教伦理结合后体现为：至善就是挣钱，职业乃是天职，必须为之尽责的义务感。这个观点非常重要，实际上，到此为止，资本主义的商人的合法性得到了确认，也暗合对尼采、海德格尔的“超人”及“上帝”的出现的回应。到了美籍奥地利经济学家熊彼特那里，尼采的“超人”经马克斯·韦伯终于出现了。这就是具有新教伦理精神的资本主义经济中的企业家。熊彼特认为：把一种从来没有过的关于生产要素和生产条件的“新组合”引入生产体系是社会的创新行为，可以形成新的经济能力。由此，熊彼特把新组合的实现称为企业，把实现新组合为本职的人称为企业家。他指出：“企业家与只想赚钱的普通商人或投机者不同，个人致富充其量仅是他部分目的，而最突出的动机来自于‘个人实现’的心理，即‘企业家精神’，包括建立私人王国、对胜利的热情、创造的喜悦和坚强的意志。”要做到这样的“精英”行为，企业家必须具备预测能力、组织能力及说服能力。大家看看，到了这里，我们就找到了资本主义经济发展的秘密，也看到了现代性终于培育出了时代的“超人”与“上帝”。在这个意义上，企业家是资本主义社会的稀缺资源。

二、“儒商”的来路

按照熊彼特的理论，社会企业家就已经成了现代社会的一个中坚力量，这是人类历史发生的巨大变化。那什么叫“儒商”呢?“儒商”是个既古老又特殊的概念。除了子贡之外，我不太认为以前的社会有儒商阶层存在。子贡是孔子的弟子，“孔门十哲”之一。经孔子教导，他从“贫而不谄、富而不骄”上升到了“贫而乐道、富而好礼”，给今天的我们树立了儒商典范。当然，我觉得春秋时期，是存有市场经济因素。但是，到后来，商人的地位日渐低下。为什么?因为国家经商了，商人们只能靠官商勾结而谋生了。后来的商人，有的可以称作为“士”，“士为知己者死”，为谁死?为皇帝死。皇帝今天宴请我了，我明天跳江都行。为什么?因为他仅有依附关系，这个时候就没有市场的概念。中国的商人从来没有独立过，即便你同时也可能有知识分子情怀。为什么?因为你要靠体制分一杯羹。只有到了改革开放的时候，真正把市场经济引进来的时候，中国的商人才有了自己的些许地位。

中国的改革开放引进了市场概念，是被动之后积极的历史姿态，中国接纳了现代性进程，产生了具有市场意义的商人阶层，我也戏称之为“土豪”。但到现在为止，问题并没有从根本上解决，要寄希望于新的改革。

所以这是儒商面临的挑战。在改革开放的时候，像我这样一大批的人，从机关走出来了，我们这些人受到过儒家传统文化的教育，而且经历了中国经济发展的特殊阶段，愿意回头探讨中国历史的进程，这样的人才去做了商人。我们发现一个问题，其实从基尼系数上来看，我知道现在贫富差距最大的是中国香港，再一个是美国，中国内地还不算贫富差距最大的。所以现在是全世界人类出现了贫富差距极大的现象，我称之为“全球性的现代性困境”，谁也逃不了。全球化、现代化，最后都要走到现代性困境里来，在中国的当下表现得非常充分。以1992年邓小平南方视察为节点的一批知识分子，从体制脱离，进入到市场，成为具有创造性破坏意义的企业家的出现，代表了中国社会的企业家精神释放。至此，完成财富积累的这代企业家已经成为既得利益者。社会的现代性困境产生的危机感、贫富差距的背景下的革命情结，成为超越企业发展的重大问题，承担成为企业家开始考虑的社会问题。在这样的背景下，兼具传统知识分子道统任务及市场创新任务的儒商构成了中国社会的精英身份，同样成为稀缺资源。

总结一下：当我们探讨了西方企业家的前世今生后，是不是可以试着肯定，今天我们所谈的儒商，从商的部分其实来自于熊彼特所总结的企业家精神。20世纪80年代改革开放后，一代企业家在西方企业管理理论教育下出现，一个重要特征是竞争意识越来越强，狼性越来越足，具备了十足的经济动物特征。市场意识趋利性以及对法制环境的渴求与依赖，与西方企业家并无二致。这是所谓儒商的企业家特征。同时，随着中国经济的高速发展，社会利益诉求多元化，贫富差距急速扩大，中国毫不例外地陷入现代性困境中。由此，中国企业家面临破坏性创新道德难题。对商业伦理的呼应日益凸显，儒商，就成为一个被关注的概念。金融危机的发生，导致人类的贪婪本性暴露无遗。对所谓进步的疑问，也引起了对社会精英——企业家的质问。作为回答，西方企业家已无从担当了。靠谁呢？儒商。为什么呢？因为我们有一套历经几千年沉淀的儒学体系。从这种理论体系孕育的中国企业家既具有破坏性创新的市场精神，又背负兼善天下的儒家情怀，具有超越新教伦理背景下的西方企业家的可能性。那就是，我们既是“市场”的，又是“天下”的；我们是“破坏性创新”的，又是“仁义礼智信”的，这是一种历史的偶然还是必然已无关紧要。

三、“儒商”的归路

我们完成了原始积累，但财富都是哪里来的？这是作为受过儒家训练的一代企业家们正在思考的问题。同时这也是全世界的一个精神问题了，金融危机之后，大家都在思考这个问题。我们现在已经看到了，现代性困境在西方社会是没有出路的，我不认为人类有希望。那么从企业目前的伦理上来说，不可能有出路，为什么？就是竞争，就是“狼性原则”。那么在这个时候，我们也在考虑，我们是不是有自己的企业管理学。

第二个问题，我们重新思考中国的社会，应该往哪里去。在这儿我就想回到我们探讨的儒商以后的出路问题。现在出现的是世界性的失序，右翼势力的兴起、金融危机、民族冲突、生态危机在世界不同角落不断上演。新教伦理已经不够用了，它再用简单的至善就是挣钱的理论，无法再往前走了。为什么？因为要挣钱就要竞争，要竞争就是狼性原则，这个东西在现代社会就被证明是有问题的。就是要看到启蒙的恶果，启蒙的负面性表现得无比充分。在这个时候，我们看到人彻底堕落了。所有的人都是贪婪的，华尔街多么贪婪，当然中国的“土豪”也贪婪。“普世价值”被工具化、神化。资本主义精神现在走到了一个困境。此外，历史是不是终结了？前途何在？所以，当西方中心论和历史终结论被破除之后，是不是人类存在着一个需要证明的共同指向呢？

我觉得中国的“儒商”在这个时候提出来，就有责任价值了。在儒家理论、伦理里，要注入市场精神。市场，是一个竞争的概念，是一个开放的概念，它最能体现自由、平等、民主、正义。一定要有市场，没有市场只有垄断，那只有极权，什么都别想。

新时期的“儒商”已经由杜维明先生定义了，那么应该和能够干些什么呢？

第一，在儒家理论框架下完成古典主义启蒙任务。我不认为启蒙完成了，我也不认为我们必须打倒它。我们要承认，商人们过于恐惧和迷信权力，从心里并不承认和相信民主平等，在一个社会普遍寻租的时候，商人既是受害者，又是受益者。然而，社会的代价是自由、民主、平等的丧失，社会就分成有钱的人和没钱的人、有权的人和无权的人、有自由的人和丧失自由的人、高贵的人和低贱的人。在这个意义上，我们必须承认：古典主义启蒙任务在中国的当下有必要推行。作为儒商来说，有责任跟这个社会共同建设一个正义的社会结构，避免马克斯·韦伯所说的“铁笼现象”的继续出现。那么商人要做到自身人格的维护。既然要讲自由平等、民主正义，你不能有了钱了，变成土豪了，就官商勾结，不管平民百姓。在这个时候，先保持商人自身的人格尊严，离政治远一点，离权力远一点。这是在古典主义启蒙当中商人自己首先应该体现的。

第二，进行反启蒙的启蒙清理。我们对过去一定要进行清理。这启蒙对不对？从主题上来说它是对的，它是人类共同的财富。但是，我们要反对启蒙当中带来的恶果的东西。反对理论工具化，警惕宏大叙事神话导致的极权现象，从而让市场蜕变为背书，要开始考虑谁被落下了以及什么被让渡了。从中国当下的现代性困境出发，我们有理由提出来，因为我们也深受其害啊。物质这么发达，人的精神都分裂了。我们现在越来越富了，越来越不自由了。整个社会都在抱怨，互相骂，成当下时代的“时髦”了。为什么？人的心灵失落了，没有地方可去了。那么儒商要做的就是摆脱新教伦理带来的“丛林法则”。不是说你打赢了就是爷，而是竞争要有度。这个时候要和谐，跟自然要和谐，跟社会要和谐，跟你的竞争对手要和谐。所以，那种断言、那种中国必须补课的启蒙神话迷恋是要反对的。

第三，“与上帝和解”，开始以儒家伦理为核心的历史新启蒙。我们把上帝杀死了，我们觉得人了不起，什么都能干，突然发现人比上帝更坏，所以两次世界大战为什么都是从德国起来的？实际上，我们要看到，就是因为从尼采呼唤“超人”的出现，到海德格尔的“上帝”的等待，再到马克斯·韦伯对资本主义精神的合法性肯定，然后到熊彼特完成了资本主义经济市场的强人——企业家精神的建立，企业家终于作为一个社会阶层对资本主义社会发展起到了决定性作用。以至于走向了反面，操纵市场，操纵社会，导致了一系列大的金融危机。这就是华尔街金融危机的根源，这就是启蒙的恶果，这就是现代性困境。而且这种困境是无解的。如此下去，人类是没有出路的。在这个时候我们要讲“天人合一”，就是跟上帝和解。中国的儒家就是这样。所以我们现在要做的就是回到“人”本身来，回到中国的儒家伦理体系来，我们希望最后的结局就是——人要诗意地栖居。儒商要培养自身的贵族气质，回归社会，谦卑自省，与大众和解，最终跟上帝、天理和解。

第四，彰显浪漫主义色彩推使儒家伦理为主导的新时代启蒙成为21世纪全球化背景下的人文精神。为什么叫浪漫主义？这是我最近研究的一个问题。现代性、现代主义走到头了，我们该怎么办？我们回到一个东西，就是“我们的生活本来应该那样美好的”，就是“浪漫主义”。在这个意义上我们就要探讨，儒家理论为主导的新时代启蒙。这个当中启蒙对人类精神应该归到“仁义礼智信”。为什么？我们应该承认存在普世价值，但这个普世价值用什么样的词语来表达，用什么样的文化来包容，我们可以探讨。我认为儒家的“仁义礼智信”是能够包容所有自由、公平、公正、民主这些含义的。所以应该回到“仁义礼智信”的人性的心灵，“生活本该如此”，这是我们的理想国。

这个时候，儒商能够摆脱“半人半兽”的角色。商人是人，但同时商人也是经济动物，这是马克思说过的。我们最后要涅槃，终成正果，到达彼岸。我们要从“半人半兽”回归到儒商，从儒商摆脱这个困境。

另外，必须补充的是，在儒商的概念考古意义上，首先，可以强调：儒商在肩负市场教化责任的同时，也要批判和反对儒学系统的原教旨主义，因为，极有可能在原教旨主义色彩下，儒家伦理首先被工具化。其实，这也是历经几千年儒学上升为儒教的一个重要因素。在大多数的历史时期，儒学都被政治化，构成统治天下的法理系统核心了。其次，坚决反对儒家伦理的被神话。需要一种“祛魅”的历史性清理，神话之下是尼采的“末人”，是“劳心者”用以教化“劳力者”的术。再次，一定要看到当下存在儒家伦理被世俗化的倾向。在儒学回归的旗帜下，那种自觉或不自觉甚至是别有用心地以儒家的名义推动民族主义、民粹主义思潮泛滥的人或行为，都对儒学系统、儒家伦理的回归造成极大伤害，从而酿成历史、民族悲剧。综此，21世纪儒商阶层的建立和出现实属不易。但也许，恰恰是因为21世纪的儒商正好既担承全球化背景下的市场“英雄”角色，因而是国际的、指向未来的；又在儒家伦理回归方面担承现代性构建、普世性解释的“中介”角色，因而，儒商在21世纪可能会是体现人类进步的希望所在，是那个终能到达彼岸的先行者。

当然，也希望这样的儒商不要成为另一种神话。

尼采在1882年2月19日给勃兰兑斯的信中说：“您在‘现代性’观念问题上所做的工作，使我得到了最乐于接受的恩惠。因为，说来也巧，今年冬天，我恰恰也正盘旋于这一最主要的价值问题之上。我像鸟一样飞翔于高高的天际，盼望着能以尽可能非现代性的眼睛考察现代世界的一切。”这个“非现代性的眼睛”特别有意思。我现在在研究佛教。我曾在扎什伦布寺向我的老师请教，我说我们这个社会眼花缭乱，都不知道到哪里去。佛经那么多年了，它不会改吗？我的老师告诉我说：永远不会改。突然我就明白了，确实存在一个永远不变的世界的，但我们又生活在一个瞬息万变的、如波特莱尔所说的短暂的现代性的世界。尼采为什么说这句话？我认为，他是要回到古典主义、浪漫主义，也就要回到我们儒家理论的探讨，就像圣经一样，一个标准放在那儿，也是不变的。我们现在用不变的理论体系，用这个眼光，回头看看我们这个世界到底是多么肮脏，多么恶心，那么明天应该是什么样的？

在这个意义上，重归传统的儒家伦理体系，以非现代性的、非功利的历史眼光来解释考察现代世界、现代中国，可能会真的成为儒商在21世纪自觉或不自觉的神圣天职。

实际上，要一句总结的话，应该这样说：儒商是具有儒家理论修养及天下情怀，同时具有市场创新精神的熊彼特意义上的21世纪企业家，是时代的精英，是社会的稀缺资源，对社会经济发展文明推进具有典范作用。

为天下潮商立学说

李闻海 *

我的演讲题目是《潮商学·为天下潮商立学说》。从三个字来说，什么叫“潮”？什么叫“商”？什么是“学”？

什么叫“商”？大家都知道，我们做的事业叫商业，商是怎么来的呢？据说，商是大禹治水的时候，有个人大力帮助了大禹，作出了非常大的贡献，这个人叫契，契约的契。大禹想要奖励他，古代的时候可以封地，大禹就封了一块地给契，这个地名叫“商”。契就成为商族的始祖。经过几代人的努力，建立了商朝。商朝后来因为商纣王做得不好，被周武王灭了，建立新的朝代——周朝。商朝的老百姓都归顺新的王朝，但是有些之前商朝的达官贵人，他们就只能逃难，流离失所了。他们流离在周朝的旁边，为了生活，开始变卖家产，家里有什么好东西就开始拿出来交换了。周朝的人就把这些做交易的人叫作“商人”，他们从事的事业叫“商业”，从那时候开始中国就开始有商业的活动。

我们现在来讲“潮”，这个潮是我们的魂，这个潮是我们妈妈给的胎记，你承认也好，不承认也好，它就在那里。潮是怎么来的？隋文帝开皇十年，全国撤郡设州，义安郡改名潮州，这就是潮州得名的起源。为什么叫潮州？当时，由于州的南部濒临大海，潮起潮落，涨落往复，所以用这一地方特色来命名。如今，我们一直延续这个名字，叫潮州。我称这为我们的胎记，我们的潮也是我们的魂。

我们现在弄明白了“商”、“潮”，接下来我们要弄明白什么叫“学”，潮

* 李闻海，泰国正大集团副总裁、卜蜂莲花有限公司执行董事长。本文依据作者在 2016 年 9 月 13 日“论道潮商”青年企业家发展论坛上的演讲录音整理。

商怎么升华成为一门学科？

潮州人是怎么来的呢？是从中原移民过来的。特别是从宋代开始，大规模的移民到了这里，潮州这个地方很特别，样子就像粪箕一样，一个大粪箕，周边是山，前面是海，中间是个小平原，这个地方很小，又与外界隔绝，移民到这里的人再无路可走，一代一代定居下来。最大规模的移民发生在宋代，他们把宫廷的厨师、中原的文化同时也带来了，移民来到以后，发现这里三面环山，一面环海，到处是山珍海味，太棒了，配上宫廷的厨艺，就演变成独特的潮州菜。

20 世纪 80 年代有位教授，他要来潮州工作的时候，发现在地图上找不到潮州汕头的位置。为什么呢？地方太小了。但是这个小小地方出来的族群对世界的影响是巨大的，就是因为有文化的底蕴。有独特的潮州菜，有传承宫廷带来的中原文化，还加上经商的文明。但同时也带来大的问题，就是繁殖太快了，移民来到之后，生孩子生的太多了，人多地少。

联合国教科文粮农组织，统计设定了一组数字，人均可耕面积低于 0.8 亩的时候，就是警戒线了，再低的话，生存就有问题了。低于0.5 亩的时候，就是危险线，是个不适合生存的地方了，结果我们潮汕地区连0.5 亩都没有，只有 0.3 亩，通常说我们潮汕人是一亩三分地，特别是在清朝，康乾盛世的时候，没有战争，人口发展得更快了。三百年的平稳发展，加速了人口密度的快速增长，这时候，潮汕的土地产出就养不起我们自己这些潮州人。虽然我们潮汕现在是全世界种田最厉害的，亩产最多的，但就算再精细的耕作，把每一点地方都种上了粮食，而且每年有三季，粮食还是不够，加上出海打鱼也一样养不活，那怎么办呢？只有一条路，移民，外出讨生活。于是就开始想办法移民了。

从元代开始，元军打到潮汕地区的时候，就开始有一部分移民出去，但因为没有文字记载，现在不知道当时他们逃生到哪里。到了乾隆嘉庆年间，我们已经会造一些比较大的船，依靠这些大船，就可以出海下南洋了，这是第一阶段的移民。当时的移民是被迫出外讨生活，非常困苦，船舱里堆满了人，还有一个很特别的，大家仔细想一想，移民的人都是男人，所以男人出去过番的同时也带出了一种文化习俗，使得潮汕地区的男人习惯外出闯天下，女人则把家里的活全包起来，养孩子、种田等等，所以，潮汕地区的女孩子是最棒的，是最贤惠的，这与历史有密切关系。

潮汕地区刚好得天独厚，在每年的10到12月刮起东北风的时候，借助这个风从汕头樟林古港下水，顺风出海。红头船漂洋过海，顺着东北风大量地来到越南的西贡，所以西贡这个地方也有很多潮汕人，柬埔寨也有。另外，地图上的马来西亚有个金马伦高原，海拔非常高，东北风吹到这里，被挡住，就转向了，风向这样一转，船跟着转，更多的潮汕人就进入泰国了。

东南亚为什么那么多潮州人，就因为每年借助这个季风出海，男人们坐着红头船来到这里。最厉害的时候，柬埔寨靠海的地方，80%都是潮州人，西贡也是有大量的潮州人，更多是泰国。那个时候，每一年，都有大量的潮汕男人沿着这条海路，移居到东南亚。

第二阶段，1840到1959年的时候，规模更大了，据统计有150万的人顺着这条路到了东南亚，给整个东南亚带来我们潮汕的文化，那时候，还是男人出去的多，到了一家人都可以移民的时候，就已经有很好设备的船了。

第三阶段，就是我们潮商。中国历史上三大商帮——徽商、晋商、潮商，唯有潮商500年不败。根源就在这里，因为国际化。

第二次世界大战结束后，出现排华浪潮。排华首当其冲的就是在海外人数众多的潮州人了。从越南到柬埔寨开始排华，这一排就把我们排成世界的了。为什么呢？大量的海外潮州人二次移民，去欧洲，去美洲，去大洋洲，去非洲，全世界都去。这时候我们潮人就布满了天下，潮商布满了天下。有一句话，有潮水的地方就有潮人，有潮人的地方必有潮商。这时候就奠定了潮商的世界性。潮人所到的任何一个地方，只要你去调查最富有的人，一定是潮商，非洲最落后的国家，有钱人，就是潮商。

这时候潮商布满了全球，所以潮商商帮永远不败，中国国内再穷再落后，再打仗，没关系，潮商在国外照样发展，东边不亮西边亮，五小龙，四小龙，有大量的潮汕人作出贡献。

第四阶段，就是改革开放三十年，这三十年，大量的人移居到深圳、珠海、北京、上海、广州等全国各地谋发展，中国的潮商群体在这段时间得以茁壮成长，现在各地的潮商会都非常厉害，潮商影响了整个经济的发展。虽说如此，有一位老师曾经说过，潮商在中国是有名气，但还不是有太大影响力，但因为潮商的国际化，对世界的影响力反而来得比中国更大。

我们讲清楚潮商的时间发展脉络了，接下来我们要讲讲，潮商因为所处的地理位置，因为文化传承带来的特点是什么？特质是什么？我归纳了一下，提出以下三点：第一是报恩、诚信。他不单是感恩，他还报恩。第二是精细、舍得。先想别人，再想自己。第三是无界、抱团。他没有地界，有潮水的地方就有潮州人，就有潮商，全世界都有。勤劳勇敢、勤俭节约等中华文化传统有的精神，我们都有，但这三点，是潮商的DNA，是潮商特质的精神内核，是潮商最有特色的，与其他的商帮，与其他地方的人不一样的地方。

今天我详细讲述这三大点。

报恩。我画过一张画，画面上右边是一个年轻时候的妈妈，怀孕了，挺着大肚子，一条弧线。左边是妈妈年老的时候，驼着背，另外一条弧线。这两条弧线勾勒出女人最美丽动人的一生，中间写着，“妈妈把青春留给了我，把岁月留给了自己”，来感谢天下的母亲。我们潮州人骨髓里就是有这种感恩。

我另外还画过一张画，上面写了一句：“俗话说，莲花出于污泥而不染，我却认为是忘恩负义的自白，把养育他的肥沃土壤说成是污泥。”再丑的父母还是咱们的父母，再穷的国家还是咱们的国家，我们要懂得报恩感恩，没有这土壤，有今天这么美丽的莲花吗？把养育我们的肥沃土地说成是污泥，所以我今天想为它平反。我记得家里人经常会和我们说的一句话，“弟啊，着知数念人。”你要想到谁啊？要多记得别人对你的好。数念，潮州方言，意为挂念，经常说起想起。所以潮汕人骨髓里就有这样感恩的理念。

除了感恩，潮州人更懂得报恩。唐代韩愈被贬到潮州，他来了之后修水利，兴教育，去鳄害，我们没有看不起这位被贬的大官，反而觉得他来到潮汕之后，对潮汕的建设、对潮汕的文化作出很大的贡献，要怎么来感恩他呢？怎么来报恩呢？我们的先贤在他走后180年，作出世界独一无二的报恩方式，居然把江山都改为姓韩，我们以前叫鳄溪，现在改名叫韩江，笔架山改名叫韩山，还建一个韩文公祠，建一个韩山师院来纪念这个老人家，还有昌黎路，昌黎造化牌坊，都是为了纪念这个给潮州人民作出贡献的恩人。我们发现台湾也有一个潮州镇，这个潮州镇居然也有韩文公祠，可以看出，这些人到外面了也不会忘本，记忆里、血液里流的都是我们潮州人的血液。

泰国正大集团谢国民董事长在1990年受到小平同志接见。正大集团有个非常牛的地方，就是拿到了中国外商投资企业0001号批准证书。1979年中国刚刚提出改革开放，全世界没有一家企业敢进入中国投资，正大集团是第一个进来的外商。为什么呢？就是感恩的情怀。当时正大集团敢进来投资，有很多人笑我们是神经病，这个国家这么乱，几千万的投资，很容易就会亏掉的。没关系，这是我的家乡，我给家乡做事情，这是我们感恩的态度。

所以有关这次接见的会谈内容，入选到《邓小平文选》第三卷《振兴中华民族》这篇文章，详细记录了当时小平同志接见谢董事长的情形以及说过的话。其中写着“改革开放一定能够成功，因为我们有六七千万的海外华侨，他们和我们一样，热爱这个祖国，热爱这个故土。”因为正大集团有带头投资中国，由此促进整个中国改革开放的进程。这一切的一切都来自于报恩。

诚信。这里想讲一个小故事，我以前做过酒店老总，接待过李嘉诚先生28次，与他的关系非常密切，所以有时他会炒一点私房菜，在人不多的时候，讲一些小故事给我听。我想李先生有今天的成就，是世界华商佼佼者，跟他有潮州人这种理念是分不开的。他说20世纪五六十年代的时候，整个香港都在为美国与欧洲供应塑料花，每次客户来，大家为了抢生意，你一枝花一块，我就九毛九，或者九毛八，都在互相压价，这时，李先生反而在交货时在每个箱里都多放一枝花，结果几单下来，老外客户就觉得这个老兄奇怪，为什么经常傻傻的多出一枝塑料花呢？来香港出差的时候，就顺便来见见李嘉诚这个老兄，要搞清楚为什么这个老兄老会多出一枝花。结果李先生就说，我怕我的伙计不小心放少了，你就会吃亏了，所以交代每箱都额外放多一枝花。老外听过后吓了一跳，觉得这个人是个非常讲义气讲道理的人，就提出到李嘉诚的工厂去看看。结果发现这个工厂太差劲了，很破。老外说，这样吧，我借给你500万美金，你把这工厂搞好。李先生想都没想，就说：不行，我的房子与我的工厂抵押出去都不值500万。老外说，没关系，我相信你。李先生说，你相信我，我自己都不相信我自己。李先生首先想到的是什么，是信誉。老外说，我一定要借给你。越说不要就越要给他，这个怪人。李先生最后只能说，那好吧，你一定要借给我，我就开一个远期信用证给你，我把我的生命抵押在里面，无论在什么地方什么时候，我永远都会认这笔账。把老外感动得一塌糊涂，天下这样的人也有，信誉就是价值啊。老外回去之后，就在全世界的供应商大会上宣布，以后公司所有香港的塑料花，全部由李嘉诚供应，价格也由他说了算，不用再找别人询价了。就这样，李先生一夜之间就变成塑料花大王了。为什么呢？就是诚信。

精细。我们因为地太少了，所以每一寸有泥土的地方，即使再小，都会种上稻谷。抽纱、木雕等等精细的手工艺也都是潮州人的拿手好戏。更厉害的是做生意，同样精打细算。这么一说，经常和潮州人打交道的人会感觉，就是敲了几下算盘，算个大数，没觉得有多精明啊。其实，虽说表面上看不出来，实质在心里早已精打细算，盘算得非常到位了。

我们潮州人做生意，潮州话不是说做生意，而是叫做生理。我们做的是生理，而不是生意。每个人都是要先学做人，要先懂得道理，懂得做人才懂得去做事情。潮州人每个人讲的，我去做生理，没有一个说我去做生意，这是我们的特色，是文化带来的深层次的东西。

讲到精细，就不得不再说说刚才提到的潮州菜。潮州人为了给客人最好的招待，都是要求最好的。以前我做酒店的时候，问客人要点什么菜，他们都说不点，你把最好的菜拿出来就好。他们就是要给客人最好的招待、最舒服的感觉，因此潮菜特别的一点就在酱料。考虑到客人来自全国各地，甚至是世界各地的人，饮食习惯各不一样，比如湖南吃辣的、四川吃麻的、上海喜欢吃甜的，众口难调，那怎么办呢？潮州菜最特别的就是酱料最多。我最近去湖南出差，很认真地观察了一番，湖南菜是没有一点蘸的酱的，不喜欢吃辣的那就要命了。他们的服务不是为了别人，而是为了自己，自己觉得菜好吃就好。潮州人就会考虑到别人，例如白灼响螺，上菜时会配上很多蘸的酱料，有些人喜欢虾酱，有些人喜欢芥末，有些喜欢酸甜的，有些是辣酱，等等。每个人可以选他喜欢的酱料蘸点，这样所有的人就都喜欢上这道菜。这反过来就对食材的要求非常高，一定要鲜活，品质要非常好，不然全部感觉都不对了。因为这样待人接物，同时也发展了潮菜，它的根基就是从朝廷带来的厨师文化，所以才能在这个海岸线长、陆地小的地方，出现一个世界顶级的潮州菜，这是文化根底。

舍得。我在这里讲两个故事。一个是谢国民董事长讲的，在他 20 岁的时候，他二哥哥对他说：小弟，我们从泰国运输到香港的猪，经过海上船运，风吹浪打，日晒雨淋，经常会死很多，成活率一般；如果你能够想到办法，少死一头猪，我就奖励你100泰铢。谢国民董事长开始想，我要用什么方法呢？他就去看船舱，找船长和搬运工人聊天，了解到造成死猪最重要的原因是在运输过程中淋到雨，还有搬运的时候如果乱扔，猪也容易死掉。同时，又了解到只要货上船了，船长在规定的船期抵达就可以，有没有死的他不管；搬运工人搬运猪也是按量记工钱，不管死活。他想来想去就跑去和船长说，如果少死一头猪，我给你30泰铢；和搬运工人说，如果少死一头猪，我给你20泰铢。大家结成了利益共同体，这样猪在运输过程中，得到大家好好照顾，果然少死了很多猪。第一次实施就赚了很多二哥的奖励钱，大家都很开心，船长很开心，搬运工人也开心，他也开心。所以做的不是生意，是生理，就是我们做人的道理，你要舍得把利益分给别人，大家才会齐心协力把工作做好。

第二个故事，最近我在编辑《潮商学》，有个人送给我很好的一个故事。他说我们潮州人真的会做生意，他去到非洲，因为非洲不是市场经济，是计划经济，所以他们的物价是全国统一的，不能随意变动，也不能打折，打折是犯法的。比如一瓶矿泉水是1块的话，那就全国都是卖1块；如果你卖9毛，就会被抓起来。我们潮州人遇到这样的情况怎么办呢？很聪明，我们就经常找错钱，找钱的时候经常多找2毛钱。顾客回去后，都觉得这些潮州人真傻，多找钱给我了。日子一长，大家就都想着说，我们去傻瓜的地方买东西吧。结果就是潮州人的生意做得最好了。潮商都是在考虑怎样将利益分配给别人，这是做生意的道理。

什么是无界？大家看这张非常吓人、非常伟大的世界地图，旁边密密麻麻标注的就是遍布世界各地的潮商组织。今在汕头参加潮商实务协作平台的活动时，参会的一位潮商组织秘书长说到一个故事：他们之前有一批货物在迪拜的海关被扣留。怎么和他们谈啊？没办法，他们就想到，迪拜有潮州人吗？查一查，有潮州人，有潮商。联系上了当地的潮商后，潮州人去后两个小时后就解决了。

潮商布满全世界，现在我们正在做一个项目，只要你点到什么地方，例如非洲什么国家，什么城市，什么地方，点击一看就能知道有多少潮州人，有多少潮商，主要从事什么业务，电话号码是多少，如果有事就可以联系到。手指一点全球的潮商都能联系到，全世界没有第二个族群可以做到这么好。

还有，潮商是最抱团的。目前，潮商有三个世界级的活动组织，第一个是国际潮团联谊年会；第二个是国际潮青联谊年会，前段时间刚刚在天津召开；第三个是潮商大会，2016 年 12 月在南宁召开。每两年一届的国际潮团联谊年会，2015 年 8 月在加拿大温哥华举行，我参加了，非常之厉害，你会很感动的，这是世界独一无二的。克林顿当总统的时候，潮团联谊年会在美国召开的这天，他除了发来贺电，还特意以法律的文书规定，这一天是新泽西州的潮州日，潮州人的节日。加拿大更夸张，加拿大的总理签署，温哥华这一周是潮州周，这一周任何时候都可以举行与潮州相关的活动和游行。过往在中国召开的时候，一定有高级别的官员来参加。潮州人非常抱团，因为外出讨生活，一定要团结，才可以生存。

讲了那么多潮商的好话，我们也有需要反思的地方，潮州人是大家公认的最有钱的人，但是，富而不贵，虽然非常富有，但没有贵族的精神。贵族的精神不是一代人两代人可成就的，需要一个漫长时间的培养。我们社会真正尊重的是具有贵族精神的人，而不是有钱人。全身挂满 100 斤的黄金，很有钱，但别人会尊重你吗？不一定，他们反而会看不起你，说是暴发户。我们怎样才能做到既富又贵？

今天是一个很好的机会，在座的都是青年人，我们共同来做一件事情，就是怎么将潮商、潮州人做到既富又贵。我们接下来的工作是怎样的？

潮州人的根在潮州，那里有个砚峰书院。砚峰书院的门口有两块匾，一块刻上“潮商故里”，准备建立一个潮商博物馆，建设一个“潮商名贤祠”，所谓潮商名贤祠，就是把一些已经过世的但对社会、对人民有贡献的潮商事迹铭刻成碑文，光宗耀祖，成为潮商后辈都要去缅怀学习的一个地方。现在已经开始在收集这方面的资料。

第二项重要的工作是我们要收集整理现代优秀潮籍企业家的事迹、成功的故事，请他们口述历史，为我们以后潮商这部书打下基础。口述历史的工作也已经开展了，已经访问收录几十位了，以后这些资料就是最有参考价值的文献。

第三，我们有强大的研究潮商学的专家队伍，我们与哈佛大学上海中心开过好多次会议。哈佛大学亚太中心在新加坡，有专门对亚洲的研究分析，有一个教授带着博士生，开始研究我们潮商学了，我觉得这是非常有意义的一件事情。我们现在和哈佛有紧密的联合，我们明年来启动这个项目。

另外还有陈平原老师、麻国庆老师。现在学界很多人都评价陈平原老师是第二个饶宗颐，是我们新一代最牛的一个学者；麻国庆教授是费孝通老先生的关门弟子，在人类学研究上水平很高。我们现在把这些学者都集中起来，共同研究潮商学。

我们也得到了中国侨联批准成立一个“中国侨联潮商学公益基金”，为潮商学研究奠定一个里程碑，现在已得到了国家级层面的支持。

我们已经开始出版一些著作。我们得到了一个非常非常珍贵的资料，1873年，有一位美国的学者，她当年想来潮州的时候，因为潮州是府城，得不到批准，她就住在揭阳，在揭阳十多年，交了很多朋友，揭阳话讲得跟当地人一样，她把所见所闻，例如生活习惯、语言发源、民间故事等一切的一切，用美国人史学家的角度记录起来，用英文写成书。今天我们终于把她的著作翻译出来了，非常有历史意义，很有文献的价值。这套书已经全部出版了。我们把这套书送给李嘉诚先生、谢国民先生、马化腾先生，他们读了之后非常感慨地说，我们现在是应该要做这样的事情了。

我想请在座的年轻人，找个时间去读一读《塔木德》这本书，了解犹太人为什么会成为世界上最富有的人，世界一半的资产在犹太人手里，他们的族群人数与潮州人差不多，潮州人被誉为东方的犹太人，我们要向犹太人学习。《塔木德》这本书是犹太人世世代代传下来的一部非常厉害的商业圣经。犹太小孩子懂事的时候，妈妈必须做的一件事情，就是在这本书的封面涂上蜜糖后叫孩子去舔，问小孩什么味道，小孩回答是甜蜜的味道，对了，知识是甜蜜的。家里被烧，金银财宝烧掉了，没关系，还可以赚回来，而知识会永远跟随着你。这本书陪伴你一生，看旧了，不能丢掉，不能剪掉，不能烧掉，要埋起来。《塔木德》记录了犹太人所有从商方面的智慧，我们现在也在大量收集潮商这方面的故事，我们也想要有一本可以世世代代传下去的书，这样我们潮商也有自己的《塔木德》了，我想这是一件非常重要的事情，要成为文化的传承，要想在世界上有所影响，就一定要有一种文化的支撑。

我们怕潮商文化慢慢被冲击、被淡化，现在海外华侨的第三代、第四代，很多人连潮州话都不会讲了，对潮州一点概念都没有，所以我们现在在做的一件事情，就是组织了以陈平原教授为主导的项目组，准备编辑一套教材给从小学到高中的学生学习，让他们知道潮汕文化是怎样来的，将潮汕文化渗入他们的生活之中。现在省教委已经批准了，教育出版社也在紧锣密鼓地准备着，在报广东省委宣传部，批准的话，明年夏季开学后，就会将第一批教材发给潮汕地区的小学生与中学生，成为他们的课外读本，这是我想做的最大的一件事情。这个竖碑，不是竖在书院某个地方，而是竖在人们的心中，这碑才是最伟大的碑。更重要的是要走出去，我们正在和马来西亚、新加坡、泰国等国家紧密联系中，马来西亚现有 1200 所华人学校，有 68 万华人，他们已同意读我们的课本；泰国华人基金会主席也同意来促进这个项目，这就响应了习近平主席提出的“一带一路”倡议，输出祖居地的传统文化，这是非常有意义的事情。

潮商学是我第一个提出来的，潮商怎么走出去，总归要有一个人先迈出第一步，我们愿意做一条绳子，一条坚固的绳子，把我们撒落在全世界非常美丽的珍珠，就是很多很多世界优秀的潮籍企业家的经验事迹提炼升华，把这些珍珠全都串起来，变成一条美丽的项链，这就是我们要做的事情，

最后，潮商学的开创与建立，需要广大潮商俊杰的积极参与，我们将联合众多的学者与广大的潮商，通过采访收集资料，撰写文献，为优秀的潮商树碑立传，广泛传播潮商的事迹与潮商的精神，逐步丰富潮商学的学库，把潮商提升到学术理论高度，展现在世界的视野之中，让后来的人能够汲取经验，吸收精华，充满生命力的气脉，走向更大的成功，为祖国为家乡的繁荣，为世界更美好发光发热。

为天下潮商立学说。这，就是我们的初心，谢谢大家！

方太儒道之匠心深耕

茅忠群*

方太集团创立于1996年。20来年品牌发展取得了两大成就：一是打造了一个中国人自己的高端品牌；二是把中华优秀传统文化深深扎根到企业里面，成为了实践者和先行者。我从2004年开始学习国学，到2008年开始在企业里导入儒家文化，开始探索实践一种中西合璧的管理模式。经过多年实践与总结，形成了"方太儒道"的核心理念。

一、方太儒道的五大总纲

总纲之一：中西合璧（中学明道、西学优术、中西合璧、以道御术）。儒家文化本来就是开放、包容、中庸的，落实儒道管理，复兴中华文化，并非要从全盘西化的极端，走向全盘东化的另一极端。所以方太走的是中西合璧道路，具体来讲即"中学明道，西学优术，中西合璧，以道御术"十六字。既然说企业经营有"经营之道"，有"商道"，如何觉悟这个"道"呢？既然不能把支撑西方管理的价值信仰体系照搬过来，当然要从自身文化传统中去找答案，即"中学明道"；西方近百年来已经发展出很有效的现代管理体系、流程、工具和制度等方法，可以直接拿来使用，即"西学优术"；但也不能机械地放在一起变成两张皮，而是需要有机地糅合成一张皮，一体两面，即"中西合璧"。那么如何去糅合呢？这就需要"以道御术"，即在运用西方管理"术"时，充分以儒家文化核心理念去"观照"，确保此"术"不会有悖于中华传统文化的人文精神，比如儒家的仁义礼智信等核心思想。

* 茅忠群，宁波方太集团董事长、中华孔子学会儒商会副会长。

总纲之二：品德领导。很多讲领导力的西方管理书籍，更多聚焦在领导艺术、技巧、方面等层面，而中华传统文化在领导力方面只强调一点就是品德，所以叫品德领导。其核心思想是："为政以德，譬如北辰，居其所而众星拱之；其身正，不令而行，其身不正，虽令不从。"① 说明领导者不一定要学太多领导方法、技巧和艺术，最重要的是把自身品德和心性修炼好，才会有越来越多的人才围绕到你周围。

总纲之三：德礼管理。西方管理之所以有效，是因为背后有宗教信仰的价值支撑，而这部分工作由社会教化完成了，所以既没搬到 MBA 课堂上，企业也没有强化；而当中国企业家通过上 MBA 课学习西方管理时，由于少学了这个环节，等于单脚走路，自然走不稳，运用效果不理想。这也是我们早期的困惑，后来学了传统文化才终于解开此困惑。中国虽然文化迷失了数百年，但血液之中根深蒂固存有五千年的文化基因，是断不掉的，定会被一唤而醒。

管理要讲阴阳平衡，一手引进西方规范管理制度，另一手用儒家道德教化来填补，管理的阴阳就平衡了。"道之以政，齐之以刑，民免而无耻"，即只用峻法制度来管束，人民不敢犯罪，但并无耻心；儒家思想强调"道之以德，齐之以礼，有耻且格"，当员工有了羞耻感，自觉遵守规矩，管理才真正有效。

总纲之四：仁道经营。过去讲经营之道，主要讲的是，销售收入减去成本费用等于利润，然后尽量控制成本，扩大销售。似乎也没错，但这属于"术"的层面。经营之道到底是什么？学习传统文化后，觉悟出经营之道就是"仁道"——修己以安人。一旦回归到经营本质，大道至简也至朴素：作为企业家就是要把自己修炼好，把员工、顾客安顿好，仅此而已。假如产品和服务能让顾客获得十二分安心的话，经营结果会不好吗？

总纲之五：领导修身。这是总纲的核心关键点。为什么？因为前面四条都有一个共同点，中国特色的管理中，每一条都对领导人提出了很高的要求，所以增加了第五条。那怎么修呢？这跟我们从小到大学习知识的方法完全不同，和学习西方文化的逻辑理性与实践理性也不同，不是在课堂上听完

① 程树德：《论语集释》，中华书局 2010 年版，第 61 页。

知识就能学到的，一定需要在实践中切身感悟和体悟。“志于道、据于德、依于仁、游于艺。”[①] 短短12个字就指出了修身的目标、方向和方法，全在里面。要得从立志开始，立志成为圣贤、君子。

二、伟大企业的四个特征

方太经过从2008年至今的儒道管理实践，在企业中把文化推行好，也能深深影响到员工的家庭。有了这样的感悟后，在2014年年底的员工大会上，我在一万多名员工面前，正式宣布了未来十年、二十年的方太新愿景——成为一家伟大的企业，并提出伟大企业的四个特征：顾客得安心（产品、服务）、员工得幸福（学习、奋斗）、社会得正气（法律、道义）、经营可持续（战略、经营）。

学习了多年传统文化后，我从中推导和感悟出一个结论，现代企业不仅是经济组织，更是社会组织，满足顾客需求的同时，更要承担社会责任。而作为一家志在伟大的企业，就是要导人向善。比如“修身、齐家、治国、平天下”的这个“家”，在古代是指大家族，而非小家庭；在现代社会当中最贴近的当属企业，过去小家庭是依附于大家族，现代社会大家族解体了，小家庭则是依附于某一两家企业，所以企业这个家就不仅仅是一个经济组织，必须是一个社会组织。当领导人修身修好，明明德于天下，就能把家族治理好，把企业治理好，把国家治理好。

具体如何充分展现伟大企业的四个特征呢？这就要求企业从四个方面深化落实：“顾客得安心”即要成为“五心品牌新典范”；“员工得幸福”即要成为“员工之家新典范”，就是让企业成为员工大家庭；“社会得正气”即要成为“社会责任新典范”；“经营可持续”即要成为“卓越经营新典范”。由此四个新典范来支撑企业新愿景，即成为一家伟大的企业。

什么是使命？使命就是我为什么办这个企业？这个问题一定要问到底，问自己的内心与良知，我办这个企业的目的和意义到底是什么？它一定是超越得益之上的。为了赚钱，不是使命，因为利润只是良好经营的一个结果。

① 程树德：《论语集释》，中华书局2010年版，第443页。

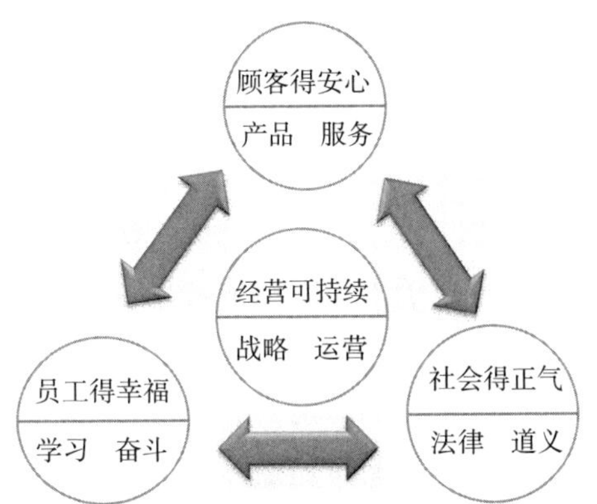

优秀的企业：满足需求　刺激人欲　令心不安　　伟大的企业：创造需求　导人向善　以安人心

方太儒道——伟大企业四特征（经营哲学）

那么方太企业的使命就是“让家的感觉更好”。分两个层面：一个是顾客层面，通过提供高品质产品和服务，打造一种健康、环保、有文化、有品位的生活方式，让千万家庭享受更加美好的家庭生活；一个是员工层面，还要成就全体方太人物质与精神两个方面的幸福。

作为我个人来说，也有两个使命，下半辈子就做两件事：一是要把方太打造成伟大的企业；二是把企业实践总结出好的管理经验、中西合璧的管理理念，推广给一个企业家，就可以影响其所有员工和背后的家庭，以及合作伙伴和顾客。

企业应该在“因”上用力，才会结出好果，只要把真正重要的事情做好，股东利益是自然而然顺带的事，不必去强调；反过来，如果没有把真正重要的事做好，再强调股东利益也没用。

方太的核心价值观是：人品、企品、产品三品合一。之所以把人品放在第一位，是因为有好的人品才有好的企品和产品，否则是不可能的。方太给“人品”注入了十个字的内涵——“仁·义·礼·智·信·廉·耻·勤·勇·严”，即从这十个字来完善人品。其中，仁、义、礼、智、信为五常，即五种恒常不变的道理，为什么说是恒常不变呢？那是因为宇宙人生的真理和真相是恒常不变的。

三、方太儒道之文化落地——两要五法

前面的总纲和愿景主要说的是中华传统文化与现代管理相融合的核心理念，但企业文化重中之重在于落地，难中之难也在落地。怎样把它深入落实到各个部门？方太总结出了具体实操工具——“两要五法”。两要（阴阳）为主线：以顾客为中心，以员工为根本；五法（五行）是实施方法：教育熏化、关爱感化、礼制固化、专业强化和领导垂范。

以顾客为中心，就要求做到“一体五心”。“一体”就是打造无与伦比的顾客体验；“五心”是产品服务要让顾客动心、省心、放心、舒心、安心。然后围绕“一体五心”，从产品角度打造五大文化：创新文化、品质文化、工匠文化、服务文化和品牌文化。创新文化对应研发；品质文化和工匠文化对应制造；服务文化对应售前、售中、售后；品牌文化对应营销、与顾客沟通。通过这五大文化让顾客获得无与伦比的“五心”体验。而五大文化背后的价值理念则是源自儒家的仁爱之心，和良知的守护。

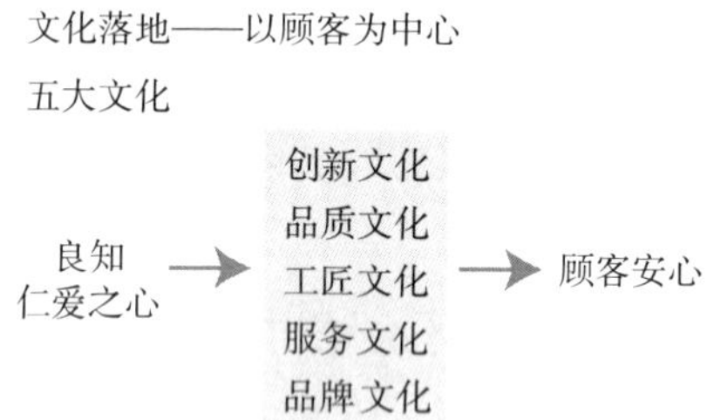

2010年央视做了“厨房油烟加剧家庭主妇的肺癌风险”的报道。看到这个报道后，方太改变了以往的开发模式。以前跟很多企业一样，产品开发围绕的是大家很关注的行业内的标准，比如抽油烟机的风量、风压等。但是这类指标跟真正顾客体验之间，让顾客安心之间，不一定有太大联系，只是如果不关注这些指标，产品就会很难卖。

看到这个报道后，方太觉得要把解决消费者健康问题摆在首位，所以研发目标整体做了改变，不再以指标为评判标准。以吸油烟机为例，最重要不再是风量多少、风压多少，而是不跑烟。于是，吸油烟机研发的唯一定性目标就被设定为不跑烟。

新研发目标制定3年后，方太诞生了第一台几乎不跑烟的“风魔方”。从2013年3月上市以来，其中主力型号01T到今天还是畅销榜冠军，虽然价格高达5000多，但相对于市场上一两千块的吸油烟机，风魔方一直是冠军。

另一个以顾客为中心的产品研发的典型案例是水槽洗碗机的研发。现在的80后、90后对洗碗深恶痛绝，虽然他们很有可能是烹饪爱好者。对此一个家庭主妇道出了心声，她说很喜欢做菜，手艺很不错，平时总会得到家人表扬，但是洗了多年的碗，没有受到过一次表扬，毫无成就感。现代社会研发产品的一个重要思路是根据场景开发，从场景考虑，洗碗机在中国应该有很大的市场。

但是市场调研反馈却是，从20世纪90年代起，西方的洗碗机早已进入中国市场，经过近20年推广，到2010年洗碗机在全中国的保有量只有0.7%，连1%都不到。一方面是大家都不想洗碗，一方面又不想买洗碗机，这不是很矛盾吗？通过深挖原因，方太发现西方洗碗机之所以没能广泛进入中国家庭，是因为有五大痛点没解决。第一，都是原装进口，比中国橱柜标准要高将近20公分，因为欧美人普遍比较高大；第二，中国厨房比欧美的小很多，腾出空间很困难；第三，进口洗碗机安装比较麻烦，中国式厨房只有在水槽下面才有下水道；第四，进口洗碗机是侧面打开，放一个碗就要弯一次腰，很辛苦；第五，洗碗周期比较长，一般要1.5—3个小时，中国人会认为太耗水耗电。

所以方太在研发洗碗机时设定的目标就是为中国家庭研发一款洗碗机。公司从创意到研发足足花了5年时间，一次性解决了中国家庭使用洗碗机的五大痛点。自2015年上市以来，基本囊括了各项顶级大奖，如中国国内产品最高奖“金投奖”、广交会最高奖项“至尊金奖”、“中国家电科技进步一等奖”，等等。

曾有人提出过这样一个问题，说中国文化好是好，就是不支持创新。而我们的体会是，创新最大的源泉就是仁家之心，上述两个例子已经足够充分说明了这一点。

方太的品质文化，是透过“三有”实现的，即“有决心、有办法、有文化”。有决心不是指普通的决心，一定是真正的决心，是“不看口号看行动”，因为做好品质非常不易，所以需要立志；有了决心还要有办法，公司研究了日本、德国、美国的优秀企业，采用了太多品质管理的方法工具；有文化即在全员当中建立品质文化，让每个员工都认为品质第一，对品质要有信仰、敬畏，就像给自己父母做的一样，并形成习惯，这样才有持久性，而背后的价值依托还是儒家文化的仁爱之心。

说到工匠文化，我们一开始创业时就确立了专业化、高端化和精品化的定位，立志打造中国家电第一高端品质。正式提出了工匠文化和工匠精神，强调“把简单的事情做到极致，在平凡的岗位上扎根”。目前公司实行的工匠管理制度，把普通员工分为技工、工匠，每年有全员参与的工匠技能比武；还有通过师徒制保证名师带高徒。从技术传承，发展到品德技术双重传承。拜师的时候还要举行相对传统的拜师礼，师长带领徒弟向先圣行拜师礼，徒弟向师长递上拜师帖，行拜师礼、敬茶。

以员工为根本，总的来说就是“企业创造环境，员工创造幸福”。企业创造环境来提升员工的“五感”：安全感、归属感、使命感、成长感和成就感。其实员工的幸福不是别人或者企业给的，而是员工用自己双手创造的。在方太，员工如何追求幸福呢？方太总结了“三要两者”。“三要”就是要感恩、要立志、要笃行；“两者”是员工要成为快乐的学习者和快乐的奋斗者。这都来自传统文化的经典，尤其是《大学》。员工要成为快乐的学习者就要修养身心，要成为快乐的奋斗者就要尽本分。修身心暗合内圣之道：“格物、致知、诚意、正心、修身。”尽本分暗合外王之道：“齐家、治国、平天下。”

修身心从格物开始，通过学习把过去不正确的知见转成正确的知见，去除过去不良的情绪、习气和过分的私欲，达到中正圆满。传统文化的学习已经在方太人身上留下烙印，各种不同形式的学习贯穿了方太人工作的每一天：比如员工上班前15分钟的晨读分享，车间里面随处可见的日行一善，高管致良知群里的每日分享。

修身心是实现人生的意义，而尽本分则是实现人生的价值；只尽本分不修身心，活不出人生的意义，只修身心不尽本分活不出人生的价值。

每个人都有很多角色，在家里可能是父母、子女、兄弟姐妹、爱人，而在企业里，大家都是员工。在家里尽本分可以是“父慈子孝”、“兄友弟恭”、“夫义妻贤”；在企业尽本分则是要认清自己的角色，“上爱下尊，同事信和，有信有和”，处理好企业与员工之间的归属关系、上下级之间的管理关系、同事之间的共事关系。稻盛先生说人生是一场修炼，而工作是实现人生价值的重要修炼平台。《论语》里第一句“学而时习之，不亦说乎”[①]，说的就是学习是快乐的。修身心是做快乐的学习者，尽本分是做快乐的奋斗者。要做到就离不开感恩、立志和笃行。

在以员工为根本上，方太正在打造十大文化：生命教育、快乐学习、快乐奋斗、五个一文化、三性文化、党建文化、师徒制文化、破格用人文化、中医文化、全员渗入文化。其中的五个一文化，就是立一个志、读一本经、改一个过、行一次孝、日行一善。方太正是这样通过公司营造的“五感”环境，结合具体的文化落地，最终让员工获得全面身心幸福。

两要之外还有“五法”，是文化落地的具体实施方法。

其一，教育熏化。这是方太推行儒道的首要工具。中国几千年的传统文化虽然已经深入骨髓，但是因为环境不同，很多员工没有接受过传统文化教育，对传统文化的了解程度和理解角度都不相同。要使公司上下对传统文化的认识达成一致，教育无可避免。教以伦理道德，方始敬畏因果天命，才能唤醒自主意识。但对于教育，方太奉行熏化的办法，相信每天熏习的力量，并不发文强制要求，倡导通过潜移默化的学习来改变员工。

教育的第一步是读传统文化经典。方太的书单里有关乎伦理道德的《三字经》《传习录》《弟子规》；有关乎因果教育的《了凡四训》；也有传播公司价值观的《方太文化手册》《圆满幸福人生》；还有引导员工日常行为及提升素养的《日行一善手册》《相亲相爱一家人》《心的飞翔》《诗经》《唐诗》等，《党章》也在其中。

方太倡导员工读经典原文，而鲜有外请老师来解读经典；倡导让员工从日常生活的感悟中去理解、解读经典，避免不同流派的观点分歧而导致员工领悟上的混乱。同时，对不同类型员工推荐不同的经典著作，比如对工厂一线员工首推《弟子规》，总部文职人员可从《论语》入手，高管层可研读王阳明的《传习录》。

方太员工正式上班时间是早上八点半，但是八点十五到八点半这十五

① 程树德：《论语集释》，中华书局2010年版，第1页。

分钟，方太人已经习惯用来读经。习惯的养成并非因为方太颁布了这个规定，最开始是人力资源部发起了早上读经的活动，后来传播到了别的部门。到现在已经成了方太人的习惯，大家都喜欢上了这个活动。主动与被动的一念之差，效果完全不一样。每天十五分钟的读经，短期是看不到效果的，只有经过三五年的时间，效果才会慢慢呈现。方太从开始推行传统文化至今已有八年，虽未做到百分百有效，但是足以形成方太人的谦和气质。这种气质不仅仅影响了公司内部，也连带影响了与公司有交往的人。

教育形式是多样的，方太除了建孔子堂、设置传统文化学习宣传廊等营造学习氛围，方太人报、内网、学习会、微信群等都是传播途径。除了读经典，设立明师大课堂讲授专题课程外，“我陪孩子读经典”、“国学读书室”、“相约论语 100”、“方太青竹简国学计划”等一系列活动相继开展。方太甚至将儒家思想跟党建工作进行了融合，并且连续两次获得全国“双强百佳党组织”荣誉称号。

其二，关爱感化。要让员工相信公司推行传统文化是真诚地致力于员工的幸福，公司必须要付出，营造“五感”环境去关爱员工的成长，激发员工的自主意识。传统文化最终是通过一点一滴的行动来让人感动、让人接受的。

方太为员工提供安全可靠的工作环境，提供有竞争力的薪酬待遇。更在对员工的关怀福利上设置了 40 多项具体内容：保障类除了五险一金之外，还有商业意外险、出差意外险、补充医疗险；生活类除了首房贷、车贷、车补、租房补助、免费住宿、人才购房外，还有免费班车、助困基金；更有情感类的长期服务奖、回家看看、新婚纪念、家属开放日等。比如“回家看看”，方太在全国各地有一万多名员工，有将近七十个办事处，每年会选拔优秀员工，集中一个时间来总部回家看看，安排最高的接待等级。当他们到总部的那个时刻，总部办公楼里面的所有人都会下来在路旁迎接。

方太营造的环境让员工之间的关爱都发自内心。有一位年轻小伙子，18 岁刚毕业就来到了离家很远的方太，第一份工作是做冲压工。从他加入方太的第一天起，老员工的关爱就一直伴随左右。在工作上老同事会主动告诉他怎么做，提醒他怎么注意安全。有一次他肚子痛，班长看他脸色不是很好，全天都在关心他。他说没来之前还想找个离家近的地方工作，来了方太后，感觉方太就是自己另一个家。

有员工说：“其实我们已经是跟企业一同成长了，等于这个企业的发展愿景和我们实现自身的人生价值已经合在一起了。”

其三，礼制固化。没有规矩，不成方圆。制度是管道，以礼仪制度进行约束，用奖惩机制来激励，培养员工的自主行为，是方太文化落地的心得。比如，对于在日行一善行动中表现突出的员工，按照积分可以选择休假，也可以选择其他奖励方式。对任何一件小小的善事或者业绩，都会给予关注和奖励；但是对于一旦触犯公司红线的行为，也严惩不贷。

但规矩制度也不是冰冷的。方太是将儒家的仁义思想融入到了每个制度的制定当中。过去定制度，往往是哪里出了问题就从哪里补充约束。管理层在讨论制度制定时，往往考虑如何处罚捅娄子的“坏人”，制度执行的结果就是为了处罚那个捅娄子的人，而让其他很自觉的员工，内心感觉不舒服，因为没有约束前他们也做得很好。如果从儒家思想重新思考制度的制定，就要站在员工立场来考虑，重新思考为什么定制度。对此方太总结了两点：其一制度首先是合理的，其二制度要公平地执行。

用儒家思想来重新定义和改变制度，也会有很多阻力，但是只要坚持，成效也是明显的。比如制度规定了 ABC 三类错误的处罚方式，C 类错误过去是罚款 20 块，如果从儒家角度出发，倡导让人“有耻且格”，不提倡动不动就处罚。如果他交了 20 元罚款，会觉得已经为错误买单了，不会因羞愧而避免再犯。后来方太取消了对 C 类错误的罚款，换成由直接主管找犯错者面谈，这会让犯错者感觉不安和羞耻。新制度执行的结果是，C 类犯错率几乎每年下降 50%。新制度再次佐证，从儒家思想出发、从仁义出发定制度更有利于员工成长。

再比如方太的末位淘汰制。方太同样从儒家思想出发，给末位员工多一次机会。比如第一次得 C 不会马上淘汰，而是帮助他做一个改进计划，只要下次不再得 C 就没有关系。如果连续两次得 C，仍旧劝退。目前公司 C 的员工比例有 3%—5%，对此，方太一方面给员工机会，另一方面也让员工理解如果总是不进步，企业会失去竞争力。

另一个独具方太企业文化特色的落地制度，是全员身股制。公司每年分红两次，其中一次是每年 9 月 28 日，孔子诞辰日。方太身股覆盖全体员工，不仅包括总部员工，各分公司、办事处员工，不管是维修人员、卖场推销员还是清洁工，全员覆盖。只要员工入职满两年，方太都会根据岗位职级给予每位员工一定数量的身股。但一旦达到这个条件，身股和员工就职年限就关系不大了，而和员工岗位价值的关系更密切。全员身股制的实施，不仅培养了员工“股东”意识和主人翁意识，主动从公司角度考虑问题，不知不觉间改变了行为方式，更深地体认并贯彻了公司文化。比如方太的仓库管理这几年做得非常好，是因为员工开始自觉地做好整理工作，互相之间也时常提醒杜绝浪费。2013 年方太销售收入增长近 50%，除了优质产品和良好宏观形势外，身股制的推行也功不可没。

其四，专业强化。方太的文化不仅提倡修身心，修炼品德，也提倡员工尽本分，修炼专业技能，鼓励遇事多磨炼，强调任何学问和素养首先体现在做事上。管理人员修炼领导力，普通员工修炼专业技能，这是员工的基本素养所在。公司倡导的匠人精神，比如抽油烟机很多时候将油烟吸没了，但是味道还在，鼻子感受并不好，匠人精神就要求抽油烟机不仅吸烟还要吸味，让厨房里没有厨房的味道，而有客厅的味道。

专业强化一方面依托“名师带高徒”，把精益求精、一丝不苟、孜孜追求的工匠精神、优良技艺传承给新员工；一方面要求老员工积极发挥“传帮带”作用，指导新员工尽快掌握作业要领。公司对高级技工提供福利，激励每个人去提升技能。方太图书馆里有很多书，不同岗位的员工，焊接、冲压，都可以去里面找到提升自己技能方面的书。

为了发扬一种对待产品精雕细琢、精益求精的精神理念，方太已经举办了两届工匠文化节，更设立了方太工匠吉尼斯。员工可以申请挑战各项技能比武冠军的成绩，一旦挑战成功，即可刷新本项纪录而荣登榜首成为新冠军。在此过程中，一批优秀工匠代言人涌现了出来：付利，单人独立装配一台油烟机仅用时 6 分钟，一般人需要 13 分钟；胡辉，蒙眼也能在材料相同、厚度不同的板材中靠手摸出板材的厚度；邬家强，在 2015 年的工作中发现 19 个可改进的不良事项……邬家强说，用户不投诉不是我们的追求，用户认可也不是我们的愿望，感动用户、留住用户的心才是我们的目标，作为方太人要精益求精，止于至善。

其五，领导垂范。方太推行传统文化，先是从领导垂范开始，再上行下效。俗话说“村看村，户看户，群众看干部”，领导的表率作用是相当大的。

传统文化推行之初，我们并没有找到很好的方法，但凭着一种与生俱来的学习力和耐力，很快传递给组织，营造出较强的学习氛围。我对高管们说，我们就当种子，我是第一颗，不知道什么时候会发芽，但是我们要把它种到方太人的心里。由此，我们利用一切机会讲儒家文化的管理模式，讲“义”与“利”的关系。现在方太每个季度召开一次季度文化落地会，对公司企业文化进行专门讨论和总结。除了常设文化落地会，在公司发言和每次年终总结时，都会用大量篇幅讲企业文化建设，并从2008年开始给员工专门授课，讲述传统文化智慧。在内部报刊《方太人》上，我常年坚持给“总裁儒吧”专栏撰写文章，借此小小的阵地，表达自己对儒家思想的理解以及公司可汲取的传统文化智慧。

中国式管理对领导要求很高，职位越高要求就越高。领导应该以身作则，率先垂范，从学习、行为、奋斗、服务、担当几方面都要做好带头作用。员工都是看着领导的行为来判断的，而高管恰恰是最难改变思想的一群人。方太高管多为外部聘请，且多在世界500强公司工作多年，自有一套原则和处事态度，如何用传统文化统一思想呢?

最开始是在高管层设立总裁圆桌会，由我和八九个高管组成。每个人都要分享学习感悟，心得和突破点是什么，不谈业务只谈修行心性。我和大家一起分享，相互学习点评。这样在最初保持了不同背景组成的高管团队能够围绕着核心文化思想来学习和提升。

后来每个月干部有一个标杆学习会，从最早的读书会到现在已经有十多年了，从最初二十多人，到现在已经五六十人了。学习会要求干部每个月读一本书。自己专业领域的或者管理通用类的都可以，学习会上每个人讲5分钟的读书心得，还要和工作结合。一开始纯粹是业务读书会，后来逐渐把国学学习结合起来，比如每次会前先读一遍《大学》，读完以后每次找一个干部来讲讲读《大学》的心得。

现在高管层都加入了“致良知”微信群，这个群不是工作交流群，而是专门进行心性修炼的体会分享群，主要交流学习国学经典的经验、体会和感受，尤其是修习心学的体会。在这里高管每人轮流分享儒道学习心得，且要求高管人人都要会讲传统文化。

在方太领导层垂范的典范当属“三省会议”。三省会在方太各级管理团队内定期开展，以自我反省为主，结合他人帮助，运用批评与自我批评来提升心性，为的是个人每日三省，以达到不断完善自我、超越自我、战胜自我的目的。积极、坦诚、开放的心态是三省会的基础。比如有管理层在三省会上反省：“我有时候发现有员工在公司乱扔烟头，但是没有制止，我没有把制止违纪行为当作自己的责任，存在推诿、不作为的思想意识。”

当然，即使有总纲做指引，有“两要五法”做工具，方太儒道的推行也不是一帆风顺的，但是所有方太人都深信，今日公司取得的成就，的确得益于此。

四、方太儒道日渐深耕企业

那么，如何评判在内部推行传统文化的方向是否正确呢？方太有自己的评判标准：第一，企业是否保持了很好的业绩增长；第二，员工是否有很好的感受；第三，顾客是否能够得到安心的产品和服务。做企业的本分是要盈利，要为客户带来安心的产品和服务，要给员工创造幸福，为社会传播正能量，做这一切的基础是企业稳健发展。对企业成功的定义是既要成事还要成人。一家伟大的企业，不但要讲经济效益，还要社会效益；不但重视顾客，还要重视员工；不但讲法制，还要讲德治。

从经营结果来看，自推行传统文化以来，方太业绩一直处于持续稳定发展的状态，年增长率保持在20%—30%，2015年全年销售额近70亿。累计拥有国内授权专利700余项，其中发明专利129项，是中国高端厨电当之无愧的领导品牌。

从员工的角度来看，违纪错误率每年降一半，外地员工经常主动电话问候父母，离职率下降，员工之间互相帮助，遇员工生病，都能踊跃捐款，有次竟高达40多万，基本上把这位重病员工的医疗费全解决了。翰威特给方太最佳雇主的评分从早年的50多分提高到了80多分，也有好几年了。2015年方太获得了中国最佳雇主专项奖——学习实践奖。员工敬业度也大幅度提升。

从客户角度看，随着方太儒家文化的推行，2013、2014 年每年收到用户书面表扬信有 200 多件，2015 年表扬信和锦旗一下增到了 600 多件。在这个少有人写信的时代，客户的表扬信表达了客户真实的心声。

方太推行传统文化成果显著，离不开推行中的积极思考和矫正观点。有一次方太开营销大会，会上有人说，业务都挺忙，为什么还要学传统文化？当时有很多人把文化跟业务当成了两回事，两层皮。这个问题在一段时间里也是方太销售人员的内心困惑。其实学文化就是做业务，业务就是文化，两者是一件事，市场就是销售人员的道场，市场的磨炼就是销售的修炼。当把做业务和学文化之间的关系点透后，大家就不再觉得学传统文化是一种负担了，最后统一认识，做好工作就是践行文化。

推行方太儒道另一个成功之处，是负责不同领域的副总裁都成立了项目小组，将传统文化与自己领域的业务结合，在不同部门和场景里去实践，做到了真正的落地。比如营销副总裁担任了营销系统文化落地项目的小组组长，他根据部门特点实施文化落地时，重点抓了六个字——“感恩，不欺，体贴”。营销人员感恩顾客，须做到什么呢？首先不能欺骗顾客，诚信不欺，这是底线要求；然后再做到体贴。营销部把“感恩、不欺、体贴”的解读印成小册子层层发下去，做到每个方太营销人员人手一本。每天早上厨电顾问上岗前，根据自愿原则把前面“感恩、不欺、体贴”的解读念一遍，念完后往往会有感觉。

研发部门主要践行的是仁智勇。仁，就是要把自己该做的工作做好；智，就要求研发人员发挥出智慧，多创新，解决客户潜在需求，而不仅停留在客户显性需求上；勇，则是要求研发人员要勇于承担责任。研发部门正策划制作宣传漫画，解读什么行为符合智、仁、勇。

客户体验部的员工每天早上首先问自己几个问题后再开始工作。第一，我的声音会微笑吗？我的心情好吗？我的声音让顾客听了能愉快吗？问完以后自然而然就能发出更甜美的声音，这种心法是很重要的。

服务部门也有专门的三字经。经典的《三字经》不太能用于实际工作，于是服务部门根据具体工作特性编写了《服务工人三字经》，另外也有《厨电顾问三字经》等。

方太儒道已实施八年，在此过程中边学习边摸索边实践，总结了一套基于中华传统文化的经营哲学，并提炼出了“两要五法”作为传统文化落地推行的工具，且通过所有方太人上行下效，在不同业务领域积极思考，与业务发展深度融合，于是成就今日的方太。相信方太未来在成为伟大企业的道路上越走越宽广，而对于无数还在中西管理文化之间摇摆和摸索的本土企业，更具有启迪意义和借鉴价值!

优秀传统文化的意义及其在纳通的实践

赵毅武 *

纵观人类发展历史，会发现我们正生活在人类文明的一个交汇点上，科技日新月异，文化精彩纷呈。人类文明的发展与技术发展和善恶因素密切相关，而善恶又是人类所信奉的哲学与宗教的重要主题。假如善的力量减弱，人类文明将走向没落；反之，人类文明则可能进入一个前所未有的辉煌时期。

因此，每个人都应该选择正确的方向，每个群体都应该汇集有限的力量做更有益的事情，这样，社会就会向善向上。

整个社会由无数群体组成，包括各种组织机构，企业在其中占据较大比例，而构成企业的是众多独立的个体。那么，在个人、企业与社会之间，必然需要形成一种平衡，以达到三者的和谐统一，我们称之为个人、企业与社会的互惠共赢之道。

文化将在其中发挥巨大的作用，而人与人之间的伦理关系即是构筑社会文化的基础。企业文化是一个企业的生命线，标志着这个企业的特色，也代表着企业的形象。以中国优秀传统文化中蕴含的智慧作为企业经营及企业文化建设的指导思想与行为原则，是企业建立良好的秩序与关系的必要条件。研究中华优秀传统文化在当代企业中的创造性转化，必须深入研究儒学在企业中的应用实践及所产生的效果。纳通多年来进行了一系列有益的探索与实践，与大家分享。

* 赵毅武，北京纳通医疗集团董事长，国际儒联副会长兼儒学与企业管理委员会主任。

一、中国传统文化对于各方关系的确定及其在当代社会中的价值与意义

人是一种社会性动物，任何人都不可能脱离社会独立生存。人和人之间、人和集体之间、人和社会之间、集体和社会之间等等，都存在着极其密切的关系。关于个人与他人乃至宇宙万物的关系，早在数千年以前，我们的先哲们就提出了天人合一、万物同源的思想。到了北宋，张载更进一步提出："民吾同胞，物吾与也。"① 意思是说，世界上芸芸众生都是我的同胞，万物都是我的伴侣。这些说法看起来很抽象，其实蕴含着极其深刻的道理，充满智慧。更令人惊异的是，现代科学的发展正在证实这些思想的真理性。

科学家们发现，世界上没有任何一个生物是独立存在的，所有生物都和其他生物相关，这样整个世界就像一个互相之间存在直接或间接关系的大家庭。例如，花朵为蜜蜂提供食物，而蜜蜂则为花朵授粉。至于个体和整体，更是存在相互依赖的关系。以我们的身体为例，在我们的消化系统里，有无数的有益细菌默默地替我们清除有害细菌，促进消化，制造人体所需的维生素。另一方面，我们也为这些有益细菌提供食物和适宜的生存环境。当然，作为有思想和意志的人类，要远比自然界复杂得多了。

我认为，个人与社会的关系存在两个基本维度，一个是责任，另一个是权利。所谓责任，主要指个人在社会中所应承担的责任。所谓权利，主要指个人在社会中应该享有的权利。大致地说，传统社会重视责任伦理，而权利伦理则是现代社会特别注重的维度。欧洲的文艺复兴运动，彻底批判了中世纪的伦理道德，打出"天赋人权"的旗帜，建构了旨在维护个人权利的价值观。这种人文主义思潮以高扬个性、推崇理性为目的，虽然对个性解放起到了一些积极作用，但物极必反，最终却导致了个人主义盛行，各种道德问题丛生，以致精神失落、价值衰退、人性窒息。有鉴于此，在充分尊重个人权利的前提下，重新挖掘传统的责任伦理的价值，便成为人们的共识。

在中国古代，对责任伦理最简明扼要同时也是影响最大的表达见于

① 张锡琛：《张载集》，中华书局1985年版，第62页。

《大学》："古之欲明明德于天下者，先治其国；欲治其国者，先齐其家；欲齐其家者，先修其身；欲修其身者，先正其心；欲正其心者，先诚其意；欲诚其意者，先致其知，致知在格物。物格而后知至，知至而后意诚，意诚而后心正，心正而后身修，身修而后家齐，家齐而后国治，国治而后天下平。自天子以至于庶人，一是皆以修身为本。"[①] 到了宋代，理学家把这段文字所包含的"格物"、"致知"、"诚意"、"正心"、"修身"、"齐家"、"治国"、"平天下"八项称为"八条目"。

"八条目"是一个环环相扣的过程。这整个过程，又包括两个大的段落：从"格物"到"修身"为第一个大的段落，这是由外至内的过程，目标是"修身"；从"修身"到"天下平"为第二个大的段落，这是由内及外的过程，其前提也是"修身"。看见"修身"正处在这两个大段落的转折点上。明乎此，我们也就不难理解《大学》为什么说"自天子以至于庶人，一是皆以修身为本"了。

其实，后一个段落，就是我们现在所说的责任，具体地说，包括个人对家庭、对国家、对天下的责任。这种思想，到现在仍然闪耀着智慧的光辉。

家庭是社会的细胞，也是最小的社会单位。我们每个人自从出生的那一天起，所首先面对的是家庭。一个幼小生命的成长，总是离不开父母和其他家庭成员的关爱和帮助，等他长大成人之后，那些关爱他的祖父母、父母等逐渐老去，这就需要他承担起赡养老人的责任，来报答养育之恩。到了一定年龄，他要结婚生子，这又需要他承担起养育子女的责任。等他老去，他当然能够享受到子女的孝敬。所以，每个人都应该首先承担起家庭的责任。

修齐治平，包括了个人对家庭的责任、对国家的责任、对天下的责任。孟子说："穷则独善其身，达则兼善天下。"[②] 也是要求个人有所成就就要兼济天下。由个人修养到家庭提升到惠及社会国家，这是一个修身立诚的过程。古代的家庭指的是家族概念，放到今天就相当于企业。《国语·晋语》中说："同姓则同德，同德则同心，同心则同志。"[③] 把家族的概念转化为企业后，道理一样明白。家庭中的"孝"的伦理规则在当代则转化为"忠"的

① 朱熹：《四书章句集注》，中华书局 1983 年版，第 3—4 页。

② 焦循：《孟子正义》，中华书局 1987 年版，第 891 页。

③ 徐元诰：《国语集解》，中华书局 2002 年版，第 337 页。

原则，在企业中也讲求忠诚度、敬业度等。企业家则相当于一个家族的族长、带头人。

一个人不仅仅属于和依赖于他的家庭，也属于和依赖于社会、国家乃至世界。《大学》所说的国家，应该包含村落、城邑等各级社会单位，我们这个时代的各种公司、单位、街道、城镇乃至省份，都是国家的组织单位。至于天下，就是我们现在所说的全人类、全世界。维护社会、国家乃至全球的良好秩序和福祉，也是每个人的神圣使命。

二、遵从社会共同价值才能使个人利益最大化

（一）什么是社会共同价值

如何才能维护社会、国家乃至全球的良好秩序和福祉呢？简单地说，就是每个人的所作所为必须符合这个社会的共同价值。什么是社会共同价值呢？就是各种法律制度、伦理道德、风俗文化等。

按照荀子的说法，我们每个人生来就好利，就有嫉妒心理和各种生理欲望，如果顺应这些本性，那整个社会就乱套了。所以，任何社会必须有一定的规则，否则这个社会就无法正常运行。因此，荀子说："古者圣王以人之性恶，以为偏险而不正，悖乱而不治，是以为之起礼义，制法度，以矫饰人之情性而正之，以扰化人之情性而导之也，始皆出于治，合于道者也。"① 看来，古代圣王制定何种法律、制度、礼仪，等等，都是用来制约人的好利本能的。有了这些法律、制度、礼仪，人性才得以改变，社会才得到治理。

我们知道，人性中除了荀子所说的这些恶的元素外，还有孟子所说的各种善端，它们无疑是社会的润滑剂。不过，按照《中庸》的话说，"修道之谓教"，人们虽然具备这些善性，但必须通过修行圣人制定出来的各种道德规范才能将其发挥出来，这个过程就是教化。《大学》也说："大学之道，在明明德"。② "明德"就是各种道德规范，这里所强调的是学习和显明道德规范的重要性。

---

① 王先谦：《荀子集解》，中华书局 1988 年版，第 435 页。

② 朱熹：《四书章句集注》，中华书局 1983 年版，第 3 页。

这是古人对社会共同价值的看法。我们也可以立足于这个时代来看一下什么是社会共同价值。这个社会其实是非常现实的。我甚至认为，这个社会本来没有什么道德不道德，也不存在善恶。但这个社会必须有一套规则，以保证群体的利益最大化。什么是道德？什么是善？符合社会规则的行为就是道德的、就是善的，否则就是不道德的、是恶的。

当然，我们所处的是一个非常现实的社会，而不是一个理想社会，你所面对的事情也是非常现实的。它不依存于某一个人的愿望，也不依存于某一个具体的现实，而是依存于整体的社会规律和客观存在。当然它有其规则，也是有规律可循的。那么，作为一个非常现实的个体，你要在这样一个社会上存活，想要取得个人发展成就，你就需要和这个社会相应，能够顺应社会的规律，去取得最大的成效。

（二）遵守社会共同价值是个人利益最大化的必要前提

无论什么制度和组织体系，一定要依存于系统运作时所涉及的人本身所遵循的文化与理念。这是不同于我们通常所看到的硬件建设和规则建设的，这样一种理念、氛围和规则是在一个系统得到规模化发展以后形成的，那么约束他的行为方式的原则，也是能够让这个系统更加有效率和协调运作的非常重要的、无形的、像灵魂一样的内容。

道德的作用在于扬善，法律的功能在于抑恶。所以，人生在世，必须遵守所处社会的各种道德规范和法律制度，并适应这个社会。这样看起来个人是受到约束了，但由于你的行为和社会共同价值是一致的，是得到社会所承认和保护的，所以你反而可以实现你的利益最大化。换言之，在这个社会里你要想有所成就，你就要遵守这个社会的规则和规律，不仅要遵守法律，还要遵守这个社会的道德伦理的要求和约束。你需要承认这点，而不是把这种训导和要求当成令人困扰的苛求。道德规范对你的要求，实际上对你是非常有利的，你一定要遵循。一旦你睁开眼睛非常现实地看待这个世界的时候，你会发现，遵守我们传统的道德伦理的约束是你个人利益最大化的一个必然的选择。

在这里我们不谈那种教条的、讲不出道理来的道德伦理，我们只谈最现实的个人发展必由之路。一旦你认真看清楚周围社会的现状和人类文明的现状的时候，你会发现，你想取得一个在现代文明中被大家都认可的成就，你就必须去遵守这个社会的规则，必须遵守法律、道德伦理规则，去取得周围人对你更多的认同，这样才更有利，更有效率，更有机会去取得成就。我姑且不把这个道理作为一个道德说教，而是作为一个逻辑推理的必然结果。

（三）社会共同价值源于人类对善的追求

无论是人性善也好，还是人性恶也好，人们都承认人类是追求善的。就连持性恶论的荀子，也说社会需要伦理道德，追求善。

从宏观的角度看，在不同的地区、人类不同的发展阶段，那些不符合整体利益的社会形态已经被历史的进程淘汰，这当然是一种选择性淘汰。人类社会到目前数以万年计的发展，证明我们是一个存续并且在发展着的生物社会。它之所以有这么大规模的发展和进步，是因为这个社会的文化是进步的，是正向的。正向的文化带来的是整体的经济和文化的繁荣。

中国重视整体意识，也就是社会和国家，即所谓“公”或“公利”。不同的思想家尽管在义利问题上存在着各种不同的看法，但他们都以不同的概念来强调整体利益的重要。无论是孔子说的“君子喻于义，小人喻于利”①，还是孟子所说的“王何必曰利，亦有仁义而已矣”②，其“义”实质上都包含了社会和国家的“公利”的意义。而在墨子看来，符合于“义”的言论和行为，就必然会符合社会、国家和人民的公利。个人只有在整体性中（家族、企业或是国家）才能昭示出自己的存在和全部意义，个人的意志、情感也只有在群体关系中才能体现出来，个人的价值只能在整体社会中得以实现。每个人在宗法血缘的纽带上，在家与国同构的网络中，都有一个特定的位置，这个特定位置，是个人存在的根据，组合成个体与社会的一体化结构。个人对社会，义务重于权利，整体利益重于个体利益。

为了保证人类的这种向善性，任何社会都不可能没有一套伦理道德规范和法律制度，用来约束这个群体，从而取得效益最大化。在这个社会中，任何人必须遵从这套伦理道德规范和法律制度，否则你会被人遣责，你不会

---

① 程树德：《论语集释》，中华书局2010年版，第267页。

② 焦循：《孟子正义》，中华书局1987年版，第36页。

被人认可，甚至得不到人们的帮助。传统的道德伦理在我们现实社会中已经形成了一种固有的、实际上已经非常刚性的系统。当你遵循这个系统规则的时候，你很有道德的时候，你很有德行地去做事的时候，你更容易得到周围环境对你的支持，社会资源更容易被你运用去完成你的事业、实现你的目的。

三、社会与个人之间的协调者——企业的作用

（一）企业的任务和目标是满足社会需要

洛克菲勒先生说过：如果将我剥得一文不名地扔在沙漠中央，只要有一行驼队经过——我就可以重建整个王朝。洛克菲勒确实是从挣一点点小钱开始的，他的美国标准石油公司，被拆分成 17 家公司的时候，垄断了美国本土的石油的绝大部分，大概占 80% 左右，还有外销石油的 90%。他的产品非常便宜，以至于当时中国的农民都点得起煤油灯。他成功的秘密是什么？我认为最重要的一点，是他能够满足社会发展的需求，这正是他的智慧之所在。

大家可能没有注意到，洛克菲勒在他的自传里面说过这样一句很有智慧的话：调查显示，在我国（美国——引者注），一个世纪以前的美国拥有大量财富的人，往往是对国家经济的发展产生巨大而深远影响的人，他们对祖国的未来充满信心，尽全力开发国家资源，推进祖国发展，在其他的国家也是如此。就是说，那些全心全意为满足社会需求而努力的人，才真正能够为国家作出较大贡献，才会创造更大的价值；在这同时，他也会赢得更多的机会。所以，企业必须把自己的工作和社会的需求联结在一起。为社会作出最大贡献的人是最成功的人，公众所需要的、满足公众需求的商业企业会发展壮大，而公众不需要的商业企业则注定失败。

这正是我们纳通医疗集团的经营理念。我们了解社会需求，所以能够有效地向社会奉献物美价廉的医疗产品。我在中国骨科大会 COA 的世界骨科论坛上谈到，世界的需要应该是我们医疗器械和医疗产品从业者、医疗服务从业者，包括医生和医务人员的责任。我们应该为社会的需要去工作，而不是为了赚钱去工作。其实，在这同时，当你满足这个社会需要的时候，你就自然会赚取你的财富和价值。

一个公司如此，一个人又何尝不是如此呢？比方说如果你想成为一个很有成就的科学家，那么你的成就绝对不是对这个社会没有价值的技术或发明。一个没有价值的技术发明很难在这个环境去实现，因为社会不需要它。当你追求的东西就是我们大家都想要的，那么你就很有可能取得成就，取得成功。当然，这也需要适当的环境和机遇。

（二）企业必须遵从社会共同价值

就像个体必须接受法律和道德的约束一样，作为社会组织，一个企业如果不够遵从社会共同价值取向的话，也是不能够取得最大利益的。它需要符合这个社会的整体的规则，符合社会整体的需求和利益。实际上社会整体的利益和规则就是社会的整体的公德、道德或者是整个社会的价值。如果我们从客观的角度来看待公司与社会环境的关系的话，如果你能够趋同或者是遵从这个社会的规则和关系，你会更容易达成自己的目标。如果你的目标与周围的规则和需求是不一致的话，想要实现会非常困难，因为社会中的任何一个组织，都不可避免地要依存于社会本身而存在。

因此，只有遵从社会共同价值取向，一个企业才可能获得社会的认可和接受，才可能获取社会的资源，更好地发展自己的事业。

（三）个体在企业中的有效合作产生剩余价值

作为纳通来说，经过这么多年的努力积累起市场竞争的实力，并且能够在全国乃至世界上建立我们的竞争优势，除了能够把握住市场机会，能够以很好的竞争条件和资源，以及有一支优秀的队伍去克敌制胜；更重要的是，我们建立了一套良好的内部秩序、规则以及优越的机制，其核心就是如何对待公司和员工的关系问题。

一个人如果希望得到更好的个人发展，应该寻找有效率的组织，把个体的经验和能力与整个组织中不同的人的能力叠加起来，取得最大的效率。多人合作的组织形态能够更好地完成经营的功能，这样对于每个人来说收益都是最大化的。大家只要看看工业革命，福特公司的生产效率的提升，工业化以后带来的物质和财富极大的增加，就会相信在一个组织协同的作用下，个体能够发挥更大的功能，增加更多的财富。

当你加入一个有效组织的公司，就能够更多地为自己创造价值，与别人更好地协作形成团队，把自己的能力发挥得更好。就像一个农民去种棉花，一个纺织工去织布，棉花本身不值钱，织布也就是简单的劳动付出。两个简单的劳动付出叠加到一起之后，就会生产出棉布，如果再加上裁缝协作就产生了衣服，如果再有一个设计师加入的话，就会生产出时尚的服装。当然，它价格不菲，远比一个人去种地、缝衣、画图这些简单的工作能有更多的收益。一旦把他们组织起来以后，就产生了剩余价值。

剩余价值实际上就是通过劳动的有效组织所创造的更多价值。我们从时装到时装相关的宣传链条，以及原材料的制作链条，再进一步扩张的话，就会发现还会带来更多的价值的增值。在现代化的社会中，我们建立纳通这样的公司，如果想获取更大的利益的话，必须扩张价值链条去取得更多的剩余价值，把每一个人的简单劳动集合起来去获取更多的额外的收益。

当我们纳通公司通过团结协作产生更多剩余价值的时候，一部分可以用于降低我们的服务价格，以取得更强的竞争力；另外一部分变成额外的效益，我们和每一位员工去分享。就是说，对于这部分额外的收益，我们有很好的分享文化，把收益的一半分给大家，另外一半作为企业的收益用来支撑企业的发展，去建立一个能够扩展更广范围、更高水平、更大规模、更有竞争力的企业盈利平台。这是企业进步、企业发展、企业财富创造非常重要的内容。你构建的价值链越长，你所涉及的劳动组织管理的内容越复杂，那么你获取的额外价值就越高。这就是我们的经营理念。

（四）个体必须遵守公司的组织规则

在我们看清楚这种经营规律以后，我们就会明白，我们每一位员工，都必须了解企业文化并遵循企业规则。就是说，每一个人都应该把个体的利益服从于公司的利益，这样在公司真正分享它的价值的时候，你也获得了最大的利益。你就不仅是一个棉花种植者，你也不是一个简单的织布匠或者裁缝，集合在一起以后所获取的价值要远远超过简单劳动直接的市场价值。

公司就是一个小社会，而作为社会单位，就必然有其组织规则。组织的规则和原则可以是制定出来的，也可以是自然形成的，那就是这个企业的文化和制度，是这个企业的利益导向、原则导向。

遵守公司的组织规则，是个体间有效合作的保障，是公司产生更多剩余价值的保障，当然也是个体利益最大化的保障。作为公司中的一个个体，每个员工只有遵守公司的规则和维护公司的利益，才能在这个企业得到更好的机会，获得更大的认同。相反，在这样一个相对来说较小，并有一定封闭度，有一定自己的封闭环境的企业组织中，如果你不能够遵守企业组织规则，维护企业本身的利益和发展，那就不仅违背了企业本身的整体利益，也违背了周围人的实际需求和利益选择，这其实也违背了自己的利益诉求。因此，作为一个公司的员工，你只有让自己的行为和思想符合你所存在的这个组织的规则，你才能够更有效率和更好地做好你的工作。一个个体为了取得成就的最大化，它需要趋同和认同这个组织的规则和原则。

这就是组织和个体的关系。

四、纳通的企业文化

现在，在这样一个社会和经济飞速发展的时代，在这个传统文化受到前所未有的重视与提倡的时候，我们对企业文化重新进行提炼与梳理，形成了新的企业文化体系，既是对过去的企业文化的总结，也是对纳通未来的希冀与展望。

首先介绍一下我们的企业哲学——和义广业，成人成己。企业哲学是对企业行为的根本指导，是企业解决如何在外部生存以及内部共同生活的哲学。“和义广业”，出自《周易 · 乾 · 文言》：“利者，义之和也。”[①] 意为只有满足各方的诉求，使其达到和谐统一，才能够不断扩展事业。“成人成己”出自《论语 · 雍也》：“己欲立而立人，己欲达而达人。”[②] 这是实行“仁”的重要原则，是指帮助别人就是帮助自己，成就别人才能成就自己。

我们凝聚各种力量，努力做符合社会各个群体的需要、也符合我们企业发展需要的事业，叫“和义”。把各种需求和愿望有机地整合在一起，按照这个方向发展自己企业和事业，才能广业，才能发展。只有成就别人，才

① 《十三经注疏》整理委员会整理：《周易正义（十三经注疏）》，北京大学出版社 2000 年版，第 14 页。

② 程树德：《论语集释》，中华书局 1990 年版，第 428 页。

能成就自己；帮助同事，自己的工作才能发展；帮助下属，自己的部门才能进步；帮助客户，自己的业务才会增长；帮助合作者，自己才能够更有竞争力。这就是纳通的企业哲学“和义广业，成人成己”。

关于纳通的企业精神——纳川成海，通泰协和。企业精神是员工所共有的内心态度、思想境界和理想追求。“纳川成海”出自《劝学》：“不积小流，无以成江海。”[①] 纳通希望汇聚全球有志于人类健康事业的力量，和而不同，有容乃大。“通泰协和”出自《周易》六十四卦口诀：“地天相交，协和通泰。”代表整个系统团结协作、紧密配合，达到和谐统一、万物祥和的境界。能够和谐一致、充分沟通交流，内部完全配合、协同和谐，外部整合为一体，这样的企业才真正具有竞争力，不仅要纳川成海，而且要通泰协和，这就是纳通的企业精神。

关于纳通的企业使命——引领医学技术进步，推动医疗产业发展，帮助患者以最小代价战胜疾病，恢复健康。企业使命是一个企业按照社会道义所选择的社会责任担当，是企业存在的目的和理由。我们不仅要推动医学学术的进步，我们致力于研发和学术研究的发展，洞悉最新趋势和前沿技术，对接全球创新产品和技术资源，以开放式研发创新引领医学技术进步，以高端制造和商业流通推动医疗产业发展。通过“质量上乘、价格合理”的产品、科学的治疗和康复手段以及有效的医疗服务，帮助患者减轻痛苦、战胜疾病、恢复健康，这不仅仅是逐利的，而是要真正为社会进步做贡献。把对社会的责任和义务放在第一位，利益放在第二位。义利相互结合，对医疗产业发展也基于这样的宗旨和原则，能够帮助患者以最小代价战胜疾病，恢复健康，这是我们的企业使命。

纳通的企业愿景——成为人类健康领域声誉卓著的医疗产业集群，一个令人尊重和向往的企业家庭。企业愿景是企业未来期望达到的理想状态。对外，纳通将依托渠道能力、产业制造能力和创新孵化能力，打造一个声誉卓著的事业平台，整合全球创新产品与技术资源，实现与上下游合作伙伴的生态共存和互利共赢，从而开创医疗器械产业新局面。对内，纳通希望建设一个纯洁的小社会、和睦的大家庭。大家出入相友，守望相助，高效工作，

① 王先谦：《荀子集解》，中华书局 1988 年版，第 8 页。

快乐生活。

纳通的价值观是“服务客户、以人为本、共创共享、专业高效”，企业核心价值观是企业经营管理中的基本原则，也是企业员工行为的基本准则。我们秉承客户导向，客户需求是一切工作的起点和终点，客户满意度是判断服务质量的核心标准，纳通的产品和服务、制度和流程都要围绕客户需求不断改善。勇于担责、积极进取的员工是纳通最大的财富，为员工营造良好的工作和生活环境，让员工发挥所长，使员工在经济上有安全感、事业上有成就感、心灵上有归属感是管理工作的根本。对外，纳通与上下游客户是合作共赢关系，在同一条产业链上，携手创造价值，共享事业成果；对内，纳通的成果由所有员工共同创造，共同分享。作为医疗从业者，纳通要求每一名员工具备高度的专业素养，以负责任的态度做好每一件事，高水准、高效率，以最小的代价赢得最佳效果。

如果把中国民营企业的发展分为创业期（资本，机遇）、成长期（管理，市场）、平稳期（企业文化，管理）的话，中国的很多民营企业在经历了激烈的市场竞争的考验后，都已经具备了相当的市场生存能力，即已经走过了创业期，向着成长期和平稳期发展。企业规模发生了变化，由小型成长为中型，有的甚至成长为大型企业，企业所面临的市场环境也发生了变化，由不太规范变得较为规范。但是，很多民营公司在早期小规模状态下和市场还不规范的环境下，形成了自己的企业文化，这种文化早期在企业发展中曾经起到了重要的作用，但在企业规模和外部环境变化之后，企业原有的文化正在成为企业进一步发展的障碍，从而需要进一步提升和发展。

民营企业的性质决定其具有自身的优势，它具有强烈的竞争意识、市场意识、创新意识、效率意识以及人才意识，市场竞争的巨大压力使得他们必须不断进取，不断追求。有些民营企业善于在实践过程中不断总结，不断提升，与时俱进，重视通过企业文化建设来强化公司的管理，取得了优异的成绩，成为民营企业中的佼佼者。实践证明，以中华优秀传统文化来指导企业经营及企业文化建设，具有非常实际的意义，且能够取得良好的效果。我们儒学与企业管理委员会也希望了解更多民营企业的企业文化建设情况，借以研究中华优秀传统文化在企业中的创造性转化，为促进传统文化的传播与应用作出贡献。

践行儒家商道，建设幸福企业

吴念博*

尊敬的各位领导、儒学专家、教授们、企业家朋友、义工朋友们，大家好！刚才听了黎教授的报告，非常的感动。说实在的，黎教授在儒学商道方面研究得非常透彻，我们在这方面非常的浅薄，只是做了一点小小的实践，有一点心得跟大家分享、跟大家报告，一定会有很多问题，请大家批评指正。报告的题目是《践行儒家商道，建设幸福企业》。中心部分就是如何把儒家的思想运用到企业中。幸福是很多人一直在研究的，待会也会跟大家分享。

我们讲世界上的很多人都想要变化，我们的企业家也想改变企业，让企业成为真正能够持续发展的企业。但是，如何变化？到底变什么？现在的世界是不安宁的，相信大家都有心得，现在出门的安检非常严，问题出在哪里？问题出在教育上。我儿子去日本，看到很多小朋友只有两个老师带着上地铁，是在早晨非常拥挤的时候。但是，非常有序地进入、非常有序地退出，这个问题的根本是在哪里？在于日本的家庭教育。有一次从新加坡回到上海，凌晨 4 点多到浦东，在下飞机的时候与两个日本人拼车，我让他们先上车，他们却不上车，走到车的最后面，这就是日本家庭教育的结果，所以说家庭教育非常重要。现在中国也在进步，我们的同事出差，住在民宿里，房间整理都有规范，这就是传统文化这么多年来对中国人的洗礼。

我们很多企业家都非常想给员工增加收入，想企业和谐，这需要运用很多的手段。不知道大家有没有注意到，其实正德才是最重要的。企字上面

---

* 吴念博，江苏苏州固锝集团董事长、中华孔子学会儒商会副会长。本文依据博鳌儒商论坛 2016 年年会上的报告录音整理。

是个人，员工到了我们这边怎么让他有家的感觉？有一点关心、有一点爱护，真正把员工想成是你的孩子，这是很重要的，要让员工到了这边有家的感觉。企字下面是个止，首先是企业家本身要知道止，很多企业家在管理过程当中，止在钱上、止在利润上，这样问题就很大。你止在钱上，员工也会止在钱上，那么到底应该止在哪里？“大学之道，在明明德，在亲民，在止于至善。知止而后有定，定而后能静，静而后能安，安而后能虑，虑而后能得。物有本末，事有始终，知所先后，则近道。”① 真正的止于至善才能让企业办好。我们讲创新，创新到底创什么，真正的创新是能够为子孙后代增加财富，增加的财富不是钱而是资源，为子孙后代增加资源的创新才是真正的创新。我们企业探索出了八大模块，最主要的是人文教育，我们必须从人文关怀入手，现在的社会企业当中有很多苦恼，比如员工流失率、企业创新、二代传承等。首先，要与员工建立信任关系，人文关怀是要先建立信任关系，不是说先给它教育。但是，为什么叫人文关怀？就是在关怀当中带上教育，否则它的欲望会增加。我们一直在研究幸福，到底怎么样才是幸福？幸福越多越高兴，这是我们的浅见。真正的幸福员工——现代企业人应具备孝敬、内求、利他的品德。当懂得孝顺父母，懂得尊敬长辈，懂得找出自己的问题，懂得财富的来源，他就会很幸福。“执大象天下往”这是被誉为韩国国师的学者全容沃来访时送给我们的，他说，今天听了吴会长固锝幸福企业论，想起老子之言，企业是现代社会实际上的主体，不踏正道，人类共愤，我在固锝方向发现了人类的希望了。苏东坡说到苏州不游虎丘乃憾事也，我说来苏州方觉中国文化之根本，都是托吴董的福。2016 年 4 月，我们请了联合国契约公约组织前总干事到公司来，研究社会持续发展、人类可持续发展。他说西方后面管理没有路可走了。今天他才发现要用东方智慧来做，用东方的智慧治理才能真正解决现代人类的问题，这不单纯可以解决企业的问题，还可以解决整个社会的问题。他从那天起就开始学习中国的文化。从以上二位哲学家、政治学家来访固锝后的观感看，在这样的世界环境中，要让大家对传统文化升起信心，做出样板很重要。办企业到底为什么？我们认为

① 郑玄注，孔颖达疏，龚抗云整理，王文锦审定：《礼记正义》，北京大学出版社 2000 年版，第 1593 页。

企业的价值在于员工的幸福和客户的感动。员工怎么样才能幸福？怎么样把企业变成一个家？我们认为，首先是孝顺父母、公婆和岳父母的心，当企业员工成为孝子，一定是夫妻相处很好，而且是孩子的好榜样。他们还应该兼顾天下，成为一名好的志愿者。怎么做？教育他们从孝入手，百善孝为先，传统文化等等一系列的学习，让他们真正的明理。这是八大模块当中的具体内容，从员工关怀开始，人文关怀就是建立信任关系，只要员工生病大家都会去看望。我们有准妈妈关怀，有母教、教子之道等等 12 个篇章，让他们真正懂得怎么样去教育孩子，怎么样去做母亲，怎么样婆媳相处。让他们坐在最后一排，累了可以走动，在这样的情况下进行学习。除了这样的制度以外，我们还有非常重要的条件，就是员工当你进公司两年零十个月的时候，给他们两年的育婴假，看上去企业增加了成本，但是，社会成本减少了很多。我给大家说一个秘密，成本其实是不会增加的，把员工当成家人，把员工的孩子当成自己的孩子，他们做工作会更积极。我们在试行这一条，既然把员工看成家人，我们各方面都要做到位。除了员工孩子两岁前的教育，还应该在孩子三岁过后。我们近两千员工不用打卡，把计件制改成计时制，公司的销售不用个人英雄主义，不用销售提成作为考核的绩效，等等。用这个方法真正能够让我们的团队建设好，也能够让企业真正良好的发展。每个月我们有庆生会，庆生不忘父母恩，这就是身教的力量；我们有一个幸福宝宝计划，化留守儿童为幸福宝宝，只要是企业里面员工是父亲、母亲都在外面务工的，就会给它每年三次带薪假期看望孩子，再给这个孩子享受每季度两百块的补贴。我们有黄金老人关爱计划，父母亲、岳父母，每人每月提供 200 块钱养老金，我们关注的不是在钱，而是提倡孝道。在关怀的基础上，导入人文的教育。2016 年的绩效，是我们建企业 27 年来最好的一年，也印证了老祖宗说的，一日有三善，三年天必降之福。听老祖宗的话，你会做得非常舒服。教育分三个方面，言教、身教、近教，每个角落，甚至每棵树、每个盆景要像人一样的去关怀，在关怀当中带有教育，意思是说，所有的天地万物当成人一样来关怀。我们与英国的校长在一起的时候，他说到现在西方为什么没有办法突破，他说是西方人的傲慢心，企业家弯不下腰来。其实在事业成功的路上，我们的功劳是非常小的，我们只有 0.01% 的功劳，这里面有非常多的人的关怀支持，所以，我们不值得一点点傲慢，因为傲慢会让你退步。

我们的教育就是伦理、道德、因果、科学。从2013年3月整个系统开始学习。教育是最重要的，圣贤文化的教育和一般的教育不同在哪里？不同在点点滴滴，每个细节的恭敬心，有时候不是你陪伴员工，而是员工在陪伴你。学习传统文化后得到的效果是员工化苦为乐、化恶为善、化迷为觉、化繁为简，在我们的管理当中取得显著效果。我们讲真正的企业应该是一所学校，通过教育和学习真正知道止于至善，真正的中国式的管理是自下而上的管理，这是我们探讨中国式管理的重要一点，今天没有机会，以后有机会的话由我们的员工来介绍。

我们的员工会化恶为善，我们的农场内，本来发现一窝野兔，以前会放在餐桌上，现在会悄悄地退出来。我们的草坪原来每年花一万多块钱管理，现在不用洒水，让真正的本草长出来，因为原来的草坪是杂草，真正地里长出来的才是本草，而且因为是自然生长的，管理本草就不用花钱。国外客户到我们这来说你们的草坪怎么是这样的，我们解释说这是我们的生态观、美学观，他说我们愿意与你们做生意。把人文教育怎么做，怎样通过七天学习就可以改变企业家？英国一所非常有名的大学的教授，看了新加坡的企业家在参加了我们为他们办的培训班后的一些心得、一些分享、一些践行、一些成果后，他就说我一定要和你一起来写CMBA的课程，要写120个学时课程的教材。任何一门课程都不可能马上让企业家发生改变，他说你这个为什么可以做到，所以，他说非常值得研究。2014年年底，我们受新加坡职工总会邀请，到他们那边进行分享，分享过后，他们组织企业家到我们公司来参观，参观过后，他们说这样的企业才是未来所希望的企业，他们都想办成这样的幸福企业，所以，他们希望与我们一起来办班，在2015年10月我们与他们一起开办培训班。

现在我跟大家报告，同样在八大模块中做的，在中国有很多企业，核心的是五家幸福伙伴企业，他们每家都做得比较成功，不仅使企业员工的凝聚力上升，员工的离职率明显下降，而且经济效益明显提升，所以，我跟大家讲不是为了别的，而是大家一定要相信我们的老祖宗，坚定地相信老祖宗，按照老祖宗说的去做，谢谢大家！

以“仁”为本带动农民兄弟脱贫致富

侯建芳 *

贯穿于中华伦理的儒家“五常”（仁、义、礼、智、信）与“五行”（金、木、水、火、土）以及“梅报五福”（平安、健康、幸福、快乐、长寿）一起，成为中国价值体系中最核心的因素。而在“五常”中，仁是最核心的要素。仁字面意义是“两个人”，指人与人之间互亲互爱。换言之，能爱人即为仁。流传到后世，通常指在与另一个人相处时，能做到融洽和谐，相互关照，即为仁。时至今日，许多企业在经营、管理中都讲“仁”，并把“仁”纳入企业文化范畴。被业界誉为“中国养猪第一股”的雏鹰农牧集团也不例外。

一、儒家思想的核心

圣人孔子把“仁”作为最高的道德原则、道德标准和道德境界。作为儒家思想的核心，“仁”是古代君子毕生所求，也是古代统治者宣扬的主要治国理念。甚至有专家称，孔子及其儒家的思想学说就是“仁学”。

“仁”的最初含义是指人与人的一种亲善关系。《论语》对“仁”进行过多次解释：“夫仁者，己欲立而立人，己欲达而达人”①，“己所不欲，勿施于人”②，“能行五者于天下，为仁矣”③。五者为恭、宽、信、敏、惠。

后来，孟子发挥了孔子的思想，把“仁”同“义”联系起来。他指出，

---

* 侯建芳，雏鹰农牧集团董事长、中华孔子学会儒商会副会长。

① 程树德：《论语集释》，中华书局 2010 年版，第 428 页。

② 程树德：《论语集释》，中华书局 2010 年版，第 1106 页。

③ 程树德：《论语集释》，中华书局 2010 年版，第 1199 页。

“仁”指人心，即人皆有之的“恻隐之心”，仁爱之心；其“义”，指正路，“义，人之正路也”。①

自孔子倡导“仁”学以来，“仁”逐渐成为中华民族的“共德”和“恒德”。自孔子之后，儒家把“仁”作为个人道德修养的最高境界，把“爱人”作为道德的根本要求，把“天下归仁”作为最高的社会道德理想。大约到汉朝时，以“仁”为核心的伦理思想结构已经完成，其中包括孝、悌、忠、恕、礼、知、勇、恭、宽、信、敏、惠等内容。内容的增加，意味着“仁”的理论更细致，可操作性更强。

随着历史的发展，“仁”的儒家思想传播至域外，如韩国、日本、越南等东亚、东南亚国家，在东方形成了儒家文明圈。尤其在东亚，韩日官学“独尊朱学（朱子学）”，形成了至今人们津津乐道的“东亚儒家文明圈”。而在国内，国家、社会与企业都对“仁”赋予了新的生机与活力，尤其是各类企业或社会团体，在结合自身实际的基础上进行“仁”学教育，对内凝聚人心及对外品牌建设等方面都起了积极的作用。

二、雏鹰精神之“仁”

儒家思想要在企业里生根，并指导企业文化工作，首要之务便是与企业的精神相结合。作为儒家思想最高的道德原则、道德标准和道德境界，“仁”在雏鹰农牧集团的精神文化层面有不同程度的体现。

最直观的体现在雏鹰价值观的“责任”。据儒学研究专家杜维明介绍，“仁”在儒学方面的终极理想，是让统治者、管理者和百姓都具有浓厚的“责任”意识，带着责任去统治、去管理、去服从。雏鹰的第一价值观是“责任”。这种责任，从大处上讲，就是让全国人民吃上安全、放心、健康的食品，既是雏鹰的使命，也是不可推卸的责任。有此责任和抱负，再谈仁才有意义。责任的另一方面，是对雏鹰人的要求。作为一名雏鹰人，责任胜于能力，任何时候，要勇于承担责任。有了责任，才可能成长；有了成长，才能与合作者、投资者、员工一起分享企业成长的价值。这就是价值观“责

① 焦循：《孟子正义》，中华书局1987年版，第507页。

任、成长、价值”的真义。

除了价值观外，雏鹰的经营理念也在“仁”上体现得淋漓尽致。“创新为魂，富民为本，扎根农村，艰苦奋斗”是雏鹰的经营理念。此理念中，“富民为本”是最终目标。圣人孔子很早就提出“富而教之”的思想。《论语·子路》有云：“子适卫，冉有仆。子曰：‘庶矣哉！’冉有曰：‘既庶矣，又何加焉？’曰：‘富之。’曰：‘既富矣，又何加焉？’曰：‘教之。’”① 从这段话中可以看出，儒家强调把富民作为施教的前提和基础，使人民生活得到满足而富裕，然后施之以教。

这个理论逾千年后，同样适用于现代社会管理与企业经营。毕竟，只有满足了百姓的衣食需求，才能再谈社会稳定和国家发展。这也是对中国特色社会主义理论在“共同富裕”方面的诠释：允许一部分人一部分地区先富起来，先富的帮助后富的，从而逐步实现共同富裕。

雏鹰之所以要选择“富民为本”作为经营理念之一，主要源于两方面的考虑。

第一是忠于雏鹰的企业性质。作为一家农牧企业，雏鹰根植于乡土之中，它的根系和农民、农村、农业紧密相连。可以说，雏鹰的发展史就是一部农民企业的发展史。作为在艰难挫折中成长起来的企业，雏鹰的不断发展壮大离不开农民兄弟的支持。雏鹰对于贫困地区的农民有着深厚的感情，带领更多的农民兄弟脱贫致富成为企业发展的责任和使命。从这方面讲，雏鹰“富民为本”，实际上就是以“仁”为本。

当然，雏鹰的这种“富民为本”，不只是标语或口号，而是体现在企业的经营、管理和战略中。下节将进行重点阐述。

第二，从体现儒家的“仁”字思想角度出发，笔者提议将侯氏家族的家训“走正道，行善事，做好人”引为雏鹰人的信仰。一个企业员工的信仰，很大程度决定这个企业能走多远。“仁，人之安宅也；义，人之正路也。”② 孟子这话就是说，人如果有仁爱之心，就如住在安全的住宅一样；人如果心中正直明大义，就是走在世间最正确的路上。

① 程树德：《论语集释》，中华书局 2010 年版，第 905 页。

② 焦循：《孟子正义》，中华书局 1987 年版，第 507 页。

三、雏鹰实践之“仁”

精神层面的儒学，如果不通过实践来展现，那将变成“伪儒学”。作为儒家最高道德准则的“仁”，更是有多种实践方式。比如，对待“仁”的态度，孔子说，除了任何人都应该有一种为“仁”的愿望，应该诚心诚意去求“仁”外；他多次强调，达到“仁”的境界的根源在于自己如何去做，而不是由他人来推动，只有主体自己的主动追求，才有可能达到“仁”的理想境界。对于这些境界，重要体现就是“已立立人，已达达人”、“己所不欲，勿施于人”，等等。

雏鹰农牧集团在日常经营管理中，通过对“仁”进行实践和诠释，让农民兄弟、企业员工、合作伙伴或客户共享价值。

（一）惠农利农的“雏鹰模式”

“仁”，从字面上讲有很多含义。路人摔倒，扶助一把谓之仁；公交车上，为老弱病残让座谓之仁；见义勇为，路见不平拔刀相助也谓之仁……然而，在儒学系统的实践表现中，更多强调的是大“仁”：不是匹夫勇敢之仁，也不是小恩小惠之仁，而是治理有方、为民造福的大仁大义。从孔子开始，儒家便既强调从血缘关系中引申出来的“亲亲之爱”，但又不限于亲亲之爱，而是要求从亲亲之爱出发，推己及人，将仁爱的思想情怀推及全体社会成员乃至于世间万物，即“泛爱众”。①

推行这种大“仁”，要注意的是“克己复礼，仁在其中”，即是指有权力的统治者和管理者，要克服私心欲望，有步骤地进行管理，最终使广大人民富裕起来。这里面，使广大人民富裕起来是目的，要实现这个目的，最关键就是“克己”。

如果统治者或管理者不把儒家的“克己”两个字吃透，那很容易陷入腐败的深渊。比如电视剧《人民的名义》里面，尽管市委书记李达康有不少缺点，但他处处为大局着想，能“克己”，最终如青松岿然不动；而省政法

① 程树德：《论语集释》，中华书局2010年版，第27页。

委书记高育良培育自己的亲信，在美色面前不能“克己”，即使满口仁义道德，仍脱不了满肚子“男盗女娼”的嫌疑。作为一名企业经营者，当借“人民的名义”，审视“克己”之心，让自己的企业在“大仁”上不亏。

雏鹰在“大仁”方面的主要举措，就是“雏鹰模式”。经过近三十年的潜心摸索，笔者与领导班子总结出企业养殖业发展的全新思路，即“统一规划、合理布局、相对集中、高产高效”的“雏鹰模式”。

不同于传统的工厂化养殖模式，“雏鹰模式”将各种养殖模式的优势加以组合和创新。合作方式上，集团利用资金、技术、品牌优势，在不同阶段通过不同的核算方式与农户合作，从头至尾建立了一套让农户为自己干的制度。养殖方式上，企业实行“养殖生产分阶段、流程化，分散养殖、统一管理”，从根本上解决了规模养殖企业的防疫瓶颈问题，从各个层面提升养殖的标准化、规范化水平，有效保障了食品安全，为农户提供了一个专业化的合作平台。

“雏鹰模式”具有广泛、可靠的农户基础。合作农户中的大部分人是40—50岁的农村夫妇，优势是外出就业机会少，有丰富的散养畜禽经验，责任心强，合作积极性高。在与农户合作养殖的过程中，雏鹰科学规划，合理布局，分阶段、流程化饲养，分散养殖、统一管理，建立了一套让农户为自己干的制度，并采用多样化的核算方式，将消耗的各种原材料与其收入挂钩，充分地调动了农户的积极性和责任心，提高了养殖效率和收益水平。由此，通过合作农户对其他农户的影响，吸引新农户加入企业，助推集团做大做强，带动农民增收致富。

从以上理论可知，“雏鹰模式”对“仁”有着深层次的体现。按照汉朝以来的仁学伦理思想，“雏鹰模式”在“仁”之宽、惠、信等方面进行深度融合。宽，宽容、容纳。海纳百川，有容乃大。此模式为合作农户设置2万元的保底利润，将农户纳入企业自身的保障体系之中，解决他们的后顾之忧。带动农户致富，让更多农户进入养殖区承包猪舍进行养殖，即使行业亏损，但是跟着雏鹰干的农户不但不亏损，还有保底利润，这样他们才有信心进入新一轮的养殖工作中。

有媒体记者问设计“雏鹰模式”有何初衷，笔者回答了此模式推广的两个必要原则：“一是让农户赚到钱是硬道理。二是农户赔钱雏鹰有责。”这就是运用儒学中的“宽”字诀：只有包容农户，站在对方的角度思考问题，才能最终赢得他们的心。

惠，实惠、受惠，让农户真真切切地增加收入。近年来，通过“雏鹰模式”与集团合作农户达5万余户，带动周边近20万农村人口脱贫致富。“雏鹰农牧集团这种发动贫困户合作养殖、促使贫困农民脱贫增收的办法，是产业扶贫的一条好路子。”2016年12月3日下午，河南省委主要领导在集团三门峡雏鹰农牧有限公司的养殖基地调研时这样讲。他口中的“好路子”，就是指“雏鹰模式”。

信，信用、信任。“雏鹰模式”不是生硬的规章制度，而是包含了雏鹰与养殖户之间的信任关系，以及雏鹰文化的沉淀。雏鹰从开始打造“雏鹰模式”，花了六年才相对成熟，主要难点在于如何处理企业与农户以及不同养殖阶段的农户之间的关系。农民赚了钱，还有保底，自然对雏鹰无比信任。

有仁学理论基础，“雏鹰模式”在带动农民兄弟致富方面可谓如鱼得水。雏鹰先后在河南新郑、开封尉氏、许昌襄城、新乡卫辉、豫西三门峡、吉林洮南、内蒙古乌兰察布、西藏林芝、安阳滑县等多地区投建生猪养殖产业化基地项目。所建项目大多选址在地方偏远且经济不发达的贫困山区及乡村，极大地促进了当地农业增效和农民增收，帮助村民脱贫致富。同时，为实现集团生猪养殖发展战略，雏鹰在贫困地区大力开展项目投资调研，目前已对兰考等贫困县进行调研，下一步将根据实际情况，逐步推进生猪养殖项目建设，充分调动当地农民合作积极性，以求更直接地带动兰考等贫困县区村民发家致富。

实践证明，“雏鹰模式”的多赢经营机制，开创了一条在实现企业自身发展的同时，带动广大农民增收致富的特色之路。在经营实践中，雏鹰通过与当地农民合作，解决了农民“缺资金、缺技术、缺市场”的难题，为中央农业产业结构调整、社会主义新农村建设、破解“三农问题”提供了一把“金钥匙”！“雏鹰模式”不仅能带动当地贫困农民实现脱贫，走上致富之路，同时也成为各贫困地区树立了可供借鉴的“扶贫模式”。

（二）产业扶贫+产业基金

“民为贵，社稷次之，君为轻。”[①]这句出自《孟子·尽心章句下》的名言，强调了百姓在历史发展中的重要性。而这句话中，“民为贵”更多强调的是百姓的稳定和富裕。儒家经典《周礼》提出“保息养民”的六项措施，即为“一曰慈幼，二曰养老，三曰振穷，四曰恤贫，五曰宽疾，六曰安富。”[②]由此可见，儒家从重视民生出发，倡导富民思想。中国历史上，西汉武帝时，“罢黜百家，表彰《六经》”，[③]对广大百姓宣扬儒道以示政府的怀柔，终于国富民强，在军事上集中精力对付匈奴。

儒学政治思想强调，民富才能国安，民富才能治定；国富，利民、富民、保民、爱民，体察和顺应民心的向背，这是儒家富民思想的特征。正如孔子所言：“圣人治天下，使有菽粟如水火，而民焉有不仁者乎？”[④]这句话直观地说，如果百姓的粮食像水与火一样容易得到，他们怎么会不讲“仁”呢？

对此，笔者认为，民富一方面体现为雏鹰与员工、合作伙伴及客户实现共同富裕的决心；另一方面体现为通过产业体制，最终实现人口的精准扶贫。从某种意义上讲，这也是雏鹰的“中仁”之举。

之所以有此策略，是因为笔者与雏鹰领导层都认识到国家对扶贫事业的重视。早在2013年10月，习总书记到湖南湘西考察时，首次提出了“精准扶贫”的概念。“十三五”规划建议更是把扶贫攻坚提到了一个前所未有的位置，并把“扶贫攻坚”改为“脱贫攻坚”。

党的十八大以来，习近平总书记对扶贫开发、脱贫攻坚工作进行多方面调研后，发表了一系列重要讲话，提出了非常明确的要求，号召全党、全

---

① 《十三经注疏》整理委员会整理：《孟子注疏（十三经注疏）》，北京大学出版社2000年版，第456页。

② 《十三经注疏》整理委员会整理：《周礼注疏（十三经注疏）》，北京大学出版社2000年版，第308页。

③ 在思想上采用董仲舒“罢黜百家，表彰《六经》”的建议。（班固著，颜师古注：《汉书·武帝纪》，中华书局1962年版，第212页）

④ 这句话是孟子说的。《孟子·尽心上》：“孟子曰：‘……圣人治天下，使有菽粟如水、火。菽粟如水、火，而民焉有不仁者乎？’”（《十三经注疏》整理委员会整理：《孟子注疏（十三经注疏）》，北京大学出版社2000年版，第429页）

军、全国人民携起手来，攻坚拔寨，把扶贫脱贫攻坚工作做好。2015年年底，在河南省召开的省委扶贫开发工作会议上，省委、省政府领导分别在会上强调：做好扶贫脱贫攻坚工作是全党、全军、全国人民的一件大事；它不仅是经济任务，也是政治任务。

这样的条件下，雏鹰首先考虑的，是从体制上扶助广大贫困农民。自2012年9月集团旗下首个终端产品品牌雏牧香上市以来，集团基本实现了从原料收储、饲料生产、良种繁育、生猪养殖、屠宰加工、冷链物流、终端销售、线上业务等为一体的完整产业链的贯通，目前确立了以生猪养殖为核心，包括粮食贸易、互联网在内的三大发展战略。在饲料、养殖、屠宰等环节，不管是合作养殖的农户，还是在饲料、屠宰加工等环节的技术工人，集团为广大农民朋友提供了大量的就业岗位，帮助其提升专业技能，实现脱贫致富奔小康。集团在以生猪养殖为主业，延伸完善上下游产业链的同时，亦辐射带动了周边建筑、运输、超市、肥料等十多个领域的业务，惠及了更多的贫困户。集团通过产业链的延伸和完善，为贫困地区创造了更多的致富之路，有效地解决了当地农村的贫困现状。

体制扶贫是基础。有了这基础，要下好扶贫这步棋，还要从“金融扶贫”方面动脑筋。2015年11月，习近平总书记就提出要做好“金融扶贫”这篇文章。不久，李克强总理也指出，要鼓励金融机构创新金融扶贫产品和服务，引导资金、土地、人才等各种要素向贫困地区聚集，动员全社会力量形成扶贫脱贫的强大合力。

作为一个农牧企业，雏鹰自创建以来，一直全力带动农民脱贫致富。2016年，雏鹰企业领导与证监会、国务院扶贫办有关人士在交流中碰撞火花。经过领导层反复讨论，雏鹰最终决定成立产业扶贫基金，从而开拓了雏鹰扶贫工作的新局面。

那么，本次产业扶贫基金在运作模式上有什么特点呢？此基金是集团在中国证监会办公厅扶贫办指导下，在国务院扶贫办中扶公司直接参与下，与中信农业、中扶公司、隆平高科等多家单位共同设立的。这是以产业精准扶贫、金融创新扶贫为宗旨，在上市公司主导下进行社会化募集、市场化运作的创新型基金。

与以往基金模式不同的是，此次产业扶贫基金整合了中扶公司、上市公司及专业机构等优势资源，具有两大模式创新。

一是首创上市公司主导、产业扶贫基金作为引导资金的商业模式。由当地政府提供地区资源，上市公司主导项目的筛选，充分利用上市公司的行业背景及专业优势，实现对贫困地区产业投资、产业发展的专业判断力与产业项目的执行力，达到产业精准扶贫。同时，产业扶贫基金作为引导资金，依靠其平台协调作用，整合政府、上市公司及专业金融机构的各方优势，实现多方共赢。

二是以产业带动长效扶贫。不同于传统的“输血”式扶贫，产业扶贫基金是带着项目和资金扶贫，以产业驱动建立长效扶贫机制，精准帮扶建档立卡户，实现人口精准扶贫。通过多产业协调互补，有效促进贫困地区的产业（如农业、旅游、加工业等）融合，发掘适合当地情况的优势资源和项目，实现产业精准扶贫。

产业扶贫基金之所以选择落户“国家级贫困县”兰考，主要出于两方面的考虑：一方面是由于兰考是国家级贫困县，按照河南省委、省政府要求，今年要在全省率先脱贫；另一方面是因为在中国证监会的推动下，兰考在全国率先提出“金融扶贫”理念，同时“兰考普惠金融改革试验区”也给予了基金大力支持。

兰考县委常委、副县长杨晓东，是中国证监会驻兰考县挂职扶贫干部，他表示，产业扶贫基金体现了资本市场敢于担当，不断推动体制机制创新的精神，通过上市公司带动、金融机构支持打造“金融扶贫”新模式，改革扶贫资金运行机制，在兰考脱贫攻坚中创造了许多“兰考经验”“兰考模式”。兰考县政府会积极引进上市公司主投参与当地的项目投资，并协调国开行、农发行等政策性银行通过对引进上市公司增信降低融资成本，促进实业公司积极参与项目投资，推动项目落地发展。

（三）以家带企，大爱于世

儒学“仁”之核心是爱人，仁字从人从二，也就是人们互存、互助、互爱的意思，这在中国政治思想发展史上产生了重要影响。体现在社会管理的实践中，是为儒学小“仁”。小“仁”虽小，但不可或缺。在企业经营中，小“仁”则体现企业的社会责任。

雏鹰在小“仁”方面体现为尽己之力，四方纾难，让企业的价值最大化。对此，笔者认为，不是拥有多少钱才有价值，重要的是将钱用到什么地方更有价值。所以，笔者与雏鹰管理层始终怀着一颗感恩的心回报社会，带领企业修桥补路、支教帮学、尊老助残、抗震救灾等，竭尽全力贡献爱心。“一个企业或一个企业家做点扶贫济困的事情并不难，难的是一如既往地扶贫济困，并把它当作天经地义的事业。”一位企业家这样说。笔者把这句话当作座右铭，并责成企业的专门部门进行落实。

2012年，笔者动员侯氏家族成员把二十多年来喂猪、养鸡积攒的家底加上分红的钱共1亿元人民币全捐给了慈善事业，其中5000万捐给了河南省慈善总会，另外5000万捐给了中国留学人才发展基金会的“红烛老区公益基金”。蒙河南省慈善总会厚爱，侯氏家族获“首善之家”的荣誉。

做这项决定的时候，侯氏家族成员的意见表现出惊人的一致。作为夏禹的后代，本家族在为人和处世上严格遵循“仁”的思想，要求后代子孙为人处世上要“首孝悌，次谨信，泛爱众，而亲仁”，即孝敬长辈，敬爱兄长，心系农民，亲近仁人。此外，本家族更强调，无论做人还是经商，忠厚是根本，只有这样，才能仰不愧于天，俯不愧于地。这些理念，已成为本家族的家风，并引申到雏鹰的经营管理中。

纵览古今，许多华夏子孙以民族传统的儒家思想为人处世，在政治、经济、文化以及自然科学领域作出了杰出贡献。在现代企业经营管理方面，同样有很多企业家借助儒家思想尤其是仁的理念，建立起特有的企业文化，形成自身的文化特色和文化优势，在激烈的市场竞争中为企业奠定了深厚的企业文化基础。“日本企业家，只要稍有水准的，无不熟读《论语》，孔子的教导给他们的激励，影响甚巨。”① 这些也是激励笔者潜心研究儒学，确定以“仁”治企、帮助农民的思想根源之一。于是，笔者提议把“带动更多的农民兄弟致富——是我们的心愿”这句话写在雏鹰大门的牌匾上。作为农业产业化国家重点龙头企业、中国质量诚信企业，雏鹰农牧集团坚持以“仁”为本的治企思想，不断创新经营模式，推进科技兴农、富民工程发展战略，为带动农民兄弟脱贫致富方面尽着自己的微薄之力！

---

① 伊藤肇：《东方人的经营智慧》，光明日报出版社1987年版。

当代企业家的坚守与创新

陈永亮 *

尊敬的各位领导、各位教授、黎老师以及各位华商书院的学兄、各位来宾，大家好！

首先，特别感谢黎教授以及主办方对我的邀请，很荣幸今天有这个机会在这么多领导、教授、专家以及企业家朋友们的面前分享一点小的感悟，谢谢各位！今天我想分享的是关于产品方面的内容，因为我们的产品就是人。我是教育行业中做企业的，我是企业界中搞教育的。所以，身份比较复杂，说得不好请大家多指导、多包含。

华商书院是在黎红雷教授的指导下，由我们聚成股份创办的。13 年前，我们创办的集团公司就是今天的聚成股份。有一天，温舟老师跟我提议，与中山大学一起办一个关于哲学方面的课程。在企业培训当中常常听到一个理论：大的企业政治家来管，更大的企业哲学家来管。一听我觉得创意非常好，办一个关于哲学方面的课程请企业家来听，黎红雷教授当时是中山大学哲学系主任，从此我荣幸地成为黎教授的学生。2006 年黎教授给了我一本他即将在人民出版社出版的书稿，书名叫《中国管理智慧教程》，我很认真地看完了，非常震惊。我们的古人有这么大的智慧，我以前也从来没有触碰过。于是，我和教授商量创办一个学堂，“华商”这两个字是黎教授提出来的，“书院”这两个字是我提出来的，这刚好是一个创新。按理说，应该教授提“书院”，我来提“华商”。结果教授提出了“华商”，一个搞企业的人提出了“书院”，这本身就是创新！从第 1 期到山东曲阜开学，到现在第 65

---

* 陈永亮，深圳聚成股份董事长、华商书院院长、中华孔子学会儒商会副会长。本文依据博鳌儒商论坛 2016 年年会上的报告录音整理。

期，目前是一个月开一期。前几年慢一点，原定55人一个班，后来没有办法，按照孔子72个优秀学生的规制增加到72人。再后来发现72人也不行了，我就在想怎么办？因为学员非常多，《老子道德经》九九八十一章，后来81人也不行，现在已经突破100人了。这几期都是100多人，目前报名要隔两三期才能上学，65期刚开学就已经把68期都报满了。华商书院出现了这样的盛况，而这个盛况的出现，跟我们培训行业的现状却刚好相反。培训行业在去年、今年普遍走下坡路。这两年中国经济下行压力大，对于众多的企业而言，一旦经济下行，第一件事就是砍掉培训费。虽然知道是错的，但是一定会砍掉。因此，培训行业受冲击非常大，大多数超过5亿以上销售收入的培训公司，2016年的销售收入都只有往年最高峰的一半。今年我们还不错，华商书院的收入是去年的3.5倍，有了一个非常大的突破。我想这里有一个词语叫坚守，13年来聚成股份从事教育培训从来没有动摇，这是最初级层面的坚守。华商书院从事传统文化的教学从来没有动摇，弘扬传统文化从来没有动摇，向全世界传播东方智慧从来没有动摇。这是我想说的第一个层面。

第二个层面，创新。光大银行是世界500强，世界知名企业，而我们只是一个小小的企业，可是通过努力，我们和光大银行有了深度的合作。华商书院的学费并不低——36万，虽然与长江商学院比学费低了很多，但我们没有学位，只是一个纯粹的学习，36万学费不低了。可是为什么报名的学员如此之多？除了产品本身的创新，就是跨界的创新——与光大银行合作一起发起了一张联名卡。企业家们的现金流不是很好，于是乎怎么解决他们的痛点，是我们反复思考的。学费36万也是不小的现金流，发行联名卡后不需要拿36万来上学，只需办一张白金卡，身份象征的卡，办这张卡预付两万块钱，然后来上学，每个月银行会从他的卡里扣出两万，36万的学费由银行打给我们，我们的现金流不但没有差反而变得更好更有保障。当然学员不需要付利息，利息由我们来付。为什么我们能够出得起利息？因为我们有更深层次的设计。我们华商书院第3期的侯建芳学兄，是上市公司河南雏鹰集团的董事长，他来做我们的大股东，有上市公司大股东背书，因此我们的资金是安全的。有了这样强大的资源以后，我们付利息就没有问题了，所以形成了多赢的局面。企业家赢，我们赢，我们团队赢，员工赢，这是看得见的创新和坚守。但是，我想核心不在这里，我赞成华为的价值观：围绕客户为中心而奋斗者，才是真正的奋斗者。我认为核心在客户身上，在学员身上，因为通过十年华商书院的学习、发展、成长，我们很多的企业家来这里之后，他变了。企业家学员 5000 多人，线下培训的学员超过 700 万人次，线上更多，经过十年的观察，我发现他们有三大核心的收获。

第一，成长比成功快乐。在华商书院有一群精心教学、全心付出的好教授，所以，同学们能够跟这些教授去学习。在我看来，这是前世的福报。所以，他们在老师身上获得知识、获得智慧，得到了成长；他们与一些了不起的同学一起学习，得到了成长；加上全国游学，他们在天地间穿行，这也是成长。我们有一位学员，他的父亲是一名企业家，但文化程度并不高，所以，对知识的理解有他自身的角度。当他的儿子到 17 岁的时候，他告诉他的儿子："读什么书！老子没有读书照样富有。"他儿子被迫刚初中毕业就被拖回了家庭，到了家庭以后，他发现他的父亲治理企业其实是非常粗暴的，不听话就两个办法，一是骂，二是更加的极端——打。他觉得这样不好，同时他的父亲对他本身也是很粗暴，不对就一耳光过去，当第三次挨了耳光，这个年轻人离家出走，去到另外一个省，把家里的产品拿过来销售，赚了人生第一桶金。然后南下到广东创业，有一天他的企业发展速度越来越快，于是他自己也走进了课堂，到处学习和听课。经过很多老师的教导，他明白了，虽然父亲给了他几耳光，甚至更严重的羞辱，可是他永远是父亲。所以，孝顺父母是永恒的，哪怕他只是做了一件事，就是给你生命。于是乎他决定好好孝顺他的父母，打电话给他爸爸，爸爸根本不想听。他在广东的海边买了一栋非常好的房子，他告诉父亲，爸爸你在北方冬天太寒冷，冬天到南方来，今年我的企业一年做多少个亿了，所以，爸爸你放心你不需要那么劳累，你把家里的企业卖了或者给别人，你可以不再做了，你可以好好享受晚年，那套房子就是留给您和妈妈的。请问在座的各位，一个父亲虽然一个耳光把儿子抽走了，儿子如此孝顺、如此有出息，请问这个父亲高兴还是不高兴？要不要住广东的房子、去还是不去？不去，也不高兴。从接到那一通电话开始，父亲每天工作的干劲比以前大了十倍，为什么？因为他要证明我比你厉害，他要打败他的儿子，所以开始施展资本的本事"并购"。经过两年的较量，父亲始终很难打败儿子，到了春节的时候，儿子想回家过年。可是父亲说，你不要回来，我不想见到你，终于有一天父子见面了，很巧合的是我也在。我与这位朋友一起在江苏南京见到了他的父亲，“爸爸今天我到南京了，能请你吃个饭不?”老爸说“吃就吃”。儿子敬酒，“祝你身体健康”，老爸一杯就干了；第二杯“祝你越来越好”，老爸又干了；第三杯，儿子跪在父亲面前说，“父亲的优秀用儿子来证明，老师的优秀用学生来证明，无论你怎么教育我，我永远是你的学生，我多大的成就都是你的光荣”。他的父亲，一个东北大汉，端着一杯酒的手开始发抖，这杯酒终究没有喝下去，掉到了地下，两父子相拥而泣。于是两父子回到了房间，据说那天晚上深夜长谈到凌晨4点。第二天早上去机场，我与这位朋友一起坐上聚成南京分公司的车，可是他的父亲却把司机拖下来说：“我来开车。”我的朋友坐在前排，我在后排，据说父亲可以开180迈，可是那天开得很慢，他希望儿子慢些走。我们走的时候，他盯着他的儿子说春节早点回家。那一刻我想到了朱自清的《背影》，那一刻我更有一个思考，那就是那一跪发生了惊天的变化。我思考了很久，难道跪一下就解决什么问题了吗?原来跪下去那一刻，是父亲看到了儿子回到了儿子的位子，其实儿子从来没有乱跑，儿子一直在儿子的位置。但是，父亲没有感受到，直到他发现儿子再成功也还是我的儿子，儿子再被我打了耳光依然是我的儿子。所以，儿子在儿子的位置，父亲依然在父亲的位置，这就叫各安其位，就是和谐，和谐的理解就是各安其位。各安其位的本质是什么?原来就是宇宙秩序，谁在左，谁在右，谁在上，谁在下，见了谁怎么称呼，见了谁怎么行礼，这就是仁、义、礼、智中的“礼”字。各安其位背后有一个隐藏的力量叫强制，所以，礼不仅仅是一种柔和，背后还隐藏着巨大的力量。

比如说曾国藩，镇压太平天国，出师之前发表一篇文章，有了这篇文章以后就叫师出有名。这篇文章的核心只有一个，告诉我们，告诉天下百姓，我们是中国人。我们讲究父亲就是父亲，母亲就是母亲，我们就应该孝顺他们，我们是子女就应该在子女的位置。可是在当时，太平天国的首领告诉我们，父亲、母亲都是兄弟姐妹，以后我们回到家叫爸爸为哥哥、叫妈妈为姐姐，这当然不能接受。曾国藩利用传统文化背后的力量，把战火和胸中的怒火点燃了，虽然没有像太平天国有如此强大的军事力量，已经决定了他的胜利，得人心者得天下。什么是人心?传统就是人心!很显然太平天国违背了人心。天下哪个老板敢说我们的企业中谁也不准孝顺父母？我们的传统是要求我们孝顺自己的父母。从这些案例当中，我的感悟是原来各安其位可以让我们内在和谐、世界和谐，各安其位背后也有着巨大的力量，这叫成长比成功快乐。

成长比成功快乐的第二个理解是什么？关羽一个武将为什么要夜读春秋，曾国藩写出那样的对联，百战归来再读书。我发现一个将军杀敌百万不一定能有幸福，一个国王打下一片江山不一定能有幸福，可是一个普通人降服了自己的心，他就能有幸福。而成长就是让我们一点一点降服自己的心。我理解的是一旦真正降服自己的心，世界也就能降服了。人有两座江山，一是内在，二是外在。内在是真象，外在是虚幻。如果只有外在追求，那叫缘木求鱼，这是我对成长比成功快乐的理解，华商书院的学员理解到，百战归来再读书，在这里可以体验到快乐。

第二，我发现他们的收获是向善比向恶快乐，付出比索取快乐。我们有一位东莞的同学的爱人生病了，我们几千位同学立刻行动起来，一小时之后，南方医院、广州军区医院、北大医院的门口，三台奔驰车，三个专家团往小镇呼啸而去，一个半小时以后到达东莞。东莞华商书院引路的引路，观察的观察，在顶级专家团队的抢救下，他的爱人苏醒过来了，回到了人间。感谢所有学兄，感谢华商书院！在江西有一位学兄的员工，他企业员工都在学传统文化，学国学，一天，一个员工做销售的路上，发现有人掉到了湖里，毫不犹豫把人救上来，然而他牺牲了。我们这个学兄把这个消息发到了网上，喊出一句口号，"不要让英雄寒心，不要让英雄的家人流泪"。如何帮助英雄的家人？他们当即决定捐一百万过来，全国各地捐来的款项放在基金里面，确保 20% 的年收入给到英雄的家庭和英雄的孩子。在华商书院某一个班的学兄的企业出现了资金链断裂的情况，班级其他同学临时组织董事会，出资产、出资源、出资金帮助他。胜则举杯相庆，败则拼死相救。他们在这里体验到，深层次的善良被群体激活，所以向善比向恶快乐。

第三，我自己经商十几年了，总结了做企业可以分成几个类型：第一类企业家谈的是衣食住行，第二类企业家谈的是琴棋书画茶，第三类企业家谈的是灵魂信仰爱。第一类是我想挣多少钱，第二类是帮助别人觉悟、帮助别人实现财富梦想，实现目标。第一类是物质层面，第二类是精神层面。而第三类企业家说，我只是一直思考一个问题，我从哪里来，我到哪里去，他想的是哲学的问题。这三类企业家各自精彩，但是还可以有另外一个层面，即第四个层面。一楼衣食住行，二楼琴棋书画茶，三楼叫灵魂信仰爱，四楼是在三层楼之间来回穿梭，所以他很快乐和幸福。对我来说，公司要好，是你们好我才好。但是，从企业的利益来讲，我们培养的人就是我们的产品，我们没有其他的产品。所以，希望大家能够理解这个词语不是一个贬义，到三层楼或者三层楼来回穿梭，这是一个中性的词。

我带过很多企业家去全世界游学，比如说有一次去到了德国慕尼黑，参观宝马博物馆。出来以后，我问大家，你们有什么感悟，为什么宝马做得这么好？他们说宝马精益求精，宝马定位准确，宝马创新精神……讲了很多，后来讨论得非常精彩。大家一问，陈老师你的看法呢？我说你们的看法都是我的看法，不过我还有自己的看法，我的看法是从足球看起，中国足球为什么那么多黑色三分钟，总是最后时刻掉链子？中国足球一直很稳定，一直在输，德国足球也很稳定，一直在赢，而且赢的方式让我们思考，为什么总是最后时刻进球？哪怕在 1∶0 落后，90 分钟到了的情况下。1996 年的欧洲杯，德国和英格兰，1∶0 落后，90 分钟快到了，可是德国人依然在补时的 2 分钟踢进了 2 个球，瞬间扭转战局。这样的案例非常多，所以德国足球叫德国战车。去到欧洲你会发现，德国 6 点就关门不卖东西了。我们发现很多欧洲人已经站在了“三楼”，他们知道活着是来干什么的，踢足球不是为了结果，而为了踢足球的终极目标——快乐；而我们的足球队是要踢出结果来，背负这样的结果的时候，战术体系变形、动作变形。德国队心里想输了不会太悲伤，赢了当然开心，踢足球本身是快乐的事。从足球文化看到了人的文化，宝马之所以称为宝马，做宝马的人从来没有想过把宝马做成什么样，上班做他的事就是终极目标，不紧不慢。不是说快乐就可以成功，当然也不是说一直慢就可以成功，但如果一直快他铁定出事，我们应该看到他们内在的慢。上班就是我的终极目标，他是慢慢的，他可以把每件事当作艺术品来做，比如意大利做鞋子。日本的一家寿司店，顾客要排半年才能吃到它做的寿司，它的老板 80 多岁还在上班，工作就是目标，而不是结果。而结果是，目前日本的百年老店 25000 多家，德国 894 家，法国 193 家，荷兰 222 家。我所理解的灵活性，是看得见他们真正明白了生命的意义，所以坚守的是生命的终极意义，一切为我所用，所用为一切，一切的成功是为了生命的精彩和幸福。当他们看懂这一点的时候，之前心急做企业，跟后来能够淡定的做企业显然是不一样的，不但企业没有慢，反而发展速度更快，品牌出来了，速度上去了，利润上升了。太极讲快就是慢，慢就是快。

正是因为有这样的收获和感悟，所以，华商书院十年下来变得很好。那怎么能做到让我们有收获呢？第一，发心定福报。我到美国考察，美国经济全球第一名，非常强劲，美国经济如此强大，乃至领导地球近百年。美国之所以如此厉害，是因为他有强大经济做后盾，经济中心在哪里？硅谷。硅谷是世界著名公司的聚集地，第一名苹果，第二名 Google，第三名微软，第四名亚马逊，第五名脸书，都在硅谷或硅谷附近。这里聚集了北大的学生 10000 多人，清华的 8000 多，光我国的高手都有如此之多。为什么它如此厉害？它周边有一所大学——斯坦福。斯坦福的来历，两夫妻赚了很多钱，儿子生前想上哈佛大学，两位夫妻想捐一栋楼圆了儿子的心愿。校长从门缝看了一眼这对夫妻，觉得不像有钱人，要秘书打发他们走，说捐一栋楼很贵的，你们回去吧。两夫妻出门后遗憾地说，那我们回家乡捐一所大学吧。为什么斯坦福如此成功？因为其校训就是“让自由之风永远吹拂”。谷歌的创始人曾说“创办企业就是做天下最炫最酷的事情”，于是谷歌敢于提出 2045 年要治疗死亡这种病的计划。企业的思想到达了，他的事业慢慢就可以到达，思想没有到达，事业不可能到达。深圳是创新之都，深圳的斯坦福在哪里？深圳有几所高校也很不错，但是距离斯坦福还有一定的距离。作为老百姓，天下兴旺，匹夫有责。我们渴望有一天和更多人一起创办属于中国的斯坦福、中国的哈佛，超越美国。而华商学院具备这个基础，因为我们有 5000 学员，我们培养的学生个个都是成功人士，所以，我们有了这样的发心。当然以后华商书院的学生，跟我说陈院长、陈老师，我给你捐一栋楼，我一定不会在门缝里看你，我一定请你进来喝茶认真沟通，我会吸取哈佛的教训。很多年前我就在讲这件事，在华商书院里，上午喝茶，下午开坛讲经，向全世界人传播中国的传统文化。把我毕生的财富捐献出去，邀请 100 位教授到华商书院，每个人带十个博士就是一千人，每个博士跟进十家企业就是一万家，把这些企业成功经验失败教训进行总结研究，变成论文，那就是这个时代的诸子百家。未来的 30 到 50 年，是中国由当初几十年前弱国，变成了真正全球领导者的几十年。这几十年要有人一起参与和记录这一段的历史，我虽然不是博士也不是教授，但是我有这一份心，愿意把我的财富捐出来。

第二，践行。学员来了以后先行礼，以为践行只有佛教才讲，我觉得不是，做什么不做什么就是践行，见了老师就得行礼，见了同学就得拥抱，这就是礼。如果不拥抱就是不对的，不行礼就是不对的，不能喝酒、不能杀生那叫戒。我们华商学兄，两个人一见面就抱在一起了，旁边的同学站起来说你们是华商书院的吧，这就变成了文化。我们华商书院的文化，我对学兄们说："大家下午好"，学兄们就会回答"祖国好！"上午听到了吴念博先生分享苏州固锝的企业文化，我非常感动，擦桌子不也是践行吗！比如说我在意大利跑步，暴雨中看到地上有玻璃瓶渣，我依旧把它捡起来放到了垃圾筒，在我看来这就是践行，玻璃瓶渣不会伤及我，但是，不捡那个玻璃可能伤及别人。

第三，读经。《论语》、《易经》、《道德经》、《心经》，经就是经络，经络通，通则不痛，心灵与灵性不痛，自然烦恼少了，空虚少了，这就有了高尚的灵魂。什么叫"道德"？我以一个企业人的角度理解道德，"道"就是经络，"德"就是能量。所以，为政以德，学习《论语》的时候，黎教授教导我们，孔子说"为政以德，譬如北辰，居其所而众星共之"①。于是乎，黎教授为我们制定了华商书院的校训："尊德问学，修己安人"。这个"德"字除了一般人理解的品德，更重要的是他有深层次的理解。"为政以德"就是用正能量治国，通过修行、通过实践等种种法门让自己的能量更正更高，用更高的能量治理企业，你就是太阳，你的高管就是行星。"厚德载物"，"德"就是指能量，能量低了财富上来，家庭可能会垮。所以，只有能量高才能托起你的家庭、你的财富、你的健康。托起来你才会帮助更多人，托起来你才会有更大的勇敢。除了这些之外，我们书院还安排了旅行，为什么要游学，旅行就是修行，而旅行分为时间和空间的旅行。读历史、读哲学就是时间的旅行，向上的旅行。我们读经典，读《论语》与孔子对话；通过老师和教授的引导，到《道德经》、《史记》、《孙子兵法》中汲取智慧，与圣贤对话，这

① 程树德：《论语集释》，中华书局 2010 年版，第 61 页。

是时间旅行。所以，通过种种法门提升自己，再回到自己的企业中，员工觉得老板变了，变得和善了，变得更有爱心了，其实是因为他的能量更高了，意识层次更高了。复杂的情绪干扰不了他，负能量多的人才是发脾气的人，能量高的人，让大家的频率更强而已。在我看来，企业家们到了书院，真正对生命的领悟来自对哲学的领悟，来自对宇宙的领悟，有了更深层次的领悟就叫坚守！

诚信是企业的生命

杨宏民*

十年前，李嘉诚在接受中央电视台专访时说："成功没有秘诀，没什么大道理可讲，就是'诚信'二字。二十年前，是我们找生意，二十年后是生意找我们。"这不得不发人深省，其实我国民间早就有一诺千金、货真价实、童叟无欺等生意经出现，这既是商家重诺言、守信用、赢信誉之法宝，也是将商企做大做强做优作出价值的铁律。我们龙达恒信就秉承了一种理念，就是做大不如做强，做强不如做久，做久不如做得有价值。要实现这个价值，诚信之路是必由之路。

一、诚信绽放龙达情

诚信是儒家学说和中国文化传统中一个基本的道德理念。诚和信，最早见于《尚书》，但并未纳进道德范畴。"诚"指一个人内在的真诚，"信"则指一个人外在的信用。要达到诚信，在个人修行上就要"内诚于心，真实无欺"，即所谓"反身而诚，乐莫大焉"①。要实现诚信价值，在与人交往中就要"内诚于心，外信于人，言行一致"，即所谓"与朋友交，言而有信"②。这些，就是儒家诚信思想的主要内容。

"诚信为本，立国立人"。儒家十分重视诚信的价值，即所谓"儒有不宝金石，而忠信以为宝"③。在儒家看来，"诚信"不仅是个人也是国家安身立

---

* 杨宏民，山东龙达恒信工程咨询有限公司董事长。

① 焦循：《孟子正义》，中华书局1987年版，第882页。

② 程树德：《论语集释》，中华书局2010年版，第18页。

③ 郑玄注，孔颖达疏，龚抗云整理，王文锦审定：《礼记正义》，北京大学出版社2000年版，第1578页。

命的根本，即所谓“民无信不立”；“人而无信，不知其可也，大车无輗，小车无軏，其何以行之哉”①。上述语录就用形象的比喻强调了“人无信难行、业无信难存”的道理。孔孟二圣是诚信文化的真正创始人，孔子思想中闪耀的“仁义礼智信”五大光辉，以“信近于仁，严可复也”之语，对此进行了“讲信用、守承诺”的诠释。孟子在至圣的基础上，又着力阐述了“诚”的观点，认为能通过“诚身”达到“至诚”，他认为“至诚”近于道。“诚者，天之道也。思诚者，人之道也。”② 后来，荀子则集孔孟诚信思想之大成，首次将诚信并用，赋予“诚信”以真正的道德内涵。他认为，诚能“化万物”、“化万人”，这是首善之根，又是“政事之本”。

诚信源于善根，习近平主席在视察曲阜时就提出了建设首善之区的要求，这就要求我们从善心善行做起，建设一个和谐幸福的社会。如今许多人仅从人际交往的角度来理解“诚信”，较注重在经济、政治、法律和社会交往等社会价值及其功用的层面来把握“诚信”，但就其本根性、命根性来讲，多有忽略，这是需要引起重视的。儒家讲“诚中形外”、“德不可掩”，就是给人类指出了“内在之诚＋外为之信＋人己、物我、内外”的一体贯通的光明之路，只有这条光明之路才能实现其作为“诚信”的本真意义和道德本然。古今中外大量实例告诉我们，脱离开人的德性实现这一本然向度，单从社会交往的效果方面理解诚信的观念，就很难把握“公益化”和“功利化”的维度，现代中国社会诚信价值的缺失，当然有复杂的社会原因，但它与这种对诚信维度的认知片面性，亦有较大关系。

孔子特别强调“主忠信”。其论“崇德”云：“主忠信，徙义，崇德也。”③ 意即以忠信主乎一心。人心有忠信主乎其中，则能闻义而徙，充盛而蕴成其德性。可见，“主忠信”乃是人成就其德性的途径和根据。《易·乾·文言传》论忠信和诚，对此义有更为系统深入的阐述。《乾·文言传》释九三爻辞云：“子曰：君子进德修业。忠信，所以进德也；修辞立其诚，所以居业也。”④ 这就进一步从进德与修业互成一体的角度，阐述了“忠

① 程树德：《论语集释》，中华书局 2010 年版，第 426 页。

② 焦循：《孟子正义》，中华书局 1987 年版，第 508—509 页。

③ 程树德：《论语集释》，中华书局 2010 年版，第 853 页。

④ 黄寿祺、张善文：《周易译注》，上海古籍出版社 2001 年版，第 13 页。

信”或“诚”对于人的德性和存在完成之奠基性的意义。忠信为进德之基础和途径。但君子之德性，又需借由立言垂教和人文的创制，乃能见诸功业成就而臻于完成。在儒家看来，人的德性非一种抽象的内在性。德性必显诸一定的功业成就，乃能达致其不同层级的实现；同样，人在现实中的事功成就，亦须植根于其德性的基础，才能实现其作为人道的本有价值。进德与修业，内外互成，其根据与途径乃在“诚”或“忠信”。

由此看来，要解决现代诚信问题，就必须从中国优秀传统文化中获得钥匙。儒家历来对此高度重视诚信，他们的若干主张就是一把把金光闪闪的钥匙。儒家主张在天人合一的基本架构下讨论“诚信”问题，把“诚”看作是天道的本然，人道的必然。《中庸》说：“天下之达道五，所以行之者三……知仁勇三者，天下之达德也，所以行之者一也。”[①] 程子说：“知仁勇三者，天下之达德也，所以行之者一。一则诚也，止是诚实此三者，三者之外更别无诚。”[②] 智仁勇三德，其本质和实现的途径只是一个“诚”。儒家还将“信”看作德治思想的边防，与“仁”“义”“礼”“智”一起构成“五常”，作为传统社会的核心价值观。这些主张形成了一种思想——儒家诚信思想。经过几千年的递向嬗变，才形成了悠久精深的民族传统，构成了当代中国诚信社会建设的文化基因和精神支撑。

企业也一样，诚信经营、诚信管理、诚信服务是企业发展中永远绕不开的命题。那些百年品牌、老字号、名牌商企等，无一不是诚信践行的典范；短命企业、无良商家，绝大部分是因诚信出了问题而导致失败。创业于孔孟之乡齐鲁大地这片热土上的龙达恒信工程咨询有限公司，从诞生那天起，就立志以诚聚人心，以信做市场，以品服务社会。有一次到外地参与投标，高速遇上堵车，整整耽误了一个多小时，仍无缓解，如果继续堵下去，我们可能就要爽约了。于是，我们采取紧急措施，包好文件，毅然下车穿过玉米地，好说歹说借了一辆车，最后一刻抵达开标现场。五十多个投标单位近一半未能及时赶到现场。

---

① 郑玄注，孔颖达疏，龚抗云整理，王文锦审定：《礼记正义》，北京大学出版社 2000 年版，第 1441 页。

② 《中庸章句》：“程子曰：‘……止是诚实此三者。三者之外，更别无诚。’”（朱熹撰：《四书章句集注》，中华书局 1983 年版，第 28—29 页）

实践的经验和教训同时告诉我们，诚者易成，信者益远。无论是大事还是小节，不能脱离了诚信之轨道，因为这是条健康之道、成功之道、致远之道、多赢之道。

二、儒风孕育龙达风

两千五百多年前，孔子集虞、夏、商、周优秀文化之大成，编著了《诗》、《书》、《礼》、《易》、《乐》、《春秋》为“六经”，树“仁义”、“诚信”之高标，垂“中庸”、“忠恕”之宏法，创立儒学，垂教万世。“诚”、“信”作为儒家伦理思想的两个基本概念，为儒风天下奠定了坚实的基础。

成立于2001年11月的龙达恒信工程咨询有限公司，原名为山东龙达工程造价咨询事务所有限公司；2010年11月，公司更名为“山东龙达工程造价咨询有限公司”；如今又更名为“龙达恒信工程咨询有限公司”。为适应公司战略发展需要，我们突出儒学教育，提升诚信意识，将时代文化与儒释道有效融合，几经拼搏、进取、开拓，公司现在已发展成一家拥有工程造价咨询甲级资质、工程招标代理甲级资质、政府采购代理甲级资格、中央投资项目招标代理机构资格、机电产品国际招标代理资格的企业，并成为全国30家具有财政部财政投资评审资格的造价咨询机构之一，同时还具有开展工程造价司法鉴定、PPP咨询服务、BIM技术咨询服务的资格和能力。

龙达公司的规划是要建设一个有着“军队、学校、家庭”三大体系的现代化企业，这是对全体员工的一种愿景般的承诺，对这样一种承诺，践诺是非常重要的。换句话说，如果公司为员工画出了一个蓝图，那么就必须将这个蓝图变成现实，让人们看得见、摸得着、享用得上。这就是一诺千金的根本内涵所在。

军队——龙达致力于打造军队执行力，客户需求就是命令，召之即来，来之能战，战之能胜。这支队伍，既有“把信送给加西亚”的勇气和自信，又有“踏石留印、抓铁有痕、善始善终、善作善成”的工作作风，更有遇到问题“绝不找借口、自身找原因”的气魄和担当。

学校——规划一个在实践中努力学习的园地，筑起一个道德成长、技能提升的高地，开辟一个和困难作战、与问题博弈的阵地，营造一个与公司同成长、共发展、均分享的福地。让大学生们刚走出知识的校门又走进社会实践的“龙达校园”，这个门是开启人生之旅的又一个重要之门。

家庭——龙达是个温馨的大家庭，建立了党支部、工会、团支部，经常开展思想政治工作，组织员工体检，举办丰富多彩的文化、体育、娱乐、旅游等活动，使大家感受到家庭的温暖。

龙达人的道德规范是诚信、守法、客观、公正、自律，这十字道德规范以诚信开首，顺高气、融中气、接地气，是社会主义核心价值观在龙达企业的具体体现。

三、履诺见证龙达心

诚信是儒商的基础。诚信作为一项普遍适用的道德原则和规范，是建立行业之间、单位之间良性互动关系的道德杠杆。诚实守信是社会主义职业道德建设的重要规范，是所有从业人员在职业活动中应该而且必须遵循的行为准则，它涵盖了从业人员与服务对象、职业与职工、职业与行业之间的关系。龙达人在儒风劲吹的这片热土上创业，自然对儒家文化有一种更深的感情和更多的感悟。但龙达构建的是一个实实在在的立体化文化架构。即以儒家诚信文化为源泉，结合时代精神，对道家佛家文化的经典，特别是诚信故事和案例，认真学习，努力借鉴，促进员工的道德养成，收获内外的肯定和赞誉。

一是“诚信”润于己。笔者认为，所谓“诚”，就是真诚、真实、真为的意思。即使对自己，也不能不兑现初心，也不能思而不行。在儒家看来，这是个人内心修养的一种境界。孟子指出：“反身而诚，乐莫大焉。”① 就是说，一个人反省自己，做到完全真诚，就会得到最大的快乐。《中庸》指出：“诚者，自成也。”② 真诚是自我的完善，也是一切事物的发端和归宿，体现出本性之善。一个真诚的人，能发挥自己的本性，就能进而发挥众人的本性；能发挥众人的本性，就能进而发挥万物的本性；能发挥万物的本性，就

① 《孟子·尽心上》，焦循：《孟子正义》，中华书局1987年版，第882页。

② 郑玄注，孔颖达疏，龚抗云整理，王文锦审定：《礼记正义》，北京大学出版社2000年版，第1450页。

可以帮助天地培育生命；能帮助天地培育生命，就可以自立于天地之间了。因此，在企业的运营中，我们更注重个人心灵的修炼和道德的提升。“只要心诚，石头也会开出花来”——这一格言开悟了许多人。我们在认真学习实践社会主义核心价值观的同时，将儒释道传统文化引入公司的培训课程之中，邀请国学大师来公司授课解惑，并旗帜鲜明地强调心灵之育在先、技能之育在后、品行之育在上的要求，不断灌输先做人、后做事、做成事的成长理念，收到了较好的效果。

二是“诚信”润于人。在这方面，古人为我们树立了一个个可敬可学的典范。如商鞅立木取信、曾子屠猪践诺、孔明尽瘁只为托孤一诺、孟信诚信悔病牛、韩信报一饭之恩、李勉不为金钱折腰、黄金百斤不及季布一诺等，对这些真实的案例，我们把其视为一面面镜子和一篇篇“心中有诚”的杰作。诚是前提、内力，信是人格、张力。诚需要真，真是一种力量、一种本原、一种情怀、一份感动。庄子“真者，精诚之至也，不精不诚，不能动人”之圣断，就传达出这一丰富的内涵和张力。

真诚聘用“高人”。龙达恒信的人才观是：五湖四海、尊贤尚功；其用人理念是：德才兼备，以德为先。自创业之初到今天，我们“以诚引才、以诚育才、以诚用才”的战略从未改变。管理顾问的聘用为龙达恒信的发展起到了重要作用。

真诚培育“才人”。培训是职工最大的福利，因为这是公司帮他们拿到通向成功的金钥匙。当新人来到企业时，我们首先向他们作出为其成才坚持培训的承诺。告诉他们，有了能力，到哪里都会实现人生价值，这里将建成大学生们走向社会的第一站点。从学《心经》到咏颂《弟子规》，从月末会集体唱《国歌》、唱《龙达三大纪律·八项注意》到提振精神的其他形式，从庭院文化到厨卫文化，从楼梯文化到壁廊文化，从书画文化到笔记本文化，到处都流淌着浓浓的龙精神和龙文化气息。

三是“诚信”润于世。龙达的价值观：把工程咨询事业做到极致，让客户的每一笔基本建设投资科学、规范、效益最大化，同时传承“公平、正义、诚信、守法”的思想。这个价值观第一是实现客户价值，使其效益最大化。第二是传承社会价值，使其公正化、法制化。作为工程咨询企业，如果不能坚持公、正、诚、守，就会把路走偏走邪；如果不能抵御社会的不良风气，将价值仅用金钱这杆单面尺衡量，就很难保证不出问题。第三是体现最大的诚意，为客户做好超值服务。在这一方面，我们坚持原则，心系客户，真诚服务，给许多客户省了大量资金，得到了客户的赞许和所在政府的肯定。

在中国有句传世格言是这样讲的：大丈夫说话算数，吐口唾沫砸到地上就是一个坑。这句话比“君子一言，驷马难追”更进了一步。后者是教育人们不能轻诺，因为说出去的话如泼出去的水，再也收不回来了。前者是事前有诺，有诺必践，敢于担当。其实在诚信服务上也要弘扬“踏石有印，抓铁留痕”的精神，这种精神要求我们在诚信服务上也要锲而不舍、持之以恒。我们在创业之初，也多次遇到过兑现承诺有困难的时候，由于当时的业务量不大，投入又不小，比如总部建设、分部成立，加之资金回笼缓慢等，资金出现周转困难是很正常的现象，如遇此情况，我们的思想斗争也很激烈，开个会向职工们说明一下，暂缓发放工资以解企业循环之困也不是不可以，职工也是可以理解的，但最后我们还是放弃了这个想法。我们认为，企业出了问题不能怪罪于职工，遇到困难不能转嫁于职工。哪怕是将在建项目暂缓或叫停，但员工的工资是一时也不能拖，一分也不能欠的，因为员工是公司之本，人才是企业大厦之栋梁，就是想方设法也不能舍本求末。有一两次，我这位董事长在自己垫付后尚有不足的情况下，不得不拜朋友、求同窗、走亲戚，让他们搭一把手帮公司渡过难关。

对客户更要讲诚信。没有客户，企业就没有了生命。这种理念在龙达牢牢扎下了根。但有时个别合作方却不尽如人意。有一次我们承接的某项目，建设单位迟迟未按合同进度支付我们咨询服务费。这时施工单位找到我们的项目负责人，承诺给我们几十万的服务费，让我们背后给予支持，暗地里为他们提供服务。虽然几十万的服务费在那时不是一个小数目，但是当报到公司总部时，遭到了决策层的断然拒绝。对此破坏公平正义的萌芽，快刀斩之。开会时，我表明了自己的观点，如再遇此情况，就要“邪既来之，杀之亦壮”，绝不能再向上提交。既然我们已经和甲方签署了合作协议，即使不赚钱或忍受点挫折，也要把咨询服务做好，决不干为了利益出卖原则的事情。

2016 年，龙达又挤出部分资金建起了辐射山东省的“龙达 · 爱微助”爱心平台，以救急、救助、救援的“及时雨”形象，在山东省启动了“龙达·爱微助行动”，向社会传达了爱能量、正能量和善能量。

四、精品托起龙达梦

立精品项目、建精品品牌、做精品工程，是龙达一直秉承的原则。这是诚信文化的最大亮点和最终果实。

实践证明，任何一种产品，你用真诚去生产和用虚假去生产绝对会不一样，甚至有天壤之别。服务也一样，比如龙达曾为某总投资额不超5亿的政府项目，一下省下来了近1亿元，这不仅仅体现了公平公正的价值观，对客户高度负责的精神也熠熠闪光。我们所倡导的诚信文化，让龙达插上了圆梦的翅膀，为社会留下了许多经典工程，如南水北调东线山东干线南四湖——东平湖段输水与航运结合项目、三峡工程项目、第十届全运会项目、西电东送项目、新建济南至青岛高速铁路项目、青岛海湾大桥建设项目、财政部厦门海关检验检疫局大楼项目、滨洲医学院北校区改扩建项目、山东化工技校学院滕州新校区建设项目、山东省国防教育军事训练基地项目、济南中弘广场建设项目、济南市轨道交通R1/R2/R3线项目、北海经济开发区黄河故道水系贯通及综合治理PPP项目、章丘市青少年科技艺术活动中心项目等。

诚信的哲学，端正的品行，规范的运营，大爱的境界，不仅增强了龙达人的文化自信和经营自信，也引起了各级组织、各级领导和社会各界的高度关注。一位省领导对此给予了这样一个评价：一个小小的甲虫，经过一番蜕变，变成了一条腾空的龙，其奥妙值得挖掘，其经验值得总结，其模式值得借鉴。他们不变的是诚信，他们追求的是世界一流的工程咨询服务。

“诚者，天之道也；诚之者，人之道也”。[①] “自古皆有死，民无信不立”。[②] 我想用这两句话为本文画上句号，当然我们每个人都必须先走到这个句号的前面去，那里才是你实践诚信的最好练习场。

龙达人亦如此。

---

① 郑玄注，孔颖达疏，龚抗云整理，王文锦审定：《礼记正义》，北京大学出版社2000年版，第1446页。

② 程树德：《论语集释》，中华书局2010年版，第837页。

案例分析

阿里巴巴：用价值观领导“非正式经济事业”

陈春花　刘　祯*

有三种类型的经济活动：正式经济、非正式经济以及非法经济活动。只要最终产品是合法的，活动就不会是非法活动。实际上，非正式经济活动唯一的特征取决于产品生产及分销的非正式过程，而非由最终产品的合法性来决定。这意味着，在合法产品的前提之下，由于一些法定程序的消除，如在政府注册以及诸如税收费用的节约，在某种程度上可以令交易过程变得更加容易，交易成本也会变得更低。简言之，非正式经济的意义在于更加有效的提供产品，从而令供应者受益匪浅。然而，这在实际操作中非常困难，特别是对于中国的小供应者，很多诸如农民及个人之类的供应者因为太小而无法承担起复杂的程序及税费，即便这些小的供应者可以负担得起，他们仍然会受困于两个重要的问题：顾客在哪里，为什么顾客可以相信他们提供的产品是合法的，因为他们太小了，或者因为他们没有法定的身份。更重要的是，所有的大企业也都是从小企业成长过来的。

因此，可以进行合法和有效的“非正式经济活动”是这些供应者的真正需要，并且如果这些供应者被视为顾客时，这种“非正式经济”可能成为一种重要的顾客价值，在实践中，这些供应者的生存和兴旺造就了一家成功的企业——阿里巴巴。“非正式经济”作为一种顾客价值构成了阿里巴巴的经营逻辑：让天下没有难做的生意。他们提供的平台可以支撑许多小供应者在不经过政府注册的情况下做生意。但是，一个伟大的经营逻辑本身还不足以造就一家企业的成功，有效的管理令成功的经营得以实现。阿里巴巴的经

* 陈春花，北京大学国家发展研究院 BiMBA 商学院院长，管理学讲席教授；刘祯，华南理工大学管理学院教授。

历验证了有效的价值观领导实践。

一、非正式经济、事业及价值观

（一）非正式经济的本质

众所周知，交易形成了市场，并且市场需要有其规则，最为基础的规则是交易的产品至少应当是合法的，不会对人造成伤害。但是这个过程并不是统一的，当然，如果所有的交易都可以由政府来规范和监管，市场将会完全理想的合法，但是，现实并不等于理想。政府作为一个监管者，为了很好地行使这一任务，需要将交易者记录在案，并且需要运营的费用，这就必然导致了程序和成本，而事实上，这些程序和成本与产品和交易本身并不相关，为了保证最终产品的合法性，这对于一些大公司和大的交易或者特殊行业非常有必要，也就是通常所说的正规经济，但这并不意味着所有的活动都应当通过这种方式来完成。例如，甲有一本乙需要的书，乙在市面上没有找到此书，后来得知甲有，同时甲也愿意出让，但问题出在如果他们不得不到政府注册并且缴纳税费的话，他们就无法负担得起为这一简单交易所要求的程序和成本，结果就是乙的需要无法实现。甲乙两人仅仅是社会的缩影，还有更多类似的需要，如想着如何销出蔬菜的农民，想更便宜的买到与商店相同产品的百姓，想更有效地处理一些小商品却因为没有更好的选择而不得不将其扔掉的人，想通过做点小生意来养家糊口的贫穷的无业人员等。

非正式经济通常被定义为一些不是由法律监管而是习俗或个人关系来监管的活动。就像非正式组织的存在一样，非正式组织的任务在于满足那些正式组织无法实现的员工需要，非正式经济也对这些由个人需要构成的社会需要承担责任，数据显示，非正式经济承担了中国 2.83 亿城市就业人员中的 1.68 亿就业人员，因此，非正式经济已经成为一种重要的社会职能和器官。除此之外，大部分世界的经济活动都是以非正式的形式发生，许多发展中国家的产出中有一半以上的来自非正式经济，经济的进步也见证了非正式经济活动的增长。个人和非正式经济系统指的是人们探索其自身的需要并试图以其自己的方式来满足需要，基于这种理解，本文将非正式经济总结为一种社会需要同时也是一种满足这些需要的工具。研究非正式经济不应当聚焦于其合理性或合法性，而是应当去研究如何有效地运用非正式经济以释放其价值。借用一篇文章曾经用过的题目，就非正式经济而言，你说其不合法，我说其合法，只要其能够满足人们的需要并对我们的社会有益。毕竟，正式化或合法性本身并非经济的目的。

（二）非正式经济事业

任何组织，不论是否是商业性质，都要有事业理论，这事关组织“做什么”，对于各类组织而言，成果只存在于外部，企业的成果在于满意的顾客，医院的成果在于康复的病人，学校的成果在于培养出学有所成的学生，在企业内部，只有成本，并且企业只有一个目的就是创造顾客，因此，当非正式经济被视作一种需要和顾客价值时，非正式经济和企业事业就建立了关联。根据中国2010年第6次人口普查的最新数据，中国的总人口为1370536875人，过去十年的人口增长超过了1亿人，而目前中国的失业人口已经高达2亿人，更严重的是，根据国家统计局的数据，2010年中国人均月收入为2230元人民币，约合350美金，对比中国GDP总量世界第二的位置，中国政府承载了巨大的社会压力。当然，从长远看，巨大的人口可能意味着无数的顾客，大量的失业人员在未来有从事经济活动的巨大潜能；理想上讲，如果这些人口资源的潜能可以大大地被实现，结果也会带来他们相应的高收入。理想与现实之间的鸿沟形成了商机，正如德鲁克所讲，企业的事业是由社会和经济所创造，因此，正是未满足的社会需要和非正式经济创造了“非正式经济事业”的合理性。

（三）价值观和企业绩效

文化被发现对各种组织过程能产生影响，实践者很感兴趣，知道文化在某种条件下可以成为持续竞争优势的一个来源。为了让组织文化提供持续竞争优势，巴尼建议了三个条件：第一，文化必须有价值，其必须能够使一个企业所做的事情带来高的销售收入、低成本以及高的边际收益，或者让企业以其他方式增加财务价值，因为财务绩效是一个经济概念，为了产生绩效，文化必须要有积极的经济效果；第二，文化必须是稀有的，其必须有与其他大多数组织所不同的特点；第三，这种文化还必须是难以模仿的，没有这些文化的企业无法进行那种可以改变其文化或成为该文化的活动，如果他们试图模仿这些文化，相对他们试图模仿的企业他们将会有许多不利（声誉、经历等）。企业文化的本质是行为习惯而非概念，当文化从理念转化为行动时文化才能奏效。

作为文化的核心，价值观应当满足上述所有的要求以有资格成为一种核心竞争力。无疑，价值观本身非常重要，这是为什么几乎所有的中国企业都一直在通过模仿发达国家的成功企业来构建他们的价值观的原因，但事实上，很多公司误解了这些成功公司的秘密并且高估了价值观本身的功能，甚至相信价值观可以自动地转化成为生产力，表面上看很多中国企业都有伟大的价值观，但这些企业中仅有少数是成功的。价值观是否能够产生绩效不仅仅取决于价值观本身，也包括价值观的管理，事实上，正是价值观的管理而不是价值观本身令竞争对手难以模仿并构成了组织真正的竞争优势，这个逻辑很像一句格言：每个人都知道如何成功，但只有少数人能真正去做。

二、马云和阿里巴巴的基本品质

（一）马云的品格

新东方创始人俞敏洪有一个观点：长相和教育背景不能决定一个人是否能够成功，用于支撑其观点的论据就是马云。马云因长相奇特曾被称为“外星人”，三次高考失败，最后考入杭州师范学院，他的文学学士与企业和电脑技术根本不相关。但这种长相和教育却都没有阻止到他的成功，此外，马云出生在一个普通的家庭。

尽管家庭出身、长相和教育背景作为关键成功因素的论断站不住脚，却不能忽略人格在一个人成功过程中的必要作用。回顾马云的童年，有两点能够从某种程度上反映出他可能领导企业的品格。首先，他小时候很爱打架，然而，打架的原因每次都是为了他的朋友，因此，他被认为是一个很讲义气的人；其次，他酷爱武侠，崇拜《笑傲江湖》中的风清扬，因为风清扬是一个低调的武林高手，并且成就了武林高手令狐冲，马云也梦想成为商场上的风清扬。这从一定程度上反映出马云“发展他人”的倾向，而只有一个乐于发展他人的人才能领导一家小企业变大，否则，一个企业永远不会成长。

困难的经历也形成了马云永不放弃的精神，1995 年马云获得了去美国的机会，看到了互联网的巨大潜力，因此，决定构建一个名为中国黄页的网站来帮助中国企业上网，中央电视台的一位记者曾经记录了这一艰苦时期，为了实现他的梦想他拼了命地去销售这个网站，但四处碰壁，尽管最后得到的只是失败，但马云并没有放弃。企业和个人每天都面临种种困难，最重要的是对于梦想的坚持以及务实地去克服困难的勇气。马云的这一品格在阿里巴巴的创立过程中也有清楚的体现。

总之，乐于发展他人，怀有远大梦想但同时又脚踏实地克服困难，这些构成了一个领导者的真正魅力，这些品格也是用价值观来领导一个企业的基础。

（二）价值观驱动型企业的诞生

1998—1999 年，马云担任由中国对外经济贸易合作部下属中国国际电子商务中心成立的一家信息技术公司的负责人，当时马云和他的团队成员已经月薪过万，但是，马云却关注他们工作的真正价值，他并不认为把他们过去四年来积累的宝贵知识和经验继续用在这个项目上是有价值的，这并不符合他对互联网在中国巨大应用前景的判断，因此，他决定放弃这样一份好工作并开始他梦想的新事业。

这是一个非常困难的决策，特别是对于那个由他的 17 个朋友组成的团队，1998 年，马云带领他们从家乡到北京，经过辛苦工作获得了高薪的回报，当他们刚刚步入正轨时他们又不得不面对新的选择，如果他们选择了新的事业，他们就不得不放弃高薪，以 500 元的月收入，回到杭州老家马云的家中办公，一边是利益，一边是梦想，不能兼得，结果是他们在经过 5 分钟的考虑后一致选择了后者，是这种共同的价值观而不是利益驱动他们作出了决策。

离开北京之前，创业团队第一次来到长城，发誓要做一个真正由中国人创办的在世界上伟大的企业，这个企业的使命就是要让天下没有难做的生意，这一阿里巴巴恒定的价值观也匹配了有效的非正式经济理念。阿里巴巴的顾客通常是小型和中型的供应者，阿里巴巴的战略包括了企业对企业、企业对用户、用户对用户以及其他与实现非正式经济事业相关的交易平台。

三、阿里巴巴的价值观管理实践

（一）在创立之初确立基本的价值观原则

1999年9月10日，一群拥有对企业未来有同样价值观的人结合起来组成了阿里巴巴。就组织的具体运作而言，阿里巴巴首先确定了约法三章，包括实践中工作的基本价值观原则，这些价值观的目的是为了确保所有的人员拥有统一的解决问题的方法以及提高组织的效率，换句话说，是为了解决传统的组织效率低下的问题。这些价值观包含如何正确地对待矛盾、会议以及顾客的原则。

第一个价值观是解决矛盾的原则。马云及其伙伴制定了矛盾双方必须面对面解决矛盾的原则，一方面，所有员工的矛盾必须要解决而非被忽视或者拖延，马云坚信办公室政治实际上是源于没有解决的矛盾的积累，矛盾的忽视可能粉饰了组织，没有一个组织可以承受得起这一积累的巨大爆发，这就是为什么矛盾常常被认为是有害的，但是这第一个原则可以使矛盾变得有建设性。另一方面，矛盾必须坦诚地面对面解决，很多中国人会非常含蓄以至于不愿意直面矛盾并当面解决，这就是为什么矛盾被认为是难以解决的原因，因此，这一原则帮助人们改变了解决矛盾的不好习惯并且实现了矛盾的价值。

第二个价值观是开会的原则。所有的会议必须要有一个明确清晰的主题，必须只能让相关的人员参加，并且必须要有主题的成果，这是为了提高会议的价值。会议是所有组织都应用非常频繁的活动，但会议的本质却应当是一个解决问题的工具而非一种活动形式。因此，会议必须要有一个清晰的主题，否则就是对整个会议的浪费，参会者必须是少数的相关人员而非全体管理者或员工，一些企业喜欢众人参加的大会，但这对于不相关人员而言则是一种浪费，此外，即便会议有清晰的主题和相关人员，如果会议没有成果也毫无意义，而这也是许多组织的不良习惯。

第三个价值观是对待顾客的原则。他们达成了对待顾客的“简单、诚实、友好”的原则，这一原则后来逐渐演变成了顾客第一的价值观。这些阿里巴巴初始时期的价值观对构建未来价值观以及阿里巴巴的成长极具价值。

（二）当组织变得较大时形成系统的组织价值观

自1999年创立以来，阿里巴巴取得了较好的发展，然而，2000年年底，阿里巴巴遇到了成长的瓶颈，部分是由于外部互联网行业环境的萧条，即“互联网的冬天”，阿里巴巴在财务压力下无法负担高额的人力成本，更重要的是，相比初期的18个人，阿里巴巴已经变得更大，拥有了数百员工，一些新员工没能对阿里巴巴的价值观有一个很好的认识，因此，阿里巴巴开始调整人力资源以获得合适的员工，阿里巴巴裁掉了那些与组织价值观不相符的员工，并且，最重要的举措是对首席运营官的甄选，首席运营官的任务是设计出系统的组织价值观。关明生，这个曾经在通用电气有过15年工作经验的职业经理人，成为了最佳人员，因为诸如通用电气等的成功企业一直都是阿里巴巴学习的榜样。

在关明生的帮助下，阿里巴巴构建了系统的价值观，被称为“独孤九剑”：群策群力、教学相长、质量、简易、激情、开放、创新、专注、服务与尊重。同时，阿里巴巴发起了“整风运动”，这是从毛主席1942年“延安整风运动”学习而来，这一运动的目的是统一思想，如马云所说：就像延安整风运动，首先要统一思想，什么是阿里巴巴的共同目标？要做80年持续发展的企业、成为世界十大网站、只要是商人都要用阿里巴巴。我们告诉员工，如果认为我们是疯子请你离开，我们要做80年的企业，整风运动要把价值观贯彻到每一个人身上。此外，阿里巴巴还发起了一个名为“百年大计”的销售培训，培训的最重要的内容是不销售技能本身而是组织的价值观，所有的管理者都变成了培训师，关明生负责讲授价值观，彭蕾负责讲述阿里巴巴的历史，孙鹏宇和李旭辉的任务是讲营销技术，而马云则会告诉每一个员工，销售员只有一个使命，就是帮助顾客成功，这是阿里巴巴最重要的价值观。阿里巴巴的逻辑非常清晰：先构建价值观，再构建销售团队。总之，“整风运动”和“百年大计”都是可以强化系统设计的新价值观的有效教育工具。

（三）当组织壮大时进行员工的价值观考核

阿里巴巴的考核体制。“整风运动”和“百年大计”之后，阿里巴巴经历了高速成长并很快在2003年成为一家拥有数千员工的大公司，尽管价值观的培训曾经是一种有效的措施，但此时已经不够了。阿里巴巴开始了一项新的方法来进行价值观管理，这一方法被称作价值观考核，这与那些仅仅聚焦于关键业绩指标的一般公司的考核体制非常不同。图1中两个基本的考核维度分成了四个象限，一个维度是传统的业绩因素，另外一个是创新的价值观因素，一个有高业绩的人在一般的企业里会有很好的评价，但是，在阿里巴巴还不够，如果价值观得分是低的，也不会是一个胜任工作的人从而落在第一象限，这类员工被比喻为“野狗”。相反，有的人可能在价值观上获得高分，但如果不能取得高的业绩也不合格，会被称作“小白兔”，落在第三象限中，只有第二象限的员工是被鼓励的，被称作“阿里人”，价值观得分和业绩都很高。因此，第一象限和第三象限的人应当自我调整以成为“阿里人”，当然，没有公司会要第四象限中的价值观和业绩都低的人。马云欣赏中国的太极哲学，其由阴阳两面构成，阿里巴巴考核机制的原理正是基于这种哲学，如同马云所讲的，价值观的功能就像是道德相对于法律的作用一样。

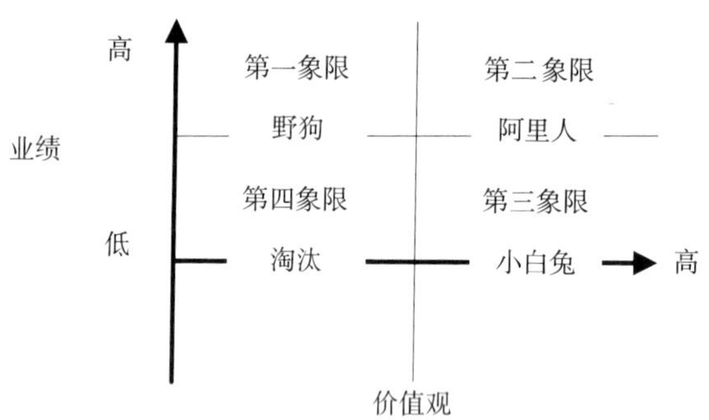

图1　阿里巴巴考核模型

价值观考核的原因。阿里巴巴人力资源总监彭蕾从三个方面对此作出了解释。第一，阿里巴巴的大多数员工是中国的年轻人，他们需要额外的功课以弥补中国传统应试教育的缺陷，在这种教育下，他们完全没有机会学习如何与他人交往，结果是多数年轻人都善于成绩但很难很快自我调整适应团队和社会，多数公司的年轻人不懂得如何与他人沟通，这在西方的公司里就比较少见，因为西方的教育可能相对自由，其培育出来的年轻人会懂得如何尊重、倾听和与他人合作，因此，价值观考核的目的就是要教会年轻人如何很好地与他人相处。第二，阿里巴巴员工的数量每年都在成倍增长，阿里巴巴发展速度太快以及新员工价值观如此的多元化以至于阿里巴巴的核心价值观将会被冲垮，如果不对价值观进行考核的话，即便那些持有相反价值观的员工能够获得高业绩，成果也仅仅是短暂的昙花一现。第三，阿里巴巴对自身价值观的意义有信心，如果员工能够按照阿里巴巴的价值观进行思考和行动的话，那么从长远来看，他们本人将会非常受益。

阿里巴巴价值观考核的内容和方法。如表 1 所示，考核的核心价值观被称作“六脉神剑”，由分别包含五个项目的六大方面构成。考核的方法是“通关制”，对于每一个由五个项目构成的方面，如果一个人的第一个项目没有做到，那么即便他的其他项目都做到了，也没有任何作用。以客户第一为例，第一个项目是“尊重他人，随时随地维护阿里巴巴形象”，这是一个基本的项目，最后一个项目是“具有超前服务意识，防患于未然”，一个人可能由于天资聪明及交易技巧能够在这一点上表现很好，但是，如果他非常傲慢并且不会尊重别人，那么他在这一方面的得分仍然是零分。采用“通关制”的原因是由各个项目的递进逻辑决定的，以第五个方面“激情”为例，第一个项目是“喜欢自己的工作，认同阿里巴巴企业文化”，很难想象一个对工作没有热爱的人可以持续做得很好，第四项是“始终以乐观主义的精神和必胜的信念，影响并带动同事和团队”，如果一个人不能对其工作表现出激情和热爱，这一项目也是不可能的。

表 1　阿里巴巴的核心价值观指标

六脉神剑		项目	
理念	解释	描述	分值
客户第一	客户是衣食父母	尊重他人，随时随地维护阿里巴巴形象	1
		微笑面对投诉和受到的委屈，积极主动地在工作中为客户解决问题	2
		与客户交流过程中，即使不是自己的责任，也不推诿	3
		站在客户的立场思考问题，在坚持原则的基础上，最终达到客户和公司都满意	4
		具有超前服务意识，防患于未然	5

六脉神剑		项目	
理念	解释	描述	分值
团队合作	共享共担，以小我完成大我	积极融入团队，乐于接受同事的帮助，配合团队完成工作	1
		决策前积极发表建设性意见，充分参与团队讨论；决策后，无论个人是否有异议，必须从言行上完全予以支持	2
		积极主动分享业务知识和经验；主动给予同事必要的帮助；善于利用团队的力量解决问题和困难	3
		善于和不同类型的同事合作，不将个人喜好带入工作，充分体现“对事不对人”的原则	4
		有主人翁意识，积极正面地影响团队，改善团队士气和氛围	5
拥抱变化	突破自我，迎接变化	适应公司的日常变化，不抱怨	1
		面对变化，理性对待，充分沟通，诚意配合	2
		对变化产生的困难和挫折，能自我调整，并正面影响和带动同事	3
		在工作中有前瞻意识，建立新方法、新思路	4
		创造变化，并带来绩效突破性地提高	5
诚信	诚实正直，信守承诺	诚实正直，表里如一	1
		通过正确的渠道和流程，准确表达自己的观点；表达批评意见的同时能提出相应建议，直言有讳	2
		不传播未经证实的消息，不背后不负责任地议论事和人，并能正面引导，对于任何意见和反馈“有则改之，无则加勉”	3
		勇于承认错误，敢于承担责任，并及时改正	4
		对损害公司利益的不诚信行为正确有效地制止	5
激情	永不言弃，乐观向上	喜欢自己的工作，认同阿里巴巴企业文化	1
		热爱阿里巴巴，顾全大局，不计较个人得失	2
		以积极乐观的心态面对日常工作，碰到困难和挫折的时候永不放弃，不断自我激励，努力提升业绩	3
		始终以乐观主义的精神和必胜的信念，影响并带动同事和团队	4
		不断设定更高的目标，今天的最好表现是明天的最低要求	5

<table>
<tr><th colspan="2">六脉神剑</th><th colspan="2">项目</th></tr>
<tr><th>理念</th><th>解释</th><th>描述</th><th>分值</th></tr>
<tr><td rowspan="5">敬业</td><td rowspan="5">用专业的态度和平常的心态做非凡的事情</td><td>今天的事不推到明天，上班时间只做与工作有关的事情</td><td>1</td></tr>
<tr><td>遵循必要的工作流程，没有因工作失职而造成的重复错误</td><td>2</td></tr>
<tr><td>持续学习，自我完善，做事情充分体现以结果为导向</td><td>3</td></tr>
<tr><td>能根据轻重缓急来正确安排工作优先级，做正确的事</td><td>4</td></tr>
<tr><td>遵循但不拘泥于工作流程，化繁为简，用较小的投入获得较大的工作成果</td><td>5</td></tr>
</table>

具体而言，考核周期及程序为：每季度考评一次，其中价值观考核部分占员工综合考评分的 50%；员工先按照 30 条价值考核细则进行自评，再由部门主管进行评价；部门主管将员工自评分与被评分进行对照，与员工进行绩效面谈，肯定好的工作表现，指出不足，指明改进方向。考核说明有 5 点：员工自评或主管考评必须以事实为依据，说明具体的实例；如果不能达到 1 分的标准，允许以 0 分表示；只有达到较低分数的标准之后，才能得到更高的分数，必须对价值观表达从低到高逐项判断；小数点后可以出现 0.5 分；如果被评估员工某项分数为 0 分、0.5 分或者达到 4 分（含）以上，经理必须注明事由。每个方面的总分是 5 分，及格线为 3 分，评分结果有四个等级，27—30 分为优秀，23—26 分为良好，19—22 分为合格，0—18 分为不合格。对于价值观评分的结果，价值观得分在合格及以上等级者，不影响综合评分数，但要指出价值观改进方向；价值观得分为不合格者，无资格参与绩效评定，奖金全额扣除；任意一项价值观得分在 1 分以下，无资格参与绩效评定，奖金全额扣除。

“闻味官”是阿里巴巴的创新设计，用来考察求职者的价值观并选择出与阿里巴巴价值观相匹配的新员工。如阿里巴巴的两个考核维度所示，尽管阿里巴巴需要那些有能力胜任各种工作的人才，但是在选择测试中能力也仅仅是一种必要但不是决定的因素。2009 年，在阿里巴巴成立十周年之际，阿里巴巴在全国展开了一次大规模招聘，这次招聘的不同之处在于“闻味官”的涉入并且在面试过程中权力巨大。

“闻味官”通常是在阿里巴巴工作超过五年并且深知深信阿里巴巴价值

观的资深员工，这些官员负责通过仔细观察应聘者的言行来嗅出应聘者的价值观，并且根据他们的经验来选出那些价值观与阿里巴巴最为相符的应聘者，例如，阿里巴巴是一家非常强调梦想和使命的公司，因此，当面试人员不厌其烦地告诉求职者阿里巴巴的价值观时，“闻味官”会观察求职者的表情、态度以及行为，那些表现出较低的兴趣并且聚焦于工作收入的求职者将毫无疑问地被淘汰。此外，阿里巴巴也是一个鼓励合作的公司，并且是一个将组织目标看得比个人利益更加重要的公司，因此，“闻味官”可能去了解求职者的自我感觉，很多求职者会因为太自我为中心而不能被选中，有些求职者声称他们非常热爱阿里巴巴，但他们却无法具体说出热爱哪一方面，这些人也同样会被淘汰因为他们不诚信，这与阿里巴巴的核心价值观是相违背的。总之，不论求职者是否有很强的能力，在招聘过程中闻味官拥有一票否决权，“闻味官”的面试已经成为阿里巴巴价值观考核的重要方面。

（四）在成长的过程中发展价值观

从“约法三章”到“六脉神剑”。阿里巴巴的价值观并非一成不变的。1999 年阿里巴巴创立的时候，阿里巴巴确定了“约法三章”作为所有员工的基本原则。2001 年当阿里巴巴 2 岁的时候，阿里巴巴努力确定了“独孤九剑”作为阿里巴巴的价值观。2004 年当阿里巴巴 5 岁的时候，阿里巴巴正式将“六脉神剑”作为阿里巴巴的核心价值观，这也成为考核全体员工的内容。在这一发展过程中，阿里巴巴的价值观越加清晰和具体。

寿命愿景从 80 到 102 年。阿里巴巴曾经邀请教授到阿里巴巴进行了一项实验，所有的管理者被分成三组，第一组要求在 15 分钟内找出手表的 15 个近义词，10 分钟后，这一组刚好完成了 15 个，第二组要求在 15 分钟内找出尽可能多的近义词，结果这一组找出了 7 个，第三组被告知他们要找出 35 个否则他们就失败了，并且 35 个只是及格线，这种高要求驱使第三组在同样的时间内找出了 39 个词，因此，阿里巴巴意识到了有挑战性的具体目标的价值。就寿命愿景而言，阿里巴巴在 1999 年开始时确定要成为 80 年的组织，2004 年，阿里巴巴已经成为中国的一家成功公司，在其成立 5 周年之际阿里巴巴又提出了新的更高的要求，阿里巴巴将目标定为至少 102 年，这是阿里巴巴的新价值观：一个真正伟大的组织应该能够跨越三个世纪，因为阿里巴巴成立于1999年，因此102年成为阿里巴巴梦想成为一个伟大组织的基本标准。

新商业文明。2009年9月10日，在阿里巴巴成立10周年庆典之上，阿里巴巴宣布在下一个10年阿里巴巴将不遗余力地构建新商业文明，马云表述了新商业文明的价值观：我们有一个梦想，正如马丁·路德·金一样，十年之后，商人不再是一种唯利是图的象征，商人将成为社会发展的主导力量，由互联网创造的商人将是诚实的、开放的、负责任的和全球化的，这种价值观的具体指标是：阿里巴巴将会创造1000万家小企业的电子商务平台，要为全世界创造1亿个就业机会，要为全世界10亿人提供消费的平台，通过1000万企业的平台，让所有的小企业可以通过技术，即通过互联网、通过电子商务，跟任何大型企业进行竞争，希望阿里巴巴的消费者，能够享受真正的物廉价美的产品，更希望在阿里巴巴的服务面前，让任何一个老太太，不要因为少交了60元电费去银行门口排队，利用阿里巴巴的服务，让他们跟银行的董事长享受一样的权利。

坚持核心价值观。尽管阿里巴巴的价值观在过去多年获得了发展，但是有些价值观是一直坚持的。他们是阿里巴巴的使命，让天下没有难做的生意，以及阿里巴巴的永恒原则，顾客第一，员工第二，股东第三。

（五）分享成果，不让雷锋吃亏

雷锋精神的核心是无私的奉献组织，这一精神在阿里巴巴备受鼓励，但是，马云坚信是组织环境决定了这种奉献的存在，换句话说，这是组织的责任而非员工的责任，只有当组织不让雷锋吃亏时组织才能创造出真正的雷锋精神。

2007年11月6日，阿里巴巴在香港上市，创造的百万富翁空前之多，招股说明书披露，当时有4900名员工持股，平均每名员工有9.05万股，以11元港币的招股中间价计算，每人通过IPO得到的财富正好是100万港币，阿里巴巴上市造就的千万富翁也有千人之多，当年跟随马云创业每人只有500元收入的员工更是得到了超乎想象的回报。

尽管阿里巴巴的百万富翁的人员远远多于同行，但马云在《胡润IT富豪榜》中的财富和排名远在其IT同行领袖之后，因为马云在这些领袖当中持有的公司股份最低，例如，盛大网络的主席陈天桥，持有75%的公司股份；百度的主席李彦宏，持有25%的公司股份；相比之下，马云只持有了5%。如果那些可以全心全意实践组织价值观的员工被称作“雷锋”，确保这种努力的最有效的办法就是与他们分享组织的成果并且决不让他们吃亏。

经过12年多的发展，今天的阿里巴巴集团已经成长为有超过25000名员工、年总收入达到152亿人民币的大型企业。阿里巴巴的B2B业务平台“Alibaba.com”，已经创造了7970万注册用户。阿里巴巴的C2C业务平台淘宝网，已经创造了超过3.7亿的注册用户。淘宝网2010年的交易总额达到了4000亿人民币，相比2007年的300亿这是一个巨大的增长。更重要的是，到2011年11月30日，淘宝网已经帮助246.3万人直接就业，其中包含2.034万名伤残人士。淘宝商城（天猫）在2011年6月从淘宝网中分离出成为专业的B2C平台，其单日的最高交易金额纪录接近10亿人民币。2011年淘宝商城交易额为1000亿，同比增长3.5倍。支付宝是阿里巴巴在2004年首创的安全便捷的第三方支付平台，现在已经有超过6.5亿的注册用户。关于市场表现，根据中国专业调查公司艾瑞的数据，C2C是中国消费者最受欢迎的网络消费平台，淘宝网在2011年第一季度占中国C2C的市场份额为90.5%，而淘宝商城也占到了B2C市场的46.9%。无论是对顾客价值的贡献，还是企业自身成长，阿里巴巴在过去这些年从整体上都取得了不错的成绩，而这种事业的成功正是建立在价值观的领导基础之上。

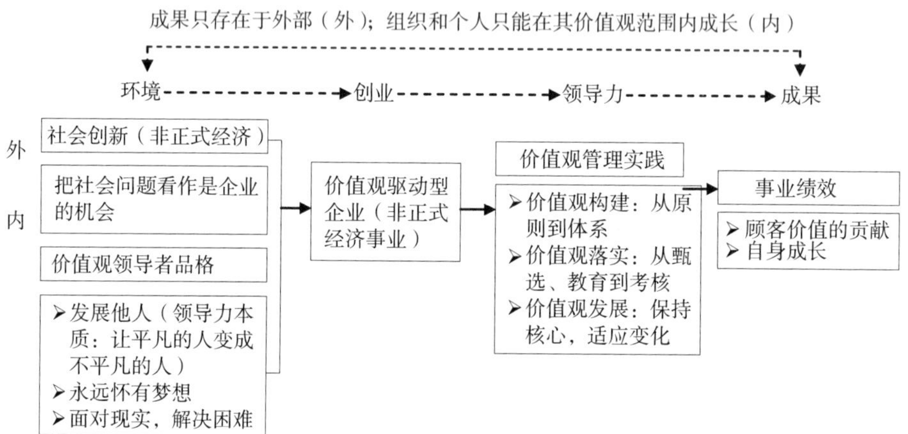

图2　价值观领导事业模型

如同阿里巴巴所呈现的，价值观通常包括使命、愿景、核心价值观以及一些行为准则。价值观的内容本身仅仅是价值观管理的一部分，另外一部分是要驱动所有的组织成员来真正信仰并执行这些价值观。对于价值观的管理有两个基本的要求，这些要求也是产生价值观驱动型企业的前提。第一，领导者的领导风格富有魅力。阿里巴巴集团的创始人马云不是一个技术专家，也仅仅毕业于一个普通学院，但是他却从未向任何困难低头并且总是竭尽全力地运用影响力来说服所有的员工去贡献组织的目标，他关注组织作为一个整体的成长远远多过关心他个人的成长，作为一个领袖，他的个人财富无法和他同行的领袖相比；但是，从发展他人的角度，作为组织的阿里巴巴却创造出了比其他任何同行都多的百万富翁员工。总之，做一个既充满理想而又脚踏实地的人，在今天这个充满幻想的时代，会成为一种非常稀缺的结合，这也成了价值观领导者的内在条件；一个有价值的组织是为了外部及外部的利益而非自己而存在，是价值而非利益构成了组织的目标。一个以自身利润为中心的组织还没有达到可以构建合理价值观的条件，之于阿里巴巴，非正式经济作为一种社会需要成为了阿里巴巴成长的机会，因此，从某种意义上，企业的职能就是通过把社会问题转化为企业的机会满足社会的需要，也因此得以为本机构服务，即要进行社会创新。

阿里巴巴的实践表明了价值观管理的一般过程，这个过程也伴随了一个组织的成长：第一个阶段是初步形成组织价值观的雏形，包括组织未来的大体方向以及一些基本的在组织中的行为原则，这一阶段的组织通常处于创立时期，组织的规模很小，但是务必要确保这些人可以在这些价值观上达成共识；第二阶段是将价值观进行具体化并且构建一个相对完整的价值观体系，这对一个渐渐发展的组织而言至关重要，这一阶段的组织规模中等，但仍然没有太多的员工；第三阶段是当组织成长为一个大企业时要实现员工与组织在价值观上的一致性，组织人数非常之大以至于非常难以确保所有的员工都能信仰组织的价值观，规模的迅速成长导致了个体价值观的多元化及组织价值观的稀释，当许多中国大企业投入越来越多的精力在考核员工的关键绩效指标时，阿里巴巴放弃了这种传统的评价方法，创新性地强调对员工价值观的考核，这一措施使得全体员工遵守组织的价值观，也只有当全体员工可以很好地践行这些价值观时，组织才能得以成功。此外，在这个过程当中，价值观本身也在为了更好地适应组织的成长和动态环境而不断发展，例如，阿里巴巴的核心价值观从“独孤九剑”变为“六脉神剑”，对于阿里巴巴寿命的愿景从80年变为102年，当然，阿里巴巴的使命从未动摇，因此，价值观的发展也是价值观管理的一部分。

最后，作为结束语，从经营的角度，一个好的价值观可以为人们创造好生活，从管理的角度，管理好一个好的价值观可以创造一个好的事业，这正是用价值观来领导事业的基本内涵。

信仰传统文化的企业家对企业社会责任行为影响过程研究

——以东莞TW电子公司为例

晁　罡　林冬萍　刘子成　王　磊*

近年来，中国出现了不少运用中华传统文化治理的企业，它们开展了诸如传统文化研习班等多项社会责任活动。本文通过对TW公司的探索性案例研究，发现信仰传统文化的企业家对企业履行社会责任的过程具有巨大影响。本文采用扎根理论研究方法，经过开放式译码、主轴译码和选择性译码后提炼出主范畴以及连接这些范畴的“故事线”，提出了一系列命题和理论模型。研究发现，信仰传统文化的企业家之价值观与其他企业成员价值观产生一定冲突时，主要依赖强制权力和长老权力的行使影响企业社会责任行为。本文结尾对着眼于传统文化的中国管理研究进行了展望。

一、引　言

东莞TW电子公司（以下简称TW公司）体量虽小，却愿景远大，以“办学校型企业，为社会培养浩然正气的谦谦君子，德才兼备的社会栋梁”

* 晁罡，华南理工大学工商管理学院教授；林冬萍，华南理工大学工商管理学院硕士研究生；刘子成，华南理工大学工商管理学院硕士研究生；王磊，华南师范大学公共管理学院副教授，为本文通讯作者。基金项目：国家自然科学基金项目“道义场域：中华传统文化嵌入型企业的制度形塑，生态群落演化及作用机制”，项目编号71572060。国家自然科学基金项目“企业家风：中华传统文化嵌入型企业的拟家庭化实践、积极心理资本与工作—家庭平衡关系研究”，项目编号71672062。

为使命。TW 公司迄今已举办逾两百场免费的传统文化讲习班，还吸引了美的、联想等等中国著名企业的管理者前来学习。除此之外，TW 公司推行传统文化学习的举措还渗透在企业的各个方面。TW 公司的董事长李先生于 2004 年皈依佛教，但他坚信中国儒释道相互依存，“用良心对人就是儒家，用良心对大自然就是道家，用良心对万物就是佛家”，“通过办教育振兴儒家，才能为佛家提供基础”。因此更确切地说，他信仰的是以儒释道三家为主体的中国传统文化。TW 公司的企业社会责任（Corporate Social Responsibility，CSR）与李先生的传统文化信仰是一致的。学术界对于企业家信仰是否会对企业伦理行为产生影响的理论和实证研究早已有之，然而研究结果并不趋同甚至相互冲突。① 这些研究结果的出入与从企业家信仰到企业行为之过程的复杂性不无关系，Quinn 指出，从个人伦理到企业伦理，再到企业行为，是一个多阶段过程，各阶段间又有多个调节变量（如组织文化、规范结构等）的作用，更增添其复杂性。② 针对这种涉及复杂过程问题，案例研究更有助于提供洞见，而现在尚未有学者从一具体案例出发，深入探索企业家以何种方式将自身信仰转化为企业实践，尤其是 CSR 实践的过程。本文将采用扎根理论研究方法，以 TW 公司为研究对象，对信仰传统文化的企业家影响企业社会责任行为的过程进行探讨。

二、文献讨论：企业家信仰与企业社会责任

信仰包括许多种，有宗教信仰、政治信仰、道德信仰、文化信仰、社会信仰等，③ 本文研究对象李先生所信仰的中国传统文化，其实是儒释道三家（教）交融的结果。儒释道三家在近两千年的发展过程中既斗争又融合，

---

① Cf. Longenecker J. G., McKinney J. A., Moore C. W.,“Religious intensity, evangelical Christianity, and business ethics: An empirical study”, *Journal of Business Ethics*, 2004, 55 (4): 371-384.

② Cf. Quinn J. J.,“Personal ethics and business ethics: The ethical attitudes of owner/managers of small business”, *Journal of Business Ethics*, 1997, 16 (2): 119-127.

③ 参见罗中枢：《论信、信念、信仰、宗教信仰的特征及意义》，《宗教学研究》2007 年第 2 期。

各取所长，已是公认的事实。① 佛教虽为舶来品，但也早已深深融入中国社会。儒家入世的观点和佛家、道家之出世、超脱的观点既矛盾又在一定程度上可以互补。鲁湘子认为，中国历史进程中，政治方面讲君权天授、皇权至上、等级森严，道德伦理方面讲惩忿窒欲、净化人心，是儒释道三教合一的内在因素。② 李四龙亦将雍正皇帝的“以佛治心，以道治身，以儒治世”解读为三教互补长短，缺一不可。③ 李先生虽信仰佛教，以“深信因果”为企业的核心价值观，但又立志办践行儒家思想的学校型企业，同时提倡养生，从事生态农产品的“道义流通”④ 等社会活动。种种现象表明，难以用单一的宗教概括李先生的信仰，应将此归纳为其对中国传统文化的信仰。

有关企业家信仰与 CSR 的相关学术研究间存在冲突。一些学者已从理论和实证方面论证，企业家的信仰是其个人伦理行为很好的预测变量，并可进而影响企业中其他人以及企业伦理行为。Chin et al 的实证研究表明 CEO 政治信仰与 CSR 显著相关，信仰自由主义的 CEO 对 CSR 有显著促进作用。⑤Deckop et al、Waldman et al 甚至认为，CSR 本就是一个凭意志的管理选择。与以上研究形成反差的是，Cavanagh 认为企业家宗教信仰不是企业伦理的显著来源。⑥Longenecker et al 的实证研究指出，商业领导的宗教信仰类型（天主教、犹太教、新教及其他）与企业伦理判断没有显著关系，但其

① 参见陈兵：《晚唐以来的三教合一思潮及其现代意义》，《四川师范大学学报》（社科版）2007 年第 4 期。

② 参见鲁湘子：《略论儒释道三教合一的内在因素》，《社会科学研究》2000 年第 6 期。

③ 参见李四龙：《论儒释道“三教合流”的类型》，《北京大学学报》（哲学社会科学版）2011 年第 2 期。

④ “道义流通”是李先生提出的概念，是指在第三方的监督下，TW 公司的生态农产品道义流通中心作为甲方，鼓励农户（乙方）进行无农药无化肥的生态种植，并对减产带来的损失进行“道义补贴”，去掉中间商环节，为“有缘人”提供健康的生态农产品。

⑤ Cf. Chin M. K.，Hambrick D. C.，“Treviño L K. Political Ideologies of CEOs The Influence of Executives’ Values on Corporate Social Responsibility”，*Administrative Science Quarterly*，2013，58：197-232.

⑥ Cf. Deckop J. R.，Merriman K. K.，Gupta S.，“The effects of CEO pay structure on corporate social performance”，*Journal of Management*，2006，32（3）：329-342.

笃信宗教的程度与企业伦理判断关系显著；[①] 也许还需要对差异较大的宗教（如伊斯兰、佛教、印度教等）进行检验。[②] 肖红军等总结，许多学者否定企业具有道德人格，因为他们认为即便企业具有意向性，也不代表它能够意向性地去行动，还是依赖于员工的行为。因此有了一定的伦理取向，也不代表企业会有相应的伦理行为。[③]Lincoln 和 Pressley[④]、Lyons[⑤] 指出，经理人还可能为了晋升或利益而主动适应组织，做一定程度上与自身信仰违背的事情。从以上文献讨论中，不仅可看出不同研究之间的矛盾，而且可见从企业家信仰到企业社会责任行为之间涉及复杂的过程和多种影响因素，案例研究或可提供洞见，发现前人研究未曾发掘的影响因素。

三、研究设计

（一）研究方法

本文的研究问题缘起于对 TW 公司的观察，因此将采用扎根理论研究方法，针对 TW 公司进行探索性案例研究。

（二）数据来源

为了形成证据三角形，保证数据的可靠性，本文采用了多渠道、多方式收集信息。[⑥] 本研究团队与案例企业关系密切，交往频繁，不仅曾于 2012 至 2014 年间三次前往 TW 公司进行“蹲点式”的集中观察，也曾数次邀请

---

① Cf. Longenecker J. G., McKinney J. A., Moore C. W.,“Religious intensity, evangelical Christianity, and business ethics: An empirical study”, *Journal of Business Ethics*, 2004, 55 (4): 371-384.

② Cf. Cavanagh G. F.,“Spirituality for managers: Context and critique”, *Journal of Organizational Change Management*, 1999, 12 (3): 186-199.

③ 参见肖红军、李伟阳、胡叶琳：《真命题还是伪命题：企业社会责任检验的新思路》，《中国工业经济》2015 年第 2 期。

④ Cf. Lincoln D. J., Pressley M. M., Little T.,“Ethical beliefs and personal values of top level executives”, *Journal of Business Research*, 1982, 10 (4): 475-487.

⑤ Cf. Lyons D. W.,“Small Business Big Pressure: A Faith-Based Approach to Guide the Ambitious Entrepreneur”, *Morgan James Publishing*, 2015.

⑥ Cf. Yin R. K., *Case study research: design and methods* (2nd ed.), Sage Publications, 1994.

过李先生和部分管理人员到华南理工大学企业伦理课程上进行座谈。研究团队实际参与到企业的一些会议、学习中，并对TW公司的董事长、顾问、轮值总经理、部门经理或主管、国学班班主任、普工，以及为TW公司提供管理服务的深圳M3咨询公司的咨询师，在TW公司旗下斯美家具厂任职的小李生（李先生的弟弟），还有李太太进行了访谈。在征得被访者同意的情况下，我们对会议、学习和访谈进行了录音，并全部转录成文字材料。此外，广泛收集企业内部刊物、会议材料、视频资料、官网内容、董事长发言稿，以及相关媒体报道、网页文章、商学院案例等二手资料，最终整理出有价值的文字材料逾4万字。

（三）数据分析

为了能在大量的文字材料中洞察现象间关系，我们需对案例材料进行译码。译码是一种把资料分解、概念化，然后再以一个崭新方式把概念重新组合的操作过程；借此，理论得以从庞杂资料中建立起来。关于译码的具体做法，本文主要参考吴先明、苏志文的文章，因篇幅有限，在此不作赘述；不同的是，本文只关注那些被提及一次以上的现象，由多人或多种来源提及的现象，更为可信。

四、案例描述

（一）案例简介

TW公司位于中国广东省东莞虎门新联工业区，由李先生于1997年创办。如今，TW公司是一家手机、数码电子产品精密连接器的制造厂家，年营业额在6000万左右。工厂随处可见与本企业文化、中国传统文化相关的宣传品，例如取自古文经典的警句、古法养生知识等。TW公司要求全员参加自学考试，每日集体读诵经典；开办精英培训营、国学班、蒙学馆（针对员工子女）；推行“原始点”医疗法等。不仅如此，TW公司还推行“阳光工程”，不惜牺牲销量挑战收受回扣的“潜规则”。取消回扣，TW公司得以在降低成本的同时将产品以较低价格出售，最终还是赢回了客户的订单。

李先生为TW公司现任董事长，于2005年开始在工厂推行传统文化学习，现已逐步放权，不参与公司的具体管理实务。在金融危机和欧债危机的冲击下，东莞许多企业应声倒下，而TW公司凭借全员齐心参与成本削减计划（例如取消清洁工、品管工），在微利中渡过难关；并在危机后继发的“用工荒”中轻松招满员工。这更坚定了李先生振兴传统文化的信心和决心。

（二）开放性译码

开放性译码即通过贴标签、概念化、范畴化，对案例资料进行简化和提炼的过程。我们对案例资料进行开放性译码，通过“贴标签”，建立了103个自由节点；通过“概念化”，得到了61个树节点；通过“范畴化”，形成了46个新节点。每个句子后，我们标注了来自不同资料、不同受访者以及同一受访者多次提及的相似内容的总条目数。

在译码过程中使用的“强制权力”实际上是借用了费孝通先生的著作《乡土中国》中的“横暴权力”概念。从社会冲突角度着眼，权力体现在社会不同团体或阶层间的主从形态里，上层的团体手握权力，并以之支配下层的团体，然而下层的团体并不一定心中信服。费孝通将这种基于社会冲突而生的权力称为“横暴权力”。李先生一股独大，虽不参与具体管理事务但仍担任董事长一职，享有公司实际控制权，在企业中往往是“一言堂”，左右企业决策。当一些管理人员质疑他推行传统文化学习力度过猛，业已阻碍企业发展时，他甚至曾以“越反对越厉害”，继续加大这方面投入的方式回应质疑。本文希望概括李先生手握权力，并在他与其他企业成员之间存在冲突时，以此支配其他企业成员的状态，但是考虑到“横暴”一词在日常语境中有凶狠、残暴之义，容易产生李先生本人或其手段强横暴戾的误会，因此用“强制权力”予以替代。

（三）主轴译码

主轴译码可以借由“条件—行动 / 互动策略—结果”的范式模型将主范畴与副范畴联接在一起。在此阶段，我们从46个副范畴中提炼出11个主范畴。

需要说明的是，在调研过程中，由于TW公司对这项研究的开放态度以及我们的研究深度，我们触及了来 TW 公司学习的团队一般无法触及的内容。我们访谈了李太太、吴经理和一些主管，发现他们大多虽认同李先生振兴传统文化的理想，但是对其推行传统文化的力度和方式表示质疑和担忧，甚至担心李先生在这方面的付出可能危及企业发展。而且，与李先生更强调文化对 TW 公司目前经营成绩的作用相比，他们更倾向于将这归因于精益生产的深化和客户结构的优化。双方冲突的观点增加了案例材料处理的难度。在主轴译码中，我们归纳出“反方问题归因”、“正方问题归因”、“反方成功归因”、“正方成功归因”四个范畴，旨在体现这种冲突。

（四）选择性译码

选择性译码是选择核心范畴，将其有系统地与其他范畴予以联系，验证其间关系，并把概念化尚未发展完备的范畴补充整齐的过程。① 这一步骤实际上就是思考一个可以扼要说明全部现象的核心，即故事线。② 进一步审视 11 个主范畴，并与现有理论对接、互动，发现正反方问题、成功归因这几个范畴主要为了呈现正反方的冲突，因此将其归入“冲突”范畴；“宗族型企业文化”与“教化”两个范畴可归入“长老权力”范畴。“长老权力”是基于长辈对后辈教化而生的权力。③ “宗族型企业文化”蕴含了企业成员将企业当成家，而企业主把自己摆在家长的角色上，这赋予了企业主在“教化”方面的权威。“长老权力”虽属社会学的概念，但可以较好地覆盖企业中的这种现象。同时，除了“长老权力”，李先生还行使“强制权力”，以应对“冲突”。不管其他企业成员是“口服心不服”还是“心服口服”，企业主获得了“行动支持”。因此，核心范畴，即故事线可归纳为“信仰传统文化的企业家通过行使强制权力和长老权力应对冲突以获得行动支持”。而具体的行动 / 互动策略则包括企业与员工间的“双向选择”“制度建设”以及改变个人乃至企业的“社会责任取向”。最终，借由“条件——行动 / 互动策略——结果”的范式模型将其他范畴和这个核心范畴联系起来（见图 1）。

① 参见斯特劳斯、科尔宾：《质性研究概论》，徐宗国译，（台北）巨流图书 1997 年版。

② 参见斯特劳斯、科尔宾：《质性研究概论》，徐宗国译，（台北）巨流图书 1997 年版。

③ 参见费孝通：《乡土中国》，外语教学与研究出版社 2013 年版。

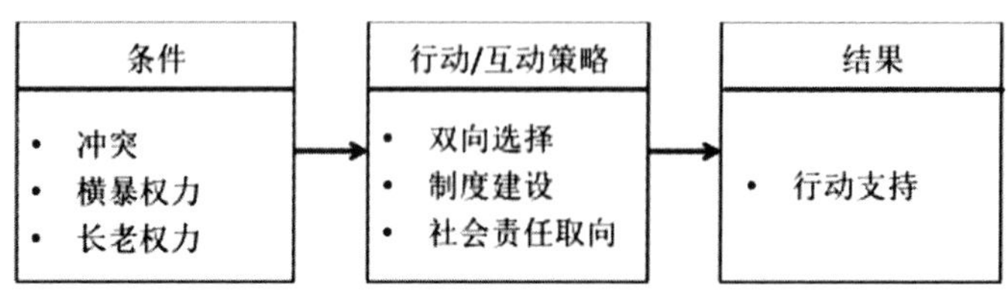

图 1　核心范畴的范式模型

五、研究发现与理论模型

（一）冲突引发

李先生将 TW 公司能在金融危机和欧债危机中微利渡过难关归功于传统文化的推行成功。从 TW 公司学习、应用传统文化的具体措施中，李先生振兴传统文化的愿望和力度可见一斑，他还多次在访谈中以自省的语气表示推行传统文化的力度还不够，“我为什么着急早点让大家学会原始点疗法，早点吃上健康食品，因为我不知道企业什么时候会倒，我想在企业活着的时候赶紧多做一些”。可见，李先生的信仰中来自佛家的“无常”观念，使其相信未来变化无常，企业存活与否非完全人力可控，要在当下多做一些。

相反，一些管理人员虽肯定传统文化的作用，却更多地将企业目前的成功归因于精益生产、自动化程度和客户结构优化等李先生所谓的“法、术”方面的因素。在研究团队参与的一次高层会议上，李太太毫不避讳地展现了企业的财务问题。虽然 TW 公司 2013 年账面销售额 4800 万，营利 600 余万，但李太太用一种她称为“算大数”的方式，即简单将收入、支出的总量相减，仅算得 57.3 万纯利。她认为该法虽不准确，但在一个较长的时间区间内（例如十年），该法可反映收支的真实情况。TW 公司 2012 年账面数据与该数据相去不远，而 2013 年两个数据相去十倍。李太太与一些企业高层将问题归因于李先生推进传统文化的力度太大、方式太“猛烈”、开销太大，而李太太本人则较为赞同“细水长流”，保证企业发展的情况下长期、持续地弘扬传统文化，无须求快。可见正方和反方对企业成功和存在问题的归因上存在较大分歧，这由价值观不同所致。据此，提出：

命题 1：信仰传统文化的企业家与其他管理人员价值观的分歧导致两者对企业成功和存在问题的归因不同，引发了两方的冲突。

（二）强制权力、制度建设与行动支持

李先生拥有高度集中的股权，稳坐董事长之职，在公司决策中往往是“一言堂”，是赋予其强制权力的基础。① 当其他管理人员就传统文化推行力度对李先生进行建言时，他有时会不纳建言，直接行使强制权力，要求企业成员完成他指派的任务。

李先生行使强制权力，更多地体现在一些相关制度的设定上。李先生提到每个制度的设定都慎重考虑了员工的承受力，但同时他又有这样的指导哲学：“一开始塑造企业文化，研读《弟子规》，就要强力挤压员工到最大限度，会反弹，但因压到最大限度，反弹就会有限，再稍微放松挤压，员工就不会感觉那么苦了；否则，一开始就压力不足，一旦反弹后，就一点效果都看不到了。”李先生还进行了制度创新，比如提出了一种独一无二的治理结构，据他总结，就是“民为贵，社稷次之，君为轻”。该治理结构直接规定了公司利润分配的比例：51% 分给社会大众，“做教育，做生态农业，反正是对社会有益的事”；把剩余 49% 中的 51% 分给全体员工，包括总经理之下的所有人；剩下的才分给股东、总经理、董事会成员。

强制权力的直接行使，以及在此基础上进行的制度建设，尽管不是所有企业成员都心服口服，但还是得到了他们的行动支持。基于以上分析，提出：

命题 2：信仰传统文化的企业家依赖集中的股权获得强制权力，直接行使强制权力，或利用强制权力进行制度建设，从而获得其他企业成员的行动支持。

（三）“长老权力”，社会责任取向和行动支持

行使强制权力并非李先生获得行动支持的唯一方式，李先生还如同家长般关心、教化其他企业成员，极力营造“家文化”。费孝通在其著作《乡土中国》中指出，长老权力是一种教化式的权力，在亲子关系里表现得最明显，但并不限于亲子关系。② 他还举例“为民父母”是“爸爸式的权力”，“为

① 参见费孝通：《乡土中国》，外语教学与研究出版社 2013 年版。

② 参见费孝通：《乡土中国》，外语教学与研究出版社 2013 年版。

政以德”是教化性的。“爸爸式的权力”和教化性的权力可用“长老权力”来概括。TW 公司的“宗族型企业文化”赋予了李先生“爸爸式的权力”，此外，李先生是公司学历最高的人，这在一个整体学历水平不高的制造企业中赋予了李先生教化方面的权威。李先生在会议、谈话中常常谈及他的信仰、理想、对传统文化的认识等内容，这种对价值观的灌输和影响是一种明显的教化行为。

从开放性译码过程看，李先生进行“言传”的频次远远高于其行使强制权力的频次，可见他更倾向于行使长老权力以影响他人的思想，当中包括了对他人社会责任取向的影响。费孝通指出，个人行为受一定规律限制，这些规律的内容无论是横暴还是同意之下形成的，都是“要人明白的、要人遵守的”。① 长老权力的关键作用就在于诠释这些规律，以影响他人的价值观。李先生信仰中国传统文化，在其言语中流露出更多的法律、伦理和慈善责任取向，而他利用长老权力对其他企业成员实施教化，目的是“一道德，同风俗”，希望改变他们对社会责任的态度，以强化他们的法律、伦理、慈善取向。许多受访成员表示对李先生“心存感激”或“心怀尊敬”，并认同其振兴传统文化的理想，承认传统文化为自己或者家庭带来了好处，因此他们也付诸行动支持。据此，提出：

命题 3：信仰传统文化的企业家更倾向于行使长老权力对其他企业成员进行教化，改变成员的社会责任取向，从而获得成员的行动支持。

（四）双向选择

TW 公司与员工（或管理者）间存在一种基于价值观的双向选择机制。TW 公司经常通过老员工介绍的方式招聘新员工。经老员工介绍去 TW 公司应聘的人，往往已经被初步告知 TW 公司的文化、待遇，以及食宿、自学考试、读经等规定，他们进行多方面考虑之后才会应聘，也只有价值观与 TW 公司文化相对一致的应聘者才会被 TW 公司接受。TW 公司的管理者多由内部提拔，在 TW 公司工作了较长时间，例如吴经理，至我们访谈之时已在 TW 公司工作了八年。另一方面，李先生多次强调，他不会劝选择离

① 参见费孝通：《乡土中国》，外语教学与研究出版社 2013 年版。

职的员工（或管理者）留下，而是除了照《劳动法》规定清算其薪酬外，还“动之以情晓之以理，给他送行啊，做很多工作，要让他得到一种美好的记忆”。这是因为李先生认为与他人交往要“以道相交”，人各有志，“道不同不相为谋”。通过这种双向选择机制，具有趋同社会责任取向的人得以汇集。由此提出：

命题 4：双向选择机制可使得其他企业成员和信仰传统文化的企业家的社会责任取向逐渐趋同。

（五）企业社会责任行为

李先生通过强制权力的行使，直接获得企业成员的行动支持，促成他期望的 CSR 行为。同时，他更倾向于通过长老权力的行使，改变其他企业成员的社会责任取向，从而获取他们的行动支持。Wood 认为，企业领导者在很大程度上决定了企业的社会责任取向。[①] 改变其他成员的社会责任取向，使之与领导者的趋同，同样有利于促成领导者期望的 CSR 行为。通过企业和成员的双向选择，可聚集具有趋同价值观的人，达到上述相似的效果。据此，提出：

命题 5：信仰传统文化的企业家行使强制权力和长老权力，以及企业和成员间的双向选择机制，有助于促成其期望的企业社会责任行为。

（六）概念模型

综上讨论，提出信仰传统文化的企业家对企业社会责任影响过程模型，见图 2。

需要特别说明的是，图中围绕“冲突”的三个虚线箭头。从“信仰传统文化的企业家”和“企业社会责任行为”出发的箭头，意指企业家出于自身的取向，将过多企业资源用于履行法律、伦理或慈善责任，而有损经济责任，无法得到其他管理人员的理解和认同时，冲突就产生或加剧了。由“社会责任取向”出发的箭头，意指社会责任取向的逐渐趋同有助于缓和冲突。

① Cf. Wood D. J.，“Corporate Social Performance Revisited”，*Academy of Management Review*，1991，16（4）：691-718.

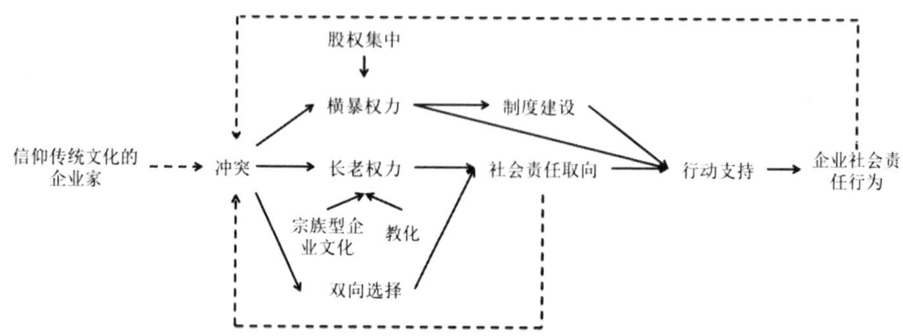

图2 信仰传统文化的企业家对企业社会责任影响过程模型

其实，受儒家、佛家中“自省”“忏悔”等观念的影响，李先生并非一味固执己见，独断独行。在2014年的一次回访中，当我们问及李先生如何把握企业盈利与社会效益的平衡点时，他回答：“这个平衡的关键点在于我是否心安。比方说，我光做善事去了，企业要倒了，我心不安，我就要缓一缓”；还反省道：“问题都是我造成的，不应该一味按照我的要求去做，反而要走进他们（管理者和员工），慢慢地体谅他们。”可见，李先生也在反思自己的观念和行为以缓和冲突。

六、结论与讨论

（一）结论

研究发现，信仰传统文化的企业家面对价值观的冲突，一方面通过直接行使强制权力，或依赖强制权力设置制度，获得企业成员的行动支持；另一方面，信仰传统文化的企业家更倾向于行使长老权力改变企业成员的取向，从而获得其行动支持。此外，双向选择机制有助于聚集与信仰传统文化的企业家取向趋同的企业成员，便于获得行动支持。

（二）讨论

本文的理论贡献之一在于关注一个本土管理现象，通过扎根理论的译码过程尝试引入费孝通在社会学中定义的强制权力和长老权力，以概括案例中涌现的“股权集中”“一言堂”“教化”“宗族型企业文化”等范畴，并围绕这两种权力的赋予和行使，探索信仰传统文化的企业家影响CSR行为的大致过程。

从本文提出的过程模型可见，一定条件下，从企业家信仰到 CSR 行为之间存在多条路径，并非全如 Quinn 提出，历经个人伦理、企业伦理、企业行为的过程。本文与 Quinn 的研究之可比性在于，两者皆关注小企业。就行使强制权力这一路径看，企业家“一股独大”，可从中获得强制权力，直接要求企业成员完成其指令，因此企业家个人的伦理取向可以不经过影响企业伦理的阶段，直接转化为企业行为。更进一步，在一定条件下，企业的伦理行为可能先行于企业整体伦理取向的形成，这与许多学者从伦理取向到伦理行为的研究思路形成反差。

本文通过对个案的观察，尽可能地将信仰传统文化的企业家影响 CSR 行为的过程客观地展现出来，并非要提倡或批判某种做法，而是希望引导中国管理实践者能理性地看待此过程。从出发点和结果看，企业家的信仰不同，对 CSR 的影响不同。马克斯 · 韦伯在《新教伦理与资本主义精神》中指出，资本主义发展的精神渊源是新教伦理中“天职”的观念。所谓“天职”即个人在现世里所处地位赋予他的责任和义务，商人之“天职”就是合法地尽量多地获利，这已经符合此种信仰的伦理要求。而韦伯也尖锐地指出，“财富的追求已被剥除了其原有的宗教和伦理含义，而趋于和纯粹世俗的情欲相关联”。① 对于许多没有相应伦理基础的中国企业家，他们选择了企业这种组织形式以实现个人的社会理想，合法逐利的诉求不应被埋没，但也不应被“企业以逐利为目的”等论断绑架。从条件看，股权集中是行使强制权力需要具备的条件之一。股权集中有利有弊，“一股独大”的企业家可以直接将个人意向转化为企业行为，但决策的效果极度依赖于企业家个人能力，风险较大。从过程看，行使强制权力虽可获得企业成员的行动支持，但他们可能并非心悦诚服，企业成员陷入行为和心理的矛盾，长此以往可能加剧冲突；而行使长老权力是从改变企业成员心理开始改变他们的行为，有助于缓和价值观的冲突。除了两种权力的行使，基于价值观的双向选择机制是聚集社会责任取向相似之人的方式，也有助于缓和价值观上的冲突，但需要警惕的是，取向相似之人的聚集，也意味着多元观点的丧失。

① 马克斯 · 韦伯：《新教伦理与资本主义精神》，于晓、陈维纲译，三联书店 1987 年版。

（三）局限与展望

虽然信仰传统文化的企业家以及他们的企业并非个案，但受限于接触多个类似对象，并从中获得深度案例材料的难度，本文仅通过单个案例透视信仰传统文化的企业家影响企业行为的过程，代表性有所欠缺。虽然Eisenhardt曾表示单个案例研究更适合提炼出解释复杂现象的理论或规律，① 毛基业也认为实证研究的大样本不能保证理论的正确性和普适性，② 相反，单一案例研究的发现也可能普适化，但若能接触更多这类企业，进行多案例研究，对归纳此类企业家影响企业行为的模式有所裨益。本文并未详述案例企业家的中国传统文化信仰的具体内容，而将重点放在行为层面，未来的研究可以从文化信仰的具体内容出发，探讨其对CSR的影响，提出洞见。

---

① Cf. Eisenhardt K. M.，Graebner M. A.，“Theory Building From Cases：Opportunities And Challenges”，*Academy of Management Journal*，2007，50（1）：25-32.

② 参见毛基业、李高勇：《案例研究的“术”与“道”的反思——中国企业管理案例与质性研究论坛》，2013年。

儒家价值观对企业创新的影响：企业社会责任视角的案例研究

郑称德　钟海连 *

本文以中盐金坛盐化有限责任公司为研究案例，从企业社会责任（CSR）视角，探讨了企业领导的儒家价值观对于企业创新的作用机制。研究结果表明，企业领导的儒家价值观对企业创新具有正向影响，其影响机制是：公司领导的儒家价值观会引发其儒家伦理领导，儒家伦理领导继而推动企业实施社会责任活动，而企业社会责任活动可促进企业创新；但不同维度的儒家价值观对企业创新的影响有所不同，“修己”风格的儒家伦理领导将使企业主要实施反应型 CSR，产生的创新多为渐进式的，而“安人”和“安民”风格的儒家伦理领导将会推动企业实施战略型 CSR，从而更容易引发突破式创新。

近年来，儒家价值观（confucian values）对于中国企业的影响日益引起国内外学者的重视并展开了积极研究（Huang，Liang，& Hsin，2012），国外学者研究目的主要在于：了解中国企业的商业习惯以便与中国企业更好地沟通合作（Paul，2012）、通过研究儒家伦理准则寻找解决西方资本主义理性工具引发的企业伦理问题（chan，2007）；中国学者则期望通过解读儒家价值观对组织的作用机制从而使其帮助企业成功（Yeh & Xu，2010；何轩，2010）。与此同时，越来越多的企业领导通过参加各类国学教育接受儒家思想的熏陶，将之内植为个人价值观并以此指导企业管理实践，以实现组织持

* 郑称德，南京大学商学院教授；钟海连，中盐金坛有限责任公司副总经理。基金项目：国家自然科学基金项目（No.71472086）。

续发展之目的（Xu，2011；闫秀敏、曾昊、于文波，2011）。可见，探索儒家价值观对企业的影响已成当今学术界和企业界的热点问题。

然而，回顾现有关于儒家价值观对企业经营影响的研究，我们发现：儒家价值观与企业创新的关系一直存在着争议。以 Hofstede 为代表的学者认为，儒家价值观强调的集体主义、尊重传统、反对冲突、礼尚往来、等级秩序和权力主义倾向，不仅使企业家缺乏冒险精神与科技创新，也难以培养组织成员的创新能力（Hofstede & Bond，1988；Ng，2000）；而以佩斯大学牛卫华教授为代表的学者则认为，儒家价值观并不抑制创造性，而是以“温故而知新”的方式产生不同于西方革命性创新的渐进式创新（Niu，2012；Rudowicz，2006）。

那么，儒家价值观到底能不能促进企业创新呢？本文以中盐金坛盐化有限公司为研究案例，从 CSR 视角对该问题加以回答，并以此揭示出企业领导的儒家价值观对企业创新的作用机制。

一、相关概念

（一）儒家价值观

企业领导的儒家价值观是指企业领导人认同儒家思想的“仁、义、礼、智、信”等理念，并将之作为个人价值观。儒家价值观的核心是“仁”，不同层次的儒家价值观具有不同层次的表现，分别为“克己复礼”、“仁者爱人”和“仁民爱物”（吴铸新，2009）。

根据“仁”的三个层次，企业领导的儒家价值观可分为道德性、他向性和社会性三个维度。（1）道德性。企业领导人注重自身的道德修养和行为，在个人品行上表现为自爱、自律、诚信、正直、不断学习和符合社会规范，即“克己复礼”。（2）他向性。企业领导在人际关系上保持爱人之心和帮助别人，互惠互利，“己欲达而达人”，“己所不欲，勿施于人”，即“仁者爱人”。（3）社会性。负有强烈的社会责任感和使命感，像爱护自己一样爱护社会和生态环境，并愿意为之付出努力，即“仁民爱物”。

（二）儒家伦理领导

对于社会个人来说，儒家学说是不含任何宗教内容的实用性伦理，是关于日常生活的一系列实用规则（Hofstede & Bond，1988）。但在关乎组织行为时，儒家思想被视为一种能够规范组织和组织成员在商业活动中正确处理组织内外部关系的商业伦理准则，这些准则告诉组织和组织成员哪些是鼓励去做的正确行为，哪些是禁止去做的错误行为（Wang，Wang，Ruona，& Rojewski，2005）。企业领导秉承儒家伦理经营企业时所表现出的行为和风格被称为儒家伦理领导（Low & Ang，2012），这样的企业领导被称为儒家领导人（Rarick & Gallagher，2000）。

儒家伦理领导也具有三个层次的维度。(1) 修己。儒家领导人要求企业和企业成员在发展过程中首先做到"修己"，不断学习和反省提高道德和理想修养，保持勤俭朴素与慎独廉洁的生活、工作和经营态度，谋求企业和个人利益时要符合法律和道德。(2) 安人。儒家领导人要求企业在处理与利益相关者关系时能够"安人"，以互惠、互敬、公平原则进行企业与员工、企业与企业之间的往来活动，关心员工、客户、供应商、合作伙伴等利益相关者的诉求与发展。(3) 安民。在对待企业与社会、自然环境关系时，儒家领导人要求企业注重大众利益和生态保护，关怀和参与社会，为人民谋福祉，促进企业、社会和自然的和谐发展。

（三）企业社会责任

企业社会责任是指企业为了可持续经济发展，通过一些自愿或非自愿的行为，对利益相关群体（例如，竞争者、商业伙伴、员工、顾客、社区等）履行相应的经济、法律、道德和慈善的责任和义务（Low & Ang，2012）。企业社会责任活动既能给利益相关者带来福利，也能促进企业的成长，由此推动企业和社会的持续良性发展。

根据解决不同的社会问题，Porter & Kramer（2006）将企业社会责任划分为反应型 CSR 和战略型 CSR。反应型 CSR 是指，做一个良好的企业公民，根据规章制度或者利益相关者的要求被动地减少企业经营活动中已经产生的或者可能产生的对社会的负面影响。反应型 CSR 活动主要是帮助企业解决一些普通类型的社会问题，尽力减轻企业经营活动对社会造成的损害。

战略型 CSR 是指主动将利益相关者的利益纳入企业战略和目标，主动寻找和创造企业与利益相关者的共享价值，主要解决的是价值链主导的社会问题或者竞争环境主导的社会问题。

按照活动对象不同，CSR 还可划分为顾客型、员工型、供应链型、社区 / 社会型以及环境型五类（Steven & Joan，2008）。顾客型 CSR 活动，包括设计兼容性产品、环保设计、鼓励顾客参与产品设计等；员工型 CSR 活动，包括员工培训项目，安全的办公条件，和谐的、道德的以及公平的办公氛围，雇佣年老的和残疾的员工等；供应链型 CSR 活动，包括与顾客和供应商发展长期的伙伴关系、开展供应商学习项目、遵守 ISO900 1 等；社区 / 社会型 CSR 活动，包括与当地学校建立一些项目活动支持当地教育事业，为一些社会问题进行慈善捐赠，促进当地就业等；环境型 CSR 活动，包括最小化浪费、对资源循环再利用项目，减少对环境有害型化学材料的使用，遵守 ISO14001 等。

（四）企业创新

Crossan &Apaydin（2010）将创新定义为"在经济和社会领域，开发利用过程中产生的价值增值的新奇性；产品、服务、市场的更新和拓展；新生产方式的发展；新管理系统的建立。创新，既是过程又是结果"。根据创新的程度不同，Garcia & Calantone（2002）将创新划分为渐进式创新和突破式创新。渐进式创新是指比较低层次的创新，是在当前需求的基础上对目前技术或产品进行的过程创新或微小改进。例如，对现有生产工艺的改进、产品线的延伸等。突破式创新指的是较高层次的创新，是颠覆目前的技术和产品，使其变得过时。突破式创新是为了创造新的需求或挖掘潜在需求，所以突破式创新更容易产生新的市场、新行业或者新的产品。

二、案例选择与数据收集

（一）案例企业选择

本文选择中盐金坛盐化有限责任公司（以下简称"中盐金坛"）作为研究样本。该企业较好地满足了以下四个案例选择标准：(1) 企业领导人深谙儒学且将儒家价值观作为企业经营准则。中盐金坛总经理管国兴及主要领导均是研究中国传统文化的博士，并基于儒家价值观制定了企业文化手册，作为指导企业经营和员工行为的纲领在全公司培训推行。(2) 企业践行儒家价值观应具有较长时间，因为儒家价值观的学习、吸收和运用是一个长期过程，企业创新亦需要较长时间积累。中盐金坛成立于 2001 年，管国兴自公司成立初始就担任公司党委书记、总经理和法人代表，至今领导公司经营十多年。(3) 公司治理结构和行业结构具有代表性。中盐金坛是国有中央直属二级企业，也是中外合资股份制企业，实行董事会领导下的总经理负责制。虽然制盐是具有一定盐矿资源独占性的行业，但中国有数十家与中盐金坛主营业务类似的制盐企业，行业竞争也十分激烈。(4) 公司先天禀赋具有一般性，以能显现儒家价值观对企业经营的影响。中盐金坛虽然拥有较大体量的井盐矿，但成立之初的销售规模、生产工艺、研发能力、管理能力、员工素质在全行业均处于较低水平，与同在江苏直接竞争对手井神盐化公司也差距甚大。

（二）数据收集与分析

第一，建立证据链。基于证据链的研究活动有助于研究过程紧扣理论主题，确保高效而准确地获得相关资料。表 1 是依据主要概念界定建立的证据链，基于该证据链收集各类资料，可有效洞悉中盐金坛在领导人儒家价值观、儒家伦理领导、企业社会责任和企业创新等方面的表现，厘清概念间影响关系。

第二，多重数据来源。研究团队成员采用私人访谈和群体座谈等方式对中盐金坛的总经理、主要领导、各职能部门负责人分别进行采访（详见表 2），平均每人约为一个小时。访谈完成当晚整理访谈记录，以确保案例信息的准确性和充裕性。本文二手数据主要来源于中盐金坛的企业内刊、官方网站、百度搜索以及杂志报道等。另外，研究团队成员亲自现场观察中盐金坛的工作环境和员工的办公方式。这种多重数据来源有利于保障资料的完善以及资料间互相佐证力度，有助于实现“三角验证”，有效避免同源性误差和提高研究效度（Yin，1992）。

表 1 证据链

研究问题		证据来源
研究主题：企业领导的儒家价值观与企业创新的递推关系		**理论探讨**
企业领导的儒家价值观	道德性（克己复礼）	访谈、二手数据
	他向性（仁者爱人）	访谈、二手数据
	社会性（仁民爱物）	访谈、二手数据
儒家伦理领导	修己	访谈、二手数据
	安人	访谈、二手数据
	安民	访谈、二手数据
企业社会责任（CSR）	员工型企业社会责任	访谈、二手数据
	顾客型企业社会责任	访谈、二手数据
	社区 / 社会型企业社会责任	访谈、二手数据
	供应链型企业社会责任	访谈、二手数据
	环境型企业社会责任	访谈、二手数据
企业创新	产品创新、技术创新、管理创新 突破式创新、渐进式创新	二手数据

表 2 被访者信息

被访者信息		
姓名	岗位	性别
管国兴	党委书记、总经理	男
A	副总经理	男
B	副总经理	男
C	副总经理、市场总监	男
D	总工程师	男
E	金赛盐厂厂长	男
F	加怡热电厂厂长	男
G	金东公司经理	男

第三，数据整理和分析。案例数据分析是对大量定性数据进行分析而提炼出主题的过程。本文应用文本分析法（Content Analysis）对收集整理的资料进行归纳提炼。具体过程是：组建三人编码小组，小组成员分别阅读全部的案例资料之后，在三人一致认同情况下，将不同定性数据归类到表 1 证据链的各概念类目，最终建立各类目资料的关联。在分析过程中，注重多种资料的相互补充和印证，同时对典型事件也作单独分析。

三、案例分析

（一）中盐金坛简介

中盐金坛位于江苏省金坛市，成立于 2001 年，主营业务是为两碱企业生产工业盐。公司下属金赛盐厂、加怡热电厂、金东精制盐水公司、茅溪盐矿、新金冠盐矿等五大全资生产性子公司，并分别与日本和德国合资建立了金盐日本株式会社、搜空测量咨询公司。截至 2014 年年底，中盐金坛职工 405 名，年产值 10.5 亿元，利税 1.72 亿元，利润总额 0.85 亿元，资产总额超过 15 亿元，是中国井矿盐生产企业中人均产值、销售额和利润名列前茅的企业。中盐金坛的工业盐产品在江浙沪及周边省市的市场占有率达到 45%，“一次盐水”产品销售半径覆盖华东地区 300 公里范围内的所有化工企业。2013 年经中国盐业协会推荐、由中国轻工业联合会评定，为中国制盐十强企业之一。自 2007 年起，中盐金坛连续七年被国务院国资委和中国盐业总公司评为中国盐业的“标杆企业”，中盐总公司号召“全国盐业学金坛”。

迄今，中盐金坛已从成立之初的戚戚无名成长为广受赞誉的行业标杆，在国内外制盐行业创造了多个“第一”和“之最”：被国务院国资委评定为“世界上单套制盐装置产能最大、人数最少的现代化盐厂”；中国“一次盐水”产品的开创者和市场领导者，世界上最大的“一次盐水”生产企业；中国第一个成功应用热泵技术制盐的企业，亚洲规模最大的“热泵＋盐硝联产”装置拥有者；先后建成国内一流、世界领先的两套大型真空制盐装置和双膜法液体盐生产装置，被瑞士制盐专家称誉为“开创了中国真空制盐发展史上的两个里程碑”；中国食用盐出口重点企业，国际市场中国高端盐品牌的开创者，产品已远销日本、新加坡、澳大利亚、新西兰、印度、马来西亚、越南、巴西等20多个国家和地区，成为中国优质盐的代表品牌；中国制盐设备维护保养最好、制盐能耗最低、循环利用自然资源最好的制盐企业，是中国井矿盐行业第一家省级高新技术企业；亚洲首个利用盐穴储存天然气的制盐企业，建成亚洲第一座盐穴储气库……

（二）公司领导的儒家价值观与儒家伦理领导

管国兴是研究中国传统文化的哲学博士，在国内核心期刊上发表过多篇学术论文，同时他也是儒家价值观的秉承者和坚决践行者。公司副总经理A介绍说，管总日常生活很俭朴，无不良嗜好，喜读书，业余时间大多花在研读中国传统经典，曾用三年时间精读《周易》。管总工资收入仅用于生活开支必需，相当一部分用于资助他人和奉献社会。例如，他曾资助一名家境贫寒的博士完成三年学业，包括生活费、学费甚至书本费。

他一直将“希言自然”作为个人的行为准则。这句话出自老子《道德经》，表面意思是“少说话、多做事”，更深层意义是“管理者少发号施令，让事物遵循天地自然之道自行演变”。在企业管理中，他较少干预技术、生产等运营与操作层面的工作。他认为，“企业经营最重要的是遵循‘天地之道’，如此大方向上就不会走错走偏”。对于这个“天地之道”，他认为是“道法自然，为而不争。也就是不参与恶性竞争，尊重自然规律，推行可持续的循环经济”。公司副总经理A也是一位儒学博士。他认为，从儒家角度看，“天地之道”的实质就是“仁”。

中盐金坛把这种“天地之道”或“仁”做了进一步提升和阐述，概括为“敬天尊道，尚贤慧物”八个字，并取“咸（盐）”的谐音，命名为“贤文化”，作为公司文化核心理念，并印成小册子在全公司培训推广。

敬天尊道　尚贤慧物

——中盐金坛公司贤文化纲要

创业之路，必著艰辛，世代相续，力行无悔。金盐人秉自然之恩泽，承宿沙之精神，习时代之文明，育贤者之气象，水中寻盐，化盐为水，回报社会民众，贡献国家民族。由此立百年基业，成最受尊重之誉。

敬天。世间万物乃天生之，地养之。故人当用仁心助天生物，助地养形。如此，则天地间万物得以畅茂，资用富足，瑞应常现，天下和乐，此为企业者不可不审且详也。盐盆资源为天赐珍物，金盐人深察于资源有限，不敢以私心恣意取利，故怀敬畏感恩之心，构循环发展模式，珍惜资源，爱护万物，保一方碧水蓝天，以不失天地之心，顺四时生，助五行成。

尊道。企业运行，必有其道，尊道而行方能长久。道也者，不可须臾离也，可离非道也。万物乃道生之，德蓄之，尊道贵德为应然之理。尊道之要在于进德，进德之要在于修身。故治企之大者，在尊道贵德，因循相习，自然天成，无为而治，臻于化境。

明本。员工为企业之本，本立则企业固；科技为兴盐之方，方举则企业强。人文科技，二者不偏。若此必汇通中西，融贯古今，明本达用，人成则事成，事成则业兴。

顺性。诚为人之本性，亦为企业之本性，故顺性者必明诚，不诚则无以成己成物。致诚之道，在于博学、审问、慎思、明辨、笃行。人心本静，盖因私欲起则不静。致诚者少私寡欲，清静自守，智慧由生，开物成务，功业可定；顺性者辛而不躁，劳而不愠，洵美且乐。

尚贤。知之不易，行之亦艰，惟贤者可通知行。如是则知中有行，行中有知，知则真切笃实，行则明觉精察，知行合一方为贤才。贤者内修其身，博学厚德；达者外建其功，修己安人。

慧物。水无私心，利万物而不争，谦下而容众，攻坚而无不胜，此为上善。企业亦如是，无私则容，容则公，公则无争，无争则无所不利。故贤者之德若水，和而不同，随方就圆，近者亲而远者悦；贤者慧物，见利思义，重义而兼利，责任为先，富国利民。

贵和。礼者，企业之法度也；乐者，企业之伦理也。以礼治企，可辨秩序；以乐和人，其乐融融。礼之用，和为贵。治企之道，选贤任能，贤者在位，赏罚有制，见贤思齐。员工博学于文，约己以礼，文之以乐，礼乐兼备，则人莫不敬也。

致远。诚实无欺，是为信也。员工无信不立，企业无信不兴，故讲信为企业兴盛之源。睦者，和也，讲信则人和事齐。然世事复杂，贤者如有源之水，盈科而后进，以己之信，平沟壑，涤污杂，讲信修睦而致远。

公司副总经理A指出，“贤文化纲要”实际上是按照“仁”的要求所制定的企业行动纲领。他通过公司实际事例对此作了具体解释：

第一，修己。管理者、员工都要自律，遵守社会规范和企业管理制度，不断加强学习和反省，提高自己的道德理想修养和工作能力，诚实守信，与同事互帮互助，和睦相处（贵和、顺性、致远）。例如，管总自己就非常强调学习，并号召公司员工应树立活到老、学到老的终身学习的信念，包括学习书本、学习先进企业的管理经验、向自然学习。管总还会将学习心得不定期发表在公司内部刊物《中盐人》，向全体员工分享。中盐金坛领导层在日常工作中也很注意以身作则，严格遵循企业规章制度，以发挥道德模范作用，以自身行动引导员工的德行和思想。在此基础上，公司提出“教育人，培养人，成就人”的方式进行公司人文管理，实施道德和科技双重培训，努力培养德才兼备、受人尊敬的员工。为此，公司文化部编辑出版《人文管理》、《中盐人》等刊物，组建了“贤文化研究会”和开办“行知班”向全体员工开展道德素质教育，设立“贤德奖”、“贤才奖”，激励员工向“贤”看齐。

第二，安人。员工和客户乃企业之本（明本）。企业要关心员工，改善员工的工作环境和福利，帮助员工进步和发展。企业要培养人和成就人，给予有才能者充分的施展空间（尚贤）。企业要关心供应链上的合作伙伴，尤其是要急客户之所急，从客户立场不断改进产品和服务。例如，为了贯彻“以人为本”的战略，保证青年员工的生活，公司领导为无住房的员工、五班三运转的郊外员工修建了48套员工公寓，公寓免费供应电视、水电、网络等。另外，中盐金坛对食堂采取酒店式的管理方式，保证了食堂饭菜的质量，同时还对企业职工每月给予一定餐补。这些对于食宿的保障，免除了青年成长、成才过程中的后顾之忧。公司领导还注重车间厂房设备维修和检验，严格按照规章制度生产和管理，因为只有为员工营造一种安全的、舒适的工作环境，青年员工才能安心学习知识、钻研课题、增强业务能力。中盐金坛提出了“人才强企、科技兴盐”的战略，组织核心员工出国考察先进技术和管理经验，组建“QC小组活动”培养青年员工的创新能力，举办各类专家讲座和技术培训。同时还组织员工交流、相亲大会、职工运动会、篮球足球友谊赛等各种业余活动，加强了对青年员工的人文关怀，丰富了青年员工的业余生活，提升了青年员工的素养。对于与供应链上大型两碱企业客户的合作，副总经理C指出，中盐金坛很早就提出了“对社会尽责，对客户企业尽责”的经营思想，并一直秉持“为两碱企业服务，与两碱企业共生共长”的服务理念。

第三，安民。企业需坚持见利思义、义为利先（慧物），不能只顾自身利润最大化而损害社会的利益，更要注重为社区与社会谋福祉。尤其是中盐金坛这样的资源消耗型制盐企业，必须要关注资源合理化利用，注重保护自然与生态，使企业和自然实现循环发展（敬天、尊道）。公司副总经理B和C都表示，为了实现节能减排、绿色生产，公司多次引进国内外先进生产工艺，鼓励内部创新和组织多种员工培训，在提高生产率的同时减少生产过程中的能源消耗和废物排放。另外，公司还积极推动加怡热电厂向社区集中供热项目，帮助当地服装产业、化工产业等多个传统产业的转型升级。为了帮助缓解长三角地区季节性用气不均的供需矛盾，中盐金坛积极推进与中石油、中石化等公司的合作，使人们天然气需求得以保障。中盐金坛的副总经理B也告诉我们，公司也积极与中石油、中石化、德国SOCON公司合作，利用采矿后形成的盐穴存储石油和天然气，既为国家的战略储备做出了贡献，也防止了盐穴塌陷可能造成的危害。

公司副总经理A认为，相对于通过关注竞争对手而采用各种竞争策略抢夺市场，中盐金坛认为更重要的是做到上述三个层次的“仁”。一个企业如果能严格遵循“修己、安人、安民”之仁道，努力保持企业内部、企业与供应链伙伴、企业与社区社会及自然的和谐，则会促使企业不断改进产品技术、生产工艺流程和管理模式，从而带动技术和管理等方面的创新，也就自然地使企业赢得市场、提高效率，企业发展也就可持续了。

综上可见，中盐金坛领导层对于儒家价值观有着深刻的认知和理解，他们高度认同儒家价值观，并将之形成“贤文化纲要”作为公司文化和经营理念，作为领导企业持续发展的“基本法”。在实际经营过程中，公司领导一方面按照道德性儒家价值观要求，树立终身学习观和正确的贤才观，不断完善自身修养（修己）；另一方面则遵照他向性儒家价值观的“以人为本、培养贤才”要求，积极提高员工品德素养和技术水平，改善员工生活环境和质量，并逾越简单的产品供应关系，树立“与供应链客户共进退”的合作理念（安人）。最后，中盐金坛领导还放眼社会，帮助社区发展、注重自然保护、积极为国家发展贡献力量（安民）。

（三）公司领导的儒家伦理领导与企业社会责任（CSR）

1. 修己（向客户学习）与顾客型企业社会责任

管总认为，企业技术改造、产品设计或其他经营活动需要以客户为导向，努力提升客户体验。2013 年 7 月，日本客户在检验全新的造粒盐生产线时，对皮带、振动筛等细节提出进一步改进意见；澳大利亚盐业国际公司董事长比尔先生走访中盐金坛，与公司相关负责人探讨品质管理和多品种盐开发等事宜，进一步阐述了依靠质量开拓市场的重要性，并就近期合作过程中出现的相关问题进行探讨；2013 年 10 月，秘鲁客户 Heldmaier 先生偕夫人走访中盐金坛，并建议要调整工业盐的 PH 值，使其稳定在 7.5 左右，金坛盐将有更广阔的市场，另外双方将来可在食用盐、药用盐、泳池盐、低钠盐等领域开展进一步的合作。总工程师 D 表示，针对客户提出的种种问题和建议，公司一方面表示对于客户的感谢；另一方面马上组织员工开会讨论，并对相关知识进行深入学习和吸收，将其一一实践到日常生产和管理中。

2. 安人（改善员工工作环境）与员工型企业社会责任

随着中盐金坛日渐做大做强、业务逐渐增多，企业安全生产管理面临着一系列新挑战。几起生产事故引起了中盐金坛领导的深入思考：要消除管理中的短板，必须总结实践经验，建立安全的管理制度，为员工营造一个安全的工作环境。为此，中盐金坛颁布了《关于印发〈中国盐业总公司生产安全事故报告和调查处理管理办法（试行）〉的通知》，定期通报各厂矿员工的安全培训情况，并要求各厂矿负责人不定期对员工进行生产及交通安全教育，杜绝各类事故的发生。公司总工程师 D 强调，安全生产工作是各项管理工作的最终体现，时刻不可放松。副总经理 B 提出“三不推”、“三定”

和“四不放过”的安全生产管理原则，即今天能整改的不推给明天、部门能整改的不推给公司以及班组能整改的不推给部门的三不推原则，定时间、定整改、定措施的“三定”原则，以及责任人未处理不放过、事故原因未查清不放过、有关人员未受到教育不放过、整改措施未落实不放过的“四不放过”原则。

3. 安人（促进员工发展）与员工型企业社会责任

管总认为，用人文指导科技，用科技促进人文，才能实现人文与科技的良性互动。副总经理 A 表示，全公司坚持贯彻“以人为本，科技兴盐”的战略，一方面全力践行用人文推动企业发展，促使青年员工可以在这个过程中形成正确的价值观和人生观，以此来指导人生和事业；另一方面全力践行用科技强盛企业，促使青年员工可以在此过程中增强科研水平和职业技能。在此战略思想的指导下，中盐金坛根据员工需求提供各种培训，同时健全薪酬福利制度和晋升体系，为员工长期发展提供多种保障。

第一，员工培训。① 技能培训。对新进员工的培训，中盐金坛公司金赛盐厂厂长 E 表示，进入盐厂的大学生，盐厂会将其统一划入五个生产班组，在实际生产中进行培训、锻炼。刚毕业的大学生理论知识比较丰富，理论联系实际，可以更快地学习工艺技能。通过生产组织，人员交流，可以培养青年员工的团队意识和沟通能力。单位还可以通过实际工作的表现考察青年员工的工作态度、职业道德、意识品质等。经过一段时间的学习，青年员工能够很快掌握生产技术，融入单位。对于在职人员的培训，中盐金坛公司主要实施班组培训。班组培训的第一步就是统一形成完整的培训资料，规范操作流程。对所有的生产原理和工艺流程都进行经验总结，绘制相关物料的详细流程图，并标注关键的生产参数；规范日常的操作流程和注意要点；完善对突发情况的应对措施等。同时，根据企业的发展，不断总结经验，形成新的培训资料供大家学习。② 素质提升培训。该培训的定位是：为道不为技，即注重学员职业人文素养的提升，培育道德资本。公司以“贤文化”为企业价值观，制定了《贤文化纲要》，让员工研习《贤文化纲要》，通过学习儒、佛、道等中外优秀文化之精华与思想智慧，深入理解贤文化的体与用。培训期间，员工将接受中国传统文化之诗、书、礼、乐、艺术、武术、中医等的熏陶，以养成高品位的生活情趣和个人修为。同时，结合不同阶段的学习、研讨主题，组织观看戏曲、电影，互动交流，参访国学教育基地，体会国学人文精神的现代价值，使培训达到“理事圆融、知行不二”的效果。教学课程有：《论语》、《大学》、《中庸》、《弟子规》、《道德经》、《庄子》、《周易》、《传习录》等，并介绍《圣经》（新旧约全书）、柏拉图的《理想国》、马克斯·韦伯的《新教伦理与资本主义精神》等西方文化的经典名篇。③班组培训（行知班）。中盐金坛公司为推进公司学习型组织建设，践行“知行合一”的贤文化精神，使贤文化真正成为员工的价值观、思维方式和生活方式，从2014年起，在全公司开展“行知班”建设活动。“行知班”建设的重点是员工如何将应知应会的业务知识、岗位技能、管理能力、职业道德等逐一落实到行动上，使“行”为真行，“知”为真知。

第二，健全考核体系，完善薪酬与福利制度。中盐金坛公司的考核包括：日常工作考核、理论知识考核、员工360度互相平分考核，这种考核制度能够全面考核员工，促进员工成长成才，被称为“360度考核”。中盐金坛工会每年都会对困难职工进行慰问，每当有职工家庭遇到困难时，公司领导与工会都会给予关心，使员工切实感受到中盐大家庭的温暖。改善养老保障体系。中盐金坛正式出台《企业年金方案实施细则》，并成立了企业年金管理委员会。此举将进一步完善公司的多支柱养老保障体系，提高职工退休后的生活水平。

4. 安人（关心合作伙伴）与供应链型企业社会责任

管总认为，企业要想长远发展，必须关心客户，寻找多种合作机会谋求共同利益。副总经理A也表示，公司通过积极推动中盐金坛与价值链上企业的合作，一方面为企业和合作商创造了共享价值，另一方面也降低了企业的经营风险。“盐碱一体化”和“盐电一体化”就是公司推进的典型合作项目。

第一，盐碱一体化。中盐金坛副总经理C说，公司领导一直要求市场部对主要客户和市场定期进行调查，以深入了解客户需求。21世纪初，市场部调研发现：长期以来，国内氯碱生产企业普遍采取传统模式，先买固体盐，再化成液体盐，自行精制处理一次盐水，工艺流程长、投资大、占地多、运行成本较高，而且产生大量盐泥，处理难度大。对于氯碱企业而言，其最关注的问题有两个：一是技术，一是环保，即盐水能否顺利进入离子膜电解槽，使用中是否会减少大量盐泥。当市场部把调研结果反馈回中盐金坛时，管总提出“让卤水直接进入离子膜电解槽”的大胆设想，并督促技术部全力研发“一次盐水”产品。所谓“一次盐水”产品是指盐厂不将卤水制成固体盐，而是直接将卤水通过过滤装置精制成盐水，输送到氯碱企业直接使用。由于省去了卤水到固体盐和固体盐到盐水的制作环节，一次盐水产品实现了盐厂与氯碱企业的无缝对接，大大降低了氯碱企业的生产成本。同时氯碱企业直接使用一次盐水，进一步减少了原先制作盐水时所产生盐泥的处理成本。从整个供应链看，“一次盐水”产品提高了对氯碱企业客户的服务水平，降低了供应链的整体成本，有利于社会环保。2007 年，中盐常化与中盐金坛合作成立了金东精制盐水有限公司，直接对卤水进行加工处理，向客户企业输送“一次盐水”产品，实现“盐碱一体化”。

第二，盐电一体化。2006 年中盐金坛公司出资两亿多元收购加怡热电厂，解决了金赛盐厂热能供应上的瓶颈，摆脱了制约盐厂生产蒸汽不足的危机，结束了中盐制盐企业有盐无自备电厂的历史。2008 年年初，在煤炭价格一路走高、热电厂效益一路下滑的情况下，中盐金坛投资 1793.29 万元建设热电厂的节能技改项目，将加怡热电厂 3# 抽凝机组技术改造为背压机组，将 4 台锅炉引风机改为变频调节，年节约标煤 28244.3 吨。2009 年，该节能项目经江苏省经贸委专家和国家发改委审核通过，获得了财政部 564 万元奖励。中盐金坛的“盐电一体化”不仅是用热电厂为盐厂供热，而是体现为盐厂和热电厂的气、水循环利用。

① 热电厂废气再利用。由于金赛盐厂净化车间与加怡热电厂距离较近，金赛盐厂开始采用净化成本更低的“石灰烟道气法”，利用热电厂产生的石灰烟道气中的二氧化碳净化高硝卤水中的 $Ca2^{+}$、$Mg2^{+}$和 $SO42^{-}$，有效节约卤水净化投料成本（纯碱投料量大大减少，取而代之的是廉价的石灰），每年可减少热电厂 2800 吨温室废气的排放。

② 盐厂与电厂的水循环。盐电水循环是指，一方面电厂为盐厂提供生产所需的工业用水，另一方面盐厂制盐生产过程中所产生的冷凝水又回至电厂。金赛盐厂采用多效蒸发的真空制盐装置生产精制盐时，存在用水量大、废水排放量大的现象。每年制盐产生的约 421.6 万吨冷凝水，其中有 80 摄氏度的高温高质水、35 至 50 摄氏度的低温优质水及低温低质水。除 296 万

吨低温优质的首效生蒸汽冷凝水回电厂作锅炉补充水外，大部分冷凝水回收部分热量后均外排，长期排放会使附近河流盐度偏高，造成土地盐碱化，影响生态环境和农业发展，同时也是水资源的极大浪费。为了降低资源消耗、减少环境污染和提高经济效益，2011 年，中盐金坛投资 2400 万元建设加怡热电厂的“反渗透水项目”处理低温低质水。低温低质水经反渗透水项目处理后，一部分回电厂锅炉，另一部分作为社会供热，从而在根本上实现了废水的“零排放”。相对老制水装置，新建的反渗透水项目所产生的直接经济效益为：每年节省制水成本 522 万元，节省含盐冷凝水回矿管道投资 2760 万元及相应的折旧、财务、维修、管理等费用，减少自来水用量82.32万吨。盐电一体化也成为了中盐金坛循环发展新的增长点。中盐金坛将制盐产生的高温高质水和经“反渗透水项目”回收后的部分水一起作为供热产品，销往全市 100 多家浴室和周边众多企业，开创了一个新的盈利业务。

5. 安民（推动绿色生产）与环境型企业社会责任

金赛盐厂厂长表示，中盐金坛强调绿色生产，关注改良生产工艺，努力使企业做到节能减排与保护环境。公司实施了许多有利于保护环境的战略型企业社会责任活动，如金赛盐厂的热泵制盐与水循环利用、加怡热电厂的降硫技改、建设绿色矿山等。

第一，金赛盐厂的热泵制盐与水循环利用。2010 年，中盐金坛金赛盐厂研发的年产 100 万吨热泵制盐项目一次性投产成功（制盐二期）。相对于真空制盐装置，热泵技术在节能降耗方面发挥了很大作用，制盐能耗平均仅为 79.072kg 标煤 / 吨盐，有效节约 20kg 标煤 / 吨盐，并实现节省 30% 单位能耗的预期目标。另外，金赛盐厂将生产中产生的密封水、冲洗水、溢流水、电厂的反渗透水通过管道输送至盐厂的泛水池和应急池，再统一输送至盐矿用于采卤。这种水循环利用模式，不仅大量降低了生产外取水量，保证了生产用水的品质，而且减少了水资源的外排量，并能充分利用起冷凝水的热量，既节能又环保。

第二，加怡热电厂的锅炉烟气脱硫脱硝。加怡热电厂副厂长 F 表示，为了积极响应国家环保政策号召，电厂于 2011 年即着手进行锅炉烟气脱硫提标改造和烟气脱硝除尘工程实施，历经 2 年完成后，二氧化硫排放浓度控制到 5mg/Nm^3 以下，远低于国家要求的 50mg/Nm^3 排放限值。按此计算，电厂每年可减少二氧化硫排放量约400吨，节省排污费达50万元。2014年5月完成电厂氨站和1#—4#锅炉的脱硝除尘改造，电厂运行锅炉的氮氧化物排放浓度低于100mg/Nm^3，粉尘含量低于20mg/ Nm^3，远低于国家规定的火电厂排放标准，由此电厂每年将减少氮氧化物排放量约1000吨，减少粉尘排放量约700吨，共节约排污费164万元。

第三，绿色矿山项目。中盐金坛公司一直秉承“矿山治理、绿色创建、生态提升、整合集约”的总体思路，以高效利用、生态优先和示范效应为原则，做到环境与开发利用相宜，兼顾发展与保护环境，实现资源的有效利用，形成了“资源—产品—再生资源”的循环经济模式，使金坛盐矿成为建设“节能减排，高效环保”绿色矿山的典型和示范工程。为建设绿色矿山，公司成立了以总经理为组长的绿色矿山创建领导小组，把绿色矿山建设指标作为各职能部门业绩考核范畴；制定了《金坛盐矿国家级绿色矿山建设规划》（以下简称《规划》），定期通报《规划》确定的工程建设项目进展情况，有序推进《规划》确定的“十大工程”，并依据《规划》及时拨付建设资金；公司每年研发投入超过销售收入的3%，确保科研项目“国际一流、国内领先”水平；广泛宣传绿色矿山建设工作的重大意义，让绿色矿山建设的意识深入每一位员工的内心。中盐金坛的绿色矿山项目取得了优异成绩，不仅被评为江苏省首家绿色矿山企业，2011年还获首批国家级绿色矿山试点单位。2014年8月，国家专家组对金坛盐矿绿色矿山建设情况进行验收，现场专家一致认为：金坛盐矿绿色矿山建设工作扎实，资金投入到位，成效显著，经济效益、社会效益明显；采用了国内外领先技术，对周围环境影响小；认为该矿已完成，并部分超额完成了绿色矿山的前期规划目标，验收综合得分为96. 8分。

6. 安民（促进社区与社会发展）与社区 / 社会型企业社会责任

中盐金坛副总经理C告诉我们，中盐金坛强调企业不仅要自己发展，同时也要带动周边区域经济的发展，增加对周边经济需求的关注。这种关注使得中盐金坛实施了不少有利于社区和社会的项目，其中典型的是“社区集中供热”和“盐穴一体化”。

第一，社区集中供热项目。中盐金坛对金坛市居民生活考察后发现，如果通过提供全区集中供热，将当地社区居民的利益纳入企业经营的范畴，不仅可在日常生产中节能减排降低本企业的经营成本，还能带动当地经济的发展。2012 年头 8 个月，加怡热电厂就为社会供热 106 万吨，实现收入 22816 万元。目前，在金坛经济开发区和金城镇工业园，1800 多家企业中没有一家因为需用蒸汽而自建锅炉、烟囱，这些企业所用蒸汽，都来自加怡热电厂。加怡热电厂通过为社会集中供热，取代了原先分散的几百座小锅炉，每年可为金坛市节约标煤 77381 吨，减排二氧化硫 505 吨、烟尘 506 吨。金城镇工业园的某化工企业使用加怡热电厂的供热约 20 万吨 / 年，与原来自产蒸汽相比，该企业全年节约了标煤 1.2 万吨。热电厂的集中供热项目不仅帮助了当地服装企业、化工企业等多个传统产业的转型升级，也推动了金坛市的招商引资。

第二，盐穴一体化。为了更好地保障国家能源需求、减少燃气资源浪费，中盐金坛在利用盐穴进行天然气储存方面先行一步。2007 年，中盐金坛与跨国公司德国 SOCON 合作，凭借该公司在世界盐穴声纳测量领域先进技术，建成国内首个盐穴储气库。2010 年 3 月，中盐金坛与中石化签订《川气东送工程储气库矿权合作协议》，合作建设“川气东送”储气库。中盐金坛总工程师 D 说：“假如中盐金坛的盐穴不被利用，而是在地面建直径 50 米、高 10 米的储气罐，那得占地 1760 多亩。”

由上可见，首先，中盐金坛领导按照“主动学习”的“修己”要求，积极向客户学习，以改善自己的生产过程和技术，实施了顾客型 CSR；其次，根据“改善员工的工作环境”和“促进员工发展”的“安人”要求，制定了安全管理制度、完善员工培训体系和考核制度，实施了员工型 CSR；再次，根据“关心合作伙伴”的“安人”要求，实施了“盐碱一体化”和“盐电一体化”等供应链型 CSR；最后，按照“关注环境和社会”的“安民”要求，实施了节能减排技改、绿色矿山建设、社区集中供热、盐穴一体化等环境型 CSR 和社区 / 社会型 CSR。其中，中盐金坛公司根据客户建议而做出的生产工艺调整以及为了避免出现更多生产事故而制定的安全管理制度，由于是被动地减少对利益相关者的负面影响，属于反应型的 CSR 活动。中盐金坛主动地完善员工培训体系和考核制度，实现本企业与员工的共同发展，实施多种节能减排项目实现本企业与环境的和谐共生，通过集中供热、盐穴一体化实现企业与社区和社会的共同发展，以及通过盐碱一体化和盐电一体化实现本企业与供应链上企业的共同发展。这些措施都创造了企业与利益相关者的共享价值，属于战略型的企业社会责任。由此可认为，中盐金坛的儒家伦理领导有效推动了该公司实施各项 CSR 活动。（该公司儒家伦理领导层次与 CSR 活动的具体对应关系见图 1）

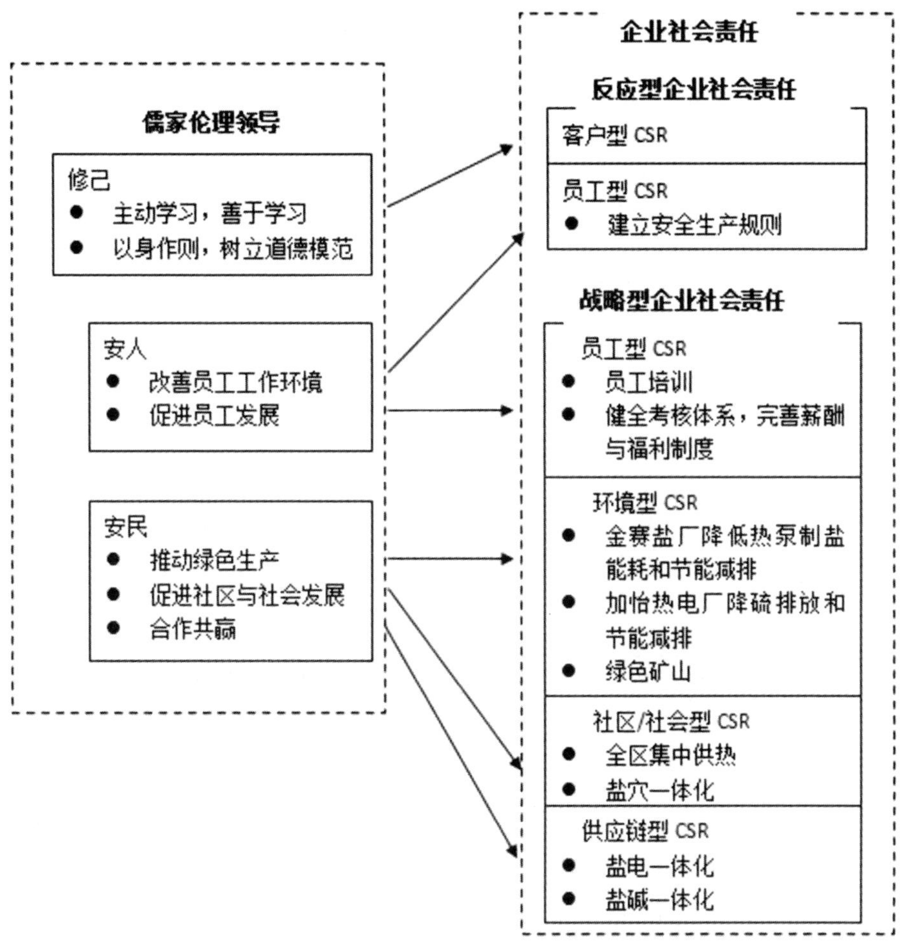

图 1　中盐金坛领导层的儒家伦理领导对企业社会责任活动的影响

（四）中盐金坛的 CSR 与企业创新

1. 员工型 CSR 与管理创新

第一，值班制度改进。为了符合中盐金坛颁布的建立安全生产规则，保障安全生产，中盐金坛改善了原有的值班制度，对人员进行重新编班。中盐金坛副总经理B介绍说，2013年3月，盐厂电仪班由值班制改为老员工值班、新员工倒班相结合的运转方式。此举主要是为了更及时、更快速地处理突发事故，以更好地应对盐厂仪表设备逐渐老化的问题。3月中旬起，仓储车间小包装食用盐班组在人员调整充实并重新编班后，开始执行“四班三运转”的全新生产模式。这是继净化车间班组、造粒盐班组后，又一个实行该模式的一线班组。

第二，员工职业发展的“五条跑道”。中盐金坛将前述培训制度和综合考核机制相结合，建立了颇具特色的“职业发展四条跑道”制度。(如图2)这四条跑道是指管理岗位、技术岗位、市场岗位、工厂工程师模式四种择业形式。新进员工经过在厂矿一段时间的实习期之后，中盐金坛根据各部门需要向厂矿选拔人才，厂长结合员工的全面绩效评估结果和员工自身发展要求向公司“举贤”，员工可就任管理、技术、销售岗位，或者留在厂矿聘任“工厂工程师”。

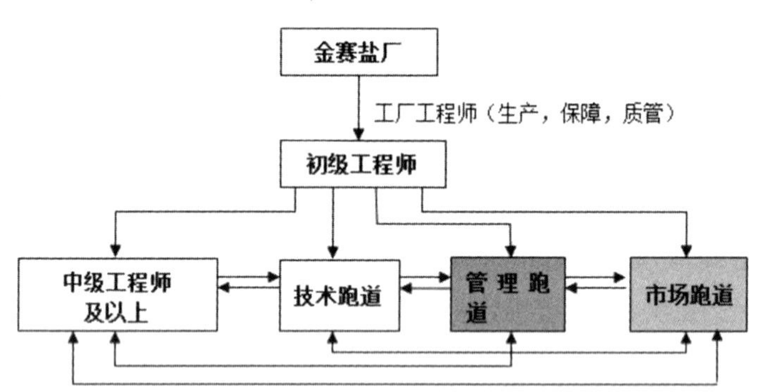

图2　中盐金坛公司员工成长跑道图（金赛盐厂为例）

“工厂工程师”是中盐金坛的独创，是为留在厂矿的员工提供的晋升渠道。设立“工厂工程师”的主旨是让普通员工不再桎梏于定岗制，而是通过巡岗制掌握整条制盐生产线，快速成长为技术人才。中盐金坛的“工厂工程师”分为三级：初级工程师、中级工程师和高级工程师，每级又分为A、B、C等不同档次，被评为不同级别和档次的工程师每月可领取不同的津贴。“工厂工程师”评定过程相当严格，首先根据日常考核、理论考核和360度考核的三层考核体系进行打分，再根据三层考核结构进行全面绩效评估，决定员工是否可以聘为工厂工程师，以及聘为何种级别。“工厂工程师”评定实行动态制，每年评定一次，去年被评为中级工程师的员工如果今年绩效评估不理想，可能降级甚至不会续聘。2012 年 3 月，金赛盐厂向第一批考核和评定合格的 38 名员工颁发了工厂工程师聘书。2013 年 3 月，向第二批 79 名员工分别颁发了初级和中级工厂工程师聘书。金赛盐厂实施“工厂工程师”模式后，加怡热电厂也正式推行该模式。2013 年 3 月，来自一线岗位的 68 名员工分别被评为初级工程师和中级工程师，并颁发了聘书。这些员工的称呼也随之改变，统一以“某工（程师）”称呼。

员工对“工厂工程师”模式给予了充分的肯定。某受访员工认为，“工厂工程师”不仅是一个头衔，更是一种荣誉，它体现了对人的尊重，为员工建立了一种公平竞争机制，帮助员工实现了自己的价值，使优秀员工脱颖而出。员工更需要严格要求自己，不断学习，持续改进，以实际行动成为一名优秀的“工厂工程师”。金赛盐厂厂长指出，工厂工程师模式的实施效果很好，它延伸了员工的职业生涯，增强了员工的学习与工作的自主性和乐趣。尤其是当以班组形式工作时，这些工厂工程师担负了更大的管理范围和责任，促使他们形成向心力，劲往一处使，能够有效营造和谐的工作氛围，实现共同提升。2013 年，中盐金坛又进一步面向行政人员实施“专业主管”岗位聘用制度，旨在使企业去行政化，增强专业化，形成专业管理的机制和人才队伍，强化扁平化管理，这也成了员工发展的“第五条跑道”。

第三，金赛盐厂取消专职过程化验岗位。金赛盐厂通过对盐硝车间和卤水净化车间人员进行专业技能培训，使人人都能掌握化验技巧，进而取消了存在多年的过程化验岗位。金赛盐厂厂长表示，该厂今后由盐硝车间和卤水净化车间人员进行化验，各车间根据自身实际情况自行进行化验，这不但保证了化验的时效性，也将促进员工的综合素质提升。原化验岗位员工表示，这次改革，不管对盐厂还是对化验岗位员工来说，都是让人欣喜的。原化验岗位人员调配到其他车间，能够有机会学习盐厂各工段、各个岗位的工艺技术。对于盐厂，取消过程化验岗位之后，过程化验融入生产操作中，实现了过程控制和“精兵简政”。

第四，跨职能边界的技术研发团队。中盐金坛下属有技术部和技术中心两个研发部门，技术部主要包括 15 个专职的科研人员，技术中心则由各种自发式技术研发团队构成，通常有五六十人。在公司新项目实施过程中，有很多技术难题需要攻克。如果仅仅靠技术部的十几个人，很难完全承担这些研发任务。为此，中盐金坛提倡厂矿员工参与研发。当公司公布一系列需要研发的科研课题时，技术部、技术中心和厂矿员工自发组成研究团队。团队通过研讨觉得可以承担某课题，则向公司申请攻关任务，公司给予团队成员一定的科研津贴。参加研发的厂矿员工平时在厂矿工作，科研任务需要的时候就集中讨论和实验，并常常利用业余时间进行所分配的研发任务。中盐金坛的各厂矿内部也设立了多个 QC 小组，为改进生产质量和降低成本献计献策，对生产过程中出现的问题进行技术攻关。当 QC 小组有解决不了的问题，也会邀请技术部和技术中心的人员参加研究。跨职能边界的技术研发团队不仅给予了员工参与感、信任感、归属感和成就感，也充分调动了员工的主观能动性和学习积极性，使得公司的技术创新能力和创新速度大为增强，为新项目研发和实施奠定了坚实的基础。

中盐金坛副总经理 A 指出，上述管理创新带来了良好的效果，不仅培养和留住了人才，每年还吸引了不少优秀人才加入公司。目前中盐金坛 400 余名员工中，具有硕士及以上学历者 43 人，其中博士 10 人，进站博士后 4 人，具有高级职称者 7 人（正高 2 人），工厂工程师已达 120 人。

2. 供应链型 CSR 与产品和技术创新

为了努力降低生产成本、保护环境以及更好地为供应链上的企业创造价值，中盐金坛不断加大科研投入和人才培训力度，进行产品和技术创新。

第一，无中生有的“一次盐水”。2007 年，中盐常化与中盐金坛合作成立了金东精制盐水有限公司，直接对卤水进行加工处理，通过中盐金坛铺设的管道向氯碱客户企业输送“一次盐水”产品，实现“盐碱一体化”。“一次盐水”是中盐金坛在制盐行业的创举，通过“让卤水直接进入氯碱企业客户的离子膜电解槽”，不仅实现了与氯碱企业的技术耦合，更消除了用户对于盐泥排放的担忧，真正为客户创造了价值。中盐金坛的“一次盐水”产品经历了四次技术创新：利用钙法和 CN 过滤器脱硝的一次盐水诞生、淡盐水膜法脱除硫酸根、陶瓷膜过滤器精制卤水＋纳滤膜脱硝、新一代陶瓷膜装置。这些创新使得公司产品质量一直领先于同行盐厂。其中，“双膜法液体盐制备技术”在 2012 年 11 月 17 日的鉴定会上，鉴定委员会一致认为，中盐金坛公司的“双膜法技术液体盐制备（产品）”属集成创新产品，实用性强，节能降耗、绿色环保效果显著。2014 年，“双膜法液体盐项目”获得国家科技部火炬高技术产业开发中心颁发的国家火炬计划产业化示范项目证书。

第二，高硝母液循环利用技术。“一次盐水”的诞生有效解决了客户的成本和环保问题，高硝母液循环利用技术则是在此基础上，通过继续深化技术研发，进一步帮助客户企业解决环保问题。随着膜法脱硝技术在氯碱行业的广泛应用，仅华东地区氯碱企业每年大约产生 10 万吨十水硝，而金东公司每年生产“一次盐水”也会产生 72 万方高硝母液。高硝水处理一直是业内的“老大难”问题。金东公司以前的处理方法是将高硝水通过 PH 值调整后返回采矿区。为了真正使得“一次盐水”生产过程实现零排放，解决客户企业的环保问题，2013 年金东公司投资 6000 多万元，建设年产 8 万吨硫酸钠（也称元明粉、芒硝）的高硝母液循环利用项目，利用自行研发的国内最新技术（冷冻析硝＋热泵蒸发），将氯碱企业使用“一次盐水”后产生的高硝水或十水硝，及金东公司生产“一次盐水”过程中产生的高硝水进行回收处理。金东公司自行研发的“冷冻析硝＋热泵蒸发工艺”，开创了国内先河，不仅工艺先进，且能量综合利用率高，产品消耗低，每年可回收 10 万吨纯度为 99% 的无水硫酸钠和 18 万吨高硝水（折盐）。此外，高硝母液循环利用项目的热法蒸发部分还应用了 MVR 制硝工艺，这是国内首次将国产蒸汽压缩机成功应用于工业化装置，改变了国内 MVR 工程蒸汽压缩机依赖进口的状况，主要设备如循环泵、离心机等均实现了国产化。高硝母液循环利用项目不仅得到了中盐总公司董事长茆庆国的大力赞赏，还作为井矿盐示范工程被纳入科技部项目“压缩机国产化示范应用”。同时，该项目达到了制盐行业的国内领先水平，以该技术生产的无水硫酸钠产品达（GB6009-2003）I 类一等品标准，质量指标也在处于国内同行业领先水平。

第三，新型绿色食用盐。中盐金坛副总经理 C 表示，在 2013 年 12 月，中盐金坛公司在原有产品的基础上，经过技术改造增添了两种的绿色食品，即深井碘盐和深井无碘盐。经过申报和审核，最终确认这两种新产品各项指标均符合绿色食品要求。

3. 环境型 CSR 与技术创新

同样，中盐金坛将内外部利益相关者纳入企业经营战略，实施了一系列环境型的社会责任活动，在此过程中进行了多项技术创新。其中最典型的是金赛盐厂从多效蒸发真空制盐到热泵制盐的技术创新。

金赛盐厂主要制备传统的颗粒盐，产品不像“一次盐水”那样具有开创意义。但在制盐技术和工艺上，金赛下了很大的功夫，并取得了卓有成效的突破，大大提高了产品质量、降低了能耗，使中盐金坛快速进入世界先进的制盐企业行列。

2004年，金赛盐厂决定建立一期真空制盐装置，这是当时中国第一套年产60万吨装置。2008年9月经国家发改委批准，中盐金坛公司在一期多效蒸发真空制盐工艺基础上，开始投建年产100万吨热泵制盐（精制散湿盐产品）项目。该项目的卤水净化采用“石灰—烟道气”净化工艺，制盐采用“单机机械热压缩（热泵）＋母液回收”技术，定位为世界上最大的单套制盐设备。项目于2008年10月28日开工建设，2010年11月3日项目一次性试产、投产成功，产出第一批晶盐，精制盐NaCl含量超过99.8%，车间综合能耗水平为70.9千克标煤/吨盐，进入了世界先进行列。

在2012年11月17日举行的“年产100万吨真空盐项目”鉴定会上，与会评审专家给予该技术创新项目高度的评价。中国盐业协会常务副理事长林家骅认为，中盐金坛热泵制盐项目的成功投产对中国盐行业来说是一次革命性的技术创新，起到了引领和带动作用，促进了国内真空制盐技术向热泵制盐技术的发展，推动了制盐行业向高新技术行业发展的步伐。十几年前，国内曾对热泵制盐技术有过探索，但终究以失败告终，金坛的成功给予了中国盐行业在技术创新之路上不断探索的信心。中国轻工业长沙设计院教授级高工林卫认为，世界上最先进的Na_2SO_4型卤水制盐技术和设备在中国、在中盐金坛。他指出，中盐金坛创造性地将世界先进的机械热压缩（热泵）和盐硝联产技术进行合理地组合，使整个项目呈现出完美的效果，成为当前世界上独一无二的高效高产的盐硝联产装置。

在热泵制盐技术基础上，中盐金坛继续进行技术改进。计划投资建设的一期技改项目（俗称“三期项目”），采用汽轮机带动压缩机运行，与用电机带动压缩机的二期热泵制盐技术相比，该技术节能优势更显著。公司总工程师指出，热压缩制盐技术在国内尚属首例，将是我国制盐技术的又一次革新，一期项目技改后可继续节省15%的单位能耗，中盐金坛整体制盐的技术指标和人均产值都将跨入世界先进行列。

4. 环境型 CSR、社区 / 社会型 CSR 与技术创新

中盐金坛公司领导将践行社会责任融入企业经营的内在战略，通过相关技术创新和改进，落实企业环境保护和社区服务的社会责任，推动建设绿色企业。

第一，首创的“盐穴一体化”。20 世纪 80 年代，金坛市探明地下盐矿面积为 60.5 平方公里，盐盆矿石储量达 162.42 亿吨，相当于两个半太湖的水重量。10 多年来地下水溶开采形成了巨大的溶腔空间。这些盐穴在开采完成后，如果处置不妥，容易产生垮塌事故。中盐金坛一直努力寻找对于盐穴资源综合利用的新路径，并通过开发盐穴利用技术创新性地提出“盐穴一体化”，成功地解决了该环境难题，并产生了良好的社会效益。

自 2007 年起，中盐金坛与中石油、中石化合作建成“西气东输”金坛地下储气库、“川气东送”金坛地下储气库及国家石油储备基地金坛地下储备库。2013 年 5 月，中盐金坛与德国 SOCON 公司合资成立金坛搜空测量咨询服务有限公司，改写了我国境内没有专业声呐盐穴测量机构的历史。2013 年 10 月，中盐金坛公司、香港中华煤气公司签订地下盐穴租赁合同，建立港华燃气（金坛）气源保障中心。相关专家指出，我国岩盐开发规模每年已超过 4000 万吨，且以每年近 10% 的速度递增，自然形成的溶腔体积达每年 500 万立方米，但除了金坛盐穴被用于储气外，其余绝大部分盐穴资源仍处于空置状态。盐穴综合利用空间巨大，金坛搜空的成立意义非凡。

第二，供热技术改进。中盐金坛总工程师 D 介绍说，对于集中供热项目，企业斥资 2000 多万元将两台抽凝机组改为背压机组，一方面大幅度提升了供热量和供热稳定性，另一方面还提高了机组的运行效率，每年实现节约标煤 38138 吨，减少二氧化硫排放 350 吨。

据上分析，中盐金坛在实施员工型 CSR、供应链型 CSR、环境型 CSR 和社区 / 社会型 CSR 过程中，产生了多项管理、技术和产品的创新。其中，产品创新中对包装盐的产品线延伸而产生的绿色食用盐，是在原有产品技术上的整合，属于渐进式产品创新；技术创新中对于集中供热技术的改造，也是属于在原有技术上的改造，同样属于渐进式的创新；改善值班制度、跨职能研发团队、取消化验岗位等是在原有管理制度上的改进，属于渐进式管理创新，属于制盐行业的“首创”；而“职业五条跑道”、“一次盐水”、“冷冻

析硝+热泵蒸发工艺”的高硝母液循环利用技术、热泵制盐技术等属于“从无到有”的突破式创新。由此可见，中盐金坛儒家伦理领导所推进的CSR活动既产生了渐进式创新，也产生了突破式创新。

通过对中盐金坛的案例研究发现，公司领导的儒家价值观对于企业创新具有正向影响，其作用机制是：公司领导层的儒家价值观会引发其儒家伦理领导，儒家伦理领导行为会推动企业实施社会责任活动，而企业社会责任活动最终促进了企业创新，即具有“企业领导的儒家价值观→儒家伦理领导→CSR→企业创新”的递推关系。本文同时也发现，儒家伦理领导的不同风格会导致企业实施不同类型的CSR，“修己”风格的儒家伦理领导主要实施反应型CSR，“安人”和“安民”风格的儒家伦理领导会实施战略型CSR，而战略型CSR则更容易引发突破式创新。

专题研讨

弘扬儒家商道，建构企业儒学*

——《儒家商道智慧》新书研讨会在京举行

2017年7月28日，《儒家商道智慧》新书发布暨专家研讨会在全国人大会议中心举行，来自北京大学、清华大学、中国人民大学、中央党校、国防大学等单位的30多位专家学者和10多位中央级媒体记者，围绕如何深入“弘扬儒家商道，构建企业儒学”进行研讨。与会专家一致认为，当前中国，“企业儒学”叫得不够响，需要我们大力宣传和弘扬。

中央文史馆馆员、中国哲学史学会会长、清华大学国学院院长陈来教授在发言中指出，中国当代的企业家不仅推动了中国经济的发展，也为中国当代文化的发展贡献了力量。近年来，习近平总书记多次强调要努力实现传统文化的创造性转化、创新性发展。今年年初中共中央办公厅、国务院办公厅又印发了《关于实施中华优秀传统文化传承发展工程的意见》，强调把中华优秀传统文化内涵更好、更多地融入生产生活各方面，企业家在这方面将大有作为。《儒家商道智慧》的出版就是将中国传统文化实现“创造性转化”的一个示范。

陈来教授指出，黎红雷教授是我们中国哲学学科里面唯一指导中国管理哲学和儒家管理哲学方向的博士生导师，也是最早在中国哲学学科里面从事中国管理哲学、儒家管理哲学研究的学者。1991年黎红雷教授就出版了《儒家管理哲学》，从第一本《儒家管理哲学》到这本《儒家商道智慧》，标志着这个学术体系的全面展开。如果说前一本书是“明体”，建立儒家管理的理论体系；这本书则是“达用”，更多地聚焦在儒家管理的实践智慧。从哲学的根据转向实践的智慧，使得有关于儒家管理指导，从体用两个方面有

* 综合《央视网》、《央广网》、《人民网》、《光明网》、《中青网》、《凤凰网》报道。

了更完整的建树。这个研究是今天儒学里面最接地气的研究。儒学在当代的在场可分为三个领域，学术的儒学、文化的儒学、民间的儒学。红雷教授的这个研究贯穿学术、文化和民间三者。学术研究是学术儒学；企业文化、企业智慧，商道的研究方面有文化的意义，又有属于民间儒学的发展形态。所以他的研究能够贯穿从学术儒学到文化儒学到民间儒学的形态，非常珍贵。

陈来强调，大家对“企业儒学”的关注度还不够，从现在的经济生活来讲，企业所代表的经济活动占总经济活动的比重比农村经济占得更大，而且放眼未来，比重会越来越大。因此“企业儒学”在儒学的发展中所占据的地位也越来越重要，所以我们应该叫响“企业儒学”这个口号，现在叫得还不够响，似乎还没有“乡村儒学”那么响亮。而且从文化的转型来讲，如果以儒者作为主体，儒学的现代转化的一个很重要方向就是“新外王”的展开，古代的“外王”主要在政治领域，近代以后儒学的“外王”领域拓宽了。如果以儒者作为主体来讲，政治研究不再是一个主要领域，新外王活动的展开的重点就是“企业儒学”。所以，“企业儒学”应该是现代社会儒学“新外王”转向的一个重要支点。

中国孔子基金会副理事长牛廷涛在给研讨会的致辞中肯定了《儒家商道智慧》在融合市场经济与儒家智慧方面的贡献，集中体现了儒家“达则兼济天下”、“与时偕行”、“乐以天下，忧以天下”、“知行合一”的入世精神、济世情怀和担当意识。他认为这对于开拓“企业儒学”的儒学研究新领域具有标志性意义。中华孔子学会儒商会执行会长陈志峰在致辞中表示，黎红雷教授多年致力于中国儒家哲学的研究和运用，把它用在中国改革开放30多年企业家成长的轨迹上，让很多企业家找到了企业发展的原动力、初心和意义，这对引导更多的中国企业特别是民营企业走向健康可持续发展的道路具有重要意义。

中国实学研究会会长、中央党校教授王杰强调，《儒家商道智慧》提出的儒商的八大智慧，其实就是儒家思想的核心价值观，里面讲了德的问题、诚信和自律的问题，对一个企业家来说非常重要，对企业也是一个巨大的考验，习总书记讲，“打铁还需自身硬”，欲胜人者必先自胜，在企业家中也应是铁律。另外一个感受是，能否把今天的林林总总的企业对儒家的思想理念形成一套评价体系？现在自称为儒商者甚众，以为有点钱，捐了个学校就是儒商了。究竟什么样的人可以称为儒商？应该有一个标准。

人民出版社编审方国根认为，该书有三大特点：其一，运用文化资本的理念揭示作为儒家商道之根源的儒家智慧的根本内涵和价值，重新界定和诠释当代新儒商的本质特征；其二，探讨了当代儒商实践的真正成功经验，以及对当代管理理论发展的影响；其三，试图运用企业理论和企业实践相结合的方法，从企业管理来系统探讨儒家商道智慧，贵在学术创新。黎教授将儒家的治国理念转化为现代企业的治理哲学，以儒家之道驾驭现代管理科学之术，不但解决了企业自身的经营管理问题，而且为儒家在当代的复兴开拓了新的途径。

国际儒联教育普及委员会主任、中国人民大学张践教授认为，本书抓住了儒学的基本思想脉络，并将其作为儒学与当代企业的一个结合点进行阐释，非常清晰，将中国传统文化与企业文化进行了很好的融合。

长江商学院助理院长周立认为，在这个大变革的时代，需要呼唤一种集中全球人文精华的大智慧，中华优秀传统文化就是这样一种大智慧，我们需要通过正确的途径向世界传递中国的声音，传递中国的核心价值观，其中，企业家是一股不可忽视的力量。黎教授这本书的一个特色就是，用马克思的观点来说，把儒和商辩证统一的关系讲得很清楚，他重视儒，但是不否定商，还强调商的重要性。强调义，但是并不忽略利。我们讲儒商，如果商不成功、没有利的话，就不是一个成功的企业家。

中国人民大学国学院副院长梁涛认为，社会对儒学管理的需求非常强烈，当代“新儒学”的建构，怎么在今天的社会中激活儒学？孔子、孟子都是在面对社会生活中，面对具体的问题中一点一点地形成了他的思想。今天的儒学“新外王”应该是在社会的领域，当然包括我们企业。在这样一个领域当中，我们逐步地把儒家的智慧渗入进去。同时在这个过程当中，丰富关于儒家的思想。

北京外国语大学的田辰山教授则从中西比较哲学的角度谈了自己的感触。他认为，中国企业家取得的成就不在于市场经济，而在于中国文化本身内涵的力量。中国企业家的方向是什么？儒家商道智慧，加上我们自古以来在中华文化当中的社会主义经济思想的元素。也就是说，企业家不应当只是一个企业家，企业家应该是政治家、哲学家，企业家还应该具有人文素养。

"人类命运共同体"的概念也是一个"平天下"的概念，今天整个全球都面临着建设一个新的经济秩序的问题，这个意义非常重大。要把这本书的写作、发行放到这么一个大环境当中。

国防大学教授朱康有认为，从管理学的文化基础来看，这本书里体现了中西方文化的交融，这本书构架了一个儒家管理学的理论体系。从企业管理方面，这本书体现了中国古代的实学文化非常重要的特征，就是把企业管理者容纳进来，体现了经世致用的原则。

黎红雷在答谢中表示，他本人自1987年开始探讨如何将古老的儒家治国之道运用到现代企业管理活动中，从开始撰写博士学位论文《儒家管理哲学》到今天这本《儒家商道智慧》出版，刚好三十年。在这个过程中，自己受到太多国内外学界前辈、同辈和后辈的鼓励和帮助，包括博士导师李锦全先生、博士后导师成中英先生，以及杜维明、曾仕强、夏书章、苏东水等先生，可以列出一大串长长的名单。而这次研讨会的举行，意味着企业儒学已经从企业家的实践进入了学术界的视野。学者与企业的紧密合作，对企业儒学乃至当代儒学的发展都具有十分重大的意义。企业是当代社会最活跃的组织，也是当代儒学最有活力的生长点。他希望更多的中国企业家，在经商办企业的过程中积极弘扬儒家的商道智慧，不断"精进"，共同推动当代儒学和企业儒学更加深入的发展。

最后，博鳌儒商论坛向中华孔子学会、中国实学研究会、中国孔子基金会孔子学堂推进委员会、北京卓越企业家成长研究基金会赠送了新书。

据悉，这次会议由中国孔子基金会、中华孔子学会和中国实学研究会指导，中华孔子学会儒商会、中国孔子基金会孔子学堂推进委员会主办，博鳌儒商论坛承办。中华孔子学会常务副会长、北京大学干春松教授主持了研讨会。

我们应该叫响“企业儒学”

陈　来*

首先向黎红雷教授表示对《儒家商道智慧》出版和成功发行的祝贺！

第一，中国企业家对当代的中国文化贡献非常大，最近20多年来，国学热，企业家是国学的重要推动者。因为企业家最早开始谋求中国化的企业商道的建构和实践，同时追寻企业家自身的安身立命之道，使得他们很早把注意力投向了古代的中国文化智慧。这种追寻一直到今天，是这个社会的刚性需求，成为支持国学热展开的最基础层面。

中国企业，特别是民营企业现在已经到了升级版，不是20世纪90年代小平南方谈话的时代的中国企业。进一步的可持续发展也需要文化的支撑，一方面有内在的文化需求，另一方面也需要有进一步的文化支撑。所以中国企业家不仅创造了中国经济发展的奇迹，对中国当代文化发展也起到了重要的作用。

第二，最近几年政府也提倡中华优秀文化的转化创新，或者说创造性转化、创新性发展。转化创新在当代来讲，一个很重要的方向就是把优秀传统文化与现代企业管理之道结合起来，这一点也符合今年年初“两办”《关于实施中华优秀传统文化传承发展工程的意见》（以下简称《意见》），这个《意见》中重要的一条就是要把中华优秀文化融合到当代的生活里面，一个是融入国民教育，一个是融入文艺创作，再一个是融入生活。古代跟今天比较来讲，融入生活有所转变，古代的儒家之道融入生活的基点是家——家庭、家族。家道是古代儒家文化融入生活的重要的基础。现代社会所谓的融入生活，一个重要的方面不仅是要落实在家，而且要落实到企业。不仅要像

* 陈来，中央文史馆馆员，中国哲学史学会会长，清华大学国学院院长。

古代那样落实到家道，而且要进一步推广到商道，这是今天优秀文化创造转化的一个很重要的方向。所以红雷教授在这方面做的工作，对我们进一步落实“两办”的《意见》，开创优秀文化的创造性转化、创新性发展指出了很重要的方向。

第三，红雷教授是我们中国哲学学科里面唯一指导中国管理哲学和儒家管理哲学方向的博士生导师，也是最早在中国哲学学科里面从事中国管理哲学、儒家管理哲学研究的学者。从他的第一本学术著作《儒家管理哲学》，到这本《儒家商道智慧》，标志着这个学术体系的全面展开。《儒家管理哲学》更多的是属于明体，《儒家商道智慧》更接近于达用。所谓明体，就是《儒家管理哲学》这本书更多地聚焦在儒家管理的哲学根据，像对管理的人性论、管理的认识论这些理论的阐明。这本书是讲八大智慧，是达用，更多地聚焦在儒家管理的实践智慧。从哲学的根据转向实践的智慧，使得他自己有关于儒家管理指导，从体用两个方面做了更完整的建树。特别是这个研究是今天儒学里面最接地气的研究，把儒学在当代的在场分为三个领域，学术的儒学、文化的儒学、民间的儒学。红雷教授的这个研究贯穿了学术、文化和民间三者。学术研究是学术儒学；企业文化、企业智慧、商道的研究有文化的意义，又有属于民间儒学的发展形态。所以他的研究能够贯穿从学术儒学到文化儒学到民间儒学的形态，非常珍贵。

特别是“企业儒学”的提出值得大家更多的关注，最近几年“乡村儒学”提出来以后受到了大家的关注，特别是山东的学者做的有关工作很快受到大家的关注，而且乡村儒学的观念一下子就普遍推开了。相比来讲，大家对“企业儒学”的关注度还不够，从现在的经济生活来讲，企业所代表的经济活动占总的经济活动的比重比农村经济占得更大，而且放眼未来，其比重会越来越大。因此“企业儒学”在儒学的发展中所占据的地位也越来越重要，所以我们应该叫响“企业儒学”这个口号。而且从文化的转型来讲，我的看法是，如果以儒者作为主体，儒学的现代转化很重要的一个方向就是“新外王”的展开，古代的“外王”主要在政治领域，近代以后儒学的“外王”领域拓宽了，政治研究不再是一个主要领域，“新外王”活动展开的重点就是“企业儒学”。所以，“企业儒学”应该是现代社会儒学“新外王”转向的一个重要支点。

这一点以前大家的关注不是很够，希望红雷教授的书能够引起大家更多的关注，从事儒学的儒者怎么跟企业家和企业家的实践密切地结合起来，提炼中国智慧中特别重要的商道智慧，建设新时代的儒商群体，迎来中国现代企业的新的辉煌。

“企业儒学”是当代儒学发展的一个新形态

牛廷涛 *

今天，我们齐聚在全国人大会议中心这个庄严的场合，共同参加由中国孔子基金会携手中华孔子学会、中国实学研究会、博鳌儒商论坛组委会联合举办的黎红雷教授《儒家商道智慧》新书发布暨专家研讨会。首先，请允许我代表主办方，向各位专家学者、同人同道在百忙之中的莅临，表示热烈的欢迎；更要向黎红雷教授的大作——《儒家商道智慧》问世，表示真诚的祝贺!

黎教授是我们孔子基金会的学术委员，始终坚定地支持孔子基金会事业的发展，是我们仰仗的重要学术力量，也是值得我们信赖和学习的良师益友。最近几年，我们在诸多学术会议上都见过面，且就儒商文化研究问题做过很深入的沟通交流。可以说，我们是皆有此心、志同道合。

众所周知，近年来，黎红雷教授依托华商书院的这个平台，和许多企业家都建立了很深的友谊，并应许多企业家的邀请，经常到企业中去讲解传统文化、传播儒家商道智慧。“儒家商道”、“企业儒学”占得天时、地利、人和，又在黎教授的妙笔之下，逐渐为众人所知，进而为学界、商界所共同关注、共同认可。

《儒家商道智慧》是黎教授最近几年关于“儒家商道”、“企业儒学”等跨界问题深入思考的理论结晶，凝结着他和诸多学者、企业家的心血、汗水和智慧。非常荣幸，这本书刚刚出版，黎教授便把它邮寄给了我，我便成为了第一批读者。这本书既有深刻的理论，又有鲜活的案例，本身就体现了儒家“达则兼济天下”、“与时偕行”、“乐以天下，忧以天下”、“知行合一”的

---

* 牛廷涛，中国孔子基金会副理事长、副秘书长。

入世精神、济世情怀和担当意识。它是探讨市场经济和儒家伦理融合的典范之作，是融合商业之魂与人文之道的大成之作！

非常可喜的是，今天，在诸多有识之士的共同关注和呼吁下，“企业儒学”或“商业儒学”已经成为新时期、新形势下中国儒学发展的一个新形态、新领域，在中国儒学发展史上将会留下浓重的笔墨。但这还只是刚刚起步，这个儒学新形态、新领域的内容，还有待在座各位乃至更多有识之士的共同协作、研究阐发。我们期待随着互联网经济的发展和商贸全球化步伐的加快，“企业儒学”、“商业儒学”的框架能够更加完备，内涵能够更加丰富，并得到越来越多海内外有识之士的参与和认可。

各位都知道，自2014年1月，中国孔子基金会推出了公益文化品牌——孔子学堂，到目前，孔子学堂已创办1200余家，覆盖全国各省市的基层社区、乡村、学校、企业等。孔子学堂是弘扬社会主义核心价值观，把传统文化落小、落细、落实的有效尝试，也是实现优秀传统文化创造性转化和创新性发展的重要平台。今天，黎红雷教授决定把一部分《儒家商道智慧》新书赠送给孔子学堂，这是对我们孔子学堂建设工作的充分肯定和大力支持。请允许我代表中国孔子基金会，向黎教授表示衷心的感谢！

在这里，请允许我向大家汇报一下最近中国孔子基金会围绕儒家思想与现代企业管理、儒商文化与市场经济等课题而开展的工作。我们与上海财经大学经过半年多的深入探讨，正式签署了战略合作协议，联合成立了国际儒商高等研究院，这在全国高校中还是第一家。国际儒商高等研究院成立后，将根据儒家文化的道德理念和现代企业的科学标准，研究制定“中国现代儒商企业”理论评价体系；采用最先进的科技手段和最公正的筛选方法，定期发布“中国现代儒商企业年度排行榜”，致力于打造中国儒商的“大数据”、“晴雨表”、“指南针”和“定盘星”。为了实现“运用传统文化的力量推动社会文明的发展”，恳请在座的各位专家学者和企业家多关注、多支持国际儒商高等研究院的建设，我们真诚地欢迎大家参与我们的这个课题，让我们携手同心，共同打造属于中国儒商群体的“诺贝尔奖”。

各位专家学者，各位企业家，21世纪既是文化大发展、大繁荣的大好时代，也是商业文明大放异彩的大好时代。在这个不断向好的时代里，儒学与商业、达已与成人、独善其身与兼济天下、修齐治平与管理经营、坐而论道与起而行之、正心明道与取势优术等将更加密切更加完美地融合在一起，相辅相成，互相促进，互相提升。让我们以这次黎红雷教授的新作《儒家商道智慧》面世为契机，商儒两界团结一心，积极推动以德立国、依法治国，以文化科技兴国、以工商贸易富国，为实现中华民族伟大复兴的中国梦而继续努力奋斗！

企业家需要儒家思想的涵养

陈志峰 *

非常荣幸我以黎红雷教授学生的身份来欢迎大家。我特别感恩有此机会向大家学习，尤其感谢恩师对我的谆谆教诲，令我收获良多，表示衷心的感谢！对大家在百忙之中莅临指导，表示热烈的欢迎！特别对在中国乃至国际上，对国学深有研究并做出贡献的各位专家教授的到来，表示衷心的感谢！

在红雷教授《儒家商道智慧》新书发布暨专家研讨会之际，在衷心感谢的同时，我想说，我对这本书的价值有深刻的体会，黎教授自 1987 年探讨儒学应用于现代企业管理、撰写发表博士论文《儒家管理哲学》开始，历经三十年对企业儒学的执着研究并深入企业调查研究，今天终于得出“儒家商道智慧”一套完整的理论体系，从而揭示出中国企业成长的内在文化基因，并从组织、领导、教化、责任、经营、管理、品牌、战略八大商道的层面进行了全面的论述！

红雷教授始终致力于中国儒家哲学的研究和运用，把它用在中国改革开放的 30 多年企业家发展的轨道上，让更多的企业家找到了企业发展的意义、企业发展的原动力、企业发展的初心。这些年来，物欲横行，金钱至上的无序混乱观念，形成了一个商业混战的“战国时代”。这个时代需要红雷教授这样的人，因为无论商业怎样发展，最终也要服务于人类文明的进步，商业的本身不是追求金钱和地位，而是追求我们在这个世界上的价值。应该把对家庭、社会、国家乃至世界文明的进步作为我们追求的方向，这正是儒家商道最核心的内容。

---

* 陈志峰，中华孔子学会儒商会执行会长、博鳌儒商论坛组委会执行主席。

为此，红雷教授创办了多个帮助企业家学习国学的商学院。仅以我本人参加学习的华商书院和博研商学院为例，前者已举办 70 多期，培养企业家学员 5000 多人，后者已举办 130 多期，培养企业家学员一万多名。在黎教授的指引下，浩浩荡荡的创业者企业家走进这些平台，得到儒家哲学文化精髓的滋养，让大家重新回归传统文化，变得更懂伦理、更尊长辈、更爱家庭。很多企业家从儒家的核心价值观“仁义礼智信”中找到了做人的准则，找到了企业发展的核心力量。好多企业家以践行《弟子规》作为企业文化的核心，让员工集体学习，使公司更有序，发展更稳健，发展动力源源不绝；更重要的是，让公司员工更幸福、社会更和谐。因为国学的滋养使他们回归到为社会创造价值，通过带动员工和企业有序发展，走向健康可持续发展之路。

事实证明，黎红雷教授不仅是一位思想深邃的学者，而且是一位身体力行的践行者。他了解企业，愿意与企业家交朋友，并引领企业家不断提升自己。三十年来，黎教授亲自指导教育的企业家弟子何止万计！现在，我们集合在中华孔子学会儒商会的大旗下，由全国各高校和民办商学院培养的热心学习和践行国学的企业家聚集在一起，共同为儒家商道和企业儒学的拓展而努力奋斗！

2017 年 1 月 25 日中央《关于实施中华优秀传统文化传承发展工程的意见》指出：“用中华优秀传统文化的精髓涵养企业精神，培育现代企业文化。”①2017 年 4 月 18 日中央《关于进一步激发和保护企业家精神的意见》指出：“要深度挖掘优秀企业家精神特质和典型案例，弘扬企业家精神，发挥企业家示范作用，造就优秀企业家队伍。”② 中央的指示，更加坚定了我们跟随黎教授发展儒商事业，开拓企业儒学领域的决心和信心。中华孔子学会儒商会自 2015 年 10 月在上海成立，同年 12 月在深圳发布《中华儒商宣言》，2016 年 12 月成功举办博鳌儒商论坛，2017 年以来，各地的分支机构得到迅速发展。经学者与企业家共同讨论、反复修订的“博鳌儒商榜评估体系”已

① 中华人民共和国中央人民政府网站：http：//www.gov.cn/zhengce/2017-01/25/content_5163472.htm。

② 中华人民共和国中央人民政府网站：http：//www.gov.cn/xinwen/2017-07/3content_5207464.htm。

经完成，将于2017年9月份在上海公开发布，同时在全国各地开展有序的评选活动，并于2017年12月16日在海南博鳌举行的博鳌儒商论坛年会上首次发布“博鳌儒商榜”，以落实中华孔子学会对儒商会的要求：创建学者与企业家交流的平台，传播儒商文化，引领儒商风范，树立儒商标杆，发掘儒商精英，培育儒商新人，整合儒商资源，帮助企业成长，促进儒学振兴，为中华民族的复兴和人类社会的发展做出贡献！

黎教授凭着坚韧不拔的信念和高瞻远瞩的视野，三十年如一日，在企业儒学的领域默默耕耘，深耕细作，先后建构了儒家管理哲学的理论体系、儒家商道智慧的实践体系，从而打通了儒学运用于现代企业的“最后一公里”，也搭建了学者与企业家沟通的桥梁。作为教授的弟子，我深深地感受到国学，尤其是儒家思想对我的影响：通过它，我学会了“已所不欲，勿施于人”，“达则兼济天下，穷则独善其身”，要用我自己的努力去创造价值、贡献社会。作为华商书院和博研商学院两个院校的班级联盟主席，我参加了黎教授组建的中华孔子学会儒商会，虚心地向来自全国的专家和企业家学习，为大家服务，用自己的努力为各位的发展贡献一份微薄的力量。

感谢红雷教授对我的栽培与教诲，使我一路上发现生命的精彩。我也相信在未来的道路上，因为在座的各位顶级专家与国学大师，能够有更多机会得到成长。在你们的不断鼓励和点化下，我将一如既往地以学生、以服务者的心态向你们学习，为你们服务。同时，我要感谢在座的中央各大新闻机构的负责人和各类媒体的新闻记者们，谢谢你们为当代儒商和企业儒学鼓与呼。相信在学术界、企业界、新闻界各位同道的努力和倡导下，必将汇聚一切社会有志之士，为中华之崛起、文化之复兴，而谱写出当代儒家商道和企业儒学发展的新篇章！

企业儒学的拓荒之作

方国根*

时维七月，序属三伏，正是“日轮当午凝不去，万国如在洪炉中”①、“清风不肯来，烈日不肯暮”②的炎热酷暑季节。今天我很高兴能参加由中华孔子学会儒商会主办，中国孔子基金会孔子学堂推进委员会协办，博鳌儒商论坛承办的“弘扬儒家商道，建构企业儒学——《儒家商道智慧》新书发布暨专家研讨会”。

为此，首先，我要感谢《儒家商道智慧》作者黎红雷教授，正是黎教授的才智、抱负与真性情，才有了本书的出版，才有了此次在全国人大会议中心的学术座谈会。

其次，我作为人民出版社的代表，谨代表人民出版社对《儒家商道智慧》的出版表示热烈的祝贺！对与会的各位专家、来宾和朋友的莅临和捧场，表示诚挚的欢迎和衷心的感谢！应该说这次会议是学术界“儒家企业管理”领域的一次小盛会，可谓群贤毕至，高朋满座，祝此次盛会圆满成功！

黎教授让我谈一谈本书的出版发行情况，我想作为一名责任编辑，主要谈谈我个人在审读中的一点感想。

中国经历三十多年的改革开放，各方面都取得了令世人瞩目的成就，经济社会发生了翻天覆地的巨大变化。而在这历史的巨变历程中，中国企业家参与其中，在中国乃至世界经济舞台上都扮演着重要的角色。其中的奥秘何在？中国企业家靠什么办企业？由人民出版社于2017年6月正式向全国公开出版发行的黎红雷教授的新著《儒家商道智慧》一书，开宗明义就提出

---

* 方国根，人民出版社编审。

① 王毂：《苦热行》。

② 尤袤：《大暑留召伯埭》。

了这样的问题，为我们揭示了中国经济和中国企业家取胜之道。

大家知道，黎红雷教授1991年就已出版《儒家管理哲学》一书，他三十多年一直从事中国管理哲学的教学和研究，笔耕不辍，造诣颇深。黎教授在《儒家商道商慧》新著中，以“知行合一”的治学态度，中西合璧、纵贯古今的视阈，着眼于“文化资本”，从华商书院商道管理的实践出发，以苏州固锝、东莞泰威、海航集团、阿里巴巴、宁波方太、联想控股、海尔集团、大连万达八家儒商企业为案例，从“商道”即组织之道、教化之道、管理之道、经营之道、品牌之道、领导之道、战略之道、责任之道，展开对中国企业运用儒家思想经商办企业的经验总结，归纳出拟家庭化的企业组织形态、教以人伦的企业教化哲学、道之以德的企业管理文化、义以生利的企业经营理念、诚信为本的企业品牌观念、正己正人的企业领导方式、与时变化的企业战略智慧、善行天下的企业责任意识，从而揭示出中国企业家实现成功所依托的“文化资本”，就是数千年来影响中国人思维方式和行为方式的、以儒家思想为代表的中国传统文化。书中结合案例对成功企业家的言行的分析，使我们既深深地体认到中国传统儒家思想和中国传统文化的博大精邃、巨大的影响力和生命力，又解读和彰显了当代中国企业经营的独特经验，为世界管理理论的发展提供了鲜活的东方视野。全书结构严谨，逻辑清晰，案例生动，论述说理，分析中肯，思想深刻，且语言通俗流畅，是一部开卷有益、适合有志于做儒商的企业家、企业工作者一读的教科读本。本书的出版，无疑是我国学术界深入研究儒家企业管理、企业儒学的一项重要成果，是对企业管理理论研究的拓荒，对于当代中国企业的发展、管理理论的提升，乃至儒学研究、企业儒学的开拓和推进，均有重要的启迪作用。

综观全书，有如下三大特色：

其一，运用“文化资本”理念，揭示作为儒家商道之根源的儒家智慧的基本内涵和价值，重新界定和诠释当代“新儒商”的本质特征。作者指出了“文化资本”已渗透到人类社会的所有领域，并居于主导地位。当今世界，文化取代政治和经济等传统因素跃居社会生活的首位。“文化资本”的积累通常以再生产的方式进行，主要通过早期家庭教育和学校教育来实现。由孔子所创立的儒家思想文化，无孔不入地渗透在人们的观念、行为、习俗、信仰、思维方式、情感状态之中，成为中国人生生不息、代代相传的内在文化基因，融化在中国人的文化血液之中，成为所有中国人观事明理、待人接物的思维方式和行为方式。在中国几千年的传统农业社会，传统儒商拥有以儒家为核心的中华文化底蕴，关爱亲友孤弱，热心乡里和社会公益，做到儒行与贾业的统一和良性互动，具有厚重的文化底蕴。在当代改革开放进程中，儒商把中国传统儒家文化内涵和思想精髓运用到企业的组织、管理、经营、领导、战略等活动中，尊敬儒家先师孔子、承担儒家历史使命、践行儒家管理理念、秉承儒家经营哲学、弘扬儒家伦理精神、履行儒家社会责任，为中国的改革开放事业和经济社会发展作出了积极的贡献。

作者在对当代儒商的基本特征进行概说的基础上，又对当代中国儒商的责任意识和情怀进行了描述性分析："儒商"不是外界套给企业家的光环，而是企业家自己的自觉选择；"儒商"不是一种身份、一种荣誉、一种境界，而是一种行为、一种责任、一种承担；认为在当今世界经济一体化、文化多元化的背景下，企业家运用古今中外一切优秀思想文化来经商办企业是十分必要的。孔子本人主张"和而不同"，以儒家思想为代表的中国传统文化同时也包含着先秦时期本土产生的儒、墨、名、法、道、阴阳等诸子百家的思想，以及从古代印度传入后被中国化的佛教禅宗的思想。而孔子早已走向世界，世界各国的许多企业家也是孔子的信徒、儒家思想的实践者。本书所重点关注的是当代中国企业家的儒商实践，不仅解决了如何经商办企业的问题，也为当代世界管理理论的发展提供了全新视野。

其二，探讨了当代儒商实践的真正成功经验以及对当代管理理论发展的影响。作者认为，在世界经济全球化、企业国际化、文化多元化、信息网络化背景下，东西方管理理论的相互补充与不断融合成为必然的趋势，而中国传统儒家思想和中国儒商智慧，必将为当代世界管理学的发展作出重大贡献。因此，企业取得成功最重要的是，必须秉持儒家倡导的"利他"思想、"立诚讲信"理念、"正己"自我管理、"德才兼备"用人原则等。他又指出，自 1911 年泰罗的《科学管理原理》发表以后，从科学管理为代表的"古典管理理论"，到人际关系学说为先导的"行为科学管理理论"，西方管理理论逐渐成熟。进入 21 世纪以来，随着经济全球化、企业国际化、文化多元化、信息网络化的趋势，新的管理理论层出不穷，从对物的研究转向对人的研究，从对企业本身的研究转向对企业与环境关系的研究，从管理科学转向管理文化，从刚性管理转向柔性管理，从集权管理转向参与管理，从常规管理转向创新管理。当代中国企业家的儒商实践，则超越了西方管理理论的教条，引领着当代世界管理理论发展的新潮流，在企业的组织、管理、经营、领导等方面，提供了鲜活的经验和深刻的启迪。

其三，本书是一部运用企业理论与企业实践相结合的方法，从企业管理来系统探讨儒家商道智慧的学术论著，贵在学术创新，即创造性地提出了“企业儒学”的理论构想和理论框架，试图建构企业儒学理论体系或理论形态。黎教授在“引言”中就明确提出“儒家商道与当代企业儒学的开拓”论题，认为企业儒学是儒家思想在现代企业中的应用与发展，它将儒家治国理念转化为现代企业的治理哲学，以儒学之道驾驭现代管理科学之术，不但解决了企业自身的经营管理问题，而且为儒学在当代的复兴开拓了新途径。本书对“当代儒商”进行界定和阐释，并从组织、教化、管理、经营、品牌、领导、战略、责任之“商道”，展开对中国企业运用儒家思想经商办企业的经验总结，实际上是对当代企业儒学基本内涵、价值和特色的归纳，旨在尝试建构企业儒学理论体系和理论形态。

书中新意颇多，从中我们可以窥视到作者的智慧洞见，使人耳目一新，多有启迪。作为一名图书编辑，我的印象中，黎教授是一位勤于耕耘、善于思考、颇有建树而具有亲和力的谦谦君子、思想者和践行者。人生何其有幸！这是我二度为黎教授“做嫁衣”：第一次是2006年出版的《中国管理智慧教程》一书，《儒家商道智慧》是第二次，而黎教授在每部书中都有自己的洞见和创获，我们从中受益良多。我们合作很愉快，期待有第三次，乃至更多。顺便说一句，《儒家商道智慧》自6月出版发行以来，反响很好，引起学术界和企业界的广泛关注，不及一月，首印5000册已经全部铺出销售，现已重印再版5000册。这对于学术论著来说，实属难得。我们相信并期待本书会有更好的图书市场！

大变革时代呼唤汇聚全球人文精华的大智慧

周　立*

首先感谢黎教授邀请我参加这个研讨会。我跟黎教授结缘于一年多前的长江商学院与杜维明教授创办的北京大学世界伦理中心合办的“儒商论域”，从那以后，承蒙黎教授的厚爱，经常邀请我参加他主办的活动。我的发言只代表我个人的意见，只是我自己的一些感受。首先感谢黎教授将三十多年的学习和研究的心血汇聚成这本书。

在长江商学院，我们最强调的是全球视野。近几年，西方已经开始对资本主义进行反思。《二十一世纪资本论》一书，揭示了西方主导的工业革命和资本主义发展 300 年以来，虽然给人类的财富增长带来了前所未有的成绩，但是正像马克思当时所预见的，财富的分配向资本一方严重倾斜，贫富差距不断加剧。书里有一组数字，跟大家分享一下：有资本的人的财富 100 年前到现在增长了 128 倍，整个世界的经济规模只增长了 8 倍，所以，有钱的越来越有钱。西方的很多有识之士也关注到了贫富差距不断加剧的问题。我们参加的很多国外的论坛，话题都是围绕着怎么挽救资本主义，怎么修正资本主义。2008 年金融海啸以后，西方的很多公司受到整个社会的诟病。商界的学者也在反思，有一本书中文翻译为《新商业文明》，英文原书名是“*The New Capitalist Manifesto*：*Building a Disruptively Better Business*”，直译过来是《新资本主义宣言：以全新方式经商》。书中的一个重要观点是，我们到目前为止只是考虑企业的经济成本，很多其他成本是没有考虑到的，比如对社会的成本、对环境的成本等。我想说的是，今天我们在这里讨论的，不光是我们中国学者关心的问题，而是世界性的问题。

---

*　周立，长江商学院助理院长。

还有一个很重要的全球趋势就是第四次工业革命的到来。第四次工业革命用达沃斯创始人兼执行主席施瓦布的话讲，与前三次工业革命有本质的不同：前三次革命是单一领域的技术创新产生了生产方式的变化，而这一次工业革命是多个领域的技术，包括物理、数字和生物的技术融合的创新，将对人类本身产生深刻的影响。我认为，第四次工业革命与前三次还有一个本质的不同，那就是中国因素。中国是第一、二两次工业革命中最大的输家，那时正值中国的清朝，中国的落后挨打就是在那个时候开始的。清朝前期中国的 GDP 还是全球最大的，第二次工业革命以后急剧下滑，由一个经济大国沦为对世界无足轻重的经济体。中国赶上了第三次工业革命的尾巴，在 20 世纪 80 年代世界进入计算机时代时，我们刚好开始改革开放。从这个角度看，中国获得了很多第三次工业革命的红利。但正在到来的第四次工业革命，将对中国和世界都带来深刻影响，特别是人工智能、机器人等技术的应用将取代很多劳动力。这也跟资本主义以股东为核心、以利润为目标的生产模式有关。因为劳动力成本在普遍提高，对股东而言，机器取代人工，就会有更高的利润。所以，第四次工业革命是让我们反思前 300 年的生产模式和经营模式的一个加速器，使对这个问题的研究更加迫切。

2005 年，在杜维明教授的帮助下，首次将人文课程系统地引入长江商学院。长江商学院认为，新一代企业家必须具备三个基本素质：一是要有全球视野，二是要有人文关怀，三是要有创新精神，我们简称为 GHI。在全球反思资本主义的大环境下，杜先生于 2013 年提出了“精神人文主义”的概念。除了世界经济发展中贫富差距的问题，经济发展给社会、环境带来的破坏之外，他还十分关注文明之间的冲突。杜先生基于儒家的传统思想，提出来以“天、地、己、群”四个维度综合考虑人文课程的理论框架。我们希望基于这个框架开创一个商学院的人文课程体系。非常高兴地告诉大家，现在这个体系已经基本成型了。最近我们有幸请到了杜先生的第一个大陆的博士生王建宝加入长江商学院。本来杜先生就是长江商学院的名誉教授兼长江商学院人文委员会主席，现在他的博士生又加入到我们这个行列，可见我们的推进速度在不断加快。这个商学院人文课程的框架并不是只讲儒商，虽然儒家思想是其中非常重要的一部分，我们的目的是要利用这个框架吸收全球人文领域的精华，把他们传递给我们的中外学员，同时向世界传递中国的声音。

我接到黎教授本次会议的邀请以后，连夜把他写的这本书通读了一遍。感谢黎教授给我的压力，我也抓时间看了一些别的有关书籍。我觉得这本书一个非常大的特色，用马克思的观点来说，就是黎教授把很多貌似对立的东西看成是统一的，这也源自中国传统哲学的智慧：在“儒和商”之间，重视儒，但不否定商，而且强调商的重要性；在“义和利”之间，强调义，但是并不忽略利，我们讲儒商，如果商不成功，没有利的话，就不是一个成功的企业家；在“道和术”之间，告诉我们有道的同时也必须有术；在管理中的“宽与严”之间，并不是一味地讲宽，有一些规章制度也是必需的。黎教授基于他的哲学和管理学的知识，把儒家的传统理念，按照西方管理科学的学科或者领域进行了梳理，形成了一个独特的体系。最后，是“理论和实践”的兼顾，书中既有理论，又有案例。

再次感谢黎教授在这个大变革的时候给我们提供了一本好书，为中国企业家、为中国的管理学界和哲学界都提供了一本好书，也为我们跟国外的管理哲学的对话提供了很好的基点！今天很高兴见到这么多哲学界的大家，希望我们一起为中外企业在价值观和方法论方面的发展做出新的贡献。谢谢各位！

儒学与当代企业的结合点

张　践*

如果说孔子代表着中国文化的辉煌，我想跟子贡的帮助是分不开的，子贡是最孝敬孔子的学生，别人最多守墓三年，他守了六年。他经济上的成就，对于促进文化的成功也起到了巨大的作用。企业家对于文化、对于国学复兴的推动作用是不可低估的。我想还有一个方面也是不可低估的，就是编辑、出版、印刷《论语》的那些人，没有这些工作的推广，《论语》也只是在三千弟子、七十二贤人这么一个小小的范围内传播。我想方国根编审、人民出版社编辑的工作也是不可或缺的。

黎教授这本书送给我的时间比较长，我拜读了，深感佩服。我只想从学术上谈一点我学习的心得体会。

我觉得黎教授这本书抓住了一个要点，既是儒学本身的基本思想脉络，也是儒学与当代企业的一个结合点。例如该书第一章：拟家庭化的企业组织形态，这个概括中，我觉得“拟”字用得特别好，点出了儒学一个非常重要的特征。过去我们学儒学，大家恐怕最多的印象还是家庭化，讲的是父慈子孝，讲的是兄友弟恭，讲的是夫妻和睦，再把这个东西推到社会上，齐家治国平天下。但是实际上真正做中国思想史的人就知道，从孔子开始，他的政治哲学已经是一个拟家庭化的了，不是一个真家庭化的。因为春秋三代到春秋战国是中国的一个重大的文化转型时期，在这个转型时期以前，中国社会的基本结构是一个宗族的血缘结构，齐楚燕韩这些国家的管理模式都是以血缘为基本组织脉络的。也就是说，天子分地给自己的子侄，子侄再往下分，一层层全是血缘管理。而到了春秋战国时期，中国和轴心时代的其他文明国

---

* 张践，中国人民大学教授，国际儒联教育传播普及委员会主任。

家差不多，也进入了地缘管理的方式。地缘管理以后，除了王族的一家还是一个家庭以外，其他的大臣跟王之间就没有真正的血缘关系了。

在这样一个背景下就出现了百家争鸣的局面。当时影响最大的一家，和儒家争论的就是法家。法家看到了这个不是真正本质的关系，所以说，君臣不是父子之亲，所以讲道德伦理没有用。怎么办？就要诱之以利益。因此，法家设计的制度完全是建立在人情、人性恶的基础上，用赏和罚的二柄来控制臣下以及全体人民。但是儒家反对这种单纯的依法治国，强调以德治国，那么这个“德”实际上是建立在以宗法家族伦理为基础的情况下，把它推广到一个拟家庭化的形式，推广到社会上，就是孔子所说的“孝悌也者，其为仁之本”① 等这样的观念。他把“孝悌也者”作为一个人的基本根本，在家孝敬父母，服从哥哥，出门也不会做犯上作乱的乱臣贼子，他把家族里的精神推广到社会，但是实际上社会已经发生了一定的变化。因此，到了汉代整合的时候，并没有从根本上改变秦朝以来的地缘统治本质，但是在本质之上，在依法治国之上蒙了一层以德治国的色彩。要说色彩可能贬义太多了，就是它的指导思想是把这两者做了一个完美的结合。

到现在我们的企业管理，前些年所出的各种毛病，也就是由于我们像法家一样过多地强调了利益关系，强调了法律的治理，而忽视了道德的治理。黎教授又特别提出了拟家庭化的组织方式。我觉得拟家庭化有两个方面内容。第一，他在书上也非常明确地指出，别真搞成家族化，如果这个员工跟老板之间撒娇耍赖，当爹的是没有办法对儿子怎么样的。但是企业要有一套硬性的管理制度，不能以血缘亲情来随便做。第二，又要有家族化的办法，就是江苏固锝的家族式的企业管理经验。他们公开倡导，把以孝治天下变成了以孝治企业。我 2017 年特意去那个企业参观过，确实做得非常好，企业家就是大家长，全体员工就是家族成员，通过人文的教化、人文的治理，使企业紧紧地拧成一股绳。我印象特别深的有几个硬指标，其中有一个，就是他们两千多人的企业上班可以不打卡，员工出勤率高达 99%。他们是怎么做到的呢？就是真心地去爱护员工，谁迟到了不是批评，不是扣工资，而是有更多的领导、班组成员去关心你，看看你到底是什么原因迟到

① 程树德：《论语集释》，中华书局 1990 年版，第 13 页。

了，是生病了，是交通问题，还是路太远等。通过那么多关心，让人再也不去迟到了。这种拟家庭化的企业管理，在我们的现代社会里面是很容易焕发出管理学的积极性和能动性的。

西方科学管理理论的 X 理论、泰勒理论，完全把人看成经济人，这近似于中国的法家的思想。而后来的 Y 理论和 Z 理论，更多的是从心理学、文化沟通、游戏的角度来调动人的积极性。这更关注于术的层面，缺乏一个宏观的东西。所以黎教授这个书就写出了我们中国的企业家靠的是什么，我们的文化资本。这个文化资本即使在大文化层次上中断了，但是我们靠“家有老人言”，靠这种文化的小传统的承袭，“在家靠父母，出门靠朋友”等观念，仍然可以很好地铺展下去。

我想有了黎教授这本书，有了八个章节系统的阐述，可以把我们中华文化很好地和企业文化做一个凝聚。因此，我想这本书体现了企业儒学的很大的进步。我们也衷心地祝愿黎老师的学术继续推向前进，带动更多的企业走向辉煌!

将儒家价值观融入企业之中

王　杰*

谢谢黎红雷老师的邀请，能够出席《儒家商道智慧》这部书的专家座谈会。我的一个最基本的感受是，这部书把儒家思想2000多年最核心的价值观、核心思想、文化理念融入了企业管理中，以前商的地位不高，现在商的地位逐渐提高，商是社会财富的创造者。把儒家思想的核心思想、价值观融入企业中是这本书的最大特点。

本书提出了儒商的八大智慧，这八大智慧就是儒家思想的价值观，里面讲到了德的问题：儒家讲的德本财末、厚德载物，有德可以得其位、得其物、得其名、得其寿，有德可以保住你的权力、保住你的财富、保住你的名誉，甚至可以延长你的生命。没有德会怎么样？一切都将化为乌有。道家老子讲："金玉满堂，莫之能守。"千万资财今何在？这里讲的就是德本财末。企业追求财富没有错，"富与贵人之所欲，贫与贱人之所恶"。但是追求财富要见利思义、以义治利、义以为上，不能见利忘义、不能欲壑难填、不能唯利是图，这是儒家非常重要的核心价值观。企业家尤其是民营企业家如何能把这种思想、这种价值观贯穿在企业的文化理念中，贯穿在企业家的治理过程中，对企业家来讲，尤其是对管理者来讲是非常大的一种考验。

另外，书中讲到了诚信的问题。言而无信，不知其可。言必行，行必果。宁失千金，不失诚信。诚信是做人的根基，人要讲诚信，企业要讲诚信，社会要讲诚信。《新闻纵横》节目曾经曝光学术造假问题，涉及100多篇文章，90%是造假，完全失信，在国际上造成了非常不好的学术影响。失信对今天的社会来讲的确成了一个大问题，对一个企业来讲，是否能够诚

* 王杰，中央党校教授，中国实学研究会会长。

信经营、是否能够赢得老百姓的认同也是一个问题。企业的失信，尤其是良心企业，如食品企业、药品企业在很长一段时间已经到了失信的底线。为什么会枪毙郑筱萸？他贪污数额本来命不至死，因为他分管的是与每个老百姓生命、身体健康息息相关的部门。所以几百万，最后要了他的命。企业一旦失信了，得到的是小利，失去的终将是大利。所以儒家“内诚于心，外信于人”这个思想对一个企业家来讲，对一个企业的管理者来讲，既是从事企业管理的智慧，也是企业的定海神针。一旦你想唯利是图，更多地获得利益，搞坑蒙拐骗、缺斤短两，最终的结果必将是企业的失败，必将被人们所唾弃。

另外，书里还讲到了自律的问题。正人正己的问题，更是儒家的核心思想。正人先正己，治人先治己。己身不正，何以正人？其身正，不令而行；其身不正，虽令不从。对一个企业家来讲，你是员工的榜样，要影响这些员工，要能够让员工信服你，同样要以身作则，要言传身教。只有这样才能够赢得员工的信任和爱戴，如果自己做不好，把持不住自己，何以正人？怎么要求别人？所以习近平总书记讲，“打铁还需自身硬”，欲胜人者必先自胜，在企业家中也是铁律。红雷老师这本书把儒家思想的核心价值观放到了儒商、商道智慧管理中，所以这本书的价值在于，能够更好地让民营企业家通过对儒家核心思想、儒家文化的学习渲染，真正地把儒家的思想落实到企业文化的管理中。现在很多企业组织学习《弟子规》，我觉得仅仅把《弟子规》贯穿于企业中，略显单薄了一些。儒家思想2000家，追到周公3000年，儒家思想是一条大河，《弟子规》只是一朵浪花而已。

另外一个感受是，能否对今天的林林总总的企业运用儒家的思想理念搞成一套评价体系？现在自称为儒商者甚众，以为有点钱、捐了个学校就是儒商了。究竟什么样的人可以称为儒商？应该有一个标准，刚才讲的诚信做人、人格、人品、自律，这些固然是标准，但是不是还有其他标准？比如说要孝敬父母，要有社会责任，要有公共道德心，要有平常心，如果能够将一些公共标准提炼出来考核和评价企业家，做到这一点，做到了多少项，就可以称之为儒商。儒商是不是也可以分级？有的是初步达到了儒商的最基本的标准，还可以有更高一点的级别等。这样的话，能够通过专家学者的研讨确定一个标准，让更多的企业家向这个标准努力，才能真正地为社会创造财富的同时，也尽了社会职责。

我近年来致力于官员中推广政界儒学，也就是“领导干部学国学”，目前有八个很成熟的板块，“微信号、全国行、论坛、大讲堂、读书会、公益基金、促进会、示范区”。我觉得，如果我们能够把儒家的思想或者把优秀的传统文化植入到官员、企业、民间领域中，时间不用很长，可能就会有涓涓细流汇成江河湖海，真正带来风清气正的良好社会环境，真正让老百姓在改革开放几十年中有一种幸福感、满足感、获得感。这才是社会所需要的，只有金钱是远远不够的，衣食足得知荣辱，仓廪实而知礼节。

这个社会经济的硬实力与道德文明的软实力缺一不可，不能厚此薄彼。所以我们从各自不同的领域共同的努力，共同推动优秀的传统文化，推动儒家思想在各个不同的领域落地、生根、开花、结果。

以企业儒学推动当代儒学的发展

梁涛　田辰山　朱康有　赵法生

梁涛（中国人民大学国学院教授兼副院长）：

我很早就认识黎红雷老师了，也知道黎老师一直在做儒家管理哲学的研究。我觉得这是很有价值，也很有意义的。但是从另外一方面来说，研究中国哲学、研究儒学主流的学者对这个问题关注度还是不够。问题出在哪里？

我们以往有这样一个想法，儒家管理好像学术性不强，没法做出深刻的学术，所以自觉不自觉地回避这样一个问题。今天看了黎老师这本书，我觉得这个想法其实是有问题的。社会对儒学管理的需求非常强烈。2006 年我在哈佛访问的时候，陈来老师也在，我们曾经做了一个儒学方面的讲座，正好 MIT 那边也有一个项目，是国内的一批企业家聚集在那里进修一年。他们听说我们研究儒学，马上就找到我们，要跟我们合作研究，其中还有 TCL 老总。但是到现在很多人跟我们不联系了，不联系就是因为我们对这个问题关注不够，谈了几次就算了。最近几年我们经常给企业讲国学，讲的时候很多企业说我们跟你们合作吧，我说好。其实我讲完课就走了，从来也没想过要跟他们合作。

我们是不是只是关起门来做死学问呢？当代新儒学的建构，怎么在今天的社会中激活儒学？

陈来老师讲儒学怎么向社会转化的问题，这里面是不是有一个误区？我们好像老认为程序是躲在象牙塔里面研究一套体系，然后宣传出去。其实孔子、孟子都是在面对社会生活面对具体的问题中一点一点地形成了他们的思想。《论语》的内容就是记载孔子和弟子之间的问答，就是有一个基本的价值理念，然后在实践的过程中、在社会生活中逐步将其丰富起来。所以我们需要调整思路，面向社会、面向现实生活来完成我们儒学的创新的工作。陈来老师讲道，现在儒学要讲“新外王”，今天的儒学主要是在政治领域应用，我想今天的儒学“新外王”应该应用在社会的领域，当然包括企业。在这样一个领域当中，我们逐步地把儒家的智慧渗入进去。同时在这个过程当中，丰富我们对于儒家的思想，完成我们儒学的开新和转化的工作。

田辰山（北京外国语大学教授）：

非常高兴来参加这个座谈会。我和黎教授多年前在夏威夷大学一起求学，是老相识了。首先对黎老师大作的出版表示祝贺，这本书的出版有重大的历史意义。我想从中西比较哲学的角度来谈一点自己的感触。

我觉得越是从这个角度去看，越是觉得这属于一个历史新时代的产物，是新时代的学术成果。改革开放以来，中国企业家取得的成就的原因不在于市场经济，而在于中国文化本身内涵的力量，中国特色社会主义是中国传统的一种内在的东西。黎老师总结出来的儒家商道这八个方面都非常重要，都是属于中国儒学、哲学本身内涵的东西，恰恰是跟中国特色社会主义紧紧相扣的。

这本书谈了一个重要的问题，就是中国企业家靠什么办企业？黎老师的话就是文化资本。文化资本是一个现代说法。但是实际上文化是一个整体的东西，属于宇宙观、世界观、人生观，还有人活着是干什么来的？人活着怎么回事？很多哲学上的基本问题都牵扯到这里面了。因为我是搞比较哲学的，我从这个角度看。实际上中国的儒学、中国的文化是一多不分的文化，跟西方比较起来，西方主流的东西，尤其是现代的西方社会，是一种自由主义、个人主义的一多二元的东西，中国文化的内在力量就在于一多不分的状态。所以书中讲的这八个方面很重要，拟家庭化、教以人伦，实际上都是体现了这种一多不分的价值观、人生观和世界观，充满了力量。也就是说，我们今天强调儒家的管理哲学、儒家的道路，实际上是从家的概念开始。家的概念不是个人的概念，要从西方现代企业个人的概念走到家的概念，就是走到人和人之间关系的概念，把人和人之间的关系看得很重要，这样就落实到企业的治理和管理当中。治理企业实际上就是治理国家，治理社会。儒商也好，企业也好，应该是通过自己管理企业上升到治国的概念上来。目的是什么？你把企业治理好了，对全社会有好处，对全世界有好处，就达到了平天下的目的，所以治理企业是一个平天下的过程。

从这个方向上来讲，我们一定要跟西方的现代企业区别开来，不能跟他们一样。我们也应该看到，西方企业有一个从现代走向后现代的过程。西方现代企业和后现代企业的理念是不一样的，欧洲一些企业强调企业责任，强调企业对环境的责任、社会的责任，这都体现出后现代企业的走向。这种后现代的企业走向，跟我们中国儒商的概念能够扣在一起。在这方面，中国企业家的方向是什么？儒家商道智慧，加上我们自古以来在中华文化当中的人文思想的元素。也就是说，企业家不应当只是一个企业家，企业家应该是一个政治家，企业家应该是一个哲学家，企业家应该是有人类胸怀，有情怀的，也就是具有所谓人文的素养。不能仅仅把企业做成一个追求私人财富积累的观念之上，要把企业做成一个未来的国家企业，未来的全世界企业，要从世界人民的福祉出发考虑问题，也就是人类命运共同体的问题。人类命运共同体的概念也是一个平天下的概念，今天整个全球都面临着建设一个新的经济秩序的问题，如果把这本书的出版放到这么一个大环境当中，就可以看到它的重大意义。

朱康有（国防大学教授，中国实学研究会秘书长）：

收到黎老师的书以后，我迫不及待地读了，很激动。我原来也编写过《中国管理智慧》，是在首都经贸大学出版社出版的，但是那本书与黎老师的著作相比相差太远。

第一，我有一个体会，黎老师是在夏威夷大学做的比较管理哲学研究，又到哈佛大学分享中国企业家成功的案例。从管理学的文化基础来看，实际上这本书里面体现了中西方文化的交融。这个底子你能看出来，不是讲中国的就排斥西方的，或者讲西方的就排斥中国的，作者的文化基础非常宽泛。不像我们自己编书那样，讲中国管理哲学的时候，就是单独讲中国古代法家的管理思想、儒家的管理思想，这实际上是属于资料的汇编，缺乏与西方管理的对话和沟通。在当今这个世界上，因为经济全球化，要做管理学理论，做企业管理理论，必须站在中西方的基础上，这是这本书反映出来的一个特点，就是从管理学的文化基础来看，把中西方的管理文化结合起来了。

第二，黎老师这个书最重要的一个方面就是，他实际上构建了一个儒家管理学的理论体系。这个书里面有八大智慧，其实是一个理论体系。我们原来好多学者，包括我本人写了些管理方面的东西，但是都属于枝节性的东西，零打碎敲，谈不上体系。我觉得黎教授这个书，其实是提供了一个理论体系，就是一种系统化的表述，这是现在企业管理思想里面最缺乏的。现在社会上的培训也很多，用国学对于企业进行培训的也很多，但是很多就是讲一课，很零碎，只讲某个方面的思想。能把儒家的管理思想从方方面面构成一个体系，是这本书一个重要的特点。

第三，从管理学这个学科本身的性质和特点来讲，管理学是理论和实践相结合的学科。这本书用案例来说话，用儒商企业的实践来说话，不是空讲，而是结合古今中外的管理理论。现在有些书也讲到一些理论与实践相结合的问题，但是有点两张皮的感觉。而黎老师这本书融合得非常好，因此读这个书就不会觉得累，不像纯粹地讲玄学或管理学那样玄之又玄。与当代企业多年的实践结合起来，就有这个分量，体现了实践的力量。企业家拿了以后就可以用，而不是停留在纯粹的道德的层次上，从企业实践中提炼出来，又可以反过来用到企业的实践中去。

黎教授是我们中国实学研究会的理事，我们实学有一个特点就是经世致用，试图把儒家的思想和当代的政治、经济、社会各个方面都结合起来。黎教授从企业管理方面，体现了中国古代的实学文化非常重要的特征，就是把企业管理者容纳进来，体现了经世致用的原则。

赵法生（中国社会科学院宗教所副研究员）：

首先祝贺黎老师大作的出版！我拿到书以后认真地拜读，收获非常大。如果不了解我们现代社会真正的需求，我们老百姓心目中的困惑，当代的儒学很难实现真正意义上的开新。

黎老师这本书是针对企业儒学的。实际上中国企业现在多数采取股份制，这个基本上是西方的，我们国家的股份公司制也基本上以西方为蓝本。但是如何和中国传统文化、和儒家文化相结合，这是一个很大的问题。黎老师这三十多年的探索，这几本书基本上形成了一个体系。黎老师的书代表了我们国家儒家管理研究的水平，非常有价值。

我本人近几年致力于乡村儒学的推动。乡村儒学现在还处在一个游击队阶段。和基督教一比，目前的乡村儒学连游击队都算不上，是散兵游勇。因为基督教非常建制化，而且传教意识非常强，我们一般人很难达到这种传教意识。后来我们发现中国也有这种儒学的正规军，就是在企业里。我这几年考察了几家企业，包括苏州固锝，它们的传统文化非常体系化。所以我们的乡村儒学要向他们学习，像他们一样普及孝道，普及儒学。在组织方面更要向他们学习，不能组织化就没法传承。所以这本书我要好好拜读，从中学习到一些东西，进一步去推动乡村儒学的发展。

儒学经世的典范之作

郑济洲 *

黎红雷教授的新著《儒家商道智慧》，2017 年 6 月由人民出版社正式出版发行。该书以知行合一的态度、中西合璧的视野、古今纵贯的思路，为企业儒学拓荒，全面建立了儒家商道的体系，本末兼赅、体用俱全、理事合一，可谓是儒学经世的典范之作。

一、彰显“小传统”，提振文化自信

中国企业家靠什么办企业？这是黎著开宗明义提出的问题。中国的企业家，特别是改革开放早期的民营企业家，在他们创业的时候，基本上没受过什么现代管理科学的教育。那么，他们靠什么办企业？伴随着当代中国的经济腾飞，这一问题不仅为西方世界所疑惑，也困扰着中国的诸多有识之士。可以说，“中国企业家靠什么办企业”正是解开当代中国经济奇迹之谜的钥匙之一。作者以其 30 年来对中国管理哲学的思考以及对中国企业和企业家的近距离观察，对此给出了独到精辟的答案，那就是“文化资本”，指的是几千年来影响中国人思维方式和行为方式的、以儒家思想为代表的中国传统文化。

作者指出，在中国古代社会，“文化资本”的积累，一方面是通过家风、家教、家训等形式的家庭教育，由前辈（包括父母、祖父母和家族中的其他长辈）经过言传身教而代代延续；另一方面是通过官学、私学的教育，并通过科举考试的形式，而获得社会的认可和制度化。前者可称为“小传统”，

* 郑济洲，中山大学哲学博士，中共福建省委党校党建部讲师。

后者可称为“大传统”。在中国古代，“文化资本”的传递是由“大传统”和“小传统”共同促成的。近百年来，尽管其中的“大传统”中断了，但其“小传统”依旧以口口相传、代代延续的形式而顽强地存在，持续地发挥着影响。在作者看来，当代中国企业家的“文化资本”，实际上是通过“小传统”所体现的“大传统”，他们其实是在创办企业的过程中，自觉不自觉地践行着儒家的思想。

改革开放以来，中国的许多企业以继承“小传统”的“星星之火”，点燃了儒家文化复兴的“燎原大火”。从近代“反传统”的思潮到当代“兴儒学”的热浪，我们实际在逐渐走出以西方文化为标准的“近代启蒙”，而进入以中华传统文化复兴为标志的“当代启蒙”。2017 年年初，中共中央办公厅和国务院办公厅联合印发了《关于实施中华优秀传统文化传承发展工程的意见》，这标志着以儒学为主干的中国优秀传统文化正走在回归的康庄大道上，而中国企业家凭借自己数十年来的默默耕耘所创造的经济奇迹，俨然成为传统文化复兴的主力军和排头兵。在古今之争、中西之辨的当代文化背景下，越来越多的中国人发现自己并没有远离祖先的文化传统，传统作为一种“文化基因”根植于每个人的心中。而本书所提出的“儒家商道智慧”，不仅直指企业家的内心之源，也化解了多年来困惑当代国人的“我从哪里来”的问题。

二、界定新“儒商”，凝聚华商之心

关于当代儒商，学界至今没有统一的定义。学者各抒己见，基本上都是沿着明清以来传统儒商的特征而进一步发挥，强调其伦理道德属性。但是，儒学不仅是伦理之学，同时也是管理之学。在经济全球化、文化多元化的当代社会，解决企业管理的问题，既需要技术上的手段，更需要文化上的智慧。在这种情况下，对于那些从中华优秀传统文化中汲取灵感，进而运用儒家思想去组织、管理、经营、领导企业，并且成功了的企业家，对于这些切实笃行儒家思想的现代商人，我们是没有理由将他们排除在“儒商”之外的。

因此，本书为“儒商”给出了一个新的界定，那就是“践行儒家商道的当代企业家”，其行为包括：尊敬儒家先师孔子、承担儒家历史使命、践行儒家管理理念、秉承儒家经营哲学、弘扬儒家伦理精神、履行儒家社会责任等。中外研究者多次指出，中国人本质上是儒家的信徒，儒家思想在中国绵延两千多年，已经成为中国人生生不息、代代相传的内在文化基因，融化在中国人的文化血液之中，成为所有中国人观事明理、待人接物的思维方式和行为方式。中国企业家既然生长在这块土地之上、活动在这样的人群之中、在这种文化氛围之下办企业，就不可能不接受儒家思想的影响，不可能不运用儒家思想来办企业。只不过有的公开，有的不公开；有的自觉，有的不自觉；有的系统，有的不系统；有的有意识，有的无意识罢了。在这个意义上，当代中国企业家，特别是成功的企业家，都是儒商行为的实践者。

这一对“儒商”的重新界定具有正本清源的意义，这种看似泛化“儒商”界限的方式，实际上最大化地将企业家在中国文化的基础上凝聚起来了。“儒商”不是一种身份，而是一种行为；不是一种荣誉，而是一种责任；不是一种境界，而是一种承担。近代以来，我们对于“商”的定性，往往伴随着“争”的意蕴，在西方“物竞天择，适者生存”的理念下，竞争成了最重要的商业思维。但是，儒家文化素有“义以生利”、“和气生财”的经营理念，并确实引导当代企业家取得了企业经营上的成功。当代世界，“共享共赢”的思维是时代的主旋律，“儒商”的重新界定让当代企业家在全新的时代明确了“我是谁”的问题。

三、用好“活”案例，引领时代风气

《儒家商道智慧》总结中国企业家运用儒家思想经商办企业的实践，归纳出当代儒家商道的八大智慧，包括拟家庭化的企业组织形态、教以人伦的企业教化哲学、导之以德的企业管理文化、义以生利的企业经营理念、诚信为本的企业品牌观念、正己正人的企业领导方式、与时变化的企业战略智慧和善行天下的企业责任意识。这里所凝练的儒家八大商道，将儒家思想之“道”与企业管理之“术”紧密联系了起来。以拟家庭化的企业组织之道为例，书中分析，受儒家思想影响，中国人十分重视家庭，人们围绕着“家”衍生出人际关系和群体秩序，可以说“家”就是中国人一生中最重要的组织。中国当代企业家在承续传统家文化的过程中，把公司当作“家”，把员工当作“家人”，自己则当一名尽职尽责的“家长”。在这样的互动参与过程中，员工逐渐形成了主人翁精神，对企业产生了依恋和热爱，使劳资关系更为和谐、企业氛围更为融洽。这样的“拟家庭化组织”，既维护了组织的秩序，又满足了员工的情感需求，超越了现代西方的企业组织理论，具有强大的生命力。

作者对儒家商道的深刻把握，并不是要提倡一种儒家文化的复古主义，而是立足中国实情，反思西方的管理方法，总结儒家商道的经营智慧。在作者看来，当代管理学正面临着根本的“范式转移”（Paradigm shift），曾经引领风骚的西方管理理论，已经不能独自应对当代世界经济全球化、企业国际化、文化多元化、信息网络化背景下的管理实践要求，东西方管理理论的相互补充与不断融合成为必然的趋势。因此，中国企业家的儒商实践及其理论升华——儒家的商道智慧，必将为当代世界管理学的发展作出独特的贡献。中国的智慧就是世界的智慧，以儒学为道，以西学为术，以儒学之道驾驭西学之术，采取中西智慧合璧的方式，必然为中国乃至世界的企业管理提供更好的思路。

黎著在创作方式上注重道理与案例的结合，每一个儒家商道智慧都分别对应着当代中国的一个成功企业，书中具体分析了苏州固锝、东莞泰威、海航集团、阿里巴巴、宁波方太、联想控股、海尔集团、大连万达等企业。作者用活生生的当代企业案例，诠释出儒家商道的具体内涵。中国的发展离不开企业的发展，而企业的发展需要企业家理念的提升。中央全面深化改革领导小组第三十四次会议通过了《关于进一步激发和保护企业家精神的意见》，明确指出：要深度挖掘优秀企业家精神特质和典型案例，弘扬企业家精神，发挥企业家示范作用，造就优秀企业家队伍。在这个意义上，《儒家商道智慧》的出版正是应时代之需的引领风气之作，儒家的八大商道，犹如八个坐标，指引着中国企业的前进方向，化解了中国企业家“我要到哪里去”的问题。

“我从哪里来”、“我是谁”、“我要到哪里去”本来是哲学的三个关键问题。本书作者黎红雷教授本身就是一位哲学家，同时也是一位善于将高深的哲学理论转化为日常生活智慧的大师。《儒家商道智慧》以缜密的逻辑、精巧的构思、翔实的论证很好地回答了企业儒学的“哲学三问”。企业是当代社会最活跃的组织，也是当代哲学富有活力的生长点。企业家是企业的统帅和灵魂，也是改革创新的重要力量。在我国经济发展新常态的条件下，要完成国家经济社会结构转型的艰巨任务，必须以正确的理念引导企业家，发挥企业家的示范作用。相信《儒家商道智慧》的出版，能够给当代企业家经商思维的升华提供巨大的帮助。

引领儒商风范，涵养企业精神*

——《博鳌儒商榜评估体系》发布会在上海举行

2017 年 9 月 17 日上午，博鳌儒商榜评估体系发布会在上海浦东希尔顿酒店举行。发布会由中国孔子基金会指导，博鳌儒商论坛、中国孔子基金会企业儒学研究委员会、中欧国际工商学院校友国学会主办，上海赢贝互联网金融信息服务有限公司冠名，上海大载文化传播有限公司承办。

世界著名管理哲学家、美国夏威夷大学资深教授、中国孔子基金会学术顾问成中英，中国国际经济交流中心副理事长、原商务部副部长魏建国，新加坡南洋理工大学哲学系主任李晨阳，中国孔子基金会学术委员、台湾慈济大学人文社会学院院长林安梧，国际儒联学术委员会主任、中国孔子基金会学术委员会副主任李存山，中国孔子基金会学术委员、企业儒学研究委员会主任、博鳌儒商论坛理事长、中山大学哲学系原主任黎红雷，中国孔子基金会副秘书长、企业儒学研究委员会常务主任牛廷涛，上海社会科学院副院长何建华，上海市工商联副主席杨茜，中国史学会副会长、上海市史学会会长、上海市社会科学联合会副主席熊月之，博鳌儒商榜组委会执行主席陈志峰以及来自国内外的学者和企业家共 360 人出席了发布会；世界著名华人华侨领袖、社会活动家陈香梅女士以国际工商联合会名誉主席的身份给大会致贺函。

2017 年 1 月，中共中央办公厅、国务院办公厅印发了《关于实施中华优秀传统文化传承发展工程的意见》，明确指出："用中华优秀传统文化的精髓涵养企业精神，培育现代企业文化。"①2017年4月，习近平总书记主持召开的中央全面深化改革领导小组第三十四次会议，审议通过了《关于进一步

---

* 综合人民网、新华网、凤凰网、中国孔子网报道。

① 中华人民共和国中央人民政府网站：http：//www.gov.cn/zhengce/2017-01/25/content_5163472.htm。

激发和保护企业家精神的意见》，强调“企业家是经济活动的重要主体，要深度挖掘优秀企业家精神特质和典型案例，弘扬企业家精神，发挥企业家示范作用，造就优秀企业家队伍”。

本次发布会就是为了贯彻落实中央指示，引领儒商风范，涵养企业精神而举办的。

会议向海内外公开发布了《博鳌儒商榜评估体系》，该体系由博鳌儒商榜组委会组织编写，历时半年，先后征求了海内外一百多位学者以及上千位企业家的意见，九易其稿。其中的评价标准，以儒学的“德、义、信、智、仁、勇”六个基本概念作为结构框架，其内容则涵盖了现代企业活动的方方面面。具体有：1. 德以治企：践行儒学“道之以德，齐之以礼”的理念，德启善根，教化员工；礼定规矩，制度严明；法服人心，赏罚得当。2. 义以生利：践行儒学“义以生利，利以平民”的理念，生财有道，依法经营；按章纳税，提供就业；满足需求，导人向善。3. 信以立世：践行儒学“内诚于心，外信于人”的理念，言行一致，表里合一；口碑营销，树立品牌；合作发展，共生共赢。4. 智以创业：践行儒学“智者不惑”的理念，善抓商机，与时俱进；崇尚智慧，学习成长；基业长青，永续经营。5. 仁以爱人：践行儒学“仁者不忧”的理念，关爱员工，共享财富；关爱顾客，服务大众；公益慈善，绿色环保。6. 勇以担当：践行儒学“勇者不惧”的理念，严于律己，以身作则；努力拼搏，自强不息；承担责任，传播文明。

世界著名管理哲学家、美国夏威夷大学资深教授、中国孔子基金会学术顾问成中英在致辞中说，在我看来，儒商排行榜的评估具有提倡与鼓励儒学应用的意义，是中国社会主义实现中国文化特色的一个机制。立足于儒学的思想与精神，儒商使得企业的内涵更有层次，而儒商的排行榜将企业管理经营与儒学的相关性更好地表达出来。此相关性不是仅仅指涉儒学自身，而是反映出社会经济和文化发展的进度。

中国国际经济交流中心副理事长，原商务部副部长魏建国在致辞中说，对儒商榜评估体系充满期待。衡量一个平台好坏，要取决于世界是否会因此而发生改变，他期待着儒商榜评估体系能够成为改变世界的一股重要力量。

中国史学会副会长、上海市史学会会长、上海市社会科学联合会副主席熊月之在发言中，系统梳理了近代儒商的主要特点，并把近代儒商的特点总结为诚信经商、忠诚报国、造福桑梓、服务社会等方面。

中国孔子基金会副秘书长、企业儒学研究委员会常务主任牛廷涛在致辞中说，中国孔子基金会企业儒学研究委员会和上海财经大学中华儒商研究中心、博鳌儒商论坛组委会联合发起、组织实施“中国现代儒商企业评价体系”，并先行推出以优秀企业家为主体的“博鳌儒商榜评估体系”，这个评估体系将以儒家文化的理念、现代科学的标准、客观公正的方法，推出一个引领未来中国企业发展方向的规范化模板，是全国消费者了解优秀企业、理性选择消费的重要参考依据，更是以中华优秀传统文化涵养现代企业精神、改善工商业文化生态、建构东方人文经济理论的重大工程。

方太集团董事长茅忠群作为企业家代表，应邀上台发言。茅忠群系统介绍了方太集团全面导入儒家文化、践行中华优秀传统文化的相关情况，并阐述了他对“伟大企业”、儒商、中国式管理等的理解。

中国孔子基金会企业儒学研究委员会主任、中华孔子学会儒商会会长、博鳌儒商论坛理事长、中山大学哲学系原主任黎红雷在致辞中介绍说，我们高兴地看到，经过不断地摸索，当代中国的企业家正在逐步走上儒商的发展之路，目前各地的儒商会组织纷纷建立，各种儒商论坛纷纷召开，儒商事业正在蓬勃发展。为适应这一趋势，博鳌儒商论坛组织编写的“博鳌儒商榜评估体系”应运而生。博鳌儒商论坛是一个非营利性、定期、定址的组织，其宗旨是：弘扬儒家商道精神，创建当代工商文明；其使命是：构建学者与企业家相互交流的平台，帮助企业成长，促进儒学振兴，为人类社会的发展做出贡献。“博鳌儒商榜评估体系”就是博鳌儒商论坛为各位企业家提供的“公共产品”，让大家在学儒商、做儒商的过程中有个参考和借鉴，目的就是帮助我们的企业家沿着儒商之路更加茁壮地成长。

博鳌儒商榜组委会执行主席陈志峰认为，在当今的商人中普遍存在唯利是图、不择手段的习气，一定要树立“儒商”的典型，倡导儒商的文化精神，培养商人的羞耻心和敬畏心，儒商不但是物质文明的创造者，更是精神文明的创造者。博鳌儒商榜评估标准体系的发布，不仅是道德的品牌，更是当下儒商成长的土壤的培育者，将全方位促进儒商文化自觉、文化自信，构建新常态下商业秩序的创新和转型升级，营造一种弘扬商业伦理精神的积极氛围。

博鳌儒商榜评估体系的发布，为当代企业家运用儒家商道治理企业提供了一条便利可行的操作途径和严谨规范的评价体系，宗旨是引领儒商风范，树立儒商标杆，发掘儒商精英，培育儒商新人，打造儒商平台，整合儒商资源，建构现代工商业文明。

首届博鳌儒商榜的评估工作即将启动，评估结果将于2017年12月16日举行的博鳌儒商论坛2017年年会上正式公布。

儒商的理论基础及其评估系统的建立

成中英*

自20世纪80年代，我即开始思考中国文化如何能作为现代管理的基础和企业化中的方法、方式以及终极的价值目标。中国文化是指显示中国人关于天道、生命、人性的思考与其价值体现的追求，并以此来表达其哲学的核心理念以及实践的指导，也以此作为事业与企业持续经营与发展的基础，形成我所谓的中国管理的创造精神。我的基本观点是，中国文化有一个创造性的起始点：认识事物的多样性与其内涵的多种功能性，努力整合多样为一体，认识差异的重要性在其丰富的性能，并进而融通差异，达到一个总体的价值目标。基于此，中国传统重视人对天地宇宙万物的观察与体验，并集思广益，凡事设身处地，实事求是，奋勉力行。从哲学角度说，这是一种合多元为一体，化客体为主体，掌握自我的生活态度。如此才能建立天人互通、天人合德、内外合一、知行合一的合一精神。需要强调的是，这个合一精神是开放的、动态的、与时俱进的。所谓管理即在发挥人的创造精神，把人类外在的经验和内在的价值结合为一，实现人的终极价值。当然不同的行业有不同的内涵要求，如就企业内外合一的要求来说，要实现的是诚信一致、言行合一。就社会管理来说，则要求外在性的规则和内在性的德能相协调，实现德法合一。这样也就同时有了个人对家庭与社群的归属感以及对国家与民族的认同感，并由此建立对社会国家的责任心与奉献精神。必须指出，上述这种追求合一的哲学精神来自于中国哲学与文化之源头活水，也就是千古弥新的易学。

易学基于群经之首的《易经》，创建了天地人的生命架构，也先后促进

---

* 成中英，美国夏威夷大学哲学系资深教授。

了儒学（人学）的发展与道学（自然学）的发展。基于易学，我们可以看到儒学和道学在本体论与宇宙论上有同源性，虽然目的并不相同，却又同样体现出人的生命的主体性与修持能力。由易学作为儒学的原始起点，儒学和后来社会的发展产生了密切的联系。因此，我今日所讲的儒学有两个层面，历史层面和哲学层面。历史层面，儒学是就先秦以来的历代儒学而言；哲学层面，儒学讲求如何成为君子，如何成为圣贤，也就是讲求君子之道、圣贤之学。到了现代，儒学衰落是由于未能真正面对时代，解决时代的问题，又不知反求诸己，不讲求理念，更不知自觉的实践，掌握现实及其问题，以反本合一解决问题。所谓掌握现实及其问题乃在众端参观、认知差异，找寻问题的根源，也找寻解决问题的根源，然后返本以创新，在分工中实现合一。因此，从一个以易学为根源的儒学眼光，也能包含诸子百家的思想于整体的体系之中，以实现与时俱进的整体与综合的创造力，彰显人类的价值，为人的发展所用。在此一意义下，儒学自然可以把各种重要的现代概念和功能，以及通过与西方的交流所获得的现代知识与科学价值，融合在儒学的事业之中。基于以上的了解，我们可以思考什么是儒商，为什么要提倡儒商。

当今人类的企业与商业发展需要重视企业的组织。人类从农业社会走向工业社会，再走向今日的信息与智能社会，企业扮演着必不可少的重要作用。企业的基本目标就是通过组织促进经济发展，创造社会财富。由前文所言的合一性可知，组织的目标就包括了对个体发展、群体发展、社会发展、国家发展方面的考量。从组织来说，必须以文化为基，以社会为体，以经济为用。但不同层次的发展还要兼顾经济利益、社会效果与文化价值。因此，现代社会包含一个潜在的儒学结构，而企业也有潜在的儒学需要。企业所涉及的各种商业行为不能仅以个人的牟利为基础，更不能以个人牟利的最大化为基础，必须考虑到满足有关的社会需求，在促进社会发展的前提下，来创造文化的价值，并借以持续发展，达到合乎正义分配的个人利益。只有认识到企业的目标具有社会与文化的目的性，我们才能实现维护社会与文化发展的目的，才是一个合乎儒学思想的组织与企业。

简而言之，对儒商的基本要求是：在基本的经济与基本的管理的基础上，要以儒家对君子的要求，把儒家伦理的价值仁、义、礼、智、信结合及体现在企业的组织、用人、领导、管理、合作、竞争、改造、创新之中：

即使在经济的活动中也要维护儒学的基本价值，要维护做人的尊严，要有民胞物与的认定；要公平而合理地对待生命，尤其是他人，不管是员工或是顾客，要对社会有责任感，对民族国家有忠诚之情，对环境生态有爱护的精神。

今日人类商业社会发展，无论中外，都有一个哲学意义上儒学化的趋向。我在此不想论述此一趋向。但我要指出，一个现代企业如要继续发展，成为一个影响国计民生的企业，显然不能不具有儒学的生命观、社会观和宇宙观。企业越大，就越应该具有这些方面的观照。作为一名企业家、企业的所有者或者管理人，更应该提升对儒学在组织、管理、领导与教化上的认识。然后，他的企业行为才能符合儒学的价值观。这是成为儒商的第一个条件。此一认识达到了什么程度，则需要在其行为上来鉴定。我们如何来考察企业家的儒学意识，就在他的个人道德意识。社会群体意识和环境生态意识上面，分别展现为儒学中有关人、地、天的关注。儒商，不仅需要具备这些意识，而且要在行为上表达出这些意识，至少在合一精神的要求下，做到言行一致和知行一致。另外，他为达到这些目标而努力的程度，也是我们考察的对象。持续学习和改进发展，也是儒家的重要价值观。任何企业都需要一种不断学习、不断改进的动力。

涉及儒商性向与品质的评估问题，我们可以说，我以上所讨论的是对儒商一般目标与责任的要求。再进一步，我们则要考虑儒商在具体个人与集体行为的性向与品质。我想在此提出我在拙著《C 理论：中国管理哲学》第四版（北京东方出版社 2011 年版）中已经进行了的分析。我从初版的 5C 理论发展到第三版的 7C 理论，以及最新第四版的 8C 理论都是值得参考的资料。这种发展并不是偶然的，而是“C 理论”（创造力理论）逐渐的自我实现。

在初期的 5C 理论中，第一个 C 主要面向计划和决策的维度，关注确定企业制定目标的基本认识，即前文谈到的那些企业目标。第二个 C 则关注于事权专一优质领导与呈现的责任感与企业发展精神，涉及企业领导力和管理人能力的建立。这些能力应该形成人的德能，使之具有坚毅的信念，促进自我管理、控制自我私心，以企业的目标为其追求。这就使企业管理人努力达到符合儒家克己复礼的德性，也体现出刚健自强的毅力。为了力行贯彻信念、力行实践的能力也必须具备。

第三个 C 则要求在面对企业的市场对象时，能够人性地对待需求者，并为之提供最好品质的产品，以满足社会的需要。有些企业满足于已经做到的成果，而不加以改善，因而逐渐在竞争中被淘汰。只有在竞争环境中，企业才能够创造和实现自己的品牌。品牌代表了品质和保证。但是，目前存在一种现象，一个企业一旦树立起品牌之后，就在品牌的掩盖之下降低产品的品质。品牌变成了自我限制的因素，而非自我提升的动力，甚至成为落后产品的保护伞。这就丧失了儒学精益求精的精神。

第四个 C 着眼于创新。品牌效应建立起来之后，继续创新必不可少。

第五个 C 要求企业具备一个稳定发展的团队，并且能够不断地改进以获得发展的效益。要做到此，不能不进行对员工的培训以及对消费者的关怀，不是把有关的人当作工具，而是当作一个共同创业与发展的伙伴和力量。

这五个 C 构成五行相生而平衡的状态。它具备五行相生化与相互制约的结构，也体现了自然的基本生态，是完全合乎现代科学的生命观与进化观的。

在构建了第一层次的目标和第二层次的行为表达方式之后，更进一步需要第三个层次的建构，即 C6 和 C7。

第六个 C 需要考察企业管理的包容性和循环性。包容性，即企业组织形成一个有机体，诸方面的功能都能得到发展。运用教育和培训的方式以提升员工的素质，形成不断的新生力量，使得企业能长久地焕发出活力。包容性同时还指向循环性的功能，体现在企业的不断生产、回馈和改进成果，改善企业自身的生态。但是，循环性也不能忽视儒学对与时俱进的要求。因此，具有儒商性质的企业不会忽视现代的先进生产工具，例如，现代信息技术的运用。随着生产力的解放、人工智能的发展，一个儒商企业会逐渐形成一个符合时代要求的新价值观。

第七个 C 关注于企业经过一段时间发展之后的转型，即管理系统的更新和提升。企业在发展遇到瓶颈或者新环境、新机遇时需要转型，在制度上、知识上和设备设施上进行更新，甚至转换成另外一个全新的企业。例如，家用电商逐渐转型为人工智能服务的企业。这样要求企业具有适应新环境的能力，并能认知到社会发展的动向。间接地，这也是要求企业促进社会发展的能力，对社会贡献和捐献的能力。

最后是第八个 C。我将之看作终极的需要。企业的整体发展过程，其创新的能力、持续发展的能力以及取得的效益和成就，也反映出企业管理者的修养。企业家不将企业作为自己的私财或仅仅只是着眼于经济利益，而是把它看作社会的产业，是全体经济—社会—文化中的一员。企业的价值不仅表现在经济数据上，还表现在社会文化发展上。它涉及企业的整体性的眼光与胸襟。如此，虽然有些企业规模比较小，但是其社会价值上却很巨大，对国家民族的发展具有关键性影响。

今日，我们提出儒商的评估体系，就必须涉及以上的三个层次和八个内涵：亦即一个根本目标、两个转化机制与五个运作功能，如此构成了八个相关取的 C（C1→C2→C3→C4→C5→C6→C7→C8）。我们可以就每一个 C 的内涵提出具体的评价指标，并根据社会的发展逐渐将其丰富。

在我看来，儒商排行榜的评估具有提倡与鼓励儒学应用的意义，是中国社会主义实现中国文化特色的一个机制。立足于儒学的思想与精神，儒商使得企业的内涵更有层次，而儒商的排行榜将企业管理经营与儒学的相关性更好地表达出来。此相关性不是仅仅指涉儒学自身，而是反映出社会经济和文化发展的进度。最近，我的学生黎红雷教授出版了《儒家商道智慧》（人民出版社 2017 年版）一书，这本书写得非常之好。该书从基本上掌握了 C 理论的精神。黎红雷教授书中体现出了儒家特性的“组织领导之道”、“管理经营之道”、“发展策略之道”以及“教化传承之道”。在我看来，这就是对 C 理论的重点发挥，并将之发挥得非常精辟和深刻。从此角度看，他的这本著作的确是建立儒家商道、体现儒商价值的鼎力之作。基于《C 理论：中国管理哲学》与《儒家商道智慧》的内容及宗旨，我们可以建立起具体的儒商标准体系，成为儒商的 ISO 系统。

最后，我还要分析一下“儒商”这个语词。究竟是儒而后商，还是商而后儒？或者是先商后儒，还是先儒后商？是否存在商而不儒或儒而不商的情况？通常我们认为，儒学可以在很多不同领域中发挥，例如，教育、行政等，还可以在商业、企业上发挥，将儒家的“合一”精神展现出来。如果企业管理者还没有掌握到儒学，那么可通过学习儒学之道或者已成功的儒商，以达到儒商之道。我们希望人们既商则儒，当然也不必反对人们怀抱儒学而从商。我们认识到儒而不商是传统精髓，商而能儒则必须说是当代精神。所谓当代精神指的是我们必须要有如上所述的易学与儒学在历史与哲学上相关的认识。因而儒学不必反对诸子百家的发展，进而能采取与吸收诸子百家的精华，包括西方企业中良好的制度与良好的标准。我最近几年提倡“易商”的概念，也不反对“道商”的说法。这取决于其概念的基础与精神。“儒商”是以儒学作为基础；但是儒学又有“易学”的基础。所以，我们可以说“儒商”是属于“易商”的一部分。道家也以“易学”作为基础，那么“道商”也是属于“易商”的一部分。但是“道商”也不得不考虑企业的目标，也不得不采用儒商合理的企业组织方式。因此从此视角看，“道商”中所谓的“道”是代表它的一种基础的特性，终极地看则必须以天地变化、万物各正性命、人能保合太和并能持续发展（疏解易乾卦彖传《乾道变化，各正性命，保合太和，乃利贞》句）为最后标准。当然，个别的“儒商”或“道商”也许更为实际，考虑到企业的现实性，要将企业地方化。例如，传统中的“徽商”就强调忠孝，“晋商”则强调诚信，“浙商”则强调科技的即时运用。这些企业商业在各个地域层面上体现出来不同表达方式，但都统合在以易学为基础的“易商儒商”的大系统之下。

中国企业家应该做全球经济的当代儒商

魏建国*

我从事国际贸易近60年，到过全球218个国家，亲眼目睹了中国在过去被人欺负、凌辱和到现在成为全球第二大经济体，成为一个举足轻重、受人尊重的世界经济领跑者的全过程，这是我引以为自豪和骄傲的事情。但是，我也十分焦虑和担心，担心中国企业家在不断走向成功的同时，伴随着一些软肋日渐显露，那就是两个字：文化。

韩国三星集团董事长李健熙曾说过，世界上任何一个强大的出口商品的后面，如果没有一个文化来支撑的话，那么这个出口商品是长不了的。不错，大家可以看到，美国的波音、IBM、微软等产品，它背后每年输出的美国大片有多少？再看看韩国，从三星、LG到美容哪一个没有韩流文化在支撑？

中国商品目前位居全球第一，除了靠廉价与物美、低成本与高质量之外，更靠的是中国企业家的勤奋、吃苦、智慧、善良和感恩，这些优秀品质是支撑中国经济前30年大发展，尤其是中国企业走出去获得良好声誉的关键。我有一位很要好的以色列朋友，他跟中国做生意很久，节水滴灌就是他发明的。他曾这样告诉我对中国商人的看法："当今的世界，如果说商人的话，5个非洲商人可以比得上一个印巴商人（印巴就是印度和巴基斯坦商人），5个印巴商人比得上一个黎巴嫩商人，5个黎巴嫩商人比得上一个犹太商人，而5个犹太商人才能比得上一个中国商人。"

当他作为一名犹太人站在这个高度夸奖中国商人的时候，我刚开始有一些心中窃喜，但是到了后来，越琢磨这个话越觉得有批评的味道。因为从

---

* 魏建国，中国国际经济交流中心副理事长、商务部原副部长。

整体来看，中国企业要走出去，我们需要补足一个重要的短板：中国文化。

国际市场如此，国内市场更是如此，我们依然存在一些假冒伪劣、不守诚信的现象。那么在当今的世界上，有没有一种把中国历史上的深厚的经商之道，以及我们优秀的文化传统，同当今数字时代，也就是说飞跃发展的“赢”和互联网时代结合起来的中国商道呢？我看有，那就是我们今天召开的儒商大会。

我的观点是，中国企业家应该做全球经济的当代儒商。我认为当代儒商的核心有三点，可以归纳成三句话，九个字。

第一讲诚信，做人的根本是诚信。我们大家小时候都看过一本书《镜花缘》，其中讲到一个君子国如何买卖公平的故事，卖方力争把自己卖价降低，而要卖出好货；而买方是一再提高价格，拿的是次货。它是一个乌托邦式的空想社会主义，但给我留下的印象特别深，真有这样的君子国吗？所以我一直在考虑，如何把这个故事的传承跟我们当代儒商结合起来呢？

曾经有一个发生在上海一家电池制造企业的故事，他们给贝宁这个当时600万人口的热带小国供应电池。有一次，一批总价值大约五十几万美元的电池，在路上因为经过好望角、太平洋、印度洋等地，到了以后所有的电池都损坏了，不能用了，电池商拍了照片希望索赔。上海这家企业接到这封信以后，没有回音。这时候广东有一家公司知道这个情况后，写了一封信，对这个商人的遭遇表示同情，同时他提出这些电池我来给你赔。仅仅这一封信，使原本上海出售的电池全部换成了广州的电池，该公司从此丢了贝宁将近40年的电池市场。所以不要看这是一件小事，诚信就是在这种普通的文字和信件里面建立起来的。

第二讲服务。高质量的服务不仅是售后服务，更重要的是售前服务和售中服务，这个我们过去不太重视。讲两个小故事，我1980年在中国驻突尼斯使馆担任二秘，有一次因为要筹备国庆招待会，需要开车把400多张请帖送过去，时间很紧。但是我开的奔驰车在半路上抛锚了，怎么也没把车修好。打电话给当地代理商，代理商说没有配件，我非常焦急和懊恼。回到宿舍以后，我就给德国奔驰总部发了传真，上面说，我是中国使馆的秘书，我把情况说了一下，说现在不知道怎么办，累了一天，我就去躺下了。第二天早上听见嘀嘀嗒嗒的声音，是传真机的声音把我吵醒了，我再一看，传真机上面有一封信，我太吃惊、太高兴了！上面写着："中华人民共和国驻突尼斯大使馆商务二秘魏建国先生阁下，你的来函我们收到，你的奔驰车是加长车，老型号，不仅在突尼斯没有，周围的阿尔及利亚、埃及和利比亚都没有。我们接到你的信以后，查到我们仓库里面还有两件，现已经通过汉莎航空寄到突尼斯的迦太基国际机场，请你接函以后，中午 11 点到那里取。"我还没有付钱，他也不知道我是谁，只知道我是一名中国使馆的二秘，知道车的型号，而且费了很多劲查找，最后把东西给我，他靠的是什么？服务，这种售后服务就是我们缺乏的，这是奔驰车之所以在全球享有盛誉的重要原因之一。

第二个故事，有一次我跟星巴克董事长舒尔茨聊天，星巴克在美国本土起家的时候有 800 家，现在在全球有 65000 家，在中国已经上升到 8000 家，我住的那个小区有 24 家。我问舒尔茨一个问题，是什么样的勇气和胆量，促使你把一个西方的饮料打入到具有一千年茶文化历史的中国？他就回答了一句话，他说星巴克卖的不是咖啡，星巴克卖的是服务。不错，当你用 39 块人民币买一杯卡布奇诺咖啡的时候，你可以在星巴克咖啡厅里面从早坐到晚，坐到下班打烊。没有人用语言哪怕肢体语言告诉你，你该走了，这些都说明了什么是服务。

第三要讲关系，讲共享关系。我在 2015 年发表了一篇文章，题目叫《共享经济将彻底改变人类的命运》，登在《环球日报》上。许多年轻的创业者，包括 ofo、摩拜等共享单车的发明人，他们都深受启发。应该说习主席提出的"一带一路"倡议，是继邓小平提出了特区开放和中国加入 WTO 之后，为第三次的中国改革开放打开了帷幕。在未来 50 年到 100 年，"一带一路"有一个重要的方针，那就是"共商、共建、共享"。

比如我们现在已经建了巴基斯坦的瓜达尔港，建了非洲的埃塞俄比亚到吉布提的"亚吉铁路"、肯尼亚内罗毕与蒙巴萨的"蒙内铁路"，还有各个工业园区，效果越来越明显。最主要的一条，就是共享，就是把我们的利益跟对方绑在一起。

讲一个例子，利比亚战火纷飞的时候，我们在利比亚有 2.8 万工人。就是因为我们建立了共享机制，所以，我们所有在当地的工作组，带着我们华为、中信、中建等的工人，绕开战区，把机器用塑料包起来埋在地下，最后通过班加西，搭上希腊派来的船。

儒商必须在原有基础上，提高到讲诚信、讲服务、讲共享。当前是中国企业走出去的最好时期，我们会说，国之交在于民相亲，民相亲在于利相融，利相融在于心相交，心相交在于我们在座的各位，以及全国所有的企业家，在走出国门、走进国际市场的时候做好心的相交，其背后需要有非常重要的中国文化在支撑着我们。

最后我想说，我们儒商平台搭建得很好，那么这个平台能不能办好？我想借用 IBM 的前董事长，也是著名的企业家帕尔米萨诺在我们国经中心举办的民营企业家培训班上讲过的一句话，衡量一个事物是否能够成功，只要简单问一句话，那就是："世界是否因为你的存在而改变？"

近代儒商的特有风采

熊月之*

时代不同，生产方式、生活方式不同，所处国际国内环境不同，儒商的经营特点自有不同，所体现的精神风范也会有所不同。近代中国面对三千年未有之变局，外则强敌入侵，内则政治腐败，经济不振，教育不兴，民生凋敝，亡国灭种的危机一阵紧一阵地逼来。一批有眼力、有能力、有财力的儒商，投袂而起，投身到救国救民、振兴中华的行列中，展现了近代儒商特有的风采。约略说来，可分以下五个方面：

其一，把握时代脉搏，倡导变法革新，引领学习西方。这以由买办而转变为民族企业家的郑观应、唐廷枢等人最为典型。他们都是广东香山人，是近代最早的一批买办。他们在为洋行服务同时兼营自己生意，经营得法。在掘得第一桶金以后，他们毅然从收入相当丰厚的洋行中抽身而退，服从于国家的长远需要，投身到洋务企业当中，在轮船招商局、开平矿务局等机构中担任领导，从事现代企业管理工作，成为洋务企业中最早的一批新型企业家。他们是近代中国最早的一批双视野人，一只眼睛看着西方，一只眼睛看着中国，比较两者的长短得失，进而成为倡导变法革新、引领学习西方的新型人才。他们在洋务企业中，将西方先进科学技术、现代企业管理方式、先进思想理念引进中国，还著书立说，大声疾呼变法革新。唐廷枢编过专教国人如何学习英语的书籍，郑观应的《盛世危言》则是 19 世纪后期影响最大的启蒙著作。《盛世危言》认为，中国不但要学习西方坚船利炮、科学技术，要学西方教育制度、社会管理制度，还要学习西方破上下之隔阂、合君民为一体的政治制度。能有此远见卓识，很重要一点，就在于他不但是儒，而且

* 熊月之，中国史学会副会长、上海市史学会会长、上海市社会科学联合会副主席。

是商，合儒商为一体，是通晓国内外情事、关心国计民生大事的新型儒商。稍晚一些，穆藕初、陈光甫等，在学习西方方面，又迈出了新的步伐。穆、陈都是留美归国后投身工商业的。穆将西方先进的科学管理方法系统地翻译引进，并将其运用于企业管理之中，大获成功。陈光甫则在中国金融业、旅游业方面，走出了新路。

其二，坚决抵抗外国侵略。抗日战争时期，不知道多少爱国资本家为了抵抗日本侵略，捐钱、捐物、捐购枪炮子弹，努力生产抗日前线所需要的各种物品，为抗日队伍提供各种服务。最典型的是民生公司的卢作孚。1938年秋，因日军野蛮侵略，武汉失守，大量后撤重庆的人员和迁川工厂物资近10万吨，屯集宜昌无法运走，不断遭到日机轰炸。在此危急情况下，卢作孚集中民生公司全部船只和大部分业务人员，分段运输，昼夜抢运，不顾日机狂轰滥炸，不计公使损失，经过连续40天的奋战，终于在宜昌失陷前，将全部屯集的人员和物资抢运到了四川。在整个抗战时期，民生公司共抢运各类人员150余万人、物资100万余吨、遭日机炸毁船只16艘、牺牲职工100余人。卢作孚领导的民生公司，以无所畏惧的爱国热情，以自己的运输长项，为抗日战争做出了其他行业难以做到的特有贡献。

其三，关心民瘼，造福桑梓。众多儒商致富以后，努力以其财富服务社会，特别是救济穷人，造福桑梓。近代历次慈善活动中，捐款最多的，都是那些成功的儒商。最典型的是张謇，他在南通经营大生纱厂等实业，开垦农场，经营教育、水利、交通、慈善诸端，成为著名的状元资本家。他曾自述投身事业的初衷，是“为通州民生计，亦为中国利源计”，小而为桑梓，大而为国家。胡适评价张謇：“他独力开辟了无数新路，做了三十年的开辟先锋，养活了几百万人，造福于一方，而影响及于全国。”但是，他自奉极为俭约，坚守儒商的优良传统。他创办大生纱厂，自议创至开车，历时44个月，其生活费仅靠书院薪俸维持，未挪用厂中一文钱。他经商极其重视诚信，合做事与做人为一体，再三强调：“当悟人生信用，作事一而二,二而一，若人格无亏，则事即艰厄，不至失败；即失败而非堕落，反是则事败而人亦随之矣。”

其四，兴办新式教育，培养新型人才。教育不振，人才匮乏，是近代中国落后贫弱的重要原因。近代中国儒商在发达之后，很多人都在资助教育、兴办新式学校方面，做出过努力。寓沪浙江商人叶澄衷，晚年出一大笔钱，创办澄衷学堂，从事新式教育。上海浦东人杨斯盛，从事营造业，成功以后，倾其全力，兴办新式教育。他所捐款资助办起来的浦东中学，是晚清民国时期浦东最好的中学，张闻天、蒋经国、蒋纬国、潘序伦、范文澜、罗尔纲、王淦昌、闻一多等都曾在此校就读。留美归国的穆藕初在经营纺织业致富以后，捐款资助上海众多学校，特别是资助北京大学学生留学欧美，造就许多杰出人才。他开创了近代中国儒商资助留学的先河。至于爱国华侨陈嘉庚，捐巨款创办厦门大学的事迹，早已为大家耳熟能详。

其五，保护、弘扬中华优秀传统文化。近代西学东渐，中华文化遭遇严峻挑战，中华古籍也因历次战争而损失惨重。一批经商致富的有识之士，为抢救、保护中华古籍，为弘扬中华优秀传统文化，进行了艰苦的努力。进士出身的叶景葵，在清末放弃仕途，改走实业救国之路，先后担任汉冶萍公司经理、浙路股款清算处主任、浙江兴业银行董事长，担任兴业银行董事长达三十年之久，为金融界巨子。鉴于中华典籍在战乱中损失至为惨重，他不惜花费巨资，搜集、购买珍贵典籍，并与也是进士出身的商务印书馆总经理张元济等，发起成立合众图书馆，到 1946 年，馆藏积存文献已至十四万册。他们为保存中华文化典籍做出不朽的贡献。这些典籍，成为今上海图书馆文献基础。鉴于国粹昆曲维持困难，后记乏人，穆藕初慨然捐款，创办昆曲传习所，培养一大批昆曲人才，为昆曲传承做出了巨大的贡献。

这五个方面，综合起来，就是诚信经商、忠诚报国、造福桑梓、服务社会等。与传统儒商相比，他们在“穷则独善其身，达则兼济天下”有一脉相承的地方，也有新的特点，包括在学习外国先进科学技术、倡导新式教育、引进科学管理方法等。

以中华优秀传统文化涵养现代企业精神

牛廷涛 *

金秋时节，我们齐聚在开放包容、充满活力的国际化大都市——上海，共同探讨博鳌儒商评价体系的相关事宜，作为此次活动的指导单位代表，也作为主办机构的代表，向在座的各位专家学者、各位领导、各位企业家表示诚挚的欢迎和衷心的感谢！对博鳌儒商评价体系的研究制定，我们充满着期待。

党的十八大以来，中国孔子基金会顺应时代发展潮流，提出了“引领儒学复兴，深耕精神家园”的工作方针，着力探讨中华优秀传统文化在新时代的创造性转化和创新性发展，尤其是在社会主义市场经济飞速发展、全球经济一体化趋势加快的今天，更是把企业儒学和儒商文化的研究提上了工作日程。我们相信，凭借几十年学术资源的积淀和最近几年在社会实践方面的有益探索，加之与兄弟单位、兄弟机构的合作，我们一定能够在企业儒学和儒商文化的研究、应用方面，做出经得起历史和时间检验的业绩。

众所周知，基于儒家思想理念开展商业活动的行为源远流长。公元前5世纪，孔子的弟子子贡就是其中最著名的一位“儒商”。同样，在《史记·货殖列传》中，司马迁也列举了很多“富而好礼”、注重社群共同繁荣，又能合理牟利的商贾。自古至今，儒商文化的践行与传扬是一脉相承，具有优良传统的。当代中国企业家在企业管理经营中，在营造企业文化、制定行业标准、惠及员工福利、承担社会责任等诸多方面，都显现出浓厚的儒家文化特色，他们对社会文明进步的贡献，不仅值得赞扬和敬佩，更值得广而告之、推而广之。因此，中国孔子基金会企业儒学研究委员会和上海财经大学

---

* 牛廷涛，中国孔子基金会副理事长、副秘书长，兼企业儒学研究委员会常务主任。

中华儒商研究中心、博鳌儒商论坛理事会联合发起、组织实施“中国现代儒商企业评价体系”，并先行推出以优秀企业家为主体的“博鳌儒商评价体系”。我相信，有在座各位专家学者、各位优秀企业家和同道同人的共同参与和支持，我们的努力，必将对营建更加科学规范的企业管理体系发挥积极的促进作用。“中国现代儒商企业评价体系”将以儒家文化的理念、现代科学的标准、客观公正的方法，推出一个引领未来中国企业发展方向的规范化模板，成为全国消费者了解优秀企业、理性选择消费的重要参考依据，更是以中华优秀传统文化涵养现代企业精神、改善工商业文化生态、构建东方人文经济理论的重大工程。

前不久，在北京全国人大会议中心召开的黎红雷教授《儒家商道智慧》新书发布会上，许多学者都对黎教授的大作给予高度评价。其中我觉得陈来教授讲得非常好，他认为在未来中国，企业家群体将是助力中国实现“新外王”的重要支点。众所周知，企业家在市场经济中扮演着主体的角色，企业发展对推动人类社会的文明进步具有基础性的作用。因此，企业家群体将在未来人类社会发展中发挥至关重要的作用。毫无疑问，儒家思想意义上的“外王”光环，在未来市场经济时代会越来越多地成为企业家，特别是儒商企业家的桂冠。

我认为，这个评价体系的推出，有利于树社会正气、明发展方向、谋大众福利。正如黎红雷教授所言：“儒商不是一种身份，而是一种行为；不是一种荣誉，而是一种责任；不是一种境界，而是一种担当。”① 可以说，“企业儒学”之魂、儒商文化之本，就是一个优秀企业家“知行合一”的“铁肩道义”！

各位专家学者、各位企业名家、各位同道同人！因应时代发展，中国孔子基金会最近设立了企业儒学研究委员会，我们期待更多朋友的加盟和襄助，共同让这个组织的激情和活力发挥出来，为企业儒学和儒商文化研究作出应有的贡献。“博鳌儒商企业家排行榜”将是我们的开山之作，我们愿与大家共同努力，为富有儒家特色、中国特色而又科学合理的儒商企业家排行榜尽早发布、成其久远，为儒家思想与现代社会治理尤其是企业管理的相生相融，作出新的更大的贡献！

---

① 黎红雷：《儒家商道智慧》，人民出版社 2017 年版，第 12 页。

时代需要儒商精神

陈志峰 *

博鳌儒商榜评估标准体系的制定发布，将是一件功在当代利在千秋的伟业，再过十年、二十年回首今天的盛典，我们会为今天的决定而感到欣慰和骄傲!

在全球经济治理和管理模式都受到了严峻的考验、贸易保护主义逐渐抬头时，世界都在渴望着有一种新的管理模式或文化文明，我们中国的全球化“一带一路”战略是多么的英明伟大。

2017 年党中央的两个文件（1 月 25 日中央办公厅和国务院办公厅印发了《关于实施中华优秀传统文化传承发展工程的意见》，4 月 18 日中央审议通过了《关于进一步激发和保护企业家精神的意见》）出台，我们紧紧跟着党中央的大政方针走，顺大势而为，博大精深的中华优秀传统文化，是中华民族生生不息、发展壮大的丰富营养。

我们中国本身也处在一个创新转型升级时期，任重而道远，很多投资管理模式也正经历着剧变。要想真正地引领全球经济发展的潮流，必须把中华优秀传统文化非常高效地运用到企业实践管理中去。中华优秀传统文化又是以儒家为代表的，所以“儒商”就应运而生。时代呼唤儒商，时代需要儒商精神，当代需要有千千万万的儒商站出来。

做人是道，做事是术，当我们国家有千万个大大小小儒商的时候，到处是有优质品牌的中国制造，我们还会去欧美批发奢侈品吗？我们还会去日本购买马桶盖吗？我们还会去香港购买限购的两袋奶粉吗？

但中国有儒商吗？这个问题一直困扰着几代人，特别还进入了一个误

* 陈志峰，博鳌儒商榜组委会执行主席。

区，老把伦理儒商和管理儒商混在一起，把圣人的纯粹标准套在商人头上。其实简单地说，儒商就是儒和商的结合体，儒是儒者之楷模，以儒术师贾事，商即是商界精英，用儒意以通积著之理，以此作为经营理念和行为规范的商人。

用中国优秀传统文化，特别是儒家文化同商业经济互补整合，形成了一种东方特色的商业文化文明，这种经世济民的精神，义利统一、诚信为本、以人为本、以和为贵，仁义礼智信，百善孝为先，体现儒和商的完美融合，这就是儒商精神！

儒商之“儒”的全部含义就是这九个字，即“仁、义、礼、智、信、忠、孝、恕、悌”，从造字看，就是左边是人，右边是需，只要人需要满足他服务他利他思想，都属于大儒家之范畴，所以儒家广义是以儒家为主的。中华优秀传统文化是不分门派的，与时俱进的，不分国界的。在儒家对社会的治理上也有“德治”和“人治”之说，其核心就是“仁”；而“商”的本质就是通过生产、经营活动赚取利润，而这个利润获取的渠道、尺度，除去法律法规的约束，就是发自本身的“仁”贯穿其整个商业活动的始终。中国社会需要成千上万的儒商，但更需要有利于儒商生长的土壤！

博鳌儒商榜评估标准体系的发布，不仅是道德的品牌，更是当下儒商成长的土壤，将为打造儒商、培育儒商的土壤营造良好的社会环境！

迄今为止，系统研究企业儒学和儒商文化30多年的黎红雷教授，在2006年创意举办华商书院时，就提出了“尊德问学，修己安人”的校训，“育商海领袖，铸中华商魂”的宗旨；今天又创建博鳌儒商论坛，提出“道济天下，德创财富”的核心价值，目的就是帮助我们企业家健康成长，清除思想上的垃圾，打通心灵上的任督二脉，构建企业家共建共赢共享的平台，让所有有儒商精神的企业家在这个平台上得到最大的福报。

博鳌儒商榜评估标准体系的发布，宗旨是引领儒商风范、树立儒商标杆，发掘儒商精英，培育儒商新人，打造儒商平台，整合儒商资源。特别黎教授提出的“光谱说”，将全方位促进儒商的文化自觉和文化自信。新常态下的商业秩序需要创新和转型升级，更需要一种弘扬商业伦理精神的积极氛围。特别是商业经营活动中，善行得不到宣扬，恶行得不到遏制，所谓“商业道德1斤能值多少钱”的观念，在当今的商人中普遍存在，一定要改变这种唯利是图、不择手段的习气，树立“儒商”典型，倡导儒商文化精神，培养商人的羞耻心和敬畏心，建构现代工商文明的商业秩序。儒商不但是物质文明的创造者，更是精神文明的创造者。

现在进入各大高校、商学院、书院等学习传统文化结合现代管理的企业家，以及各大国学促进会的团体机构，如雨后春笋般涌现，但是如果没有物联网，其最多的作用也不过是收费而已，交通路口的监控器没有联网，最多作用也只是用来罚款而已，如果各大高校培训、慈善公益、基金会、践行国学、传播国学、诚信守法、仁爱孝勇等行为，没有评估、没有标准，也凝聚不起一种精神来。所以，今天博鳌儒商榜评估体系的发布，将产生不同地域或行业的儒商，将极大地推进儒商精神的普及化。优秀传统文化的精髓和精神是属于所有学员的，是属于中华民族的，是属于全人类的。今后博鳌儒商论坛在弘扬传播和整合各大国学团体和商协会的资源时，相信一定能够得到大家的无私鼎力支持。

我也坚信，我们大家为了共同弘扬儒商精神而走到一起来，相信今天博鳌儒商榜评估体系发布会，会为弘扬儒商精神，会为促进中国历史文明的进步世界文明的发展做出不可磨灭的贡献，因奠定中华民族人人有信仰的里程碑的意义而载入史册。

最后我希望，今后能继续得到在座各位领导、专家、企业家、媒体界朋友的一如既往的鼎力支持，我们共同努力来完成历史赋予我们的伟大使命，为弘扬儒商文化精神而努力，缔造儒商辉煌灿烂的明天，谱写出儒商史诗版的新篇章，为中华文化之复兴，为富强我的祖国、助力一带一路贸易全球化，为中华之崛起、实现中国梦，奉献出我们的光和热！

关于博鳌儒商榜评估体系的说明

黎红雷 *

2017年1月，中共中央办公厅、国务院办公厅印发了《关于实施中华优秀传统文化传承发展工程的意见》，明确指出："用中华优秀传统文化的精髓涵养企业精神，培育现代企业文化。"①2017年4月，习近平总书记主持召开的中央全面深化改革领导小组第三十四次会议，审议通过了《关于进一步激发和保护企业家精神的意见》，强调："企业家是经济活动的重要主体，要深度挖掘优秀企业家精神特质和典型案例，弘扬企业家精神，发挥企业家示范作用，造就优秀企业家队伍。"

什么是当代中国的企业家精神？如何运用中华优秀传统文化的精髓涵养企业家精神？面对这两个问题，学术界与企业界都会不约而同地想到一个源远流长、历久弥新的词汇——"儒商"。众所周知，儒家学说的奠基者孔子三千弟子中，就有一位大名鼎鼎的商人子贡，被尊为儒商的鼻祖。在本人看来，所谓"当代儒商"，就是践行儒家商道的当代企业家（说明：这里的"企业家"是一个泛称，包括从个体工商户、私营企业主到社会企业家在内的企业领导者），其行为包括：尊敬儒家先师孔子、承担儒家历史使命、践行儒家管理理念、秉承儒家经营哲学、弘扬儒家伦理精神、履行儒家社会责任等。

那么，当代中国有儒商吗？如果这样问，估计很多人难以做出肯定的回答。而如果问，当代中国有儒商行为吗？估计很多人难以做出否定的回

---

* 黎红雷，中国孔子基金会企业儒学研究委员会主任、中华孔子学会副会长兼儒商会会长、博鳌儒商论坛理事长。

① 中华人民共和国中央人民政府网站：http：//www.gov.cn/zhengce/2017-01/25/content_5163472.htm。

答。之所以难以做出肯定的回答，是因为在一个价值多元化的当代社会，如果仅仅用某种思想文化来界定某个人的身份属性，恐怕是不现实的；之所以难以做出否定的回答，是因为在一个具有两千多年文化传统的当代中国，如果完全忽视儒家思想对当代人行为的影响，同样也是不现实的。简单地说，当代儒商就是运用儒家思想办企业的企业家。而经过两千多年的浸润，儒家思想已经无孔不入地渗透在人们的观念、行为、习俗、信仰、思维方式、情感状态之中，成为中华民族的文化血液、中华文化的内在基因、中国人的思维方式和行为方式。中国企业家既然生长在这块土地之上，活动在这样的人群之中，在这种文化氛围之下办企业，就不可能不接受儒家思想的影响，不可能不运用儒家思想来经商办企业。只不过有的公开，有的不公开；有的自觉，有的不自觉；有的系统，有的不系统；有的有意识，有的无意识罢了。在这个意义上，当代中国企业家，特别是成功的企业家，他们都是儒商行为的实践者。从根本上说，“儒商”不是外界套给企业家的光环，而是企业家自己的自觉选择。因此，“儒商”不是一种身份，而是一种行为；不是一种荣誉，而是一种责任；不是一种境界，而是一种担当！

与“光环说”不同，本人在这里提出“光谱说”。太阳有七色光，儒商也有七色光谱。第一是知道有“儒商”，随着现在中华优秀传统文化的广泛传播与普及，应该说现在的中国企业家基本都知道“儒商”这个概念了。第二是愿意做“儒商”，对此有的企业家存在疑虑，但绝大多数企业家还是愿意选择“做好人，行善事，走正道”的儒商之路。第三是学习做“儒商”，这里的“习”是实践、践行，大多数企业家正在自觉不自觉地努力践行儒家商道。第四是成为“儒商”的新秀，许多企业家运用儒家思想经商办企业，家庭和谐了，企业发展了，社会评价高了，开始尝到了甜头，感到有奔头。第五是成为“儒商”的精英，不少企业家将儒家思想内化为本企业的文化血液，企业发展生机勃勃。第六是成为“儒商”的标杆，有些企业家将儒家经商之道与现代西方管理科学之术紧密结合，以道御术，成为大家学习的榜样。第七是成为“儒商”的典范，有的企业家汲取以儒家为代表的中国优秀传统文化资源，形成了自己的管理思想，为人类文明的进步做出了贡献。事实证明，儒商不仅是物质文明的创造者，同时也是精神文明的创造者！

我们高兴地看到，经过不断地摸索，当代中国的企业家正在逐步走上儒商的发展之路，目前各地的儒商会组织纷纷建立，各种儒商论坛纷纷召开，儒商事业正在蓬勃发展。为适应这一趋势，博鳌儒商论坛组织编写的“博鳌儒商榜评估体系”应运而生。博鳌儒商论坛是一个非营利性、定期、定址的组织。其宗旨是：弘扬儒家商道精神，创建当代工商文明；其使命是：构建学者与企业家相互交流的平台，帮助企业成长，促进儒学振兴，为人类社会的发展做出贡献。“博鳌儒商榜评估体系”就是博鳌儒商论坛为各位企业家提供的“公共产品”，让大家在学儒商、做儒商的过程中有个参考和借鉴，目的就是帮助我们的企业家沿着儒商之路更加茁壮地成长。

“博鳌儒商榜评估体系”的宗旨是：引领儒商风范，树立儒商标杆，发掘儒商精英，培育儒商新人，打造儒商平台，整合儒商资源，从而建立权威的儒商评估体系，树立中国企业家在世界上的光辉形象。本次“博鳌儒商榜评估体系”的制定，历时半年，先后征求了海内外一百多位学者以及上千位企业家的意见，九易其稿。现正式向海内外公开发布。

博鳌儒商榜评价标准：

1. 德以治企：践行儒学“道之以德，齐之以礼”的理念，德启善根，教化员工；礼定规矩，制度严明；法服人心，赏罚得当。

2. 义以生利：践行儒学“义以生利，利以平民”的理念，生财有道，依法经营；按章纳税，提供就业；满足需求，导人向善。

3. 信以立世：践行儒学“内诚于心，外信于人”的理念，言行一致，表里合一；口碑营销，树立品牌；合作发展，共生共赢。

4. 智以创业：践行儒学“智者不惑”的理念，善抓商机，与时俱进；崇尚智慧，学习成长；基业长青，永续经营。

5. 仁以爱人：践行儒学“仁者不忧”的理念，关爱员工，共享财富；关爱顾客，服务大众；公益慈善，绿色环保。

6. 勇以担当：践行儒学“勇者不惧”的理念，严于律己，以身作则；努力拼搏，自强不息；承担责任，传播文明。

“博鳌儒商榜评估体系”的发布，是中国企业家自觉选择儒商之路的一个路标，是当代中国企业家精神觉醒的一份宣言，是中华优秀传统文化向现代转化的一个样本！让我们携起手来，努力践行儒家商道，建构现代工商文明，为中华民族的崛起、人类社会的福祉而做出伟大的贡献！

后　记

儒学博大精深，体用兼赅，士农工商，皆可研习，同归而殊途，一致而百虑，两千余年来，分支迭出，各领风骚。当代中国，经济突飞猛进，文化复兴可期，企业界运用儒家思想经商办企业渐成风气，且越来越受到学界的重视。于是，作为当代儒学发展的一个新领域，“企业儒学”应运而生，《企业儒学年鉴 2017》（以下简称本书）就是一个标志。

企业儒学的兴起，离不开前辈学者的积极推动。本书“学术渊源”篇收录了五位德高望重的前辈学者的文章。成中英先生独创中国管理哲学“C理论”，阐发“诚思、诚知、诚学、诚信、诚行”的生活儒学与生活儒教的理念；杜维明先生独标“精神人文主义”，将儒商作为新的论域；曾仕强先生创立“中国管理哲学”，揭示其“安人之道、经权之道、挈矩之道”的要义；苏东水先生创立“东方管理学”，提炼出“以人为本、以德为先、人为为人”的核心精神；霍韬晦先生倡导性情文化，呼吁无论是政道还是商道，都必须回归儒家的王道——这些，都为企业儒学的兴起指明了方向。

企业儒学的形成，离不开相关学科的理论启迪。本书“思想资源”篇收录了哲学、经济学、管理学、历史学以及儒学界十二位学者的文章。林安梧教授论述“企业儒学”、“儒商智慧”与“阳明心学”之间的内在关联及其时代意义，倪培民教授探讨社会实体的品性与伦理的形成途径及其积极作用，姚中秋教授回顾百年来中国知识人发展儒家经济学之艰难努力及其开拓性的贡献，张践和郑华教授尝试用“中庸之道”的儒学语言来表达西方经济学的原理，苏勇教授强调文化自信与文化创新以构建中国管理学理论体系，张国刚教授以《资治通鉴》所记载的子思的故事提示对领导者的忠告，宫玉振教授概括曾国藩以“拙诚”为核心的具有理学色彩的管理理念，李晓教授比较美国管理学家德鲁克“工人自治区”的理念与中国近代企业家荣德生“劳工自治区”的实践，郭齐勇教授关注民间儒学的开展及其在当代中国文化建设中的作用，单纯教授提出以子贡为典范的合“道体”与“器用”为一体的具有中国特色的“商政学”，周生春教授探索明清时家族生意人（族贾）、地域性商人群体（商帮）和伦理意义上有文化的商人（儒商）的商业伦理特色，王建宝博士提出一个从先秦的子贡、南宋的陆九渊、近代的张謇直到朝鲜的俞吉濬和日本的涩泽荣一的“儒商”谱系——这些，都为企业儒学的形成提供了必需的思想养料。

企业儒学的发展，离不开对现实问题的具体研究。本书“现实研究”篇收录了企业儒学研究第一线的十位研究者的文章。齐善鸿教授团队提出“至善理性信仰是企业家的必然选择”，陈寒鸣教授将“笃志尚功、以义生利、重诚守信、儒雅风度、为政以德、仁爱情怀”作为21世纪企业家的素质，张新民教授强调“管理要从管理好自我做起”，雷原教授将“温、良、恭、俭、让、宽、信、敏、惠、智、勇、严”作为现代领导者修身的十二字法宝，颜世富教授提出“谋略管理、心理管理、关系管理、绩效管理、适应管理”的五行管理模型，吴光教授提出要将“仁爱、民本、和谐、诚信、中庸”的儒学根本精神运用到现代企业管理活动中去，吕力教授认为儒家传统中的“创造、责任与完美人格”是新工业文明的精神资源，刘庆先生提出“连根化、仪式化、形式化、故事化、视觉化、背影化、典型化、讨论化”八化合一的太极式企业文化建设与落地系统，侯国军先生将企业的决策、市场、行政、资本、营运管理部门分别对应于人体的心藏、肝藏、肺藏、肾藏、脾藏系统，陈泽钦先生总结出企业魂重塑中的“想象、排序、整理、阐述、执行”五个提炼步骤以及“入心、入行、入境、落地”四个转化步骤，——这些，都为企业儒学的发展拓宽了思路。

企业儒学的落地，离不开企业家们的躬行实践。本书“企业家言”篇收录了十位企业家的发言或文章。柳传志先生和陈春花教授分享了在中国社会经济文化背景下企业总裁成长的心路历程，黄怒波先生分析了作为中国企业家精神标志的“儒商”之来路与归途，李闻海先生概括了“报恩、诚信、精细”的潮商精神，茅忠群先生提出“中学明道、西学优术、中西合璧、以道御术”的中国企业儒道的基本纲领，赵毅武先生探索了优秀传统文化在当代企业经营管理与文化建设中的意义及其在企业中的实践，吴念博先生介绍了运用儒家商道建设幸福企业的经验，侯建芳先生介绍了在企业经营实践中落实儒家仁道思想的体会，杨宏民先生强调诚信是企业的生命，陈永亮先生谈到了当代企业家的坚守与创新——这些，都为企业儒学的践行提供了鲜活的案例。

企业儒学的拓展，离不开学界同人的扎实工作。本书“案例分析”篇收录了三篇报告。陈春花教授团队分析了阿里巴巴用价值观领导“非正式经济事业”的实践，晁罡教授团队分析了东莞TW电子公司信仰传统文化的企业家对企业社会责任行为的影响过程，郑称德教授团队分析了中盐金坛公司企业领导的儒家价值观对于企业创新的作用机制——这些，都为企业儒学的拓展累积了宝贵的实证资料。

“企业儒学”概念的正式提出，见于拙著《儒家商道智慧》（人民出版社2016年版）。2017年7月28日在北京全国人大会议中心，召开了该书的专家研讨会，与会学者对企业儒学的定位、价值及其意义进行了热烈的讨论。本书“专题研讨”收录了研讨会的发言记录。陈来教授指出企业儒学是现代社会儒学“新外王”转向的一个重要支点，牛廷涛先生认为企业儒学是当代儒学发展的一个新领域，陈志峰先生认为企业家需要儒家思想的涵养，张践教授认为要把中国传统文化与企业文化进行很好的融合，方国根先生关注把儒家的治国理念转化为现代企业的治理哲学，周立先生认为在大变革的时代需要呼唤一种集中全球人文精华的大智慧，王杰教授主张要对企业运用儒家思想的实践搞出一套评价体系，梁涛、田辰山、朱康有、赵法生等分别从儒家传统、比较文化、实学研究、乡村儒学等角度一致期盼企业儒学能够推动当代儒学的发展——这些，对于企业儒学成为当代儒学的一个新的生长点，提供了有力的论证。

企业儒学的普及，需要一个便于企业家学习和操作的系统。2017年9月17日在上海浦东召开了“博鳌儒商榜评估体系发布会”，本书收录了发布会上专家学者的发言。成中英先生从其独创的“C理论”论证了儒商的理论基础及其评估系统的建立，魏建国先生从其多年从事对外贸易的经历提出中国企业家应该做全球经济的当代儒商，熊月之先生展现了近代儒商特有的风采，牛廷涛先生主张以中华优秀传统文化涵养现代企业精神、改善工商业文化生态、构建东方人文经济理论，陈志峰先生指出时代呼唤儒商、时代需要儒商精神、当代需要有千千万万的儒商站出来——这些，都为企业儒学在当代企业中的传播、普及、践行，营造了良好的氛围。

企业儒学的未来，期待着学术界、企业界更多朋友的加入与支持。本书的出版，只是一个开始，我们期待着更多更好的研究成果问世，以不断推动企业儒学与当代儒学的发展，为中华民族的复兴、人类社会的福祉，而做出更大的贡献！

本书的编辑，得到学界俊彦和商界精英的大力支持、人民出版社方国根编审及其同人的积极帮助，李福建博士翻译了部分英文稿件，郑济洲博士补充了全书的注释，在此谨致以衷心的感谢！

黎红雷 谨识

2017 年 9 月 25 日

策划编辑:方国根
责任编辑:方国根　李之美　夏　青　段海宝　武丛伟　崔秀军　郭彦辰
封面设计:石笑梦

图书在版编目(CIP)数据

企业儒学·2017/黎红雷 主编. —北京:人民出版社,2017.12
ISBN 978-7-01-018537-8

Ⅰ.①企…　Ⅱ.①黎…　Ⅲ.①儒学-应用-企业管理　Ⅳ.①F272

中国版本图书馆 CIP 数据核字(2017)第 274150 号

企业儒学·2017
QIYE RUXUE 2017

黎红雷　主编

人民出版社 出版发行
(100706　北京市东城区隆福寺街 99 号)

北京中科印刷有限公司印刷　新华书店经销

2017 年 12 月第 1 版　2017 年 12 月北京第 1 次印刷
开本:710 毫米×1000 毫米 1/16　印张:36.25
字数:570 千字

ISBN 978-7-01-018537-8　定价:142.00 元

邮购地址 100706　北京市东城区隆福寺街 99 号
人民东方图书销售中心　电话 (010)65250042　65289539